FINANCIAL MARKET

第3版

金融市場

徐俊明・黃原桂 著

東華書局

國家圖書館出版品預行編目資料

金融市場 / 徐俊明, 黃原桂著. -- 3 版. -- 臺北市：
臺灣東華，2019.01

584 面 ; 19x26 公分

ISBN 978-957-483-934-6（平裝）

1. 金融市場

561.7　　　　　　　　　　　　　　　107005351

金融市場

著　　者	徐俊明・黃原桂
發 行 人	陳錦煌
出 版 者	臺灣東華書局股份有限公司
地　　址	臺北市重慶南路一段一四七號三樓
電　　話	(02) 2311-4027
傳　　眞	(02) 2311-6615
劃撥帳號	00064813
網　　址	www.tunghua.com.tw
讀者服務	service@tunghua.com.tw
門　　市	臺北市重慶南路一段一四七號一樓
電　　話	(02) 2371-9320
出版日期	2019 年 1 月 3 版 1 刷

ISBN　　978-957-483-934-6

版權所有・翻印必究

三版序

　　本書秉持先前版序所述之一貫特色，繼續為讀者分析金融市場的結構與運作，是非常適合作為教科書之用。由於近年國內外金融市場產生變化，因而進行三版改版。

　　三版與二版主要差異如下：

- 闡述金融改革：例如，闡述英美兩國進行金融海嘯後幅度甚大的金融改革。
- 增述 Basel III 核心內容：例如，Basel 為加強銀行的流動性，推出流動性覆蓋比率 (LCR) 及淨穩定資金比率 (NSFR)，並另推出槓桿比率做為補充資本之用。
- 增述新市場：例如，中國銀聯卡崛起、美國洲際交易所併購NYSE Euronext、印度國家證券交易所及莫科斯交易所竄起、臺灣增設OSU及OIU，均增列介紹。
- 增述新產品：例如，增述目標可贖回遠期外匯 (TRF) 及例子；商業銀行的業務增列行動銀行、網路銀行及第三方支付等電子金融業務。
- 更新市場與商品趨勢：例如，增列金融環境數位化 (Bank 3.0) 的金融科技創新及虛實通路並進的趨勢；因近距離無線通訊 (NFC) 技術發展，使信用卡的發行將以非接觸式為主；新型態的支付工具如數位存款帳戶、比特幣、乙太幣等電子貨幣被國際用在經濟活動上；臺灣期交所推出東證期貨 (Topix)、印度 Nifty 50、美元對人民幣匯率期貨與選擇權、美元對日圓期貨及歐元對美元期貨等國際新商品。
- 更新時間序列：例如，黃金價格走勢、臺灣股價指數與 GDP 走勢、臺灣信用卡及現金卡逾放比率等。
- 簡化內容：例如，因臺灣廢除證券交易所得稅，故配合將該小段刪除；證券化基本架構圖修改得更詳細些，但說明內容簡化了許多。
- 加入近期發生事件：例如，影響黃金價格之國際事件增列至金融海嘯、人民幣突現重貶、英國脫歐公投通過等因素；兆豐銀行紐約分行因未能落實防制洗錢規定，遭美國紐約州金融服務署 (DFS) 處以高額罰款，凸

顯海外銀行法遵成本遽增現象。

☞ 加入公司治理情形：例如，臺灣推出很多措施，包括公司治理中心設置、公司治理100指數編製、公司治理評鑑、電子投票等。

我們要感謝採用本書的教師及讀者們，也感謝林丙輝、張國雄、張輝鑫老師提供了寶貴的意見，以及實務界人士惠賜的建議，我們受益甚多，因而將各方良言融入本書。

本書編寫及排版時難免會有遺漏疏失，尚祈各方　先達及同學不吝賜教，予以指正，來信請寄：台中市國光路250號 中興大學財金系。

徐俊明　黃原桂　敬筆

2018年12月

一版序

　　本書分析金融市場的結構與運作，有助於個人及公司的理財活動，適合作為教科書，書中特色如下：

- 內容涵蓋廣泛、循序漸進，融合理論及實務。
- 文句淺顯易懂、編排深入簡出，並利用圖形說明，激發學習興趣。
- 分析國內外的實際案例，增進內容的可讀性。
- 描述台灣及各國企業與市場現象，感覺親切。
- 對各項主題的分析更深入，並說明如何應用。
- 各章習題包括選擇、簡答、計算及申論等題型，其中部分的申論題以實際案例來設計，培養讀者思考與解決問題的能力。

　　除了上述特點，本書涵蓋了一些常見但較少討論的主題：

☞ 地下金融	☞ 金融商品稅負
☞ 私募基金、創投基金	☞ 聯合貸款市場
☞ 黃金市場	☞ 金融危機的剖析
☞ 金融機構的營運策略與併購	☞ 商業銀行的風險與經營管理

上列的方式與主題讓本書更具實用性。

　　我們要感謝採用本書的教師們，也感謝林丙輝、張國雄、張輝鑫老師提供了寶貴的意見，以及實務界人士惠賜的建議，我們受益甚多，因而將各方良言融入本書。

　　本書編寫及排版時難免會有遺漏疏失，尚祈各方　先達及同學不吝賜教，予以指正，來信請寄：台中市國光路 250 號 中興大學財金系。

徐俊明　蕭榮烈

敬筆

2010 年 6 月

目 錄

Chapter 1　金融市場概論　1

第一節　金融市場的結構與特性　2
一、金融市場之結構　2
二、金融市場之特性　3
第二節　金融市場的分類　4
一、金融工具之期限　4
二、資金移轉方式　4
三、首次發行與否　5
四、交易場所　5
五、求償權順序　6
六、交易金額　7
七、國界與規模　7
八、市場合法性　7
第三節　金融市場的功能與規範　8
一、金融市場的功能　8
二、金融市場的規範　9
第四節　地下金融市場　12
一、非法放款　13
二、非法集資　13
三、地下金融業務　15
四、洗　錢　17
五、未經核准金融商品　18
習　題　20

Chapter 2　金融市場與總體經濟　23

第一節　金融市場與所得　24
一、所　得　24
二、金融市場與所得的關係　25
第二節　股市與所得　27
一、股價指數的計算　27
二、股市對所得的影響　29
第三節　物價與油價　31
一、物　價　31
二、油　價　32
第四節　利　率　33
一、利率決定因子　34
二、利率期間結構　35
三、中央銀行政策　36
四、股價與利率的關係　37
第五節　稅　率　38
一、所得稅　38
二、證券交易稅與證券交易所得稅　41
三、營業稅　42
第六節　匯　率　43
一、影響匯率之因素　43
二、平價理論　46
習　題　48

Chapter 3　金融機構概論　53

第一節　商業銀行　54
　一、商業銀行業務　54
　二、商業銀行的資產負債　58
第二節　投資銀行　59
　一、企業輔導業務　59
　二、融資業務　59
　三、投資業務　60
　四、證券業務　60
第三節　保險公司　61
　一、人壽保險　61
　二、產物保險　62
　三、責任保險　63
　四、保險公司之其他業務　63
第四節　創業投資基金　63
　一、創業投資之意義　64
　二、美國之創投業　65
　三、創投業的運作　66
　四、創投業者分發被投資公司股票　68

第五節　私募基金　69
　一、私募基金的意義　69
　二、私募基金的業務　70
第六節　退休基金　72
　一、退休基金的種類　72
　二、退休基金的運作　73
第七節　周邊金融事業　73
第八節　金融控股公司　74
　一、美國概況　74
　二、歐洲概況　75
　三、臺灣概況　76
第九節　金融機構的經營趨勢　76
　一、自由化潮流　76
　二、金融業務整合　78
　三、業務電子化　78
　四、金融創新與管制　79
　五、虛實通路並進　79
　習　題　81

Chapter 4　貨幣市場　87

第一節　貨幣市場的分類　88
　一、貨幣市場概論　88
　二、票券市場的參與者　88
　三、貨幣市場的型態　89
第二節　流通貨幣　90
　一、流通貨幣　90
　二、支付工具　92
　三、短期貸放市場　94

　四、銀行間拆放市場　94
第三節　信用卡市場　94
　一、塑膠貨幣的起源　95
　二、信用卡市場概況　96
　三、卡債問題　100
第四節　貨幣市場工具　103
　一、國庫券　103
　二、商業本票　104

三、承兌匯票	105	一、票券交易一般規定	109
四、可轉讓定期存單	106	二、票券交易的稅負	109
五、貨幣市場共同基金	108	三、貼現利率之計算	110
六、附條件買賣交易	108	四、商業本票之成本	112
第五節　貨幣市場實務	109	習　題	114

Chapter 5　中長期貸款與債券市場　119

第一節　中長期信用工具	120	第三節　債券的意義及種類	139
一、銀行放款訂價方式	120	一、依發行機構而分	139
二、中長期信用工具	122	二、依是否有利息而分	141
第二節　聯合貸款 (聯貸)	128	三、依其利率是否固定而分	141
一、聯貸的起源	128	四、依其清償優先與否而分	141
二、聯貸的意義	129	第四節　債券的評價模式	141
三、聯貸的銀行團及其職責	130	一、固定利率債券價格的計算	142
四、聯貸的對象、金額與期限	131	二、半年付息固定利率債券價格的計算	144
五、聯貸的動用與償還	131	三、折價債券價格的計算	145
六、聯貸的型態	132	第五節　債券的評等	146
七、聯貸的訂價及其費用	132	一、評等的意義	146
八、聯貸的準據法及管轄法院	132	二、信用評等制度	147
九、聯貸的程序	132	三、評等機構	148
十、聯貸契約	134	四、違約之評估	149
十一、專案融資	135	習　題	151

Chapter 6　股票市場　157

第一節　股票的種類與特性	158	二、臺灣的上市櫃程序	165
一、普通股	158	三、上市櫃之承銷價格	166
二、特別股的種類	160	四、承銷方式	167
第二節　股票市場結構	162	第四節　美國上市櫃之規定	170
第三節　臺灣上市櫃之規定	163	一、美國上市櫃之條件與程序	170
一、臺灣上市櫃之條件	164	二、美國企業發行證券之方式	172

第五節　現金增資	174	第七節　國際股市概況	180
一、增資的方式	174	一、歐美的跨洲交易所	180
二、現金增資之行情	175	二、英國的交易所	187
第六節　股票次級市場	176	三、德國的交易所	188
一、開戶及委託	176	四、日本的交易所	189
二、信用交易	177	五、香港的交易所	190
三、撮　合	178	六、韓國的交易所	191
四、交　割	178	七、中國大陸的交易所	191
五、股票保管	179	習　題	194

Chapter 7　共同基金　201

第一節　共同基金的分類	202	八、基金的評鑑	216
一、共同基金的意義	202	第三節　指數型基金	216
二、共同基金的型態	202	一、指數基金	216
三、共同基金的運作	203	二、指數股票型基金	218
四、共同基金的分類	203	第四節　結構型商品	221
五、臺灣的共同基金分類	209	一、結構型商品的意義	221
第二節　共同基金實務	210	二、結構型商品的種類	222
一、臺灣的共同基金交易	210	三、結構型產品的保本率與參與率	223
二、境外共同基金交易	211	四、結構型商品的風險	224
三、投資基金的費用及成本	211	第五節　共同基金的稅負	226
四、共同基金的投資策略	213	一、國內開放型基金的稅負	226
五、共同基金實務運算	214	二、國內封閉型基金及 ETF 的稅負	226
六、投資基金的收益	215	三、境外基金的稅負	226
七、投資基金的風險	215	習　題	229

Chapter 8　資產證券化與黃金市場　233

第一節　資產證券化	234	三、資產證券化的基本架構	236
一、資產證券化的意義	234	四、資產證券化的優缺點	238
二、資產證券化的發展	235	第二節　不動產證券化	240

一、不動產證券化的意義	240	四、投資黃金的報酬率	249
二、美國不動產證券化模式	240	五、黃金商品的稅負	255
三、臺灣不動產證券化	241	第四節　世界主要黃金市場	255
四、資產證券化商品的稅負	244	一、倫敦黃金市場	256
五、臺灣資產證券化發展概況	244	二、蘇黎世黃金市場	258
第三節　黃金市場概論	246	三、紐約黃金市場	258
一、黃金的特性	246	四、香港黃金市場	259
二、黃金用途的演變	246	五、黃金交易範例	261
三、黃金商品的種類	247	習　題	263

Chapter 9　外匯市場　267

第一節　外匯市場概論	268	一、匯率的意義	281
一、外匯市場的特色	268	二、匯率報價法	282
二、外匯市場的功能	268	三、匯率的漲跌	282
三、外匯市場的分類	269	四、匯率漲跌的衡量	284
四、外匯市場的參與者	272	五、外匯市場匯率雙向報價	285
第二節　國際主要外匯市場	272	六、外匯匯率報價單位	285
一、倫敦外匯市場	273	第四節　外匯交易實務	285
二、紐約外匯市場	274	一、即期外匯交易操作模式	285
三、巴黎外匯市場	276	二、遠期外匯交易操作模式	287
四、東京外匯市場	276	第五節　臺灣的外匯市場	291
五、蘇黎世外匯市場	277	一、臺灣外匯制度的演進	291
六、新加坡外匯市場	278	二、臺灣外匯市場現況	293
七、香港外匯市場	278	第六節　有效匯率指數	296
八、法蘭克福外匯市場	279	一、有效匯率指數的意義	296
九、全球外匯市場交易量分析	280	二、有效匯率指數的種類	296
第三節　匯率的報價	281	習　題	299

Chapter 10　境外金融中心　303

第一節　境外金融中心概論	304	一、境外金融中心的意義	304

二、境外金融中心發展的背景	305	
三、境外金融中心的類別與名稱	307	
四、境外金融中心成立的要件與效益	308	
第二節　境外金融中心的業務	**309**	
一、負債面業務	309	
二、資產面業務	311	
三、操作面業務	312	
第三節　全球主要境外金融中心	**313**	
一、歐　洲	313	
二、亞　洲	314	
三、美　洲	316	
第四節　臺灣的境外金融中心	**317**	
一、臺灣境外金融中心的設立	317	
二、臺灣的 OBU、OSU 及 OIU 主管機關、參與者及其型態	318
三、臺灣 OBU、OSU 及 OIU 的業務	318
四、臺灣 OBU、OSU 及 OIU 的往來對象	320
五、臺灣 OBU、OSU 及 OIU 的帳務處理	320
六、臺灣 OBU、OSU 及 OIU 的優惠	321
七、臺灣 OBU、OSU 及 OIU 的限制	321
八、臺灣境外金融中心現況	322
第五節　國際銀行	**323**
一、國際銀行的意義	323
二、國際銀行的優點與缺點	323
三、美國銀行的國際擴張模式	324
四、臺灣的國際銀行	327
五、中國大陸的國際銀行	329
習　題	332

Chapter 11　期貨與選擇權　　337

第一節　衍生性金融商品的意義	**338**
第二節　期貨商品及市場	**339**
一、期貨契約的發展	339
二、期貨契約的種類	339
三、世界主要期貨市場	341
四、期貨交易的特徵	349
第三節　期貨交易實務	**351**
一、商品期貨報價	351
二、外幣期貨報價	352
三、利率期貨報價	354
四、股價指數期貨報價	356
第四節　選擇權	**357**
一、選擇權的意義及起源	357
二、選擇權種類及重要觀念	358
第五節　選擇權的損益	**362**
一、選擇權契約基本操作方式	362
二、選擇權的損益特質	366
第六節　臺灣的期貨及選擇權市場	**366**
一、臺灣期貨及選擇權市場之沿革	366
二、臺灣期貨交易所推出之商品	367
三、臺灣期貨交易所期貨契約規格	368
四、臺灣期貨交易所選擇權契約規格	370
五、國外交易所之臺灣指數期貨	371
習　題	372

Chapter 12 其他衍生性金融市場　　377

第一節　遠期外匯交易　　378
一、遠期外匯合約的意義　　378
二、遠期外匯合約的應用　　378
三、遠期外匯合約的規範　　380
四、遠期外匯合約實例　　381

第二節　換匯交易　　382
一、換匯交易的意義　　382
二、換匯交易的種類　　383
三、換匯交易的功能　　384
四、換匯交易重要事項　　385
五、換匯交易與即遠期外匯交易的比較　　387

第三節　無本金交割交易　　388
一、無本金交割新臺幣遠期外匯　　388
二、無本金交割利率交換合約　　391
三、無本金交割匯率選擇權合約　　391
四、目標可贖回遠期外匯　　394

第四節　金融交換　　396
一、金融交換的意義　　396
二、金融交換的功能　　396
三、幣別交換　　397
四、利率交換　　399
五、換匯換利　　402

習　題　　405

Chapter 13 金融危機與改革　　409

第一節　金融危機概論　　410
一、金融危機的形成原因　　410
二、金融危機的過程與擴散　　412
三、金融危機的型態　　413

第二節　次級房貸危機　　415
一、次級房貸危機之起因　　415
二、次級房貸危機各國的狀況與行動　　416
三、次級房貸危機之後的思維　　418

第三節　金融業的公司治理　　419
一、公司治理之意義　　419
二、金融業的治理特性　　420
三、臺灣銀行業的公司治理　　421

第四節　金融改革　　424
一、英國的金融改革　　425
二、美國的金融改革　　428
三、日本的金融改革　　432
四、中國大陸的金融改革　　434
五、臺灣的金融改革　　436

習　題　　440

Chapter 14 銀行經營策略與併購　　447

第一節　銀行的經營策略　　448
一、策略概論　　448
二、公司整體策略　　449
三、事業策略　　451

第二節	銀行設立分行的策略	456	第四節　外資銀行在中國大陸的經營策略	466
一、設立分行的考量因素		456	一、外資銀行進入中國大陸之規定	466
二、分行之定位與經營型態		457	二、外資銀行在中國大陸之策略	467
三、分行的經營策略		457	三、各國銀行在中國大陸之概況	468
第三節	銀行併購	458	第五節　銀行策略的方法與應用	470
一、銀行併購概論		458	一、銀行達成策略的改造方法	470
二、併購之動機		460	二、賽局理論之策略	472
三、銀行併購之實證研究		461	習　題	475
四、銀行併購策略之應用		462		

Chapter 15　金融機構的風險與績效　　479

第一節	金融機構的風險	480	第四節　銀行經營績效的評估	499
一、信用風險		480	一、資本適足性	500
二、流動性風險		481	二、資產品質	500
三、市場風險		481	三、獲利性	502
四、作業風險		482	四、流動性	502
五、法律風險		483	五、敏感性	503
六、其他風險		484	六、成長性	505
第二節	自有資本適足率	485	第五節　銀行績效與風險的控管	505
一、自有資本適足率的計算		486	一、績效與風險的均衡	506
二、Basel III 核心內容		492	二、內部控制及稽核	507
第三節	不良資產	495	三、銀行內各單位績效評估	508
一、臺灣對逾期放款的分類		496	習　題	510
二、不良資產的因果		497	附　錄	516
三、不良資產的處理		498		

Chapter 16　商業銀行的業務管理　　519

第一節	商業銀行的收益與管理	520	三、股東權益報酬率的剖析	524
一、銀行的獲利		520	第二節　銀行放款業務管理	526
二、銀行資產與收支的關聯性		521	一、放款的程序與原則	526

二、企業信用模式	528	三、國外匯兌業務	543
三、銀行放款類別	530	第五節　分行業務管理	**544**
四、授信追蹤	535	一、開發客戶	544
第三節　銀行存款業務管理	**536**	二、客戶的維持與追蹤	546
一、存款種類	536	三、分行經理授信權限	547
二、存款的成本	538	四、分行外勤作業	547
三、存款配置與限制	539	五、分行內部管理	548
第四節　銀行國外部門業務管理	**540**	習　題	553
一、外匯交易管理業務	540		
二、進出口業務	542	**索　引**	**557**

第 1 章

金融市場概論

Economics　　　　　　　Stcok

Money

　　金融市場在 20 世紀蓬勃發展，成為企業存取資金的管道。本章介紹現代金融市場；首先，第一節說明金融市場的結構與特性；第二節介紹金融市場的分類；第三節敘述金融市場的功能與規範；最後，第四節討論地下金融市場。

金融市場
Financial Market

第一節　金融市場的結構與特性

金融市場 (Financial Markets) 是資金供需的市場，資金供給者與需求者利用各種金融工具 (如股票與債券)，以彼此同意的價格進行交易。

一、金融市場之結構

圖 1-1 描繪金融市場的基本結構及參與者，圖的中央列出了股票、債券、衍生性商品、外匯及貨幣市場；企業 (圖的右方) 除了向銀行借款，也可以發行股票及債券，從這些市場取得資金；投資人 (圖的左方) 除了與銀行往來 (存款與借款)，也與其他金融機構 (圖的上方) 交易，並投資企業所發行的股票及債券。

圖 1-1 的下方為商業銀行，是一般人較熟悉的金融機構，扮演資金中介者 (Intermediary) 之角色；另外，圖 1-1 的上方為其他金融機構，包括投資銀行 (證券)、投信公司、保險公司、退休基金、創投與私募基金、周邊金融事業等，亦為金融市場的主要參與者，這些機構提供多元化的商品與服務，並具有穩定市場之功能。

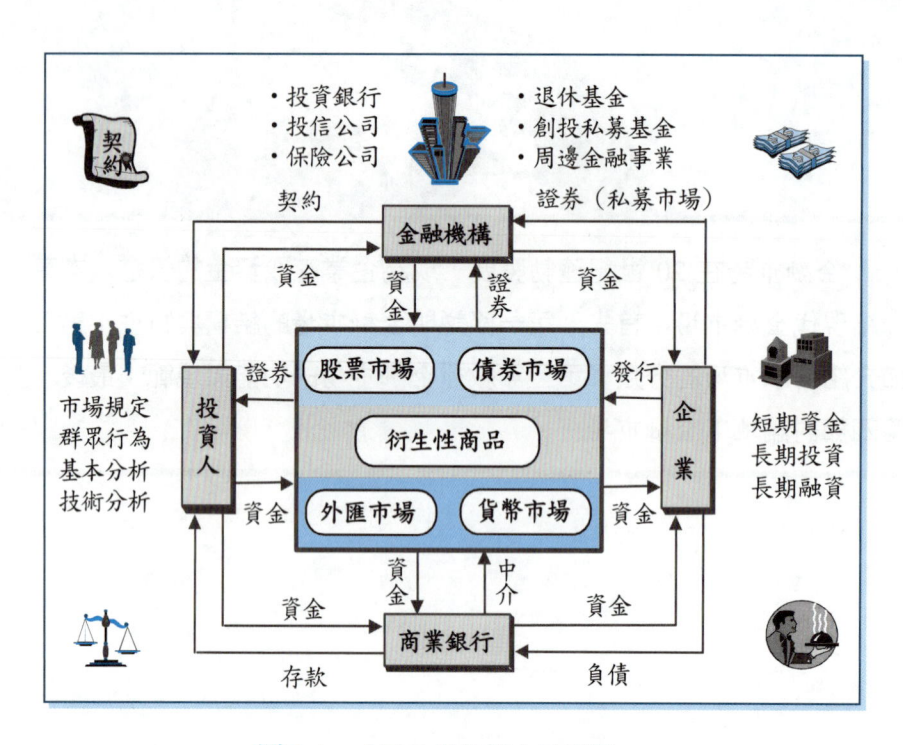

圖 1-1　金融市場結構之示意圖

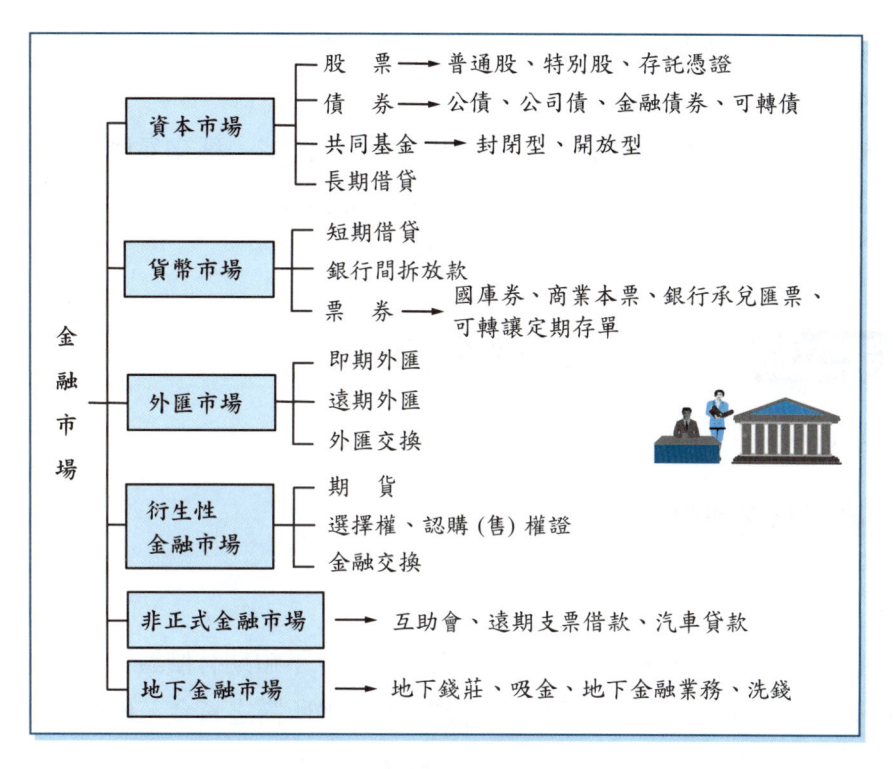

```
金融市場 ┬─ 資本市場 ┬─ 股　票 → 普通股、特別股、存託憑證
         │          ├─ 債　券 → 公債、公司債、金融債券、可轉債
         │          ├─ 共同基金 → 封閉型、開放型
         │          └─ 長期借貸
         ├─ 貨幣市場 ┬─ 短期借貸
         │          ├─ 銀行間拆放款
         │          └─ 票　券 → 國庫券、商業本票、銀行承兌匯票、可轉讓定期存單
         ├─ 外匯市場 ┬─ 即期外匯
         │          ├─ 遠期外匯
         │          └─ 外匯交換
         ├─ 衍生性金融市場 ┬─ 期　貨
         │                ├─ 選擇權、認購(售)權證
         │                └─ 金融交換
         ├─ 非正式金融市場 → 互助會、遠期支票借款、汽車貸款
         └─ 地下金融市場 → 地下錢莊、吸金、地下金融業務、洗錢
```

圖 1-2　金融市場之商品

圖 1-2 描繪各類金融商品，其中資本、貨幣、外匯及衍生性市場之商品將分別在後續的章節中作進一步的介紹。不難瞭解，先進國家的「金融市場」相對發達，商品種類眾多，創新速度也較快；而在金融管制嚴格、成熟度較低的發展中國家內，地下金融的活動較旺盛。

二、金融市場之特性

金融市場具有下列幾項特性：

1. **重視信用**：金融市場是一個依賴誠信的市場，無論銀行、保險、證券、票券、證券信託等機構，都是建立在客戶信任的基礎上來經營，欠缺誠信基礎者，將難以在金融市場上存在。
2. **資金交易**：金融市場進行各種債權、債務、投資或資金調撥關係，主要是為了完成資金交易活動。
3. **自由進出**：金融市場是一個開放性的市場，任何企業及個人，只要有足夠的資金，均可以在金融市場中進出。

4. **追求利益**：金融市場講求效率、追求績效，不太注重個人的關係，以追求最大的利益為依歸。
5. **無形市場**：金融市場可以是一個場所、交易網路或一種交易機制，許多交易的參與者並未在固定場所內進行買賣，而是以電話、電報、電訊、網路等工具進行交易，形成一個抽象而無具體營業場所的市場。

第二節　金融市場的分類

金融市場可以用不同的方式來分類，介紹如下。

一、金融工具之期限

金融市場依金融工具期限可區分如下：

1. **貨幣市場 (Money Markets)**：從事到期日 1 年以下短期有價證券之發行與買賣的市場，其主要功能在協助短期資金需求者取得所需之資金。例如，銀行間拆放款市場、短期貸放市場(含信用卡)、貼現市場等。
2. **資本市場 (Capital Markets)**：從事到期日 1 年以上長期有價證券之發行與買賣的市場，其主要功能在協助中長期資金需求者取得所需之資金。例如，股票市場、債券市場等。

二、資金移轉方式

金融市場依供給者移轉資金給需求者的方式(如圖 1-3 所示)可區分如下：

1. **直接金融市場 (Direct Financial Markets)**：資金需求者不透過金融機構，而以本身直接發行的金融工具籌措資金，供給者將資金直接移轉給需求者之市場。例如，企業發行股票及公司債以籌措長期資金，或發行商業本票及銀行承兌匯票以籌措短期資金。
2. **間接金融市場 (Indirect Financial Markets)**：資金供給者透過金融中介機構，將資金移轉予資金需求者之市場。例如，銀行、保險公司等吸收客戶存款，再放款給資金需求者。

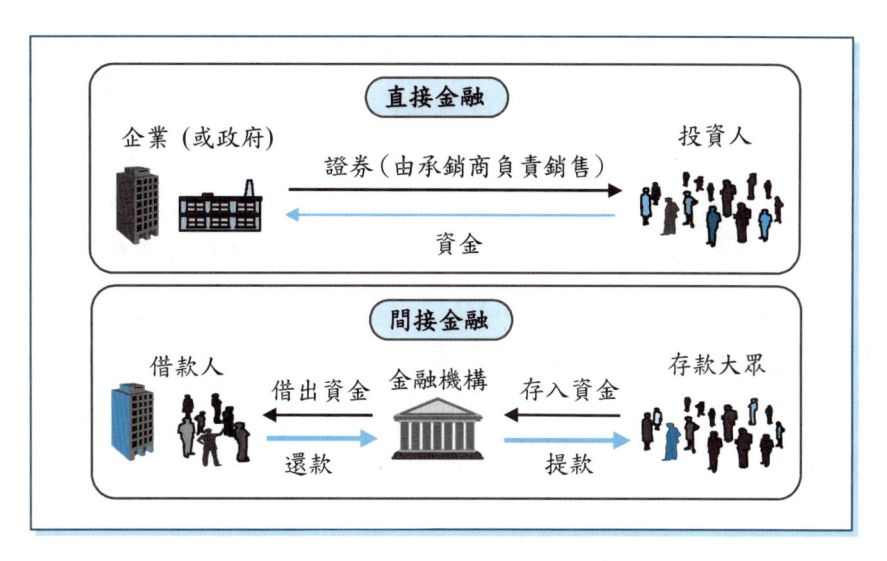

圖 1-3　直接金融與間接金融示意圖

三、首次發行與否

金融市場依發行時間 (如圖 1-4 所示) 可區分如下：

1. **初級市場 (Primary Markets)**：又稱為發行市場，是發行人首次發行有價證券，出售給投資人之市場。公司首次發行股票時，一般稱為**初次上市櫃 (Initial Public Offerings, IPOs)**，上市櫃後再度發行股票，稱為**現金增資 (Seasoned Equity Offerings, SEOs)** 或**再次公開發行 (Secondary Public Offerings, SPOs)**。

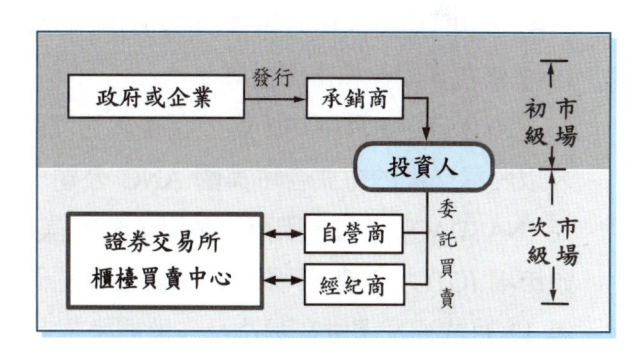

圖 1-4　初級與次級證券市場示意圖

2. **次級市場 (Secondary Markets)**：又稱流通市場或再分配市場，在有價證券初次發行後，投資人之間進行交易的市場。

四、交易場所

金融市場依交易場所可區分如下：

1. **上市櫃市場 (Public Markets)**：可再區分為上市 (集中) 及上櫃市場。

(1) 證券交易所 (Stock Exchange)：證券買賣雙方經由經紀商在集中交易場所內，利用人工及電腦撮合進行交易的市場。例如，美國洲際交易所集團 (ICE) 旗下之紐約證券交易所 (NYSE)；不過，現代各國的證券交易所大多已取消人工喊價，改用電腦撮合交易，例如，倫敦、東京與臺灣等交易所。

(2) 櫃檯市場：交易商使用電腦報價，投資人以該報價進行證券交易的市場。例如，美國那斯達克市場 (NASDAQ)、臺灣的上櫃股票市場；事實上，這些市場皆是由過去的店頭市場 (OTC) 演變而來的。

2. 店頭市場 (Over-The-Counter Market, OTC)：由交易商向客戶報價，彼此商議並同意價格後，即完成交易的市場。例如，銀行承做外匯及金融交換之市場。

例 股票上櫃問題

臺灣燦×實業成立於 1978 年，以生產小型家電 (如咖啡壺、電熨斗及果汁機等) 為主，並自創品牌，後來於各地開設電器賣場。燦×為了擴大營業，1988 年正式於中國廈門營運，1993 年燦×以其廈門公司之名義於深圳證券交易所上市 (B 股)，1997 年在臺灣櫃檯市場掛牌。

2001 年 10 月中旬，燦×在臺灣召開說明會，表示同年 11 月將在美國掛牌 (燦×以股權交換的方式合併美國 ANC 公司，更名為新公司)；不少人以為是在那斯達克 (NASDAQ) 上櫃，因而以每股 8～10 美元認購，但實際上，此一美國公司是在店頭市場 (OTC) 掛牌 (不須向美國證管會註冊)，實際股價只有 0.1 美元。檢方在 2004 年 12 月依違反證券交易法及詐欺罪嫌提起公訴，2007 年 7 月一審將原負責人判刑三年半。

五、求償權順序

金融市場依求償權順序可區分如下：

1. 債務市場 (Debt Markets)：指商業本票 (Commercial Papers)、政府公債 (Government Bond)、公司債 (Corporate Bond)、金融債券 (Financial Bond) 等有價證券之發行與買賣的市場。

2. 權益市場 (Equity Markets)：指股票 (Stock) 之發行與買賣的市場，或稱股票市場。

六、交易金額

金融市場依交易金額可區分如下：

1. 批發市場 (Wholesales Markets)：指資金交易金額較大的市場，主要對象為法人 (如企業與基金)。例如，銀行的法人 (企業) 金融部門，放款金額頗大；又如初次上市櫃 (IPO) 市場，出價的法人所認購的金額龐大。
2. 零售市場 (Retail Markets)：資金交易金額較低的市場，主要對象為一般個人。例如，汽車貸款與信用卡業務。

七、國界與規模

金融市場依國界與規模可區分如下：

1. 國際金融市場 (International Financial Markets)：指資金交易範圍或業務跨越國際的金融市場，規模龐大。例如，倫敦金融市場、紐約金融市場等。
2. 區域金融市場 (Regional Financial Markets)：指資金交易範圍或業務包含某個區域的數個國家。例如，香港與新加坡市場。
3. 國內金融市場 (Domestic Financial Markets)：指資金交易範圍或業務僅限於國內之金融市場，規模相對較小。例如，臺北外匯市場。

八、市場合法性

金融市場依合法性可區分如下：

1. 正式金融市場：合法且納入金融主管機關管理之市場，區分如下：
   (1) 公開市場：係指具制度化、標準化之市場。例如，證券市場中之股票、公債、商業本票等商品之買賣。
   (2) 商議市場：係指不具一定制度化、標準化之市場。例如，貸款市場中之借貸雙方可以商議貸款條件，將議定之條件記載於契約中。
2. 非正式金融市場：未依金融法規登記設立，不受金融主管機關管理約束的金融市場。例如，民間互助會、遠期支票借款、汽車借款等。
3. 地下金融市場：非法交易之金融市場。例如，地下錢莊、非法吸金等。

第三節　金融市場的功能與規範

　　試想如果沒有金融市場，一般大眾要處理資金與投資將極為不便，這代表金融市場對大眾具有功能；不過，金融市場若出現問題，影響層面廣泛且深，因此各國皆對其金融市場加以規範。

一、金融市場的功能

　　金融市場的功能描繪如圖 1-5 所示，簡述如下：

1. **流動性與安全性**：金融市場提供存款、提款、轉帳及匯款系統的安全性，快速地完成並保障各種交易，因而加速了資金與金融商品的流通。例如，商業銀行之存在讓匯款迅速完成，證券交易所之存在讓投資人在數秒鐘或數分鐘內買賣股票和債券，提高大眾從事交易之意願。
2. **節省成本**：金融市場可以降低尋找成本及融資成本。

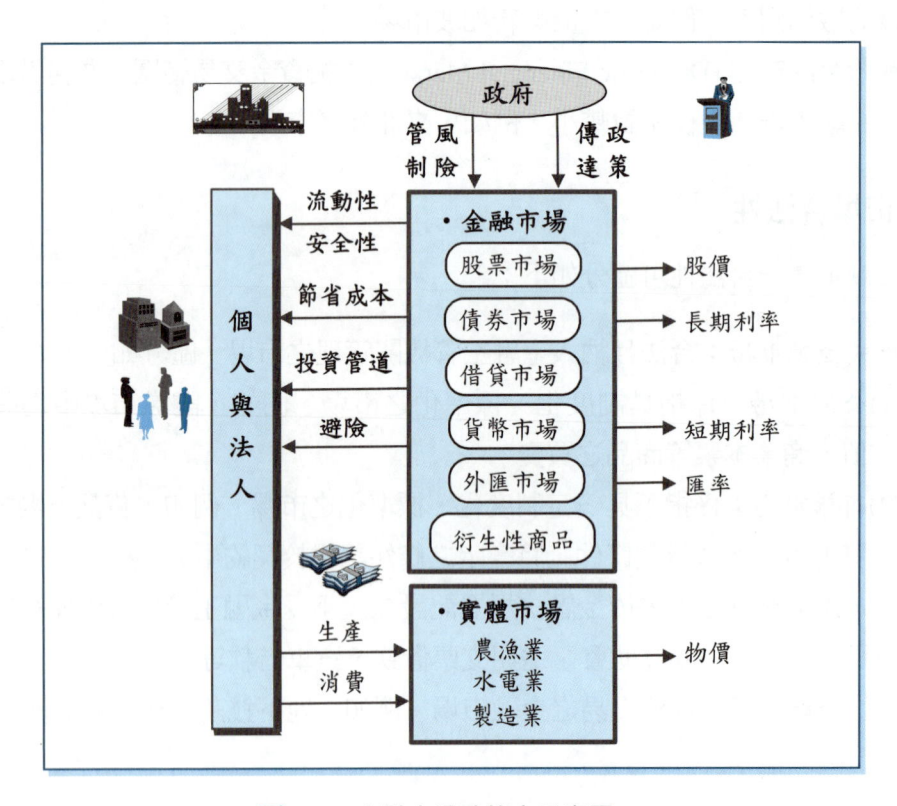

圖 1-5　金融市場功能之示意圖

(1) 尋找成本 (Searching Costs)：金融機構可以降低資訊不對稱 (Information Asymmetry) 的問題，減少一般人蒐集資訊之成本。例如，借出資金者往往不知道借入資金者的實際狀況，必須蒐集對方的資訊，但因銀行之存在，會負責調查借款者的信用，借出資金者將資金存在銀行，不須蒐集資訊，又可獲得保障。

(2) 融資成本 (Financing Costs)：金融機構具有規模經濟，可以降低借款成本，例如，民間借款利率遠比銀行利率高。

3. 投資管道：金融市場提供多元化的金融商品，滿足各種不同目的之交易。例如，各類股票、外匯存款及衍生性金融商品。

4. 避險功能：金融市場提供各種避險工具 (如遠期外匯、無本金交割遠期外匯、無本金利率交換、期貨、選擇權等)，可以讓投資人運用，以便規避風險。

5. 管制風險：政府監督金融市場，使其在安定的環境下運作，給予一般人基本的保障；另一方面，社會大眾將資金交由金融機構，以專業知識營運，並利用不同金融工具降低投資風險，間接地控制了社會大眾的風險，因而促進經濟體系的安定。

6. 傳達政策：政府為了避免通貨膨脹或通貨緊縮，可能會實施各種貨幣政策 (公開市場操作、重貼現率、法定存款準備率政策、外匯市場操作、選擇性信用管制等)，這些措施必須經由金融市場運作，在通貨膨脹時，收縮信用，穩定物價；通貨緊縮時，則創造信用，避免經濟蕭條。

二、金融市場的規範

規範金融市場之目的是為了促進金融機構之有效經營與市場健全發展，圖 1-6 以金融控股公司為基礎，描繪法令對金融機構的規範，包括對機構之設立與營業、對大眾之保護及資訊揭露等項目[1]；另外，圖 1-6 上方顯示，金融機構的規範會隨國際的規範、金融創新及國際市場風險的變動而更新。

1. 法令之規範

法令對金融機構之規範可歸納如下：

(1) 設立與業務：金融事業多半為特許行業，政府會訂定專門法令，規範各類金融

---

[1] 臺灣尚無大型的投資銀行，但有許多證券公司，可視為投資銀行的部分業務。

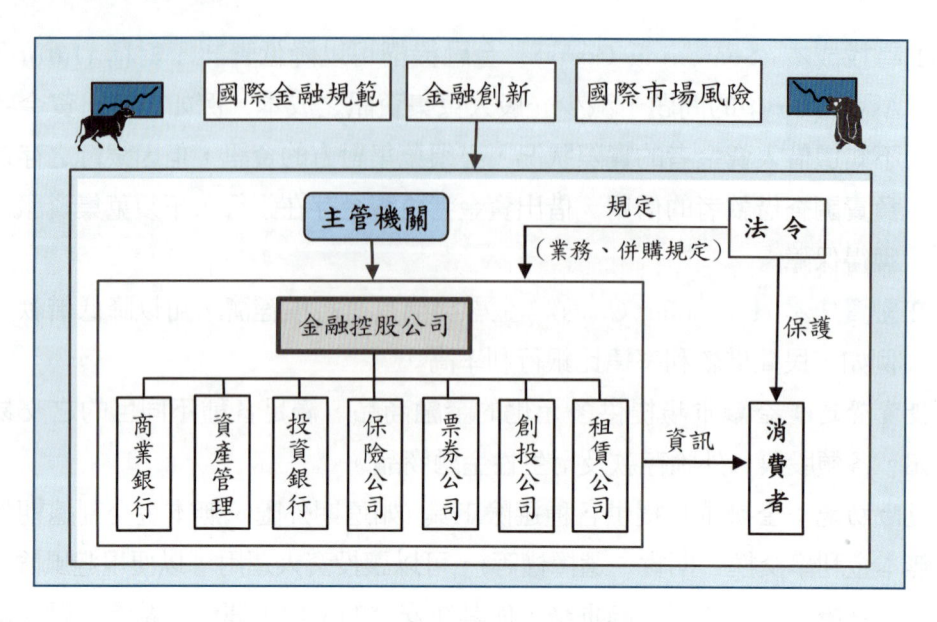

圖 1-6　金融市場規範之示意圖

業務 (如銀行法、證券交易法及保險法等) [2]，限制其設立條件 (如資本額) 及業務範圍 (如防火牆之設置)。

(2) 併購：當金融機構發生合併與分割事件時，可能對股東及市場產生重大影響；但另一方面，政府樂於見到績效好的機構合併績效差的機構。因此，政府會訂定法令規範及鼓勵這些活動 (金融機構合併法)。

(3) 保護消費者：金融機構發生嚴重的問題時 (如違約或倒閉)，投資人或存款大眾可能蒙受重大損失，進而演變成金融風暴；因此，先進國家多半會設立賠償機構 (如證券投資人保護基金及存款保險公司)，政府也會訂定法令 (如臺灣的重建基金條例、營業稅法、存款保險條例)，規範問題金融機構之處理程序與方法。

(4) 資訊揭露：金融機構和一般公司一樣，必須定期揭露財務、業務及內部人持股資訊；發生重大事件時，必須公告。

2. 主管機關之監理制度

金融事業若隱藏著風險，等到發生問題時，可能產生骨牌效應，造成市場信心

---

[2] 臺灣有關金融機構業務之法令包括銀行法、證券交易法、證券交易法施行細則、證券商設置標準、券商管理規則、證券投資信託事業管理規則、期貨投資信託事業管理規則；另外，臺灣在 2001 年制定了數個法令 (俗稱金融六法)：金融控股公司法、保險法、票券金融管理法、行政院金融重建基金設置及管理條例、加值型及非加值型營業稅法、存款保險條例。

危機，處理上往往費時費力，甚至引發金融風暴；因此，政府必須在平時就監督金融機構，以便控制風險。

1990 年代以來，由於不同型態金融機構的整合，使金融控股公司家數急遽增加，金融商品與業務的界限變得愈來愈模糊，各國金融監理機關意識到多元化的監理架構可能產生系統性風險。因此，許多國家包括英國、日本、澳洲、瑞典、德國、挪威、丹麥、新加坡、韓國及奧地利等國，將銀行、證券及保險業合併監理成為一元化金融監理制度，此一作法乃成為各國金融監理制度的發展趨勢。

於是，各國為提升對金融機構的監管效率，紛紛採用一元化金融監理制度，由單一機關統籌管理金融機構與市場。2008 年美國次級房貸引發全球金融危機，讓一些先進國家驚覺一元化金融監理制度，仍無法防範此一系統性風險的發生，英國乃於 2013 年率先揚棄一元化金融監理制度，改採由雙機構分別負責審慎監理及金融行為監理的二元化金融監理制度。

例 單一金融監理制度

臺灣在 2004 年 7 月成立「金融監督管理委員會」(金管會)，下設銀行局、證券期貨局 (簡稱「證期局」)、保險局及檢查局，分別統籌銀行、證券與期貨、保險與金融檢查等相關事務，將金融監理一元化，其組織結構如圖 1-7 所示。

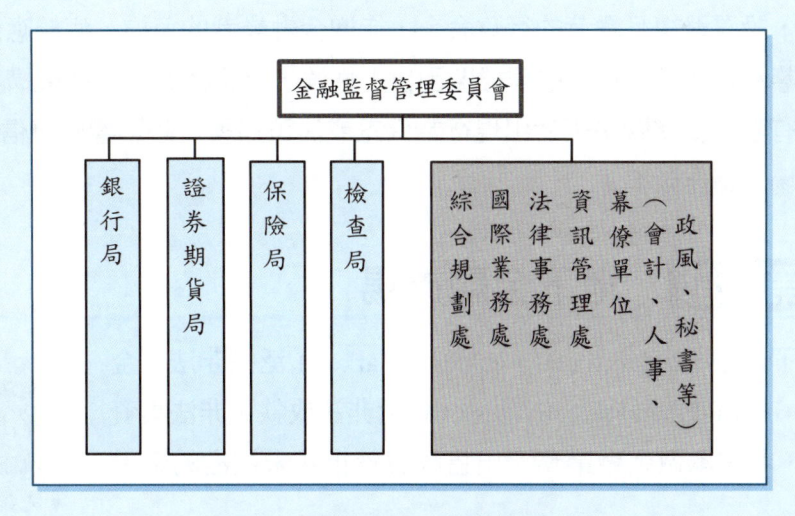

圖 1-7 臺灣金管會之組織結構

◊ 採用一元化金融監理制度的優點歸納如下：

1. **權責分明**：政府若有多個金融監理機關，往往會相互推卸責任，單一的監理機關可以讓權責分明。
2. **減少監理套利機會**：現代金融商品愈來愈複雜，若有多個監理機關，業者會選擇對自己最有利的監理機關，減少被監督之程度。例如，某機構發行具有期貨性質的商品，附加保險性質後，由保險主管機關負責監督，而非由證券主管機關負責，但保險主管機關對證券風險的規定可能較不嚴謹，對消費者並不利。
3. **分享資訊**：單一監理機關可以讓各專業部門加強橫向溝通，分享資訊。例如，某金融控股公司的保險商品發生問題，產生鉅額虧損，保險主管單位在知悉後，銀行主管單位也會立即獲知。
4. **專業性**：單一監理機關可以培養更專業的人才，並可組成具有不同金融專業的團隊，有效發揮監理功能。

- 權責分明
- 減少監理套利機會
- 分享資訊
- 專業性

◊ 金融監理機關一元化也會有缺點，簡述如下：

1. **權力膨脹**：單一監理機關的組織龐大，容易產生傲慢、官僚及濫權之習性。
2. **管理過嚴**：單一監理機關因權力集中，為了展現權力，可能會扭曲法律的解釋，設置繁複且嚴苛的行政命令，徒增金融業者的負擔，疲於應付。
3. **影響層面廣泛**：單一監理機關因自主性強，上級機關與制衡機構(如國會)的監督有限，當機關決策者出現行為偏差或決策錯誤，將影響政府信譽及整體金融市場的運作效率。

第四節　地下金融市場

地下金融 (Underground Financial Markets) 泛指非法之金融活動 (Illegal Financial Activities)，包括非法放款、非法集資(吸金)、非法承做金融業務、出售政府禁止或未核准的金融商品等。

- 非法放款
- 非法集資
- 地下金融業務
- 洗錢
- 未核准金融商品

地下金融對經濟的危害性可歸納如下：

1. **擾亂國家政策**：擾亂國家的貨幣與外匯政策，降低政府施政之效率。
2. **擴張信用**：地下金融提供借款管道給能力不足者，擴張不必要信用。
3. **危害社會安全**：提供非法資金，有利於黑道組織發展，發生暴力討債、家破人亡的社會事件；另外，非法資金亦助長賭博、貪污、走私、販毒等犯罪活動，危害社會。
4. **交易風險**：透過地下金融的交易缺乏法律保護，容易有詐欺之情事。
5. **影響稅收**：非法金融業者並未繳稅，對合法業者不公平。

一、非法放款

非法放款係指以獲利為目的、借款給他人之經常性行為，亦即以高利貸 (收取高利息) 為業之地下錢莊，提供短期資金給企業或個人週轉；地下錢莊依是否為法人可分為：

1. **私人地下錢莊**：沒有法人身分，利用熟人或小型廣告招攬生意；當債務人無法如期還款，往往會採取較激烈或極端的手段，脅迫還債。
2. **組織型之地下錢莊**：成立合法公司，但實際上從事借貸業務，借款金額相對較高；此種錢莊往往會要求借款人提供抵押品，例如，以房地產作為抵押，但由於借款人大多已向銀行借款，因此求償權通常為第二或第三順位 (即俗稱之二胎、三胎)。

一般而言，一個國家的貧富差距愈大、具有較多的中小型及微型企業、金融機構放款愈重視抵押品，則地下錢莊的活動愈頻繁。

二、非法集資

非法集資係指以投資為名義，吸收個人或企業的資金，給予高額的利息或紅利，但實際上並未從事投資活動，支付一段時間的利息後，負責人見時機成熟即捲款逃離。常見非法集資方式如下：

1. **投資公司**：成立投資公司，從事代客操作的工作，聲稱可藉由操作金融商品或買賣不動產而獲利，保障收益率。
2. **實體公司**：成立從事「實業」之公司，以高價販售低廉的商品，例如，靈芝、健康食品、藥品、醫療器材及鑽石等。這種公司大多號稱高獲利，要求參加者

(先僱用為員工) 繳交入會費，先購買一些產品，再推薦親戚朋友加入會員，可以抽取佣金，一傳十、十傳百 [俗稱之老鼠會 (Pyramid Scheme)]，以內部集資方式吸收大眾的資金。

3. 標會：以民間互助會方式吸金，給予較高的利息。

圖 1-8 描繪非法吸金的基本方式，假如吸金公司承諾利率 20%，在時間 T1 時，A 群投資人交付 100 元；到了時間 T2，吸金公司將 B 群投資人交付 100 元中的 20 元作為利息給 A 群投資人；到了時間 T3，再將 C 群投資人交付 100 元中的 40 元分別作為利息給 A 群與 B 群投資人；直到公司無法再收到額外金額為止。不難瞭解，當吸金公司一旦發生償付危機，將造成金融市場之動盪與社會問題。

例 非法吸金

美國金融界名人馬道夫 (Bernard L. Madoff) 曾任那斯達克交易所董事會主席，他所設立的避險基金每個月至少有 1% 的報酬率，主要的投資人包括知名銀行 (如香港匯豐銀行、法國巴黎銀行、西班牙國家銀行及瑞士銀行)、非營利基金會、大學、企業主及知名藝人等。

2008 年 9 月中旬，雷曼兄弟公司 (Leman Brothers Holdings Inc.) 引發金融風暴後，部分投資人要求贖回本金，馬道夫被自己的兒子檢舉，才發現馬道夫的基金竟是空頭的吸金公司，騙局超過了 20 年，詐騙金額高達 650 億美元，受害人損失慘重。

2009 年，檢察官指控馬道夫犯下證券欺詐、偽證、洗錢等 11 項罪名，同年 7 月法院判決 150 年的徒刑。

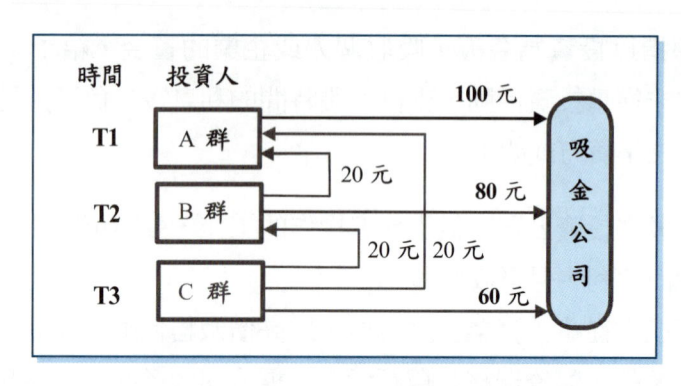

圖 1-8　吸金公司的基本運作方式

例　互助會

臺灣葉姓商人 1993 年創立了大臺中互助會，1995 年成立鉅×資產管理顧問公司，經營民間互助會，對外招收會員，以二年為一個會期，會員每個月繳納新臺幣 8,800 元，可獲息 1,200 元，公司每個月收取服務費 200 元 (利率約 11.4%)；第二個月起每期以電腦抽籤決定得標者，領回已繳會款及利息後退出；其餘未得標者繼續按月繳交會款，最後一期得標可領回 24 萬元。

鉅×擁有龐大的資金後，投資房地產及百貨業，還取得臺中市政府第一個重大公共工程 BOT 案，在臺中市文心路、大業路口興建商場，作為該集團之總部。

2007 年 5 月，臺中地檢署認為鉅×以銀行零存整付的方式吸金約 800 億元，若發生倒會，將嚴重影響金融秩序，將相關人員以違反銀行法起訴，結果一審無罪。2008 年 12 月二審出現戲劇性變化，法院將葉姓負責人判刑 10 年，另三名幹部各判刑 8 年。

三、地下金融業務

常見非法之金融業務包括下列幾種：

1. **期貨**：在沒有合法期貨市場的國家，地下期貨業者會以其他國家 (或地區) 的期貨為標的，提供給投資人從事交易。
2. **證券**：上市櫃證券的買賣必須透過正式管道，未上市櫃證券則可私下交易，但此種交易卻會出現詐欺之情事。例如，捏造或誇大公司利多消息、出售空頭公司之證券。
3. **外匯**：不少地下業者提供外匯保證金交易，常見的狀況如下：
   (1) **代客操作**：通知客戶將資金匯入國外 (如香港) 帳戶，但實際上，帳戶根本是業者註冊的空殼公司；然後提供虛偽的交易資訊，最後告訴客戶，資金已全部虧損。
   (2) **撮合**：真的將資金匯到外匯交易商帳戶，撮合作多與作空的客戶，賺取佣金。
   (3) **對賭**：業者看準行情，採取與客戶相反的投資決策，業者若獲利，客戶便虧損；業者若虧損，就找理由搪塞。例如，謊稱交易系統故障，沒有幫客戶下

單。

4. **黑市**：黑市 (Black Market) 通常是因為受到法令或稅負限制，而衍生出的非法市場。例如，在外匯管制國家，匯率變動不自由，不符合市場供需，人民便私下交易，需求較高的幣別會有較佳的價格。除了外匯，常見的黑市還包括藥品、軍火與菸酒等商品。

5. **地下賭盤**：在具有合法期貨的國家中，地下期貨多半是把期貨當成賭博工具，業者自訂交易規則，與「投資人」對賭。以臺灣為例，有一些地下盤口 (莊家) 與客戶對賭金融商品 (指數、個股及債券等) 價格，亦即俗稱哈達的空中交易，一天分 2～3 盤交易。例如，大盤 6,000 點時，賭客利用電腦、電話在家下注買入 10 口期貨指數，不須繳交保證金，一小時後若大盤漲到 6,100 點時賣出，賭客就贏了 20 萬元 (100 點×\$200 / 點×10 口)；反之，當時買跌則輸 20 萬元。不過，當遇上臺股劇烈變動，客戶賭贏了，業者可能會因賠不起而不認帳；若是客戶賭輸了不付錢，業者可能會用激烈的手段討債。

一般認為，這種地下賭盤並不會明顯地影響正式的金融市場；但在小規模市場 (交易量低) 中，財力雄厚的賭客若同時在正式市場中賣出 (買入)、在地下賭盤中買入 (賣出)，仍會影響行情。

例 證券詐欺

1998 年臺灣楊姓三兄弟成立「全球統一集團」，旗下設立多家子公司，銷售未上市櫃股票；該集團僱用年輕的員工推銷所持有的未上市櫃股票，向投資人鼓吹利多消息，但實際上這些未上市股票皆為空頭公司，投資人因受騙而蒙受虧損；後來楊姓三兄弟因證券詐欺罪判刑。

到了 2005 年，楊姓三兄弟另行籌設「世界科技集團」，手法類似「全球統一集團」，以「老鼠會」方式誘使新進員工購買該集團旗下公司之未上市櫃股票，以達吸金之目的。

2007 年，前「全球統一集團」的幹部主動聯繫曾受騙客戶，表示要幫忙處理形同廢紙的未上市櫃股票，以靈骨塔位換取當時被騙的金額。但客戶要賣出靈骨塔位時，須製作統一規格的牌位，每個單位要另繳新臺幣 6 萬元左右，進行二度詐財。

四、洗　錢

洗錢 (Money Laundering) 是將犯罪或其他非法手段所獲得的金錢，經過一些程序讓該筆金錢看似合法。洗錢通常與貪汙、經濟犯罪、毒品交易、黑道及恐怖活動等重大犯罪有關，通常會以跨國方式進行洗淨之動作。

常見的洗錢方式可歸納如下：

1. **人頭帳戶匯款**：以別人的名義設立人頭帳戶，將錢存入該帳戶。由於充當人頭的人多半不會有很高的所得，收入水準與銀行存款明顯地不相當，因而往往再到海外設立帳戶，經由多次轉匯與結清，流入目的帳號。不過，使用人頭帳戶匯款可能會出現黑吃黑的情形 (人頭把銀行的錢領走)，因此通常不會讓人頭知道國內與海外帳戶。
2. **地下匯兌**：利用地下匯兌將錢換成外幣 (少數珠寶商及銀樓會承做)，存入指定帳戶，或購買外國銀行本票、無記名債券。
3. **賭場兌換**：至賭場兌換，可以聲稱錢是在賭場贏來的。
4. **合法公司**：成立合法公司，以灌水的方式誇大營業額，或假造與海外紙上公司有商業交易，然後將錢匯至對方帳號，洗成合法的金錢。
5. **捐贈基金會**：以假捐贈的方式成立基金會，再以各類活動將基金會的錢套出。
6. **購買動產**：購買高價位產品，例如，鑽石、珠寶、藝術品或古董，攜帶或寄至海外出售，再存入海外帳戶。
7. **旅行支票**：兌換成外幣旅行支票，攜帶至海外；海關通常會限制外幣攜帶的金額，超過限額者應向海關申報，未申報者超出部分會被留下紀錄或被沒收。

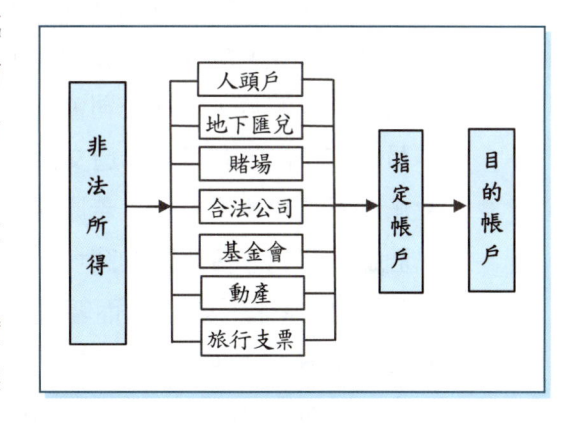

1980 年，西歐國家開始提倡國際間的銀行合作，打擊洗錢活動；1989 年 7 月，西方 7 國經濟高峰會議後，由 29 個國家、歐洲委員會及海灣合作委員會成立國際金融反洗錢特別工作小組 (Financial Action Task Force on Money Laundering, FATF)，將反洗錢納入司法制度和金融監管體系，並建議各國打擊洗錢活動。除此之外，1995 年多個國家成立艾格蒙聯盟 (Egmont Group Financial Intelligence Units,

FIUs)，主要目的是提供國際資金移轉之情報給各國政府，以便於監督與防治該國之洗錢活動，進而打擊恐怖主義犯罪。臺灣於 2016 年制定「資恐防制法」、於 2017 年制定「金融機構防制洗錢辦法」及「銀行業及電子支付機構電子票證發行機構防制洗錢及打擊資恐內部抗制要點」，全面防制洗錢及打擊資恐主義。

五、未經核准金融商品

市場上常以地下來稱呼一些不合法的金融商品，如地下基金與地下保單；這些商品有兩種情況：第一是假造的商品，以詐騙為目的，在這種情況下，投資人往往血本無歸；第二則是未經當地國政府核准的商品，例如，國外機構所發行的基金、保單與連動債券等，未依規定申請登記，卻銷售給國內的投資人。

未經政府核准的地下金融商品有下列缺點：

1. **欠缺公權力之保護**：購買地下商品若產生爭議或理賠糾紛時，當地國並無主管機關負責把關，投資人因而沒有申訴管道；若有必要訴諸法律，必須在發行公司所在國 (或註冊國) 的法院提出訴訟，公權力的保護薄弱。
2. **公司及人員風險較高**：發行人未將商品在當地國登記，通常是因為規模較小、信用評等較差，這種公司會有較高的破產風險。另外，如果地下商品的業務人員操守不佳，有可能偽造文書，將商品或權利占為己有。
3. **服務及處理速度較慢**：若原先接洽業務的人員離職，不見得有人接替，客戶會面臨找不到售後服務的窘境；另外，當客戶想要贖回基金或申請理賠，往往因為文書作業程序與往返而曠日費時。
4. **稅負問題**：就地下保單而言，投保人所支付的保費不可列舉為所得扣除額，保險公司所給付的保險金也不適用當地國之遺產及贈與稅法、保險法的規定，領回的款項可能要繳納國外的遺產或贈與稅。

例 非法金融商品

位於美國加州的保盛豐集團 (Private Equity Management Group) 銷售金融商品 (連動債券)，被懷疑為空頭公司，2009 年 4 月，美國證管會指控集團涉嫌證券詐欺，執行長彭日成被凍結資產與限制出境。2009 年 10 月出庭前在家中猝死。

保盛豐的銷售額約有 70% 來自臺灣 (多在 2003 年出售)，共有 6 家臺灣的銀行買入其商品，金額估計約 7.46 億美元 (折合新臺幣近 250 億元)，受害投資人約 1.6

萬人。由於保盛豐的商品未經臺灣金融主管機關核准,「傳聞」是透過金×證券公司代銷,有違法之嫌。2010 年 3 月,檢調單位至金×證券公司總部與負責人家中搜索,並約談相關人員。

習題

一、選擇題 (單選)

(　) 1. 發行與買賣到期日 1 年以下有價證券的市場為下列何者？　(A) 貨幣市場　(B) 資本市場　(C) 集中市場　(D) 權益市場　(E) 非正式金融市場。

(　) 2. 票券發行後的買賣市場為下列何者？　(A) 貨幣市場、集中市場　(B) 資本市場、集中市場　(C) 權益市場、初級市場　(D) 貨幣市場、次級市場　(E) 地下金融市場、間接金融。

(　) 3. 上市股票在交易所中的買賣是屬於何種市場？　(A) 貨幣市場　(B) 債務市場　(C) 票券市場　(D) 初級市場　(E) 次級市場。

(　) 4. 某廠商有一筆 3 個月期的美元應收帳款，因而與某銀行商議，賣出該筆美元、買入新臺幣；此種交易是屬於何種市場？　(A) 期貨集中市場　(B) 外匯店頭市場　(C) 資本集中市場　(D) 權益店頭市場　(E) 貨幣初級市場。

(　) 5. 以高利貸借款給他人之非法組織為下列何者？　(A) 地下期貨　(B) 地下外匯　(C) 地下錢莊　(D) 老鼠會　(E) 互助會。

(　) 6. 下列有關買入未經當地國政府核准的商品敘述中，何者最正確？　(A) 公權力的保護薄弱　(B) 售後服務的期間長　(C) 贖回或申請理賠的速度快　(D) 發行人的信用佳　(E) 在黑市中的交易價格高。

二、簡答題

1. [金融市場結構] 簡述金融市場中主要的商品及金融機構。

2. [金融市場功能] 簡述金融市場的功能：(1) 流動性與安全性；(2) 節省成本；(3) 提供投資管道；(4) 避險功能；(5) 管制風險；(6) 傳達政策。

3. [一元化金融監理] 簡述一元化金融監理機關之意義，並說明採用此一制度的優點及缺點。

4. [吸金公司] 簡述常見的非法吸金方式。

5. [地下金融業務] 簡述 (1) 地下期貨，與 (2) 地下外匯之運作方式。

6. [洗錢] (1) 簡述洗錢 (Money Laundering) 之意義；及 (2) 常見洗錢的方式有哪些？

三、問答與申論題

1. [利率上限與地下金融] 臺灣的民法第 205 條原本規定，借貸最高年利率為 20%，許多高利貸業者因為這個法條被判「重利罪」；2009 年 4 月，立法院通過此一法條的修正案，將最高年利率訂為「中央銀行短期融通利率加周年利率」，周年利率有兩個版本：(1) 9% (商事)；(2) 12% (民事)；就當時央行短期融通利率 3.5% 而言，最高年利率上限將降為 12.5% 與 15.5%。

這個規定迫使銀行的現金卡及信用卡必須調降循環利率，年利率最高為 12.5%，立法院的用意是減輕民眾之負擔，但部分人士則認為，信用緊縮不利於經濟發展。英國及美國並未訂定利率上限 (英國信用卡利率 16.9%～19.9%、預借現金利率 23.9%～27.9%；美國信用卡利率 5%～24.5%，逾期調為 31.99%)，日本的利率上限為 20% (信用卡利率 10%～18%)，相較之下，臺灣對利率上限的規定變得最嚴格。

▶ 試評論上述措施對大眾及地下金融的可能影響。

2. [中國大陸的地下金融] 中國大陸因經濟成長快速，地下金融市場亦隨之猖獗，主要的原因與狀況簡述如下：

💻 地下匯兌市場：中國大陸因實施外匯管制，資金無法在國際間自由流動，許多企業與個人因而藉由地下匯兌將錢匯入境內 (包括熱錢)，或匯出至其他地區 (如香港與臺灣)；一般而言，客戶委託地下匯款要先扣除 1% 的手續費。

地下匯兌在中國大陸沿海地區較盛行，各級政府多次破獲地下匯兌組織，例如，2004 年 4 月破獲福州地下匯款，凍結了 508 個帳戶；2008 年 7～11 月間，公安部、中國人民銀行、國家外匯管理局在福建、江西、廣東等地聯合打擊地下匯兌，破獲 40 多宗重大案件，涉案金額高達人民幣 1,000 多億元；2009 年 8 月廣西破獲金額達人民幣 100 多億元的地下匯兌組織。

💻 地下錢莊：中國大陸許多民營中小企業與農民缺乏短期流動資金，向銀行貸款不

易，因而轉向地下錢莊借貸，這些錢莊通常以典當行、擔保公司、基金會為名義放款給大眾，月息多為 5%～10%，許多人借款後無力償還，出現暴力討債之情況，演變為社會問題。

2007 年中國總理溫家寶表示，要加強打擊地下錢莊，並嚴懲與地下錢莊有關聯的企業，這項宣布對各地的地下錢莊造成了衝擊。

▸ 簡述下列事項對地下金融(地下匯兌或錢莊)有何影響？

(1)中國的股市與房地產價格快速上漲。
(2)人民銀行擔心通貨膨脹，調升銀行存款準備率。
(3)2008 年中國銀監會和人民銀行允許試點開辦小額貸款公司，但活動範圍受到限制，不允許吸納存款。

簡　答

一、選擇題

1.	2.	3.	4.	5.	6.
A	D	E	B	C	A

三、問答與申論題：參考簡答

1. [利率上限與地下金融] 設定較低的利率上限，銀行在考慮成本下，將減少額外服務，提高消費者之門檻、緊縮信用，對客戶的把關更嚴格，信用稍差的人可使用現金卡及信用卡借貸的金額縮減，這個現象可能助長地下金融業務，衍生更多的社會問題。

2. [中國大陸的地下金融]
(1)股市與房地產價格上漲，熱錢流入，地下匯兌交易會更活躍。
(2)人民銀行調升存款準備率，民眾向銀行融資更加困難，將轉而向地下錢莊借款。
(3)開辦小額貸款公司，借款活動合法化，利率會比地下錢莊低，有抑制地下錢莊成長的效果。

第 2 章

金融市場與總體經濟

Business

Economics　　　　　　　　　Stcok

Money

　　一國金融市場興衰，往往與該國各項總體經濟變數息息相關。這些經濟變數較重要的如所得、股價、物價、油價、利率、稅率、匯率等，金融市場可能會受到這些經濟變數單獨的影響，但是因這些變數彼此之間又交互影響，使得金融市場也受到這些經濟變數綜合的影響。因此，本章介紹這些總體經濟變數，並探討金融市場是如何受到這些變數的影響。

　　本章第一節簡述所得之成分，並說明金融市場與所得的關係；接著，第二節討論股價指數的計算，以及股價對所得成分之影響；第三節介紹物價與油價；第四節介紹利率，包括利率的決定因子、利率期間結構、中央銀行政策與對股市行情的影響；第五節說明金融商品的稅率；最後，第六節介紹匯率與利率、股價之間的關係。

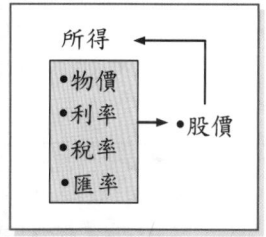

```
所得 ←──────┐
• 物價      │
• 利率    → 股價
• 稅率      │
• 匯率      │
```

第一節　金融市場與所得

　　「金融市場」愈發達，對所得影響是正面的；愈封閉，對所得影響是負面的。其中，**所得 (Income)** 是總體經濟變數中最重要的一項指標，一般在評估某個國家的經濟成長時，所指的就是所得的成長；因此，本節介紹所得的成分，其次，則說明金融市場與所得的關係。

一、所　得

　　所得有數種的定義，最常見的為**國內生產毛額 (Gross Domestic Products, GDP)** [1]，代表一國在某一段期間，所有財貨及勞務之總值；國內生產毛額可表示為：

$$Y = C + I + G + (X - M) \tag{2-1}$$

其中　Y ＝國民生產毛額
　　　C ＝ 消費
　　　I ＝ 投資
　　　G ＝ 政府移轉性支出
　　　X ＝ 輸出
　　　M ＝ 輸入

上列各項目的性質簡介如下：

1. **消費 (Consumption)**：就一國而言，通常有一定的消費傾向，短期內消費的增加有限，易受所得水準與物價 (通貨膨脹率) 影響。

2. **投資 (Investment)**：企業所投入的勞務、設備與廠房等資產，易受利率影響。利率愈高，則投資意願愈低，兩者多成反比。

3. **政府移轉性支出 (Government Transfers)**：政府推動公共建設的支出可帶動經濟繁榮。政府主要來源為稅收，高稅率可增加政府財源，卻會抑制消費與投資。

4. **輸出 (Export) 與輸入 (Import)**：輸出減輸入為**貿易餘額 (Trade Balance)**，受匯率及物價水準影響。

---

[1] 多數工業國現已使用 GDP 來表達本身的經濟狀況，與國民生產毛額 (GNP) 的差異是 GDP 不將國與國之間的收入轉移計算在內；因此，GDP 所計算的是一個地區內生產的產品價值，而 GNP 則計算一個地區實際獲得的收入。

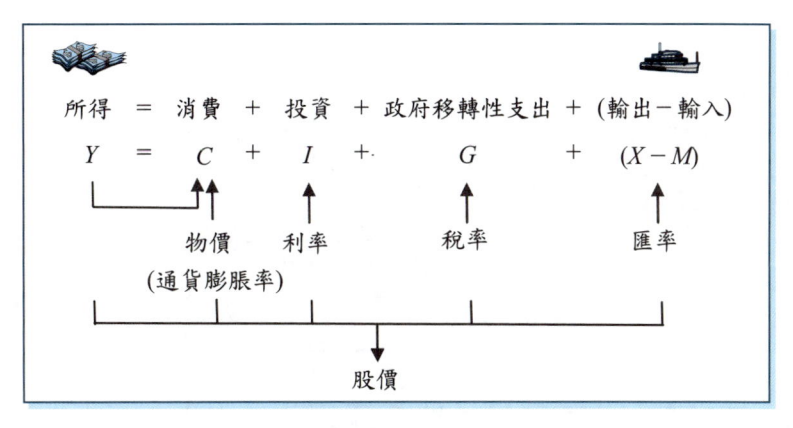

圖 2-1　經濟變數對所得之影響

上列方式是以整個國家的所得來計算，在衡量一個國家的富裕程度，則應按人口平均計算。

圖 2-1 描繪上列所得成分受經濟變數 (通貨膨脹率、利率、稅率與匯率) 的影響，這些變數也會對股市造成衝擊。

二、金融市場與所得的關係

圖 2-2 以所得為依歸，描繪金融市場在總體經濟中所扮演的角色。在圖的左方，個人及法人會在金融市場中借貸 (支付利息)、交易 (支付手續費)、儲蓄與投資，也會在實體市場中消費與從事實體投資 (如建廠)；金融市場愈發達，則大眾與企業容易取得資金，會使消費與投資活動愈頻繁，對所得有正面影響。

另一方面，金融市場中所呈現的利率、股價及匯率將影響實體市場活動。例如，利率大幅上升，企業與個人的投資意願下降；股價上漲，企業則會以發行股票募集較多的資金，投資意願上升。

在圖 2-2 的下方，本國具有輸出與輸入，兩者的淨額若為正，則所得增加，否則所得下降；當本國貨幣持續升值，將逐漸使輸出減少、輸入增加，一段時間後，對所得會有負面影響。

1. 政府的角色

圖 2-2 的上方所描繪的實體為政府，在經濟體系中扮演著重要的角色，除了監督管理金融市場，也有積極的活動，簡述如下：

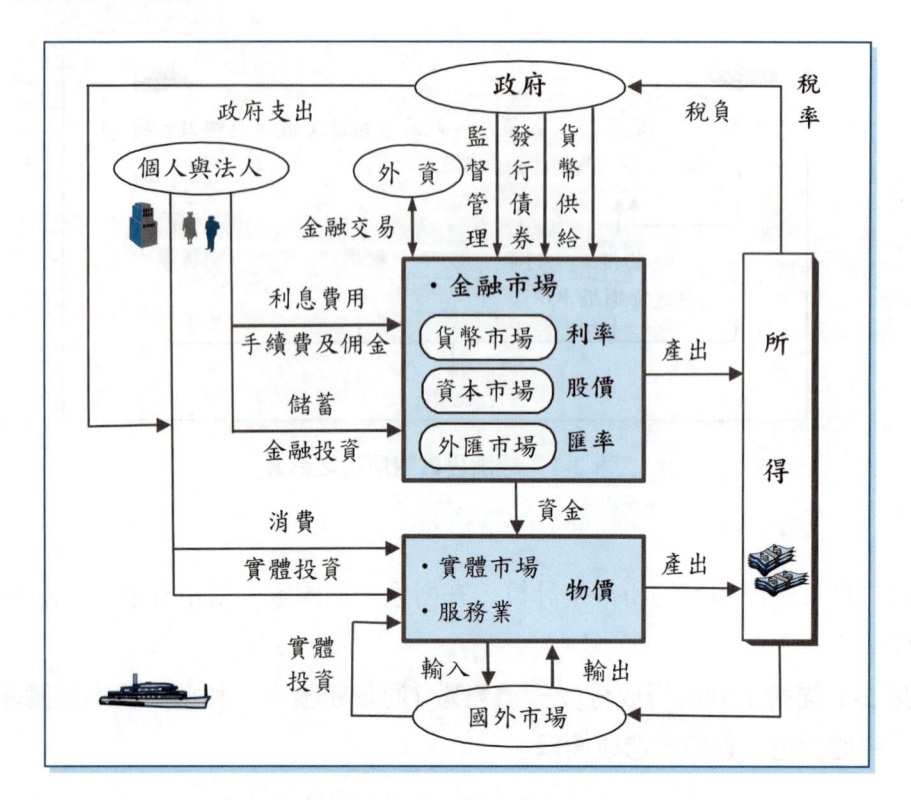

圖 2-2　金融市場在經濟體系角色之示意圖

(1) **財政政策**：政府在徵收稅負之後，從事公共建設，經由實體市場增加所得。除了稅收之外，政府也會發行債券來募集資金，因應支出。
(2) **貨幣與外匯市場**：多數政府 (中央銀行) 為了防止通貨膨脹，會以貨幣政策來控制物價。例如，物價有上漲之隱憂，央行會減少貨幣供給額，但卻會使短期利率上漲。
(3) **資本市場**：多數先進國家對資本市場 (股市與債市) 只負責管理與監督工作，本身不會參與，以免出現球員兼裁判的情況。不過，政府若發行過多的債券，企業便較難以債券籌募資金，產生排擠效果。

例　政府護盤

　　臺灣在 1999 年籌組國家安定基金，目的是「維護」股市行情，規模約新臺幣 5,000 億元；其中 3,000 億元來自四大基金，2,000 億元是以政府所持股票向銀行融資取得。2000 年後因股市大跌，護盤資金不足，政府將四大基金的出資提高到

4,500 億元。而四大基金包括勞工保險、勞工退休、公教人員退休撫卹與郵政儲金等基金。至 2017 年 8 月止，共 6 次投入護盤。

政府直接參與股市的作法受到批評，政府將股市不佳攬為責任，聲稱是矯正行情，但實際上卻可能是扭曲行情。而且護盤所使用的基金是人民賴以維生的退休金，若長期虧損未能彌補，將損害人民權益。但事實上，國安基金歷次護盤最後結果卻出現高額的投資報酬率。若不論其盈虧，國安基金的角色乃是遇有金融市場動亂時，出面穩定投資人對資本市場的信心。

2. 外資的影響

先進國家在 1980 年代逐漸對金融市場解禁，放寬金融機構的設立與營業範圍，也不再限制利率與匯率的浮動，並讓資金自由流出與流入。

不過，新興工業國及發展中國家往往會限制境外資金的流動，因為多數國際資金之目的是為了短期投資，甚至是為了投機，也就是所謂的 **熱錢 (Hot Money)**。熱錢在流入時，可以讓資本市場行情上升，但當發生負面事件時，卻容易讓資本市場崩盤，甚至發生金融風暴。

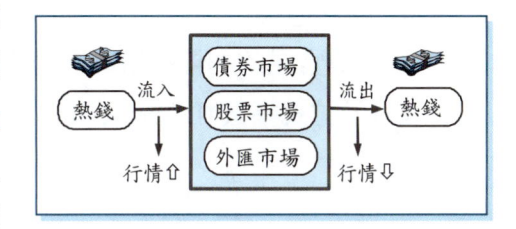

第二節　股市與所得

股市被稱為是經濟的櫥窗，意思是股市行情反映經濟狀況。一般而言，股市行情和所得成正比，但股價的走勢往往會領先所得走勢。由於股市行情多半是以股價指數來表達，因此本節先說明股價指數的計算方式，然後討論股市行情與所得的關係。

一、股價指數的計算

股價指數的計算可分為簡單算術平均數及加權指數兩種方式，其中算術平均數的計算簡便易懂，卻容易使指數意義失真；早期的股價指數多以算術平均的方式計算，但後期的指數則多以加權的方式計算。

1. 簡單算術平均數指數

簡單算術平均數指數的計算方法如下：

$$\text{簡單算術平均數指數} = \frac{\sum_{i=1}^{n} P_{it}/n}{\sum_{i=1}^{n} P_{i0}/n} \times 100 \tag{2-2}$$

其中 P_{i0} = 第 i 個樣本基期時的價格

P_{it} = 第 i 個樣本第 t 期的價格

n = 樣本的總數

從上式可看出，指數所代表的是第 t 期與基期的價格比率。

2. 加權指數

最常見的加權指數的計算方法為巴式指數 (Passche Index) (或稱柏式、斐式指數) 及拉式指數 (Laspeyres Index)，計算公式如下所示：

$$\text{巴式指數} = \frac{\sum_{i=1}^{n} P_{it}Q_{it}}{\sum_{i=1}^{n} P_{i0}Q_{it}} \times 100 \tag{2-3}$$

$$= \frac{P_{1t}Q_{1t} + P_{2t}Q_{2t} + \cdots + P_{nt}Q_{nt}}{P_{10}Q_{1t} + P_{20}Q_{2t} + \cdots + P_{n0}Q_{nt}} \times 100$$

$$\text{拉式指數} = \frac{\sum_{i=1}^{n} P_{it}Q_{i0}}{\sum_{i=1}^{n} P_{i0}Q_{i0}} \times 100 \tag{2-4}$$

$$= \frac{P_{1t}Q_{10} + P_{2t}Q_{20} + \cdots + P_{nt}Q_{n0}}{P_{10}Q_{10} + P_{20}Q_{20} + \cdots + P_{n0}Q_{n0}} \times 100$$

其中 P_{i0} = 第 i 個樣本基期時的價格

P_{it} = 第 i 個樣本第 t 期的價格

Q_{i0} = 第 i 個樣本基期時的數量

Q_{it} = 第 i 個樣本第 t 期的數量

n = 樣本的總數

相對而言，算術平均數的計算簡單，但忽略了公司規模的效果。另外，若比較 (2-3) 式與 (2-4) 式，巴式指數是以計算期 (第 t 期) 的量來加權；而拉式指數則是以基期 (第 0 期) 的量來加權。相形之下，「巴式指數」較能反映計算期當時的狀況。

例 臺灣股價加權指數

臺灣證券交易所於 1962 年 (民國 51 年) 2 月開業時，採用簡單算術平均數計算股價指數；1971 年改採加權方式，以巴式公式 $[(\sum_{i=1}^{n} P_{it}Q_{it} / \sum_{i=1}^{n} P_{i0}Q_{it}) \times 100]$ 計算，基期為 1966 年，樣本為所有上市普通股，但不含變更交易方式股票、基金受益憑證、各類憑證、上市未滿月之股票[2]。

臺灣股價加權指數可以看作是「現在的股票價格水準是 1966 年平均股價水準的倍數」，例如，2010 年的加權指數為 7,000，代表此時股價水準是 1966 年的 70 倍。圖 2-3 描繪臺灣 1999～2016 年間每季的股價加權指數與每季的 GDP 走勢，從圖中可看出，臺灣的名目 GDP 呈上升趨勢，股價卻波動劇烈，關係並不算密切。

二、股市對所得的影響

不難瞭解，股市行情和所得成正比，但股價的走勢往往會領先所得；以下討論股市行情對消費、投資、輸出入的影響。

1. 股市與消費

消費可以表示如下：

$$C = C_0 + cY \tag{2-5a}$$

---

[2] 當市場發行量改變時，證券交易所必須修正指數基期的市價總值。造成發行量產生的變化如下：
❶交易所調換取樣公司 (包括新增與刪除之樣本)。
❷取樣公司有償增資除權。
❸發生公司合併。
❹轉換公司債轉換為股票。
❺公募、核配第三者認購。
股價加權指數必須加以修正。

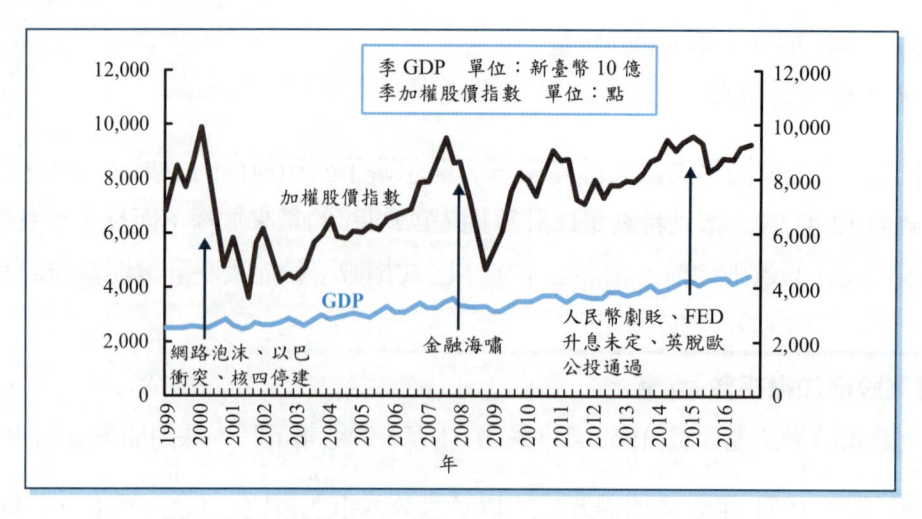

圖 2-3　臺灣股價指數與 GDP 走勢 (1999～2016 年)

其中 C_0 = 基本消費
　　　c = 消費傾向
　　　Y = 所得

當所得增加，消費也應隨之上升。

但投資人從股市獲利，消費卻不見得成等比例之成長；換言之，股市行情之所得會有不同的消費傾向，利用下式來說明：

$$C = C_0 + c_1 Y_1 + c_2 Y_2 \tag{2-5b}$$

其中 Y_1 及 Y_2 分別為恆常所得及股市投資所得，c_1 及 c_2 分別為這兩種所得的消費傾向；實際上，我們很難觀察到 c_1 及 c_2，但 c_2 應該會小於 c_1，原因可歸納如下：

(1) **股價波動性**：投資人雖因股市上漲而增加所得，但考慮股價的波動性，未來可能會有虧損，並不會馬上增加消費；換言之，消費在時間上會有遞延效果，股市多頭行情必須持續一段較長的時間，消費傾向才會明顯上升。
(2) **股票投資收入**：股市多頭行情雖增加了社會財富，但其實集中在機構投資人與少數富商，個人手中持有的財富變化並不如想像中那麼多。

因此，上列方程式的消費傾向可表示如下：

$$c_1 \geq c \geq c_2 \tag{2-5c}$$

如果股市行情會影響消費傾向 ($c_2 > 0$)，那麼在股市蕭條時，消費傾向將下降。以美國 1929 年與 1987 年的股市崩盤而言，消費傾向並沒有明顯的改變；但美國 2008 年金融海嘯卻似乎讓消費傾向下降。另一方面，就 1990 年代的新經濟時代而言，所得增加，消費傾向雖然上升，但幅度卻很低[3]。

2. 股市與投資

股市行情處於多頭時，企業可以募集到較多的資金，因此整體投資也應較高。不過，學術文獻 [如 Loughran and Ritter (1995)] [4] 卻顯示，企業從事現金增資之後的長期績效不佳 (股價相對下跌)，這些證據隱含公司會在市價被高估時發行新股，以所募集的資金從事的投資，並不見得有效率，甚至有過度投資的問題[5]。

3. 股市與貿易餘額

股市行情和貿易的關係並不明顯，不過，如果股市行情讓投資人覺得收入大幅增加，則將牽動消費與投資，進口大量商品 (與勞務) 與設備，在一段時間後，該國可能會有入超；例如，2000 年代中期的冰島即發生這種情況，股市增加了消費，產生嚴重的貿易逆差。

第三節 物價與油價

金融市場會受到物價高漲拖累，物價平穩時對金融市場具有正面的影響；金融市場也會受到油價的影響，可是其影響卻與物價的影響不甚相同。本節說明金融市場如何受物價與油價的影響。

一、物 價

通貨膨脹率 (Inflation Rate) 是物價水準的變化率，一般是以零售價計算之消費者物價指數 (Consumer Price Index, CPI) 或批發價計算之躉售物價指數 (Wholesale Price Index) 來衡量。其中，CPI 較常被使用，所反映的物價包括食物和飲料、家計、衣物、交通、醫療、休閒、教育、通訊及勞務等支出。

---

[3] 參閱 Poterba, James, 2000, Stock market wealth and consumption, *Journal of Economic Perspectives* 14(2), 99-118.
[4] 參閱 Loughran, T. and J. R. Ritter, 1995, The new issue puzzle, *Journal of Finance* 50, 23-51.
[5] 參閱 Titman, S., K. C. J. Wei, and F. Xie, 2004, Capital investments and stock returns, *Journal of Financial and Quantitative Analysis* 39, 677-700.

1. 貨幣與通貨膨脹

貨幣與物價的關係可表示如下：

$$PQ = MV \qquad (2\text{-}6)$$

其中 P = 物價水準
Q = 商品數量
M = 貨幣供給額
V = 貨幣的流通速度

上式代表某個期間的交易總額 (PQ) 等於貨幣的流量 (MV)，如果商品數量 (Q) 與貨幣的流通速度 (V) 不變，貨幣供給額上升 (M 上升為 M')，則物價也會上漲。利用下式來表示：

$$P'Q = M'V \quad (M' > M \;\rightarrow\; P' > P)$$

2. 股市與通貨膨脹

在正常的情況下，多數國家的物價水準會隨時間上升，亦即通貨膨脹率為正，但這並不代表經濟有問題，而是要和經濟成長率來比較，經濟成長率若高於通貨膨脹率 (亦即實質所得增加)，不足為憂。不過，通貨膨脹率若高於經濟成長率，會對股市產生負面的影響，歸納如下：

(1) 通貨膨脹代表原料價格及工資提高，企業營運成本增加，必要時會大幅裁員，使經濟衰退。
(2) 國內物價上漲將導致出口困難，很可能使貿易順差變小或產生貿易赤字。
(3) 當物價上漲，若無特殊原因，中央銀行將降低貨幣供給額 (縮緊銀根)，造成股市失血而下跌。

二、油　價

油價上漲可視為是原物料的價格上漲，與經濟有兩種不同的關係：

1. **負面**：油價突然大幅上漲，造成供給面之成本推動，進而產生通貨膨脹；經濟因而衰退，尤其對石化、水電及運輸等產業的衝擊最大。
2. **正面**：當經濟成長快速、景氣良好時，對石油的需求大增，油價隨之上漲。

例 股市與油價

圖 2-4 描繪 1983～2009 年期間美國股價指數與每桶原油價格之走勢，從圖中可看出，1980 年初第二次石油危機之後，以及 1991 年與 2003 年美國發動波斯灣戰爭時，油價高漲；2004 年之後，新興之第三世界國家 (如中國與印度) 經濟快速成長，對石油的需求殷切，油價因而大幅上漲。

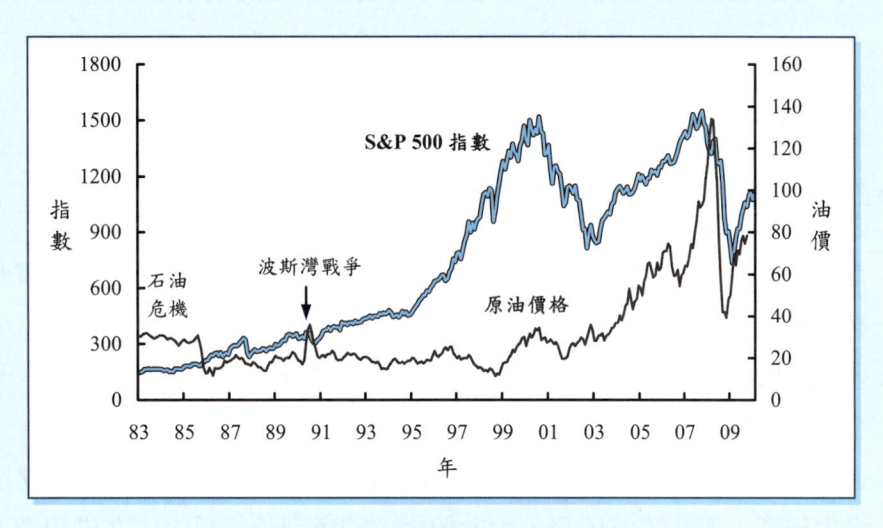

圖 2-4　股價指數與油價之走勢

不過，如圖 2-4 所示，油價與股價指數之間並沒有很明確的關係，而是當油價突然上漲或下跌時，會對股市產生衝擊。例如，2002 年初原油價格下跌，美國股價指數隨之反彈，但當時美國正爭論是否要發動波斯灣戰爭，經濟狀況不明確，股價在 2002 年第二季之後便下跌。2004 年之後，新興之第三世界國家 (如中國與印度) 經濟快速成長，對石油的需求殷切，油價因而大幅上漲，但美國股價仍持續走高，兩者大致上為正相關。

這些情況說明在分析股價走勢時，並不能只單純以油價來判斷股價，而是要同時考慮環境與實際狀況來推論。

第四節　利　率

金融市場受到利率變動的影響比較明顯。例如，債券市場與利率呈反方向變動，股票市場也大都與利率呈反方向變動。因此，本節討論利率 (Interest Rates) 的

相關事項，包括利率決定因子、利率期間結構、央行政策，藉以瞭解金融市場如何受到利率水準的影響。

一、利率決定因子

利率的決定因子 (Determinants) 如下：

$$名目利率 = 實質利率 + 通貨膨脹溢酬 + 違約風險溢酬 \\ + 到期日風險溢酬 + 流動性溢酬$$ (2-7)

$$(i = i^* + IP + DRP + MRP + LP)$$

上式的名目利率是在市場上的實際利率，右邊的項目如下所述：

1. **實質利率 (Real Rate)**：是指在完全沒有風險情況下的利率，在現實生活中是觀察不到的。

2. **通貨膨脹溢酬 (Inflation Premium, IP)**：當物價上漲 (通貨膨脹率上升)，借出資金者要求補償，將促使利率上升。

3. **違約風險溢酬 (Default Risk Premium, DRP)**：企業可能會遇到財務困難或甚至發生破產，無法償還債務，因此債權人顧慮到此種風險，在借出資金時會要求較高的溢酬作為補償。

4. **到期日風險溢酬 (Maturity Risk Premium, MRP)**：一般人對愈長期債券所要求的補償愈多。同一種債券的長、短期利率差即為「到期日風險溢酬」。

5. **流動性溢酬 (Liquidity Premium, LP)**：當某種債券在市場上的交易並不熱絡，債權人在短期內比較難脫手，因而會要求比較高的補償。

例 利率因子之應用

定義下列經濟變數：

f_1 = 公司長期債券利率 － 政府長期債券利率

f_2 = 長期債券利率 － 短期債券利率

在正常情況下，當上列變數的值增加時，對股價有何影響？

答：1. f_1 愈高，代表企業的違約風險增加，代表投資人對企業營運的態度較悲觀，對股價具負面影響。

2. f_2 愈高，表示短期並無嚴重的通貨膨脹，對股價具有正面影響。當 f_2 變為負值，代表短期通貨膨脹非常嚴重。

二、利率期間結構

利率期間結構 (Term Structure) 可用收益率曲線 / 殖利率曲線 (Yield Curve) 來表示，亦即描繪負債到期日與利率的關係，如圖 2-5 所示；圖的左方顯示債券收益率曲線的正常情況，亦即到期日愈長、利率愈高 (長期債券具有到期日風險溢酬)，兩者為正相關；但事實上，到期日與利率有時會呈現如圖 2-5 右方的異常情況，兩者為負相關。

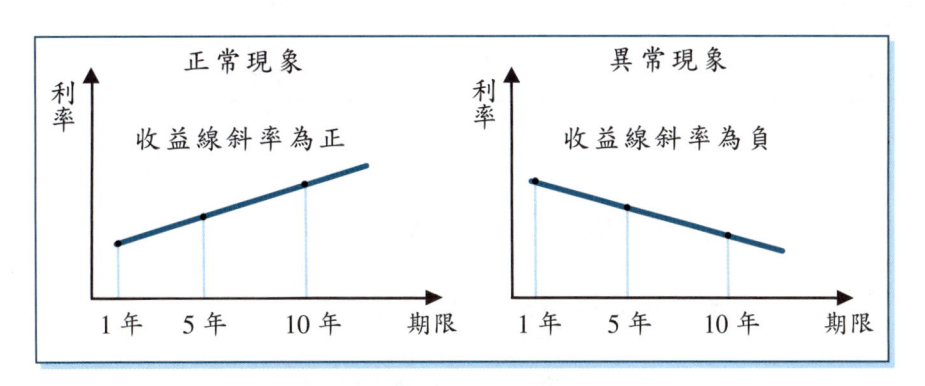

圖 2-5　收益率曲線

例　收益率曲線與利率因子

圖 2-6 為美國 1970～2010 年 (2 月) 期間的長期 (10 年) 與短期 (1 年) 利率走勢圖。

從圖 2-6 可看出，1973～1974 年及 1979～1982 年期間的短期利率超過長期利率，收益率曲線之斜率為負，造成這個現象的原因是第一次及第二次石油危機，當時市場預期短期通貨膨脹極高，但這現象應該不會長期的延續下去，才會使短期利率高於長期利率。利用利率決定因子說明如下表所示。

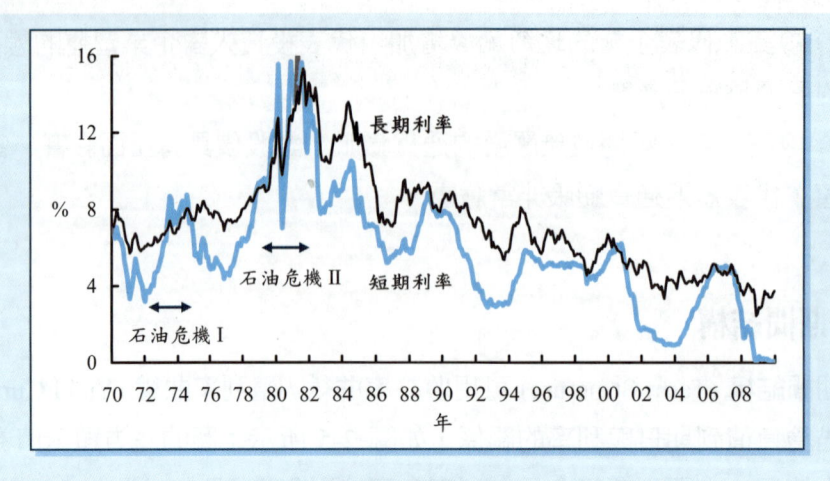

圖 2-6 美國長期及短期利率

風　險	實質利率	通貨膨脹	違　約	到期日	流動性
1 年期國庫券	i^*	IP_{ST}			
10 年期公債	i^*	IP_{LT}		MRP	

☞ 短期利率 > 長期利率：

$$i_{ST} = i^* + IP_{ST} > i_{LT} = i^* + IP_{LT} + MRP$$

$$\Rightarrow (IP_{ST} - IP_{LT}) > MRP$$

(通貨膨脹效果 > 到期日風險溢酬)

上式代表短期通貨膨脹溢酬 (IP_{ST}) 相當高，超過了長期通貨膨脹溢酬與到期日風險溢酬 ($IP_{LT} + MRP$)，短期利率因而高於長期利率。

三、中央銀行政策

　　先進國家的中央銀行 (Central Bank，以下簡稱央行) 多以穩定物價為政策目標，為達成此一目的，央行會以公開市場操作、重貼現率或法定存款準備率來調整貨幣供給額 (Money Supply)，進而控制物價。不過，貨幣供給額也會影響利率水準，在正常情況下，貨幣供給額與利率成反比關係：

☞ 當貨幣供給額減少 ($M^s \downarrow$)，大眾所擁有的資金較少，可抑制物價上漲，但利率

若上升，對股市不利。

☞ 當貨幣供給額增加 ($M^s\uparrow$)，市場資金寬鬆，物價有上漲趨勢，利率可能下降，有助於股市行情。

貨幣供給額因交易性及儲蓄性而有下列種類：

M_{1a} = 通貨淨額 + 企業及個人在貨幣機構之支票存款及活期存款
　　　　(通貨淨額 = 央行通貨發行額 − 貨幣機構庫存現金)　　　　　(2-8a)

M_{1b} = 通貨淨額 + 存款貨幣
　　　　= M_{1a} + 企業及個人在貨幣機構之活期儲蓄存款　　　　　(2-8b)

M_2 = 通貨淨額 + 存款貨幣 + 準貨幣 = M_{1b} + 準貨幣　　　　　(2-8c)

[準貨幣 = 定期存款 + 定期儲蓄存款 (包括郵匯局轉存款)
　　　　+ 外幣存款 + 外匯存款
　　　　+ 外匯信託資金 + 外幣定期存單
　　　　+ 企業或個人持有之金融債券、央行儲蓄券、乙種國庫券]

一般而言，市場最關心的是 M_{1b} 貨幣供給額，因為 M_{1b} 是直接的交易工具，會反映股市的冷熱。

四、股價與利率的關係

一般認為，利率與股價水準成反比[6]，亦即在利率上升時，股價將下挫；此一反比關係的原因如下：

1. 投資人從股市抽出資金至其他金融市場 (如貨幣或債券市場)。
2. 證券融資成本上升，造成買盤減少。
3. 企業利息費用增加、需要資金之企業因利率過高而減少投資。

---

[6] 有些學者認為利率與股價並沒有太大的關係。這個觀點是基於穩健的投資者不會因利率下降而以借貸方式來從事股票交易，而投機者也不會因為利率過高就不借貸。

例　股價與利率

圖 2-7 為美國 1970～2009 年 S&P 500 股價指數及 10 年期政府債券利率之走勢；如圖所示，美國的股價報酬率和利率水準有部分期間成負向相關，但並不是非常明顯。

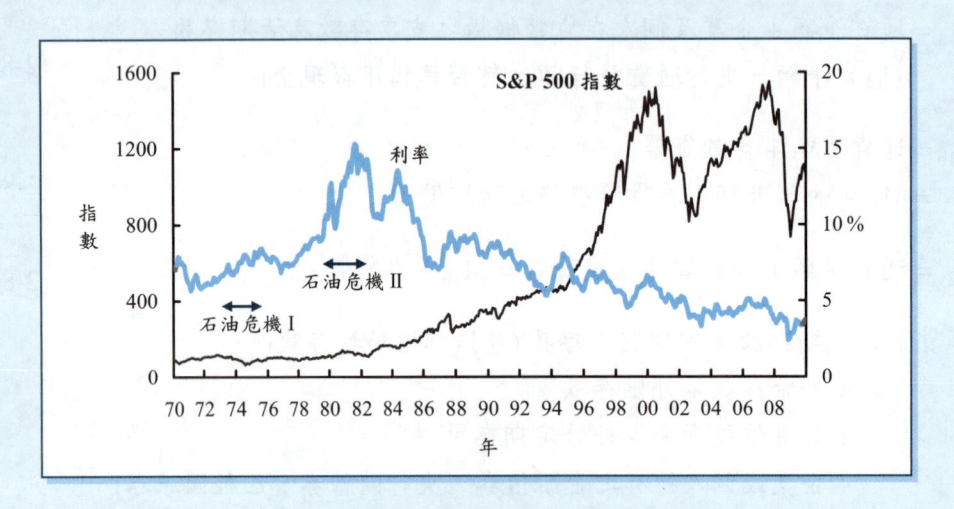

圖 2-7　美國股價指數與利率之走勢

第五節　稅　率

本節說明與金融市場相關的稅負，包括所得稅、證券交易稅及營業稅，並說明股票市場如何受到稅負的影響。

一、所得稅

先進國家對所得大多採用綜合所得累進稅率制，亦即按所得高低而課徵不同的稅率；例如，美國的所得稅分成聯邦及各州所得稅，兩者均採累進課稅，聯邦所得稅稅率為 10%、15%、25%、28%、33% 及 35%，各州的所得稅稅率不一，範圍在 0%～11% 之間。

臺灣的個人所得稅亦採累進稅率制，營利事業所得稅原本亦採累進稅率，但自 2010 年度起改採單一稅率制。以下說明臺灣的個人綜合所得稅及營利事業所得稅。

1. 合併申報

臺灣課稅的對象區分為個人及營利事業 (公司)，兩者皆須申報所得稅。2010 年開始，臺灣對所得稅率作了重大的調整，個人綜合所得稅率如表 2.1 所示，最高邊際稅率為 45%。

▶表 2.1　個人綜合所得稅稅率 (2015 年度)

組　別	所得額級距 (新臺幣)	稅　率	累進差額
1	520,000 元以下	5%	0
2	520,001～1,170,000 元	12%	$36,400
3	1,170,001～2,350,000 元	20%	$130,000
4	2,350,001～4,400,000 元	30%	$365,000
5	4,400,001～10,000,000 元	40%	$805,000
6	10,000,001 元以上	45%	$1,305,000

註：2010 年初起，臺灣調整了所得稅稅率，與原先主要差異在於第一級級距原為 410,000 元，前三組稅率分別為 6%、13% 及 21%。

臺灣營利事業所得稅率如表 2.2 所示，採用單一稅率 17%。

▶表 2.2　營利事業所得稅稅率 (2010 年度之後)

組　別	所得額級距	稅　率	備　註
1	120,000 元以下	免稅	—
2	120,000 元以上	17%	改採單一稅率，但不得超過大於 120,000 元部分之半數

註：速算公式為課稅所得額在 181,818 元以上者，應納稅額＝課稅所得額×17%；課稅所得額在 181,818 元以下者，應納稅額＝(課稅所得額－12 萬元)÷2。

例　臺灣之營利事業所得稅

春嬌公司 2010 年獲利 160,000 元，志明公司獲利 260,000 元，則 2011 年各應繳納多少營利事業所得稅？

答：**1.** 春嬌：$160,000 × 17% = $27,200，

($160,000 − $120,000) × 50% = $20,000

兩者取較小者，故應繳稅 20,000 元。

2. 志明：$260,000 \times 17\% = \$44,200$，

$(\$260,000 - \$120,000) \times 50\% = \$70,000$

兩者取較小者，故應繳稅 44,200 元。

就先進國家而言，所得稅率自 1990 年代逐漸調降，不難瞭解，降低個人所得稅率可以吸引富人把錢留在該國，降低公司所得稅率可以誘發投資、創造就業機會，學術文獻也肯定降低所得稅率可加強國家競爭力[7]。

2. 分離課稅

政府為了鼓勵投資，會對投資金融商品所得課徵較低的稅率，以分離方式課稅 (Separation Taxes)。

例 臺灣金融商品之分離課稅

臺灣有不少金融商品採分離課稅，包括短期票券、債券附買回交易、結構型商品、證券化商品等。這些商品的稅率可歸納如表 2.3 所示。

▶ 表 2.3 證券分離課稅之稅率

商品	個人稅率	營利事業稅率	說明
短期票券 可轉讓定存單	10%	併入所得 合併課稅	2010 年之前為 20% 2010 年初起改為 10%
債券附買回交易	同上	同上	2010 年之前為 20% 2010 年初起改為 10%
結構型商品[a]	同上	同上	2010 年之前個人投資須併入所得合併課稅 2010 年初起改為 10%
證券化商品	同上	同上	2010 年之前為 6% 2010 年初起改為 10%
公債、公司債、金融債券利息所得	同上	同上	2007 年起個人持有者改為 10%

[a] 結構型債券 (連動債券) 投資人與銀行達成和解，其所獲得之和解金，倘係屬投資本金之收回，並非投資收益者，免納所得稅。銀行給付之和解金、補償金，如屬填補投資人所受損失部分，係屬損害賠償性質，亦免納所得稅。

---

[7] 參閱 Devereux, M., B. Lockwood, M. Redoano, 2008, Do countries compete over corporate tax rates?, *Journal of Public Economics* 92, 1210-1235.

二、證券交易稅與證券交易所得稅

1. 證券交易所得稅

多數先進國家對投資的利得課徵資本利得稅 (Capital Gains Taxes)，若標的為證券，則為證券交易所得稅 (證所稅)，係指對投資人買賣價差所賺到的利潤課稅 (可以盈虧互抵)。

以美國為例，資本利得分為短期 (1 年以內) 及長期 (1 年以上) 資本利得，就證券而言，資本利得稅率在 5%～15% 之間，長期資本利得稅率較短期資本利得稅率為低 [8]；另外，房地產的資本利得稅率為 25%，特殊長期資本利得 (如藝術品) 稅率為 28%。

臺灣向來並未課徵「證所稅」，造成了稅負之不公平。例如，某人買賣股票獲利數億元，卻僅課徵賣價 3‰ 的交易稅，比一般個人所得稅率要低了許多 (個人所得之最高邊際稅率為 45%)，造成了「有錢人繳稅較低」的情況 [9]。為符合社會正義原則，臺灣於 2012 年 7 月通過證券交易所得稅的課稅立法程序，明定自 2013 年度開始，對個人證券交易所得課徵 15% 之證所稅，並對營利事業之證券交易所得併入最低所得額課徵 12% 之最低稅負。

因資本利得稅本就對資本市場具負面影響，臺灣的股票市場在此次立法前後，因課證券交易所得稅的陰影，而有明顯的盤跌與量縮現象；遂於 2015 年 11 月通過廢除證券交易所得稅，並自 2016 年 1 月 1 日生效。

2. 證券交易稅

在臺灣買賣證券時，必須支付證券交易稅及手續費，這些費用可視為交易成本。其中，證券交易稅 (證交稅) 是政府所課徵之稅負，由賣方支付 (賣出成交價的 3‰)，這項費用因時而異，財政部會隨股票市場狀況加以調整。另外，手續費是買賣證券時支付給經紀商的費用。

---

[8] 美國曾數度變動「資本利得稅」，但提高稅率卻對資本市場 (投資證券、創業投資與公司上市櫃的意願) 造成負面影響。

[9] 臺灣曾多次討論課徵「證所稅」，但因市場反應激烈而作罷。例如 1990 年 9 月 24 日財政部宣布復徵「證所稅」，股價連續 19 天無量下跌，加權指數由 8,800 點左右下跌至 5,600 點附近，投資人因損失慘重而走上街頭，抗議政府施政不當。後來立法院數度審議課徵「證所稅」，但股市立即下跌，成為政黨相互攻擊的議題，因而久久未能實施。

> **例** 臺灣的證券交易稅及手續費

臺灣的證券交易稅率 (賣方支付) 及手續費率可歸納如表 2.4 所示。

▶表 2.4　證券交易稅及手續費率

證券名稱	交易稅率	手續費率[a]
上市股票	3‰	證券商自訂，上限為 1.425‰
上櫃股票	3‰	證券商自訂，上限為 1.425‰
外國股票	3‰	證券商自訂，上限為 1.425‰
債券轉換權利證書	3‰	證券商自訂，上限為 1.425‰
受益憑證	1‰	證券商自訂，上限為 1.425‰
存託憑證	1‰	證券商自訂，上限為 1.425‰
轉換公司債	0	證券商自訂，上限為 1.425‰
期　貨	0.04‰[b] (買賣皆要)	由期貨商與交易人議定，主管機關並未訂定上限或下限
選擇權	0.1‰ (買賣皆要)	同上
政府公債	0	無
公司債 金融債券	0[c]	❶在證券商營業處所買賣：免手續費 ❷在「固定收益證券交易系統」下單買賣，上限為 1.425‰

[a] 股票及受益憑證未滿 20 元者以 20 元計算；「‰」代表千分之一。
[b] 期貨交易 2008 年 10 月 5 日前為 0.1‰，2008 年 10 月 6 日起因金融海嘯降為 0.04‰。
[c] 公司債及金融債券免徵證券交易稅，係依 2003 年 2 月所修正「促進產業升級條例」之規定。

三、營業稅

多數國家規定，有營業行為時，除依法免稅者外，必須支付**營業稅** (Business Taxes)，這部分可視為業者的一項成本。

例 臺灣的銀行業營業稅

臺灣在 1998 年底發生了本土性金融風暴，銀行業產生大量的逾期放款，主管機關為解決銀行逾期放款問題，建議修法。直到 2003 年 6 月 25 日才修正「加值型及非加值型營業稅法」，將銀行業的營業稅稅率由 5% 降為 2% (經營本業之營業稅稅率為 2%，經營非本業之營業稅稅率仍為 5%)，但銀行必須以其本業銷售額的 3%，沖銷自 1999 年 7 月 1 日起的逾期債權 (或提列備抵壞帳)。臺灣近期的營業稅稅率歸納如表 2.5 所示。

▶表 2.5 臺灣的營業稅稅率 (2014 年 6 月之後)

納稅義務人	稅率
一般公司企業	5%
銀行、保險、信託投資、證券、期貨、票券及典當業──專屬本業者	5%
銀行、保險、信託投資、證券、期貨、票券及典當業──非專屬本業者	5%
保險業再保費收入	1%
夜總會、有娛樂節目之餐飲店	15%
酒家及有陪侍服務之茶室、咖啡廳、酒吧	25%
小規模營業人、符合一定資格條件之視覺功能障礙者經營之按摩業及其他經財政部規定免予申報銷售額之營業人	1%
農產品批發市場之承銷人及銷售農產品之小規模營業人	0.1%

第六節 匯率

股票市場經常與一國匯率呈現正相關，當股市上漲時，匯率大都呈現升值；當股市下跌時，匯率大都呈現貶值，本節說明股票市場如何受到匯率變動影響，並介紹金融市場中之平價理論。

首先說明匯率與其他經濟變數的關係，圖 2-8 描繪經濟變數對匯率 (幣值) 的影響。

一、影響匯率之因素

基本上，某個國家的經濟狀況良好、所得穩定成長，長期而言，幣值會上升。

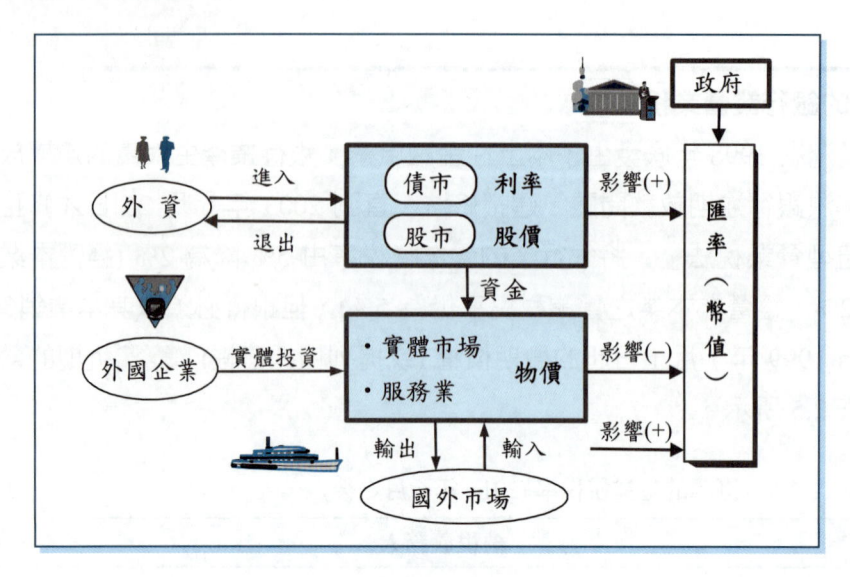

圖 2-8　經濟變數對匯率之影響

▶ 表 2.6　經濟變數對匯價之影響

當地國經濟變數	幣　值	說　　明
股價↑	↑	吸引外資進入 ⇨ 幣值↑
本國利率水準↑	↑	央行操作升息 ⇨ 吸引外資進入 ⇨ 幣值↑
	↓	本國通貨膨脹率↑ ⇨ 利率水準↑ ⇨ 幣值↓ (國際費雪效應 ⇨ 即期匯價↓) [利率平價 (IRP) ⇨ 遠期匯價↓]
本國通貨膨脹↑	↓	本國通貨膨脹⇨ 商品輸出↓ ⇨ 幣值↓ [購買力平價理論 (PPP) ⇨ 即期匯價↓]
貿易餘額↑	↑	本國貨幣需求↑ ⇨ 幣值↑
政府動作 　政府支出↑	↓	政府支出↑ ⇨ 舉債金額↑ ⇨ 利率↑ ⇨ 本國貨幣可能先升後貶，或直接貶值
官方準備↑	↓	央行賣出本國貨幣、買入外幣，官方準備↑ ⇨ 幣值↓

中短期而言，匯率則受到經濟變數與政府動作的影響，表 2.6 歸納相關的因素，說明如下：

1. **金融帳**：可區分為下列兩類：
    (1) **證券投資**：以股市、債市為目的之短期投資，當股價與利率明顯上升，將吸引資金(熱錢)，幣值將會上升。

(2) **直接投資**：以企業營運、設立廠房為目的之投資，當外國企業大量進入某個國家，對其貨幣的需求增加，幣值將會上升。

2. **經常帳**：當某個國家持續出現高額的貿易順差(出口－進口)，代表該國從其他國家賺了很多錢，幣值將會上升。

除了上述經濟狀況，央行的動作與政治事件也會影響股價與匯率的關係：

1. **央行的動作**：某個國家若有足夠的官方準備，當央行賣出本國貨幣、買入外幣，幣值將會下跌。另一方面，央行若增加貨幣供給額，會使利率下降，部分資金(熱錢)將流出，幣值將會下跌。
2. **政治與突發事件**：當某個國家政治不穩定而產生信心危機，或發生金融風暴，幣值下跌。

例 日本政治、股價與匯率

1980 年代日本經濟成長快速，使得股價竄升、日圓大幅升值，兩者成正相關。但 1990 年之後，日本的股價大跌，日圓卻仍呈現強勢，兩者出現了相反的走勢，而日本經濟卻陷入了泥沼。

圖 2-9 為日本即期匯率 ($/¥) 與日經指數 (Nikkei 225) 1992～2010 年之走勢，就整個 1990 年代而言，日本股價呈現疲態，表現不佳，主要原因包括經濟成長趨緩(工業生產負成長、消費下降及出口衰退等)與金融體系產生信心危機，銀行的不良債權(壞帳)居高不下；為了解決這些問題，日本政府採取了多次刺激經濟方案，但實際用處並不大。例如，1993 年首相細川護熙宣布採取經濟對策，日經指數與日圓幣值不升反跌。

1996 年自民黨選舉失利，日經指數與幣值雙雙跌落，到了 1997 年發生亞洲金融風暴，日本的狀況雪上加霜，股價與幣值大幅下跌，一些知名企業亦發生倒閉；直到首相小淵惠三提出經濟對策後，狀況稍有改善，但 2000 年全球的網路股泡沫破滅及 2001 年美國遭到恐怖攻擊，全球經濟雪上加霜，日經指數隨之呈現明顯的跌勢；直到 2003 年之後，日本股價隨全球經濟景氣好轉而有起色，但 2008 年的金融海嘯又使日經指數大幅滑落。

從日本的狀況來看，股價與幣值雖受政府政策影響，但僅有短期效果，這或許是日本政府並未對症下藥，沒有徹底解決問題(如未能增加投資、有效減少不良債

權)；但從另一個角度來看，國際環境與本國經濟狀況才是決定股價與匯率的長期因素。

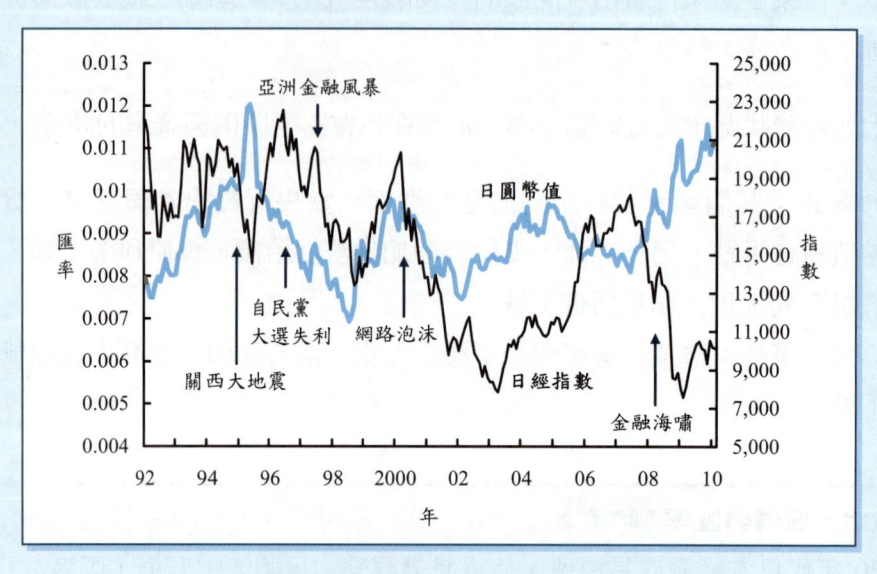

圖 2-9　日本股價與匯率 ($ / ¥) 走勢 (1992～2010 年)

二、平價理論

本節簡介兩個平價理論：**國際費雪理論 (International Fisher Theorem)**、**利率平價 (Interest Rate Parity, IRP)**。**平價 (Parity)** 係指「相等」，意思是在均衡的狀態下，相同金額、不同方式的投資 (或儲蓄) 結果會相同。

1. 國際費雪理論

某投資人有 1 美元，可以有兩種選擇：

(1) 期初存入美元帳戶 (利率為 $i^\$$)，期末領取本金及利息：

$$\$1 \times (1+i^\$)$$

(2) 期初將 1 美元兌換為日圓存入帳戶，到了期末將本息兌換回美元：

$$\frac{\$1 \times S_0(¥/\$) \times (1+i^¥)}{S_1(¥/\$)}$$

其中 $S_0(¥/\$)$ 與 $S_1(¥/\$)$ 分別為期初與期末匯率。

上述兩種投資方式應該要相等：

$$\$1\times(1+i^\$)=\frac{\$1\times S_0(\yen/\$)\times(1+i^\yen)}{S_1(\yen/\$)}$$

$$\Rightarrow \quad \frac{S_1(\yen/\$)}{S_0(\yen/\$)}=\frac{1+i^\yen}{1+i^\$}$$

$$\Rightarrow \quad \frac{S_1(\yen/\$)}{S_0(\yen/\$)}-1=\frac{1+i^\yen}{1+i^\$}-1$$

$$\Rightarrow \quad \frac{S_1(\yen/\$)-S_0(\yen/\$)}{S_0(\yen/\$)}=\frac{i^\yen-i^\$}{1+i^\$}\approx i^\yen-i^\$ \tag{2-9}$$

(美元幣值的變動率 ≈ 日圓利率 − 美元利率)

上式為國際費雪理論，當日圓的利率(因通貨膨脹)上升，美元的幣值上升。

2. 利率平價理論

某投資人有 1 美元，期初可以有兩種選擇：

(1)存入美元帳戶，期末領取本金及利息：

$$\$1 \times (1 + i^\$)$$

(2)兌換為日圓存入帳戶，同時以遠期契約將期末之本息兌換回美元：

$$\frac{\$1\times S_0(\yen/\$)\times(1+i^\yen)}{F_T(\yen/\$)}$$

其中 $S_0(\yen/\$)$ 與 $F_T(\yen/\$)$ 分別為期初即期匯率及遠期匯率(下標 T 為到期日)。

上述兩種投資方式應該要相等，否則投資人會選擇金額較高的投資：

$$\$1\times(1+i^\$)=\frac{\$1\times S_0(\yen/\$)\times(1+i^\yen)}{F_T(\yen/\$)}$$

$$\Rightarrow \quad \frac{F_T(\yen/\$)-S_0(\yen/\$)}{S_0(\yen/\$)}=\frac{i^\yen-i^\$}{1+i^\$}\approx i^\yen-i^\$ \tag{2-10}$$

(美元幣值的遠期匯率貼水 ≈ 日圓利率 − 美元利率)

上式為利率平價的結果；代表美元兌日圓的遠期匯率貼水，約等於日圓與美元的利率差。

一、選擇題 (單選)

(　) 1. 一般所謂的「經濟成長率」是指哪一個變數的變動率？　(A) 所得　(B) 股價　(C) 物價　(D) 就業　(E) 出口。

(　) 2. 下列有關「股價指數」的敘述中，何者為正確？　(A) 算術平均數指數的優點為計算簡單，同時也考慮了公司規模效果　(B) 就算術平均數指數而言，大型公司代表性較高　(C) 巴氏指數是以基期的量來加權　(D) 股價指數可視為計算期與基期價格的比　(E) 當採樣公司辦理現金增資時，加權股價指數不必隨之調整。

(　) 3. 下列有關「股市行情」的敘述中，何者最正確？　(A) 股市會反映所得的變動，為一種落後指標　(B) 多數國家會以貨幣政策來維持股市行情　(C) 股市上漲時，消費傾向增加的幅度會超過股市上漲幅度　(D) 企業營運普遍不佳，股市會有下跌趨勢　(E) 幣值上升，進口隨之上升，會使股市下跌。

(　) 4. 下列有關「通貨膨脹率」的敘述中，何者最正確？　(A) 增加貨幣供給額可以遏止通貨膨脹　(B) 通貨膨脹率上升，將使利率下跌　(C) 油價會使通貨膨脹率上升，往往造成股市大跌　(D) 通貨膨脹率若高於經濟成長率，經濟發展容易受挫　(E) 通貨膨脹率影響金融市場甚鉅，對實體商品市場的影響不大。

(　) 5. 下列何者上升時，最可能使收益線 (Yield Curve) 的斜率為負？　(A) 通貨膨脹　(B) 違約風險　(C) 到期日風險　(D) 流動性風險　(E) 金融風暴發生的機率。

(　) 6. 下列有關「貨幣供給額」的敘述中，何者最正確？　(A) 央行控制貨幣供給額之目的是為了追求經濟成長　(B) M_{1b} 包括定期存款，M_{1b} 增加會使利率下跌　(C) 央行若發行鉅額的國庫券，應會使 M_{1b} 下降、利率上升　(D) 央行若採取升息政策，會使外資撤退　(E) 政府減少貨幣供給額，股市會大漲。

(　) 7. 下列有關「金融商品稅負」的敘述中，何者最正確？　(A) 部分金融商品採分離課稅，目的是為了防止投機行為　(B) 課徵證券交易所得稅是為了防止企業逃漏稅

(C) 證券交易稅是證券經紀商所繳納的營業稅　(D) 金融商品的稅率會因納稅人的身分 (法人、自然人及外國人) 而有差異　(E) 金融商品的稅率愈高，愈能防止外資撤退。

( ) 8. 某個國家的幣值有持續上升趨勢，最可能對其經濟產生何種影響？　(A) 通貨膨脹率上升　(B) 貿易餘額大幅增加　(C) 股市大跌　(D) 利率上升　(E) 外資流入。

二、簡答題

1. [金融市場與經濟變數] 簡述金融市場會反映哪些經濟變數？

2. [股價指數] 簡述以「巴式公式」與「拉式公式」計算股價加權指數的差異。

巴式：$(\sum_{i=1}^{n} P_{it}Q_{it} / \sum_{i=1}^{n} P_{i0}Q_{it}) \times 100$

拉式：$(\sum_{i=1}^{n} P_{it}Q_{i0} / \sum_{i=1}^{n} P_{i0}Q_{i0}) \times 100$

3. [股價與消費] 股市行情處於多頭時，民間所得增加，但消費增加卻有限，試說明可能的原因。

4. [油價與股價] 簡述油價與股價的關係。

5. [利率的決定因子] 簡述利率的決定因子 ($i = i^* + IP + DRP + MRP + LP$)。

6. [利率期間結構] 簡述收益線 (Yield Curve) 之意義；收益線為何會有負斜率？

7. [金融商品的稅負] 簡述 (1) 金融商品採分離課稅，與 (2) 證券交易所得稅之目的。

8. [匯率與利率] 依據國際費雪理論 (International Fisher Theorem)，某國之利率上升，則其幣值會有什麼變化？

三、問答與申論題

1. [金融市場與所得] 有些人認為，一個國家的金融市場愈發達，愈容易拉大所得分配的差距 (富者愈富)，試說明此一主張的道理。

2. [金融市場與總體經濟變數] 中央銀行的首要目標為穩定物價,而主要的操作方式是控制利率;如果央行在短期內減少貨幣供給額,短期利率將上升,會使物價水準下降。在這種情況下,股價與匯率(幣值)最可能的變化為何?

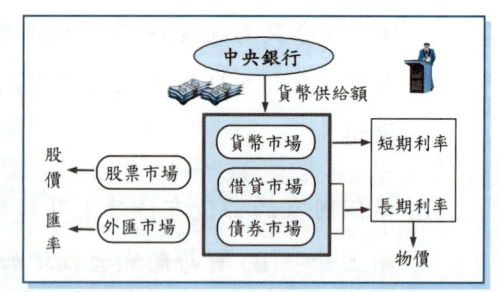

3. [冰島金融市場] 冰島人口約32萬,長期以漁業及觀光為主業。1990年代冰島總理奧德森(David Oddsson,任期1991~2004年,2005年起轉任冰島央行總裁)從事經濟轉型計畫,讓企業私有化、減稅、發展服務及金融業,2002年實施銀行民營化,這些措施使該國的股市在1990年代中期開始興盛,金融業蓬勃發展。

2003年全球對原物料的需求增加,外國企業看好冰島的水力與地熱發電,能夠供應便宜又環保的能源,外資因而大量湧入,對冰島產生了重大的影響,歸納如下:

(1) 外國企業的投資使得冰島對勞動力的需求大增,推升工資,潛藏著通貨膨脹的威脅;政府因而採取高利率政策(利率超過5%),外國機構與投資人因而爭相把資金存放在冰島的銀行。例如,2008年英國存戶(地方政府、大學、醫院與慈善機構)在冰島Landsbanki銀行旗下網路銀行(Icesave)的存款就超過40億英鎊。

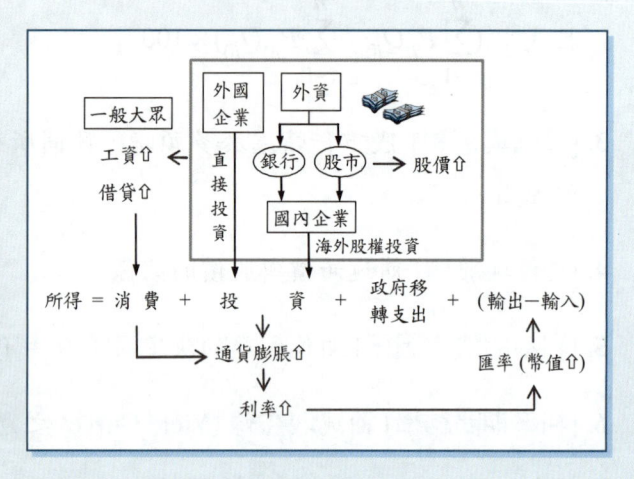

(2) 外資湧入讓冰島貨幣[克朗(Krona)]持續升值,該國企業因而大量借款,享有強勢貨幣的優點,購買外國公司之股權;個人也因而向銀行借款來消費,購買房屋、汽車與電子產品,消費貸款每年成長70%。另一方面,強勢貨幣讓冰島的貿易逆差逐年擴大(2006年貿易逆差占GDP的25%,2007年降為19%)。

(3) 冰島股市在2002~2006年大幅上漲(約漲了7倍),讓投資人對前景充滿樂觀;不過,股市有80%的股份是由外國人所持有,且銀行股占了股市總值的75%。

上列因素讓冰島的銀行業於2004~2008年期間急速擴張,三大銀行(Kaupthing、

Landsbanki 及 Glitnir) 2007 年底的資產高達 1,800 億美元 (冰島當時的 GDP 約 200 億美元)；2008 年 8 月冰島的通貨膨脹率 (CPI) 高達 14.5%，政府基本利率為 15.5%。

☞ 2008 年 9 月雷曼兄弟公司破產所引起的金融海嘯來勢洶洶，外資迅速從冰島撤退，股市重挫 (2007 年 7 月為 9,000 點，2008 年 10 月只剩 640 點)，幣值狂跌 (2008 年 1 月至 10 月下跌了 70%)，銀行無力兌現而宣布倒閉，政府因而在 2008 年 10 月將三大銀行收歸國有，積欠 700 億美元以上的債務，整個金融體系停擺。簡言之，冰島瀕臨破產的起因是金融機構使用過高的財務槓桿，政府放任銀行過度擴張信用，成為幫兇。

　　冰島發生危機後，隨即向國際貨幣基金 (IMF) 及俄羅斯求援，尋求貸款，並削減開支、出售之前所購買的資產、增加稅負，與債權國進行協商。到了 2009 年 12 月底，冰島國會通過償債法案，將償還該國銀行倒閉後所積欠的存款 (補償 40 億歐元給 Icesave 的英國與荷蘭存戶)，2010 年 1 月新總理上任，將該議案交由全民公投，同年 3 月投票表決，93% 反對償還債務。

▶ 簡述冰島是否該償還銀行所積欠的負債？若不償還有何影響？

簡　答

一、選擇題

1.	2.	3.	4.	5.	6.	7.	8.
A	D	D	D	A	C	D	E

三、問答與申論題：參考簡答

1. [金融市場與所得] 金融市場愈發達，投資管道與專業機構愈多，可以幫助富者理財，增加利息、股利與資本利得之收入，以錢賺錢 (富者愈富)；另一方面，窮人卻以勞務所得為主，因應生活需求後，所剩不多，因而拉開了所得分配的差距。

2. [金融市場與總體經濟變數] 短期利率↑ ⇨ 股價↓，本國貨幣幣值↑。

3. [冰島金融市場] 1980 年代南美洲國家發生外債問題，巴西不願償債，此舉讓外資卻

步，不願到巴西投資，政府與企業對外舉債困難，從事貿易時的融資成本高，通貨膨脹居高不下，致使該國進步緩慢。相對而言，墨西哥也積欠了外債，除了與債權國協商降低債務金額，並以免稅、減稅與其他優惠條款讓外國企業至該國投資，使其在較短的時間內脫離經濟困境。不難理解，冰島若不償還銀行所積欠的債務，很可能阻礙該國的長期經濟發展，前景堪慮。

第 3 章
金融機構概論

Economics　　　　　Stcok

Money

　　本章說明金融機構 (Financial Institutions) 的業務。首先，第一節介紹商業銀行的營運；其次，第二節說明投資銀行的業務；接著，第三節討論保險公司的營業；第四節說明創業投資基金的業務；第五節介紹私募基金之運作；第六節敘述退休基金的機制，第七節簡介周邊金融事業；第八節說明金融控股公司的架構；最後，第九節討論金融機構的經營趨勢。

金控公司
- 商業銀行
- 投資銀行
- 保險公司
- 創投基金
- 私募基金
- 退休基金
- 周邊金融

第一節　商業銀行

本節簡介商業銀行 (Commercial Banks) 的業務及財務性質。

一、商業銀行業務

圖 3-1 描繪多數商業銀行所具有的業務，包括存款、放款 (法人及消費金融)、外匯、信託、信用卡、財富管理及電子金融等業務。

1. 存款業務

商業銀行的存款業務可區分為三大類：

(1) 活期性存款：客戶可以隨時提領、取得現金之存款，包括支票存款 (Check Deposit)、活期存款 (Demand Deposit)、活期儲蓄存款 (Demand Saving Deposit) 等。

(2) 定期性存款：顧名思義，定期係指有一定的期間，例如 3 個月、6 個月、1 年期等，期初存入本金、期末領回本金與利息；此類存款可再區分為定期存款 (Time Deposit) 及定期儲蓄存款 (Time Saving Deposit) 兩類。存款人若於中途解約，會犧牲部分的利息收入。

(3) 外幣存款：美國在習慣上將外幣計價之存款稱為歐洲貨幣存款 (Euromoney Deposit)，亦分為活期與定期兩大類，利率隨貨幣發行國之利率水準變動，而存款人須自行承擔匯率風險。

2. 消費金融業務

銀行的消費金融業務是與個人消費相關的業務，包括房貸、理財貸款、汽車貸

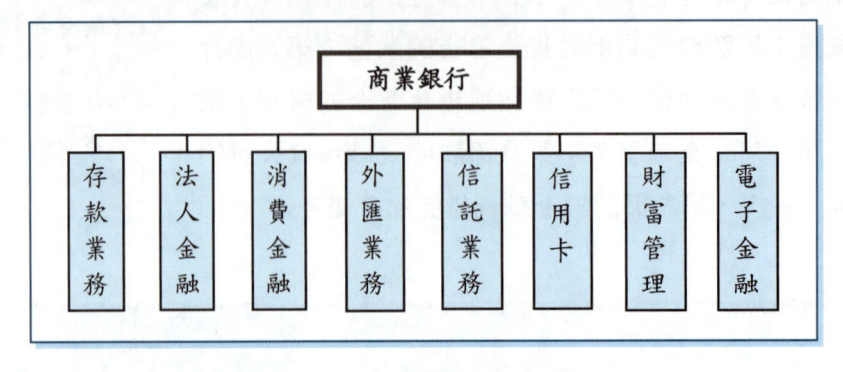

圖 3-1　商業銀行從事之業務

款、小額信貸、信用卡及現金卡等商品；由於信用卡業務較特別，有些金融機構將其從消費金融獨立出來，成為專門的單位。就銀行而言，消費金融業務的主要收入為利息。

就上述的放款業務而言，銀行必須經過徵信的過程，檢驗借款人的信用與條件後才放款，以免發生過多的壞帳。另外，不動產抵押貸款為傳統的放款業務，對銀行較有保障，同時也是銀行的重要收入，但房地產的行情會影響該項業務。

3. 法人(企業)金融業務

銀行法人(企業)金融的主要業務為一般企業放款。除此之外，還有票券管理、應收帳款管理、專案融資及聯合貸款等業務，簡述如下：

(1) 商業性放款 (Commercial Loans)：對企業的長、短期放款，包括信用額度、循環性承諾貸款、質押貸款、中長期抵押貸款及信用貸款等。

(2) 票券管理 (Management of Money Market Instruments)：企業為了滿足短期資金需求與運用，可發行商業本票，亦可將閒置資金投資於短期票券(國庫券、商業本票、銀行承兌匯票、可轉讓定期存單等)。

(3) 應收帳款承購業務 (Factoring)：銀行承購企業的應收帳款，讓企業在到期日前轉換成為現金，以便週轉使用。

(4) 專案融資 (Project Financing)：由一家或數家企業出資從事特定的投資案(如能源鑽探、油槽、水壩及交通運輸等大型工程)，但出資金額未達所需之總金額，銀行考慮後借出資金，要求掌控投資案的資產與收入，以確保債權。

(5) 聯合貸款 (Syndicated Loans)：當企業的借貸金額龐大，銀行為了降低風險，會組成銀行團進行放款，由一或兩家主導的銀行負責放款業務，與數家銀行依約定之比例共同出資，借款給企業。

4. 外匯(國外)業務

銀行的外匯 (Foreign Exchange) 業務包括下列項目：

(1) 外幣匯兌：世界主要貨幣與本國貨幣之兌換。
(2) 外幣存款：世界主要貨幣之存款。
(3) 進出口業務：即期信用狀、遠期信用狀、憑主信用狀 (Master L/C) 轉開信用狀、遠期信用狀買斷業務 (Forfaiting)、出口押匯(貼現)業務。
(4) 境外金融業務：國際金融業務分行 (Offshore Banking Unit, OBU) 是政府為吸引

境外公司從事金融活動而設計出的單位，其主要的業務是從事外幣存款、放款業務，境外單位享有外幣存款利息收入免稅之優惠。

5. 信託業務

信託 (Trust) 是財產所有人 (委託人) 為自己或他人 (受益人) 的利益，將自己的財產權移轉或處分給受託人 (銀行)，由受託人依照委託人的意旨來管理、運用或處分該信託財產。

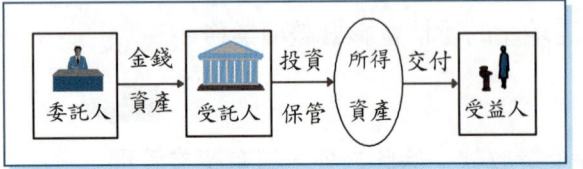

信託業務依交付之財產可區分如下：

(1) 金錢信託：直接交付金錢之委託，可再區分為下列種類：
- 投資國內外有價證券：依委託人指示，投資於國內外之金融商品。
- 員工持股信託：公司及員工定期共同提撥資金，交付給受託銀行定期購買該公司的股票。
- 員工福儲信託：公司及員工定期共同提撥資金，交付給受託銀行，定期投資，達成長期穩健退休金儲存的目的。
- 保險金信託：預先將未來之保險金交付信託，依委託人指示給予 (未成年) 受益人。
- 退休安養信託：透過受託銀行的管理，確保退休金及財產的安全。
- 公益信託：以慈善、文化、學術、技藝、宗教及祭祀等公共利益為目的，經目的事業主管機關等許可成立之信託。

(2) 有價證券信託：委託人將有價證券 (如股票或債券) 交付受託銀行管理 (收取股息或行使股東權利) 及處分，減輕委託人親自處理之困擾。

(3) 金錢債權及其擔保物權的信託：委託人將金錢債權信託予受託人，使受託人成為名義上的債權人，執行金錢債權的催收、保全、管理及處分，將所得金錢交付給受益人的信託 (如金融資產證券化)。

(4) 不動產信託：依信託目的不同，分為「不動產開發」、「不動產管理」、「不動產處分」及「不動產證券化」信託，透過受託銀行的管理，提升不動產的運用效益。

(5) 動產信託：委託人將其動產信託予受託人管理或處分。

(6) 權利信託：以土地租賃權、地上權、專利權及著作權為信託財產的信託。

(7) 其他信託相關業務：信託基金集合管理運用、股務代理、發行股票及債券之簽證人、破產管理及公司重整等業務。

6. 財富管理業務

財富管理 (Private Wealth Management) 業務是與個人投資理財相關的業務，由銀行提供商品給客戶，收取手續費，或是客戶交由銀行從事「全權委託投資業務」(即代客操作)。一般而言，個人理財是為了投資、子女教育、退休規劃、節稅與資產移轉為目的，銀行會針對客戶的需求與屬性，提供合適的商品 (如共同基金、債券、結構型證券與外幣資產等)，再運用保險、信託或其他方式，來達成客戶的財富目標。

實務上，銀行會將客戶群作分類，例如，資產達 20 萬美元者為貴賓理財 (Priority Banking) 客戶，20～100 萬美元者為財富管理 (Wealth Management) 客戶，100 萬美元以上者為私人銀行 (Private Banking) 客戶；事實上，多數客戶會聽從財富管理從業人員 (理財專員) 的建議，因此理財專員有義務告知商品的預期報酬與風險，但在業績導向之下，理財專員可能會誇大商品的優點，對風險卻輕描淡寫，因而容易產生爭議與法律訴訟；但即使確實告知風險，到期時投資若產生虧損，部分客戶仍會不滿而有爭議。

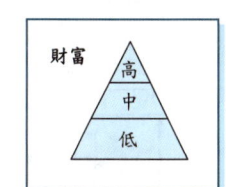

7. 電子金融業務

電子金融 (Electronic Banking) 是指在金融機構與客戶間，透過各種電子設備及通訊設備，客戶無須親赴金融機構櫃檯，即可直接取得金融機構所提供之各項金融服務之業務；如果客戶必須親赴櫃檯才可取得各項金融服務者，稱為傳統金融 (Traditional Banking) 業務。雖然「電子金融」是銀行藉著與實體分行通路不同的傳輸途徑傳遞訊息，讓銀行在任何時間、地點均可提供各種不同金融服務之業務，但它仍是依附於傳統銀行業務之下。電子金融發展已有幾十年了，早期的電子金融主要包括銀行卡業務，例如金融卡、自動櫃員機 (ATM)、電話銀行、金融 EDI 等，被稱為傳統電子金融；最近一、二十年因為 Internet 及電子商務的發展，產生了新一代的電子金融，稱為網路金融 (Internet Banking)，目前銀行最常見的網路金融業務，包括網路 ATM、網路銀行 (Network Banking)、行動銀行 (Mobile Banking)、網路收單及第三方支付 (Third-Party Payment) 等，簡介如下：

(1) 網路 ATM (eATM)：是指已向銀行申請晶片金融卡的客戶，自備與自然人憑證

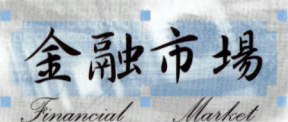

相同的晶片讀卡機，利用自己的電腦上網連結至往來銀行的網頁，進行實體 ATM 之各項金融交易之業務。

(2) 網路銀行：是指客戶端電腦經由網際網路 (Internet) 與銀行的電腦連線，無須親赴銀行櫃檯，即可直接取得銀行所提供之各項金融服務。

(3) 行動銀行：是指銀行提供由客戶以行動電話或平板電腦等方式，進行相關帳戶連線查詢或轉帳及其他各項交易之業務。例如，手機信用卡、行動金融卡、QR Code 行動支付及行動收單 (mPOS)，均是。

(4) 網路收單：是指銀行提供給在網際網路上設立電子商務網站之商店，在該商店之客戶選購完商品後，同時在線上透過商店的系統進行刷卡以清算貨款之服務。

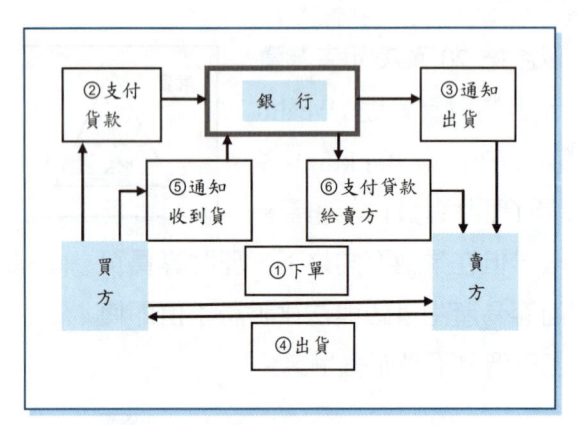

(5) 第三方支付：是指買方在下單後將貨款支付予第三方，再由第三方通知賣方出貨，於買方通知第三方確認收到賣方的商品後，由第三方支付貨款予賣方的交易方式。例如，中國信託的 Pockii/Yapee、第一銀行的第 e 支付及永豐銀行的豐掌櫃等，均是。

二、商業銀行的資產負債

表 3.1 為商業銀行簡式資產負債表之範例，從其中可看出銀行的營運特性，資

表 3.1　銀行資產負債表範例

20×× 年度　　　　　　　　　　　　　　　　(×× 元)

現金	$ 10	同業存款	$ 40
短期投資	80	應付帳款	50
長期投資	220	存款：	
放款：		活期存款	30
商業性放款	500	活期儲蓄存款	420
消費性放款	80	定期存款	700
不動產抵押放款	400	應付債券	60
其他放款	20	普通股	70
固定資產	40	資本公積	10
其他資產	50	保留盈餘	20
資產總額	$1,400	負債與權益	$1,400

產中最重要的是對客戶的放款,通常為中長期;另一方面,負債中最重要的則為客戶的存款,為期較短;顯示銀行是以短期資金從事中長期放款之業務,如果存戶風聞銀行發生問題而集體提款 (擠兌),銀行便立即面對流動性不足的問題,因而倒閉;換言之,銀行業是一種建立在「信心」上的特殊行業。

表 3.2 為商業銀行簡式損益表之範例,銀行的主要收入來源為放款及存款的利息差額,當市場的資金浮額過多,放款金額下降,會降低銀行的收入;其次,銀行的其他收入主要為證券投資所得及手續費。另一方面,銀行的主要費用包括壞帳及營業費用,若放款品質不佳 (借款人的信用不良),很容易使壞帳上升,產生虧損。

▶表 3.2　銀行損益表範例

20××年度	(××元)
利息淨收益	$20
利息以外淨收益	8
壞帳費用	(7)
營業費用	(12)
稅前淨利 (淨損)	9
所得稅費用 (利益)	(2)
本期淨利 (淨損)	$7

第二節　投資銀行

圖 3-2 描繪投資銀行 (Investment Banks) 所具有的業務,包括企業輔導 (顧問)、融資、投資及證券等項目,本節簡介這些項目之意義,後續的章節將更進一步闡述其業務的運作。

一、企業輔導業務

投資銀行提供企業輔導與顧問業務,例如,改善財務結構、提供諮詢、建議風險管理、協助進行併購與重整等;以併購為例,投資銀行會代為尋找目標、查證目標公司的財務狀況、進行評價,並協助主併者進行併購之談判協商及併購後的業務整合。

二、融資業務

投資銀行會協助企業安排融資業務,包括特殊的借款 (如併購或融資買下的過

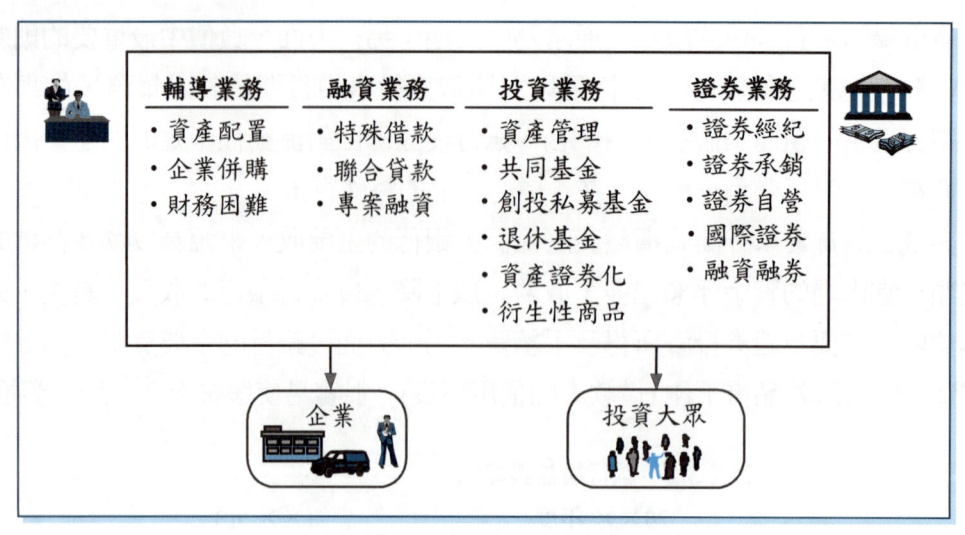

圖 3-2　投資銀行之業務結構

渡貸款與次順位債券)、聯合貸款與專案融資等，這也使得投資銀行與商業銀行之間的區別變得模糊。

三、投資業務

投資銀行所提供的投資業務可歸納如下：

1. **資產管理**：個人或企業將財富交由投資銀行，提供投資建議與管理。
2. **共同基金**：向投資大眾募集資金，成立投資信託基金，交由專業經理人，負責投資的操作。
3. **創投與私募基金**：成立創投與私募基金，投資未上市櫃公司，從事夾層融資 (Mezzanine Financing) 或參與融資買下 (Leveraged Buyouts) 之業務。
4. **資產證券化商品**：將一些低流動性的資產或貸款彙總成為一個組合，在加強信用後，將此組合規劃為標準的證券單位，於資本市場出售，持有人對資產具有求償權。
5. **衍生性金融商品**：發行或承做衍生性金融商品，例如，選擇權、認股權證及金融交換等產品。

四、證券業務

投資銀行的證券業務包括承銷、經紀、自營與信用交易等項目。

1. **承銷 (Underwriting)**：承銷商協助企業發行證券，處理證券銷售之相關事務；亦即一般企業或外國公司要發行股票 [初次上市櫃 (Initial Public Offerings, IPOs) 或現金增資 (Seasoned Equity Offerings, SEOs)] 或債券時，即由投資銀行負責查核、文書準備、銷售及穩定價格之事宜。
2. **經紀 (Brokerage)**：替投資人買賣證券之中介者 (證券行紀或居間業務)，本身不從事買賣，僅接受客戶的委託，賺取手續費。
3. **自營 (Dealing)**：自行出資從事證券買賣的證券商，通常會有專業經理人負責操盤。
4. **信用交易**：投資人買入股票時可以借款、賣出股票時可以借券的業務，投資人必須支付利息。

第三節　保險公司

保險公司 (Insurance Companies) 出售保單給客戶，客戶依契約繳款，保險公司取得資金後，投資於金融市場或其他商品，以期日後支付理賠金給客戶。

保險的種類可分為人壽保險 (Life Insurance)、產物保險 (Property Insurance) 及責任保險 (Liability Insurance) 三種類型 (臺灣的保險法僅分成人壽及產物保險兩類)：

- 人壽保險
- 產物保險
- 責任保險

1. **人壽 (人身) 保險**：當被保險人生命、身體受傷害，保險公司將予理賠。
2. **產物 (財產) 保險**：當被保險人的財產遭受損失，保險公司將予理賠。
3. **責任保險**：保障因被保險人侵犯他人生命、身體或財產所發生的責任，當發生損害時，保險公司將予理賠。

一、人壽保險

人壽保險可分為人壽、健康、傷害及年金保險四大類：

1. **人壽保險**：依保障性與儲蓄性不同，分為生存保險、死亡保險及生死合險；生存保險是到了約定時間，被保人仍活著，保險公司仍須給付保險金；另一方面，死亡保險是被保險人去世時支付理賠金給受益人，依保險期間又可分為定期壽險及終身壽險，定期壽險是在特定期間 (如簽約日之後的 20 年內) 有效，終身壽險則是對被保險人終生有效。

2. **健康保險**：被保人因罹患疾病或遭遇意外事故，而必須有門診、住院醫療或外科手術的支出時，保險公司會依約定給付保險金。
3. **傷害保險**：被保人遭受非由疾病引起的意外突發事故，以致身體蒙受傷害，而必須接受醫療，或因此導致殘廢、死亡時，保險公司應該依約定給付保險金。
4. **年金保險**：保險公司以被保險人的生存為條件，在一定期間內，依照契約一次或分次給付固定金額的保險，可提供老年時或特定時期的經濟需求。

二、產物保險

產物保險可分為下列幾類：

1. **汽車保險**：使用汽車所導致在生命、身體或財產損害的保險契約；可區分為強制及任意險兩種類型：
   (1) 強制汽車責任險：政府為保障人民在道路上之人身安全的一種政策性保險。凡汽車及行駛道路之動力機械，都必須投保強制責任險，讓因交通事故而受傷、殘廢或死亡的受害人能獲得基本的保障。
   (2) 任意險：即使有強制責任險，汽車對他人所造成的傷害仍可能導致法律訴訟，因此使用者可加保任意險，提高保障金額，補強基本保障之不足；另外，如遇汽車事故，自己也會有損失，還有潛在被偷竊的危險，因此使用人可加保任意險來規避這些風險。
2. **火災保險**：承保火災導致被保險人之損失，可區分為住宅與商業兩種類型，承保範圍為失火、爆炸、閃電雷擊、意外事故所引起之火災。除此之外，火險可附加爆炸、地震、颱風及洪水、航空器墜落、機動車輛碰撞、罷工暴動、民眾騷擾、惡意破壞行為、自動消防裝置滲漏、煙燻、水漬、竊盜、第三人意外責任等保險。
3. **水險**：一般對海上保險的俗稱，舉凡航海中可能遭遇的一切外來事故及災害，對標的物所產生之毀損、滅失、費用及責任，皆由保險人負賠償責任；不過，隨著運輸工具不同，目前的海上保險包括陸、海、空等不同的運送方式。水險依標的物不同，可分為貨物運輸保險、船體保險、漁船保險、航空保險及其他如運送人責任保險等。
4. **工程保險**：對工程、製造機械及設備的保險總稱，例如，營造工程險、安裝工程險、營建機具保險、鍋爐保險及電子設備保險等。

三、責任保險

責任保險係保障因被保險人導致之事故對第三人所造成的損害，被保險人依法負有賠償責任，在受害人要求理賠時，保險公司代替被保險人於承保範圍內賠償受害人。責任保險可區分為下列種類：

1. 一般責任保險：例如，公共意外、雇主意外責任、電梯意外保險等。
2. 專業責任保險：例如，建築師、工程師、律師、會計師及醫師等專業責任保險。
3. 其他保險：例如，銀行業綜合保險、個人旅行綜合保險、旅行業責任保險、保全業責任保險等。

四、保險公司之其他業務

現代金融環境逐漸開放，先進國家大多允許保險公司隨保險契約販售投資型商品 (如附加共同基金的投資型保單)；另外，有些國家甚至允許投資人將資金交付給保險公司代為操盤。

> **例　保險業務**
>
> 臺灣知名的永×保險經紀公司於 2008 年以「優惠存款」、「基金」等名義推銷宏×及全×人壽公司的壽險保單，存款 20 年後可領回本息 (年利率 3%)，從中抽取高額佣金。
>
> 部分投資人後來瞭解所購買的是保單，並非存款，因而向主管機關 (金管會) 反映，主管機關為此召開協調會，但未能平息糾紛，投資人改向調查局檢舉，2009 年 8 月地檢署認為涉及詐欺，因而搜索永×保險經紀公司，查扣一批推銷文宣；2010 年 1 月士林地檢署以詐欺罪起訴該公司負責人等 13 人，請法院從重量刑。

第四節　創業投資基金

本節介紹創業投資基金 (簡稱創投) 的意義與運作方式。

一、創業投資之意義

創業投資 (Venture Capital) 的英文字面翻譯為風險性資本，係指個人或法人以股權、類股權、一般或附條件借款的形式，投資於創新之科技事業，或支持具科技專業背景之企業主所規劃的高風險企業，具有高風險。

創投業常見的運作方式係中長期持有科技事業之股票，當被投資公司成功 (上市櫃) 之後，創投業者將股票出脫獲利；但被投資公司也可能失敗倒閉，造成虧損；因此，創投業具有高風險、高報酬之特性。

圖 3-3 描繪創投業的基本結構，如圖所示，投資人出資設立創投基金，通常是以私募 (Private Placement) 方式進行，亦即向少數的特定人 (保險公司、退休基金、贈與基金、富人或外國投資人等) 募集資金；如果有個人出資，這些人通常被稱為天使 (Angel)，隱含其對尚未成熟公司有極大的幫助。

在募足資金後，創投基金可以設為有限合夥或股份有限公司，較常見的是設為有限合夥事業，因為若設為公司，須依照公司法之規定辦理相關事宜 (如召開會議及編製財務報告)，徒增作業困擾。

另外，創投基金可自行或委託他人進行操作，接受委託的管理者多半為顧問公司，從業人員大多具有科技或財務知識與經驗；當然，交由他人管理必須繳納管理費 (如每年繳交基金總額的 2%，美國的創投管理費率大致在 1.5%～2.5% 的範圍內，約 5 或 6 年後管理費逐年下降)，投資獲利則須另計紅利 (如獲利金額的 20% 作為管理公司的紅利)。

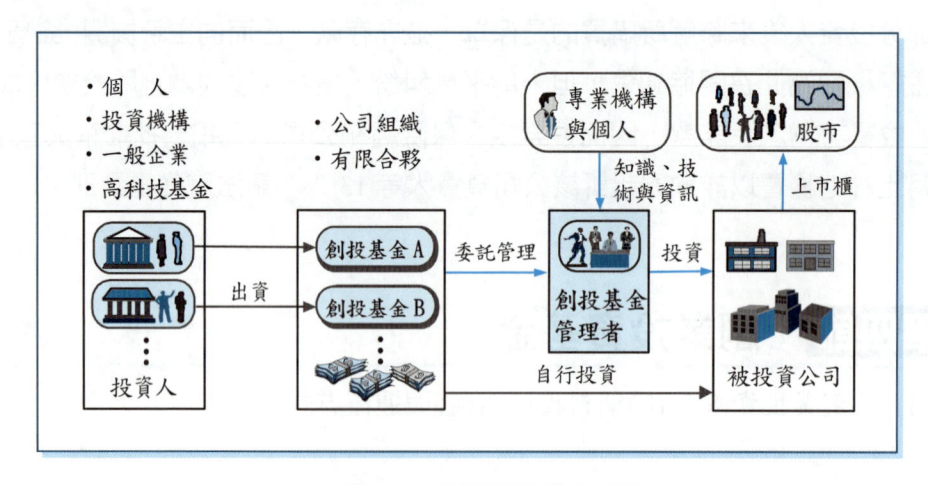

圖 3-3　創業投資業之結構

二、美國之創投業

1. 美國創投業之組織型態

美國創投業者的組織型態大多為有限合夥 (Limited Partnership)，也有公司組織，但較少見；有限合夥的創投不須繳稅，通常在一段期間 (通常為 10～12 年) 後可選擇解散或繼續經營，若決定解散則將所持之股票賣出，或直接將股票分發給合夥人。

有限合夥的創投組織中包括一般合夥人 (General Partners) 及有限合夥人 (Limited Partner)，一般合夥人的出資比率低 (1%)，須負責創投資金的運用與投資決策，因此，通常是由具有科技背景與經驗的專業人士擔任，如果營運獲利，一般合夥人的報酬大多訂為利潤的 20%；另一方面，有限合夥人主要是負責出資，多為法人及富商。

由於創投的營運由一般合夥人負責，其他合夥人通常很少干預基金的操作，但會在契約中加入限制條款，規範相關事項；例如，創投業者普遍規定管理者不得私人買賣創投業所投資的股票。

2. 美國創投業資金來源

美國的創投業自 1940 年代開始蓬勃發展。不過，當時的創投業者並不是非常專業；後來隨美國修改了一些法令規定，促進了創投業的興盛。

美國的創投業因法令允許資金之投入，而可分為下列三種類型：

(1) 中小企業投資公司 (Small Business Investment Companies, SBIC)：美國國會於 1958 年制定了中小企業投資法案 (Small Business Investment Act)，給予中小企業投資公司 (SBIC) 稅負上之優惠，並由中小企業局 (Small Business Administration, SBA) 提供擔保取得融資；另外，該法案允許銀行業者投資於 SBIC，提供充裕的資金。

　　由於上述法案增加 SBIC 的資金來源，部分 SBIC 因而投資於創投業；另一方面，創投業者本身也可成為 SBIC，接受政府管理與資金之補助，創投事業因而得以蓬勃發展。

(2) 私人創業投資企業 (Private Venture Capital Firms)：美國在 1978 年修正了退休金安全法案，允許退休基金 (Pension Funds) 投入創投業，充沛的資金促成創投

事業 (有限合夥組織) 之成立，帶動了 1980 年代設立創投業的風潮。

(3) **大型公司的附屬創投業 (Corporate Industrial Venture Capital)**：美國許多大型公司也轉投資於創投業，或成立專門負責創投的事業部門，其目的多半是為了達成母公司的某些策略，例如，取得新技術、為多角化經營作準備與增加行銷管道等目的。

三、創投業的運作

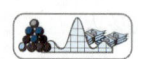

本小節說明一些創投基金的運作方式。

1. 投資對象之特性

創投業可依所投資對象之成熟度區分為不同的階段，此處引用 Tyebjee 和 Bruno (1984)[1] 的分類，摘要如表 3.3 所示。

表 3.3 中的第一階段至第四階段融資若合併為兩個階段，則可分為**種子期 (Seed)**、**創建期 (Start-up)**；但實務上，有時投資階段並沒有明顯的分界，因此也有人以早期、中期與晚期投資來區分。

大致上，所謂**早期 (Early-Stage)** 投資大致是處於種子期與創建期，這種投資通常處於構想階段，並未見到任何產品，投資充滿不確定性。其次，**中期 (Mid-Stage)** 投資則是已有具體的設備或產品，但銷售仍有相當高的不確定性。最後，**晚期 (Late-Stage)** 投資通常利潤較低，主要是希望藉由上市櫃前後的價差來獲取利潤，這類投資所承擔的風險相對較低。

▶表 3.3　創業投資業的投資階段

階　段	特　性
種子期	處於模糊階段，正在發展投資觀念
創建期	發展產品與市場
第一階段融資	準備生產與銷售產品
第二階段融資	籌措營運資金與運送產品
第三階段融資	被投資公司已能損益兩平，但需要資金成長
第四階段融資	讓被投資公司能夠在半年內上市 (櫃)

---

[1] 參閱 Tyebjee, T. T. and A.V. Bruno, 1984, A model of venture capitalist investment activity, *Management Science* 30, 1051-1066.

另外，創投業也可以投資於處於虧損狀態的公司，歸類為**重整期** (Turnaround)；這一類公司的價格便宜，公司若能轉虧為盈，創投業者的獲利很可觀；當然，此種投資所承擔的風險極高。

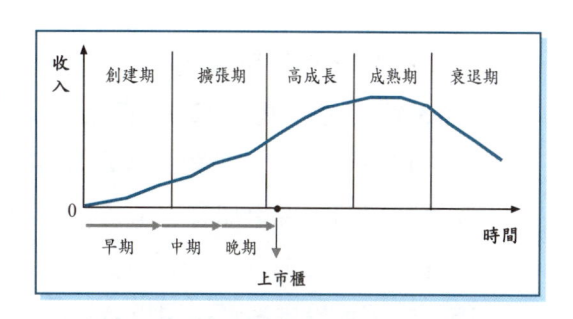

例　種子期之投資

美國 A 創投業者在一個宴會上遇到一位名列《財星》一百大公司的經理人，宴會中的經理人談及一項技術讓 A 創投業者覺得很有發展性，因而告訴這個經理人，如果有興趣設立自己的公司，可以與其聯絡。1 年半以後，這個經理人打了電話給 A 創投業者，但並未準備任何計畫，結果 A 創投業者和經理人一起完成書面計畫，憑著對產品的基本知識而創立了種子期的公司。

2. 分段投資

未上市櫃公司因資訊不透明，管理者往往追求自己的利益，忽略了其他投資者的利益，衍生出代理人問題。例如，科技業的管理者可能醉心於技術，並未考慮投資是否能獲利，這對管理者個人有利，可享有知名度，未來才將技術商品化，但投資者無法獲利、甚至虧損；換言之，投資者的資金可能被作為「墊腳石」，讓被投資公司管理者培養班底，以創造「第二春」。

面對此種狀況，除了監督之外，投資者應考慮以階段性投資來減輕這種問題，亦即縮小金額、逐次投資的方式進行，避免一次投入過多的金額而承擔過高的風險，並觀察被投資公司的狀況後，才決定後續的投資。

例　創投的投資

下列兩個案例說明市場之投資：

☞ 蘋果公司 (Apple Inc.) 過去共接受三次創投業者挹注資金，第一次是 1978 年 1 月以每股 0.09 美元的價格收到資金 51.8 萬美元；當時該公司表現良好，因而同年 9 月以每股 0.28 美元收到第二次資金 70.4 萬美元；到了 1980 年 12 月，創投業者最後一次投入 233.1 萬美元，每股價格 0.97 美元。

☞ 聯邦快遞公司 (Federal Express) 也收到創投業者挹注三次資金，第一次是 1973 年 9 月收到 1,225 萬美元，每股價格 204.17 美元，但該公司的表現未如預期；1974 年 3 月收到第二次資金 640 萬美元，每股價格下降為 7.34 美元，不過，聯邦快遞的表現更加惡化；1974 年 9 月創投業者以每股 0.63 美元提供 388 萬美元的資金，並強力介入公司營運。結果聯邦快遞在 1978 年以每股 6 美元的價格上市，才讓創投業者獲得還算合理的報酬率。

上述兩個極端案例顯示，創投業者以漸進的方式進行投資；其中漸入佳境的蘋果股價上漲、所獲資金逐次增加，而每況愈下的聯邦快遞則是股價慘跌、所獲資金逐次下降，如果創投業者一次即投入大筆資金，便可能產生難以挽救的虧損。

3. 分散風險

有經驗的創投基金管理者會利用證券投資組合 (Security Portfolio) 的方式來分散風險。一般而言，創投基金大約需要 0.5～1.5 年來募集資金，基金管理者則會花上 3～7 年的時間來進行投資，形成投資組合，在風險分散的考量下，管理者會衡量投資案的合適金額與占基金總額的百分比，以逐次方式進行投資；當然，管理者平時也會調整投資組合，視情況買賣持股。

四、創投業者分發被投資公司股票

美國創投業者所投資的股票在初次上市 (櫃) 之後，有兩種處分方式。第一種是直接在市場上賣出，但此種方式受內線交易 (Insider Trading) 限制，每一季最多只能賣出 1%；另外，若創投業者賣出股票後再發放現金股利給合夥人，合夥人將被課徵所得稅，由於創投業者的合夥人多半為法人及富商，所得稅上的負擔通常較高。

創投業者的第二種處分方式是將部分或全部的上市 (櫃) 股票分發給合夥人，此種分發並不須公告，而且沒有上述買賣限制與稅負較重的不利因素，可視為一種合法的內線交易，但分發股票對被投資公司的股價是否會造成影響呢？

Gompers 和 Lerner (1998) [2] 蒐集美國 135 個創投業者所投資的 259 家公司在上

---

[2] 參閱 Gompers, Paul and Josh Lerner, 1998, Venture capital distributions: Short-run and long-run reactions, *Journal of Finance* 53, 2161-2183.

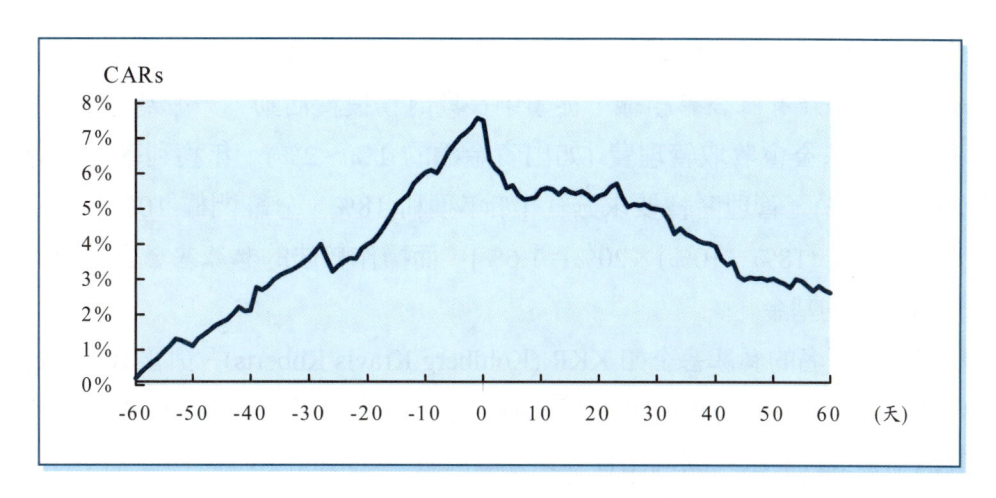

图 3-4　創投業發放股票給股東時之股價報酬率

市(櫃)之後，創投業者將股票分發給合夥人前後的股價變動(共731個事件)；在調整風險後，分發日前後的股價<u>累計超額報酬率 (Cumulative Abnormal Returns, CARs)</u> [3]，如圖 3-4 所示。

從圖 3-4 可看出，<u>累計超額報酬率 (CARs)</u> 在分發日 (第 0 天) 之前的趨勢向上，而之後卻呈現相反的走勢；這種情況隱含創投業者認為股價被高估而分發股票，市場因而對此種內線交易作出負面反映。由於此類消息並未公開，許多投資人並不知道這種情況，市場未立即反映，需要一段時間才能看出報酬率的下降趨勢。

第五節　私募基金

一、私募基金的意義

<u>私募基金 (Private Equity Funds)</u> 是以獲利為目的，向特定對象 (通常為法人) 募集資金所成立之基金；募集時不須事先報請主管機關核准，規範相對較少，因而能

---

[3] Gompers 和 Lerner (1998)「累計超額報酬率」(CARs) 之計算為：

$$\sum_{t=1}^{T} [R_{j,t} - (\alpha_{j,t} + \beta_{j,m} R_{m,t} + \beta_{j,s} R_{s,t})]$$

其中 $R_{j,t}$ 為公司 j 於時間 t 的股價報酬率；

$R_{m,t}$ 與 $R_{s,t}$ 分別為 CRSP 及 NASDAQ (那斯達克) 的報酬率；

$\alpha_{j,t}$、$\beta_{j,m}$、$\beta_{j,s}$ 為迴歸式之截距與係數。

掌握時效，看好行情即可募集資金投入市場[4]。

私募基金多為有限合夥組織，從事中長期財務投資活動，一般為期 10 年；較有規模的私募基金會收取管理費 (如出資金額的 1%～2%)，年獲利率若超過某個比率 (8%～12%)，管理者會要求分紅 [如年獲利 18%、分紅門檻 10%、分紅比率 20%，則分紅為 (18%－10%)×20%＝1.6%]，而操作較佳的私募基金公司通常會在 3～5 年募集新的基金。

國際上較著名的私募基金如 KKR (Kohlberg Kravis Roberts)、凱雷 (Carlyle)、黑石 (Blackstone) 及銀湖 (Silverlake) 等集團，這些基金在進行大規模的投資案時，會聯合其他基金或投資公司共同出資，以分散風險。

二、私募基金的業務

私募基金通常專注在幾個投資領域，常見的領域如下：

1. **低價之上市櫃公司**：購買上市櫃公司部分股權後，派遣團隊進入公司進行整頓，在業績改善、股價上漲之後，尋找買主，出脫股票。
2. **未上市櫃公司**：買入具有成長性的未上市櫃公司股票，操作方式類似於創投業者。
3. **財務困難公司**：以低價買入財務或營運困難公司之股票，聘請專家拯救公司，等到公司恢復正常後，賣出股票。
4. **融資買下 (LBOs)**：以高負債 (如舉債 90%) 的方式買下目標公司，由於風險很高，目標公司多半是業務穩定且具有實體資產的公司，債權人才會願意提供借款[5]，而借款通常是由投資銀行安排 過渡性貸款 (Bridge Loans)，並將公司的資產抵押 (或質押) 給債權人，買下目標公司後再發行垃圾債券取代。

美國在 1980 年代出現了不少 LBO 案例，多半是由管理者向股東買下股

---

[4] 臺灣「私募基金」的出資者為：❶銀行業、票券業、信託業、保險業、證券業或其他經主管機關核准之法人或機構；或 ❷符合下列條件之國內、外自然人、法人或基金 (以 35 人為限)：
  ❖ 自然人：(a) 本人淨資產超過新臺幣 1,000 萬元或本人與配偶淨資產合計超過新臺幣 1,500 萬元；或 (b) 最近兩年度，本人年度平均所得超過新臺幣 150 萬元，或本人與配偶之年度平均所得合計超過新臺幣 200 萬元。
  ❖ 法人或基金：近期經會計師查核簽證之財務報表總資產超過新臺幣 5,000 萬元之法人或基金，或依信託業法簽訂信託契約之信託財產超過新臺幣 5,000 萬元者。

[5] 常見借款給 LBO 案的銀行包括花旗 (Citicorp)、富國 (Wells Fargo)、信孚 (Bankers Trust，1999 年被德意志銀行併購) 等銀行。

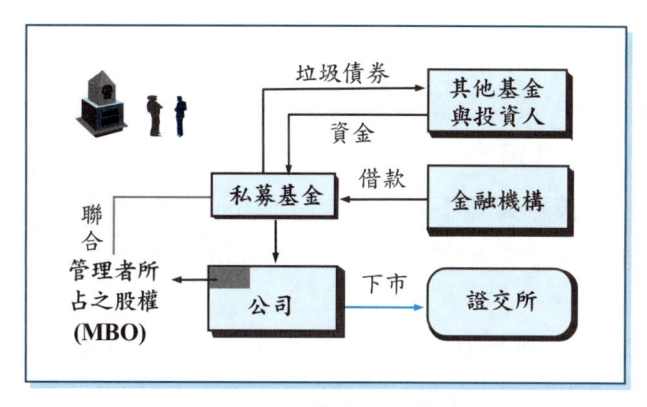

圖 3-5　融資買下示意圖

權，此種方式稱為管理者買下 (Management Buyout, MBO)，而管理者若成功買下公司後，通常會申請下市；圖 3-5 示意 LBOs 之結構。

融資買下之案例

美國 RJR Nabisco 公司以生產香菸 (如 Camel、Winston 與 Salem) 與食品 (如 Ritz 及 Oreo 餅乾) 為主。1988 年 10 月該公司的管理階層以每股 75 美元 (當時股價約為 55 美元)、總價約 176 億美元，向董事會提出融資買下 (LBO) 的方案。

數日後出現另一個併購者 KKR (Kohlberg Kravis Roberts) 投資公司，出價每股 90 美元收購 RJR Nabisco 公司；經過 1 個多月的談判後，KKR 以每股 109 美元融資買下 RJR Nabisco 公司，總價高達 260 億美元；KKR 的資金安排如下：

(單位：百萬美元)

投　資		融　資		
普通股總價	$24,589	銀行貸款	$12,634	(49%)
特別股總價	135	附屬公司債	5,000	(19%)
併購費用	1,100	次等附屬公司債	500	(2%)
利息費用	570	可轉換債券	2,259	(9%)
支付員工費用	166	可交換特別股	4,067	(15%)
其　他	70	普通股	1,500	(6%)
剩餘現金	(670)			
總金額	$25,960	總金額	$25,960	(100%)

從上表右邊可看出，這個將近 260 億美元的融資買下案例中，KKR 投資公司只發行了 15 億美元的普通股，貸款及發行債券的金額超過 200 億美元，公司在被買下後，每年須支付可觀的利息費用。

後來 RJR Nabisco 在被融資買下後，處分了旗下的冷凍食品、零食及飲料等事業，償還了部分的負債；而營業上也算穩健，有足夠的現金流入來支付利息[6]。

5. **不動產投資**：買入不動產 (如土地及大樓)，等到漲價後賣出；通常私募基金會在經濟成長快速國家投資不動產，投資標的多集中於都市地區。
6. **債權投資**：購買一般公司債及夾層負債 (Mezzanine Debt)，如次級公司債、折價公司債、垃圾債券)、可轉換債券等。

第六節　退休基金

退休基金 (Pension Funds) 係個人為未來退休生活所儲蓄的基金。

一、退休基金的種類

1. **職業退休金**：個人因職業所提撥的退休金，一般可區分為下列兩種制度：
   (1) 確定給付制：由雇主負責支付退休金給員工，制度依附於雇主的可靠度。
   (2) 確定提撥制：退休基金的支付，以雇主及員工共同提撥出的基金帳戶為依據，於未來支付應有的金額給員工。理論上，雇主提撥出基金之後，已無責任，因此員工便是基金的委託人；但先進國家多半設置過渡期，要求雇主篩選合適投資商品或專業機構，供員工選擇，待過渡期之後的階段，才將選擇商品的責任逐漸轉移至員工，負投資成敗之責。
2. **國家退休金**：由國家提撥、以養老為目的之退休基金，一般而言，先進國家以隨收隨付作為養老金，例如，以當年度的部分稅收支付；但隨著人口年齡老化，此種制度造成國家財政的龐大負擔。
3. **個人退休金**：屬於儲蓄型的退休基金，多半為自願，但有些國家強制個人參加。一般而言，先進國家多鼓勵個人為養老儲蓄，因而會給予稅負上之優待；例如，美國 1987 年所實施的個人退休帳戶 (Individual Retirement Account, IRA) 制度，允許個人存入 IRA 的金額從綜合所得額中扣除，免扣所得稅。

---

[6] RJR Nabisco 於 1999 年將旗下兩個部門分割為兩家獨立的公司：Nabisco (食品) 及 RJReynolds International (香菸)。

二、退休基金的運作

圖 3-6 描繪退休基金的運作方式，如圖中所示，雇主及員工定期提撥精算之金額，交付給保管機構 (通常是銀行信託部)；雇主及員工可自行操作 (如定存或購買政府債券)，或將部分或全部的金額委託基金管理公司操作，有些規模較大的基金 [如美國的加州公務員退休基金 (CALPERS)] 會聘請多位經理人。

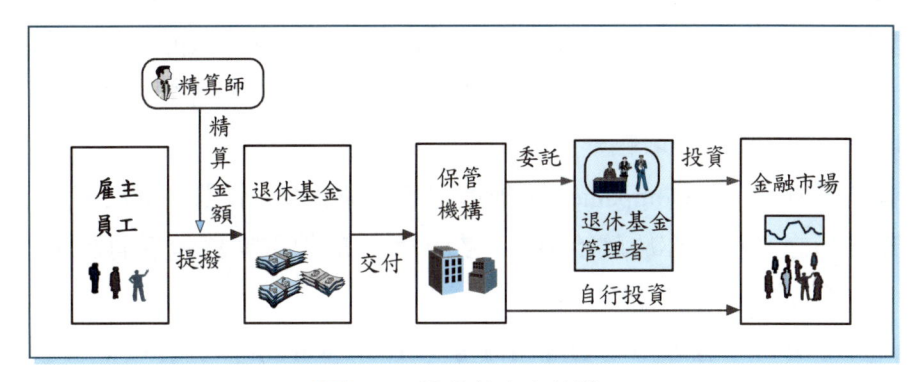

圖 3-6　退休基金之結構

退休基金的管理者有下列幾個原則：

1. **忠誠穩健**：應秉持忠誠、穩健與分散風險原則來管理基金。
2. **投資規範**：委託人應規範操盤所投資商品之比率，例如，基金的 80% 須投資於高等級的固定收益證券 (如政府公債及評等 AA 以上之公司債)，另 20% 投資於風險性證券 (如股票及衍生性商品)。
3. **獨立性**：基金管理者若具備獨立性 (不附屬於其他大型的金融機構)，在設計金融產品時，比較具有彈性、創新性，避免干擾或利益衝突。

第七節　周邊金融事業

周邊金融係指普及程度與金額相對較低的金融市場，以下簡介周邊金融之產業。

1. **租賃公司 (Lease Companies)**：租賃是承租人 (Leasee) 向出租人 (Lessor) 租入動產、機器設備或不動產。基本上，租賃可區分為營業性租賃 (Operating Leases) 及資本性租賃 (Capital Leases) 兩大類。

　　營業性租賃是指出租人給予承租人資產的使用權，租賃時間要比資產的

經濟壽命短,例如,汽車出租業。另一方面,資本性租賃亦稱為融資性租賃 (Financial Leases),當租賃公司取得資產 (如機器設備),將使用權交給承租人之後,承租人除了定期支付租賃費用,必須自行負責資產的維修、保險費與稅捐,通常不能在中途解約。

2. 應收帳款承購業者 (Factor):美國常見一些商業銀行、財務公司從事應收帳款承購業務 (Factoring),一般公司可將本身的應收帳款出售給這類的財務公司,由其來收款,當然,財務公司會考慮應收帳款的品質,以折扣方式承接應收帳款。臺灣有很多的銀行、財務公司從事這一類的業務,例如,中租迪和租賃公司收購企業的海外應收帳款。

3. 融資公司 (Finance Companies):先進國家的融資公司性質類似於銀行,但從事小額融資之業務,亦放款給中小企業,專注的放款業務包括消費品、商業銷售、保險費等,放款利率較高。

4. 信用評等公司:金融市場的信用評等 (Credit Rating) 之提供對投資人相當重要,許多投資機構會依據評等公司的結果進行決策,尤其是保險公司與退休基金特別重視評等;較著名的評等公司如美國標準普爾公司 (Standard & Poor's) 與穆迪公司 (Moody's)。

5. 財務資訊公司:金融市場中專門從事財務資訊與資料的公司如路透社 (Reuters)、湯姆森 (Thomson Financial) 及美商鄧白氏 (Dun & Bradstreet) 公司,提供即時與歷史財務資訊給投資業者和研究人員。

第八節 金融控股公司

一、美國概況

美國於 1933 年制定格拉斯—史帝構法案 (Glass-Steagall Act),將銀行區分為商業銀行與投資銀行,兩者不得跨業經營,避免因證券業務而提高銀行風險,進而影響存款人的權益。

但 1990 年代網際網路逐漸發達,金融商品廣泛地在網路上交易,與歐洲內陸國家的金融業相較,格拉斯—史帝構法案的限制削弱了美國金融業的競爭力,美國國會因而於 1999 年廢除該法案,同年 11 月通過金融服務現代化法案 (Gramm-Leach-Bliley Act),允許業者成立金融控股公司 (Financial Holding Company, FHC),

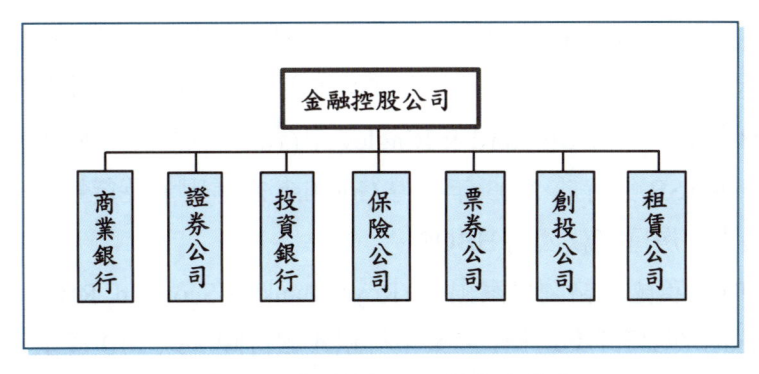

```
                    ┌─────────────┐
                    │ 金融控股公司 │
                    └──────┬──────┘
    ┌──────┬──────┬────────┼────────┬──────┬──────┐
  ┌───┐ ┌───┐ ┌───┐    ┌───┐    ┌───┐ ┌───┐ ┌───┐
  │商 │ │證 │ │投 │    │保 │    │票 │ │創 │ │租 │
  │業 │ │券 │ │資 │    │險 │    │券 │ │投 │ │賃 │
  │銀 │ │公 │ │銀 │    │公 │    │公 │ │公 │ │公 │
  │行 │ │司 │ │行 │    │司 │    │司 │ │司 │ │司 │
  └───┘ └───┘ └───┘    └───┘    └───┘ └───┘ └───┘
```

圖 3-7 金融控股公司從事之業務

同時經營各類金融業務。

不過，各金融控股公司之間的業務劃分並不相同，圖 3-7 描繪金控公司常見的業務類別[7]。

二、歐洲概況

歐洲內陸 (如德國) 的銀行制度與美國相異，並未明確地將商業銀行與投資銀行區分開來，因此，規模較大的金融機構為**綜合銀行 (Universal Bank)**，除了從事存貸之業務，亦提供證券投資、保險、衍生性金融商品等業務，客戶享有較高的便利性。相對而言，這種同時經營存貸及證券業務，較易出現內線交易及利益衝突。

另外，英國**商人銀行 (Merchant Bank)** 從事批發性業務，亦即與企業相關的銀行，包括商業銀行的企業融資，還有部分投資銀行 (如諮詢輔導及證券) 的業務。

歐洲因歐盟的問世，打破國家之間的藩籬，加上美國金控公司的出現，歐洲的銀行業從 1990 年代後期至 2000 年代出現合併風潮，擴大了規模。如下列案例：

1. 瑞士聯合銀行 (Union Bank of Switzerland) 於 1998 年合併瑞士銀行公司 (Swiss Bank Corporation)，正式名稱為瑞士聯合銀行集團 (UBS)，與瑞士信貸集團 (Credit Suisse) 分庭抗禮，為瑞士前兩大銀行集團。
2. 荷蘭 ING 集團於 1998 年合併比利時布魯塞爾銀行 (Banque Bruxelles Lambert)，2002 年合併德國 DiBa 銀行。
3. 德意志銀行 (Deutsche Bank) 於 1999 年合併美國信孚銀行 (Bankers Trust)。

---

[7] 臺灣並沒有正式的投資銀行，但臺灣的工業銀行可視為具備雛型的投資銀行，證券公司則可視為是投資銀行業務的一部分。

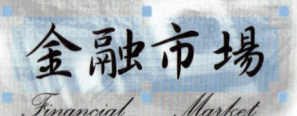

4. 法國巴黎銀行 (BNP Paribas) 於 2000 年與法國百利達投資銀行 (Parvest) 合併。
5. 西班牙桑坦德銀行 (Santander) 於 2004 年併購英國第二大房貸銀行 Abbey 銀行，2008 年收購英國 Bradford & Bingley 銀行的存款及分行業務。
6. 英國 Lloyds TSB 銀行於 2003 年取得 Goldfish 之信用卡及貸款業務，2008 年合併英國最大的房屋貸款公司 HBOS。
7. 2007 年 10 月英國蘇格蘭皇家銀行 (Royal Bank of Scotland, RBS)、Fortis (富通) 及 Santander (西班牙桑坦德) 三家銀行組成銀行團，以 710 億歐元 (1,010 億美元) 併購荷蘭銀行 (ABN AMRO)。

三、臺灣概況

臺灣原先採用美國的銀行制度，禁止商業銀行從事證券業務；美國在 1999 年修改制度後，臺灣也於 2000 年 11 月公布實施金融合併法，2001 年 7 月推出金融控股公司法 (11 月實施)，允許業者同時提供各種金融商品及服務，金融業因而出現併購的風潮。表 3.4 歸納合併後的金控公司。

不難瞭解，金控公司的成立可以節省人事與行政成本，共用資訊設備與場所，並藉由相同的通路出售各類商品，以達成規模經濟。不過，也有人擔心臺灣的市場並不大，金控公司的家數似乎過多，競爭過於激烈，會使少數公司為了追求業績而忽略放款品質。

第九節　金融機構的經營趨勢

本節說明現代金融機構業務的發展趨勢。

一、自由化潮流

先進國家在 1980 年代逐漸解禁，鬆綁金融法規，包括下列事項：

- 自由化
- 金融業務整合
- 業務電子化
- 金融創新與管制
- 虛實通路並進

1. **開放金融機構之設立**：過去政府限制金融機構的總家數，以及每家機構設立分支機構的家數，後來則逐漸開放。
2. **放寬業務限制**：開發中國家往往會限制金融機構所從事的業務範圍，例如，指定少數銀行經營外匯業務、票券由特定機構經營，以便於管理，但這種情況逐漸減少。

> 表 3.4　臺灣金控公司之合併

名　稱	事　件
華南金	2003 年 8 月納入華南產物保險及永昌證券公司。
	2004 年 1、2 月以現金併入華南創投及華南管理顧問公司。
	2008 年 5 月合併華南票券公司。
富邦金	2002 年合併臺北銀行。
	2003 年合併香港港基銀行，2005 年更名為「富邦銀行」(香港)。
	2006 年合併富邦證券公司。
	2008 年合併 ING 安泰人壽。
	2009 年 10 月標購慶豐銀行越南分行。
國泰金	2002 年合併世華銀行。
	2006 年合併第七銀行。
開發金	2004 年 3 月中信證券企圖主導開發之經營權。
	2006 年初開發企圖收購金鼎證券公司。
玉山金	2004 年合併高雄企銀。
元大金	2007 年 4 月復華金控合併元大京華證券，6 月更名為「元大金控」。
	2009 年 10 月標購慶豐銀行國內 18 家分行。
兆豐金	2002 年納入中興票券與倍利證券。
	2002 年合併中國國際商銀及中國產物保險公司，更名為「兆豐金控」。
	2006 年 8 月交通銀行與中國國際商銀正式合併，更名為「兆豐國際商銀」。
台新金	2002 年 2 月合併大安銀行，設立台新金控。
	2002 年 2 月納入台證證券及台新票券。
	2005 年 7 月以新臺幣 360 億元取得彰化銀行 22% 的股權。
	2009 年 10 月標購慶豐銀行信用卡部，12 月併購東興證券。
新光金	2004 年 9 月聯信商銀加入新光金控。
	2005 年 10 月誠泰銀行加入新光金控。
國票金	2002 年 3 月正式與協和、大東證券設立國票金控。
	2009 年 2 月透過轉投資成立國票證券 (香港) 公司。
永豐金	2005 年臺北國際商銀取得建華金控主導權。
	2006 年臺北國際商銀與建華合併，更名為「永豐金控」。
中信金	2003 年合併萬通銀行。
	2004 年合併鳳山信用合作社。
	2007 年合併花蓮企銀。
	2008 年合併中國信託票券。
第一金	2003 年 7 月吸收合併一銀證券、明台產險及建弘投信。
日盛金	2002 年 9、10 月日盛銀行概括承受新營信合社，購併頭份證券、元信證券及和美證券。
	2005 年 1 月收購台開信託公司信託部。
臺灣金	2008 年 1 月 1 日成立，次日分割臺銀證券、臺灣人壽。
合庫金	2011 年 12 月 1 日成立，次日分割合庫證券。

3. **開放金融管制**：政府為控制國內總體經濟變數，會實施一些措施，例如設定利率上限、匯率浮動範圍等，在自由化的潮流下，先進國家已解除這種限制，開發中國家也正在解除此種限制。
4. **國際化**：先進國家開放國際資金進出，並允許外國金融機構至其境內營運，國際資金的流動性因而變大。這一股風潮逐漸吹至新興工業國及發展中國家，增加了金融機構的競爭性，也迫使金融機構的經營更多元化與國際化。

二、金融業務整合

金融控股公司出現之後，同時提供不同的商品與服務給客戶，發展綜合帳戶，深化與客戶的關係；這也促使金融機構走向組織大型化、業務多元化、管理與財務彈性化之趨勢。

理論上，金融業務整合有三個優點：

1. 就經濟學的觀點而言，業務整合可出現規模經濟 (Economies of Scale) 之效益。
2. 就策略管理的角度而言，多角化促使組織再造，進而提升經營績效。
3. 就資本效率的狀況而言，多角化可靈活運用資金、降低營運風險。

不過，上述的優點並不代表金融業務整合是絕對必要的動作，具有差異化利基的銀行仍有良好的發展空間，而且金融業務整合可能產生下列缺點：

1. 資源從表現良好的事業部門 (子公司) 流入績效不佳的事業部門 (子公司)，造成員工士氣低落而工作怠惰。
2. 各事業部門 (子公司) 可能存在不同經營文化，導致總部管理困難。
3. 少數事業部門 (子公司) 經營不善，可能影響整個集團的營運 (骨牌效應)。

三、業務電子化

金融機構的運作極端依賴電腦，1980～1990 年代金融機構的電腦系統著重於客戶資料庫與資金支付系統，強調與客戶接觸面的作業處理。到了 1990 年代末期，金融機構開始整合客戶的需求，逐漸發展出網路銀行 (Network Banking) 與網路下單，讓客戶經由網際網路處理公司或個人的存款、貸款、投資、信用卡收支與各式帳單。

另一方面，金融機構也藉由電子通訊網路 (Electronic Communication Networks,

ECNs) 進行交易，尋找標的 (如外幣與外國證券)，大幅降低交易成本，也節省許多時間。

不難理解，高效能的資訊系統對金融機構的營運相當重要，可以協助金融機構的內部管理與風險控制，由於資訊系統必須具備正確性、安全性及保護隱私的功能，因此金融機構多半會與知名的電腦軟體廠商合作，這雖然提高資訊系統的建立與維護成本，但可以確保長期營運的穩定性。

四、金融創新與管制

2000 年以後的金融業，紛紛推出各種金融創新 (Financial Innovations)，尤其是 2010 年以後，全球金融業大力推展金融環境數位化 (Bank 3.0) 的金融科技，使得金融業面臨著破壞性創新的時代。金融業的各種金融創新，主要包括下列各項：

1. **金融商品的創新**：例如，各類衍生性金融商品與現貨組合後 (利用財務工程技術計算)，可以有避險效果，以滿足投資人的需求。
2. **金融交易及支付工具的創新**：例如，投資人可以用電腦下單、以程式交易，並以各種電子錢如比特幣 (bitcoin)、PayPal、支付寶 (AliPay)、微信 (WeChat)、ApplePay、GooglePay、歐付寶 (allPay) 等電子支付工具，以第三方支付或行動支付來清算款項，以達成交易目的。
3. **金融服務的創新**：例如，銀行將傳統分行業務數位化轉型為數位分行，而推出數位存款帳戶、手機無卡提款、實施機器人理財、以機器人招呼營業廳客人、將各種櫃檯業務網路化、簡化各種作業程序、使用自動提款機、提供電話銀行及網路銀行等，讓客戶辦理業務更簡便。

不過，金融創新若無適當的管制，將會帶來難以挽回的災難，例如 2008 年美國數家投資銀行因次級房貸證券的借款人違約無法償債，造成了全球性的金融海嘯；又如 2000 年代以後全球的詐騙集團利用網路支付創新的機會，騙取存款人的存款、詐取銀行的資金等事件層出不窮；顯示「金融創新」雖能創造財富，卻也會帶來災難，使得各國深思反省，必須管制金融創新的風險。

五、虛實通路並進

傳統思維認為銀行分行愈多，代表其實力愈強，但在智慧型手機普及化推動金融科技快速發展之後，很多的業務客戶不需要親自到實體分行辦理，只需要操作手

上的智慧型手機，就可以在幾乎沒有時間、地點限制下完成交易，大量節省實體分行的設立成本，使實體分行的價值遜色許多。此外，在金融科技創新的驅使下，銀行業務也被他業瓜分，客戶運用網路銀行、手機幾乎就可滿足基本金融需求，年輕人愈來愈遠離傳統的實體分行，到傳統的實體分行剩下年老者，因而促使銀行或縮減實體分行、或新設虛擬分行、或轉型銀行面貌成數位分行、智慧分行，在此一趨勢下勢必推動銀行往虛實整合和社群經營的方向發展，藉虛實通路並進的經營模式，共創銀行整體利益，否則銀行在未來會很難生存。

習題

一、選擇題 (單選)

(　) 1. 下列何者不是商業銀行的主要業務？　(A) 存款　(B) 放款　(C) 外幣匯兌　(D) 證券承銷　(E) 境外金融業務。

(　) 2. 下列何者對信託 (Trust) 業務之描述最正確？　(A) 企業或個人將資金委託受託人，匯款給所指定的帳戶　(B) 財產所有人為特定目的，委託受託人管理及處分所交付的資產　(C) 不動產所有人委託受託人出租其不動產　(D) 企業或個人為了出脫財產，委託受託人全權處分出售事宜　(E) 企業或個人為節稅之目的，委託受託人編製及管理其帳簿。

(　) 3. 下列何者對商業銀行業務特性的描述最正確？　(A) 以參與實業投資為主　(B) 主要收入來源為佣金　(C) 主要的資金來源為發行金融債券　(D) 專注於企業輔導　(E) 以短期負債從事長期放款。

(　) 4. 下列何者對第三方支付的操作模式之敘述最正確？　(A) 是指買方在下單後將貨款直接支付予賣方　(B) 由買方通知賣方出貨　(C) 買方通知賣方收到貨品　(D) 由第三方支付貨款予賣方　(E) 由第三方通知買方付款。

(　) 5. 信用卡及共同基金分別屬於哪兩種金融機構之業務？　(A) 商業銀行、退休基金　(B) 投資銀行、保險公司　(C) 投資銀行、創投基金　(D) 商業銀行、投資銀行　(E) 投資銀行、私募基金。

(　) 6. 下列何者對責任保險之敘述最正確？　(A) 被保險人發生事故，導致第三人受損時之賠償　(B) 被保險人遭遇事故，對其家人之賠償　(C) 被保險人因天災造成財產損失之賠償　(D) 被保險人因疾病就醫，保險公司對其醫療費用之給付　(E) 企業因擔心運輸造成財物損失所購買的契約。

(　) 7. 下列何者是專注於投資創新、高風險事業之機構？　(A) 商業銀行　(B) 保險公司　(C) 創投基金　(D) 私募基金　(E) 退休基金。

( ) 8. 下列何者對私募基金的描述最正確？ (A) 專門買賣未上市櫃股票，以獲利為目的 (B) 向一般大眾募集資金，以慈善為目的 (C) 向特定對象募集資金，以獲利為目的 (D) 向特定對象募集資金，提供出資者信用評等 (E) 私下向企業募款，以輔導出資企業為目的。

( ) 9. 下列何者對退休基金的描述最正確？ (A) 會限制投資於風險性證券占總資產的比率 (B) 確定給付制的退休基金才可以投資證券 (C) 可委託商業銀行代為操盤 (D) 以放款為主要業務 (E) 專門買賣未上市櫃股票。

二、簡答題

1. [商業銀行之消金與法金業務] 試說明商業銀行的 (1) 消費金融，與 (2) 法人金融業務的主要項目。

2. [商業銀行之財富管理業務] 簡述商業銀行財富管理業務的內容與運作方式。

3. [商業銀行之電子金融業務] 簡述商業銀行電子金融業務的內容。

4. [銀行業務之差異] 試說明商業銀行與投資銀行之主要業務與差異。

5. [投資銀行之業務] 簡述投資銀行所從事的業務。

6. [保險的種類] 簡述保險 (Insurance) 的種類及其意義。

7. [創業投資的運作] (1) 創業投資 (Venture Capital) 業者的標的可分為早、中、晚期，試說明其意義；(2) 創業投資業者為何要分段投資未上櫃公司？

8. [私募基金的融資買下] 有些私募基金 (Private Equity Fund) 旗下有專門從事融資買下 (Leveraged Buyouts, LBOs) 的部門，試解釋：(1) 融資買下業務的意義；(2) 私募基金在融資買下後，通常會有哪些動作？

9. [金融機構之趨勢] 試討論金融機構的營運趨勢。

三、問答與申論題

1. [商業銀行投資業務] 2009 年 4 月美國加州「保盛豐集團」(Private Equity Management Group) 被懷疑為空頭公司，執行長彭日成被凍結資產與限制出境；該集團的銷售額有

七成來自臺灣，共有 6 家銀行在臺灣銷售相關商品，金額估計為 7.46 億美元 (折合新臺幣近 250 億元)，受害投資人約 1.6 萬人。你 / 妳認為這些銀行是否應對該項產品負責？

2. [保險公司的營運] 1980～1990 年因利率頗高，當時保險公司出售保單的利率稍高於市場利率；但到了 2000 年利率水準卻明顯下降，這對保險公司及保戶有何影響？

3. [金控公司的策略] 在金融控股公司 (Financial Holding Company) 出現後，各國的銀行紛紛成立金控公司，試討論下列問題：
 (1)你 / 妳認為成立金控公司後，是擴展業務 (客戶) 或降低成本可以帶來較多的額外利益？
 (2)不少人士認為多元化業務將是金融業的主流，試闡述你 / 妳的看法。

4. [創投業支持的被投資公司之股價表現] 試討論在下列狀況下，創投業所投資的公司在上市櫃之後的表現是否較佳、較差或沒有影響？
 (1)創投業者擔任被投資公司的董事或監察人。
 (2)數家創投業者同時投資某家公司。

5. [私募基金之 LBO 案例] Celanese 是一家位於美國的化工公司，總部設於德州達拉斯，為世界上生產乙醯 (Acetyl) 的最大廠商，其他產品還包括醋酸、醋酸乙烯單體、縮醛樹脂等，這些產品可作為不少高性能消費品和工業品的材料。

 1987 年 Celanese 被德國 Hoechst 公司併購，1998 年改組為 Celanese AG 公司，1999 年 10 月 Hoechst 正式將 Celanese 分割成為獨立公司，同時在紐約證交所 (NYSE) 及法蘭克福證交所 (FSE) 上市。

 2003 年 12 月 16 日私募基金黑石集團 (Blackstone) 宣布將收購 Celanese AG 流通在外的股票 (黑石的共同出資者包括 Thomas H. Lee Partners、Bain Capital、Providence Equity Partners 及 Edgar Bronfman, Jr.)，結果在 2004 年 6 月 16 日經 Celanese 股東會同意，黑石集團成功地收購該公司 84.32% 的股權，更名為 Celanese Corp.，並從證交所下市；到了 2005 年 1 月 21 日，Celanese 辦理初次上市櫃 (IPO)，發行 A 股取得 7.6 億美元 (主要為了償債之用)，再度在紐約證交所掛牌上市 (代號 CE)。下圖分別為 Celanese 於 LBO 下市前及重新上市後的股價走勢圖。

 黑石集團於 2004 年以 34 億美元的總價取得 Celanese，本身出資 6.5 億美元 [融

資買下 (LBO)]，2005 年重新上市後的市值約 58 億美元；而 2005 年黑石與出資者由 Celanese 取得 13 億美元的現金股利 (2005 年 4 月 Celanese 支付 8.04 億美元給 B 股股東，轉換為 A 股)，其他出資者也獲得不少股利收入；除此之外，黑石還從 Celanese 獲得 0.45 億美元的管理費用。

下圖分別為 Celanese 於 LBO 下市前及重新上市後的股價走勢圖。

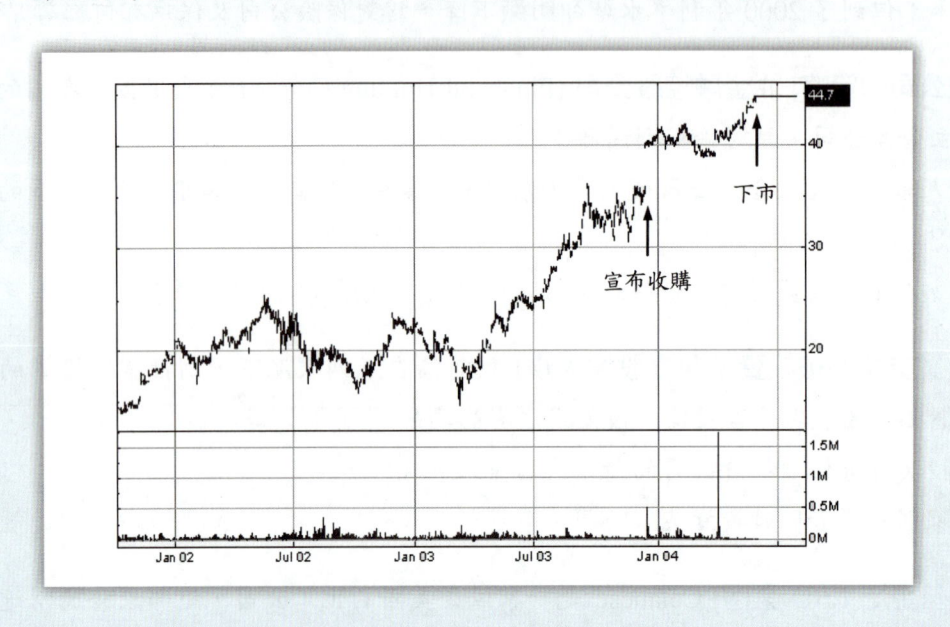

下表列出 Celanese 於 2003～2008 年的銷售、淨利與現金股利之總金額。

科　目	2003年	2004年	2005年	2006年	2007年	2008年
銷售金額 (億美元)	46.0	50.7	60.7	66.5	64.4	68.2
淨利 (億美元)	1.48	(2.53)	2.77	4.06	4.26	2.78
現金股利 (億美元)	0.25	5.01	8.25	0.36	0.36	0.34
每股盈餘 (美元)	3.01	(2.55)	1.67	2.36	2.49	1.73

　　黑石集團收購 Celanese 的過程與結果引起不少爭議，包括：

(1) 高盛公司 (Goldman Sachs) 在事前出具的資產評估報告中，認為黑石的收購價格「公道」，但事後卻令人懷疑收購價格是否過低。

(2) Celanese 於 2005 年所發放的現金股利金額過高。

▶ 試討論上述兩個問題。

簡　答

一、選擇題

1.	2.	3.	4.	5.	6.	7.	8.	9.
D	B	E	D	D	A	C	C	A

三、問答與申論題：參考簡答

1. [商業銀行投資業務] 理論上，銀行銷售其他金融機構的商品造成虧損，並無強制之責任；不過，由於客戶往往採納銀行的建議進行投資，銀行仍有道義責任；就「保盛豐集團」事件而言，必須瞭解銀行是否因其他原因 (如佣金較高) 而未查證該公司的特性，忽略了應有程序及個別風險，果真如此，銀行仍須付大部分的責任。

2. [保險公司的營運] 由於保險契約為長期，高利率保單對保險公司造成壓力 (如 1996 年保單有效利率為 6%，但 2006 年長期利率只有 3%)，保險公司後續的獲利若不足支付給客戶，必須出售資產支付；但如果仍不足夠，政府必須動用保險準備金，甚至予以協助或代償；否則保戶若無法取得資金，將造成嚴重的社會問題。

3. [金控公司的策略]

    (1)客戶並不見得因金控公司而移轉存款或偏好借款,要擴展業務的程度有限;但金控公司因通路整合、撙節人事,對降低成本較有主控權,可能會帶來較多的額外利益。

    (2)多元化業務雖是金融業的主流,但並非萬靈丹,金融機構必須具有本身的核心競爭力,才能維持良好狀態。

4. [創投業支持的被投資公司之股價表現]

    (1)創投業者若擔任被投資公司的董事或監察人,代表投資金額較高、涉入較深,可以監督被投資公司,降低代理人問題,上市櫃之後應有較佳的表現。

    (2)數家創投業者同時投資某家公司,代表多數創投業一致看好被投資公司,可能是產業發展前景良好,具有潛力,上市櫃之後應有較佳的表現。

5. [私募基金之 LBO 案例]

    (1)投資銀行的利益衝突除了受政府監督之外,應有自律性;如果高盛公司出具的報告為收購價格「公道」,本身或關係事業亦參加投資而獲利,則應追究是否有責任;但高盛並未直接投資 Celanese,很難歸咎該公司。

    (2)贊成:發放高額的現金股利可以減少代理人問題,對公司的投資更謹慎。

    　　反對:發放高額的現金股利會降低公司的成長機會,不利於長期發展。

第 4 章

貨幣市場

Economics

Stcok

Money

　　貨幣市場是短期資金的市場，企業與個人日常中就是市場的一份子。本章第一節介紹貨幣市場的分類；接著，第二節敘述流通貨幣；第三節討論信用卡市場；第四節說明貨幣市場工具；最後，第五節說明貨幣市場之實務。

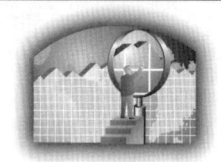

第一節　貨幣市場的分類

本節介紹貨幣市場的分類、參與者與型態。

一、貨幣市場概論

貨幣市場 (Money Market) 係指短期 (到期日 1 年以下) 的資金市場，廣義而言，貨幣市場包括通貨 (現金與即期票據)、短期借款 (信用借款與票據貼現等)、銀行間拆放與票券市場等，如圖 4-1 所示。

貨幣市場可以協助需求者取得資金，供給者也因而有了短期投資的機會；另一方面，貨幣市場對資金的鬆緊非常敏感，會迅速反映在貨幣市場利率上，因此中央銀行會依此適時實施公開市場操作，調節貨幣供給額。

二、票券市場的參與者

狹義而言，貨幣市場是指票券發行與買賣的市場，包括國庫券、商業本票、銀行可轉讓定存單、銀行或商業承兌匯票、中央銀行定存單、中央銀行可轉讓定存單、附買賣回公債交易、貨幣市場基金及類貨幣市場基金等商品。

票券市場的參與者，包括個人、企業、銀行、票券商及政府，如圖 4-2 所示，說明如後。

1. **個人**：可以在貨幣市場上買賣國庫券、銀行可轉讓定存單等商品，調節個人短期資金供需。

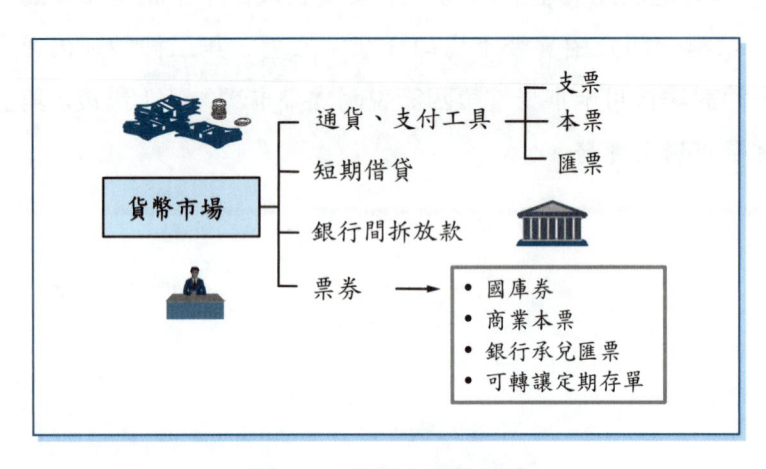

圖 4-1　貨幣市場的種類

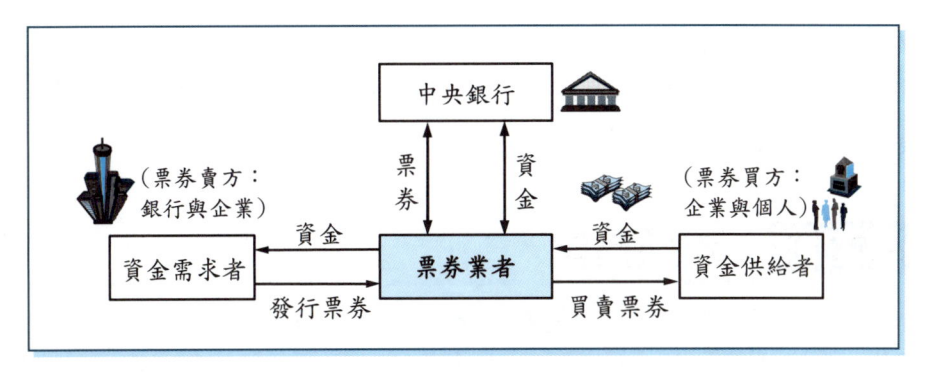

圖 4-2 票券市場的參與者

2. **企業**：可以在貨幣市場上發行商業本票籌措短期資金，買賣其他票券，以因應業務的需求。
3. **銀行**：可以發行可轉讓定期存單，買賣商業本票、國庫券、銀行或商業承兌匯票等，有效地調配資金，並取得短期利益。
4. **票券商**：是貨幣市場中短期資金供給與需求的橋樑，賺取手續費。
5. **政府**：可以在貨幣市場上發行各種短期國庫券 (主要為中央銀行)，取得短期資金；並藉由貨幣市場進行各項公開市場操作，以調節整體資金供需，穩定金融秩序。

三、貨幣市場的型態

貨幣市場因成交量與發行時間可區分為不同種類，說明如後。

1. 批發與零售市場

貨幣市場因成交量可區分為批發市場與零售市場：

(1) 批發市場 (Wholesale Market)：是金融機構之間以資金調撥為目的之拆放市場，為信用交易，並無特別的貨幣工具存在，銀行間拆放本身就是貨幣工具。
(2) 零售市場 (Retail Market)：資金需求者為籌措短期資金，向社會大眾發行有價證券募資的市場，主要的交易以國庫券、商業本票、銀行可轉讓定存單、銀行或商業承兌匯票等有價證券為工具。

2. 初級與次級市場

貨幣市場因發行時間可分為初級市場與次級市場：

(1) 初級市場 (Primary Market)：又稱發行市場，是發行人首次發行有價證券出售

予原始投資者之市場。

(2) **次級市場 (Secondary Market)**：又稱流通市場或再分配市場，是有價證券原始投資人或其後手，與其他投資人進行買賣的市場。

第二節　流通貨幣

貨幣市場最直接的交易媒介是**流通貨幣 [通貨 (Currency)]**，具有表彰價值、支付工具、儲藏價值的功能；實務上常見的支付工具還有支票、本票、匯票及電子貨幣；此外，與流通貨幣有關的短期貸放市場及銀行間拆放市場，一併說明如後。

一、流通貨幣

現代的通貨包括紙鈔或硬幣，在發行國家中，無須背書或證明，即可用來購買商品或服務。

1. 通貨的基本管理

絕大多數的國家發行自己的通貨，禁止他國通貨在本國無限制的流通；但也有少數例外，例如，巴拿馬以美元作為法定貨幣。另外，有些國家使用共同的通貨，例如，歐元區統一使用**歐元 (euro)**，西非國家經濟共同體使用**法郎 (Franc)**。多數國家的通貨由中央銀行負責發行與管理，較特殊的是歐元區的 19 國由**歐洲中央銀行 (European Central Bank, ECB)** 統一控管。

基本上，通貨多為十進位或百進位，方便計算。央行會制定通貨的面額 (如 1 元、10 元、100 元券)，並依據本國與其他國家貨幣之匯率，進行兌換。

2. 通貨之破損

不管紙幣或硬幣，會因流通長久或其他原因而造成破損，以致不適流通；各國皆會收回破損的貨幣。除此之外，有些國家也會考量製作通貨實體的技術是否已老舊、容易偽造，而發行新的紙幣或硬幣。

例　破損貨幣之收兌

臺灣中央銀行規定，破損貨幣可透過銀行收兌，標準如下：

1. 紙幣有下列情形之一者，依下列標準收兌之：

(1) 照全額收兌：破損，但餘留部分在 3/4 以上；破損，但片片能吻合者；汙損或燻焦，但簽章、號碼、文字及花紋仍可辨認者。

(2) 照半額收兌：有破損情事，其餘留部分在 1/2 以上，未達 3/4 者，照半額收兌之。

2. 硬幣自然磨損，致法定重量減少未達 5%，而其文字及花紋仍可辨認者，照全額收兌之。

3. 不予收兌者：

(1) 紙幣：樣本券；已作廢之紙幣；故意損壞；故意剪挖、塗改或剝去一面；餘留部分未達 1/2；拼湊成張不能吻合；經火燻、火焚、水浸、油漬、塗染、腐蝕或其他情事，致不能辨認真偽。

(2) 硬幣：故意損壞；已作廢之硬幣；故意鑿蓋硬印戳記，致重量減少或形式改變；經火燻、火焚、水漬、油漬、塗染、腐蝕或其他情事，致不能辨認真偽。

3. 偽造貨幣

世界各國幾乎都有偽鈔 (Counterfeit Money) 的問題，尤其是貨幣的價值與通用性高、所得差距大、偏好使用現金的國家，偽鈔的問題愈嚴重。偽鈔對金融市場與社會帶來的問題可歸納如下：

(1) **通貨膨脹**：當金額龐大的偽鈔在市面上流通，等於貨幣供給額增加，會使物價升高。

(2) **市場信心**：市面上若充斥著偽鈔，小額消費容易產生糾紛，民眾因擔心虧損而喪失信心，持有現鈔的意願下降，降低貨幣流通速度。

例 偽鈔事件

下列為一些著名的偽鈔案：

1. 第二次世界大戰期間，德國納粹在猶太集中營偽造美元與英鎊，品質精良，企圖流入美、英兩國；幸好偽鈔並未真正流入市面，否則將帶來嚴重的經濟問題。

2. 美國自 1980 年代末期即發現了一些幾可亂真的「超級鈔票」，包括美元、日圓及泰銖，2000 年之後也有歐元和人民幣。其中一部分懷疑來自北韓，北韓於 1990

年代購買了一些先進的高速印鈔機，印製百元美鈔，英國《經濟學人》2003 年估計北韓 1 年靠偽造外幣獲利 1 億美元；而美國也在 2005 年破獲了多件北韓的偽鈔案。

3. 印度中央銀行 2009 年清查貨幣儲備，發現竟有 40 萬張高品質的盧比偽鈔，當局調查後推斷，偽鈔是由巴基斯坦的軍事情報局在幕後主導。

為了防止偽鈔，多數國家採取積極的措施，包括打擊偽鈔犯罪、處以重刑，使用先進的印刷技術、精密的印鈔機、變色油墨、箔膜與高級紙張等。

二、支付工具

一般生活中常見的支付工具有票據與電子貨幣，說明如後。

1. 支票

支票 (Cheque or Check) 係發票人簽發一定之金額，委託金融業者於見票時，無條件支付給受款人或執票人之票據；支票的種類可區分如下：

(1) 記名支票 (Cheque Payable to Order)：受款人欄敘明限付×××(Pay A Only) 或指定人 (Pay A Order) 之支票。

(2) 不記名支票 (Cheque Payable to Bearer)：受款人欄不記載收款人姓名之支票。

(3) 劃線支票 (Crossed Cheque)：在支票正面劃兩道平行線的支票；劃線支票非經銀行 (領取者必須要有銀行帳戶) 不得領取票款。

(4) 保付支票 (Certified Cheque)：經由銀行保證付款的支票；是由付款銀行在支票上加蓋「保付」戳記，以表明支票提示時一定付款。

(5) 銀行支票 (Banker's Cheque)：由銀行簽發、付款的支票。

(6) 旅行支票 (Traveller's Cheque)：是銀行為旅遊者發行的一種支票，要取得旅行支票必須用金錢購買。

2. 本票

本票 (Promissory Notes) 係發票人簽發一定之金額，於指定之到期日，由自己無條件支付給受款人或執票人之票據；常見的本票有下列幾種：

(1) 個人本票：發票人為個人。

(2) 商業本票：又可分為交易性與融資性兩種。

(3)銀行本票：是銀行因客戶申請所簽發的票據，銀行承諾自己在見票時，無條件支付本票上的金額給收款人或持票人。

3. 匯 票

匯票 (Draft, Remittance, or Bill of Exchange) 是發票人簽發一定之金額，委託付款人 (銀行) 於指定之到期日，無條件支付給受款人或執票人之票據；常見的匯票種類簡述如後。

(1)依是否跟隨商業單據可分：
- ❖光票 (Clean Bill)：指僅有財務單據、沒有商業單據者 (具有商業單據者，必須符合單據之條件，銀行才會付款)。
- ❖跟單匯票 (Documentary Bill)：跟隨著商業單據之匯票。

(2)依付款期限不同可分：
- ❖即期匯票 (Demand Bill)：付款人於見票 (At Sight) 或執票人提示或要求時，付款人應立即付款之匯票。
- ❖遠期匯票 (Time Bill)：付款人於未來某個日期才付款之匯票。

(3)依發票主體可分：
- ❖商業匯票 (Commercial Draft)：由一般商業行為之商人個體為發票人所簽發的匯票。
- ❖銀行匯票 (Banker Draft)：由銀行為發票人所簽發的匯票。

4. 電子貨幣

電子貨幣係指使用電子化方法代替現金之卡片或系統，可利用來支付價款以完成交易。電子貨幣包括各種儲值卡、信用卡、電子支票、電子現金、電子錢包、虛擬貨幣及各種數位存款帳戶[1]等。

舉例而言，比特幣 (bitcoin) 及乙太幣 (ethercoin) 是網路虛擬貨幣，但在國際上卻被用來進行商品和服務交易、清償債務、繳納稅款、支付工資和租金等經濟活動；新加坡的易通卡 (EZ-Link) 在預付費用後，可用來支付停車費與過路費，亦可搭乘公車、地鐵；臺灣的悠遊卡 (EasyCard)、一卡通 (iPASS)、愛金卡 (iCash)、有錢卡 (HappyCash) 等電子票證，除支付交通費用外，尚可用來支付購物價款；

---

[1] 是顧客在銀行的網路上而不是在銀行臨櫃開立的存款帳戶，一般都以活期性存款為限，且有一定的限額，帳戶的用途隨著驗證強弱分別可用於存款、繳卡款和貸款、買基金、轉帳及網購等。

PayPal [2]、支付寶 (AliPay)、微信 (WeChat)、ApplePay、GooglePay、歐付寶 (allPay) 等電子支付工具，是在網購的場合中第三方業者支付購物款項時，非常重要的支付工具。

三、短期貸放市場

短期貸放市場係指吸收大眾資金、對資金需求者給予短期資金融通之市場。這種市場包含兩類交易工具：

1. 短期信用工具：主要為信用卡、現金卡、銀行小額信用貸款等。
2. 短期質借工具：銀行定存單、理財型房貸、出口押匯、各類短期週轉貸款等。

四、銀行間拆放市場

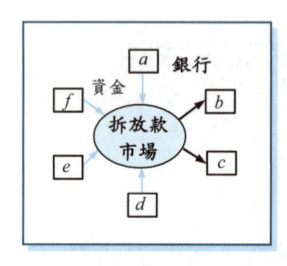

銀行間拆放市場 (Interbank Placement Market) 是指銀行同業之間，以資金調撥目的所為之拆放市場，並無貨幣工具，雙方的交易建立在彼此的互信上，透過電子交易系統完成交易，並以此為唯一的紀錄。由於拆放市場的成交量龐大，在貨幣市場中具有舉足輕重的地位。這種業務的形式大多為短期定期存款，期限在 1 年以內，但以隔夜 (Over Night, O/N)、1 個月、3 個月及 6 個月最常見。

就「銀行間拆放市場」的活動範圍而言，可分為下列兩類：

1. 國際銀行間拆放市場：拆放的參與者為各國銀行，主要是指各國的境外金融中心，例如，倫敦金融同業拆放市場。
2. 國內銀行間拆放市場：拆放的參與者主要限於國內銀行，例如，臺灣的銀行間新臺幣拆放市場與外幣拆放市場 (Foreign Currency Call Loan Market)。

第三節　信用卡市場

信用卡 (Credit Card) 是短期貸放市場中，一種簡單便利的信用工具，為貨幣市場的一環，本節介紹信用卡市場。

---

2 PayPal 是美國加州的一家網路第三方支付業者，允許用戶之間轉移資金，並允許與 PayPal 合作電商之客戶支付貨款之用。PayPal 在 2002 年被 eBay 收購，成為 eBay 的主要付款途徑。

一、塑膠貨幣的起源

塑膠貨幣是一種將個人的資訊、信用額度、交易紀錄等重要資料，利用資訊技術儲存在塑膠卡片上，卡片則附著磁條或積體電路 (IC)，持卡人憑卡片即可完成付款、記帳及轉帳等功能。

現代塑膠貨幣包括信用卡 (Credit Card)、金融卡 (ATM Card)、預付卡 (Prepaid Card)、簽帳卡 (Charge Card) 及支付卡 (Debit Card) 五種，可作為支付的工具，便於個人消費與理財之活動。

1. 塑膠貨幣的演進

塑膠貨幣的演進可分為萌芽期、發展期與成熟期，以下列出重要事件。

(1) 萌芽期 (1914～1950 年)
- 1914 年美國 Western Union 發行第一張信用卡，是金屬製成的。
- 1924 年美國通用石油公司 (General Petroleum Corporation) 針對職員及特定客戶推出「油品信用卡」取代購油折價券。
- 美國經濟大恐慌期間 (1929～1933 年)，許多公司因信用卡詐欺與壞帳而蒙受損失。
- 1942 年第二次世界大戰期間，美國聯邦準備理事會 (Federal Reserve, FED) 下令禁止戰爭期間以信用卡進行交易。

(2) 發展期 (1951～1974 年)
- 1951 年美國 FED 恢復信用卡交易，紐約的 Franklin National Bank of Long Island 首先發行信用卡，同年出現大來卡 (Diners Club Card)。
- 1959 年美國運通公司 (American Express) 開始發行運通卡。
- 1966 年威士國際組織 (Visa International) 及萬事達卡國際組織 (MasterCard International) 成立，同年美國銀行 (Bank of America, BOA) 發行一種藍、白、金 (Blue, White, Gold–BWG) 三色帶圖案的 BankAmericard；另外，美東地區 14 家銀行成立「銀行同業信用卡協會」(Interbank Card Association, ICA)。
- 1967 年 4 家加州銀行組成「西部各州銀行卡協會」(Western States Bankcard Association, WSBA)，並推出 Master Charge 的信用卡計畫。不久之後，該協會加入「銀行同業信用卡協會」，並將 Master Charge 授予該協會使用，1970 年「銀行同業信用卡協會」取得 Master Charge 的專利權。

(3) 成熟期 (1974 年～迄今)

這個時期信用卡發行量大幅增加，可以使用的據點遍布全球，信用卡的使用方式隨著網路科技的進步，已由以往的接觸式刷卡方式，進化到近距離無線通訊 (Near Field Communication, NFC) (所謂近距離通常指 10 公分內) 的非接觸式方式；使用的型態由以往在商家定點擴展到線上支付、行動支付；發行方式也由以往的可見實體進化到虛擬數位型態。

信用卡市場本來是 BankAmericard 與 Master Charge 二強的天下，前者於 1976 年改名為 Visa，後者於 1979 年改名為 MasterCard，至 2002 年中國銀聯 (UnionPay) 加入市場後逐漸形成三強局面。中國銀聯於 2003 年開始發行信用卡，隨後挾大量發卡之優勢，在十幾年內躍居全球銀行卡發卡量第一大品牌，若單就信用卡而言，亦躍居第三大品牌，僅次於 Visa 及 MasterCard。前述三個信用卡品牌在此階段主要的發展事項歸納如表 4.1 所示。

2. 臺灣信用卡的起源

1974 年臺灣的中國信託公司發行信託信用卡，為臺灣首張信用卡；到了 1979 年，數家銀行成立簽帳卡處理中心，1983 年發行聯合簽帳卡；1988 年財政部公布「銀行辦理聯合信用卡業務處理要點」，1989 年發行了首張以新臺幣計價的 Visa 信用卡，運通卡及大來卡亦獲准來臺發行，1991 年及 1994 年分別准許 MasterCard 及日本 JCB 卡來臺發行，其中之大來卡在臺業務於 2015 年被花旗銀行合併，目前在臺灣流通的信用卡有四大品牌，但仍以 Visa 及 MasterCard 的市占率最高。至於中國銀聯 (UnionPay) 品牌信用卡，尚未經核准來臺發行。

二、信用卡市場概況

1. 國際信用卡市場

國際上的銀行卡原有五大品牌，包括 Visa、MasterCard、運通卡 (American Express)、大來卡 (Diners) 及 JCB 卡，但自從中國銀聯卡 (UnionPay) 介入市場後，短短十幾年就躍居各品牌之首。

- Visa
- MasterCard
- American Express
- Diners
- JCB
- UnionPay

從表 4.2 以 2014 年底全球銀行卡發卡情形可以看出，銀聯的發卡總數遠遠超出其他各品牌，但若單就信用卡觀之，發卡量最大的仍然是 Visa，MasterCard 次之，銀聯居第三；另從表 4.3 就銀行卡消費總筆數占有率而言，Visa 與 MasterCard 二者合占全球八成以上的占有率，銀聯卡近 13% 之占有率，逐漸形成三強局面。

> 表 4.1　Visa、MasterCard 與 UnionPay 信用卡的發展

Visa

- 1983 年建立全球 ATM 網路提供 24 小時服務
- 1986 年發行第一張多幣別清算及交割服務的支付卡 (Payment Card)
- 1993 年使用「圖像神經網路」(State-of-the-Art Neural Network) 的技術在付款上，減少偽造風險，並發行首張名為 Visa TravelMoney 的國際預付卡 (International Prepaid Card)
- 1995 年 Visa、MasterCard 與 Europay 共同發展相容晶片卡 (Europay/MasterCard/Visa, EMV)
- 1999 年發行第一張 Visa 歐元付款卡 (Payment Card)
- 2007 年推出感應式信用卡 Visa PayWave
- 2008 年推出行動支付平台並在紐約證交所上市
- 2009 年推出名為 Currency of Progress 的數位貨幣
- 2010 年併購 CyberSource 以提升電子商務部門的成長
- 2011 年併購數位服務付款平台 PlaySpan Inc.、行動付款平台 Fundamo，並推出數位錢包 (a cross-channel digital wallet) 與行動付款服務
- 2014 年提供購物者線上支付
- 2016 年完成併購 Visa Europe, Visa Inc. 成為一全球公司

MasterCard

- 1991 年建立第一個線上扣款網路
- 2002 年併購 Europay International，並將組織由會員制轉換為公司制
- 2006 年在紐約證交所上市
- 2008 年推出 Debit Card 及 Prepaid Card 全球 IPS (Integrated Processing Solution) 平台，並併購提供金融機構付款軟體的廠商 Orbiscom, Ltd.
- 2010 年併購 DataCash Group plc，踏入電子商務付款領域
- 2012 年推出感應式信用卡 PayPass，後改稱 MasterCard Contactless
- 2016 年推出強化數位錢包 (Enchanced Masterpass) 服務

UnionPay

- 2002 年中國銀聯成立
- 2003 年發行第一張銀聯信用卡
- 2004 年在香港發行首張境外人民幣信用卡，並開始發行借記卡；中國銀聯自主設計、建造的跨行交易清算系統上線
- 2005 年啟用銀聯新標誌
- 2008 年發行銀聯「中國紅」慈善信用卡
- 2011 年中國銀聯推出「在線支付」和「互聯網手機支付」兩項業務；發行全球首張銀聯閃付信用卡
- 2014 年銀聯卡的 App Store 用戶可支付服務購買各類應用產品
- 2015 年交易總額及發卡量均超越 VISA，成為全球最大銀行卡清算組織
- 2016 年底銀行卡發卡量達 61.25 億張，其中信用卡占 4.65 億張。

另外三家 American Express (主要發行地區在美國)、JCB (主要發行地區在日本) 與 Discover/Diners Club (主要發行地區在美國) 的市占率，與三強都有很大差距。茲將三強簡介如下：

▶ 表 4.2　2014 年底全球銀行卡發卡情形　　　　　　　　　　　　　　　　　　　單位：百萬張

品牌名稱	總發卡數	信用卡數
UnionPay	4,936[3]	455
VISA	2,402[4]	849
MasterCard	1,437	767
American Express	112	112
JCB	88	88
Discover/Diners Club	57	57

註 1：VISA、MasterCard、American Express、JCB 及 Discover/Diners Club 之數字，是根據 VISA 2015 年年報及 Creditcards.com 之數據編製。
註 2：UnionPay 之數字是根據中國人民銀行支付結算司，2014 年支付體系運行總體情況報告編製。
註 3：銀行卡是指信用卡 (Credit Card)、扣帳卡 (Debit Card) 及兩者功能合一 (Combo Card) 之所有卡數。

▶ 表 4.3　2014 年底全球銀行卡消費總筆數占有率

品牌名稱	占有率	合計占有率
VISA 轉帳卡	35.5%	55.52%
VISA 信用卡	20.02%	
MasterCard 信用卡	13.14%	26.17%
MasterCard 轉帳卡	13.13%	
UnionPay 信用卡	6.79%	12.79%
UnionPay 轉帳卡	6.00%	
American Express	3.21%	3.21%
JCB	1.23%	1.23%
Discover/Diners Club	0.98%	0.98%

註 1：本表係根據尼爾森 (Nilson) 公司 2015 年全球銀行卡報告中全球消費總筆數編製。
註 2：VISA 包括 VISA Inc. 及 VISA Europe 在內。

(1) **威士國際組織 (Visa International)**：是目前全球第一大信用卡國際組織，擁有 Visa、ELECTRON、INTERLINK、PLUS 及 Visa Cash 等商標；該公司本身並不直接發卡，而是由其會員 (主要是銀行) 發行。VISA 公司 2014 年底止發行了 24.02 億張銀行卡，其中信用卡有 8.49 億張，全球 200 個以上的國家或地區使用 Visa，全球有 3,900 萬家受理的商戶。

(2) **萬事達卡國際組織 (MasterCard International)**：是全球第二大信用卡國際組

---

[3] 中國人民銀行公布「2016 年支付體系運行總體情況」報告顯示，銀聯卡在 2016 年底發卡量達 61.25 億張，其中信用卡有 4.65 億張；整體發卡量及交易金額均超越 VISA，成為全球最大的銀行卡發卡及清算機構。

[4] 根據 Visa International 2016 年年報顯示，2015 年底 VISA 銀行卡發卡量為 30.09 億張，MasterCard 為 15.74 億張，American Express 為 1.18 億張，JCB 為 0.94 億張，Discover Diners Club 為 0.58 億張。

織，擁有 MasterCard、Maestro、Mondex、Cirrus 等商標；該公司本身並不直接發卡，而是由其金融機構會員發行，萬事達卡在歐洲的使用比 Visa 廣泛。MasterCard 公司 2014 年底止，發行了 14.37 億張銀行卡，其中信用卡 7.67 億張，在全球 210 個國家或地區使用，全球受理商戶超過 3,000 萬家。

(3) 中國銀聯 (China UnionPay)：中國銀聯 2003 年開始發行銀行卡，是中國支付系統的主力。銀聯卡發卡地區與威士卡、萬事達卡有基本上的差異，那就是銀聯卡發卡地區主要是在中國本土，但威士卡、萬事達卡發卡地區卻遍及全球。銀聯卡 2014 年底止已發行 49.36 億張，其中信用卡有 4.55 億張，在全球 150 個國家或地區使用，全球受理商戶超過 2,600 萬家，支付系統由中國自行開發。與 Visa 和 MasterCard 不同的是，銀聯卡九成以上為帳戶有存款才可以扣款的支付卡 (Debit Card)，真正的信用卡 (Crdit Card) 大約 9％ 而已，其信用卡發卡量僅次於 Visa 及 MasterCard。銀聯卡在海外發行的卡大都適用於中國旅行及中國網購，適用範圍比 Visa 及 MasterCard 狹窄，但可以在海外消費刷各國外幣而以人民幣扣帳，可以規避匯率風險。

例 中國銀聯卡

臺灣在 2010 年 3 月公布「臺灣地區與大陸地區金融業務往來及投資許可管理辦法」，允許臺灣的銀行辦理人民幣的兌換業務，並讓中國銀聯卡在臺灣提領現金；由於臺灣開放銀聯卡在臺刷卡後，金額就占了臺灣信用卡金額的 3%，各銀行皆積極爭取承辦銀聯卡的刷卡業務。

2. 臺灣信用卡市場

臺灣的信用卡發卡相當普遍，近年來已成緩慢成長趨勢，依臺灣金管會的統計，至 2017 年 3 月底信用卡發卡數為 40.6 百萬張，有效卡數為 26.6 百萬張，相較 2011 年底的發卡數 32.9 百萬張而言，每年大概以 4% 的幅度在成長，顯見臺灣的信用卡市場已趨於飽和。信用卡發卡數以中國信託為最大，有效卡數則以國泰世華銀行為最大，臺灣前五大信用卡發卡數銀行，依序為中國信託占 14.9%、國泰世華占 14.7%、玉山銀行占 10.8%、台新銀行占 9.6% 與花旗 (臺灣) 銀行占 7.0%。

臺灣除信用卡外另有一現金卡市場，現金卡市場近年來呈明顯萎縮現象，依臺灣金管會的統計，至 2017 年 3 月止，現金卡已動用數為 42 萬張，相較 2004～2006

年高峰期之 300 多萬張，明顯地呈逐年減少現象。現金卡發卡數以凱基銀行[5] 為最大，市場占有率為 81.2%，幾乎由凱基銀行獨占，其他銀行大都只有零星的發卡。

三、卡債問題

不少國家的信用卡數量快速膨脹，到了景氣不佳或金融風暴時，持卡人無法正常還本付息，便出現卡債問題，成為金融、經濟及社會面糾結在一起的難題。

1. 國際卡債問題

以下簡介四個國家的卡債問題。

(1) 美國：美國信用卡債務總計高達 1.5 兆美元，個人可支配所得有高達 87% 用來償還債務；2003～2008 年期間，每年宣告破產的人數超過 150 萬人 (1990 年為 70 萬人)，其中 1/3 破產者的信用卡欠債金額，超過其一年的薪資。2007 年次級房貸危機帶來高失業率，信用卡客戶因而出現大量違約，2009 年 1 月違約率創新高 (3.75%)，是美國金融市場的隱憂。

(2) 英國：英國於 2000 年代個人財務問題每年超過 100 萬件案例，其中 80% 以上是卡債問題，2007～2009 年期間，極端卡債族 (指持有超過 16 張信用卡，負債超過 10 萬英鎊者)，每年以 5%～10% 的速度增加。

(3) 日本：2003 年日本因雙卡壞帳率上升，自殺率也隨之升高，政府開始限制民眾持有現金卡的數目不得超過 6 張，同時通過「金錢借貸業限制法」、「出資法」等修正案，對無照業者的廣告及勸誘民眾借錢的行為，處以 100 萬日圓的罰款，同時對高利貸業者的罰金從 300 萬日圓提高為 1 億日圓。

(4) 韓國：2003 年南韓信用卡數量衝破 1 億張，擁有 10 張信用卡的人數超過 23 萬人，壞帳率已經高達 16%，信用不良者超過 320 萬人 (占人口的 7%)，其中因信用卡債務造成的信用不良者就有近 200 萬人。

2. 臺灣卡債問題

臺灣多家銀行因爭取績效，在 2000 年之後將業務轉移至消金業務 (Consumer Banking)；發行信用卡與現金卡，為了擴大市場占有率，審核標準日益鬆散，逐漸出現發卡浮濫、信用過度擴張之情況，問題在 2005 年下半年浮上檯面，許多消費者因無力償還而產生壞帳。最後銀行除了與債務人協商，多數承認虧損；例如，

---

[5] 原名為「萬泰銀行」，於 2014 年 9 月被中華開發金控合併，2015 年 1 月起更名為「凱基銀行」。

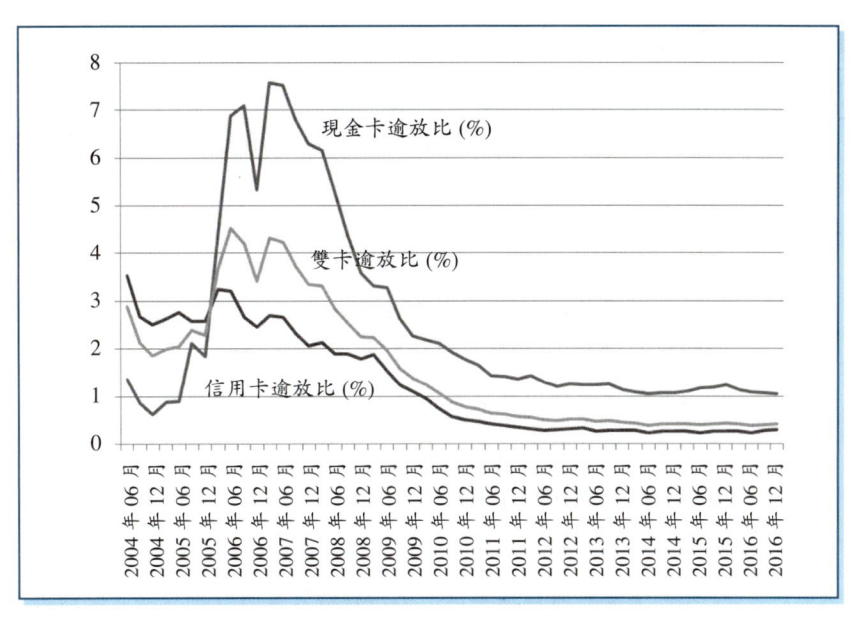

圖 4-3　臺灣信用卡及現金卡逾放比率

2007 年 4 月底，萬泰銀行 (今之凱基銀行) 宣布 2006 年度虧損新臺幣 112 億元 (每股稅後淨損 5.73 元)。

圖 4-3 描繪臺灣信用卡與現金卡的逾放比趨勢，2005 年底現金卡逾放比攀升，2006～2007 年間出現了卡債風暴，多家銀行蒙受虧損，股價也大幅下跌。臺灣信用卡與現金卡的逾放比，到 2009 年以後才恢復正常水準。臺灣金管會在卡債風暴後規定發卡機構逾放比在 3% 以上者，將分別依情節輕重祭出警告、限期改善或勒令暫停發新卡等措施，自 2010 年以來，雙卡發卡機構的逾放比均控制在 3% 以下，尚無因逾放比太高而遭受處分之情形。

臺灣卡債風暴帶來一些額外的問題，簡述如下：

(1) **暴力討債**：卡債的金額小、數量多，銀行為節省成本而委外催收；但因催收公司的素質參差不齊，頻頻發生不法情事或暴力討債。
(2) **卡奴族**：部分持卡人以信用卡或現金卡透支消費，持續支付循環利息、手續費與違約金等費用，入不敷出的情況惡性循環，短期內無法償還高額卡債，成為卡奴族；銀行會規範這一群人的消費行為，使其生活與工作受到負面影響。

3. 臺灣處理卡債之措施

針對 2006～2007 年的卡債問題，臺灣的金管會和銀行公會提出一系列解決卡債措施，歸納如表 4.4 所示。

▶表 4.4　臺灣處理卡債問題之措施

措　施	內　容
消債條例	2007 年 7 月通過「消費者債務清理條例」，於 2008 年 4 月施行，一般簡稱為「消債條例」。
「三五八」政策	金管會對雙卡逾放比的金融機構處以下列懲罰： 逾放比超過 3% ⇨ 遭金管會警告 逾放比超過 5% ⇨ 要求限期改善 逾放比超過 8% ⇨ 勒令暫停發新卡
揭露利率	雙卡定型化契約中應揭露利率，且利率應以單利計息。
借款額度	雙卡及信用貸款最高額度為借款人月收入的 22 倍。
應繳金額	最低應繳金額提高為 10%。
主動協商	要求銀行主動聯絡債務人協商。
輔導就業	委託勞委會協同社福單位，主動聯絡失業的債務人，並提供工作機會。

4. 臺灣規範雙卡利率

臺灣雙卡放款的最高利率接近 20%，卡債問題浮上檯面後，社會質疑雙卡利率太高，應予以調降。不過，臺灣的雙卡利率並不算高，表 4.5 列出一些國家的循環信用利率規定，從表中可看出，多數國家並未設定利率上限。

▶表 4.5　各國信用卡循環利率概況

國　別	信用卡循環利率
美　國	沒有上限，一般為 5%～24.5%，逾期調為 31.99%。
英　國	沒有上限，一般循環利率為 16.9%～19.9%，預借現金利率為 23.9%～27.9%。
日　本	只要借貸人同意，年利息不超過 29.2%，均為合法。
中　國	固定 18.25%。
香　港	沒有上限，但必須將利率充分揭露。
南　韓	沒有上限。
泰　國	上限為 18%。
新加坡	沒有上限。

到了 2009 年 4 月，臺灣立法院修改民法第 205 條，將利率上限定為「中央銀行短期融通利率 (當時為 3.5%) 加計 12%」。另外，該條文中增訂：「銀行辦理自然人無擔保借款、現金卡借款或信用卡循環信用利率，其利率上限為中央銀行短期融通利率加計 9%。」換言之，雙卡利率上限大幅調降為 12.50%。但此舉卻可能使

銀行緊縮雙卡業務，部分中小企業與民眾有融資需求時求助於地下金融，造成更多社會事件。

第四節　貨幣市場工具

本節介紹貨幣市場的工具，包括國庫券、商業本票、銀行承兌匯票、中央銀行可轉讓定存單、附條件買賣交易、貨幣市場共同基金等。

一、國庫券

國庫券 (Treasury Bills, TB) 是政府為了調節國庫收支與控制貨幣供給為目的，在貨幣市場發行的短期債券憑證，持票人在約定時日可領回本金與利息。國庫券最大優點是安全性及變現性高。

1. 臺灣的國庫券

(1) 甲種國庫券 (TB1)：由財政部洽商中央銀行同意後，按面額 (Par Value) 發行，通常面額相當高，到期時本金連同利息一次清償，期限不得超過 270 天，目的為調節國庫收支。

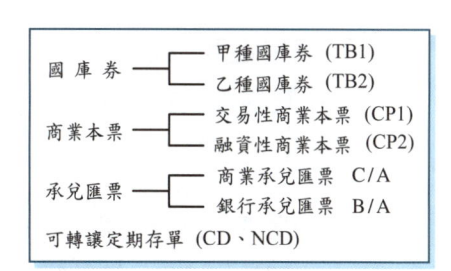

```
國庫券 ── 甲種國庫券 (TB1)
         乙種國庫券 (TB2)
商業本票 ── 交易性商業本票 (CP1)
           融資性商業本票 (CP2)
承兌匯票 ── 商業承兌匯票　C/A
           銀行承兌匯票　B/A
可轉讓定期存單 (CD、NCD)
```

(2) 乙種國庫券 (TB2)：是由中央銀行洽商財政部同意後，以貼息 (Discount) 方式發行，期限分為 91 天、182 天、273 天、364 天四種，在市場上公開發行，發行之目的係為穩定金融市場。依規定，流通在外之乙種國庫券不得超過當年度中央政府總預算歲出總額的 40%。過去乙種國庫券是每 2 週標售一次，但自 1984 年以後，中央銀行改為視資金情況來發行。表 4-6 列出甲種與乙種國庫券的區別。

(3) 國庫券的發行方式：

❖ 採標售方式：國庫券的發售採標售方式辦理，其標售底價由財政部洽中央銀

> 表 4.6　甲種與乙種國庫券的比較

種類	發行單位	發行方式	到期償還方式	目的
甲種	財政部	按面額發行	本金及利息一起償還	調節國庫收支
乙種	中央銀行	按貼現方式發行	只還本金	執行公開市場操作，以收縮或寬鬆銀根

行訂定。國庫券之競標自 2001 年 8 月 1 日起，由複式價格標改為單一利率標 (荷蘭標)，得標者應繳價款以全部得標者所投最高利率計算。

❖ 發行形式：以債票形式發行者為無記名式，以登記形式發行者為記名式。但無記名式之承購人得申請記名，無記名國庫券不得掛失止付。

❖ 交割方式：自 2001 年 10 月 5 日起，國庫券之發行、清算交割、還本付息及買回，均以電腦登記轉帳辦理。

(4)請求權時效：持有人對國庫券的請求權，自國庫券到期日起算，5 年間不行使而消滅。

二、商業本票

商業本票 (Commercial Papers, CPs) 是工商企業以自己為發票人，承諾於到期日無條件支付應有金額受款人或執票人之票據。臺灣的商業本票可分為**交易性**及**融資性**兩類。

1. 交易性商業本票

交易性商業本票 (CP1) 是工商企業以付款為目的所產生之本票，一般為記名式，其特性歸納如下：

(1) 期限：以交易雙方所約定的期限為準，最長不得超過 181 天，並非 1 個月、3 個月、6 個月等整數之劃分。

(2) 金額：每張本票以實際交易的金額為準。

(3) 貼現利率：因大都無金融機構保證，利率會比融資性商業本票高。

商業本票的受款人或執票人在到期前需要資金週轉時，可在本票上背書後向票券業者貼現，票券業者評估受款人或執票人的信用之後，授予本票貼現額度。實務上，除非是知名且信譽良好的企業，否則**交易性商業本票**在市場中的流通性很低。

2. 融資性商業本票

融資性商業本票 (CP2) 是工商企業因短期融通的需要，以期初付息的方式發行之本票。商業本票必須經票券金融公司簽證，且發行人或保證人必須經信用評等，始可發行商業本票。

融資性商業本票可分為有、無金融機構保證兩種，在市場中流通的是以具有金融機構保證為主，但政府事業及股份有限公司、財務結構健全的證券金融事業所發

行之本票,可免金融機構保證。

(1)承銷:本票係透過票券公司以貼現方式發行,多採包銷制;承銷費用依年利率萬分之四十五或議價計收。

(2)簽證:融資性商業本票以非特定大眾為銷售對象,故應經票券等金融機構簽證,簽證費為簽證金額之萬分之三,每筆最低新臺幣 200 元,免保證者萬分之六,公營事業未滿 30 天之本票免收。

(3)期限:最長不得超過 1 年,實務上以 3 個月及 6 個月者最多。

(4)金額:每張本票面額為 10 萬元或 10 萬元的倍數,較常見的為 50 萬元、100 萬元及 500 萬元,亦有大面額如 1,000 萬元、5,000 萬元等。

(5)貼現利率:視當時短期資金供需而定,票券業者在每日營業開始時,會在其營業場所掛牌,將商業本票於次級市場中的買入及賣出價格告示。

3. 臺灣與美國商業本票的差異

臺灣與美國的商業本票並不相同,差異如表 4.7 所示。

▶ 表 4.7　臺灣與美國商業本票之比較

項　目	臺　灣	美　國
類　別	有交易性與融資性之分	全部屬融資性
擔保之有無	大多數有金融機構保證	全部為無擔保
發行主體	多為信用卓著之大型公司所發行,中小企業有金融機構保證者亦可以發行	信用卓著的公司 (Prime Firms) 才可以發行

三、承兌匯票

承兌匯票 (Acceptances) 是因國內外商品交易或提供勞務等商業行為所產生之匯票,以相對人為付款人而經其承兌者,為承兌匯票。匯票持有人可在到期日前向票券商貼現賣出,以取得資金。

承兌匯票有下列兩種:

1. 商業承兌匯票 (Commercial Acceptances, C/A):匯票由買方承兌,由於買方的公信力低,不易在市場上流通。

2. 銀行承兌匯票 (Bankers' Acceptances, B/A):匯票若由買方委託特定銀行承兌(銀行負責於到期日時付款)者,則為銀行承兌匯票。實務上,銀行承兌匯票由

兩類交易而產生：

(1)信用狀交易：由信用狀所產生的匯票，通常由賣方對開狀銀行簽發匯票，並以賣方或其指定人為受款人，由開狀銀行就其所簽發匯票予以承兌。

(2)非信用狀交易：銀行接受買方委託，承兌賣方所簽發以賣方為受款人之匯票。此匯票變成銀行承兌匯票，賣方或受款人可持匯票向貨幣市場背書出售，獲得資金融通。

四、可轉讓定期存單

可轉讓定期存單 (Negotiated Certificates of Deposit, NCD) 是中央銀行或一般銀行所發行的可轉讓定期存款憑證，其優點如下：

1. **流動性高**：在約定的期間內，存戶不得中途解約，但持有人要變現使用時，可自由轉讓給他人 (票券商或其他人)，也可以質押借款。
2. **利息優厚**：利率優於活期存款，利息收入採 10% 分離課稅；但可轉讓定期存單逾期提取時，逾期部分不予計息。

1. 美國的可轉讓定期存單

美國的可轉讓定期存單 (NCDs) 依發行者可區分為數種類別，如表 4.8 所示。

另外，依發行期限，美國的 NCDs 可區分為兩類：

(1)短期性：到期日 1 年以下者，大多採固定計息方式，但逐漸出現以浮動利率計

▸表 4.8　美國的可轉讓定期存單

種類	說明
• 國內可轉讓定期存單 (Domestic NCDs)	一般商業銀行在美國境內發行，歷史悠久、交易量高。
• 歐洲美元可轉讓定期存單 (Euro Dollar NCDs)	美國的銀行海外分行及外國銀行以美元在歐洲發行的 NCDs，大多在倫敦發行。
• 亞洲美元可轉讓定期存單 (Asian Dollar NCDs)	美國的銀行海外分行及外國銀行以美元在亞洲發行的 NCDs，大多在新加坡發行。
• 洋基可轉讓定期存單 (Yankee NCDs)	美國境內的外國銀行以美元發行的 NCDs，日本的銀行是主要的發行者。
• 儲蓄機構可轉讓定期存單 (Thift Institution NCDs)	由 Savings and Loan Associations、Mutual Savings Banks、Credit Union 等機構發行，規模及實力遠遜於一般商業銀行。

息的趨勢。

(2) 長期性：到期日 1 年以上者，大多為 3～5 年，採取浮動計息方式，又分為一般式及接續式兩種。**接續式可轉讓定期存單 (Roly-Poly NCDs)** 是一組連續性 6 個月等額的 NCDs，至合約屆滿為止；買入後可隨時轉讓，但同時有義務購買下一次 6 個月新 NCDs，此種商品的利率較高。

美國的 NCDs 特性歸納如下：

(1) 面額：在 10～100 萬美元間，通常以 100 萬美元為標準面額，因為小面額 NCDs 在貨幣市場上流通量較低。
(2) 期限：大多在 1 年以內，最短可以為 7 天，亦有 5 年以上者。
(3) 利率：分為固定與浮動利率兩種方式。1 年以內者多採用固定利率；1 年以上者多採用浮動利率，每 3 或 6 個月設算一次。
(4) 付息方式：1 年期以下者，到期時本息一併支付；1 年期以上者，通常每 3 或 6 個月設算下次利率時，支付應付利息。

2. 臺灣的可轉讓定期存單

臺灣的可轉讓定期存單可分為由中央銀行發行[6]或一般商業銀行發行兩種，說明如表 4.9。

▶ 表 4.9 臺灣的可轉讓定期存單特性

項目	中央銀行發行	商業銀行發行 新臺幣	商業銀行發行 外幣
發行期限	最長 3 年	1 個月～1 年，亦可指定到期日	1 週～1 年
發行面額	分新臺幣 500 萬元、1,000 萬元及 1 億元三種	以新臺幣 10 萬元為單位，依其倍數發行	以美元 10 萬元、歐元 10 萬元、澳幣 10 萬元、人民幣 50 萬元、日圓 1,000 萬元之倍數發行
發行利率	由中央銀行參酌市場利率水準及資金狀況訂定	由發行人依牌告利率、市場利率情形，與承購人議價發行	由發行銀行參酌市場情形自行訂定
發行方式	全為記名式，發行方式分為競標與非競標兩種	分記名式或無記名式兩種	全為記名式

---

[6] 金融機構經中央銀行同意，得以所持有之中央銀行可轉讓定存單作為擔保，申請短期融通或日間透支。

五、貨幣市場共同基金

貨幣市場基金 (Money Market Mutual Funds, MMMFs) 係指投資於短期票券、銀行定存、短天期存款之基金，具有流通佳、低風險與收益低的特性。其贖回價款在 T＋1 日 (成交日後的第一個營業日) 交付。

類貨幣市場基金 (Quasi Money Market Mutual Funds, QMMMFs) 係指其資金 70% 以上投資於貨幣市場工具的基金；類貨幣市場基金的債券部位須持有至到期，存續期間須低於 3 年，非經核准不得賣出。表 4.10 比較貨幣市場基金與債券型基金的差異。

▶表 4.10　貨幣市場基金與債券型基金比較表

	貨幣市場基金	債券型基金
主要投資標的	到期日 1 年內之有價證券，如短期票券、銀行定存、短天期存款等	如政府公債、公司債、可轉換公司債等，但也有部分金額投資於貨幣市場之標的
收益來源	利息收入較低	利息收入較高
損失風險存在	風險極低	債券價格波動，影響報酬率，債券型基金仍有風險
報酬與風險關係	因投資期限都在 1 年內，利率價格風險小	到期日短、債信佳者，報酬與風險小
資金調度	適合短期資金調度工具	亦可作為短期資金調度用
資金來源	主要吸收活期性資金	主要吸收定期性資金

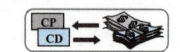

六、附條件買賣交易

附條件買賣交易是指票債券交易雙方按約定金額達成買賣交易，並同時約定在一定期間後依原先議定之到期值 (指一定期間內依約定利率計算之本利和)，由原先賣出者再向原買方買回，或由原先買入者再賣出予原賣方之交易。所謂一定期間指最短 1 天，最長不超過 1 年。是一種次級市場交易，附條件期間之交易僅係一種臨時性交易。

附條件買賣區分為附條件買回與附條件賣回，實務上，買回與賣回是以交易商之立場來區分，說明如下：

1. **附買回交易** (Re-Purchase Agreement, RP)：交易商在賣出其所持有之票債券後，同時與買方約定，在未來一定期間依雙方約定之未來值，再買回原先賣出之票

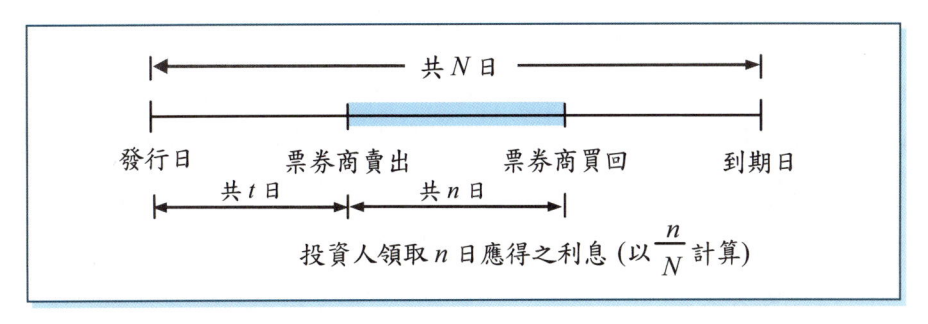

```
┌─────────────────────────────────────────────────────┐
│          ←──────────── 共 N 日 ────────────→         │
│                                                      │
│      發行日      票券商賣出    票券商買回     到期日    │
│         ←── 共 t 日 ──→←── 共 n 日 ──→               │
│              投資人領取 n 日應得之利息 (以 n/N 計算)    │
└─────────────────────────────────────────────────────┘
```

圖 4-4　票券附買回示意圖

券 (或債券)。圖 4-4 描繪 RP 的交易結構。

2. **附賣回交易 (Re-Sale Agreement, RS)**：交易商在買入票債券後，同時與賣方約定，在未來一定期間依雙方約定之未來值，再賣回原先買入之票券 (或債券)。

第五節　貨幣市場實務

本節以臺灣貨幣市場為主，說明各種票券的交易實務與價格的計算。

一、票券交易一般規定

短期票券的一般規定可歸納如下：

1. **基本交易單位**：新臺幣 10 萬元。
2. **計息基礎**：
   (1) 美國：1 年以 360 天為計算基礎，期間採算頭不算尾制。
   (2) 臺灣：1 年以 365 天為計算基礎，期間採算頭不算尾制。
3. **交易日**：票券的計息與交易日有關，可採下列方式：
   (1) 當日洽定，將當日作為起息成交日。
   (2) 前幾日洽定，約定起息成交日。

票券成交時應由票券商填寫成交單，由買賣雙方簽署後生效。

二、票券交易的稅負

貨幣市場工具包括短期票券 (可轉讓定存單、國庫券、商業本票、銀行承兌匯票等)、公債附買回交易及公司債附買回交易等，這些工具在臺灣的稅負說明如下。

1. **利息所得的稅負**：自 2010 年開始的稅制如下：
   (1)個人投資的利息收入採 10% 分離課稅，免併入個人綜合所得申報繳稅。
   (2)公司投資的利息收入須併入年度營利事業所得中申報課稅，不採分離課稅。
2. **證券交易的稅負**：目前臺灣除公司債附買回交易 (RP)，必須課徵 0.1% 的證券交易稅外，其餘均免徵證券交易稅。但實務上，公司債附買回交易的證券交易稅多由交易商吸收。
3. **投資人的選擇**：臺灣投資人每年的利息所得免稅額為新臺幣 27 萬元，個人利息所得若已經超過 27 萬元、所得稅稅率高於 10% 者，應考慮投資貨幣市場工具，以享有節稅效果。

三、貼現利率之計算

貨幣市場的計息有兩種方式，分別為到期償還本利與貼現發行。

1. 到期償還本利

甲種國庫券、可轉讓定存單及中央銀行定存單，其票面均載有利率，係按面額發行，其到期價值的計算方式如下：

$$到期價值 = 票面金額 \times (1 + 票面利率)$$
$$= 發行價格 \times (1 + 票面利率) \tag{4-1}$$

從上式中可看出，發行價格就是票面金額。

2. 貼現發行

乙種國庫券、金融同業拆款、商業本票及銀行承兌匯票，通常票面並未記載利率，而是以貼現方式發行；這些貨幣市場工具的貼現利率有兩種算法：一種是折現方式；另一種則是事先扣息，歸納如表 4.11 所示，並說明如後。

▶表 4.11　貼現利率計算方式

票　券	貼現利率計算
乙種國庫券利率、金融同業拆款	$i = \left(\dfrac{面額}{發行價格} - 1\right) \times \dfrac{365}{發行天數}$
商業本票、承兌匯票	$i = \left(1 - \dfrac{發行價格}{面額}\right) \times \dfrac{365}{發行天數}$

(1)折現：乙種國庫券與金融同業拆款是以貼現方式計算，可利用下式表示：

$$發行價格 = \frac{面額}{1 + 貼現利率 \times \frac{發行天數}{365}} \tag{4-2a}$$

上式可重新整理，表示為：

$$\begin{aligned}貼現利率 &= (\frac{面額 - 發行價格}{發行價格}) \times \frac{365}{發行天數} \\ &= (\frac{面額}{發行價格} - 1) \times \frac{365}{發行天數}\end{aligned} \tag{4-2b}$$

如上式所示，面額與發行價格的差額就是貼現利息 (如面額 10 萬元、發行價格 9.9 萬元，利息為 0.1 萬元)，貼現利率則是初級市場的得標利率 (0.1 萬元除以 9.9 萬元)。

例 乙種國庫券貼現利率

某 91 天期之乙種國庫券面額 100 萬元，以 99 萬 2,500 元發行，則其貼現利率為多少？

答：
$$\begin{aligned}貼現利率 &= (\frac{面額 - 發行價格}{發行價格}) \times \frac{365}{發行天數} \\ &= (\frac{\$1,000,000 - \$992,500}{\$992,500}) \times \frac{365}{91} \\ &= \underline{3.03\%}\end{aligned}$$

(2)事先扣息：商業本票及銀行承兌匯票的計算方式如下：

$$發行價格 = 面額 \times (1 - 貼現利率 \times \frac{發行天數}{365}) \tag{4-3a}$$

上式可重新整理，表示為：

$$貼現利率 = (1 - \frac{發行價格}{面額}) \times \frac{365}{發行天數} \tag{4-3b}$$

例 商業本票貼現利率

臺北公司發行 180 天期之商業本票 1,000 萬元,以 9,880,000 萬元發行,在不考慮其他費用下,其貼現利率為多少?

答: 貼現利率 $= (1 - \dfrac{發行價格}{面額}) \times \dfrac{365}{發行天數}$

$= (1 - \dfrac{\$9,880,000}{\$10,000,000}) \times \dfrac{365}{180} = \underline{2.43\%}$

四、商業本票之成本

企業發行商業本票時,除了利率,還有手續費率,包括保證費、簽證費及承銷費,這三種費率通常按實際發行天數來計算:

$$手續費 = 發行面額 \times 費率 \times \dfrac{發行天數}{365} \tag{4-4}$$

實務上,計算商業本票之利息時,先計算每萬元的本金,小數點後二位以下四捨五入;保證費、簽證費 (每筆最低 200 元) 及承銷費 (每筆最低 2,000 元) 採元以下無條件捨去計算。

例 商業本票發行成本

臺南公司今年發行 60 天期商業本票新臺幣 1 億元,議定利率 2.5%,保證費率 0.5%,承銷費率 0.25%,簽證費率 0.02%,則其公司發行實際所得的金額為何?

答: 每一萬元之本金 $= \$10,000 \times (1 - 2.5\% \times \dfrac{60}{365}) = \$9,958.90$

利息成本 $= \$100,000,000 - (9,958.90 \times 10,000) = \$411,000$

保證費 $= \$100,000,000 \times 0.5\% \times \dfrac{60}{365} = \$82,191$

承銷費 $= \$100,000,000 \times 0.25\% \times \dfrac{60}{365} = \$41,095$

簽證費 $= \$100,000,000 \times 0.02\% \times \dfrac{60}{365} = \$3,287$

總成本＝$411,000 + 82,191 + 41,095 + 3,287 = $537,573

發行實得金額＝$100,000,000 − 537,573 =$99,462,427

金融市場 Financial Market

習題

一、選擇題 (單選)

(　) 1. 下列有關「銀行間拆放市場」的敘述中，何者為正確？ (A) 是一般公司間為資金調撥所為之市場 (B) 拆放市場有貨幣工具 (C) 透過電子交易系統所產生的紀錄，不能當作交易雙方的憑證 (D) 成交量不大屬零售市場 (E) 借入銀行同業拆放款的金融機構是一種負債。

(　) 2. 下列何者屬於電子支付工具？①支票，②數位存款，③比特幣，④匯票，⑤ApplePay，⑥本票，⑦悠遊卡。 (A) ①④⑥ (B) ②③④⑤⑥ (C) ②③⑤⑦ (D) ①③⑤⑥⑦ (E) ②③⑤。

(　) 3. 關於支付卡 (Debit Card) 與信用卡 (Crdit Card) 的敘述，下列何者正確？ (A) 帳戶有存款才可以扣款的是 Crdit Card (B) 帳戶有存款才可以扣款的是 Debit Card (C) 帳戶沒有存款也可以扣款的是 Debit Card (D) 帳戶沒有存款也可以扣款的是 Crdit Card (E) Debit Card 是具有信用性質的卡片。

(　) 4. 下列關於臺灣國庫券的敘述中，何者最正確？ (A) 甲種國庫券是中央銀行發行的 (B) 乙種國庫券是財政部發行的 (C) 甲種國庫券是按面額發行的 (D) 乙種國庫券是按面額發行的 (E) 甲種國庫券是為執行公開市場操作發行的。

(　) 5. 貨幣市場基金及類貨幣市場基金的贖回期間為多久？ (A) T＋1 (B) T＋2 (C) T＋3 (D) T＋7 (E) T＋尾盤。

(　) 6. 交易商在賣出其所持有之票券後，同時與買方約定，在未來一定時間再買回原先賣出之票券，此種活動為何種交易？ (A) 附條件賣回 (B) 買斷 (C) 賣斷 (D) 附條件買回 (E) 附條件租售。

(　) 7. 下列有關 CP1 及 CP2 的敘述中，何者正確？ (A) CP1 是工商企業以付款為目的所產生之本票，一般為無記名式 (B) CP2 是工商企業因短期融通的需要，以期末付息的方式發行之本票 (C) CP1 通常以全額方式出售予票券公司 (D) CP1 貼現利率一般較 CP2 為低 (E) CP1 具交易行為自償性，CP2 不具交易行為自償性。

(　) 8. a：甲種國庫券、b：乙種國庫券、c：可轉讓定存單、d：中央銀行定存單、e：商業本票、f：銀行承兌匯票、g：金融同業拆款。下列關於這些貨幣市場工具的敘述中，何者正確？　(A) a、c、d 通常有票面利率　(B) b、e、f、g 通常有票面利率　(C) a、c、d 通常按貼現發行　(D) b、e、f、g 通常按面額發行　(E) 這些市場工具全都記載利率。

二、簡答題

1. [貨幣市場的意義] 簡述貨幣市場的意義及主要的參與者。

2. [信用卡優缺點] 信用卡已成現代人支付工具，簡述其優缺點。

3. [世界五大信用卡品牌] 目前世界上有哪五大信用卡品牌？

4. [票據之意義] 試說明支票、本票與匯票之意義。

5. [票券市場工具] 簡述票券市場的工具。

6. [國庫券之差異] 試比較甲種國庫券與乙種國庫券之差異。

7. [臺灣與美國商業本票的差異] 試比較臺灣與美國商業本票的差異。

8. [票券發行價格] 當國庫券與商業本票有相同的票面利率與期限，為何發行價格卻不同？

三、計算題

1. [乙種國庫券貼現利率] 某 91 天期之乙種國庫券面額 500 萬元，以 4,967,500 元發行，其貼現利率為多少？

2. [商業本票貼現利率] 真真公司發行一 180 天期之商業本票 2,000 萬元，以 19,520,000 元發行，在不考慮其他費用下，其貼現利率為多少？

3. [商業本票發行成本] 美美公司發行 60 天期商業本票新臺幣 1 億元，議定利率 2.0%、保證費率 0.75%、承銷費率 0.35%、簽證費率 0.05%，則本次發行實際所得為多少？

四、問答與申論題

1. [貨幣市場改革] 北韓聲稱為了抑制通貨膨脹，在 2009 年 11 月底實施劇烈的幣值改革

方案，規定民眾在 7 天內將百元舊鈔兌換 1 元新鈔，並規定兌換金額具有上限，其餘的一律作廢。而北韓當局在推行前認為，其幣值改革有助於國家預算與經濟建設。

　　事實上，北韓為了舒緩經濟窘境，長期以來允許北韓人賺取外匯後，在繳納一定數額的「忠誠資金」後，當局便默認他們所攜回的外幣與私有財產。2009 年底的貨幣改革勢必影響奉獻過「忠誠資金」的人，該項措施等於是把富人的私有財產悉數充公；北韓當局認為，此舉可以把黑市交易的錢逼出來，用於投資公共建設，既打擊貪腐，又可振興經濟。

▶ 試評論北韓的幣值改革是否可達成抑制通貨膨脹與振興經濟之目的。

2. [政府對貨幣市場之操作] 2008 年 10 月全球金融海嘯來襲，下列為歐美當時所採取的動作之一：

🏛 歐洲中央銀行數度提供資金 (每次最低 500 億美元) 給銀行間的隔夜拆款，活絡市場。

🏛 美國聯邦準備理事會成立商業本票發行基金 (Commercial Paper Funding Facility, CPFF)，直接向金融機構買入 3 個月期無擔保商業本票。

▶ 試說明上列歐洲央行與聯邦準備理事會所採取的動作對市場之影響。

3. [央行對票券市場之操作] 2010 年 3 月中旬，臺灣中央銀行總裁表示，臺灣有輸入型通貨膨脹之隱憂，央行會在市場上賣出大量的可轉讓定期存單。

▶ 試說明上列臺灣央行賣出可轉讓定期存單之目的。

簡　答

一、選擇題

1.	2.	3.	4.	5.	6.	7.	8.
E	C	B	C	A	D	E	A

三、計算題

1. $i = (\dfrac{\$5,000,000 - 4,967,500}{\$4,967,500}) \times \dfrac{365}{91} = \underline{2.62\%}$

2. $i = (1 - \dfrac{\$19,952,000}{\$20,000,000}) \times \dfrac{365}{180} = \underline{4.87\%}$

3. 每 1 萬元之本金：$\$10,000 \times (1 - 2.0\% \times \dfrac{60}{365}) = \$9,967.12$

利息成本：$\$100,000,000 - (9,967.12 \times 10,000) = \$328,800$

保證費：$\$100,000,000 \times 0.75\% \times \dfrac{60}{365} = \$123,287$

承銷費：$\$100,000,000 \times 0.35\% \times \dfrac{60}{365} = \$57,534$

簽證費：$\$100,000,000 \times 0.05\% \times \dfrac{60}{365} = \$8,219$

總成本：$\$328,800 + 123,287 + 57,534 + 8,219 = \$517,840$

本次發行實得金額 $= \$100,000,000 - 517,840 = \underline{\$99,482,160}$

四、問答與申論題：參考簡答

1. [貨幣市場改革] 北韓推動幣值改革前後，人們湧向黑市把北韓幣換成美元或人民幣，造成這兩種貨幣暴漲 (官方匯價是 1 美元兌換北韓幣 135 元，黑市匯率則是 1 美元兌換北韓幣 2,000～3,000 元)；另外，民眾搶購民生必需品，平壤米價在改革後 3 個月漲了近 60 倍。最後導致貨幣流通停滯、糧食短缺，出現嚴重的通貨膨脹。許多北韓人畢生積蓄付諸流水，自殺、抗議與暴動時有所聞。後來為了平息眾怒，北韓在 2010 年 3 月槍斃財政部長，罪名是「大地主兒子潛入革命隊伍，有計畫地全面破壞國家經濟」。

2. [政府對貨幣市場之操作]
🏛 歐洲央行提供資金給銀行間隔夜拆款市場，可以避免利率上升，否則銀行會陷入更艱困的情境，無法因應現金的流動性 (如客戶提款)。
🏛 FED 買入 CP 之舉可以協助銀行融通給企業，以避免企業短期資金不足而發生問題 (如賤賣資產或財務困難)。

3. [央行對票券市場之操作] 央行賣出大量的 CD，等於減少貨幣供給額，會有利率上升、新臺幣升值之效果，會使輸入下降，進而抑制通貨膨脹。

第 5 章
中長期貸款與債券市場

本章第一節首先介紹中長期信用工具,繼而第二節介紹聯合貸款;第三節介紹債券的意義及種類;第四節介紹債券的評價模式;第五節介紹債券的評等。

金融市場 Financial Market

第一節 中長期信用工具

銀行為金融機構之中從事借貸的主要機構，對其客戶承做之放款若以期間劃分，可區分為經常性放款[1]及中長期放款；其中經常性放款若不斷地展期，就變成中長期使用。本節介紹銀行放款訂價方式及企業舉借中長期負債的傳統工具，包括中長期信用額度、中長期循環性貸款、中長期貸款及票據融通等；另外，亦介紹融資公司借貸及租賃型態。

一、銀行放款訂價方式

1. 新臺幣計息方式

(1) 基本放款利率改革：臺灣於 2002 年以前實施的基本放款利率 (Loan Prime Rate, LPR) 制度，係作為放款利率加碼或減碼的基礎，有失基本放款利率只能加碼不能減碼的本質，乃於 2002 年開始進行改革，朝「多元化訂價」方式發展。「多元化訂價」基礎主要包括基準利率、定儲利率指數、貨幣市場利率、郵政儲金利率及臺北金融業拆款定盤利率。

> 新臺幣利率基礎有：
> ❶ 基準利率
> ❷ 定儲利率指數
> ❸ 貨幣市場利率
> ❹ 郵政儲金利率
> ❺ 臺北金融業拆款定盤利率

(2) 各利率基礎的意義
- ❖ 基準利率：係銀行依其本身的資金成本、貨幣部位等狀況，訂出對最優惠客戶的貸款利率，為與原基本放款利率有所區別，乃稱為基準利率 (Base Interest Rate)。銀行對企業貸款，大都採用此一利率作為加碼基礎。
- ❖ 定儲利率指數：係銀行擷取數家大型銀行 1 年期 (或 2 年期) 定期儲蓄存款之牌告利率加以平均而得之平均值。銀行對房屋貸款，大都採用此一指數作為利率加碼基礎，亦有銀行拿來作為對企業貸款的利率加碼基礎。
- ❖ 貨幣市場利率：係指以貨幣市場短期票券初級市場或次級市場各不同天期利率平均而得之平均值，作為放款利率之加碼基礎。例如，2008 年 2 月臺銀主

---

[1] 經常性放款可再分為：
❶ 透支：銀行允許客戶支票存款餘額不足時，在約定的範圍內支付票款。
❷ 票據融通：包括貼現、代墊票款、進出口押匯等。
❸ 短期放款：因企業週轉所借出之款項。

辦中龍鋼鐵新臺幣 517 億元之聯貸案,即是以商業本票初級市場利率作為基礎加碼。

❖ 郵政儲金利率:係指以郵政儲金匯業局 1 年期或 2 年期定期儲金機動或固定利率,作為放款利率之加碼基礎。因為此一指標係參考臺銀、土銀、合庫及三商銀之定儲平均利率加 0.1% 所訂定者,具有市場代表性,甚多政策性貸款以郵局定儲利率作為訂價指標,資訊透明度及市場接受度頗高,操作起來甚為方便,幾乎各類貸款都有銀行採用此一指標作為加碼基礎。

❖ 臺北金融業拆款定盤利率:英文全名為 Taipei Interbank Offered Rate,簡稱 TAIBOR。TAIBOR 係由央行遴選之公開市場操作交易商,及經金融業拆款中心遴選並經央行同意之金融機構,共 17 家一起報價。TAIBOR 係指報價銀行以無擔保方式且在合理的拆款金額下,可自金融同業間拆借資金之利率,目前有定盤利率 (Fixing Rate) 的報價期別,包括 1W、2W、1M、2M、3M、6M、9M 及 1Y。TAIBOR 自 2005 年 10 月 3 日開始報價以來,逐漸被市場拿來當作指標利率。

(3) 計息天數:不論放款期限長短,大都按日計息,1 年以 365 天為計算基礎。

(4) 定期浮動利率機制:2002 年以後,臺灣的銀行業新承做放款案件,包括企業貸款、房屋貸款、消費貸款及其他貸款等,紛紛改以新指標利率作為加碼基礎,各銀行實施新制後,新的訂價制度只能加碼,不得減碼。加碼數不可以隨意更動,指標利率可以隨市場變動而變動。

在中長期貸款的場合,銀行與客戶常約定以某一指標為利率加碼基礎,同時約定定期調整利率指標。例如,每 3 個月或 6 個月調整一次,因而形成定期調整利率之定期浮動利率機制。基本上,臺灣的各類放款,除短期貸款大都以固定利率計息外,中長期貸款利率都是定期浮動利率機制。

2. 外幣計息方式

(1) 一般外幣放款案件:銀行大都對外幣掛出單一授信利率,有些銀行會對進口遠期信用狀貸款、進口機器貸款、出口押匯、外幣擔保放款、外幣無擔保放款等,分別掛出授信利率。外幣授信利率通常是掛出最高利率,適用對象是一般借款戶,銀行尚會依借款戶信用條件、擔保品狀況、授信風險、與銀行往來關係等因素評估,

> 外幣利率基礎有:
> ❶ 各銀行之外幣授信利率
> ❷ LIBOR
> ❸ SIBOR
> ❹ EURIBOR 等

酌予減碼。與新臺幣基準利率只能加碼不能減碼,有所不同。

(2) 中長期外幣放款案件:銀行對中長期外幣授信。例如,外幣專案貸款、進口機器貸款、外幣週轉金貸款等,其適用的利率往往與一般外幣放款案件不同,大都會以國際指標利率作為計息加碼的基礎。例如,美元案件以 LIBOR 或 SIBOR、歐元案件以 EURIBOR、日圓以 TIBOR[2]、人民幣以 SHIBOR[3] 作為利率加碼基礎。

(3) 計息天數:不論放款幣別及期限長短,大都按日計息,除英鎊、港幣、新加坡幣、泰銖及南非幣五種幣別,1 年以 365 天為計算基礎外,餘各幣別 1 年均以 360 天為計息基礎。

(4) 定期浮動利率機制:一般外幣放款其利率依銀行牌告變動而變動,但中長期外幣放款案件則約定按一定期限重新設算利率乙次。例如,以 3 個月 LIBOR (2.875%) 加碼 2% (為 4.875%) 者,將會在每 3 個月到期前 2 個銀行營業日重新敲定未來 3 個月的 LIBOR,如新敲定的 3 個月 LIBOR 為 2.575%,則未來 3 個月的計息利率為 4.575%。這也是屬於定期浮動利率機制。

二、中長期信用工具

1. **中長期信用額度 (Line of Credit)**:是由銀行允諾客戶在某一金額的範圍內,向銀行借入資金。對一般企業而言,由於信用額度不須準備太多的書面報告,運用的彈性也比較大,要比正式的銀行貸款更受到企業的歡迎。

    銀行授予信用額度是依客戶本身的條件而定,通常 1 年換約一次,但如果每年均獲核准續約,便形同中長期信用額度。但當市場狀況或客戶營業不佳時,銀行可能會縮減或取消已給的信用額度。對企業而言,信用額度雖具有便利性,但卻也冒著可能隨時被取消的風險。因此,除非公司具有相當規模、營運穩定,否則信用額度較適合作為短期融通的工具。

2. **中長期循環性貸款 (Revolving Commitment)**:是銀行承諾在某段時間內 (如 3 年),讓客戶借入某一額度內的金額,但客戶必須簽發本票且定期 (如半年) 還款後,銀行再借出給客戶,目的為測試客戶的償債能力。

    循環性貸款的利息通常是以**基準利率 (Base Interest Rate)**、定儲利率指數或

---

[2] TIBOR 全名為 Tokyo Interbank Offered Rate,東京金融同業拆放利率之意。
[3] SHIBOR 全名為 Shanghai Interbank Offered Rate,上海金融同業拆放利率之意。

其他市場利率訂價**加碼 (Make-Up)** 一定**碼數 (Spread)** 或**基本點 (Basis Point)** 計算 (一碼為 0.25%，一個基本點為 0.01%)。

> **例 中長期循環性貸款**
>
> J 銀行提供 H 公司 3 年期 100 萬元的中長期循環性貸款，每半年循環一次，以基準利率 4% 加四碼訂價，半年後基準利率升為 5%，則該公司簽發本票的狀況如圖 5-1。
>
> ```
>                    0     6個月    1    6個月    2             6
>                    |─────────────|─────────────|─────...─────|
> 基準利率    +1%    5%            6%                  ...
>                  ┌─────────────────────┐
>                  │ 本票  102.5 萬元  還款│
>                  └─────────────────────┘
>                              ┌─────────────────────┐
>                              │ 本票   103 萬元   還款│
>                              └─────────────────────┘
> ```
>
> **圖 5-1** 中長期循環性貸款每循環期簽發本票金額示意圖
>
> 圖 5-1 顯示，在借款之初，H 公司簽發 102.5 萬元的本票給銀行 (半年利率為 2.5%)，到期時必須償還利息與本金；半年後基準利率升至 5%，H 公司若仍需借款，則應簽發 103 萬元之本票。

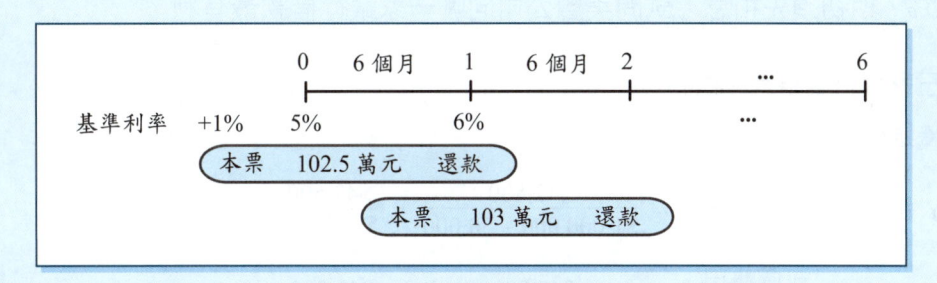

公司如未借滿「中長期循環性貸款」所承諾的金額，常會被銀行就未借滿金額部分加計承諾費 (年率約為 0.5%)；例如，銀行所提供的貸款額度為 100 萬元，而某客戶只借了 80 萬元，則會對未借滿的 20 萬元部分收取承諾費。

3. **中長期貸款 (Term Loans)**：係銀行提供資金給企業從事中長期投資與營運之用所為之貸款。銀行承做時除了與客戶商議放款額度、用途、撥款條件、償還方式之外，會要求以不動產 (如土地、房屋機器設備等) 作為抵押，以確保債權，也就是一般所知的**抵押貸款**。相對而言，**信用貸款**則是借款人並未提供擔保品，銀行針對客戶資信調查，以決定是否放款；不過，實務上，臺灣的銀行較不願給予客戶信用貸款。

傳統中長期貸款都是屬於定期式的貸款，中期者以 3～5 年最常見；長期者以 7～15 年最常見。一般會有 1～2 年之寬限期，寬限期內只繳利息，寬限期後必須分期攤還本金，一般是每季或每半年攤還一次。

中長期貸款利率的計算方式，可區分為期初與到期日付息兩類。顯然地，期初付息的資金成本要比到期日付息高；另外，有些銀行會要求借款人保留部分存款，這也會增加資金成本。

例 銀行貸款利率的計算

美麗公司欲借入 100 萬元，期限 2 年。X 銀行年利率為 4.5%，年底付息；Y 銀行年利率為 4.25%，年底付息，但要求回存 5%，該部分存款不計息；Z 銀行年利率為 4.2%，期初須先扣息。試問美麗公司向哪一家銀行借款最有利？

答：三家銀行實際年利率：

X 銀行：4.50%

Y 銀行：$\dfrac{\text{利息費用}}{\text{可使用金額}} = \dfrac{\$42,500}{\$1,000,000 - 50,000} = \dfrac{\$42,500}{\$950,000} = 4.47\%$

Z 銀行：$\dfrac{\text{利息費用}}{\text{可使用金額}} = \dfrac{\$42,000}{\$1,000,000 - 42,000} = \dfrac{\$42,000}{\$958,000} = 4.38\%$

☞ 向 Z 銀行借款最有利。

4. **票據融通**：是指企業以發行票據 (或票券) 的方式來籌措資金，通常是銀行 (或票券公司) 給予企業一定的額度，協助或全權負責企業所簽發的票據銷售，以順利取得資金。發行期限多為短期 (如 6 個月)，金額較大則由數家銀行組成銀行團，與借款人簽約，期限通常為數年 (3～7 年)，可在約定期限內循環發行。實務上最常見的「票據融通」有「票據發行額度」、「擔保票據發行額度」、「循環包銷額度」三種類型。簡介如下：

(1) **票據發行額度 (Note Issuance Facilities, NIFs)**：是銀行 (或票券公司) 與發行公司簽約，在一定期間內由發行公司發行票據，銀行則協助讓市場上投資人承購 (通常會以投標方式進行)，以助企業取得所需的資金。但如市場認購金額未達該票據之總額時，銀行並沒有義務承購不足的部分。

> **例** **伏得風集團日本子公司分期發行 NIFs 籌資**
>
> 伏得風集團日本子公司 (Vodafone Holdings K.K.—previously Japan Telecom Holdings Co., Ltd.) 在 2005 年 8 月發行一為期 5 年又 1 個月，總金額為 1,750 億日圓的 NIFs，於 2010 年 9 月到期。在期間內分 7 次發行，每次金額為 250 億日圓，每次發行利率經敲定後就固定不再變動。

(2) **擔保票據發行額度 (Standby Note Issuance Facilities, SNIFs)**：基本上與 NIFs 一樣，但銀行 (或票券公司) 對發行公司的票據作保證，當發行公司發生財務困難而無法償債時，銀行必須代為償還，為一種有保證之授信融通業務。

(3) **循環包銷額度 (Revolving Underwriting Facilities, RUFs)**：亦稱為循環承銷額度，是銀行 (或票券公司) 承諾在某一期間、一定金額內，負責承銷客戶的短期票據 (通常 RUFs 由銀行團直接買下，而 NIFs 經由投標)。

一般而言，RUFs 的票據期限會比 NIFs 的期限長。圖 5-2 示意這兩種工具的發行方式。

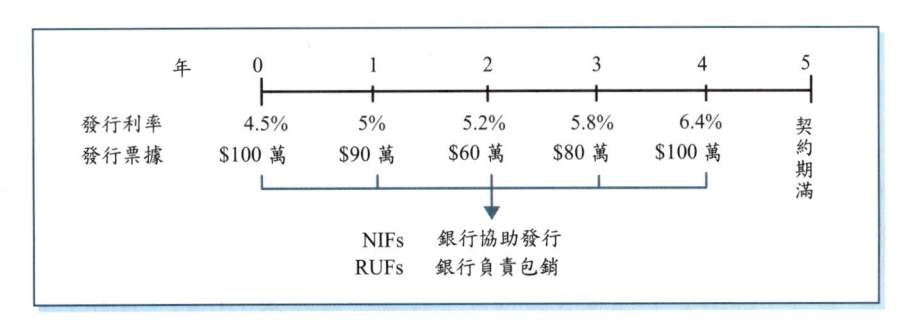

```
年           0      1      2      3      4      5
發行利率     4.5%   5%    5.2%   5.8%   6.4%    契
發行票據   $100萬 $90萬  $60萬  $80萬  $100萬  約
                                                期
                                                滿
              NIFs    銀行協助發行
              RUFs    銀行負責包銷
```

圖 5-2 「擔保票據發行額度」與「循環包銷額度」示意圖

5. **融資公司借貸**：美國的**融資公司 (Finance Company)** 性質類似於銀行，主要從事小額融資之業務。臺灣的「融資公司法草案」於 2008 年 1 月 30 日經行政院會決議通過，並於 2 月 4 日送立法院審議；審議通過後將開放融資公司設立，資本額門檻預定為新臺幣 5 億元或 10 億元，融資公司可以辦理租賃業務、分期付款買賣、應收帳款收買、金融機構金錢債權收買等業務；惟此一法案考慮因素甚多，迄今仍未完成立法程序。

美國融資公司的資金來源並非大眾存款，而是向銀行借貸、發行票券 (商

業本票)、或由企業所提供之短期資金；融資公司的業務除了一般消費品、商業銷售、保險費等貸款外，也放款給企業，而企業往往以應收帳款、存貨或第二順位不動產作為擔保來借款。由於資金來源為短期、放款為中長期，融資公司的放款利率多以短期利率加碼。

辦理商業貸款的融資公司之主要放款對象為中小企業，但在景氣不佳時，許多中小企業無法償還利息，甚至倒閉(壞帳比率較高)。因此，辦理商業貸款的融資公司會要求較高的放款利率。

6. **租賃**：企業或個人可以利用自有資金或以融資方式購買資產，但若使用者不需要資產的所有權，則可利用租賃 (Leasing) 的方式取得使用權，較常見的租賃資產包括土地、廠房、機器設備與運輸工具等。

租賃中擁有且出租資產的一方稱為出租人 (Lessor)，租用資產的一方則稱為承租人 (Lessee)；現代租賃契約具有相當大的彈性，租賃形態的分類並不嚴謹，一般的租賃是由承租人定期支付租金給出租人。以性質而言，租賃可區分為營業性租賃及資本性租賃兩大類，簡介如下：

(1) **營業性租賃**：營業性租賃 (Operating Leases) 是指出租人給予承租人資產的使用權，並提供資產維護之服務。例如，影印機。一般而言，營業性租賃的時間要比資產的經濟壽命短。因此，出租人可以將資產租給不同的承租人，單一承租人所支付的資金通常遠低於資產的總價。通常營業性租賃契約會附帶取消條款 (Cancellation Clause)，允許承租人中途解約，歸還資產給出租人。

圖 5-3 描繪營業性租賃之特性，在圖中資產未出租時，出租人仍須維護資產，因此營運上具有風險。另外，圖 5-3 顯示出租人在資產未達經濟耐用期限，但仍堪用的情況下，即出售租賃資產。

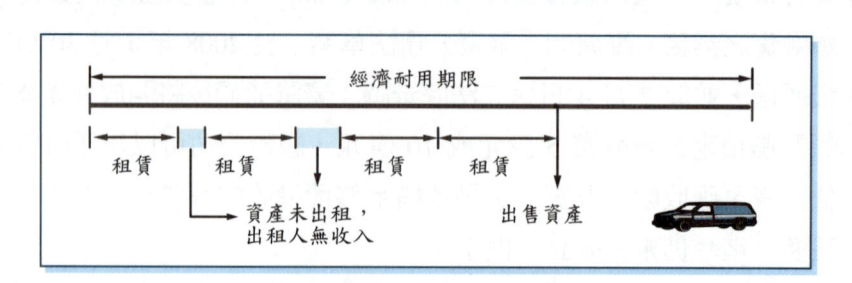

圖 5-3　營業性租賃示意圖

最容易瞭解的營業性租賃為汽車出租業。例如，美國赫茲公司 (Hertz) 擁有汽車的所有權，並負責維修與出租，而承租人使用的時間通常只有 1 天至數天，承租人數眾多。其他常見的營業性租賃資產為事務性機器。例如，IBM 公司出租大型電腦、全錄公司 (Xerox) 出租影印機等。

例 營業性租賃

臺灣一些機構在舉辦大型晚會或演唱會時，必須準備宣傳、會場、音響及燈光設備等支出，主辦者如果資金不足，除非以本身的不動產作為抵押，否則銀行根本不會給予貸款。但租賃業者所提供的彈性很高，以租賃來解決主辦單位無法取得資金與尋找設備的困擾，也為主辦者節省了人力成本；而租賃業者辦理這一類活動的時間並不長，報酬率要比銀行放款利率高出許多。

(2) 資本性租賃：資本性租賃 (Capital Leases) 亦稱為融資性租賃 (Financial Leases)，是一種給予企業融物的財務活動 (融資是借錢，融物就是借實體資產)。資本性租賃因出租人取得資產的方式，可再分為直接融資租賃 (Straight Financial Leases) 與售後租回 (Sale-and-Leaseback) 兩種，這些租賃必須顯示於承租人的資產負債表上。

❖ 直接融資租賃 (Straight Financial Leases)：是指出租人取得資產，將使用權交給承租人之後，承租人除了定期支付租賃費用，必須自行負責資產的維修、保險費用與稅捐，並且不能在中途解約。

通常直接融資租賃是承租人已決定所需要的機器設備，然後找租賃公司出面買下；此種契約可能會要求承租人繳納保證存款，租金則採用安全攤銷方式計算，亦即租金的現值等於租賃資產的總價。

❖ 售後租回 (Sale-and-Leaseback)：是指企業將所擁有的資產出售給租賃公司後 (先進國家中，保險公司與銀行亦可承做)，再租回使用，承租人必須定期支付租賃費用。這種租賃類似抵押性融資，承租人之目的在於取得資金、改善財務狀況與節稅等。

當企業承做售後租回之租賃，必須顯示在資產負債表上，但因短期收益增加，具有美化當期損益表的功能。

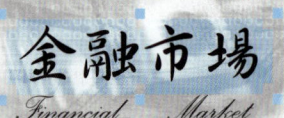

> **例** 花旗銀行售原華僑銀行總行後再租回續做分行營運 Leaseback
>
> 2010 年 1 月花旗銀行將位於襄陽路和重慶南路之原華僑銀行總行,以新臺幣 6.5 億元賣給上櫃建商志嘉建設,並與志嘉建設簽訂售後租回一、二樓及地下室,花旗銀行年付租金 3,600 萬元。

> **例** 特力公司賣內湖 B&Q 量販店大樓後再租回繼續營業 Leaseback
>
> 2007 年 11 月特力公司將位於內湖的 B&Q 量販店大樓,以新臺幣 55 億元賣給美商花旗銀行不動產投資公司 CPI 旗下 CPI Asia T-Mart Limited,並與 CPI Asia T-Mart Limited 簽訂「售後租回」合約繼續營運,租期 10 年,第一年租金 2.5 億元。特力公司出售這棟大樓後,獲得 28 億元的處分利益。

✐ **摘要**:表 5.1 歸納營業性租賃與資本性租賃的差異。

▶ 表 5.1 營業性與資本性租賃之特性比較

特 性	營業性租賃	資本性租賃
租賃期限	比資產的經濟耐用期限短	通常與資產經濟耐用期限相同
資產攤銷	租金低於資產總價	安全攤銷
中途解約	可提前解約	不可提前解約
資產維修	出租人	承租人
承購資產	有些租賃允許承租人於租約期滿後,以市價購買資產,但不具強制性	承購價格可事先決定,不一定等於當時的市價

註:「安全攤銷」是指租金的現值等於租賃資產的價值。

第二節　聯合貸款 (聯貸)

本節介紹聯合貸款,並介紹聯合貸款中之特例——專案融資。

一、聯貸的起源

1. **起源於美國**:第二次世界大戰後 1940 年代後期,非主戰場的美國經濟蓬勃發

展,企業資金需求殷切。很多全國性的企業所需資金相當龐大,期限也較過去為長;但當時美國的銀行大都為單一銀行,又不得跨州經營,面對大企業的資金需求往往非一家銀行所能承擔,美國的銀行遂組織銀行團,在同一貸款契約下對同一客戶作貸款,以分散單一銀行所承擔的授信風險。這可說是聯合貸款最早的開始。

2. **盛行於歐洲通貨市場 (Eurocurrency Market)**:聯合貸款真正成為國際上普遍貸款的方式,是在 1960 年代歐洲美元 (Eurodollar) 市場。因當時歐洲美元市場剛成立未久,每一參與歐洲美元市場的銀行,所擁有的歐洲美元資金有限,但國際性大企業借款金額卻非常龐大,各銀行為應付大額的貸款,遂在國際間聯合不同國家或地區的銀行在共同的條款及利率基礎下貸款。最常被使用的利率基礎是 LIBOR,在這個基礎下,對信用品質不同的借款人,分別給予不同的加碼,以反映借款人的信用風險。聯貸在歐洲通貨市場相當流行。

二、聯貸的意義

1. **聯合貸款的意義**:聯合貸款英文名為 Syndication、Syndicated Loan、Joint Loan 或 Consortium Loan,係指兩家以上的銀行,與同一個借款人訂立共同貸款契約,在共同的條款及利率基礎下,對同一借款人按約定之比例提供資金融通,並按約定比例共同承擔風險之行為。
2. **聯合貸款的用途 (Purpose)**:貸款可用於大金額的特定計畫或一般營運週轉金之用,包括建廠或擴充產能之資金需求、專案融資 (Project Financing)、飛機船舶融資、併購 (Acquisition) 融資、專案融資,以及短期的過渡性融資 (Bridge Financing) 等。
3. **聯合貸款的成因**:中長期貸款大都由單一銀行貸予,但如果借款金額太過龐大、銀行受限可貸資金、主管機關規定授信限額,或銀行為了分散授信負擔不願自負風險,可能就必須聯合數家銀行貸予,形成聯合貸款。

> **例 臺灣的聯合貸款**
> 　　中鋼旗下的中龍鋼鐵公司欲在臺中興建一座年產 250 萬公噸的鍊鋼高爐,計劃於 2010 年完工,需向銀行借款新臺幣 517 億元。由於該投資案的金額龐大,於 2008 年 2 月由臺灣銀行主辦一為期長達 10 年的「聯合貸款」,參與者還包括土

銀、合庫銀、農業金庫、華銀、臺企銀、兆豐銀等銀行，利率依商業本票初級市場利率加 40 bp (Basic Point，0.01% 之意)，以當時市場行情估算利率約 2.85%。

三、聯貸的銀行團及其職責

聯合貸款的經理團 (Management Group)：一般分為主辦行 (Lead Arranger, Lead Manager)、經理行 (Arranger, Manager)、協辦行 (Co-Arranger, Co-Manager) 及主持行政工作的代理行 (Agent)。

聯合貸款的銀行團 (Bank Group)：指經理團的成員及所有參貸行 (Participating Bank)。

經理團的成員依參與貸款金額的大小作為區別。主辦行在經理團內參與金額最大，也是借款人委託書 (Mandate) 之持有人，經理行參與金額次之，協辦行再次之，這三者除本身參與貸放外，尚必須負責承銷 (Underwriting) 的工作。至於參貸行並不屬於經理團，僅參與貸款，並不參與承銷工作。

聯合貸款對外宣傳的紀念碑 (Tombstone) 上，也按主辦行、經理行、協辦行及參貸行的順序排列。手續費分配則依參貸金額的大小而異。例如，在一個 2 億美元的聯貸案中，其手續費分配可能如表 5.2 所示。

▶表 5.2　聯貸案件手續費分配表

名　稱	參貸金額	手續費
主辦行	USD 25M 以上	75 bp flat
經理行	USD 10M～24M	60 bp flat
協辦行	USD 5M～9M	45 bp flat
參貸行	USD 1M～4M	30 bp flat

聯合貸款主要工作在主辦行及代理行，兩者主要工作如下：

1. 主辦行的職責：
(1)與借款人接洽貸款條件並取得借款人的委託書。
(2)編製並分送借款人有關資料，亦即將聯貸說明書 (Placement Memorandum) 分給有意願參加聯貸之銀行 (此過程稱為分貸)。
(3)籌組經理團及銀行團。

(4)委請律師草擬聯貸契約、與借款人洽商契約內容,召開聯貸會議。

　　(5)說明會 (Roadshow) 及簽約事宜。

　　(6)契約變更、提前清償或展延期限等之處理。

2. 代理行的職責:在聯貸簽約完成後,代表銀行團處理聯貸有關之行政工作,其工作內容大致如下:

　　(1)審核借款人動用之申請,並通知所有參貸銀行應分攤貸款之金額及動用日期。

　　(2)統籌收取、轉撥、計算及分配各項款項,包括借款、還款、利息、手續費、承諾費等。

　　(3)協調貸款契約之轉期及調整利率等事項。

　　(4)蒐集借款人財務資訊,監督借款人履行聯貸契約各項條件。

四、聯貸的對象、金額與期限

　　聯合貸款的對象以大企業、跨國籍企業、各國政府及其代理機構、國際性銀行及商業銀行為主,貸款金額一般都在數千萬美元以上,甚且高達數億美元、數十億美元以上,期限較長大都為中長期,3～7 年者較常見,有些甚至達 10 年、20 年者,視借款人的需要而定。

> **例　國際的聯合貸款**
>
> 　　2005 年 10 月摩根大通 (JP Morgan Chase & Co.) 和花旗集團 (Citigroup Inc.) 共同主辦對聯合航空公司 (United Airlines, UAL) 30 億美元債務融資,為期 6 年,利率為 Libor + 450 bp (Basic Point,0.01% 之意)。

　　聯貸幣別多樣化:初期的聯貸大都以美元為主,隨著市場不斷地演進與創新,借款人可以在聯貸契約內加入多幣別選擇條款 (Multi-Currency Clauses),享有幣別轉換的權利,幣別轉換以美元、歐元及日圓為主。故今日的聯合貸款,只要是國際性的主要幣別均可以承做,但仍然以美元為絕大部分。

五、聯貸的動用與償還

　　聯合貸款的動用 (Drawdown) 方式,可依借款人的現金流量規劃,選擇一次動用或分批動用。

聯合貸款的償還 (Repayment) 方式，可以到期一次還款 (Bullet Repayment)、氣球式還款 (Balloon Repayment)、依分期攤還方式還款。到期一次還款方式沒有分期攤還，到期一次清償本金，又稱子彈式還款。氣球式還款方式，前面幾期平均攤還，最後一期一次還清，故稱為氣球式還款。例如，前面 11 期各攤還 5%，最後一期一次還 45%。

六、聯貸的型態

聯合貸款的型態很多樣化，從定期貸款 (Term Loan)、循環性貸款 (Revolving Credit Facility)、浮動利率本票 (Floating Rate Note, FRN)、擔保債務 (Stand-by Facility)、擔保信用狀 (Stand-by Letter of Credit)，到結合衍生性商品的混合型交易 (Hybrid Transactions) 都有。

七、聯貸的訂價及其費用

聯貸的利率大都以 LIBOR 為基礎，加一定的碼數而成，亦有以 SIBOR 為基礎者，歐元案件會以 EURIBOR 為基礎加碼。因此，聯貸的利率通常是浮動的，利率每隔一段時間便重新設定一次，一般為 3 或 6 個月。

對借款人而言，聯貸的全部成本 (All-In Cost) 包括利息、主辦費 (Front End Fee)、參貸費 (Participation Fee)、承諾費 (Commitment Fee)、管理費 (Management Fee)、代理費 (Agency Fee)、營業稅、印花稅等。

八、聯貸的準據法及管轄法院

國際聯貸大都以英國或紐約法律為準據法 (Governing Law)，並且以英國或紐約的法院為管轄法院 (Jurisdiction)。

九、聯貸的程序

聯合貸款運作程序，大致如圖 5-4 所示。

1. 委任前階段 (Pre-Mandate Phase)

(1)接洽：當借款人考慮以聯合貸款方式籌措資金時，必須先與數家銀行接洽，確認借款人需求，包括融資總金額、借款目的、借款期間、分期攤還時間表、所願意提供的承諾事項、希望的利率水準、希望取得融資時間、是否有其他取得

```
┌─────────────────────────┐  ┌─────────────────────────┐  ┌─────────────────────────┐
│ 委任前階段              │  │ 委任後階段              │  │ 簽約後階段              │
│ 接洽 →                  │  │ 組經理團 →              │  │ 貸款及追蹤 →            │
│ 競標 →                  │→ │ 編借款人資料並分貸 →   │→ │ 付息及還本 →            │
│ 確定主辦行 →            │  │ 組聯貸銀行團 →          │  │                         │
│ 借款人出具委託書 →      │  │ 協商貸款契約 →          │  │                         │
│                         │  │ 簽約及宣導 →            │  │                         │
└─────────────────────────┘  └─────────────────────────┘  └─────────────────────────┘
```

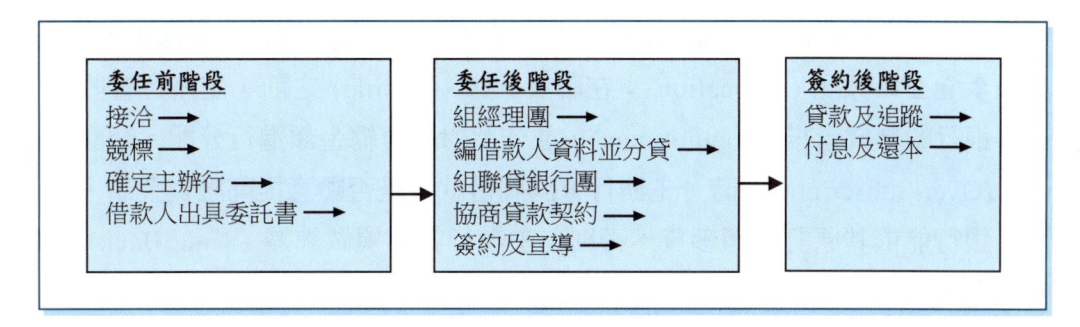

圖 5-4　聯貸運作程序圖

融資的方法或計畫等。

(2) 競標：由數家銀行投標 (Bid)。競標銀行可以不同的承諾 (Commitment) 來爭取主辦權，包括：

- ❖ 全額承銷 (Fully Underwritten，全額包銷)：當聯貸無法獲得其他銀行的參貸承諾，主辦銀行必須與借款人訂立雙邊 (Bilateral) 合約，提供全額融資。
- ❖ 部分承銷 (Partially Underwritten，部分包銷)：表示借款人可以確定部分的金額能以事前決定的條款取得主辦行融資。
- ❖ 盡力承銷 (Best Efforts)：主辦行盡力承銷，不提供全額或部分承諾，當聯貸無法成立時，借款人須自負無法獲得融資的風險。

(3) 確定主辦行：借款人依據其所設計的貸款結構及行銷計畫，選出主辦銀行。

(4) 借款人出具委託書：借款人選定主辦行後，應出具委託書 (Mandate) 交付之。

2. 委任後階段 (Post-Mandate Phase)

(1) 組經理團：主辦行在取得委任之後，必須尋求經理行、協辦行及代理行，以籌組經理團。

(2) 編借款人資料並分貸：包括：

- ❖ 編借款人資料並分送：主辦行、經理行及協辦行，針對有意參貸的銀行發出邀請函 (Invitation Letter)，敘明借款人的背景與本筆聯貸的主要條款 (Terms and Conditions，或稱 Information Memorandum)，以進行分貸工作。
- ❖ 主辦行安排聯貸說明會 (Roadshow)：主辦行安排說明會，對有意參貸的銀行介紹此筆聯貸及公司的營運狀況。就國際聯貸來說，借款人通常會巡迴幾個

主要的金融中心做 Roadshow。例如，香港、新加坡、臺灣、韓國等。

❖ 參貸金額分配 (Allocation)：在聯貸截止 (Closing) 之前，主辦行會收到各銀行的參貸承諾 (Commitment)，並依此對融資總金額進行分配。超額認貸 (Over-Subscription) 時，主辦行會詢問借款人是否願意提高融資金額，讓各銀行能依其原訂金額參貸；否則，主辦行就必須做縮減 (Scale Back) 的動作。

(3) 組聯貸銀行團：在參貸金額分配後，主辦行邀請所有參貸行組成聯貸銀行團。

(4) 協商貸款契約：主辦行將合約的草稿 (Draft of the Agreement)，送給各參貸銀行審核，各銀行對於當中的條款都有表達意見 (Comments) 的機會。

(5) 簽約及宣導：主辦行會安排以公開宣傳活動進行簽約儀式，各銀行派代表簽約，或者授權主辦行代表簽約。此時，通常會有一些公開宣傳活動 (Publicity)，最常見的便是 Tombstone。在 Tombstone 上，會記載此次聯貸的總金額、型態、借款人名稱，各參貸銀行則依其地位排名。

3. 簽約後階段 (Post-Signing Phase)

(1) 貸款及追蹤：簽約儀式完後，由代理行負責以後一切相關事宜。借款人必須準備符合撥款先決條件 (Conditions Precedent) 所需文件，所提文件沒有問題時，代理行便會對各銀行發出撥款通知 (Drawdown Notice)，統一將款項撥入代理行戶頭，再由代理行撥給借款人，完成撥款手續。

(2) 付息及還本：聯貸完成後，每逢借款人付息或還款時，代理行會依參貸比率計算每一參貸行之分額，分配予各參貸行。

十、聯貸契約

今日的聯合貸款，因參貸銀行多、金額大、期限長，且貸款方式多元化，故聯貸契約 (Loan Agreement) 日趨複雜，通常由熟悉金融法律的律師草擬，經各參貸銀行協商後定稿。聯貸合約較重要的內容包括以下幾項：

1. 定義 (Definitions and Interpretations)：契約內之重要名詞。例如，貸款金額、營業日、參貸比例、幣別、到期日、大多數貸款銀行等術語，必須統一訂定，以為日後解釋之依據。

2. **貸款架構 (the Facilities)**：包括貸款用途、動支條件、利率 (Interest Rate) 條款、償還 (Repayment) 方式、提前償還 (Prepayment)、貨幣條款 (Currency Clauses) 及取消融資 (Cancellation) 等。
3. **費用及稅捐 (Fees, Expenses and Taxes)**：包括手續費、承諾費、代理費、管理費、律師費、利息所得稅、印花稅、雜費等。
4. **聲明與保證 (Representation and Warranties)**：表示借款人在簽約時對本身狀況應有之承諾，包括借款人為法人之事實、契約之合法性、借款人提示之證件及財務報表均屬公正真實、借貸雙方律師出具之無缺點意見書等。
5. **承諾書事項 (Covenants)**：包括正面承諾 (Positive Pledge) 及反面承諾 (Negative Pledge) 事項：
   (1) 正面承諾：例如，貸款不挪他用、按時向銀行團及政府機關提供財務報表之同意書、重大事項之通知、按時繳付稅捐、資產保險、組織變更之通知、維持一定之流動比率、負債比率、淨值及流動資金等。
   (2) 反面承諾：又稱不作為承諾，包括不得為他人作債務保證、不得將現有或以後取得之資產設定予他人、財產處分之限制、合併之限制、分紅、股息投資及資本支出之限制、主要股東變動之限制。
6. **違約事由 (Events of Default)**：包括延遲給付本息之手續費、未履行承諾事項、違反聲明及保證事項、破產重大財務訴訟或遭強制執行等嚴重影響債信之情事、連帶違約 (Cross Default)、解散或合併，及其他違約事項等。
7. **準據法及管轄法院 (Governing Law and Jurisdiction)**：合約中應言明以何種法律為準據法，並應言明以何地之法院為管轄法院。
8. **雜項規定 (Miscellaneous)**：例如，規定銀行團或代理行，或因事實需要或因疏失致未能行使某一權利，並不表示拋棄該權利 (Waiver)；通知送達人之選擇及方式；對借款人在聯貸行之存款實行抵銷權等。

十一、專案融資

1. **專案融資 (Project Financing) 的意義**：指由一家或數家企業出資從事特定的投資案，但因出資金額未達所需之總金額，因而向金融機構 (或租賃公司) 借入資金 (或資產)，以便進行投資。
2. **專案融資的基本運作**
   (1) 聯合貸款支應專案融資：大型投資案。例如，能源鑽探、油槽、水壩工程

等，會以專案融資的方式取得資金，由於所需金額龐大、為期較長，金融機構會組成銀行團，運用聯合貸款的方式來從事借貸，以分散風險。

(2) 專案融資以未來收入為聯貸還款來源：當專案融資投資案較為複雜時，通常會成立另一個獨立實體來負責專案的興建及營運，而放款機構的收入來自於專案的未來收入，對參與公司並無求償追索權；換言之，如果投資案失敗，放款機構並無權要求借款人賠償。因此，放款機構通常會掌控投資案的資產與收入，以確保債權。

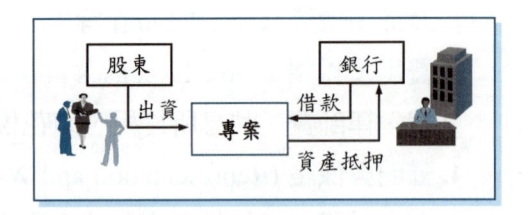

例 臺灣的專案融資

臺灣 1990 年代出現大型的專案融資，包括政府委託的營建、營運、移轉 (Build-Operate-Transfer, BOT) 案 (如臺灣高鐵案、機場捷運案)，及企業大投資案。例如，台塑企業之六輕、台積電之南科晶圓廠。其中以臺灣高鐵案規模最大：

1. **總投資規模**：1997 年 9 月，臺灣高鐵成為全世界最大的 BOT 案，總建設經費新臺幣 3,366 億元，加上政府已投資的 1,057 億元，共新臺幣 4,423 億元，通車後 30 年，每年以 10% 稅前營運收益分攤政府已投資的 1,057 億元。
2. **資金來源**：其資金來源主要是來自兩方面：
   (1) 股權籌資 1,322 億元：由五大原始股東及機電系統供應商等成員出資 51%，機構投資人 29%～34%，公眾募股 15%～20%。
   (2) 債權融資 3,083 億元：由國內銀行聯合貸款，由交通銀行 (目前的兆豐銀行) 主辦，共 25 家銀行參與聯貸。其中 2,800 億元由行政院中長期資金支應，另外 283 億元則由銀行自有資金支應。

但臺灣高鐵資金需求愈來愈大，籌資困難，最後由政府投資，使政府投資在高鐵的資金占其總資金的比率約達 84%；原始股東所占的比率則愈來愈低，才僅約 16% 而已，偏離了 BOT 的基本精神[4]。後來因虧損嚴重瀕臨破產，於 2015 年

---

[4] BOT 是指由民間機構投資興建並為營運，營運期間期滿後，即移轉該建設之所有權予政府；亦即由民間自行籌措資金投資於建設方案中，並於興建完成後營運一段時間，以回收資本，期滿後將所有權移轉予政府，由政府繼續營運的一種經營制度。

進行財務改組，改組後泛公股比率達 63%，已經變成國營企業了，臺灣高鐵 BOT 案宣告失敗。

3. 專案融資剖析

以下簡介專案融資的優缺點、風險與規劃。

(1) 專案融資的優缺點：

❖ 優點：放款人因有權管理投資案之收入，可充分瞭解整個進度，減少資訊不足與放款風險。

❖ 缺點：參與者或意見不合，或財務發生問題，將造成其他參與者要繼續投資經費不足、不投資則前功盡棄的窘境。例如，美國曾發生興建核能發電廠的專案融資中，長島電力公司 (Long Island Lighting) 在計畫進行中無力再出資，造成其他參與公司的資金負擔沉重，也因而延誤工程。

(2) 專案融資的風險：投資案期限較長、不確定性高，影響其成敗的因素相當多。例如，工程設計發生瑕疵、執行機構缺乏技術與管理能力、計畫執行受無法控制因素而落後、原物料價格上漲或供應不足、環保抗爭等，皆可能使投資案功敗垂成。

例 專案融資失敗案例

專案融資投資案失敗的案例。例如：

1. 香港在 1970 年代曾向亞洲銀行申請專案融資 2,150 萬元，從事海水淡化計畫，在建廠試車後，卻發現所耗費的電費金額龐大，效益不及成本，最後決定關閉海水淡化廠。

2. 英法海底隧道由私人企業以 BOT 方式，向 209 家銀行團申請專案融資 120 億美元，但開發後發現海底隧道土質鬆軟，必須再重新填土，額外成本劇增。隧道通車後，又因平價渡輪競爭，搭乘的人數比預計人數少了許多，收入不如預期而造成虧損。

由上述的兩個案例可看出，專案融資的投資案往往隱藏著無法預測的風險。

(3) 專案融資的規劃：專案融資投資案存在著無法預測的風險，事前的完整規劃是專案成功的要素，因此以下簡述投資案的收支、興建與營運等原則，以期

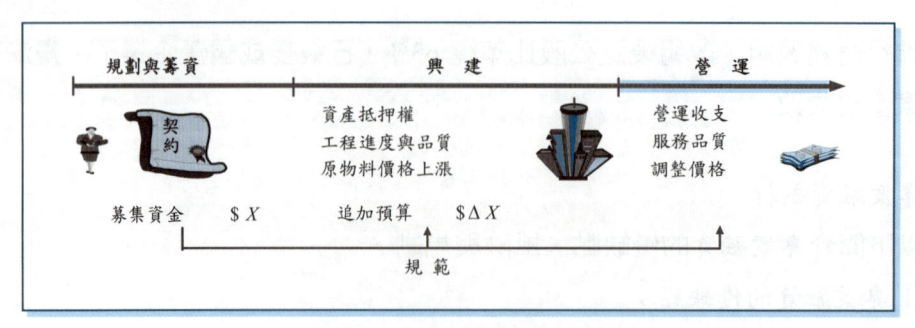

圖 5-5　專案融資規劃示意圖

能追求規劃上的完整，如圖 5-5 所示。

❖ 收支：完善的收支計畫可減少參與者之間的糾紛，促使專案的成功與良好的品質。收支問題須視專案的特性來擬定，簡述如下：

- 支出：專案進行前，若有機構 (政府、債權人或企業) 承諾購買產品，通常在合約中明載，由該機構支付預付款，並支應一定額度的預算超支款。例如，企業興建發電廠，電力公司會承諾預付與配合。公共工程，例如，鐵路、公路、港口、機場、電信設施等難以適用上述承諾預付的方式，因此公共工程專案融資的債權人多半會要求政府加以保證，在超支時予以補貼。

- 收入：債權人參與專案融資時，通常會要求掌握營運的現金收入，而一般則是以信託方式進行，亦即專案完成後的營收由信託人管理，優先支付給債權人。

❖ 興建階段：專案的興建階段中，將逐漸浮現許多潛在且不可抗拒的風險。例如，進度落後、施工無法達成設計規範、工安意外及成本上升等事項。因此，事前必須注意保險問題[5]，並規範參與者的權責。

❖ 營運階段：專案興建完成後，營運上的成本控制與產品 (服務) 品質成為重點，營運後常見的狀況包括經營者因成本上升而要調漲價格，及增加額外投資以改善產品與服務。有鑑於此，**專案融資合約中即應明確規範這些事項**，以免政府反對或參與者的意見分歧，徒增困擾。

事實上，無論在興建或營運的階段，皆存在著政治風險。例如，政府對以環境保護之理由，要求民間所從事的專案限期改善而徒增成本；政府所委託的 BOT 案中在行政上未能配合，造成工程延遲或損失，政府卻不承認缺

---

[5] 常見大型投資案的保險包括專業責任險、施工工程險、運輸險、工程保證險、雇主與第三人意外責任險、營業中斷險、產品責任險、員工誠信險、資訊不法行為險等。

失。針對此類問題，除了契約中的規範外，事前慎選仲裁機構亦可降低政治風險。

第三節　債券的意義及種類

債券的意義：係指政府、企業或金融機構等債務人，為籌措資金之目的，發行並約定在 1 年以上的一定期間內，支付持有人利息及償還本金之債務憑證。可以分為以下種類：

一、依發行機構而分

1. 政府公債：係政府為施政、建設、填補預算赤字等目的之需，所發行之債券。臺灣的政府公債面額最低為新臺幣 10 萬元，並以 10 萬元倍數發行。公債可依下列方式分類：

   (1)依發行主體而分：
   - ❖中央政府公債──依其自償性與否又可分為：
     (a)甲類公債：用途在支應非自償性建設資金。
     (b)乙類公類：用途在支應自償性建設資金。
   - ❖地方政府公債──直轄市政府公債。

   (2)依有無實體而分：
   - ❖實體公債：指有具體書面憑證的公債。有關公債本息領取，在息票上均詳予記載領取日期、金額、政府指定之還本付息機構，持有人依其指示領取即可。
   - ❖無實體公債：指透過清算銀行電腦系統登錄債券之交易，而以交付公債存摺取代交付書面公債，此種公債稱無實體公債。無實體公債又分：
     (a)登錄公債：政府依「中央政府建設公債及借款條例」規定，以登記形式發行之公債，稱為中央登錄公債，簡稱登錄公債，最早之無實體公債係 1997 年 9 月發行之「央債 86－9」。
     (b)登錄國庫券：另政府依「國庫券及短期借款條例」規定，以登記形式發行之國庫券，簡稱登錄國庫券。

   (3)依償還標的而分：
   - ❖可交換公債：指以中央政府所持有之事業股份 (公股) 作為償還標的，並約

定以公股償還或償付本金予公債持有人之登錄公債。

❖ 普通公債：指以政府預算償付持有人本息之公債。

(4) 依分割情形而分：

❖ 可分割公債：指經財政部公告可分割的附息公債。公債之本金及各期利息分割後成為到期前無任何利息之支付、到期時依面額償還之「分割利息公債」及「分割本金公債」等零息公債，稱為分割公債。

❖ 不可分割公債：指本金及利息同時存在不分開發行之公債。

2. 公司債：係公司企業為籌措中長期資金之需所發行之債券，是一種表彰公司債務之有價證券。公司債之發行者其股票必須為公開發行公司，未公開發行者可以依公司法及證券交易法之規定，私募公司債。公司債的種類如下：

(1) 依轉換之有無而分：

❖ 普通公司債：指單純公司債，並無任何可轉換普通股或交換其他公司普通股之約定者。

❖ 可轉換公司債：指可依一定條件轉換為發行公司普通股者。

❖ 可交換公司債：指可依一定條件交換其他公司普通股者，通常此等其他公司為發行公司之關係企業。

(2) 依擔保之有無而分：

❖ 擔保公司債：發行者有提供一定之擔保品，或經金融機構保證者。

❖ 無擔保公司債：發行者未提供一定之擔保品，或未經金融機構保證者。

(3) 依贖回之有無而分：

❖ 可贖回公司債：指持有人可以在到期前提前贖回之公司債。

❖ 不可贖回公司債：指持有人不可以在到期前提前贖回，必須屆到期日始可贖回之公司債。

3. 金融債券：係銀行為籌措中長期信用之需，依銀行法規定報主管機關核准發行之債券。專業銀行及商業銀行均得發行金融債券，有關規定如下：

(1) 面額：最低面額為新臺幣 1,000 萬元。

(2) 無實體發行：依臺灣金管會規定，自 2006 年 7 月 1 日起，國內新臺幣金融債券、次順位金融債券、涉及股權之金融債券，均應採無實體發行。

(3) 得自由轉讓：金融債券非存款，不受中央存款保險公司存款保險之保障。但得自由轉讓及提供擔保，其記名債券之轉讓須向原發行銀行或其指定之代理機構辦理過戶手續。

(4) 種類：金融債券依其清償優先與否可分：
- ❖ 一般金融債券：其清償順位在一般存款人之後，與一般債務人相當，在普通股股東之前。
- ❖ 次順位金融債券：其清償順位在一般存款人及一般債務人之後，在普通股股東之前。次順位金融債券可以充當資本，會提高銀行資本適足率。

4. 國際金融債券：指外國機構來本國所發行之債券。依其募集幣別又分為：
(1) 外國債券 (Foreign Bonds)：指外國機構來本國發行以本地貨幣計價之債券。例如，中美洲開發銀行於 1997 年來臺發行總額新臺幣 68 億元之債券。
(2) 境外債券 (Euro Bonds)：指外國機構來本國發行以外國貨幣計價之債券。例如，亞洲開發銀行於 1991 年在臺灣、日本及香港三地發行總額 4 億美元及 30 億日圓之債券，其中在臺灣發行 1.32 億美元及 15 億日圓。

二、依是否有利息而分

1. 有票息債券：發行人應按期支付固定或浮動利息之債券。應付之利息通常附在債券上，稱為息票。
2. 零息債券：即發行人不須支付利息之債券。通常以折價 (或稱貼現) 方式發行，亦即發行價格低於面額，兩者之差額即為折價債券之利息所得。

三、依其利率是否固定而分

1. 固定利率債券：即發行人應按期支付固定利息之債券。
2. 浮動利率債券：即發行人支付利息隨市場利率變動之債券。

四、依其清償優先與否而分

1. 普通債券：其清償順位與一般債務具有相同之受償地位者。
2. 次順位債券：其清償順位係在一般債務之後，而在普通股股東之前者。其利率較普通債券為高。

第四節　債券的評價模式

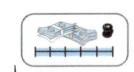

債券的價格是到期日前各期票息之折現值 (Present Value) 及到期日面額之折現值之總和。因此必須先知道，未來各時點、各時點現金流入金額與折現率。折算率為

計算時的債券**殖利率** (Yield to Maturity, YTM)。在**陽春型債券** (Plain Vanilla Bond) 中，其未來各期現金流入包括每期利息及到期日收回之本金。

一、固定利率債券價格的計算

固定利率債券的收入如圖 5-6 所示：

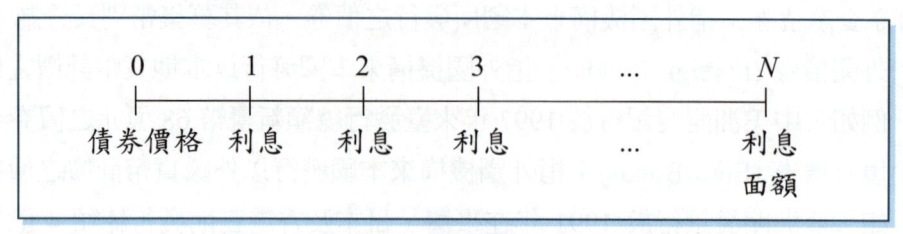

```
0        1        2        3      ...      N
|--------|--------|--------|---------------|
債券價格  利息     利息     利息    ...     利息
                                           面額
```

圖 5-6 固定利率債券的現金流入示意圖

1. 債券價格的計算

債券價格可利用下列公式計算：

$$\begin{aligned}
V_B &= \left\{ \frac{利息收入}{(1+YTM)} + \frac{利息收入}{(1+YTM)^2} + \cdots + \frac{利息收入}{(1+YTM)^N} \right\} + \frac{債券面額}{(1+YTM)^N} \\
&= \left\{ \sum_{t=1}^{N} \frac{利息收入}{(1+YTM)^t} \right\} + \frac{債券面額}{(1+YTM)^N} \\
&= \sum_{t=1}^{N} \frac{i_c \cdot F}{(1+YTM)^t} + \frac{F}{(1+YTM)^N}
\end{aligned} \tag{5-1}$$

其中利息收入 (INT) = (票面利率 × 債券面額) = ($i_c \cdot F$)

V_B = 債券價格

YTM = 殖利率

N = 目前至到期日之期數

F = 面額

2. 票面利率與殖利率

票面利率 (Coupon Rate) 是指債券上所記載的利率是固定的，**殖利率** (Yield to Maturity, YTM) 是市場利率，是隨時間而變動的。債券價格的變化主要就是因為殖利率變動所造成的，當市場利率水準上升時，殖利率亦隨之提高，將使得流通在外的債券價格下跌。

3. 當期收益率的計算

通常我們會以票面利息來計算當期收益率 (Current Yield)：

$$\text{當期收益率 (Current Yield)} = \frac{\text{票面利息收入}}{\text{債券價格}} = \frac{i_c \cdot F}{V_B} \tag{5-2}$$

例 債券價格的計算

X 公司於 2008 年發行為期 5 年之債券，面額 1,000 元，票面利率 6%，每年支付利息一次。

1. 2008 年 X 債券殖利率為 5.8%，則 X 公司所發行的債券價格為何？當期收益率為何？
2. 假如 X 公司 1 年後 (2009 年) 發行同樣性質的債券，為期仍為 5 年，但殖利率變為 5%，則 2010 年所發行的債券價格為何？
3. 假如 X 公司在 2008 年同時發行為期 5 年及 10 年的債券，其他條件皆相同，何者受殖利率的影響較大？

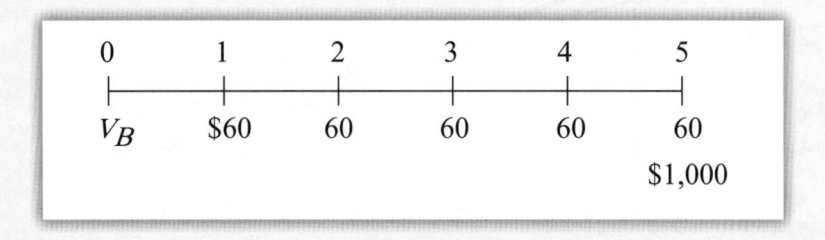

```
0        1      2      3      4      5
|--------|------|------|------|------|
V_B     $60    60     60     60     60
                                   $1,000
```

答：1. 2008 年的發行價格：

$$V_B = \left\{ \sum_{t=1}^{5} \frac{\$60}{(1+5.8\%)^t} \right\} + \frac{\$1,000}{(1+5.8\%)^5}$$

$$= \left\{ \frac{\$60}{(1+5.8\%)} + \frac{\$60}{(1+5.8\%)^2} + \cdots + \frac{\$60}{(1+5.8\%)^5} \right\} + \frac{\$1,000}{(1+5.8\%)^5}$$

$$= \$60 \times (\text{PVIFA}_{5.8\%,5}) + \$1,000 \times (\text{PVIF}_{5.8\%,5})$$

$$= \$60 \times (4.2354) + \$1,000 \times (0.75435)$$

$$= \underline{\$1,008.47}$$

$$\therefore 當期收益率 = \frac{\$60}{\$1,008.47} = \underline{5.95\%}$$

2. 2009 年的發行價格：

$$V_B = \left\{ \sum_{t=1}^{5} \frac{\$60}{(1+5\%)^t} \right\} + \frac{\$1,000}{(1+5\%)^5}$$

$$= \left\{ \frac{V_B \; \$60}{(1+5\%)} + \frac{\$60}{(1+5\%)^2} + \cdots + \frac{\$60}{(1+5\%)^5} \right\} + \frac{\$1,000}{(1+5\%)^5}$$

$$= \$60 \times (\text{PVIFA}_{5\%,5}) + \$1,000 \times (\text{PVIF}_{5\%,5})$$

$$= \$60 \times (4.3295) + \$1,000 \times 0.78535$$

$$= \$1,043.29$$

3. 圖 5-7 描繪本例 5 年期債券與 10 年期債券價格與殖利率關係。

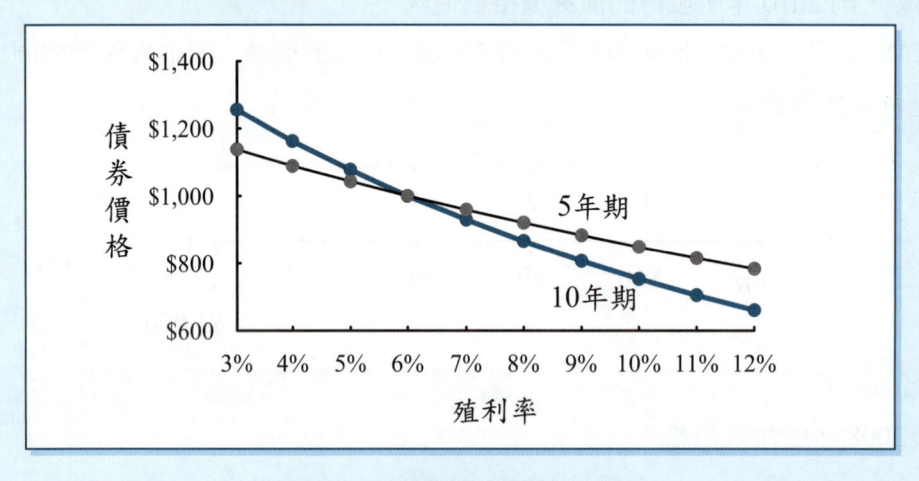

圖 5-7　債券價格與殖利率

由圖 5-7 中可看出，債券價格與殖利率成反比，到期日愈長的債券，受殖利率的影響愈大 (10 年期債券的價格變化大於 5 年期債券)。

二、半年付息固定利率債券價格的計算

大多數固定利率債券是半年付息一次，但習慣上，殖利率、票面利率是以年利率來標明，因此半年付息一次債券的價格計算公式必須加以修正如下：

$$V_B = \sum_{t=1}^{2N} \frac{(i_c/2) \cdot F}{(1+\frac{YTM}{2})^t} + \frac{(i_c/2) \cdot F}{(1+\frac{YTM}{2})^{2N}} \quad (5\text{-}3)$$

在上式中，殖利率及票面利率除以 2，期數乘以 2，即可計算出債券的價格。

例 債券價格的計算

美國 A 公司 3 年前發行為期 6 年之債券，面額 1,000 元，年利率 10%，每半年付息一次，3 年前殖利率為 12%，則：

1. 當年發行價格為何？
2. 目前殖利率為 8%，則現在價格為何？

答：1. 3 年前：$V_B = \left\{ \sum_{t=1}^{2N} \frac{\$50}{(1+6\%)^t} \right\} + \frac{\$1,000}{(1+6\%)^{12}}$

$= \$50 \times (\text{PVIFA}_{6\%,12}) + \$1,000 \times (\text{PVIF}_{6\%,12})$

$= \$50 \times 8.3838 + \$1,000 \times 0.49697$

$= \underline{\$916.16}$

2. 現在：$V_B = \left\{ \sum_{t=1}^{2N} \frac{\$50}{(1+4\%)^t} \right\} + \frac{\$1,000}{(1+4\%)^6}$

$= \$50 \times (\text{PVIFA}_{4\%,6}) + \$1,000 \times (\text{PVIF}_{4\%,6})$

$= \$50 \times (5.2421) + \$1,000 \times 0.79031$

$= \underline{\$1,052.42}$

從本例可發現：當票面利率高於殖利率時，債券價格會高於面額，為**溢價債券 (Premium Bond)**；反之，當票面利率低於殖利率時，則為**折價債券 (Discount Bond)**。

三、折價債券價格的計算

以折現方式出售的債券稱為**折價債券 (Discount Bond)**，折價債券不附息票，亦即不付利息、以面額折價發行；美國地方政府多半使用此種方式發行債券，美國一

些著名的企業在 1980 年代初也開始以這種方式發行債券 [6]，其發行價格的計算公式如下：

$$V_B = \frac{F}{(1+YTM)^T} \tag{5-4}$$

其中 V_B = 債券面額價格
F = 債券面額
T = 折價債券之期數

例 折價債券價格的計算

2009 年 1 月所發行面額 100,000 元、利率 6.5%、2 年期政府債券的折價債券價格為何？

答：$V_B = \dfrac{F}{(1+YTM)^T} = \dfrac{\$100,000}{(1.065)^2} = \underline{\$88,166}$

第五節 債券的評等

一、評等的意義

1. **信用評等 (Credit Rating) 的意義**：指以科學統計方法，對發行人之信用狀況或償債能力，以一標準將其信用或其所發行之債券品質予以量化，並賦予一定之評分及等級代號，使投資人很容易依等級代號判斷其信用品質。

2. **評等代表的意義**
   (1) 表示受評對象的違約機率：代號 A、B、C 等是表示受評對象的信用強度、財務強度。A 群的違約機率比 B 群小，B 群的違約機率又比 C 群小。
   (2) 表示投資人遭受最終損失的程度：代號除代表發行人債信強度外，亦代表投資人所獲得的保障。等級愈高表示保障愈高，投資人遭受最終損失的程度愈低。

---

[6] 美國發行「折價債券」較知名的企業。例如，IBM、Alcoa、JC Penny、ITT、Cities Service、Martin-Marietta，發行此種債券可降低每期付息的壓力。

(3) 表示債信變動風險的程度：代號除代表發行人違約機率、投資人最終損失程度外，亦代表受評企業受到其相關產業的波動程度。等級愈高表示受產業波動程度愈小，債信變動風險愈小。

任何一個評等符號都是代表上述三層意義之綜合性指標。

二、信用評等制度

1. **信用評等範圍**：包括對發行人評等及對債務發行評等。
   (1) **對發行人評等 (Issuer Rating)**：指對一個企業體履行財務承諾的能力，加以評等。評等包括長期評等、短期評等、信用觀察及評等展望。
   (2) **對債務發行評等 (Issue Rating)**：指對特定債務，針對債務人依約準時還本付息的能力，以及此債務提供之保障性，加以評等。
2. **信用評等依長短期分類**：包括長期信用評等及短期信用評等。
   (1) 長期信用評等：係針對發行人在 1 年或 1 年以上之債務履行能力評等。
   (2) 短期信用評等：係針對發行人在 1 年以內之債務履行能力評等。
3. **信用評等的標準**：包括量化及質化的因素，基本上可歸納如下：
   (1) 公司的財務比率：公司的流動比率、負債比率、利息保障倍數等財務數字是否良好，為債券評等的重要因素。其中，**利息保障倍數 (TIE)** 代表對債權人的保障，在債券評等的比重很高。另外，公司本身的盈餘水準及穩定性、營運狀況、會計政策是否保守等因素，都會影響債券的評等。
   (2) 正面條件：如果債券發行公司提供抵押品、保證條款、償債基金等有利於債權人的條件，將使公司的違約風險變小，債券的評等提高。
   (3) 負面條件：債券到期時間愈長、順位愈後面、應付員工的退休金較高、公司可能遭「反托拉斯法」的控訴等負面因素，將使評等降低。

   信用評等機構會隨企業的表現來調整債券的等級，當企業發生特別事件時，若為有利因素，該企業的債券評等將會提升；相反地，不利因素將使債券評等下降。
4. **信用評等的重要**：信用評等對企業相當重要，當公司發行新債券時，如果評等很差，將降低投資人的購買意願，尤其是法人身分的投資人，由於某些限制，不得投資於等級過低的債券，將使得這一類的債券在募集資金時產生困難。另外，發行低等級債券時，通常必須使用較高的票面利率來吸引投資人，這也讓企業每期所支付的利息費用隨之提高，負債的成本隨之上升。

> **例　企業信用評等**
>
> 　　台灣電力公司 (TPC) 為支應資本支出，於 2010 年 8 月發行 99-5 期新臺幣 118.5 億元無抵押有擔保公司債，經中華信評授予「twAAA」之信用評等，是臺灣企業最高的等級，表示台電公司有非常堅強的償債能力。其票面利率在 1.47%～1.64% 之間，籌資成本相當低。
>
> 　　日本東京電力公司 (TEPCO) 因宮城縣大地震引發福島核電廠災難，衝擊正常營運及獲利能力，引發償債能力疑慮，標準普爾於 2011 年 3 月將其 AA− 之評等展望調為負向，該公司債券殖利率隨之提高。

　　企業債券評等產生變動時，就目前的研究而言，當公司的債券等級下降，股價會隨之下跌；但等級上升時，股價報酬率的變化卻不顯著[7]。

> **例　歐洲 PIIGS 五國及美國信用評等下調且展望負向**
>
> 　　2009 年以後歐洲各國債務危機紛紛浮出，首先是愛爾蘭 (Ireland)，繼之希臘 (Greece)、葡萄牙 (Portugal)，並延燒至義大利 (Italy)、西班牙 (Spain)。這些國家的等級在 2011 年間都遭下調，愛爾蘭被穆迪由 Baa3 調降為 Ba1，希臘遭標準普爾由 B 調降至 CCC，葡萄牙遭穆迪由 Baa3 調降為 Ba2，義大利遭標準普爾由 A+ 調降至 A，西班牙被穆迪由 Aa2 調降為 A1，而且這些國家的展望都呈負向，該等國家的政府債券殖利率都因而大幅飆高。同樣的情形也發生在美國，美國 AAA 的債信於 2011 年 8 月遭標準普爾以經濟基本面持續未解，而下調為 AA+。

三、評等機構

　　美國在 20 世紀初就已發展出債券評等 (Bond Rating) 的業務，從事評等最著名的機構為標準普爾 (Standard & Poor's)、穆迪 (Moody's) 及惠譽 (Fitch) 三家公司[8]。信用評等公司都以英文字母來表示等級強弱，但表示方式不盡相同，如表 5.3 之例示。茲以標準普爾、穆迪及惠譽公司為例說明如下：

---

[7] 參閱 Paul A. Griffin and Antonio Z. Sanvicente, 1982, Common stock returns and rating changes: A methodological comparison, *Journal of Finance* 37, 103-119.

[8] 除了標準普爾、穆迪及惠譽公司外，較著名的債券評等機構包括 Duff and Phelps 公司。

▶表 5.3　標準普爾、穆迪及惠譽評等表示方式

標準普爾	穆　迪	惠　譽
AAA	Aaa	AAA
AA	Aa	AA
A	A	A

1. **標準普爾及惠譽的表示方式**：這兩家信評公司將長期信用評等分為 A、B、C 三大類，A 最強，B 次之，C 再次之，每一大類再區分為三級，一共有九等級，分別為 AAA、AA、A、BBB、BB、B、CCC、CC、C，除 AAA 等級外，自 AA～B 等級，每一等級分別以「＋」表示展望正向，有向上調等級之希望。例如，BBB＋；以「－」表示展望負向，有可能向下調等級。例如，AA－。惠譽在 C 級之後尚有一級「D」級，亦表示拖欠支付債息等級。

2. **穆迪公司的表示方式**：穆迪公司亦將長期信用評等分為 A、B、C 三大類，每一大類也是再區分為三級，一共有九等級，分別為 Aaa、Aa、A、Baa、Ba、B、Caa、Ca、C，除 Aaa 等級外，自 Aa～B 等級分別以 1、2 及 3 表示該等級之強弱，1 最強。例如，Aa1 是 Aa 等級中最好的；3 最差。例如，Baa3 是 Baa 中最差的。

3. **各家公司評等所代表的意義**：茲以標準普爾、穆迪及惠譽為例，說明如下：
   (1)投資等級：長期債券評等在 BBB－ 或 Baa3 以上者(含)。
   (2)投機等級：長期債券評等在 BB＋ 或 Ba1 以下者(含)。
   (3)垃圾等級：一般而言，指長期債券評等在 CC 或 Ca 以下者(含)。

四、違約之評估

債券持有人，尤其是長期投資人及法人，非常關心發行公司的經營狀況及違約可能性，深怕公司發生財務困難或破產時，投資人可能遭受損失或血本無歸。

奧特曼 (Altman, 1968)[9] 利用公司的財務資料加以分析，在眾多的變數中，發現其中五個變數可以用來偵測公司未來發生破產的可能性；奧特曼所使用的模式如下 (Z-Score 在美國已註冊為商標)：

$$Z = 1.2X_1 + 1.4X_2 + 3.3X_3 + 0.6X_4 + 0.99X_5 \tag{5-5}$$

---

[9] 參閱 Edward I. Altman, 1968, Financial ratios, discriminant analysis and the prediction of corporate bankruptcy, *Journal of Finance* 23, 589-609.

X_1 = (流動資產－流動負債) / 總資產

X_2 = 保留盈餘 / 總資產

X_3 = 稅金及利息前純益 / 總資產

X_4 = 權益市價 / 債務帳面價

X_5 = 銷售金額 / 總資產

就奧特曼所使用的資料而言，當 Z 值低於 1.8 時，代表公司具有破產的隱憂。因此，金融機構與債券投資人 (尤其是法人，如銀行、控股公司、共同基金) 可以利用 Z 值來評估個別公司的狀況，作為放款及投資決策的參考。

上述的模式並不見得適用於美國以外的國家，因為各國的會計制度及習慣不盡相同，而且有些國家的人為干預強烈。以臺灣過去會計師簽證問題頻仍、審計不夠嚴格的情況而言，要利用過去財務會計資料來分析破產，準確度可能不高。

習題

一、選擇題 (單選)

(　) 1. 下列利率指標中，哪些是臺灣金融市場的新臺幣利率指標？　A：基準利率；B：貨幣市場利率；C：LIBOR；D：SIBOR；E：定儲利率指數；F：郵政儲金利率；G：EURIBOR。　(A) A、B、C、D、F　(B) C、D、G　(C) A、B、E、F　(D) C、D、E、F、G　(E) A、B、C、D、E、F、G。

(　) 2. 銀行 (或票券公司) 承諾在某一期間、一定金額內，負責承銷客戶的短期票據的通方式稱為什麼？　(A) NIFs　(B) SNIFs　(C) RUFs　(D) RUFFs　(E) TIFs。

(　) 3. 關於營業性租賃與資本性租賃的敘述，下列何者正確？　(A) 營業性租賃比資產的經濟耐用期限長　(B) 資本性租賃通常可以提前解約　(C) 資本性租賃的資產維修責任在出租人　(D) 資本性租賃期滿後承購價格通常以非常低於時價的價格購買　(E) 營業性租賃如果允許承租人於租約期滿後購買，通常以非常優惠價購買資產。

(　) 4. 關於當今的聯貸敘述，下列何者不妥？　(A) 借款幣別在承做之初經敲定後不得改變，借款人不可以在聯貸契約內加入多幣別選擇條款　(B) 以美元、歐元及日圓為主　(C) 只要是國際性的主要幣別均可以承做，但仍然是美元為絕大部分　(D) 聯合貸款的型態很多樣化，從定期貸款、循環性貸款、浮動利率本票，到結合衍生性商品的混合型交易都有　(E) 聯貸的利率通常是浮動的，利率每隔一段時間便重新設定一次，一般為 3 或 6 個月。

(　) 5. 關於公債的敘述，下列何者正確？　(A) 甲類中央政府公債是具自償性　(B) 乙類中央政府公債是不具自償性　(C) 無實體債券並非是目前債券的主流　(D) 登錄公債、登錄國庫券屬非實體債券　(E) 以中央政府所持有之事業股份 (公股) 作為償還標的，並約定以公股償還或償付本金予公債持有人之登錄公債稱為可轉換公債。

(　) 6. 關於「票面利率」和「殖利率」，下列敘述何者正確？　(A) 當市場利率水準上升時水準上升時，「殖利率」亦隨之提高，將使得流通在外的債券價格上漲　(C) 債券價格的變化並不是因為「殖利率」的變動所造成的　(D) 「殖利率」不隨時間而

變動　(E)「票面利率」不會變動的。

(　)7. 關於評等所代表的意義，下列敘述何者正確？　(A) 一般而言，投資等級指長期債券評等在 BBB＋或 Baa1 以上者 (含)。　(B) 投機等級指長期債券評等在 BBB＋或 Baa1 以下者 (含)　(C)「－」表示展望正向，有向上調等級之希望；「＋」表示展望負向，有可能向下調等級　(D) 代號 A、B、C 等是表示受評對象的信用強度、財務強度。A 群的違約機率比 B 群小，B 群的違約機率又比 C 群小。　(E) 發行低等級債券時，必須使用較低的票面利率來發行，以節省負債的成本。

二、簡答題

1. [銀行放款訂價方式] 簡述銀行放款訂價方式，請以新臺幣計息方式與外幣計息方式回答。

2. [中長期信用工具] 請簡述企業中長期信用工具有哪些？

3. [租賃的種類] 租賃有哪兩大類？其基本差異何在？

4. [聯合貸款] 何謂聯合貸款？企業如果以聯合貸款方式籌資，必須要考慮到哪些成本？

5. [債券的種類] 試對債券加以分類，並簡述各類之意義？

6. [債券的評價方式] 試簡述如何評價債券？

7. [折價債券] 什麼是折價債券？折價債券如何評價？

8. [債券的評等] 何謂債券的評等？請舉一家知名評等公司，說明其評等的意義？並說明這些評等對債券的重要性？

9. [違約評估模式] 何謂奧特曼 (Altman, 1968) 的違約評估模式？試對此一模式各項因子重要性加以解釋。

三、問答與申論題

1. [專案融資] 何謂專案融資？專案融資基本上是如何運作？專案融資有何風險？請以臺灣高鐵為例，評析其運作模式及風險之所在，並評論其是否屬專案融資。

2. [債券價格的計算] X 公司於 2009 年發行為期 5 年之債券，面額 100,000 元，票面利率

4%，每年支付利息一次。

(1) 2009 年 X 債券殖利率為 3.8%，則 X 公司所發行的債券價格為何？當期收益率為何？

(2) 假如 X 公司在 1 年後 (2010 年) 發行同樣性質的債券，為期仍為 5 年，但殖利率變為 3%，則 2010 年所發行的債券價格為何？

(3) 假如 X 公司在 2009 年同時發行為期 5 年及 10 年的債券，其他條件皆相同，何者受殖利率的影響較大？

3. [債券價格之計算] 臺灣 X 公司於 2009 年 7 月 1 日發行為期 5 年之債券，面額新臺幣 10 萬元，票面利率 6%，每半年付息一次 (7 月 1 日及 1 月 1 日付息，付息日購入債券並不包含當日利息)，發行當時的殖利率 (YTM) 為 5%。試回答下列問題：

(1) X 公司發行時的債券價格為何？

(2) 若 2010 年 7 月 1 日時，債券 X 的殖利率上升為 7%，此時債券價格為何？

(3) 若 2011 年 1 月 1 日時，債券 X 的殖利率下跌為 4%，此時債券價格為何？

(4) 請以此例說明殖利率與債券價格的關係？

簡 答

一、選擇題

1.	2.	3.	4.	5.	6.	7.
C	C	D	A	D	A	D

三、問答與申論題：參考簡答

1. (1) 專業融資：指由一家或數家企業出資從事特定的投資案，但因出資金額未達所需之總金額，因而向金融機構(或租賃公司) 借入資金(或資產)，以便進行投資。

(2) 專案融資之基本運作方式：
   ❖「聯合貸款」支應專案融資。
   ❖ 專案融資以未來收入為聯貸還款來源。

(3) 專案融資之風險：投資案期限較長、不確定性高、預估營運量不正確等，影響其成

敗的因素相當多。例如，工程設計發生瑕疵、執行機構缺乏技術與管理能力、計畫執行受無法控制因素而落後、原物料價格上漲或供應不足、環保抗爭等，皆可能使投資案功敗垂成。

(4) ❖ 高鐵融資基本模式原為「聯合貸款」，並以營運收益支應專案融資。

　　❖ 但臺灣高鐵資金需求愈來愈大，籌資困難，最後由政府投資，使政府投資在高鐵的資金占其總資金的比率約達 84%；原始股東所占的比率則愈來愈低，才僅約 16% 而已，偏離了 BOT 的基本精神。

　　❖ 高鐵的營運量始終未如預期，是最大的風險。

2. (1) 2009 年的發行價格：

$$V_{b,5} = \sum_{t=1}^{5}[\$4,000 \div (1+3.8\%)^t] + \$100,000 \div (1+3.8\%)^5$$

$$= \$4,000 \times (PVIFA_{3.8\%,5}) + \$100,000 \times (PVIF_{3.8\%,5})$$

$$= \$4,000 \times 4.476946 + \$100,000 \times 0.829876$$

$$= \$17,907.78 + \$82,987.6$$

$$= \$100,895.38$$

∴ 當期收益率 $= \$4,000 \div \$100,895.38 = \underline{3.96\%}$

(2) 2010 年的發行價格：

$$V_B = \sum_{t=1}^{5}[\$4,000 \div (1+3.0\%)^t] + \$100,000 \div (1+3.0\%)^5$$

$$= \$4,000 \times (PVIFA_{3.0\%,5}) + \$100,000 \times (PVIF_{3.0\%,5})$$

$$= \$4,000 \times 4.579707 + \$100,000 \times 0.862609$$

$$= \$18,318.83 + \$86,260.90$$

$$= \$104,579.73$$

(3) 2009 年的發行價格：

$$V_{b,10} = \sum_{t=1}^{10} [\$4{,}000 \div (1+3.8\%)^t] + \$100{,}000 \div (1+3.8\%)^{10}$$
$$= \$4{,}000 \times (\text{PVIFA}_{3.8\%,10}) + \$100{,}000 \times (\text{PVIF}_{3.8\%,10})$$
$$= \$4{,}000 \times 8.192256 + \$100{,}000 \times 0.688694$$
$$= \$32{,}769.02 + \$68{,}869.40$$
$$= \$101{,}638.42$$

$V_{b,10} > V_{b,5}$，由此可知長天期債券價格受殖利率影響較大。

3. (1) 2009 年的發行價格：

$$V_{b,5} = \sum_{t=1}^{10} [\$3{,}000 \div (1+2.5\%)^t] + \$100{,}000 \div (1+2.5\%)^{10}$$
$$= \$3{,}000 \times (\text{PVIFA}_{2.5\%,10}) + \$100{,}000 \times (\text{PVIF}_{2.5\%,10})$$
$$= \$3{,}000 \times 8.752064 + \$100{,}000 \times 0.781198$$
$$= \$26{,}256.19 + \$78{,}119.80$$
$$= \$104{,}375.99$$

(2) 2010 年的發行價格：

$$V_{b,4} = \sum_{t=1}^{8} [\$3{,}000 \div (1+3.5\%)^t] + \$100{,}000 \div (1+3.5\%)^8$$
$$= \$3{,}000 \times (\text{PVIFA}_{3.5\%,8}) + \$100{,}000 \times (\text{PVIF}_{3.5\%,8})$$
$$= \$3{,}000 \times 6.873956 + \$100{,}000 \times 0.759412$$
$$= \$20{,}621.87 + \$75{,}941.2$$
$$= \$96{,}563.07$$

(3) 2011 年的發行價格：

$$V_{b,3.5} = \sum_{t=1}^{7} [\$3,000 \div (1+2\%)^t] + \$100,000 \div (1+2\%)^7$$
$$= \$3,000 \times (PVIFA_{2\%,7}) + \$100,000 \times (PVIF_{2\%,7})$$
$$= \$3,000 \times 6.471991 + \$100,000 \times 0.870560$$
$$= \$19,415.97 + \$87,056.0$$
$$= \$106,471.97$$

(4) 殖利率與債券價格成反向關係。

第 6 章

股票市場

本章探討股票市場。首先,第一節闡述股票的種類與特性;第二節說明股票市場的結構;第三、四節分別說明臺灣及美國的初級市場,亦即企業申請初次上市櫃 (Initial Public Offerings, IPOs) 的程序;第五節討論企業的現金增資 (Seasoned Equity Offerings, SEOs);第六節說明股票次級市場,亦即股票市場的買賣;最後,第七節簡述各國股票市場的概況。

第一節　股票的種類與特性

股票 (Stock) 是表彰出資人對股份有限公司享有股東權益之有價證券，依持有人的權利與義務特性，可區分為普通股 (Common Stock) 及特別股 (Preferred Stock) 兩大類。

一、普通股

普通股也稱權益證券，用來表示對公司的所有權，每股在公司股東大會上對公司事務，享有一票表決權，並得分享公司財務利益。所以，具有參與公司經營權、盈餘分配權、剩餘財產請求權、負有限責任、優先認股權等特性。依性質而言，可區分為下列不同風貌：

1. 記名 (Registered) 與無記名 (Bearer)：記名係指股票需記載股東姓名，實務上，各國的普通股多為記名股票。

2. 面額或無面額 (Par Value or Non-Par Value)：在股票上有明定價值者為面額股票，否則為無面額股票。以美國為例，公司可自訂股票面額，也可以不要有面額，所重視的是市價。臺灣的股票自 1981 年後統一規定面額為新臺幣 10 元，2013 年 12 月修正為「公司發行股份，每股金額應歸一律」，自 2014 年 1 月起股票面額不限 10 元，公司可依照自身的需求決定股票發行面額；美國股票面額為美元 1 元；中國股票面額為人民幣 1 元。

3. 實體 (Physical Shares) 與無實體 (Registration Shares)：有印製表彰股份之實體有價證券者稱為實體股票；沒有印製表彰股份之實體，僅透過集保事業登錄者稱為無實體股票，無實體股票係以股票存摺表彰對股份的所有權。臺灣對初次掛牌上市 (櫃) 公司之股票 (IPO)、增資發行新股 (SPO) 及發行公司債，均強制採無實體發行，目前上市 (櫃) 公司股份已達 100% 無實體化。

4. 股票 (Stock) 與存託憑證 (Depositary Receipt)：企業為了增加知名度、便於進出國際資本市場、尋找產品潛在客戶之目的，會直接到其他國家上市櫃，或以海外存託憑證 (Global Depository Receipts, GDRs) 的方式發行股票。GDRs 發行地若為美國稱為美國存託憑證 (ADRs)，發行地若為歐洲稱為歐洲存託憑證 (EDRs)，發行地若為臺灣稱為臺灣存託憑證 (TDRs)。

圖 6-1 描繪「海外存託憑證」的發行方式，在外國發行公司將股票 (新股或已

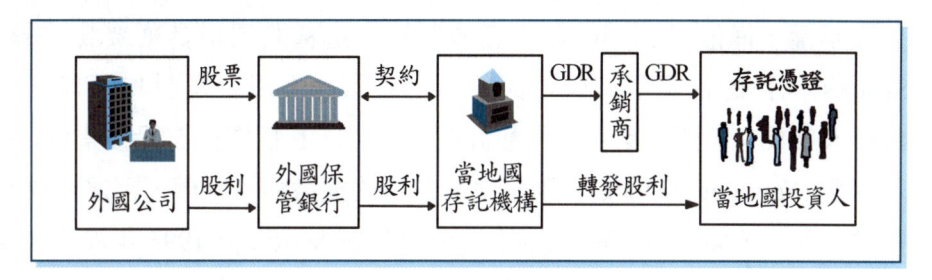

圖 6-1　海外存託憑證之發行

流通在外的股票) 交給保管機構之後，由存託機構負責出售憑證給發行地的投資人；當發行公司發放股利時，再由存託機構轉發給投資人[1]。

> **例　避免股價行情受影響**
>
> 荷蘭飛利浦 (Philips) 臺灣分公司於 1997 年 7 月底宣布，將出售其所持有的台積電 1.05 億股 (10.5 萬張) 普通股。該公司提供台積電的原券，在 1997 年 10 月 8 日於紐約證交所發行「美國存託憑證」(ADR)，成為第一家在美國上市的臺灣企業。依當時匯率計算，台積電 ADR 每股為新臺幣 141.17 元，與臺灣證交所的收盤價 141.5 元非常接近。
>
> 若當時該公司真的在臺灣釋出股票，賣壓勢必對台積電的股價造成負面效果；但最後藉由 ADR 的發行，避免了對台積電股價造成衝擊，也讓飛利浦有較高的資本利得。

5. 等級區別 (Classified Stocks)：有些國家將股票按功能與權利分類。例如：

(1) 投票權之差異：歐洲內陸國因投票權不同將普通股區分。例如，A 股可領股利但沒有投票權，B 股有投票權但盈餘未達標準則不配發股利，目的在減低內部人買賣股票時對 A 股股價的影響，並利於內部人掌握股權。

(2) 追蹤股：美國通用汽車 (General Motors, GM) 1980 年代將旗下休斯 (Hughes) 及電子資料系統 (EDS)[2] 區分為 GM-H 及 GM-E 股，對 GM 沒

---

[1] 臺灣發行「海外存託憑證」(GDR) 的上市櫃公司所選擇的保管銀行主要為兆豐國際商業銀行 (為交通銀行與中國國際商銀合併而來)，存託機構多為紐約銀行或花旗銀行。

[2] 電子資料系統 (Electronic Data Systems, EDS) 原係於 1962 年由 H. Ross Perot 所創，從事高端電子資料處理管理技術，1984 年 GM 以 2.5 億美元買下成為 GM 的一個部門，1996 年 GM 將 EDS 部門分解成獨立公司變成 GM 的大客戶之一，2008 年 5 月惠浦公司 (Hewlett-Packard Co.) 以 13.9 億美元併購 EDS，暫訂名為 EDS, an HP Company，2009 年更名為 HP Enterprises Services。

有投票權，僅能以部門的收入發放股利，這種股票稱為追蹤股 (Tracking Stocks)，目的係區隔母公司與部門之績效，但母公司對其仍有控制權。

(3) 創始人股票：美國企業可發行較高投票權 (如 1 股具有 5 股投票權) 的創始人股票 (Founder's Stock)，以避免創業者的權益與控制權，因擴充快速而被稀釋。例如，美國透納廣播公司 (Turner Broadcasting，1995 年被時代華納公司併購) 的 A 股具有 2 票的投票權，B 股則只有 0.2 票[3]。

(4) 投資人身分：中國大陸普通股分為 A、B 股，A 股銷售對象為國內法人及一般大眾，B 股對象為外國及港、澳、臺灣的投資人。香港股市的 H 股是中國大陸的國企股，紅籌股是在中國大陸境外註冊但由中國大陸掌控資金的公司。

(5) 限制型股票：某些國家鼓勵企業發行限制員工權利的股票，以留住人才。通常約定在職一定期間、工作績效、服務條件等。臺灣自 2012 年起也可發行限制型股票，約定必須 3～4 年內仍在任或達一定績效，才能處分股票。

二、特別股的種類

特別股 (Preferred Stock) 的性質介於債券與普通股之間，發行公司通常以一定收益率發放股利給特別股股東，所領取的股利很像債券持有人的利息收入。特別股因性質不同可區分如下：

1. **參加 (Participating) 與否**：指特別股股東是否具有分配保留盈餘或額外股利的權力，有者稱為參加特別股，沒有者稱為非參加特別股。

2. **累積 (Cumulative) 與否**：股利按約定每年發放，如逢經營欠佳無股利發放時可累積至有盈餘年度發放者稱為累積特別股，否則稱為非累積特別股。

3. **可贖回 (Callable) 與否**：發行一段時間後，公司若可按約定價格買回者稱為可贖回特別股，否則稱為不可贖回特別股。

4. **可賣回 (Putable) 與否**：發行一段時間後，股東若有權要求賣回給公司稱為可賣回特別股；無此權利者稱為不可賣回特別股。

5. **可轉換 (Convertible) 與否**：發行一段時間之後，特別股股東有權轉換為普通股

---

[3] Partch (1987) 研究美國 1962～1984 年 44 家發行限制投票權股票的公司，發現在發行此類股票後，內部人的股權比率增加了約 10%，代表內部人會利用股票等級來增強本身對公司的控制權；參閱 Partch, M. M., 1987, The creation of limited voting common stock and shareholder wealth, *Journal of Financial Economics* 18, 313-339.

股東者稱為「可轉換特別股」，否則稱為不可轉換特別股。可轉換特別股因具有選擇權，價格比不可轉換特別股的價格高，可募集到較多的資金。

6. 有表決權 (Vote) 與否：有參加股東大會且有表決權之特別股稱為有表決權特別股，沒有者稱為無表決權特別股。

例 國喬特別股 (1312A)

國喬石化在 1984 年發行 2 億元股利 6% 可累積、可參加、無轉換權、無贖回權、有表決權之特別股。2009 年稅後純益 25.5 億，EPS 為 3.31 元，但 2010 年普通股股利才 0.2 元，因為 2001～2008 年間連續虧損，稅後純益必須優先彌補累積虧損、提存公積及支付 2001～2009 年間之累積特別股股利。

美國企業在 1980 年代出現特別股創新風潮，其特殊風貌簡介如後[4]。

1. 調整報酬率特別股 (Adjustable Rate Preferred Stocks, ARPs)：指發行後定期隨市場變動調整股利之特別股。例如，每半年按公債利率加碼計算。在 1982 年主要為商銀與水電公司發行，大多由法人買進，因為法人特別股股利收入的 70% 免稅，適合其作為短期投資工具。

2. 喊價式特別股 (Market Auction Preferred Stocks, MAPs)：亦稱貨幣市場特別股 (Money Market Preferred Stocks)，由承銷商每 7 週拍賣一次[5]，以票面金額為底價競標，由競標者對股利率喊價最低者得標，發行公司則以競標結果支付股利。此特別股頗受歡迎，但若無人競標發行公司與持有人便陷入窘境。美國曾因發行公司評等遭降級，使該種特別股拍賣流標，造成持有人不易變現的困擾。

3. 可交換特別股 (Exchangeable Preferred Stocks)：是指發行一段時間後可以轉換為公司債的特別股。通常是合併的公司所發行，因合併後獲利狀況不見得會很好，公司稅率較低，特別股股利稅盾效果較差；但幾年後公司獲利改善時，所得稅率增加，特別股轉換為公司債之後，股利支出變成利息費用，稅盾效果較

---

[4] 有關 1980 年代創新特別股之實務調查，參閱 Houston, Arthur L., Jr. and Carol Olson Houston, 1990, Financing with preferred stock, *Financial Management*, 42-54.
[5] 依美國稅法規定，法人的股利收入在持有 46 天以上，可享有 70% 的免稅優惠；因此，「喊價式特別股」的拍賣每 7 週一個循環進行一次。

佳。

4. **PIK 特別股 (Payment-in-Kind Preferred Stocks)**：通常是公司以融資買下 (LBO) 從事合併時與垃圾債券 (Junk Bonds) 同時發行，因合併後前數年現金流量緊縮，故發行特別股給股東，規定合併後的一段時間內不支付現金股利，俟有充足的現金流入時才發放。

第二節　股票市場結構

本節以臺灣為例說明股票市場之結構，如圖 6-2 所示，圖中上方之金融監督管理委員會為證券市場之主管機關 (2004 年 7 月成立)，所屬之「證券期貨局」直接管理證券市場。其次，臺灣證券交易所提供設備和人員，讓證券商競價買賣上市證券，並辦理成交、清算及交割等事宜。而櫃檯買賣中心為非營利為目的之財團法人，負責店頭市場證券之撮合與買賣。

如圖 6-2 左下方所示，證券商區分為承銷商、經紀商、自營商三類，組織型態必須為股份有限公司，其主要業務簡述如下：

1. **承銷商 (Underwriter)**：承銷商係協助企業發行證券，處理證券銷售之相關事務，承銷方式主要有下列兩種：
   (1) **包銷 (Firm-Commitment Underwriting)** 係指在承銷期間屆滿後，承銷商若未能將全數證券售出，則必須認購剩餘之數額。
   (2) **代銷 (Best Effort)** 係指在承銷期間屆滿後，承銷商若未能將全數證券售出，得退還發行人。
2. **經紀商 (Broker)**：替投資人買賣證券之中介者 (證券行紀或居間業務)，本身不可從事買賣，僅接受客戶的委託，賺取手續費。
3. **自營商 (Trader)**：可從事證券買賣、擔任發行市場之證券認股人的證券商。由於自營商自行買賣，所需的資金較經紀商多。
4. **綜合證券商**：指同時經營承銷、經紀、自營等業務的業者。

另外，在圖 6-2 右方的四種業別為證券服務事業，簡述如下：

1. **證券投資信託事業**是指發行受益憑證募集證券投資信託基金 (共同基金)，並運用基金從事證券投資之事業，簡稱投信。

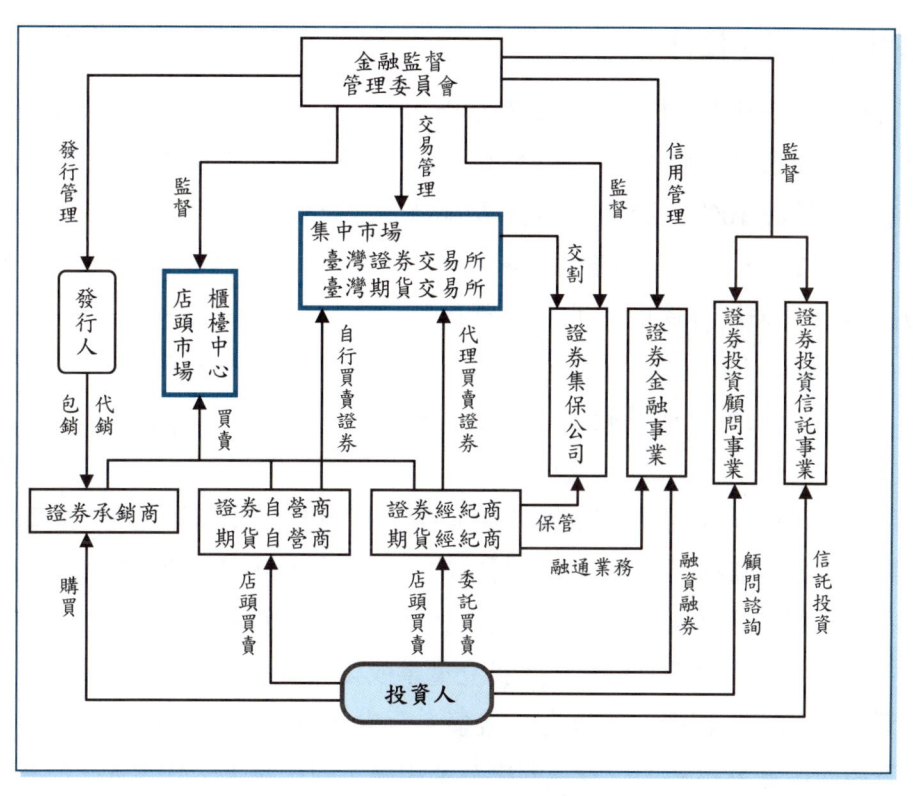

圖 6-2　臺灣證券市場基本結構

2. 證券投資顧問事業是提供證券顧問諮詢給投資人，亦可從事全權委託投資業務(代客操盤)，以顧問費用作為收入，簡稱投顧。
3. 證券金融事業是指以有價證券為標的，提供投資人融資及融券所需款券信用融通的業者，簡稱證金公司。
4. 證券集保公司是指負責有價證券之保管、帳簿劃撥及代辦股務等之業者。目前臺灣的證券集保業務是由臺灣集中保管結算所股份有限公司 (Taiwan Depositary & Clearing Co., TDCC)[6] 負責，簡稱集保公司或集保結算所。

第三節　臺灣上市櫃之規定

本節介紹臺灣企業上市櫃的相關事項。

---

[6] 「臺灣證券集中保管公司」於 2006 年 3 月 27 日與「臺灣票券集中保管結算公司」合併，改名為「臺灣集中保管結算所股份有限公司」，簡稱「臺灣集中保管結算所」、「集保公司」、「集保結算所」。

一、臺灣上市櫃之條件

表 6.1 列出臺灣上市櫃的基本審查標準，從表中可看出，公司在上市櫃時不可有虧損，而上市股票的條件比上櫃股票嚴格。另外，初次上市櫃公司的內部人 (董事、監察人、持股 10% 大股東) 必須將全部持股送存集保，半年後可領回 1/2，1 年後再領回另 1/2，此制度稱為強制集保。其目的是為了防止內部人追求本身利益影響股價而設立，強制集保的時間在美國稱為閉鎖期 (Lockup Period)，大多設為 180 天，學術文獻也證實，在閉鎖期期滿之後，股價明顯下跌。

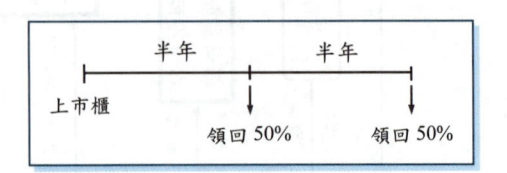

初次上市櫃公司必須要有 5 席以上董事，其中要有 2 席以上獨立董事；另必須就審計委員會與監察人擇一設立監督單位，如設立審計委員會而無監察人者，審計委員由全體獨立董事組成，不得少於 3 人；如設立監察人者，監察人不得少於 3 人，其中要有 1 席以上獨立監察人。獨立董事或獨立監察人，係指與公司無利害關係者。董事中的成員超過一半以上、監察人至少 1 席以上，不得有下列關係：配偶、二等親內之直系親屬、三等親內之旁系親屬、同一法人之代表人，且董事長不

表 6.1 上市櫃股票之主要條件

項目	一般上市股票	一般上櫃股票
設立年限	成立滿 3 年以上 (公營事業不限)。	成立滿 2 個完整會計年度。
資本額	實收新臺幣 6 億元以上且發行普通股股數達 3 千萬股以上。	新臺幣 5 千萬元以上且募集發行普通股股數達 5 百萬股以上者。
獲利能力	個別及合併報表之營業利益及稅前純益占實收資本額比率符合下列標準之一，且最近一個會計年度決算無累積虧損者： ❶最近 2 年度均需 6% 以上。 ❷最近 2 年度平均 6% 以上，且最近 1 年度較前 1 年度為佳。 ❸最近 5 年度均 3% 以上。	個別及合併報表之稅前純益占實收資本額比率符合下列條件之一，且最近一個會計年度不得低於新臺幣 400 萬元者： ❶最近 1 年度 4% 以上，且無累積虧損。 ❷最近 2 年度平均 3% 以上，且最近 1 年度較前 1 年度為佳。 ❸最近 2 年度均 3% 以上。
股權分散	記名股東 1,000 人以上，其中內部人及其持股逾 50% 之法人以外之記名股東不少於 500 人，且其持股占發行股份總額 20% 以上或滿 1,000 萬股。	公司內部人及其持股逾 50% 之法人以外之記名股東人數不少於 300 人，且其所持股份合計占發行股份總額 20% 以上或滿 1,000 萬股。

得兼任總經理。上市櫃後至少每季開一次董事會，須錄音或錄影存證，資料保存 5 年。

另臺灣金管會於 2013 年規定，金控、銀行、票券公司、保險公司與上市櫃或金控子公司之綜合證券商及實收資本額新臺幣 500 億以上之非金融業上市櫃公司，應強制設置審計委員會代替監察人，但其中之金融業如為金控所持有發行全部股份者，可以就審計委員會或監察人二者，擇一設置。

```
董事 ─┬─ 一般董事：至少 3 席
      └─ 獨立董事：至少 2 席
監察人 ─┬─ 一般監察人：至少 2 席
        └─ 獨立監察人：至少 1 席
```

二、臺灣的上市櫃程序

圖 6-3 描繪臺灣企業的上市櫃程序，圖中的公開發行，係指股份有限公司對非特定人公開招募股份 (提撥 10% 以上的股份對外發行)，並將財務及業務公開[7] 之行為；但臺灣的公開發行並不等於上市或上櫃。

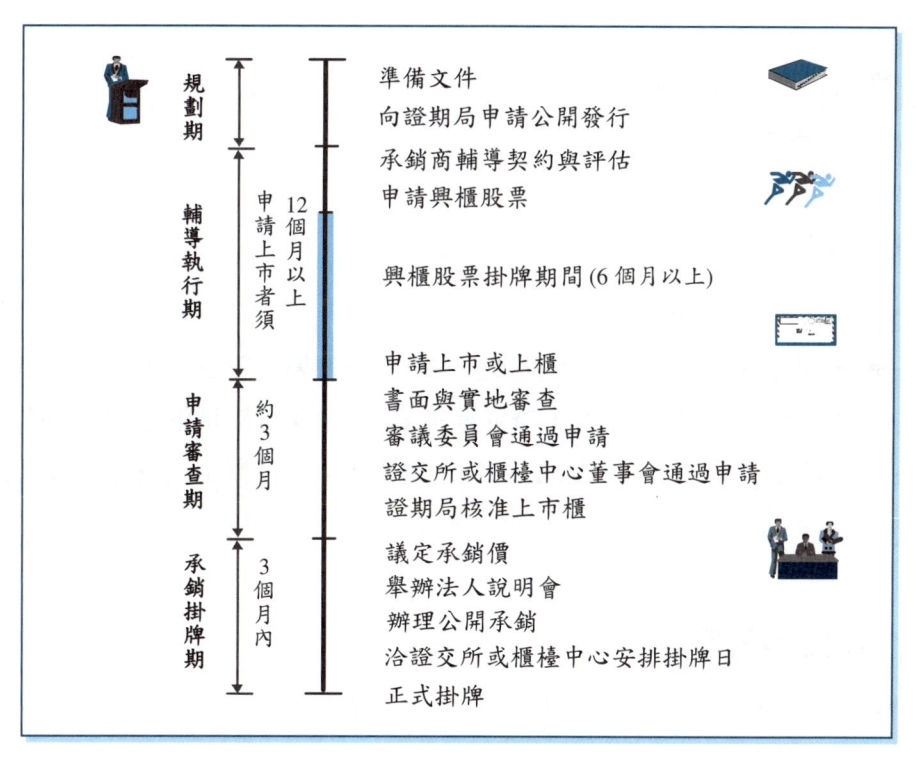

規劃期：
- 準備文件
- 向證期局申請公開發行
- 承銷商輔導契約與評估
- 申請興櫃股票

輔導執行期（申請上市者須 12 個月以上）：
- 興櫃股票掛牌期間 (6 個月以上)

申請審查期（約 3 個月）：
- 申請上市或上櫃
- 書面與實地審查
- 審議委員會通過申請
- 證交所或櫃檯中心董事會通過申請
- 證期局核准上市櫃

承銷掛牌期（3 個月內）：
- 議定承銷價
- 舉辦法人說明會
- 辦理公開承銷
- 洽證交所或櫃檯中心安排掛牌日
- 正式掛牌

圖 6-3　臺灣的上市櫃程序

---

[7] 臺灣原先規定資本額新臺幣 2 億元以上之公司必須「公開發行」，2000 年 11 月改為新臺幣 5 億元以上者必須「公開發行」，2001 年 12 月則採自願制。

公司在公開發行後，必須接受承銷商的輔導，然後申請至**興櫃市場** (Emerging Stock Market) 中掛牌，興櫃市場是 2002 年 1 月才正式營運的市場，投資人可以經由證券經紀商買賣興櫃股票；在興櫃市場掛牌 6 個月之後，並達到規定之條件，公司便可申請上市或上櫃。

在提出正式上市櫃的申請後，審議委員會將進行書面及實地審查，等到會議通過後呈交易所 (或櫃檯買賣中心) 董事會，董事會同意後則函報證期局核准[8]，過程約需費時 3 個月。公司在上市櫃核准之後，須完成文書及訂價作業，辦理公開承銷，由投資人申購認股，並與交易所 (或櫃檯買賣中心) 洽定正式上市櫃之日期。

例 興櫃之股價

臺灣新日興公司生產筆記型電腦零組件，2004 年每股盈餘 4.57 元，2005 年申請上櫃，重要日期如下：

- 送件日：3 月 28 日
- 審議通過日：9 月 20 日
- 櫃檯董事會通過日：10 月 21 日
- 證期局核准日：11 月 10 日
- 上櫃掛牌日：12 月 26 日 (承銷價 83 元)。

圖 6-4 描繪新日興上櫃前後的股價走勢。

當新日興公司在 3 月送件時，代表該公司已充分準備，不確定性下降，股價上漲 (當天由 41.7 元漲至 42.3 元)；在審議通過後 (當天由 106.8 元漲至 110.6 元)，股價大幅上漲；而在上櫃前後，股價上漲至 152 元，顯示了興櫃至上櫃階段藏著豐厚的利益。

三、上市櫃之承銷價格

臺灣過去以特定公式計算上市櫃之承銷參考價格，但公式著重會計數字[9]，往往

---

[8] 證券主管機關在審核案件時可區分為：❶申請核准制：案件在申報後必須由主管機關同意才生效；❷申報生效制：主管機關在申報後一段時間未表示意見，案件即自動生效；初次上市櫃 (IPOs) 為申請核准制。

[9] 承銷參考價格 = (每股盈餘×採樣公司的平均本益比) × 40%
　　　　　　　+ (上市櫃公司每股盈餘÷採樣公司的平均股利率) × 20%
　　　　　　　+ 每股淨值 × 20% + $\dfrac{每股股利}{1\text{年期定存利率}}$ × 20%

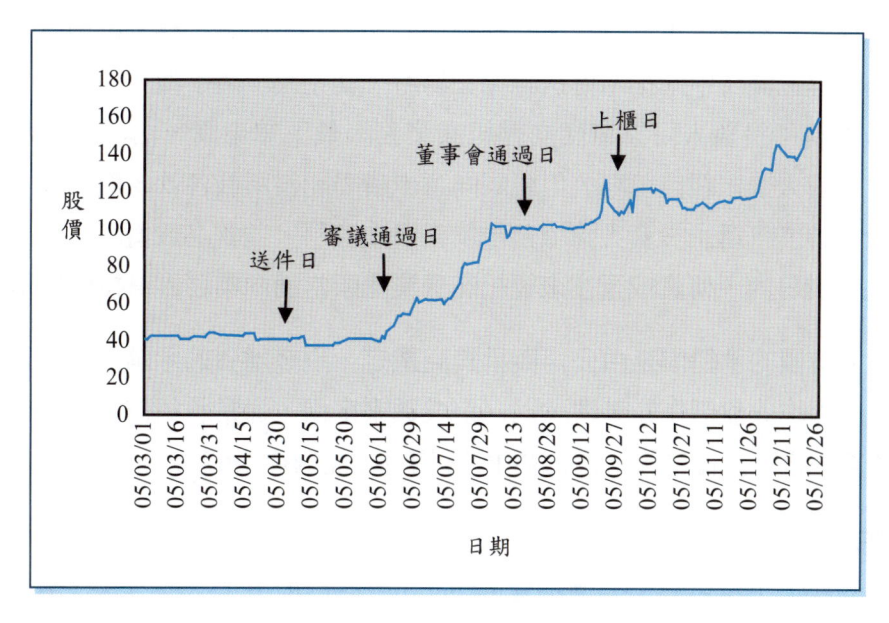

圖 6-4　新日興電子公司上櫃前之價格 (2005 年)

低估了股價,造成股票上市櫃後價格漲停一段時間之蜜月期。2004 年 1 月起,臺灣不再硬性規定使用原來的承銷價計算公式,承銷商可利用其他方式定價,但須充分說明。

2005 年 1 月起,臺灣對初次上市櫃 (IPOs) 的價格實施了兩個新制度:

1. **IPO 首 5 日無漲跌幅限制**:臺灣股市限制每日 ±7% 的漲跌幅,過去 IPO 股票常出現蜜月期,缺乏效率,無漲跌停制度讓 IPO 股票迅速反映股價。
2. **IPO 價格安定操作措施**:由承銷商協調發行公司股東,提撥承銷總數某個比率的老股 (上限 15%),進行過額配售 (Over-Allotment),若掛牌首 5 日股價上漲 (高於承銷價),承銷商將款項交付股東;若股價下跌 (低於承銷價),承銷商則買回股票交還股東,這個制度具有維護股價的功能。

四、承銷方式

公司可用公開申購、競價拍賣及詢價圈購三種方式來銷售新股。

1. 公開申購

公開申購 (Open Subscription) 指公司在初次上市櫃 (IPOs) 或現金增資 (SEOs) 發行新股時,除原股東及員工外,另提撥股票給不特定投資人申購 (抽籤) 的方式。公開申購股票,可採網路、電話或傳真或當面投件申購,說明如下:

(1) 網路申購：投資人可透過往來證券經紀商之網路申購系統點選欲申購之股票，後由該經紀商將申購指示傳送證券交易所，就完成申購手續。

(2) 電話申購：投資人可以電話向經紀商業務人員下單申購，由其代填申購委託書，投資人雖未親自填寫，但視同同意申購委託書所載各款要項。

(3) 當面或傳真申購：投資人應填寫申購書各項資料，並簽名或蓋章。且於申購期間之營業日內，傳真或至往來經紀商營業處所當面向業務人員投件申購。

初次上市櫃的承銷價是由公司與承銷商議定，現金增資的承銷價則是以增資前一段期間的平均收盤價作為基準，以一定成數來定價，通常承銷價會低於市價；而現金增資案在投資人繳款後，大約要 1～2 個月才能取得增資股。

2. 競價拍賣

公司初次上市櫃可利用競價拍賣 (Auction) 進行銷售，這種方式是由發行公司及承銷商議定最低承銷價，讓投資人出價投標；拍賣是希望能藉由市場的實際需求，合理反映股價，讓承銷價接近市價。技術上，競價拍賣所承銷的新股為單一價格標(荷蘭標)，老股則為複式價格標(美國標)。

例 拍賣方式 (Auction)

如意公司發行 400 萬新股，以「競價拍賣」方式出售，底價 40 元，A、B、C、D 四家自營商出價競標如下：

投標價	股數	美國標 (複式價) 得標價格	美國標 (複式價) 得標股數	荷蘭標 (單一價) 得標價格	荷蘭標 (單一價) 得標股數
A	$48	100 萬	$48	100 萬	$45	100 萬
B	$46	200 萬	$46	200 萬	$45	200 萬
C	$45	200 萬	$45	100 萬	$45	100 萬
D	$42	300 萬	未得標		未得標	

1. 美國標：A、B 自營商全額得標，成本分別為 4,800 萬元及 9,200 萬元，C 得標 100 萬股 (4,500 萬元)，D 未得標。
2. 荷蘭標：A、B、C 三家自營商皆以最低得標價 45 元計算。

對發行公司而言，上列數據似乎顯示美國標比較有利，其實不然；在美國標之下，廠商多半會出較低的價格，以免變成冤大頭，付出過高的金額；荷蘭標因採用得標最低價，反而會讓投資人願意出較高的價格。

臺灣的上市櫃公司股票自 2016 年 1 月 1 日起，初次公開募股 (IPO) 且募集資金新臺幣 5 億元以上時，承銷方式由詢價圈購改採競價拍賣方式，且競價拍賣方式改採「美國標」，即投標價格高者優先得標。

3. 詢價圈購

公司發行新股 (IPOs 及 SEOs) 時，可利用詢價圈購 (Bookbuilding) 的方式進行承銷，這種方式是由承銷商公開對外接受投資人的圈購單，註明所願意買入的價格，但圈購人與承銷商雙方皆不受圈購單之約束，由承銷商與發行公司視圈購之實際狀況議定價格，然後以內部作業的方式，決定個別圈購所能認購的額度。

詢價圈購是用來試探市場的方法，主要優缺點歸納如表 6.2 所示，優點包括接近市價、縮短作業時間及節省發行成本，而缺點則是發行公司故意打壓股價、易出現黑箱作業及小額投資人無意參與增資。

▶表 6.2　詢價圈購的主要優缺點

優　點	缺　點
讓承銷價接近市價，以反映市場行情、籌措較多的資金。	發行公司可能為了順利完成「詢價圈購」，故意打壓股價。
縮短現金增資的作業時間，降低因股價波動所帶來的風險。	可能出現黑箱作業，由承銷商關係人取得新股。
可強化承銷商配銷功能，節省發行成本。	承銷價接近市價會使小投資人失去興趣，由大股東進行詢價圈購，不符股權分散原則。

例　詢價圈購之黑箱作業

2006 年 3 月 8 日臺灣益通光電公司掛牌上櫃 (2005 年每股盈餘 12.63 元)，由華×昌證券公司以「詢價圈購」辦理銷售，承銷價 218 元；當時益通的興櫃價格約 840 元，承銷價與市價相差 600 元以上，參加申購的人數眾多。

華×昌當時共有 2,454 張益通股票辦理「詢價圈購」,其中 985 張配給 26 個人,集中度相當高,這些人中又有華×昌董事長的姻親;2007 年 9 月金管會認為,該公司作業有失公平,因而下令解除董事長之職務。

益通上櫃後的股價最高達 800 元 (比興櫃價格低),但 1 個月內回跌至 600 元上下;圖 6-5 描繪益通上櫃後至 2006 年底之股價累計報酬率走勢,從圖中可看出,益通剛上櫃的前幾天大幅上漲,顯示興櫃市場似乎對益通的價格過分樂觀。

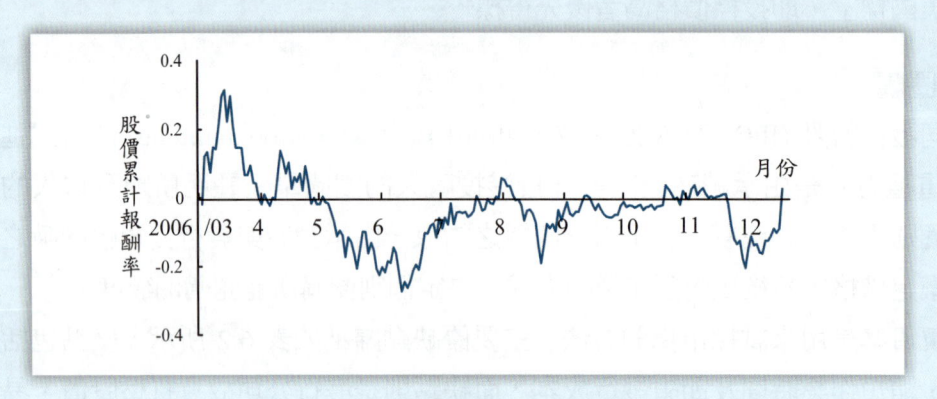

圖 6-5　益通上櫃後的股價報酬率走勢

第四節　美國上市櫃之規定

本節歸納美國企業的上市櫃條件、發行方式與市場規範。

一、美國上市櫃之條件與程序

美國各交易所初次上市櫃的基本條件歸納如表 6.3 所示。

▶表 6.3　美國上市、上櫃的基本條件

條　件	紐約證交所	美國證交所	那斯達克
持有 100 股以上之股東人數	2,000	800	300
公眾持有股數 (百萬股)	1.1	0.5	0.5
公眾持股之價值 (百萬美元)	$40	$3	$1
淨有形資產 (百萬美元)	$4	$4	$2
稅前純益 (百萬美元)	$2.5	$0.75	$0.5

從表 6.3 可看出，紐約證交所 (NYSE) 所要求的條件最高，那斯達克 (NASDAQ) 則相對最容易。企業若符合表 6.3 的條件，申請上市、上櫃之程序如圖 6-6 所示，說明如下：

```
準備文件
  企業決定發行證券
    選擇承銷商、簽訂意向書 (Letter of Intent)
    商議承銷契約之內容
    承銷商進行審查評鑑 (Due Diligence)

等候意見  1～20 天
  送交「上市申請書」 (Registration Statement)
    分送「紅皮書」給潛在買主 (Red Herring)
    承銷商安排上市(櫃)說明會 (Roadshow)

修正與補充  數天～數個月
  證管會表示意見
    意見函分為四類：
    Customary、Summary、Cursory、Deferred

  約 10 天
    加入承銷價之文書準備工作
  1 天
  發行「公開說明書」 (Prospectus)
  銷售股票 (刊登廣告)

包銷：1～2 週
代銷：60～120 天
  銷售結束 (完成股票價款交付事宜)
```

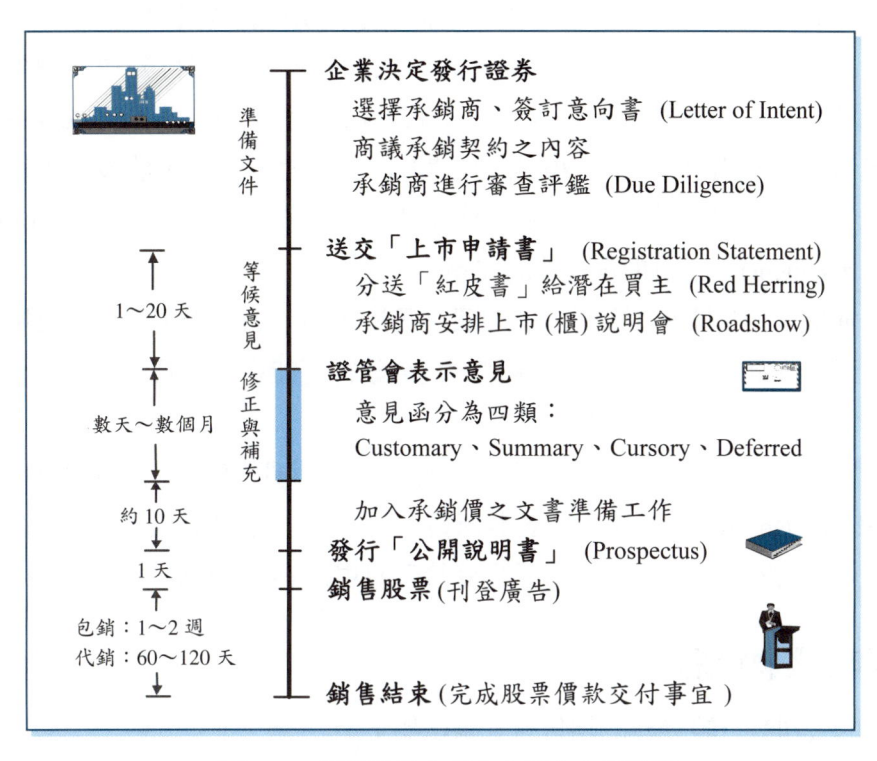

圖 6-6 美國證券市場上市櫃之作業流程

1. **承銷前之準備**：發行公司在確定發行之證券種類、金額與用途，並獲得董事會之核准後，與承銷商 (投資銀行) 協議，準備書面資料與相關事項，而承銷商通常會進行審查評鑑 (Due Diligence)，至發行公司作實地查訪，並對各種重要事項加以確認。

2. **向主管機關註冊**：在公開銷售前 20 天，備妥上市申請書 (Registration Statement) 向證管會 (SEC) 提出申請[10]，但此時尚未確定承銷價格。

3. **註冊後之準備**：在註冊後 20 天的等待期 (Waiting period，或稱為 Cooling off) 內，並不能銷售證券，但承銷商通常會安排上市櫃說明會 (Roadshow)，印製紅

---

[10] 上市申請書的主要內容為發行公司的營運及財務狀況，常用格式為 Form S-1 及 Form SB-2 兩類 (發行細節主要在 Form SB-2 中)，部分資料可自美國證管會網站 (Electronic Data Gathering Analysis and Retrieval, EDGAR) 取得。

皮書 (Red Herring) 給投資人 (通常為法人) 作為參考。紅皮書的性質類似公開說明書 (Prospectus)，內容多半是摘錄上市申請書中的重要資料。而參與的法人會以詢價圈購 (Bookbuilding) 的方式表明所願意買入的價格，但不受約束。

4. **公開承銷**：發行公司註冊後 20 天，證管會 (SEC) 將發出意見函 (Letter of Comments) [11]，若審查後要求公司修改或補充資料，發行公司必須再等待數天至 20 天。證管會若未要求修改，公司將承銷價格加入公開說明書中 (多數案件的承銷價訂在 10～20 美元之間)，並通知證管會，然後與承銷商簽訂契約，於承銷日正式銷售證券；通常發行公司會刊登廣告 (稱為 Tombstone Advertisement)，吸引投資大眾的注意。

5. **穩定市價**：在公開承銷後的一段期間 (通常為 30 天)，市場若產生賣壓，股價下跌至某特定的價格時，負責承銷的投資銀行可能會進場買入證券，但未來的賣出價格不得高於買入價格。

6. **限制買賣**：在承銷日之後的一段時間內，發行公司內部人 (董事、經理人、握股 5% 以上的大股東) 不得買賣其所持有之股票，等到禁止買賣期滿後 [12]，內部人可賣出所持之證券，但數量仍受證管會規則 (SEC Rule 144) 之限制 [13]。

二、美國企業發行證券之方式

美國的公司發行證券時的銷售方式歸納如下。

1. 優先認購 (Privileged Subscription)

由發行公司原股東依持股比率優先認購 (Privileged Subscription)，不須經由投資銀行銷售，可節省發行成本。

---

[11] 美國證管會意見函 (Letter of Comments) 共分為四類：第一種是申請案沒有問題的意見函，稱為 Customary Review；第二種與第三種分別為 Summary Review 與 Cursory Review，代表申請案沒有嚴重缺點，但需修改或補充資料；第四種則是 Deferred Review，代表申請案有嚴重缺點，資料的正確性、適當性及揭露程度不佳。

[12] 美國並未明確規定內部人的閉鎖期，多數公司為 180 天，學術研究發現在閉鎖期結束之後的 1、2 個月內，股價報酬率明顯下跌，其中又以創投業者所投資的公司更顯著，相關研究參閱 Field, Laura Casares and Gordon Hanka, 2001, The expiration of IPO share lockups, *Journal of Finance* 56, 471-500.

[13] 禁止買賣期滿後，內部人 (持有證券 1 年以上) 在一季中所出售的股票不得超過流通在外股數的 1% 或週平均交易量，當銷售股數超過 500 股或金額大於 1 萬美元，必須向證管會報備。

2. 傳統方式

(1) 包銷 (Firm-Commitment Underwriting)：
- ❖ 全額包銷：投資銀行認購全數證券後再分售給投資人。
- ❖ 餘額包銷：投資銀行須認購承銷期限屆滿未售完之證券。

(2) 代銷 (Best-Efforts Offer)：投資銀行依議定價格盡力出售證券，承銷期限屆滿未售完之證券歸還給發行公司，一般代銷的銷售期間為 60～120 天，發行公司與投資銀行若達成協議，可延長銷售期限。

3. 非傳統方式

(1) 架上註冊 (Shelf Registration)：發行公司向證管會 (SEC) 申請一定數量的證券，在 2 年內視本身需要來發行 (SEC Rule 415 of 1982)，發行前 24 小時通知證管會即可；實務上，美國公司的架上註冊以發行債券為主。

(2) 競價標售 (Competitive Firm Cash Offerings)：讓投資人 (或投資銀行) 以投標方式購買 (或包銷、代銷) 證券，由標價高者得標。

(3) 直接銷售 (Direct Offerings)：美國自 1996 年起，已有公司不經由投資銀行，直接在網站上銷售證券，以便節省發行費用。

4. 小額發行

當公司所需的資本額不大，美國法令允許公司免除一般發行程序 (稱為 Exempt Offerings)，簡述如下：

(1) Rule 504：發行公司 12 個月內發行證券的金額若在 100 萬美元以下，公司並不須準備正式的公開說明書 (Prospectus)，但仍須提供充分的資訊給投資人[14]。

(2) Rule 505：發行公司 12 個月內發行證券的金額若在 500 萬美元以下者，一般投資人最多 35 人，其他則必須為受信賴之投資人 (經驗豐富的個人或法人)。

(3) Rule 506：發行公司的證券發行金額不受限，但投資人必須為精明的投資人，足以評估購買證券的優點。

---

[14] Rule 504 與美國「小型公司銷售證券註冊」(Small Corporate Offering Registration, SCOR) 相關，依照 SCOR 之規定，小型公司因發展及成長而每年募集權益資本在 100 萬美元以下者，必須填寫 Form U-7 向州政府報備，以及 Form D 向證管會報備。

第五節　現金增資

現金增資 (Seasoned Equity Offerings, SEOs) 係指已上市櫃公司以發行新股的方式募集資金。

一、增資的方式

一般辦理現金增資為申報生效制，可分公開申購及私募兩類，公開申購的對象為原股東及其他投資人 (不特定大眾)，私募則是針對少數特定人。

1. 公開發行

上市櫃公司以公開申購進行現金增資時，承銷價通常會低於市價，以便吸引投資人，美國與臺灣的情況如下：

(1) 美國：承銷價約低於市價 2%～3% 左右。

(2) 臺灣：以市價打折作為承銷價 (2004 年起以承銷前 1、3、5 個營業日之均價為基準)。臺灣允許發行公司以折價進行增資[15]。如大幅折價給一般投資人，就是新股占老股的便宜，故發行公司的原股東及員工往往在增資前賣出股票，以取得資金來買入增資股，此即賣老股買新股之現象，往往造成賣壓使股價下跌。

2. 私　募

在先進國家中 (如美國)，上市櫃公司可以利用**私募** (Private Placement) 進行現金增資 (臺灣自 2002 年底起允許上市櫃公司辦理私募)，亦即發行新股給特定人，這種方式提供機會給外部人參與公司經營，有助於財務困難公司起死回生，也可以讓企業相互結合技術與通路。

不過，「私募」卻也可能隱藏著問題，圖 6-7 描繪私募可能的動機，圖的右方之折價或溢價是指 (增資價格／實際價格 − 1) 為負或正。如圖 6-7 上半部所示，公司從事私募的目的若是挹注資金或策略性投資，可以改善公司營運績效，是投資人樂意見到的；策略性投資通常是另一家公司為了取得被投資公司的技術，以高於市

---

[15]「現金增資」後的參考價格應為 $\hat{P}_{new} = \dfrac{P_0 + nP_s}{1+n}$，其中 P_0 為增資前的價格，P_s 為承銷價，n 為增資股占原流通在外股數之比率。

價認購私募股份。但私募也可能成為內部人操控的工具。例如，圖 6-7 下半部中，內部人 (董監事) 以低價買入私募股份，鞏固本身對公司的控制權，甚至是以高價賣出原股、買入增資股來套利，對公司的營運不利。

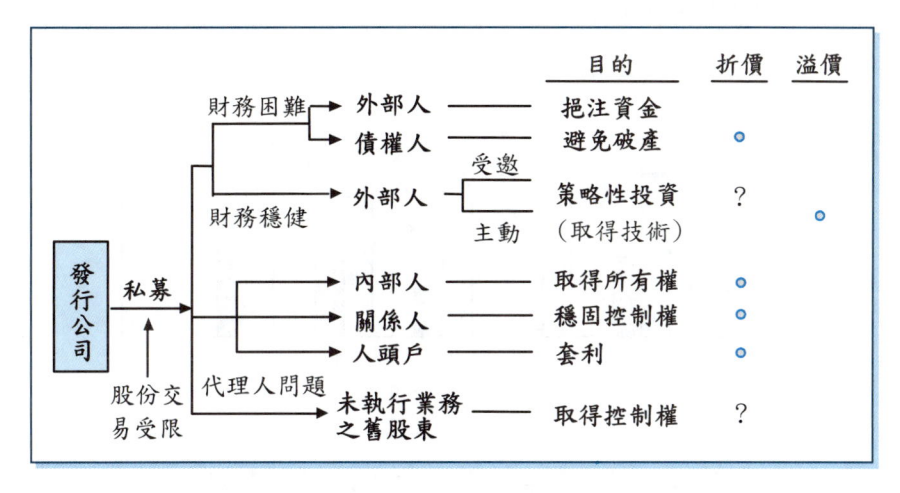

圖 6-7　上市櫃公司辦理「私募」之動機

二、現金增資之行情

1. 現金增資短期行情

美國學術研究發現 [16]，公司宣告現金增資時股價下跌，短期 (2 天) 平均股價異常報酬率約 −3.2%，投資人將現金增資視為負面信號；這個現象隱含兩個意義：

(1)資訊不對稱：公司從事現金增資有市場未知的隱情，投資人因而出現逆選擇 (Adverse Selection)，給予負面評價。

(2)代理人問題：管理者從事現金增資的動機並不是追求股東的權益，而是本身的利益。

2. 現金增資長期行情

圖 6-8 為美國 1970～1990 年 3,702 個現金增資案例與對照組 (規模類似、未辦理現金增資) 的平均年報酬率 [Loughran and Ritter (1995)]。

從圖 6-8 中可看出，美國公司辦理現金增資後 5 年的股價表現普遍低於未辦理

---

[16] 參閱 Mikkelson, Wayne H. and M. Megan Partch, 1986, Valuation effects of security offerings and the issuance process, *Journal of Financial Economics* 15, 31-60. 及 Masulis, Ronald W. and Ashok N. Korwar, 1986, Seasoned equity offering: An empirical study, *Journal of Financial Economics* 15, 91-118.

現金增資者，平均年報酬率比對照組低了 8%。這個現象有兩種解釋：(1) 公司往往在股價被高估時進行現金增資，長期股價將回跌至應有水準；(2) 不少公司舉辦現金增資是為了進行成長性的投資，在計畫實施後 (執行了實質選擇權)，將使公司的系統風險下降，股價報酬率相對較低 [17]。

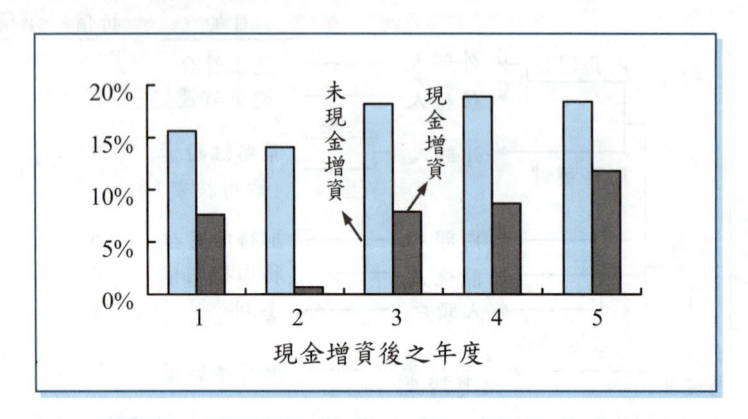

圖 6-8　公司現金增資後 5 年內之平均年報酬率

第六節　股票次級市場

本節介紹臺灣的股票交易有關規定，包括交易程序 (開戶、委託、交割等)、交易費用、信用交易 (融資、融券)、撮合與成交、過戶及保管之規定，圖 6-9 描繪交易過程中的重要事項。

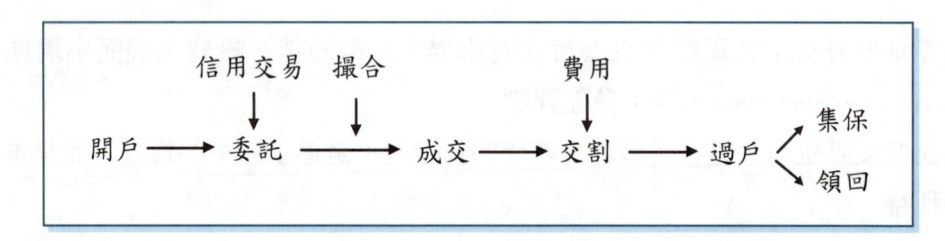

圖 6-9　股票交易流程圖

一、開戶及委託

買賣證券須委託證券經紀商下單，投資人必須與經紀商簽訂「受託契約」，始完成開戶。開戶完成後，投資人可在開盤前、營業時間內及收盤後，委託 (Order)

---

[17] 參閱 Carlson, Murray, Adlai Fisher, and Ronald Giammarino, 2004, Corporate investment and asset price dynamics: Implications for the cross-section of returns, *Journal of Finance* 59, 2577-2603.

經紀商買賣證券;其中收盤後的盤後訂價交易是以當天收盤價為交易基準。說明如下:

1. **委託方式**:可區分買入委託 (Buying Order) (紅色) 與賣出委託 (Selling Order) (藍色),一般使用當面、電話、網路、手機等方式進行委託。
2. **委託數量**:
   (1) 整數委託 (Round-Lot Order):指一個交易單位 (股票為 1,000 股,受益憑證為 1,000 個單位) 或其倍數為買賣數量之委託,或稱普通交易,普通交易為 1～499 個交易單位。
   (2) 鉅額委託 (Large Volume Order):超過 500 個交易單位為鉅額買賣,可區分為逐筆交易及配對交易兩種:
     - 逐筆交易按交割日逐筆撮合成交,撮合優先順序及成交價格依逐筆輸入之買進申報或賣出申報別決定。
     - 配對交易依當組配對申報撮合成交 (在固定的一段時間循環撮合,可指定對象)。

   > 整數委託:N 張 ($N \times 1,000$ 股)
   > 鉅額委託:500 張以上 ── 逐筆交易 / 配對交易
   > 零股委託:少於 1,000 股

   (3) 零股委託 (Odd-Lot Order):指不足一個成交單位的畸零數量 (少於 1,000 股) 之買賣委託。
3. **委託價格**:過去臺灣允許不限定價格之市價委託 (Market Order),但因容易產生糾紛,後來改為以特定價格的限價委託 (Limited Order) [例如,買入限價 50 元,表示在 50 元 (含) 以下才買入]。
4. **委託之有效**:買賣委託當日交易時間內有效,收盤後自動失效。若已委託買賣覺得不妥,可立即通知經紀商撤銷原先委託之買賣,為撤銷委託 (Cancel Order)。

二、信用交易

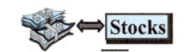

股票的信用交易包括融資 (Margin Purchase) 及融券 (Short Selling) 兩種:

1. **融資**:投資人以部分自備款作擔保,向證券金融公司融通,購買股票。
2. **融券**:即一般所稱的放空,當投資人賣出股票時,手中並無持股,而是繳納一定成數的保證金後,向證券金融公司借出股票出售,在未來規定的期限內,再買入股票歸還給證券金融公司。

簡單地說,融資是借錢買股票,融券則是借股票來賣。

三、撮合

撮合係指證券交易所(或櫃檯買賣中心)將各種證券買賣單加以配對後,決定哪些買賣單以多少數量、何種價位成交之工作。撮合買、賣單的準則為競價,亦即比較所有買賣方的價格,加以配對,合者成交。競價的方式可分為兩類:

1. **集合競價**:指將所有的買賣單全部集合起來比價,不分時間順序,僅考慮價格高低來撮合。臺灣股市開盤時即以此方式進行撮合;2002 年 7 月起,收盤前 5 分鐘 (下午 1:25～1:30) 亦採用集合競價進行撮合。
2. **連續競價**:除了開盤之外,盤中其他時間的交易是以連續競價的方式進行,連續競價除了顧及價格優先,也考慮時間先後。

臺灣在交易時間內以循環方式處理交易,進行撮合並揭示,所謂揭示係指競價撮合後之價格、數量以及當時買賣單的申報狀況。目前電視頻道及相關理財網站,都即時播出上市櫃股票的揭示行情。2014 年 12 月 29 日起盤中集合競價撮合循環秒數縮短至 5 秒,有關的指數、成交及委託統計資訊亦每 5 秒揭示一次,以與國際股市接軌。

四、交割

交割 (Delivery) 是在撮合成交後,買方完成付款、賣方完成付券的手續。臺灣目前所使用的交割方式,有下列兩種:

1. **當日交割**:經買賣雙方同意,於成交當日內辦理銀貨兩訖事宜。買方於委託時即交付全部價款,賣方於委託時交出全部證券。全額交割股為成交當日交割;鉅額買賣可約定當日交割或普通交割。
2. **普通交易之交割**:自成交日起算,於 T + 2 日 (營業日) 上午 10 時辦理交割事宜。例如,週一成交,週三須辦理交割,一般股票交易採用此種方式。

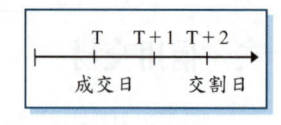

當投資人委託買賣股票成交後,卻未按時履行交割者,即為違約;受託證券商得逕行處分買進之股票 (或賣出之價款),並解除契約。處分所得抵充應履行之債務及因委託所生之損害,不足部分尚得向違約戶追索 (例如,A 君以 100 元買入 10 張股票,應繳款 100 萬元,但繳款日違約,股價下跌至 90 元,證券商賣出該股所得

90 萬元，並向 A 君追索 10 萬元)。

當投資人有違約交割之行為，證券商會向臺灣證券交易所 (或櫃檯買賣中心) 報告，並通函該投資人在 3 年內不得再開戶及委託買賣。委託人若認為經紀商有違約情事時，應於交割之日 5 日內檢附書面報告，請臺灣證交所處理。

五、股票保管

投資人若須自行保管股票，容易發生被盜、損毀、遺失及偽造等事件。臺灣是在 1989 年 10 月成立了臺灣證券集中保管股份有限公司 (臺灣集保公司)，次年元月正式實施集中保管制度，以電腦取代人工結算的作業方式，代為保管股票，對有價證券之進出及庫存作成紀錄，保存 15 年。臺灣集保公司於 2006 年 3 月與臺灣票券集中保管結算公司合併，改名為臺灣集中保管結算所股份有限公司，簡稱臺灣集中保管結算所、集保公司、集保結算所。目前股票之保管是集保結算所在辦理的。投資人委託買賣與集保結算所之間的處理程序如圖 6-10 所示。

在圖 6-10 中，一般投資人是以參加人 (證券商) 之名義送存集保，集保結算所不分參加人將同一種證券保管入庫，取回時以相同之數量歸還，稱為混合保管。另外，初次上市、上櫃公司之內部人 (董事、監察人及大股東) 所送存之股票則是採用分戶保管，以便於監督內部人之買賣。目前臺灣對上市櫃股票已全面實施無實體化，集保結算所乃增加管理式混合保管，提供發行公司董事、監察人、特定股東或受益證券持有人依規定送存集保公司之限制轉讓有價證券，得以帳簿劃撥方式辦理集中保管。

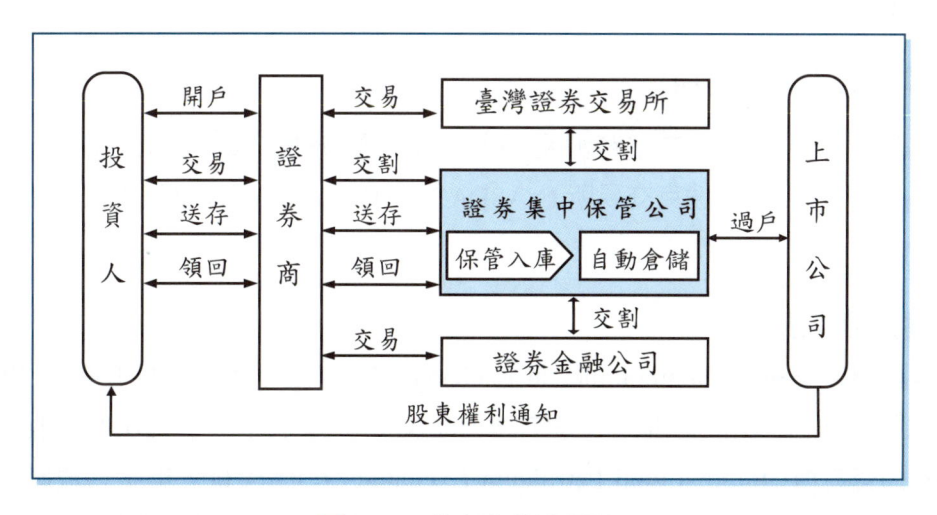

圖 6-10　集保作業流程圖

此外，集保結算所有一股東 e 股票通平台，自 2012 年起凡資本額逾 100 億元且股東超過 1 萬人以上之上市櫃公司，需強制將電子投票方式列為表決權行使管道之一，投資人可以透過網際網路來行使表決權。2014 年 1 月起，又將範圍擴大為資本額逾 50 億元者。

第七節　國際股市概況

21 世紀前各國證券交易所的發展，大都以本國為界限，在各證券交易所間進行整合。但 21 世紀後，交易所的合併趨向於國際化與跨業化，跨國證券交易所合併、證券交易所與期貨選擇權交易所合併，蔚為風潮，使交易所的規模愈來愈大。

以往對證券交易所規模經常以交易量來做排名，但近年來在歐美金融市場上出現交易所營運商，站在宛如經紀商的立場對投資人提供完全電子交易平台，對各大證券交易所證券進行交易，由於具手費續較低、交易速度非常快的優點，在短短數年間其交易量都已凌駕各大證券交易所。例如，貝氏環球市場公司 (BATS Global Markets Inc., BATS) 是一家證券與衍生性商品電子交易所的運營商，2005 年 6 月才成立，2016 年的交易股數超過 26 億股以上，遠大於紐約證券交易所的 18.5 億股，也大於那斯達克交易所的 17.7 億股。這些交易所營運商本身並沒有證券掛牌，主要是幫投資人提供交易，若以交易量來衡量各大證券交易所與交易所營運商的規模，將有失偏頗。因此，本文以股票市值來衡量全球各大證券交易所的排名。當今全球股票市值前十五大的交易所 (參閱表 6.4) 集中在歐美及亞洲，本節介紹這些交易所，以瞭解國際股市發展概況。

一、歐美的跨洲交易所

目前全球最重要的二家跨洲交易所，是美國洲際交易所 (Intercontinental Exchange, ICE) 及那斯達克交易所 (NASDAQ OMX Group)，均是橫跨歐、美兩洲的交易所。

1. 美國洲際交易所

美國洲際交易所 (Intercontinental Exchange, ICE) 由 7 家商品批發商於 2000 年 5 月成立於喬治亞州亞特蘭大，是美國一家線上期貨交易平台，2001 年收購倫敦國際石油交易所 (International Petroleum Exchange, IPE)，2007 年 1 月收購紐約期貨交易所 (New York Board Trade, NYBOT)，8 月收購溫尼伯商品交易所 (Winnipeg

> 表 6.4　2017 年 3 月全球股票市值前十五大交易所　　　　　　　單位：10 億美元

交易所英文名稱	交易所中文名稱	市值	排名	國別
NYSE Euronext (US)	美國紐約泛歐交易所 [18]	20,012	1	美國
NASDAQ OMX (US)	美國那斯達克交易所	8,436	2	美國
Japan Exchange Group	日本交易所集團 [19]	5,197	3	日本
Shanghai Stock Exchange	上海證券交易所	4,419	4	中國
London Stock Exchange Group	倫敦交易所集團 [20]	3,800	5	英國
NYSE Euronext (Europe)	歐洲紐約泛歐交易所集團 [21]	3,719	6	歐洲
Hong Kong Exchanges and Clearing	香港交易所	3,505	7	香港
Shenzhen Stock Exchange	深圳證券交易所	3,412	8	中國
Toronto Stock Exchange	多倫多證券交易所 [22]	2,129	9	加拿大
Bombay Stock Exchange	孟買證券交易所	1,878	10	印度
Deutsche Börse	德國證券及衍生工具交易所	1,866	11	德國
SIX Swiss Exchange	瑞士交易所	1,519	12	瑞士
Korea Exchange	韓國交易所	1,434	13	韓國
Australian Securities Exchange	澳洲證券交易所	1,392	14	澳洲
NASDAQ OMX Nordic Exchange (Europe)	北歐那斯達克交易所集團 [23]	1,330	15	歐洲

資料來源：世界交易所聯盟 (World Federation of Exchange, WFE) 網站統計資料整編。

Commodity Exchange, WCE) (今之**加拿大期貨交易所 (ICE Futures Canada)**)，2013 年 11 月收購**紐約泛歐交易所控股公司 (NYSE Euronext, NYX)**。如今，ICE 已是一家規模龐大的交易所集團，橫跨權益及衍生性商品交易，目前擁有 14 家證券暨期貨交易所及 5 家結算所，如圖 6-11 所示。以下簡介 ICE 集團重要的權益證券交易所。

(1) **紐約證券交易所**：紐約證券交易所 (New York Stock Exchange, NYSE) 許多著名的企業都在此上市，有 2,700 多家上市股票，另外也有債券及期貨市場。該所

---

[18] 紐約泛歐交易所集團的控股公司，於 2013 年 11 月被美國洲際交易所集團 (ICE) 買下，故美國紐約泛歐交易所集團目前是美國洲際交易所集團的成員。
[19] 日本交易所集團是由東京證券交易所及大阪證券交易所合併而成。
[20] 倫敦交易所集團是由倫敦證券交易所及義大利證券交易所合併而成。
[21] 歐洲紐約泛歐交易所集團是由 Euronext 的阿姆斯特丹、布魯塞爾、里斯本及巴黎合併而成，目前是美國洲際交易所集團的成員。
[22] TMX Group 子公司包括 Toronto Stock Exchange (TSX)、TSX Venture Exchange、TSX Private Market 及 TSX Trust，Toronto Stock Exchange 的市值是包括 TSX Venture 在內。
[23] 北歐那斯達克交易所集團是由哥本哈根 (Copenhagen, Denmark)、赫爾辛基 (Helsinki, Finland)、冰島 (Iceland)、斯德哥爾摩 (Stockholm, Sweden)、塔林 (Tallinn, Estonia)、里加 (Riga, Latvia) 與維爾紐斯 (Vilnius, Lithuania) 交易所合併而成。

```
美國洲際交易所集團
├─ 紐約證券交易所 (NYSE)
├─ 泛歐交易所 (Euronext)
├─ 洲際交易所 (ICE)
├─ 倫敦國際金融期貨交易所 (NYSE Liffe)
├─ 荷蘭阿姆斯特丹證券交易所
├─ 法國巴黎證券交易所
├─ 比利時布魯塞爾證券交易所
├─ 葡萄牙里斯本證券交易所
├─ ICE 加拿大期貨交易所
├─ NYSE MKT [原美國證券交易所 (AMEX)]
├─ 紐交所群島交易所 (NYSE Arca)
├─ 倫敦國際石油交易所
├─ NYSE 創業板 (NYSE Alternext)
└─ NYSE Arca 歐洲 (NYSE Arca Europe)
```

圖 6-11　美國洲際交易所集團成員圖

的證券部門是美國最主要的兩家證券交易所之一，另一家為那斯達克交易所，這兩家交易所分別是美國前兩大證券交易所，也是全球前兩大證券交易所。

NYSE 原採用會員制，1971 年 2 月改為非營利公司制，2005 年 4 月收購**全電子證券交易所 (Archipelago)**，2006 年 3 月改組為營利性公司制，以追求會員之利益為目標。要進入 NYSE 的交易廳 (Floor) 進行買賣，必須事先取得席位，席位具有名額限制，共 1,366 個席位，過去可以自由轉讓，但 2006 年起，不再使用席位轉讓制，而是收取年執照費用。

NYSE 的會員依交易性質可分為下列四種的證券商：

❖ **佣金經紀商 (Commission Broker)**：在 NYSE 內從事交易的證券商中，一半以上為佣金經紀商，大多數是由投資銀行派出。投資銀行在美國各地設立據

點，接受客戶的買賣委託，將定單送給證交所的佣金經紀商，由其在交易廳內執行申報、議價等事項，賺取佣金收入。

❖ **專業經紀商 (Specialist)**：NYSE 指定股票給專業經紀商，由其握有特定種類的股票[24]，負責股票交易之撮合，被稱為是造市商 (Market Makers)。專業經紀商在證交所內有固定位置，並有職員為其處理相關的業務。在專業經紀商的帳戶中，會維持一定數量的股票，由專業經紀商與佣金經紀商進行議價買賣，本身所擁有的股票數量隨成交而變動，造成價差上的損益；另一方面，專業經紀商也賺取手續費；所以專業經紀商可以說是自營商又兼有經紀商的功能。

❖ **登記自營商 (Registered Traders)**：為增加交易的流動性，NYSE 允許自營商自行在交易所買賣證券，以價差獲取利潤為目的，不對一般投資人交易。

❖ **交易廳經紀商 (Floor Broker)**：交易廳經紀商可視為其他會員的經紀商，當其他經紀商過於忙碌時，會將自己無法完成的交易交由交易廳經紀商處理。

美國本國企業要在 NYSE 上市條件非常嚴格，例如最近一年的稅前淨利不少於 250 萬美元、社會大眾持股不少於 110 萬股、股東至少 2,000 名且每名擁有 100 股以上、公司的有形資產淨值不少於 4,000 萬美元等；對外國企業到 NYSE 上市條件更嚴格，例如最近 3 年連續盈利且在最後一年不少於 250 萬美元、社會大眾持有不少於 250 萬股、股東至少 5,000 名且每名擁有 100 股以上、公司的有形資產淨值不少於 1 億美元等。

(2) **紐交所群島交易所**：NYSE 於 2006 年 3 月合併 群島交易所 (Archipelago Exchange, Arca) 成立 Arca 市場，名曰紐約證券交易所群島交易所 (NYSE Archipelago Exchange, NYSE Arca)，交易全部以電腦撮合，讓新興的小型公司在此一市場掛牌，另亦成立了選擇權市場；Arca 是全美第二大電子股票交易所，僅次於那斯達克交易所。

(3) **NYSE MKT**：NYSE 於 2008 年 10 月合併美國證券交易所 (American Stock Exchange, AMEX)，改名為 NYSE MKT，以中小盤股票交易為主，近年來在金融衍生工具和 ETF 的交易上有很大成就。NYSE MKT 有 800 多個會員席位，約有 1,700 家上市公司，且有許多外國證券 (例如美國存託憑證)。另外，

---

[24] 紐約證交所一位「專業會員」負責約 15 種股票，但負責的數目得視其交易量而定。例如，IBM 只有一位專業會員負責。至 2008 年底，紐約證交所共有 432 位專業會員。

NYSE MKT 亦推出各類新商品，例如股票選擇權、利率選擇權、指數股票式基金 (ETF) 等。

(4) NYSE 創業板：2005 年 5 月，NYSE 成立創業板 (NYSE Alternext)，也是一權益交易市場，專供中小型企業上市和發展創立的初級市場。上市標準低、維護費用低，富有潛力的中小企業，只要連續營運兩年以上，都可以申請在 Alternext 上市。

(5) 巴黎證券交易所：法國共有 7 個證券交易所，大部分的交易集中在巴黎證券交易所，該所於 1801 年成立。1989 年以前，法國證券經紀商的數目固定且享有壟斷權，連銀行所安排的交易，也要經過證券經紀商；但 1989 年以後，證券經紀商的壟斷權被打破，取消固定的手續費，證券交易結構已大幅改變。

　　巴黎證券交易所將證券交易區分為第一類、第二類及自由市場類三種，第一、二類以交易量大小來區分，第一類交易量較大，為逐筆連續競價；第二類交易量較小，為集合競價；自由市場類屬於非管理市場，交易所並不審查標的證券，僅提供交易系統及資料傳輸。該所約有 1900 家上市公司，包括大型公司的藍籌股 (Euronext Blue Chips)、高科技股 (Hi-tech) 及傳統股等三種類股。

(6) 阿姆斯特丹證券交易所：阿姆斯特丹證券交易所成立於四個世紀以前，從 17 世紀就開始進行荷蘭東印度公司 (Dutch East India Company) 股份交易。開始只有股票交易，但後來也有期貨及選擇權交易。1851 年荷蘭成立阿姆斯特丹交易所協會 (Amsterdam Stock Exchange Association)，目的在掌理該國的股票交易，只有協會的會員才可以在阿姆斯特丹交易所交易。1978 年，該協會建立歐洲第一個選擇權交易所歐洲選擇權交易所 (European Options Exchange)，並於1988 年與美國證券交易所 (AMEX) 連線 [25]，使得歐洲選擇權投資人亦可買賣美式選擇權。

　　1997 年，阿姆斯特丹交易所協會與歐洲選擇權交易所合併為阿姆斯特丹交易所 (Amsterdam Exchange)，並放棄會員制，交易業務擴大至股票及衍生性商品。阿姆斯特丹歐美交易所編製荷蘭藍籌股 (Dutch Blue-chip Companies) AEX 指數，並採取一次購足服務模式 (One-stop Shopping Model)，服務包括清算、交割、證券集中保管及提供資訊。

---

[25] 美國證券交易所 (AMEX) 於 2008 年 10 月併入 NYSE Euronext。

阿姆斯特丹證券交易所歷史悠久，上市股票有不少該國著名的跨國公司。例如，荷蘭皇家石油 (Royal Dutch Petroleum Co.)、飛利浦電子 (Philips Electronics) 及聯合利華 (Unilever NV) 等公司，此外，該交易所亦有不少外國公司上市。

(7) 布魯塞爾證券交易所：布魯塞爾證券交易所成立於 19 世紀初期，正值拿破崙政府統治比利時時期 [26]。所以，比利時有很多法國的制度。在此時期，交易代理人、經紀商都是內閣官員，1987 年以前政府證券的交易都被這些人獨占，但不得以個人名義交易業務。此時期在自由市場驅使下，經紀商與交易所完全開放。但 20 世紀初葉，比利時進行經濟與資本市場的計畫，管理經紀業務就是計畫之一部分，到 1990 年 12 月，施行金融交易與市場法案 (Financial Transactions and Markets Act) 進行金融改革，規範證券商手續費及投資公司業務，使得比利時股票市場現代化、具有國際競爭能力。1996 年布魯塞爾交易所採用新電子交易系統 (New Trading Service, NTS)，實施全面電腦化，並為尚未上市的企業建立了過渡專業市場 (Interprofessional Market)，1997 年則進一步建立新市場 (New Market)，協助具成長潛力的企業上市。

1999 年 4 月，比利時期貨與選擇權交易所 (Belgian Futures and Options Exchange, Belfox)、布魯塞爾股票交易所 (Brussels stock exchange) 與證券集中保管所 (Central Securities Depository, CIK) 合併為布魯塞爾交易所 (Brussels Exchanges, BXS)。

(8) 里斯本證券交易所：葡萄牙的里斯本證券交易所於 1769 年成立，1974 年 4 月因軍事政變關閉股票市場，兩年後債券交易活動又恢復，不久所有「里斯本交易所」上市的證券交易也恢復了。今日葡萄牙的交易所是 1999 年 12 月合併里斯本股票交易所協會 (Lisbon Stock Exchange Association) 與波特衍生性商品交易所協會 (Porto Derivatives Exchange Association) 而來，新交易所名稱為 BVLP (Bolsa de Valores de Lisboa e Porto)，負責掌管正規現金及衍生性商品市場，及其他非正規市場的管理。2002 年 9 月，Euronext N.V. 購併 BVLP 股份，建立里斯本泛歐交易所 (Euronext Lisbon)，該所的會員可以對 Euronext Paris、Amsterdam 及 Brussels 掛牌上市之所有現金市場產品進行交易。

---

[26] 比利時於 1795～1814 年被法國統治，1831 年才正式獨立。

(9) NYSE Arca Europe：NYSE Arca Europe 於 2009 年成立，是一個多邊交易平台 (Multilateral Trading Facility, MTF)，提供歐洲多國對比利時、法國、荷蘭及葡萄牙交易所藍籌股的交易。

2. 那斯達克交易所

那斯達克 (NASDAQ) 是美國的一個電子證券交易機構，也是世界第一家電子證券交易市場。1971 年美國店頭市場的證券商組成了全國證券商協會 (National Association of Securities Dealers, NASD)，並且利用全國證券商協會自動報價系統 (NASD Automated Quotations system, NASDAQ) 的電腦系統來執行報價與交易，投資人可透過電話或網際網路直接交易，不必在交易大廳進行交易，稱為那斯達克 (NASDAQ)，是由那斯達克股票市場股份有限公司 (Nasdaq Stock Market, Inc.) 所經營的。

1982 年，NASD 在 NASDAQ 中另外設置了全國市場系統 (National Market System, NMS)，店頭市場因而具有兩套電腦系統，即 NASDAQ 及 NASDAQ/NMS。在 NASDAQ/NMS 設置之前，NASDAQ 的報價是證券商之買價及賣價，而 NASDAQ/NMS 除提供當時的買賣價格外，另增加了交易量、最高及最低成交價的行情，使得 NMS 報價類似於集中市場的電腦系統[27]、[28]。

依美國證券管理委員會的規定，在 NASDAQ 上櫃公司的資本額 (200 萬美元) 及收入到達一定水準者，強制在 NASDAQ/NMS 中報價；未達至 NASDAQ/NMS 上櫃的強制標準、但已有某些水準時，可自行選擇是否在 NASDAQ/NMS 中報價。NASDAQ 發展快速，吸引許多高成長的國內外公司申請上櫃。NASDAQ 以高科技公司為主，知名公司如微軟 (Microsoft)、蘋果 (Apple)、英特爾 (Intel) 等。

NASDAQ 是典型的造市商 (Market Maker) 交易制度[29]，跟 NYSE 的專門交易商 (Specialist) 制度不同。著名的造市商，如高盛 (Goldman Sachs & Co.)、摩根史坦利 (Morgan Stanley & Co. Inc.) 等。

NASDAQ 於 2008 年 2 月 27 日併購北歐 OMX 日爾曼交易所 (OMX Nordic

---

[27] 學術界的研究曾指出，NASDAQ 的撮合有聯合擴大買賣價差的情況，美國證管會因而於 1994～1996 年展開調查，並於 1996 年要求改善，NASD 因而花費鉅資更新電腦系統，並要求造市商 (Market Maker) 改變交易方式。

[28] NASDAQ 於 2002 年 10 月採用新的交易系統 SuperMontage，功能強大。

[29] 造市商 (Market Maker)，指金融市場上的一些獨立的證券交易商，為投資者承擔某一證券的買進和賣出，買賣雙方不需等待交易對手出現，只要有造市商出面承擔交易對手方即可達成交易。在 NYSE 稱為「專門交易商」(Specialist)，在香港稱為「莊家」。

Exchanges) [30] 後,更名為那斯達克 OMX 集團 (NASDAQ OMX Group),也是橫跨歐、美兩洲的交易所。該集團上市公司遍布全球六大洲,上市公司超過 3,500 家。

二、英國的交易所

英國最主要的證券交易所是倫敦證券交易所集團 (London Stock Exchange Group plc, LSE Group),擁有義大利 Borsa Italiana 及英國 London Stock Exchanges 兩個交易所,是 FTSE 250 Index 成分之一。

LSE 成立於 1801 年,過去的交易型態和 NYSE 類似,都是以喊價方式進行買賣。但 1986 年 10 月 27 日,LSE 進行了大震撼 (Big Bang),不再限定會員名額,經紀商多半以電腦系統下單。LSE 的股票、債券與貨幣市場都很發達,交易時間為上午 8:15~下午 4:15,在英國及愛爾蘭各大城市皆設有分部 [31],2000 年 3 月本身成為公開上市公司。在 LSE 上市的本國公司約有 1,200 多家,外國公司約有 300 多家,區分為阿爾發 (Alpha)、貝他 (Beta) 及咖瑪 (Gamma) 三類。阿爾發類多為著名的大型公司,交易最頻繁。例如,葛蘭素史克 (GlaxoSmithKline)、匯豐 (HSBC)、保誠 (Prudential) 與伏得風 (Vodafone) 等;其次為貝他類股票。交易所人員須提供阿爾發與貝他股票的買賣價格;LSE 大多數股票為咖瑪類,報價僅具有參考性,在交易前才確定價格。這三類股票交易都需報至交易所的電腦系統中,但只有阿爾發類股票交易資料顯示在螢幕上。

LSE 在 1995 年成立替代性投資市場 (Alternative Investment Market, AIM),除了將未上市證券市場 (USM) 的股票納入,也允許設立年限短、規模較小但具成長性的公司掛牌交易,AIM 大約有 1,700 多家掛牌公司。1999 年 LSE 建立了科技板 (techMARK) 及醫藥科技板 (techMARK mediscience);2003 年設立了 EDX London 衍生性商品市場,以 Proquote 系統處理交易。

LSE 於 2007 年併購義大利米蘭的 Borsa Italiana 交易所及 CC&G (米蘭清算所),形成倫敦證券交易所集團。2011 年 2 月 9 日,加拿大多倫多股票交易所 (Toronto Stock Exchange, TMX) 同意與 LSE 集團併購為 LTMX Group plc.,惟此一合併案加拿大方面阻力頗大,目前尚未成功。

---

[30] NASDAQ OMX Nordic Exchanges 總部設在瑞典,營運範圍包括北歐和波羅的海國家,在 Stockholm (斯德哥爾摩)、Helsinki (赫爾辛基)、Copenhagen (哥本哈根)、Iceland (冰島)、Tallinn (塔林)、Riga (利加) 及 Vilnius (維努斯),均有交易所。

[31] LSE 設立分部的城市包括伯明罕 (Brimingham)、曼徹斯特 (Manchester)、布里斯特 (Bristol)、利物浦 (Liverpool)、格拉斯構 (Glasgow)、貝爾發斯特 (Belfast,北愛爾蘭)。

三、德國的交易所

德國有 7 個證券交易所 [32]，由德國交易所集團公司 (Deutsche Boerse AG, DBAG) 控股，DBAG 提供人力，物力與財力供交易所交易之用。其中以法蘭克福證券交易所 (Frankfurt Stock Exchanges, FSE) 為最大，著名的上市公司如賓士汽車 (Daimler-Chrysler)、西門子 (Siemens) 及巴斯夫 (BASF) 等。該所喊價制度有連續及單獨 [33] 兩種方式，採用 Xetra 交易平台來處理買賣。除法蘭克福證券交易所外，其餘皆為區域性交易所，分別位於柏林、杜塞爾多夫、漢堡、漢諾威、慕尼黑、斯圖加特。交易之商品為股票、債券、認購權證與選擇權等。DAX 指數為德國股市的指標，也是歐洲的重要股市指標。

DBAG 於 1993 年創立，其上市成本比其他交易所低，上市的國內外公司數目超過 1 萬家。1994 年接管德國期貨交易所 (DTB)，1998 年 DTB 與「瑞士選擇權及金融期貨交易所 (SOFFEX) 合併成立歐洲期貨交易所 (Eurex)，而 DBAG 則成為出資 Eurex 50% 的股東。Eurex 於 2000 年 4 月推出歐洲首創的 ETF 類板 (XTF)，依附於各類指數之上，於 2001 年 9 月推出以歐元計價的美國股票平台，讓投資人可買賣美國股票。2007 年 Eurex 併購美國的國際證券交易所 (International Securities Exchange, ISE)，使德國交易所進入美國的衍生性商品市場，Eurex 與 ISE 均為完全電子交易平台，合併後 Eurex 的業務領域，包括利率、權益、權益指數、ETF、信用、商品、氣候、不動產等。

自 2007 年起德國證券市場管理分類方式均已和歐盟規定一致，每個交易所可經營兩種市場，即管理市場 (Regulated Market) 與開放市場 (Open Market)：

1. **管理市場**：進入條件主要規定在證券交易法 (German Securities Trade Act) 中，進入條件較嚴格，資訊揭露要求度較高，符合全球性的標準。
2. **開放市場**：進入條件由各交易所自行制定，進入門檻較鬆，主要是便利成長性高的中小型公司，可快速且以較低成本進入德國資本市場募集資金。

德國證券的保管與結算原由集中保管公司 (DKV AG) 負責，自 2003 年起結算業務由 Eurex Clearing AG 負責，交割與保管業務由國際保管股份公司 (Clearstream International S.A.) 負責，實施結算與保管業務分離制度。

---

[32] 原有 8 個證券交易所，但不萊梅交易所於 2003 年併入柏林交易所，目前為 7 個交易所。
[33] 「連續」指營業時間內隨時進行交易；「單獨」指 1 天之中只有一定的時間進行交易，主要處理數量較小的交易。

德國交易所的會員有下列三種型態：

1. **銀行代表**：德國投資人僅能透過銀行在交易所的代表下單，此代表可以自己帳戶交易，將投資人的買賣單與自己或其他銀行撮合，再將餘額報給官方經紀商。
2. **官方經紀商 (Official Brokers)**：係由地方政府指派，負責建立官方報價與安排交易員間的交易，不能以自己名義或自己帳戶交易，也不能直接與投資人交易，僅撮合銀行間的交易。
3. **獨立經紀商 (Free Bookers)**：是一種非官方的經紀商，可以在交易廳活動，負責撮合銀行間在管理市場的交易。

四、日本的交易所

日本於第二次世界大戰後，在東京、大阪、名古屋三地建立證券交易所，以會員組織重新營業；之後又有京都、廣島、福岡、新潟及札幌等，共 8 家證交所成立。2000 年 3 月福岡與新潟證交所併入東京證交所，2013 年 1 月 1 日東京及大阪兩大證券交易所合併為「日本交易所集團」後，日本剩 5 家證券交易所。

其中，**東京證券交易所 (Tokyo Stock Exchange)** 規模最大，該所原先為會員制，會員在交易廳內以手勢及暗號喊價買賣，但 1999 年 5 月起取消人工喊價，改採電腦全自動交易。2002 年該所改為公司制。該所有下列三個市場：

1. **第一部**：為主板，如同臺灣的集中市場，約有 1,700 多家上市公司，大都以日本的企業為主，資本額較大的公司多屬於第一部，交易也較為熱絡。該所雖於 1973 年 12 月建立了外國股票市場，但海外企業相當少且交易量不大，部分已上市的外國公司因而申請下市。
2. **第二部**：中小板、店頭市場，如同臺灣的櫃檯買賣中心，有 400 多家上市公司。1961 年 10 月，因店頭市場膨脹過快，便於東京、大阪及名古屋等交易所設立供資本額較小的公司交易的第二部市場。新的市場稍後於 1963 年成立，1976 年正式設立**日本店頭證券株式會社 (Japan Over-the-Counter Securities Co.)**，1978 年起實施交易自動化，經過幾次改善，1991 年 10 月使用 JASDAQ 系統。

日本 JASDAQ 市場將股票區分為登記股票、管理股票及特則 (青空) 股票三類，其中登記股票係符合上櫃標準的正常股票；管理股票是下市股票，或尚

未符合上櫃標準、交易受限的股票；特則 (青空) 股票則是指尚未上櫃，但由證券商認定具發展潛力的新興股票。

JASDAQ 原本被定位為集中市場的預備市場，亦即店頭的上櫃股票在成長後即轉入集中市場，但 1998 年日本證券業協會 (JASD) 則將本身角色定位為集中市場的競爭市場，並於 1999 年進行改革。

3. 創業板：係一新興市場，如同臺灣的興櫃市場，約有 200 家公司上市。由於不少日本公司至美國的那斯達克 (NASDAQ) 上櫃，為了能吸引高科技與高成長的公司於日本掛牌交易，東京證交所於 1999 年新設高成長與新興股市 (Market of the High-Growth and Emerging Stocks)，縮寫為母親 (Mothers)，上市的規定較為寬鬆，同年 12 月起開始交易。

五、香港的交易所

香港在 1891 年成立證券商協會，1914 年更名為證券交易所，1970 年代又出現另外 3 個交易所，到 1986 年 4 個交易所正式合併為香港證券交易所 (Hong Kong Stock Exchange, HKSE)，以電腦撮合交易，成長快速。1997 年回歸中國大陸後，允許大陸國營企業 (H 股) 與陸資掌控的企業 (紅籌股) 於香港掛牌上市。

香港證券交易所主要指數為香港恆生指數，於 1969 年 11 月推出，因成分股中不含 H 股，恆生指數無法反映 H 股自 2003 年以來成交金額的成長，乃自 2006 年 9 月底開始將 H 股納入恆生指數成分股，目前 H 股對恆生指數具有主導力量。交易時間為週一至週五，早盤為 9:30～12:00，午盤為 13:30～16:00，股票市場交割日為 T＋2，無漲跌幅限制。

香港證券交易所有兩個市場可供上市的公司選擇，分別是主板和創業板。主板為較成熟公司而設，上市公司必須符合盈利或其他財務要求。主板上市的公司有綜合企業、銀行、公用事業及地產公司等，目前約 1,200 家上市公司。創業板為第二板及躍升主板的踏腳石，目前約 200 家上市公司。

另一方面，香港期貨交易所 (Hong Kong Futures Exchange, HKFE) 成立於 1976 年，提供指數、股價、利率及外匯期貨 (及選擇權) 商品，吸引許多跨國企業於香港設立營運中心。而 2000 年 3 月香港證券與期貨兩個交易所正式合併為香港證券與結算公司 (Hong Kong Exchanges and Clearing Limited, HKEx)，為控股公司之型態，合併 3 個月後本身也掛牌上市。

六、韓國的交易所

韓國於 1956 年設立韓國證券交易所 (Korea Stock Exchange, KSE)，總部位於釜山，交易部門設於首爾 (Seoul)。1962 年制定證券交易條例，1968 年制定培育資本市場特別法，1981 年制定開放證券市場的 10 年計畫。1991 年 7 月公布新外匯管制法案，打破韓國 30 多年的外匯管制；1992 年 1 月起開放直接投資，上限為上市企業發行股份總數的 10%，以後逐漸擴大。1996 年設立店頭市場 (KOSDAQ)，1997 年亞洲金融風暴後積極推出各類金融商品。1998 年 5 月，韓國取消外資投資和經營證券的所有限制，使韓國證券市場進入充分自由競爭的時代。目前韓國的證券市場，就經營及投資而言，已經成為充分國際化的市場。

韓國於 1999 年設立期貨交易所 (Korean Futures Exchange, KOFEX)，並於 2005 年將韓國證交所 (KSE)、店頭市場 (KOSDAQ) 與期貨交易所 (Korean Futures Exchange, KOFEX) 合併，更名為韓國交易所 (Korea Exchange, KRX)，2006 年 9 月本身成為上市公司。韓國交易所上市公司約有 800 家，KOSDAQ 約有 1,100 家。

韓國證券交易所主要指數為韓國綜合股價指數 (Korea Composite Stock Price Index, KOSPI)，由所有交易的股票價格來計算，並以 1980 年 1 月 4 日作為指數的基期。主要產品為股票、債券、指數期貨、指數選擇權等現貨和衍生商品，其成交量已進入世界十強之內。

七、中國大陸的交易所

中國大陸在 1990 年 12 月成立上海證券交易所，1991 年 7 月成立深圳證券交易所，股票分 A、B 股，A 股為境內股票，B 股是供港、澳、臺灣及外國人等境外投資人交易，1998 年 4 月起統一由證監會管轄證券事務。另外，中國大陸也在 2013 年 1 月成立新三板 (全國中小企業股份轉讓系統)，被稱為北京證券交易所。

中國大陸股市在 1990 年代初期與中期的表現頗差，主因是官方讓許多財務不健全的國營企業上市；1990 年代後期全球經濟表現雖然良好，但中國大陸因逢 1997 年亞洲金融風暴、1998 年夏季長江水災與失業問題，使股市行情仍受衝擊。2000 年代初期中國大陸的股價水準隨國際行情下跌；2005 年後中國大陸高經濟成長呈現在股市上，外資持續流入，整體股價表現極佳。因此，中國大陸證券交易所的世界排名大躍進，2017 年 3 月上海股票市值排名全球第四，深圳第八，與日本交易所集團、香港交易所並列亞洲前四大交易所。近來，大陸證券相關機關積極從事

新金融商品研發、嚴控證券商風險、整頓國營事業等，加以兩大股市皆積極培育大型藍籌股，皆顯示其成為國際金融中心的企圖心。

1. 上海證券交易所

上海證券交易所 (Shanghai Stock Exchange, SSE)，簡稱上交所，是一個不以營利為目的之法人。其職能包括：(1) 提供證券交易的場所和設施；(2) 制定證券交易所的業務規則；(3) 接受上市申請，安排證券上市；(4) 組織、監督證券交易；(5) 對會員、上市公司進行監管；(6) 管理和公布市場訊息等。交易時間為每週一至週五，上午為前市，9:15～9:25 為集合競價時間，9:30～11:30 為連續競價時間；下午為後市，13:00～15:00 為連續競價時間。

上交所股票採用六位阿拉伯數字編碼，前三碼為股票種類，首碼為產品標識，其中 6 表示 A 股、9 表示 B 股。該所實行指定交易制度，投資者只能在指定的一家券商進行委託交易，投資者在新開戶或轉戶後可透過網路、電話交易系統交易。該所也實施網路投票制度，投資者可透過交易系統參與股東大會投票，使不能到現場的股東也可以進行投票，行使股東權利。

上交所有 800 多家公司上市，上市證券有 1,300 多檔。市值較大的公司包括中國石油天然氣公司、中國工商銀行、中國建設銀行、中國銀行、中國人壽保險公司、中國石油化工公司等。

2. 深圳證券交易所

深圳證券交易所 (Shenzhen Stock Exchange, SZE)，簡稱深交所。1999 年以前深交所業務量一直領先上交所，但由於中國大陸扶持上交所的發展，令深交所於 2000 年 9 月停止發行新股，新股的業務全轉到上交所。深交所乃於 2004 年 5 月 17 日設立中小企業板 (簡稱中小板)，重新恢復企業上市，但是限於中小企業，2009 年再推出創業板。

深交所交易時間為上午 9:30～11:30，下午 1:00～3:00；零股交易時間為零股交易專場日的上午 9:00～10:30。深交所在成立初期，主要透過各會員派駐的出市代表 (俗稱紅馬甲)，在交易所的交易廳透過電腦終端進行交易。1997 年 6 月 2 日開始，深交所的投資人可以把委託單直接傳送到交易所主機，實施電子無形化交易。

3. 北京證券交易所

中國大陸為提供中小微型企業資本市場服務平台，於 2013 年 1 月在北京開始運作全國中小企業股份轉讓系統，此一系統稱為新三板，類似臺灣的興櫃市場，一般以北京證券交易所稱之。新三板掛牌條件很鬆，大都是高新科技事業申請，一般存續二年、主營業務突出且有持續經營紀錄者，就可掛牌。在新三板表現良好者，可以申請下市後重新申請到集中市場上市。例如，臺商艾艾精工公司於 2017 年 5 月從新三板下市，再到上海 A 股首次公開發行 (IPO) 上市。

金融市場 Financial Market

習題

一、選擇題 (單選)

(　) 1. 美國福特 (Ford) 汽車公司的 B 股並未上市，由福特家族持有，約占流通在外股數的 15%，卻有 40% 的投票權。此種股票稱之為何？　(A) 追蹤股 (Tracking Stocks)　(B) PIK 特別股　(C) 創始人股票 (Founder's Stock)　(D) 無面額股票 (Non-Par Stock)　(E) 累積特別股 (Cumulative Preferred Stock)。

(　) 2. 下列對特別股之敘述，何者正確？　(A) 公司在支付股利給普通股股東之後，才支付給特別股股東　(B) 累積特別股係指股東將股利存放於公司，繼續投資股票　(C) 可轉換特別股係指股票可轉換為債券　(D) 公司發行特別股時，可設立條款，約定未來公司可買回特別股　(E) 調整報酬率特別股之求償權優於公司債。

(　) 3. 規定股票持有人必須 3～4 年內仍在任職公司或達一定績效，才能處分股票，此類股票稱為下列何者？　(A) 創始人股票　(B) 限制型股票　(C) 追蹤股　(D) 庫藏股　(E) 存託憑證。

(　) 4. 在證券市場中，以行紀或居間業務賺取手續費的機構為下列何者？　(A) 證券承銷商　(B) 證券經紀商　(C) 證券自營商　(D) 證券投資信託公司　(E) 證券金融公司。

(　) 5. 承銷商依議定價格盡力出售證券，承銷期限屆滿未售完之證券歸還給發行公司，此種承銷方式稱之為何？　(A) 代銷　(B) 包銷　(C) 分銷　(D) 聯合承銷　(E) 議價承銷。

(　) 6. 下列何者對「集合競價」撮合的描述最正確？　(A) 同時考慮時間與價格　(B) 每盤以買賣價格排序，不分時間　(C) 以時間優先、價格其次　(D) 當日交割 (全額交割股) 之委託優先　(E) 鉅額交易優先。

(　) 7. 目前臺灣規定何種上市櫃公司，在股東大會時必須強制透過集保結算所的「股東e票通平台」開放網路電子投票，讓不能參加股東大會的股東也能參與表決權？(A) 資本額逾 10 億元且股東超過 1,000 人以上　(B) 資本額逾 50 億元且股東超過 1

萬人以上　(C) 資本額逾 100 億元且股東超過 1 萬人以上　(D) 資本額逾 200 億元且股東超過 2 萬人以上　(E) 資本額逾 500 億元且股東超過 5 萬人以上。

(　) 8. 下列有關西歐證券市場之敘述，何者正確？　(A) 倫敦證交所於 1986 年開始採用人工喊價制度　(B) 泛歐證交所 (Euronext) 是由德國聯邦證交所與巴黎證交所合併組成　(C) 歐盟規範證交所本身不可上市櫃　(D) 2007 年法蘭克福證交所與義大利證交所合併　(E) 2007 年泛歐證交所 (Euronext) 與紐約證交所合併。

臺灣上市櫃

(　) 9. 下列有關臺灣上市櫃條件的敘述，何者錯誤？　(A) 公司必須已設立一段時間　(B) 上市櫃前之獲利須達標準　(C) 公司必須提出會計師簽證之財務報表　(D) 公司規模夠大，不須承銷商之輔導　(E) 股權分散具有規定。

(　)10. 下列有關臺灣公司上市櫃的敘述中，何者為正確？　(A) 不須先辦理「公開發行」可直接上市　(B) 不須先在興櫃市場掛牌一段時間　(C) 有勞資糾紛或汙染環境仍然可以上市櫃　(D) 上市櫃後之股價首五日漲跌停幅度為 50%　(E) 公司承銷價格由公司與承銷商議定。

(　)11. 下列有關股票承銷方式中，何者是由出價較佳者得標的方式？　(A) 公開申購　(B) 競價拍賣　(C) 申報生效　(D) 詢價圈購　(E) 私下募集。

美國上市櫃

(　)12. 美國公司發行新股之上市櫃說明會 (Roadshow) 時，機構投資人可填申請單，註明願意買入之價格，但並沒義務買進，此種方式稱之為何？　(A) 詢價圈購 (Bookbuilding)　(B) 公開申購 (Open Subscription)　(C) 競價拍賣 (Auction)　(D) 架上註冊 (Shelf Registration)　(E) 優先認購 (Privileged Subscription)。

(　)13. 下列有關美國 1982 年「架上註冊」(Shelf Registration) 之敘述，何者最正確？　(A) 企業可直接在電腦網路申請上市櫃　(B) 證券主管機關放寬高科技事業之上市櫃標準　(C) 企業向主管機關申請一定數量的證券，在 2 年內視本身的需要來發行　(D) 企業發行股票特定股東時，以網路方式通知主管機關　(E) 企業在特殊狀況下發行證券，須提出財力證明。

( )14. 美國企業上市櫃半年後價格明顯下跌，下列何者最能解釋這個現象？　(A) 承銷商出售股票　(B) 承銷商不再護盤安定股價　(C) 流通過高所造成　(D) 內部人閉鎖期滿，出售股票造成賣壓　(E) 發放股利所造成賣壓。

二、簡答題

1. [普通股的風貌] 試扼要說明普通股的風貌。

2. [特別股的種類] 試扼要說明特別股有哪些不同種類？

3. [上市櫃之行情] 簡述美國與臺灣申請「初次上市櫃」(IPOs) 之程序。

4. [企業發行股票之規定] 試說明下列臺灣企業發行股票相關名詞之意義：
   (1)「包銷」(Firm Commitment) 與「代銷」(Best Effort)。
   (2)「公開申購」、「競價拍賣」與「詢價圈購」。
   (3)「現金增資」(Seasoned Equity Offerings) 與「私募」(Private Placement)。

5. [股票交易] 簡述臺灣投資人買賣股票之程序。

三、計算題

◎[競價拍賣] 秋天公司發行 500 萬新股，以「競價拍賣」方式出售，底價 60 元，X、Y、Z 三家廠商出價競標如下表，請於表中填入得標價格與股數。

廠商	投標價	股數	美國標 (複式價) 得標價	美國標 (複式價) 得標股數	荷蘭標 (單一價) 得標價	荷蘭標 (單一價) 得標股數
X	$64	200 萬				
Y	$62	200 萬				
Z	$60	200 萬				

四、問答與申論題

1. [上市安定操作與發行存託憑證] 臺灣華亞科技公司生產 DDR2 (動態存取記憶體)，2006 年 3 月 17 日以承銷價 33 元掛牌上市，而上市前以 20 元讓員工認股；圖 6A-1 描繪該公司 2006 年的股價累積報酬率，從圖中可看出，由於股本龐大、員工股出籠，華亞科上市後股價明顯下跌，承銷商因而於 3/17～3/23 期間買回 1.8 萬張的「過額配售」股，以期安定股價。

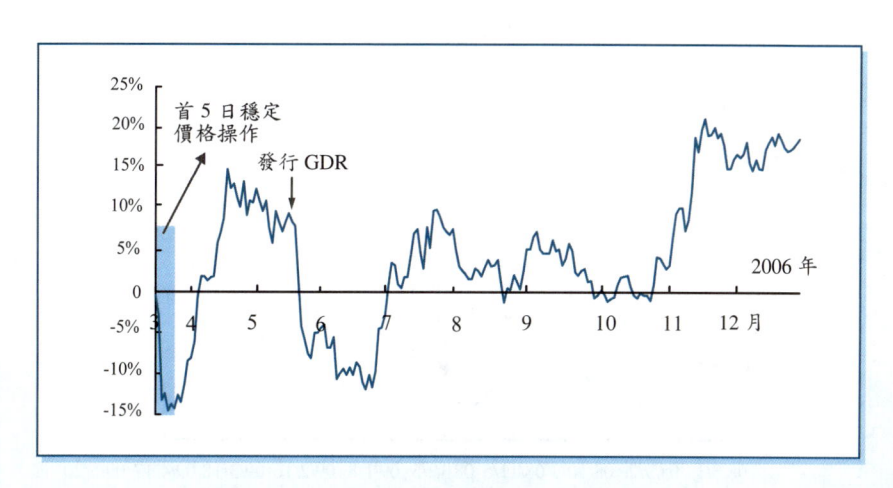

圖 6A-1　華亞科技公司上市後之股價走勢

　　華亞科上市 2 個月後 (2006 年 5 月中旬)，以 6% 之折價發行 10 億股的「海外存託憑證」(GDR)，這種上市後隨即巨額籌資的活動並不常見，從圖 6A-1 中可看出，華亞科的釋股對股價造成明顯的負面衝擊。

▷ (1) 說明過額配售 (Over-Allotment) 之意義。
▷ (2) 相對於國內現金增資而言，在海外發行 GDR 有何優缺點？

2. [**臺灣興櫃市場之股價**] 臺灣洋華電子公司生產觸控式液晶面板，2008 年每股盈餘 11.32 元，2008 年申請上櫃，重要日期如下：

✍ 送件日：9 月 30 日。
✍ 審議通過日：12 月 5 日。
✍ 櫃檯董事會通過日：12 月 16 日。
✍ 證期局核准日：2009 年 1 月 5 日。
✍ 上櫃掛牌日：2009 年 3 月 25 日。

圖 6A-2 描繪洋華電子上櫃前後 (2008～2009 年) 的股價走勢。

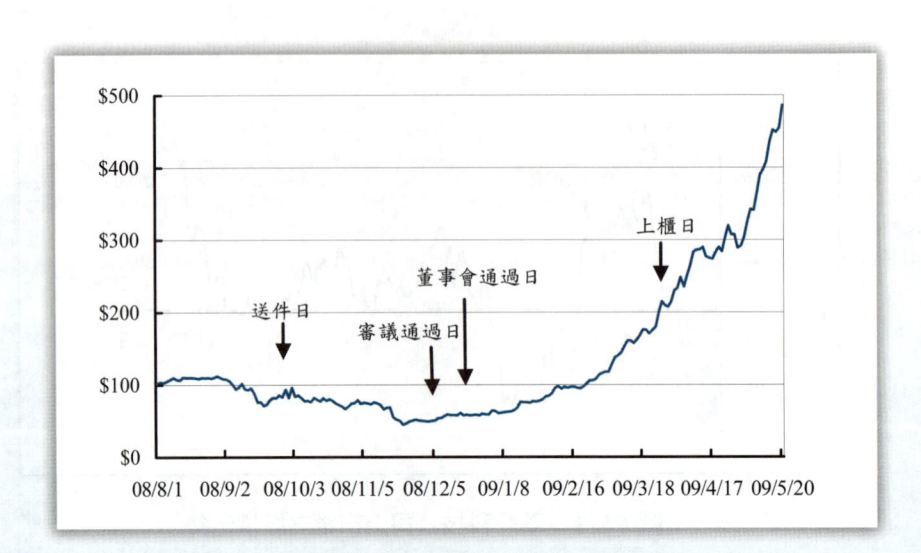

圖 6A-2　洋華電子公司興櫃及上櫃之股價走勢

　　當洋華送件時，代表該公司已充分準備，不確定性下降，股價上漲 (當天由 83 元漲至 93 元)，但 2008 年第四季因次級房貸風暴之影響，其股價隨大盤處於低檔；在審議通過後 (當天由 50.9 元漲至 54 元)，到了上櫃前後，大盤表現良好，洋華股價大幅上漲。

▶ 試尋找洋華後續的股價資料，並加以評論 (市場是否過度樂觀)。

3. [臺灣現金增資之行情] 臺灣公司生產 DDR2 (動態存取記憶體)，2006 年 3 月 17 日以承銷價 33 元辦理「現金增資」。

4. [證券交易所的發展趨勢與策略] 先進國家的證券交易所近期出現了下列趨勢：
   (1) 以合併方式擴大規模。
   (2) 成立「科技板」。
   (3) 證券交易所本身也成為上市公司。

▶ 試說明上列方式的優點。

簡 答

一、選擇題

1.	2.	3.	4.	5.	6.	7.	8.	9.	10.	11.	12.	13.	14.
C	D	B	B	A	B	B	E	D	E	B	A	C	D

三、計算題

◎競價拍賣：

廠商	投標價	股數	美國標 (複式價) 得標價	美國標 (複式價) 得標股數	荷蘭標 (單一價) 得標價	荷蘭標 (單一價) 得標股數
X	$64	200 萬	$64	200 萬	$60	200 萬
Y	$62	200 萬	$62	200 萬	$60	200 萬
Z	$60	200 萬	$60	100 萬	$60	100 萬

四、問答與申論題：參考簡答

1. [上市安定操作與發行存託憑證]

(1)過額配售 (Over-Allotment)：係發行人與主辦承銷商簽訂意向書 (Letter of Intent)，給予主辦承銷商在股票發行後 30 天內，得以發行價從發行人處購買原發行量 15% 額外股票的一項制度。主辦承銷商可以按原定發行量的 115% 銷售股票。當發行後股價大幅上揚時，主辦承銷商可以發行價格從發行人購得超額 15% 股票，在市場銷售以壓抑過高的股價；當發行後股價大幅下跌時，主辦承銷商會從市場上購回超額發行的股票以支撐價格。這是一項穩定發行新股價格功能的措施。

(2)👍海外發行之優點：降低對股價負面影響程度。

👎海外發行之缺點：增加文書作業及上市櫃費用。

4. [證券交易所的發展趨勢與策略]

(1)合併：朝國際化與跨業化方向發展，增加證券種類，有利於證券操作 (增加證券組合之效率)，吸引更多投資人 (尤其是法人) 於該交易所買賣，可以提高交易所的交易量

及利潤。
(2)科技板：提升本國及外國科技公司上市櫃之意願，而且在具有高獲利潛力的股票後，可以吸引特定基金與投資人於該交易所買賣。
(3)證交所本身上市：人事與財務更加透明，促使經理人以追求股東財富極大為目標，進而提供最佳的服務，吸引有潛力的企業於交易所上市，並提供及創新各種商品，以創造利潤。

第 7 章

共同基金

本章第一節介紹共同基金的分類;第二節介紹共同基金實務;第三節介紹指數型基金;第四節介紹結構型商品。然後,第五節介紹共同基金的稅負。

第一節　共同基金的分類

一、共同基金的意義

依據臺灣的信託業法規定，共同基金 (Mutual Fund) 指信託業就一定之投資標的，以發行受益證券或記帳方式向不特定多數人募集，並為該特定多數人之利益而運用之信託資金。亦即共同基金係指投資人以單位投資信託的方式共同集合資金，委託基金經理公司或證券投資信託事業等專業投資機構，透過其專業經理人操作一系列的投資組合，所得的利潤及承擔的風險，均歸屬於投資人之一種投資工具。共同基金也稱為證券投資信託基金 (Security Investment Trust Funds)。

全球第一個「共同基金」源自 1924 年美國波士頓，美國 1970 年代就有數百檔「共同基金」，到 1990 年代初期，增加至 3,000 多檔，其後發展速度仍極為驚人，其中一些基金的規模相當龐大[1]。2016 年底，美國的共同基金數目已達 19,215 檔，管理總資產達 19.2 兆美元，主要為開放式及 ETFs 基金，二者合計 18.9 兆美元，約占全球開放式基金總資產 40.4 兆美元之 47%[2]。

臺灣是在 1983 年 (民國 72 年) 9 月正式開放證券投資信託事業，當時有國際、光華、建弘、中華 4 家公司獲准設立，三十餘年來發展非常迅速，迄 2017 年 3 月止，臺灣的共同基金 (不含境外基金) 總數已達 747 檔，規模達新臺幣 2.15 兆元。

二、共同基金的型態

共同基金因組織方式不同，可區分為下列三種型態：

1. **契約制基金**：投資人、證券投資信託公司、基金保管機構 (如銀行信託部) 之間訂定信託契約，通常為指定用途信託基金，投信公司必須將基金投資於契約中所敘述之標的 (如股票或債券)，由保管機構負責監督，投信公司必須依投資持分發行受益憑證。在此制度下，投資人並非公司的股東，臺灣及日本的基金，

---

[1] 美國富達集團 (Fidelity) 旗下的「麥哲倫基金」(Magellan Fund) 因規模過於龐大，於 1997 年底宣布停止接受投資人之申購，當時該基金之規模為 640 億美元，約為當時臺灣基金資產總值 (157 億美元) 的 4 倍。

[2] 根據美國投資公司業 (Investment Companies Industry, ICI) 2017 年度報告，包括 Mutual funds (Open-end funds) 16,344 檔、ETFs 2,524 檔、Closed-end funds 262 檔、UITs 85 檔；金額分別為 16.344 兆美元、2.524 兆美元、0.262 兆美元、UITs 0.085 兆美元。

是屬於契約制基金。

2. **公司制基金**：委託人以投資為目的而組織公司，發行公司必須發行附買回請求權的股票，讓投資人參與投資，投資人可隨時向發行人請求依股票市價買回。在此制度下，投資人是公司的股東，美國、英國的基金屬之。公司型態的基金可能使投資人負擔雙重稅負 (營利事業所得稅及個人所得稅)，除非在基金收入稅率較低的國家，否則投資人較不願以此方式成立基金。

3. **有限合夥型基金**：投資人提供資金給證券投資信託公司，以投資為目的，投資人的身分為合夥人，到期後可解散事業。

三、共同基金的運作

共同基金的運作，有如下的特點：

1. **保管機構保管資產**：基金資產必須委託保管機構，以基金專戶名義儲存、保管。
2. **保管與操作分離**：基金經理公司或證券投資信託公司只負責基金管理及操作，不能接觸基金之資金及有價證券。
3. **基金財產獨立性**：基金資產既不屬於基金經理公司之財產，也不屬於保管機構之財產，亦即與基金經理公司、證券投資信託公司、保管機構之自有財產分離。因此投資人不需承受基金經理公司、證券投資信託公司、保管機構倒閉的風險。

四、共同基金的分類

共同基金最常見的分類，是以發行方式、核心標的、投資地區、投資目的及特殊投資方式來區分。茲說明如下。

1. 以發行方式而分

(1) 開放型基金 (Open-end Mutual Fund)：指投資人自基金發行滿一段閉鎖期後，可以隨時按基金資產淨值賣回給發行的投信公司之基金[3]。開放型基金規模可以追加而逐漸擴大，有時隨著投資人不斷地贖回而減小，所以規模不固定。開

---

[3] 先進國家的「開放型基金」多半以投資人買賣當天的收盤淨值計算價格。2003 年以後，臺灣投資人買入國內基金的價格以當日的淨值為準，賣出則以次一營業日的淨值計算 (過去買入以前一個營業日的淨值為準，賣出則以次一營業日的淨值計算)。

放型基金買賣價格以基金的淨資產價值 (Net Asset Value, NAV) 為準，淨資產價值是以基金所擁有證券的市價來計算。絕大部分的基金是屬於開放型。

> **例 共同基金的淨值**
>
> 淨值代表基金的每單位淨資產價值。某日某檔基金的所有投資之標的物，包括股票、債券、現金等收盤結算後合計價值 1,555,000,000 元，而該基金每日必須支付的費用合計為 255,000 元，該基金全部發行的單位數為 9,000 萬單位。請問該基金單位淨值為何？
>
> 答： ($1,555,000,000 − $255,000) ÷ 90,000,000 = $17.27 / 單位

(2) 封閉型基金 (Close-end Mutual Fund)：指募集完成後不能贖回也不能變動其總額，投信公司將受益憑證申請上市，投資人必須在集中市場公開交易之基金。其規模是固定的，投資人不可向基金公司、投信公司申請贖回，必須在集中交易市場買賣，其成交價格是依競價而得，並非依基金的淨資產價值為準。封閉型基金的淨資產價值僅作為參考及配息之依據，通常和市價會出現差距，故封閉型基金之市價，可能溢價，也可能折價，實務上絕大部分是折價。臺灣的封閉型基金一般在每年的 3、4 月配息，配息多寡將影響其價格。封閉型基金很少，以臺灣為例，至 2012 年 2 月止，只有富邦投信發行的富邦基金一檔。

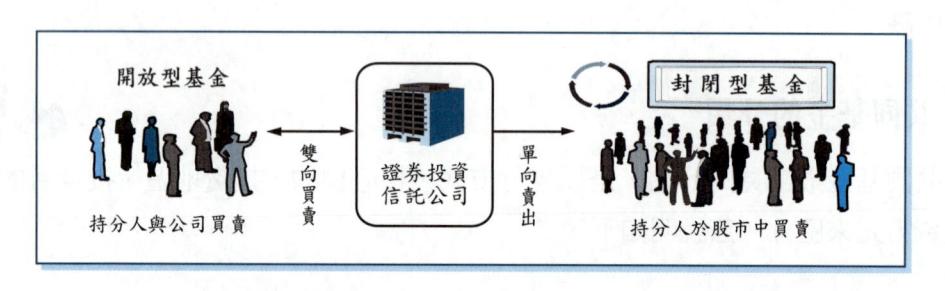

若比較封閉型基金與開放型基金的行情，封閉型基金因於股市內交易，受行情及供需之影響，價格變動較大，但獲利性也可能較高；開放型基金的價格等於淨值，價格變動較小。

除了「封閉型」與「開放型」兩種基金之外，美國還有單位投資信託 (Unit Investment Trusts, UIT)，通常是由證券商所募集發行。UIT 具有到期日，最短的只有數個月，而基金發行人並不積極管理，從基金設立至期滿為止，並

不改變所持有的證券。因此，多數的 UIT 為債券基金 (大部分是投資於免稅債券)。

2. 依核心標的而分

(1) 股票型基金：指投資核心標的放在風險較高的股票之基金，屬高風險、高報酬基金。股票型基金可以選擇更細的投資標的，例如，以高科技、電信、生技業為目標的基金，又如以投資中小型公司股票為主的中小基金、以投資上櫃股票為主的店頭基金等。

(2) 債券型基金：指投資核心標的放在風險較低的債券之基金。例如，投資政府公債、公司債及金融債券等，旨在賺取長期穩定的利息收入。臺灣過去債市交易冷清，投資債券型基金多為法人，主要係因投資於基金之收入免稅，因而成為一些法人短期內的套利工具[4]；不過，大約在 2000 年之後，銀行定期存款利率大幅下降，債券的利率高於定存利率，臺灣許多投資人因而偏好購買債券型基金，使得債市較為活絡。

(3) 貨幣型基金：指投資核心標的放在風險極低的貨幣市場工具之基金。例如，投資商業本票 (CP)、銀行承兌匯票 (BA)、同業拆放、可轉讓定存單 (CD)、國庫券 (TB) 等，屬低風險，低報酬。貨幣市場基金是以短期穩定之利息收入為目標，旨在賺取流動性。

(4) 資產證券化基金：指投資核心標的放在不動產或以不動產作擔保的貸款或以其他資產為基礎之基金。例如，不動產投資信託 (Real Estate Investment Trusts, REITs)、不動產資產信託 (Real Estate Asset Trusts, REATs)。不動產信託基金具有防止通貨膨脹的效果，但就美國而言，因該國地大，不動產比較少出現大幅漲跌的現象。

(5) 期貨信託基金：指投資核心標的放在期貨交易、期貨相關現貨商品之基金。其投資標的包括國內外期貨商品與有價證券 (股票、債券)，其中投資股票或債券的比重不得超過 40%，投資期貨的比重至少 60%。

(6) 衍生性商品基金：指投資核心標的放在衍生性商品投資之基金。衍生性商品基金投資標的為期貨、選擇權、認股權證等商品，這一類基金的操作較為困難，獲利可觀，但風險也較大。

---

[4] 例如，當債券型基金獲利率在 5.6%～6.5% 之間 (假設未來不會低於 5.65%)，而銀行間拆放款利率為 6.2%，考慮營利事業所得稅 (25%)，銀行至少可獲利 (套利) 5.65% − 6.2% × (1 − 25%) = 1%。

(7) 貴重金屬基金：指投資標的為貴重金屬，例如，黃金、白銀、白金、鈀金等之基金。由於貴重金屬為實體商品，在通貨膨脹期間具有保值作用，這一類的基金可作為投資人證券投資組合的平衡工具。

> **例 共同基金的分類**
>
> 以投資標的區分之觀點而言，投資基金之報酬與風險的關係為何？
>
> 答：**高報酬、高風險投資標的**：股票型基金、貴重金屬基金、期貨基金、衍生性商品基金。
> **中報酬、中風險投資標的**：資產證券化基金。
> **低報酬、低風險投資標的**：債券型基金、貨幣型基金 (類貨幣型基金)。

3. 依投資地區而分

(1) 單一國家型基金 (Country Fund)：以某一國家金融市場為投資標的之基金。例如，馬來西亞基金、印度基金、日本基金、韓國基金、美國基金等。

(2) 國際型基金 (International Fund)：以數個國家金融市場為投資標的之基金。國際型基金，可再區分為下列三類：

- 區域型基金 (Regional Fund)：以某一特定區域金融市場為投資標的之基金。例如，東協基金 (包括泰國、馬來西亞、菲律賓、印尼、新加坡等國)、拉丁美洲基金、泛太平洋基金等。

- 特定市場基金 (Specific Market Fund)：以某一特定市場所涵蓋的國家為投資標的之基金。例如，新興市場基金以世界上新興國家的金融市場為投資標的。

- 外國指數基金 (Foreign Index Fund)：以國際指數為投資標的之基金。例如，歐洲指數基金、MSCI 指數基金、S&P 500 指數基金等。

(3) 全球型基金 (Global Fund)：以全球金融市場為投資標的之基金。大都以歐美市場為主，新興市場為輔，以便於分散風險。

由於風險分散以全球型基金最明顯，區域型基金次之，單一國家型基金再次之，單一股票最不具風險分散效果。故其風險由小至大排列如下：全球型基金＜區域型基金＜單一國家型基金＜單一股票。

4. 以投資目的而分

(1) **積極成長型基金**：指核心投資標的配置在風險性較高的投資工具之基金，例如，投資高科技股、投機股等。主要目的在追求最大資本利得，具高風險、高報酬的特性。

(2) **成長型基金**：指核心投資標的配置在經營績效良好、且具長期穩定成長績優股之基金。主要目的在追求**資本利得 (Capital Gains)**，亦即價差及股利長期穩定的增值利益，風險及報酬均較積極成長型基金低。股票(成長)型基金是由專業經理人替投資人操作買賣股票，調整投資組合，以期能從中獲利。因此，有人將股票(成長)型基金稱為股票中的股票。

(3) **成長加收益型基金**：指核心投資標的配置在未來前景看好且股利政策穩定的成熟型股票之基金。主要目的在追求資本利得及穩定之利息與股利，風險及報酬均較成長型基金低。

(4) **收益型基金**：指核心投資標的配置在具有固定收益如特別股、債券等的投資工具之基金。主要目的在追求穩定收益，風險及報酬均較成長加收益型基金低。

(5) **平衡型基金**：指核心投資標的適當地分配在具有固定收益與資本利得的投資工具之基金。由於投資標的有低風險之債券類及高風險之股票類工具，因此在其收益上具有平衡效果。主要目的在追求股票類之資本利得外，還兼具追求債券類之固定收益，風險及報酬均較收益型基金高。

5. 以特殊投資方式而分

除了上述共同基金之種類外，基金因特殊的操作方式而有下列之類別：

(1) **指數基金 (Index Fund)**：指以追蹤特定指數的表現為主要標的之基金，是一種追求投資績效能接近指數的基金。指數基金的觀念是基於無法**擊敗市場 (Beat the Market)** 所設計的，亦即基金的表現並不會比大盤好；而且對不少投資人而言，預測指數的走勢可能要比研究個股容易。因此基金的走勢若和大盤一樣，可以吸引一些投資人購買。

(2) **指數股票型基金 (Exchange Traded Fund, ETF)**：係以股票組合交付證券投資信託，並以所交付的股票組合為擔保，發行分割單位較小的受益憑證出售給投資人，並於證券交易所掛牌買賣，這種受益憑證謂之指數股票型基金。

(3) **傘型基金 (Umbrella Fund)**：指由一群彼此相互間可以轉換的子基金或成分基金共同構成的基金體系，稱為傘型基金。此種基金中涵蓋許多不同類型的子基

金，投資人若購買其中一個子基金，便可在特定期間、一定的次數內，依契約規定轉換不同的子基金，免計手續費。這種方式可以讓基金公司避免過大的贖回壓力，例如，子基金 A 的表現不佳，投資人轉成表現較佳的子基金 B，基金公司並不用立即支付現金贖回子基金 A。

(4) 避險基金 (Hedging Fund)：指利用持有證券投資組合的多、空部位 (長、短部位) [5]，來降低證券價格波動對基金報酬率的影響，以追求投資高獲利性 (絕對值) 之基金，亦可稱為對沖基金。此種基金以積極方式進行投資，多半以短線投機與買賣衍生性金融商品進行操作 [6]，以期獲利不受大盤之影響。

索羅斯 (George Soros) 所操作的量子基金 (Quantum Fund) 大概是國際市場中最著名的避險基金，索羅斯在 1997 年因放空東南亞國家的貨幣，成為被批評的對象；但該基金成立 30 多年以來，有 20 多年的年報酬率超過 30%，使得索羅斯的投資動向成為大家關心的話題。

就美國的狀況而言，避險基金的組織型態多為合夥事業，並不受 1940 年的投資公司法案 (Investment Company Act of 1940) 之規範，1996 年美國所制定的全國證券市場改善法案 (National Securities Markets Improvement Act, NSMIA) 中，明確地允許避險基金操作衍生性金融商品，而投資人不得超過 500 人，法人及個人的最低投資金額分別為 2,500 萬美元及 500 萬美元。

(5) 保本基金 (Guaranteed Fund)：指基金管理公司保證在一定的期間內 (通常是到期時)，投資人將保有某個比例本金之基金。保本基金最簡單的方式就是將本金存放投資於低風險的債券或定存，然後把利息所得投資於獲利性較高的商品。由於具有保本的功能，保本基金的價格波動性相對比其他基金小。

(6) 組合基金 (Compound Fund)：指以基金為投資組合之基金，又稱基金中之基

---

[5] 當承諾買入某種資產即具有「長部位」(Long Position)，承諾賣出某種資產則具有「短部位」(Short Position)；例如，甲現在用 100 萬美元以匯率 $1.33 / € 兌換了 100 萬歐元，則甲具有即期歐元「長部位」，若甲同時與銀行商議 3 個月後以匯率 $140 / € 賣出 100 萬歐元，則甲具有遠期歐元「短部位」；而甲長、短部位 3 個月後「對沖」可獲利 7 萬美元 (若在同一家銀行同時承做這兩種交易稱為「換匯」)。

[6] 不同的「避險基金」有各自的操作方式。如下列方式：
❶ 個別公司事件：買入併購的目標公司、賣出主併公司股票。
❷ 國際事件：判斷國際或某個國家之總體經濟事件來買入或賣出資產。
❸ 投資於特定市場：至新興國家買入高成長機會之證券。
❹ 買空賣空賺取利潤：買入現貨、賣出期貨 (或承做選擇權)。
❺ 商品套利：以買賣指數、可轉換債券、債券利差來獲利。
❻ 投資於其他基金：買入其他避險基金。

金 (Fund of Funds)。臺灣的組合基金係對國內投資大眾募集並投資國內、外基金，且隨時可開放贖回。組合開放型基金這幾年很紅，是因國外盛行將該類基金作為退休理財規劃的重要工具。現今投資觀念由股債平衡投資型態演變為債券投資與多資產投資型態，組合基金便是扮演多資產投資的要角，組合基金透過股票、債券、貨幣、天然資源與不動產信託，五大資產彼此負相關係數、輪動性之特性，以降低整體投資風險。

(7) 信託集合管理帳戶：指受託人將特定委託人投資於相同投資組合標的之信託資金，為受益人的利益，作集合式管理運用之帳戶。信託集合管理帳戶與共同基金很像，都是由專業經理人操作，並利用投資組合分散投資風險，變現性佳，小金額即可投資，同樣要收手續費、帳戶管理費，免收保管費。但仍有下列的差異。茲以臺灣的信託集合管理帳戶與共同基金的差異，比較如表 7.1。

> 表 7.1　信託集合管理帳戶與共同基金的差異

項　目	信託集合管理帳戶	共同基金
法源依據	信託法及信託業法	證券投資信託及顧問法
法律關係	信託關係	信託架構
參加對象	限特定人 (非公開招募)	不限特定人 (公開招募)
運用範圍	不限有價證券，以具有次級交易市場的投資標的為原則	限有價證券及證券相關商品
規模大小	無限制	有最高及最低發行金額限制
資產管理運用	信託業者 (受託人)	證券投資信託公司
資產保管	信託業者 (受託人)	保管機構
公開促銷與否	不得以其他類似基金的名稱為廣告行銷，不得主動對一般投資人促銷	可以

五、臺灣的共同基金分類

臺灣的共同基金有本土型基金及境外型基金兩大類。茲說明如下。

1. 本土型基金

指在臺灣或國外募集，分別投資國內或國外，或國內外有價證券之基金。茲以金管會 2017 年 3 月之資料，依其型態說明如表 7.2。

▶ 表 7.2　臺灣的基金概況表 (2017 年 3 月止)

分　類	數　量	規模 (新臺幣)
開放型基金	621 檔	1.038 兆元
封閉型基金	0 檔	0
貨幣市場基金	60 檔	0.826 兆元
指數型基金	66 檔	0.285 兆元
總數／總金額	747 檔	2.149 兆元
總受益人數		1,687,879 人

2. 境外型基金

指在國外註冊募集發行，銷售到臺灣的基金，稱為**境外共同基金 (Offshore Funds)**。境外共同基金銷售到臺灣來，必須經過金管會證期局的核准，否則便成為非法地下基金。境外共同基金種類包括股票型、債券型、貨幣型等，至 2017 年 6 月止，透過 42 家總代理所代理在臺銷售的境外基金有 1,049 檔，比較著名的包括富蘭克林基金、聯博基金、摩根富林明 (原怡富) 基金、富達基金、施羅德環球 (原寶源投顧) 基金等。臺灣的境外基金型態就區域而言，有下列三種：

(1) 全球型：例如，能源、礦業、原物料、環球股票等基金。
(2) 區域型：例如，拉丁美洲基金、亞洲基金、新興市場基金、大中華基金、東南亞基金、澳紐基金等。
(3) 單一國家型：例如，印度基金、美國基金、韓國基金、泰國基金、日本基金等。

第二節　共同基金實務

一、臺灣的共同基金交易

臺灣的投信公司所發行的受益憑證，屬於證券交易法所規定之有價證券。投資人買賣這些受益憑證的程序，隨著銷售機構與發行受益憑證的投信公司之關係而有不同，茲說明如下：

1. 銷售機構居承銷商或代理商角色：投資人申購時須先填寫投信公司製作送至銷

售機構的基金申購書，再由銷售機構將此申購書送至投信公司建檔，並由投信公司製發受益憑證，或對帳單交付投資人。

2. **銷售機構居受託人地位**：由銷售機構與投信公司簽訂投資契約，銷售機構以受託人的地位為客戶管理帳務，投資人到銀行購買時，須填寫銷售機構的指定用途信託契約、指示書及風險預告書，指明欲申購的基金，銷售機構即依受託人的義務下單至投信公司，並將信託資金匯入基金保管機構。之後再由受託銷售機構製發信託憑證給投資人，信託憑證目前大都改以投資對帳單或信託存摺代替。目前臺灣的共同基金交易大都屬於這種交易架構。

二、境外共同基金交易

臺灣的境外基金並非屬於證券交易法所規定之有價證券，銷售機構不得以承代銷方式銷售，必須依境外基金管理辦法規定辦理。茲將重要規定說明如下：

1. **總代理人制度**：境外基金機構應委任單一之總代理人在臺灣境內代理其基金之募集與銷售。總代理人得委託證券投資信託事業、證券投資顧問事業、證券經紀商、銀行或信託業，擔任境外基金之銷售機構。
2. **特定金錢信託契約**：投資人投資方式如下：
   (1) 信託業或證券經紀商以外的銷售機構：實務上須填寫特定金錢信託契約書、特定金錢信託報酬特別約定條款、申購書及風險預告書，由銷售機構送交總代理人轉送境外基金機構辦理。總代理人並應製作交付書面或電子檔案之交易確認書或信託對帳單予投資人。
   (2) 信託業或證券經紀商：得與投資人簽訂特定金錢信託契約或受託買賣外國有價證券契約為之。

三、投資基金的費用及成本

買賣共同基金會產生一些費用，通常是以百分比計算(費率)，費率視基金的種類與管理難易而定，開放型基金的主要費用如下：

1. **經理費**：是指基金經理公司和專業經理人操作管理共同基金的費用。此費用是從基金資產中(基金淨值中)扣取，逐日累計，按月支付。股票型經理費較高，約 1 年 1.2%～1.6%；債券型經理費較低，約 1 年 0.3%～0.4%。

> **例 基金平均淨資產** `Leaseback`
>
> 某投信發行之封閉型基金，其基金經理費為 1.5%，保管機構管理費為 0.15%，每年該投信可以從該基金收到 750 萬元之經理費，請問該基金平均淨資產餘額為何？
>
> **答**：投信發行封閉型基金，只有基金經理費 1.5% 收入，保管機構管理費 0.15% 不屬於投信公司的收入。故該基金平均資產餘額為 750 萬 $\div 1.5\% = \$5$ 億。

2. **保管費**：是指保管機構保管基金資產、處理買賣交割、收益領取與分配、帳務處理、報表提供等之費用。此費用是從基金淨資產中扣取。股票型保管費較高，約 1 年 0.15%，債券型保管費較低，約 1 年 0.08%。

3. **手續費**：是指投資人在申購基金時所另繳付給銷售機構 (如銀行) 的費用，稱為申購手續費。銷售機構以指定用途信託契約的方式辦理基金投資，所收取的手續費稱為信託手續費。各基金所規定之手續費不同，絕大多數為申購時或期初按金額之一定比率逐筆計收，稱為前收費用 (Front-end Loads)，如 1.5%。也有手續費後收的基金，如 B 股基金，並非在期初收受手續費，而是到了投資人贖回時才收費(贖回費用)。

4. **管銷費**：國外基金中之 B 股基金 (Class B-Share)，其手續費屬遞減式後收的基金，通常約定期滿投資人可享免手續費優惠，但因期初基金公司無手續費收入，故會從基金資產中扣取一定比率作為管銷費用。

5. **信託管理費**：銷售機構受託投資國內外基金，係以受託人的地位管理委託人的投資和帳務，必須收取信託管理費。一般為 0.2%～0.5% 不等。

6. **轉換手續費**：投資人透過銷售機構投資國內外基金，若要變更投資基金標的，可在同一日轉出，並轉入新基金，但須支付基金公司轉換手續費。

7. **贖回手續費**：係指投資人要求投信公司買回基金時，必須從贖回的款項中扣除某個比率之費用。絕大多數的基金在贖回時，不收贖回手續費；但在國外 B 股基金中，若在其約定免手續費期間以前贖回時，必須依規定計收贖回手續費。贖回費用亦稱為退出費 (Exit Fees) 或後收費用 (Back-end Loads)。一般而言，贖回費用會和投資人持有基金的時間長短有關，例如，持有 1 年以下的費率為 1.2%、持有 1～2 年為 0.8%、持有 2 年以上為 0.4% 等。

8. **匯兌價差**：某些國外基金在申購基金時，以基金淨值計算申購單位數，贖回時

可能以基金淨值減去一定百分比 (如 0.5%) 的價格買回；或基金公司其每日基金淨值分別報出賣出淨值與買入淨值，投資人申購時要以基金公司賣出淨值 (較高) 申購，贖回時要以基金公司買入淨值 (較低) 贖回；或贖回時其兌換回本國貨幣之匯率較購買時差。這些都是投資人的隱藏成本。

四、共同基金的投資策略

共同基金可以單筆投資、定期定額投資及定期不定額投資，但為防止洗錢及減少投資糾紛，境內外共同基金之申購人與扣款帳戶必須為同一人，單筆投資及定期定額或不定額投資，都必須遵守。茲說明如下：

1. **單筆投資**：指投資人一次付出一筆較大之資金，購買特定基金之投資方式。這是一種積極的投資方式，在景氣回升時，往往有厚利可期。但這種方式的風險比較大，因為如果判斷錯誤，往往會造成重大損失，甚至血本無歸。
2. **定期定額投資**：指投資人指示銀行或基金公司在每個月定期日，自銀行帳戶中或信用卡定期扣款兩種方式提撥一定金額，去申購事先指定之國外基金的一種投資方式。其中以信用卡扣款者，不得動用信用卡循環信用功能。定期定額投資具以下的特點：
   (1) 保守穩健：是一種保守穩健的投資方式。
   (2) 平均投資成本：在股票下跌時購買的基金單位數較多，在股票上漲時購買的基金單位數較少，具有平均投資成本之效果，很適合作為長期投資理財工具。例如，子女教育基金、退休金之規劃等。
   　　適合定期定額投資的基金，有下列兩大類：
   (1) 趨勢向上的基金：短期震盪幅度大，但長期趨勢向上的基金較適合定期定額投資。一直在箱型整理或一波比一波低，趨勢向下的基金不適合投資。
   (2) 跌幅已大的基金：過去 1 年跌掉很多 (如跌掉 50%)，此時因扣款成本低，可累積較多單位數，適合投資，獲利機會高。過去 1 年內漲幅太大 (如超過 50% 者)，不適合投資。
3. **定期不定額投資**：指投資人雖指示銀行或基金公司在每個月定期日，定期扣款去申購事先指定之基金，但如逢金融市場行情大跌時，可指示銀行增加扣款金額，逢金融市場行情大漲時，可指示銀行減少扣款金額之一種投資方式。此一方法的平均投資成本效果比定期定額投資還要明顯。

五、共同基金實務運算

1. 單筆投資：其有關的手續費、申購單位數、報酬率的計算，如下所述：

> **例** 單筆共同基金的手續費、申購單位數、報酬率的計算
>
> 李小姐申購某單向報價的境外基金 A，其申購手續費 3%，基金經理費 1.5%，基金保管費 0.2%，若李小姐申購新臺幣 20 萬元基金 A，請問：
>
> 1. 李小姐另需額外支付費用為多少元？
> 2. 如申購時美元兌新臺幣匯率為 32.5，基金 A 淨值為 15 美元，則李小姐可購得多少單位的基金 A？
> 3. 投資 1 年後，每單位配息 0.2 美元，淨值變為 18.5 美元，匯率變為 32。若考慮手續費成本，則其投資報酬率為何？
>
> **答：**
> 1. $200,000 \times 3\% = \$6,000$ (基金經理費、基金保管費，均不在申購時扣取)
>
> 2. $U \times \$15 \times 32.5 = \$200,000$，$U = 410.26$ 單位
>
> 3. 總成本 $= \$200,000 + \$6,000 = \$206,000$
>   獲利 $= (\$18.50 + \$0.2) \times 410.26 \times 32 - \$206,000 = \$39,500$
>   報酬率 $= \$39,500 \div \$206,000 = 19.17\%$

2. 定期定額投資的計算
 (1) 每次投資單位數＝每次扣款金額÷當期基金價格   (7-1)
 (2) 累積單位數＝每次投資單位數的總和   (7-2)
 (3) 扣款總成本＝每次扣款金額之加總   (7-3)
  扣款總成本＝每次扣款金額×扣款次數 (如每次扣款金額固定)   (7-4)
 (4) 平均單位成本＝扣款總成本÷累積單位數   (7-5)
 (5) 投資報酬率 (帳面報酬率)＝期末價值 (指贖回價格)
    ÷平均單位成本－1   (7-6)

> **例** 定期定額投資單位數、平均成本、報酬率的計算
>
> 　　大明自民國 98 年 8 月開始投資基金每月固定扣款 6,000 元購買 B 基金 (手續費另扣)，請問：
>
> 1. 如 98 年 8 月該基金單位淨值為 15 元，則該月之投資單位數為多少？
> 2. 到 99 年 7 月扣款完畢，則累積扣款成本為多少？
> 3. 如果一共累積 4,500.50 單位，則平均單位成本為多少？
> 4. 如果 99 年 7 月之淨值為 19.5 元，則其投資報酬率為多少？
>
> **答**：
> 1. 98 年 8 月投資單位數 = \$6,000 ÷ \$15 = 400 單位
> 2. 扣款總成本 = 每次扣款金額 × 扣款次數 = \$6,000 × 12 = \$72,000
> 3. 平均單位成本 = \$72,000 ÷ 4,500.50 = \$16.00
> 4. 投資報酬率 = \$19.5 ÷ \$16.0 − 1 = 21.88%

六、投資基金的收益

投資基金一般會有如下的收益：

1. **資本利得**：指買賣操作有價證券所賺取的價差，例如，買賣股票、債券等。
2. **利息收入**：指基金資產存放銀行所得的利息及投資債票券所得的利息。
3. **股利收入**：指基金資產投資股票所得的現金股息及股票股利。
4. **基金的配息**：大部分基金其投資的收益會反映在基金的淨值上，少部分基金會分配投資收益給投資人，謂之配息 (基金沒有配股)。基金是否配息，在信託契約及公開說明書上須載明。

七、投資基金的風險

投資基金主要的風險如下：

1. **市場風險**：指因投資地區之景氣變動、產業榮枯等，使金融市場產生起伏變化，致使基金淨值產生不利變動。

2. **利率風險**：指因利率之上升或下降，對股、債市所產生之影響。
3. **產品風險**：指不同類型之基金有不同之風險，例如，貨幣型基金風險很小、股票型基金風險很大。
4. **匯兌風險**：指投資國外基金係以外幣計價，當換回新臺幣如逢新臺幣升值時，將會有匯兌風險。

八、基金的評鑑

共同基金的種類繁多，投資人往往不知如何選擇，因此市場上便出現了評鑑機構，評估基金的表現，將結果提供給投資人參考。不過，基金的評等所代表的是過去績效，不見得能推論未來績效。

國際上較著名的基金評鑑機構如英國的理柏公司 (Lipper Inc.)，理柏公司係通訊服務權威路透社 (Reuters) 的子公司，該公司的資料庫涵蓋全球基金的基本資料，所提供的評鑑結果廣為財經媒體所採用，具有一定的公信力。

另外，Micropal 公司 (原為英國企業，後來被標準普爾公司併購) 及 Morningstar 公司也是全球著名的基金評鑑機構，這兩家公司的評等方式類似，以星號的多寡來分等，星號愈多表示基金績效愈佳。例如，五顆星代表績效極佳，為同類型基金的前 10% 之基金；而獲利若低於公債或國庫券利率，則不給星號，代表基金的績效不佳。

第三節 指數型基金

指數型基金分兩大類：一為**指數基金 (Index Fund)**；一為**指數股票型基金 (Exchange Traded Fund, ETF)**。

一、指數基金

指數基金是以追蹤特定指數的表現為主要標的之基金，是一種追求投資績效能接近指數的基金。1971 年首先在美國誕生，美國最早發行指數基金的投資管理機構有三家，包括 Batterymarch Financial Management、American National Bank and Trust、Wells Fargo Bank，這三家機構發行的指數基金，均以 S&P 500 指數為追蹤標的，是一種被動式管理的重要商品。這三檔基金至今都已清算，現今成立最久的

指數基金是 1976 年先鋒集團 (Vanguard) 發行的 Vanguard 500 指數基金[7]。

指數基金追蹤指數的方式有兩種不同型態：

1. **完全複製**：如指數成分股較少或成分固定時，會採用此一方式追蹤。例如，Vanguard 500 指數基金追蹤 S&P 500 指數。
2. **最佳化**：如指數成分股較多或成分具變動性時，在考量報酬、風險及成本下，會採用此一方式追蹤。例如，Vanguard Total Stock Market Index 指數基金，追蹤威爾謝 5000 綜合指數 (Wilshire 5000 Stock Index) 為主，該指數成分股達 5,000 檔，該基金只持有成分股 3,500 檔。

以上兩種方式，都廣被採用。

臺灣首檔指數基金，是由寶來投信繼 2003 年 6 月 30 日推出首檔 ETF「寶來臺灣卓越 50 基金，TTT」之後，於 2004 年 9 月所發行的「寶來臺灣加權股價指數基金」，發行時規模為新臺幣 22.3 億元，屬開放指數型基金。後來因寶來證券併入元大證券，於 2015 年 1 月更名為「元大臺灣卓越 50 基金」與「元大臺灣加權股價指數基金」，二者同為指數型基金，但仍有些差異，茲比較如表 7.3。

▶表 7.3 「元大臺灣加權股價指數基金」與「元大臺灣卓越 50 基金」的差異

項　目	元大臺灣加權股價指數基金	元大臺灣卓越 50 基金
追蹤標的	加權指數	臺灣 50 指數
操作方式	最佳化法	完全複製法
銷售通路	銀行	初級市場：參與券商 次級市場：所有券商
買賣方式	以現金申購	初級市場：以股票實物申購買回 次級市場：以現金買賣
買賣價格	依淨值	初級市場：依淨值 次級市場：依市價
買賣時間	每日一次	初級市場：每日一次 次級市場：交易時段內均可進行

---

[7] Vanguard 成立於 1975 年，當時被動式的管理逐漸成為趨勢，該集團於隔年發行同為追蹤美國 S&P 500 指數的 S&P 500 指數基金。主要成分股以金融股居多，為大型權值類型的指數追蹤基金戶。Vanguard 500 規模從當初 1976 年 8 月成立時的 1,140 萬美元，成長至 2004 年 4 月的 960 億美元，遠遠超過曾長期居於龍頭地位，並以主動式管理著名的富達麥哲倫基金 (Magellan Fund) 的 651 億美元，成為全世界規模最龐大的基金，其成長倍數高達 8,580 倍。

二、指數股票型基金

1. 指數股票型基金的意義

(1) 意義：指數股票型基金 (Exchange Traded Fund, ETF) 係以股票組合交付證券投資信託，並以所交付的股票組合為擔保，發行分割單位較小的受益憑證出售給投資人，並於證券交易所掛牌買賣，這種受益憑證謂之指數股票型基金。

　　ETF 在證券交易所上市，係一種指數證券化商品，兼具股票與基金特色，其實質資產就是組成標的指數的一籃子股票，也就是 ETF 所擔保的受益憑證是一籃子股票。因此，ETF 投資人的損益為該投資組合的變化，由於投資組合通常是模擬大盤或某個產業指數，ETF 的損益相當接近指數報酬率，可避免個股的特定風險。

(2) 特色：ETF 以跟隨大盤指數報酬率為目標，為消極型基金，係被動式管理，與一般股票型基金以打敗大盤為目標的積極型基金、積極式管理相反。

　　ETF 實為股票、封閉型基金、開放型基金的混合體，只有參與證券商才可以參與發行。因 ETF 在集中市場交易，與股票、封閉型基金相同；其規模可以追加，又與開放型基金相類似。ETF 除可像股票或封閉型基金在集中市場掛單賣出外，亦可以向基金經理人作贖回。

(3) 交易方式

　　❖ 初級市場：在發行市場 (初級市場) 投資人可透過證券商和 ETF 發行公司進行實物申購或實物買回，也就是以手中持有之現股向 ETF 發行公司申請轉換為 ETF，或以持有之 ETF 申請轉換為現股。

　　❖ 次級市場：在交易市場 (次級市場) 投資人不是直接買入一籃子股票，而是購買表彰股票指數的有價證券，投資人在證券商買賣 ETF 與買賣一般上市、上櫃股票相同，已有交易帳戶時不必另開戶，也可以融資、融券，具高流動性。交易稅率 1‰，比股票的 3‰ 低。

　　表 7.4 列出個股、開放型基金與指數股票型基金 (ETF) 重要差異之所在。從表 7.4 中可看出，ETF 具有一般股票之特性，可以在營業時間內撮合成交、融資融券，又具有基金以證券組合避險之性質，且管理費率要比一般基金低，資訊透明度比基金更高。

表 7.4　指數股票型基金 (ETF) 之特性

項　目	個　股	開放型基金	ETF
價　格	市場撮合價格	以基金淨值買賣	市場撮合價格
風　險	公司獨特風險	投資組合風險 (分散個股風險)	投資組合風險 (分散個股風險)
交易方式	營業時間內	至多以收盤淨值交易一次	營業時間內
交易稅	3‰	無	1‰
信用交易	可融資、融券	不可融資、融券	可融資、融券
管理費率	—	1%～3%	0.05%～1%
投資組合	—	投資人不知成分股	指數之成分股公開

2. 指數股票型基金之起源及發展

ETF 源自美國證券交易所 (AMEX) 的子公司 PDR 於 1993 年推出的 SPDR [S&P 500 Depository Receipts，與英文蜘蛛 (Spider) 同音]，SPDR 的持有證券組合為標準普爾 (S&P) 500 指數，讓投資人可以像股票交易一樣買賣指數。

在 SPDR 推出後，美國其他交易所及投資銀行也推出一些 ETF 商品 (ETP)。例如，摩根史坦利公司 1996 年推出世界權益基準基金 (World Equity Benchmark Shares, WEBS) (2000 年更名為 iShares MSCI)；另外，歐洲在 1995 年也開始跟進，香港於 1999 年推出恆生指數的盈富基金 (TraHK)，日本及新加坡也分別在 2001 年及 2002 年出現 ETF，全球資本市場的 ETF 商品急速成長[8]。根據倫敦獨立研究顧問公司 (ETFGI LLP) 統計顯示，全球 ETFs 和 ETPs 資產規模在 2017 年第 1 季底已達 3.752 兆美元，共有 4,920 檔 ETF，覆蓋 10,203 支股票，來到歷史新高。

ETF 商品中最受投資人歡迎者為股票型的 ETFs/ETPs，次為固定收益型的 ETFs/ETPs，再次為原物料類型的 ETFs/ETPs。著名的發行機構有 iShares、先鋒 (Vanguard)、智慧樹 (WisdomTree) 及 DB/x-trackers 等。

3. 臺灣的 ETF

臺灣證券交易所與英國富時指數有限公司，於 2002 年 10 月 29 日發布「臺灣證券交易所 50 指數」，簡稱臺灣 50 指數，英文為 TSEC Taiwan 50 Index，以 2002

---

[8] 1993 年第一個 ETF 商品 SPDR 的資產規模為 4.6 億美元，到了 2002 年底全世界共有 280 個 ETF，資產規模高達 1,416 億美元。除了 SPDR 之外，其他規模較大的 EFT 包括 NASDAQ 100、TSE Topix、Listed Index Fund Topix、iShares S&P 500、S&P MidCap 400 SPDR、DJIA Diamonds、Track Fund of HK 等。

年 4 月 30 日為該指數的基期。

　　臺灣首檔 ETF 係以「臺灣 50 指數」為基礎，由寶來投信與道富環球發行，於 2003 年 6 月 25 日成立，並於同年 6 月 30 日正式在臺灣證券交易所掛牌推出「寶來臺灣卓越 50 證券投資信託基金」，其英文名稱為 Polaris Taiwan Top 50 Tracker Fund，在臺灣證交所簡稱為 TTT，交易代號為 0050，後來因寶來證券併入元大證券，於 2015 年 1 月更名為「元大臺灣卓越 50 證券投資信託基金」，簡稱「元大卓越 50」。相關規定歸納如表 7.5 所示。

▶表 7.5 　「元大卓越 50 指數基金 (ETF)」之交易規定

買賣管道	於一般證券商處所開戶及買賣。
交易時間	臺灣證交所的營業時間內 (週一至週五 9:00～13:30)。
交易單位	以 1,000 個受益單位為最小成交單位，沒有零股交易。
交易稅率	0.1% (一般股票為 0.3%) (賣出時才有交易稅)。
手續費	證券商自訂，上限為 0.1425%。
上市參考價	約為標的指數的 1%。
漲跌停幅度	±10%。
升降單位 (檔)	P＜50 元為 0.01 元；P≧50 元為 0.05 元。
資訊揭示	盤中臺灣證交所每 5 秒發布一次 ETF 基金淨值與臺灣 50 指數淨值，以及最近成交價與最佳 5 檔之買賣價量。
信用交易	一上市就可以融資、融券，不受上市 6 個觀察期的限制，沒有「平盤以下不得放空」之規定。
實物申購 / 實物申報時間	上午 9:00 至下午 3:30。
申購量限制	以 500,000 受益權單位為基準。

例　ETF 之交易

　　圖 7-1 為 2017 年 3 月 1 日至 2017 年 6 月 6 日「元大臺灣卓越 50 指數基金 (ETF)」的淨值與臺灣加權股價指數變化趨勢比較[9]：

　　從圖 7-1 中可看出，ETF 的漲跌與加權指數的走勢非常類似，買賣 ETF 像是在

---

[9] 分別以 2017 年 3 月 1 日之元大卓越 50 的淨值與臺灣加權股價指數為基期，轉化為趨勢後做比較。

買賣大盤，看好股市未來發展的投資人可以買入 ETF，看壞股市者則賣出 (融券)，交易所需之金額並不高 (圖中最高價為 6 月 6 日的每股 45.63 元，買入 1,000 個單位需要 45,630 元)，一般散戶也可買賣。

圖 7-1 元大卓越 50 指數基金 (ETF) 與臺灣加權股價指數比較圖

根據臺灣金管會之統計，臺灣的指數型基金自 2003 年發行首檔以來，迄 2017 年 3 月止，共有 66 檔全為指數股票型基金；總金額由 2003 年之新臺幣 394.3 億元，成長至 2017 年 3 月之新臺幣 2,850 億元。

第四節　結構型商品

一、結構型商品的意義

結構型商品 (Structure Subject) 是指以固定收益型商品如債券、存款等為主架構，而以其利息或少部分本金與連動標的 (Underlying Security)，例如，利率、匯率、股價指數或信用選擇權等衍生性金融商品連結之一種商品。

結構型商品如以債券為主架構，以利息與利率、匯率、股價指數或信用選擇權等衍生性金融商品連結者，稱為結構型債券 (Structure Note)，在金融市場上習慣稱

為連動債券或連動債。

結構型商品如以存款為主架構，以利息與利率、匯率、股價指數或信用選擇權等衍生性金融商品連結者，稱為**結構型存款 (Structure Deposit)**，在金融市場上習慣稱為組合式存款。

結構型商品的架構如圖 7-2 所示。

時間	主架構	連動標的
	93%	7%
期初	債券或存款本金之 93%，投資 1 年報酬率約 2%	7% 拿去投資選擇權
期末	到期時仍有 95%	投資選擇權完全失敗
	到期時有 110%	投資選擇權獲利 15%

圖 7-2　結構型商品架構示意圖

二、結構型商品的種類

結構型商品的架構依其約定方式而異，目前金融市場上常見的主架構為債券與存款，連結標的為利率、匯率、股價或股價指數等衍生性金融商品。茲說明如下：

1. **利率連動式商品**：係指以存款或債券為主架構，以其利息或少部分本金去買賣利率選擇權或連結利率指標之商品。依其主架構之不同可分為下列兩種：

    (1)利率連結式存款：指以存款為主架構的利率連動式商品。

    (2)利率連動債券：係以債券為主架構的利率連動式商品。

    買賣利率選擇權可以是買賣利率買權，也可以是買賣利率賣權。連結利率指標係指如連結倫敦銀行間拆放利率 (LIBOR)，當 LIBOR 變動在設定範圍之內，則依約定每日計息；若變動超過設定的範圍，則不計息。

2. **匯率連動式商品**：係指以存款或債券為主架構，以其利息或少部分本金去買賣匯率選擇權或連結匯率指標之商品。依其主架構之不同可分為下列兩種：

    (1)匯率連結式存款：指以存款為主架構的匯率連動式商品。

    (2)匯率連動債券：係以債券為主架構的匯率連動式商品。

    買賣匯率選擇權可以是買賣匯率買權，也可以是買賣匯率賣權。連結匯率

指標係指如連結歐元 / 美元 (EUR/USD) 的匯率，當 EUR/USD 匯率變動在設定範圍之內，則依約定每日計息；若變動超過設定的範圍，則合約終止 (Knock-Out)，若變動低於設定的範圍，則強制轉換為弱勢貨幣，以弱勢貨幣計息。

3. 股價連結式商品：係指以存款或債券為主架構，以其利息或少部分本金去買入股價或股價指數選擇權，或賣出股價或股價指數選擇權之商品。依其主架構之不同可分為下列兩種：

(1)股價 / 指數連結式存款：指以存款為主架構的股價 / 指數連動式商品。

(2)股價 / 指數連動債券：係以債券為主架構的股價 / 指數連動式商品。

　　連結股票或連結股價指數的方式如下：

(1)連結單一股票股價或單一股價指數選擇權：

- ❖ 連結單一股票股價：是指連結某一股票之股價。例如，連結國泰金股票，當國泰金股價上漲至約定條件時，投資者就可享有較高的利息收益。實務上很少看到連結單一股票之股價，因其風險顯得特別大。

- ❖ 連結單一股價指數：是指連結某一股票市場的指數。例如，連結美國 S&P 500 指數，當 S&P 500 指數上漲至約定條件時，投資者就可享有較高的利息收益；或連結臺灣證券交易所加權股價指數。

(2)連結一籃子股票股價或股價指數選擇權：

- ❖ 連結一籃子股票股價：是指連結一籃子股票，獲利隨此一籃子股價變動而定。例如，連結英特爾 (Intel Corp.)、百事可樂 (PepsiCo Inc.)、寶鹼 (Procter & Gamble Co.)、摩根大通銀行 (JP Morgan Chase & Co.)、美林證券 (Merrill Lynch & Co Inc.) 等掛牌股票，當股價上漲在設定的範圍之內，則依約定給付報酬；反之，則依約定返還本金或一定折數之本金，或同時連結中鋼、台積電、鴻海股票股價。

- ❖ 連結一籃子股價指數：例如，同時連結臺灣證券交易所加權股價指數、美國 S&P 500 指數、韓國股票交易所股價指數。

三、結構型產品的保本率與參與率

以上介紹四種連結式商品，其中利率連動式商品、匯率連動式商品、股價連結式商品三者，均可以保本型架構來設計，唯獨信用連結式商品無法設計為保本型產品。保本型架構的連結式產品，其保本率和參與率如何設計，茲說明如下：

1. **保本率**：是指投資人到期時至少可以拿回之金額。例如，保本率 92%，表示到期時發行人至少要給投資人 92%，另外 8% 發行人將拿去投資衍生性商品，如果投資之衍生性商品全數損失，則投資人最大之損失為 8%。故保本率之多寡，端看發行者願意承擔多少保證而定。

2. **參與率**：是指每單位保本型商品中所含的衍生性商品之單位數。例如，參與率 60%，表示投資人每購買一單位保本型商品中，所能購得衍生性商品之單位數為 0.6 單位，當衍生性商品獲利時，投資人只能享受其中之 60%；如果參與率為 100%，則可全數享有。參與率的計算方式如下：

$$R_M = P \times G_R + P \times S_R \times (PR_{T+1} - PR_T) \div PR_T \tag{7-7}$$

其中　　$R_M =$ 到期收益
　　　　$P =$ 本金
　　　　$G_R =$ 保本率
　　　　$S_R =$ 參與率
　　　　$PR_{T+1} =$ 未來價格
　　　　$PR_T =$ 目前價格

例　結構型產品參與率的計算

某保本率 95% 之 9 個月期保本型商品，在定存年利率 2.0% 時，發行者需存多少定存才可以保證保本率 95%？可以用來購買選擇權之金額為多少？若選擇權之單位價格為 8.00%，則參與率為多少？

答：1. 在 9 個月到期時要達到保本 95%，在目前 2.0% 利率水準下需存之定存數額如下：95% = $PR_T \times (1 + 2.0\% \times 9 \div 12)$ → $PR_T = $ 93.5961%
2. 可用來購買選擇權之金額 = 100% － 93.5961% = 6.4039%
3. 參與率 = 6.4039% ÷ 8.00% = 80%

四、結構型商品的風險

結構型商品的風險依其產品結構的不同而異，茲歸納如下：

1. **信用風險**：指結構型商品連動的本體，也就是債券發行機構之信用風險。如果連動債券的本體發生倒閉情形，將會使連動債券的投資者血本無歸。

> **例 雷曼兄弟公司 (Leman Brothers Holdings Inc.) 倒閉，投資其連動債血本無歸**
>
> 　　該公司於 2004 年 12 月發行一長達 12 年的「到期保本」連動債券，連結 Momentum 全天候策略指數，於 2016 年到期。其條件優渥，首年固定配息 6%，累計報酬率達 11.5% 時，由發行機構自動提前贖回。其報酬率比起存款好很多，吸引許多投資人購買。
>
> 　　唯該公司熬不過美國次貸風暴所帶來的全球金融危機，終於在 2008 年 9 月 15 日向美國法院申請破產保護進入重整程序，其所發行的連動債券全面停止報價，也全面停止贖回程序，讓投資人損失不少。臺灣在 2008 年 9 月 15 日以後仍銷售雷曼兄弟公司連動債券的金融機構，最後以全額賠償投資人損失收場。但在 2008 年 9 月 15 日以前銷售者，投資人就沒有這麼幸運，銷售機構大都以 12% 或 15% 與投資人和解，唯如爾後雷曼兄弟公司賠償超過此一比率者，仍將超額部分歸還投資人。

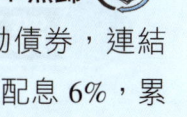

2. **流動性風險**：連動債券通常為私募型 (Private Placement)，投資性產品且含有信用交換架構，必須持有至到期日才有保本，期限非常長，動輒 10 餘年，而且有閉鎖期，債券持有人欲提前贖回不易。因此其市場流通性很差，投資者通常都要有持有至到期日的打算。像雷曼兄弟公司發行的連動債券長達 10 餘年，在這 10 餘年間如果都無法贖回時，投資人的資金將被長期鎖住，流動性風險相當大。
3. **匯兌風險**：連動債券產品通常以外幣計價，若投資人以新臺幣領取配息，或以新臺幣贖回或轉換為其他外幣時，配息、贖回或轉換時可能產生匯兌損失。
4. **提前贖回風險**：連動債通常是持有至到期日保本或達到某些條件才保本，中途由投資人要求贖回時就無法保本，況且可能還會有昂貴的手續費。因此投資人要求提前贖回，將無法拿回原始投資本金。
5. **市場風險**：由於連動債券是與連動標的綁在一起，其投資效益隨著連動標的之價格波動而產生變化，除了保本架構的連動債券風險較小外，其餘沒有保本的連結式產品，當連結標的市價大幅貶落時，可能本金會被侵蝕殆盡，市場風險很大。

6. **法律風險**：連動型產品大都是以外幣計價的產品，基本上屬於外國的商品。因此大都以外國法律為準據法，以外國法院為管轄法院，常會發生國外法規改變或國內外法律見解差異而導致風險。

第五節　共同基金的稅負

一、國內開放型基金的稅負

1. **交易稅**：國內開放型基金沒有交易稅。
2. **所得稅**：

   (1) 分配收益所得：如有分配收益所得，必須併入綜合所得申報所得稅。

   (2) 配息所得：少數基金有配息，基金發行公司會依其不同獲利來源歸類為下列兩種：

   ❖ 利息所得：指來自投資債券的利息所得。可享 27 萬元利息免稅額度，超過者仍須併入綜合所得總額內課稅。

   ❖ 營利所得：指來自投資股票的股利所得，須併入綜合所得總額內課稅。

二、國內封閉型基金及 ETF 的稅負

1. **交易稅**：國內封閉型基金及 ETF 必須在集中市場上交易，買進時並無證券交易稅，賣出時必須課徵 1‰ 的證券交易稅。
2. **所得稅**：依目前所得稅法規定，證券交易所得稅停徵，買賣國內基金之資本利得，雖屬證券交易所得，但不必課徵證券交易所得稅。

三、境外基金的稅負

1. **交易稅**：境外基金沒有交易稅。
2. **所得稅**：

   (1) 2009 年 12 月 31 日以前：完全免稅。因我國所得稅法採屬地主義，所有境外所得，都可以合法免稅。

   (2) 2010 年 1 月 1 日以後：境外年所得超過新臺幣 100 萬元，須納入個人基本所得額計算基本稅額。

   臺灣自 2006 年 1 月 1 日以後個人的基本所得額，等於依所得稅法規定計算

之綜合所得淨額，加計下列所列各金額的合計數：

❖ 境外所得：未計入綜合所得總額之非中華民國所得來源、依香港澳門關係條例第 28 條第 1 項規定免納所得稅之所得。但每一申報戶全年本款所得未達新臺幣 100 萬元者，免予計入。本項自 2010 年 1 月 1 日施行。

❖ 保險給付所得：本條例施行後訂立受益人與要保人非屬同一人之人壽保險及年金保險，受益人受領之保險給付。但死亡給付每一申報戶全年合計數在新臺幣 3,000 萬元以下部分，免計入。

❖ 有價證券交易所得：下列有價證券之交易所得：
  • 未在證交所上市或未在證券商營業處所買賣之公司所發行或私募之股票、新股權利證書、股款繳納憑證及表明其權利之證書。
  • 私募證券投資信託基金之受益憑證。

❖ 非現金捐贈金額：依所得稅法或其他法律規定於申報綜合所得稅時減除之非現金捐贈金額。

❖ 員工分紅配股所得：公司員工依促進產業升級條例第 19 條之 1 規定取得之新發行記名股票，可處分日次日之時價超過股票面額之差額部分。應於可處分日次日之年度，計入基本所得額。

基本稅額是指個人當年度的基本所得額，減去 670 萬元扣除額後，按 20% 之基本所得稅率計算之金額。

$$基本稅額 = (基本所得額 - \$670 萬) \times 20\% \tag{7-8}$$

例 最低所得稅額

丁先生全年一般所得淨額為 500 萬元，一般所得稅額為 135 萬元，有非死亡給付之滿期金給付 400 萬元，境外基金所得 200 萬元，無其他須課最低稅賦之所得，則丁先生之應納稅額為多少？

答：
1. 基本所得額 = \$500 萬 + \$400 萬 + \$200 萬 - \$670 萬 = \$430 萬
2. 基本稅額 = \$430 萬 × 20% = \$86 萬，與一般所得稅額為 \$135 萬比較，孰高者為個人應納之所得稅額，故應為 \$135 萬。

例 最低所得稅額

承前例,如丁先生非死亡給付之滿期金給付為 400 萬元,境外基金所得 1,200 萬元,其他條件不變,則丁先生之應納稅額為多少?

答:
1. 基本所得額 = $500 萬 + $400 萬 + $1,200 萬 − $670 萬 = $1,430 萬
2. 基本稅額 = $1,430 萬 × 20% = $286 萬,與一般所得稅額為 $135 萬比較,孰高者為個人應納之所得稅額,故應為 $286 萬。

習題

一、選擇題 (單選)

( ) 1. 關於共同基金的運作,下列何者正確? (A) 不須委託「保管機構」保管共同基金財產 (B) 基金經理公司或證券投資信託公司,可以掌管基金之資金及有價證券 (C) 基金資產是透過基金經理公司以基金專戶名義儲存 (D) 投資人不須承受基金經理公司、證券投資信託公司、保管機構倒閉的風險 (E) 基金財產與基金經理公司、證券投資信託公司、保管機構之自有財產合併帳戶。

( ) 2. 募集完成後不能贖回也不能變動其總額,投信公司將受益憑證申請上市,投資人必須在集中市場公開交易之基金,是屬於何種基金? (A) 封閉型基金 (B) 開放型基金 (C) 半封閉型基金 (D) 半開放型基金 (E) 店頭基金。

( ) 3. 投資核心標的放在風險極低的貨幣市場工具,以短期穩定之利息收入為目標,旨在賺取流動性的基金,是什麼基金? (A) 債券型基金 (B) 股票型基金 (C) 平衡型基金 (D) 貨幣型基金 (E) 收益型基金

( ) 4. 以基金為投資組合之基金,又稱基金中的基金,是指什麼基金? (A) 全球型基金 (B) 成長型基金 (C) 貴金屬基金 (D) 期貨基金 (E) 組合基金。

( ) 5. 以追蹤特定指數的表現為主要標的之基金,是何種基金? (A) 指數股票型基金 (B) 指數基金 (C) 指數選擇權基金 (D) 特定基金 (E) 指數期貨基金。

( ) 6. 投資人指示銀行或基金公司在每個月定期日,自銀行帳戶中或信用卡定期扣款兩種方式提撥一定金額,去申購事先指定之國外基金的一種投資方式,稱為何種投資策略? (A) 單筆投資 (B) 定期不定額投資 (C) 定期定額投資 (D) 不定期定額投資 (E) 以上皆非。

( ) 7. 關於連動債的課稅,下列敘述何者正確? (A) 2010 年 1 月 1 日以後,個人投資其所得採分離課稅,稅率為 10% (B) 2010 年 1 月 1 日以後,個人投資其所得採分離課稅,稅率為 6% (C) 2010 年 1 月 1 日以後,營利事業投資其所得採分離課稅,稅率為 17% (D) 連動債券投資人與銀行達成和解,其所獲得之和解金,係

屬投資本金之收回,並非投資收益者,應納所得稅　(E) 銀行給付之和解金、補償金,如屬填補投資人所受損失部分,屬損害賠償性質,應納所得稅。

(　) 8. 關於 ETF 的敘述,下列敘述何者正確?　(A) ETF 為積極型基金,係「主動式管理」　(B) ETF 無法融資、融券,流動性很差　(C) ETF 在店頭市場交易,與股票、封閉型基金相同　(D) 在發行市場 (初級市場) 投資人不可以透過證券商和 ETF 發行公司進行實物申購或實物買回　(E) 可以融資、融券,甚具流動性。

二、簡答題

1. [共同基金的意義及其型態] 簡述共同基金的意義及其型態?

2. [共同基金的分類] 如果以核心標的而言,共同基金可以分成哪些?請簡述之。

3. [投資基金的費用及成本] 投資基金可能的費用及成本有哪些?請簡述之。

4. [趨勢倍數及振幅倍數] 何謂趨勢倍數?何謂振幅倍數?如何運用這兩個指標來投資基金?

5. [結構性商品的意義及種類] 何謂結構性商品?結構性商品可分為哪些種類?請簡述之。

6. [共同基金的課稅] 依國內封閉型、國內開放型、ETF、境外基金之不同,簡述基金產品如何課稅?

三、計算題

1. [結構型產品參與率的計算] 某保本率 93% 之 1 年期保本型商品,在定存年利率 2.0% 時,發行者需存多少定存才可以保證保本率 93%?可以用來購買選擇權之金額為多少?若選擇權之單位價格為 9.50%,則參與率為多少?

2. [定期定額投資單位數、平均成本、報酬率的計算] 大明自民國 100 年 8 月開始投資基金每月固定扣款 3,000 元購買 B 基金 (手續費另扣),(1) 如 100 年 8 月該基金單位淨值為 20 元,則該月之投資單位數為多少?(2) 到 101 年 7 月扣款完畢,則累積扣款成本為多少?(3) 如果一共累積 2,000 單位,則平均單位成本為多少?(4) 如果 101 年 7 月之淨值為 24 元,則其投資報酬率為多少?

四、問答與申論題

1. [連動債問題] 請問什麼叫連動債？它有什麼風險？2008 年雷曼兄弟公司發行的連動債發生了什麼風險？如何避免這些風險發生？金融機構在處理雷曼兄弟公司發行的連動債善後和解問題，處理過程中所涉及之和解金、補償金等應否課稅？理由何在？目前稅務主管機關對此有何規定？

簡 答

一、選擇題

1.	2.	3.	4.	5.	6.	7.	8.
D	A	D	E	B	C	A	E

三、計算題

1. (1) $93\% = PR_T \times (1 + 2.0\% \times 12 \div 12) \rightarrow PR_T = 91.1765\%$
(2) 可用來買選擇權之金額 $= 100\% - 91.1765\% = 8.8235\%$
(3) 參與率 $= 8.8235\% \div 9.50\% = 92.88\%$

2. (1) 100 年 8 月投資單位數 $= \$3,000 \div \$20 = 150$ 單位
(2) 扣款總成本 $=$ 每次扣款金額 $\times$ 扣款次數 $= \$3,000 \times 12 = \$36,000$
(3) 平均單位成本 $= \$36,000 \div 2,000 = \$18.0$
(4) 投資報酬率 $= \$24 \div \$18.0 - 1 = 33.33\%$

四、問答與申論題：參考簡答

1. (1) 結構型商品 (Structure Subject) 是指以固定收益型商品 (如債券、存款等) 為主架構，而以其利息或少部分本金與「連動標的」(Underlying Security) (如利率、匯率、股價指數或信用選擇權等衍生性金融商品) 連結之一種商品。結構型商品如以債券為主架構，以利息與利率、匯率、股價指數或信用選擇權等衍生性金融商品連結者，稱為「結構型債券」(Structure Note)，在金融市場上習慣稱為「連動債券」或「連動債」。
(2) 包括信用風險、流動性風險、匯兌風險、提前贖回風險、市場風險、法律風險等。
(3) 信用風險。

(4)嚴控信用風險等級。例如,評等 AA－級以上者才投資。

(5)所得稅:2009 年 3 月 31 日臺灣所得稅法修正,自 2010 年 1 月 1 日起,凡證券化商品、短期票券、結構型商品、債券附買回交易等金融商品,其所得稅按如下方式課徵:

- ❖ 個人投資:其所得採分離課稅,稅率為 10%。
- ❖ 營利事業投資:一律併入營利事業所得總額中合併課稅。
- ❖ 連動債券補償金之稅賦:結構型債券 (連動債券) 投資人與銀行達成和解,其所獲得之和解金,倘係屬投資本金之收回,並非投資收益者,免納所得稅。銀行給付之和解金、補償金,如屬填補投資人所受損失部分,係屬損害賠償性質,亦免納所得稅。

第 8 章
資產證券化與黃金市場

本章第一節介紹資產證券化；第二節介紹不動產證券化。另外，第三節介紹黃金市場概論；第四節介紹世界主要黃金市場。

第一節　資產證券化

一、資產證券化的意義

　　資產證券化 (Asset Securitization) 是指企業或金融機構等創始機構，將能產生現金流量的資產，信託給受託機構或讓與特殊目的公司，由受託機構或特殊目的公司以該資產為基礎，發行受益證券或資產基礎證券，經由證券承銷機構銷售給投資人，以獲取資金之行為。

　　凡是以資產證券化所發行的有價證券，理論上均可以統稱為**資產基礎證券 (Asset Backed Securities, ABS)**。其中所稱的資產如圖 8-1 所示，包括：

1. **狹義的資產**：指由創始機構收益及處分之下列債權類資產：
   (1) 汽車貸款債權或其他動產擔保貸款債權及其擔保物權。
   (2) 房屋貸款債權或其他不動產擔保貸款債權及其擔保物權。
   (3) 租賃債權、信用卡債權、應收帳款債權或其他金錢債權。
   (4) 創始機構以前三項所定資產與信託業成立信託契約所生之受益權。
   (5) 其他經主管機關核定之債權。

　　債權類資產又可分為：

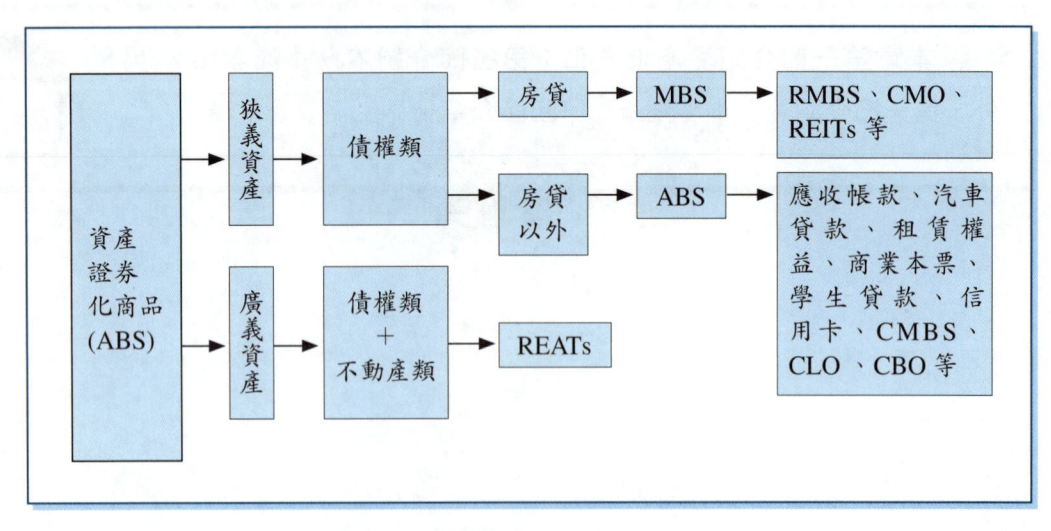

圖 8-1　資產證券化商品示意圖

(1) 房貸債權類：指以房貸相關債權作為資產證券化之標的資產。實務上，以此債權證券化所發行的有價證券，稱為**房貸基礎證券** (Mortgage Backed Securities, MBS)。以美國為例，其主要的 MBS 商品包括下列各項：

- **房屋貸款證券** (Residential Mortgage Backed Securities, RMBS)：以銀行房屋住宅抵押貸款為基礎，發行房貸基礎證券。
- **擔保房貸憑證** (Collateralized Mortgage Obligations, CMO)：以擔保債券／債權為基礎，發行房貸基礎證券。
- **不動產投資信託基金** (Real Estate Investments Trust, REITs)：若以銀行房貸來證券化，發行受益憑證者，稱為 Mortgage Real Estate Investments Trust (MREITs)。

(2) 非房貸債權類：指以房貸以外的相關債權作為資產證券化之標的資產。實務上，所稱的**資產基礎證券** (Asset Backed Securities, ABS) 是指以此類債權證券化所發行的有價證券。以美國為例，其主要的 ABS 商品係以下列各項債權為基礎：

- **信用卡貸款** (Credit Card Receivables, Card)。
- **商業性不動產抵押貸款** (Commercial Mortgage Backed Securities, CMBS)。
- **汽車貸款** (Car Loans, Auto)。
- **設備租賃權益契約** (Equipment Lease, E. Lease)。
- **學生貸款** (Student Loans, Student)。
- **住宅權益貸款** (Home Equity Loans, HEL)。
- **應收帳款** (Account Receivables)。

2. 廣義的資產：指除了債權類資產之外，尚包括下列不動產類資產：

(1) 不動產。

(2) 不動相關權利。

(3) 不動產有價證券。

不動產類資產證券化，主要商品為**不動產資產信託** (Real Estate Assets Trust, REATs)。

二、資產證券化的發展

美國於 1938 年成立具有聯邦政府公債級債信的**聯邦國家房貸協會** (Federal

National Mortgage Association, FNMA, Fannie Mae)，主要從事以低成本資金，收購銀行承做但經聯邦住宅局 (Federal Housing Administration, FHA) 保險的抵押房貸債權，目的在將資金源源不絕地注入銀行體系。但 1970 年代適逢美國第二次世界大戰後嬰兒潮大量購屋時期，銀行體系資金明顯不足，首度在 1970 年發行房貸轉付債券 (Mortgage Pass Through, MPT)，正式開啟抵押貸款債權證券化的時代。1980 年代初期，美國房市復甦抵押房貸需求大增，於是聯邦住宅抵押貸款公司 (Federal Home Loan Mortgage Corporation, FHLMC, Freddie Mac) 將抵押貸款以多等級 (Multiple Class) 方式發行擔保房貸憑證 (Collateralized Mortgage Obligations, CMO)。此後，美國的 MBS 業務急速發展。

1985 年 3 月，美國 Sperry 公司首先將其電腦租賃合約證券化，創非房貸債權證券化之先例。1987 年信用卡應收款證券化，1980 年代末期美國儲貸機構 (Savings and Loans Associations, S&L) 將不良債權證券化。此後，美國的 ABS 業務也快速成長。

美國證券化商品，包括不動產證券化相關商品及資產證券化相關商品，其流通餘額根據證券業與金融市場協會 (Securities Industry and Financial Market Association, SIFMA) 的統計，自 2002 年的 6.19 兆美元，一路攀升至 2007 年 11.31 兆美元，2008 年後則因次貸風暴使其餘額呈逐年下滑現象，至 2015 年底止，餘額大致維持在 10 兆美元上下盤旋，詳如圖 8-2 所示[1]。

根據 SIFMA 的統計，美國 2002 年至 2015 年底，MBS (含 RMBS、CMBS) 是美國發行量最大的資產證券化商品，其餘額占資產證券化商品總餘額之比重，每年均在 80% 以上；ABS 種類雖然繁多，包括汽貸、信用卡、設備、住宅權益、商用不動產、學生貸款及其他等多項，但比重卻呈下滑之趨勢。

三、資產證券化的基本架構

以臺灣現行資產基礎證券化的基本架構，描述如圖 8-3 所示。茲扼要說明如下：

1. 先申請主管機關核准：由受託機構或特殊目的公司提出申請。

---

[1] 圖中美國證券化商品流通餘額，包括 U.S. Mortgage-related Securities (美國抵押相關證券)、U.S. Agency MBS (美國代理機構房貸抵押證券)、U.S. Non-Agency CMBS (美國非代理機構商用不動產抵押證券)、U.S. Non-Agency RMBS (美國非代理機構房貸抵押證券)、U.S. ABS (美國資產基礎證券) [包括 Auto (汽車)、Credit Cards (信用卡)、Equipment (設備)、Home Equity (住宅租賃權益)、Manufactured Housing (廠辦租賃權益)、Student and Others (學生貸款及其他)]。

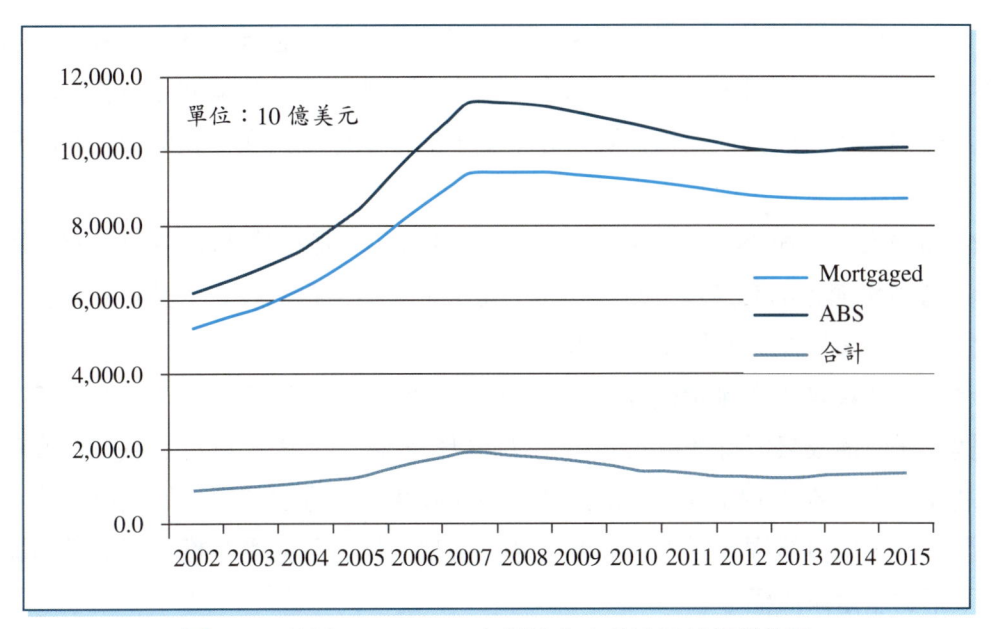

圖 8-2　美國 2002～2015 年證券化商品流通餘額變化圖
資料來源：Securities Industry and Financial Market Association（SIFMA）

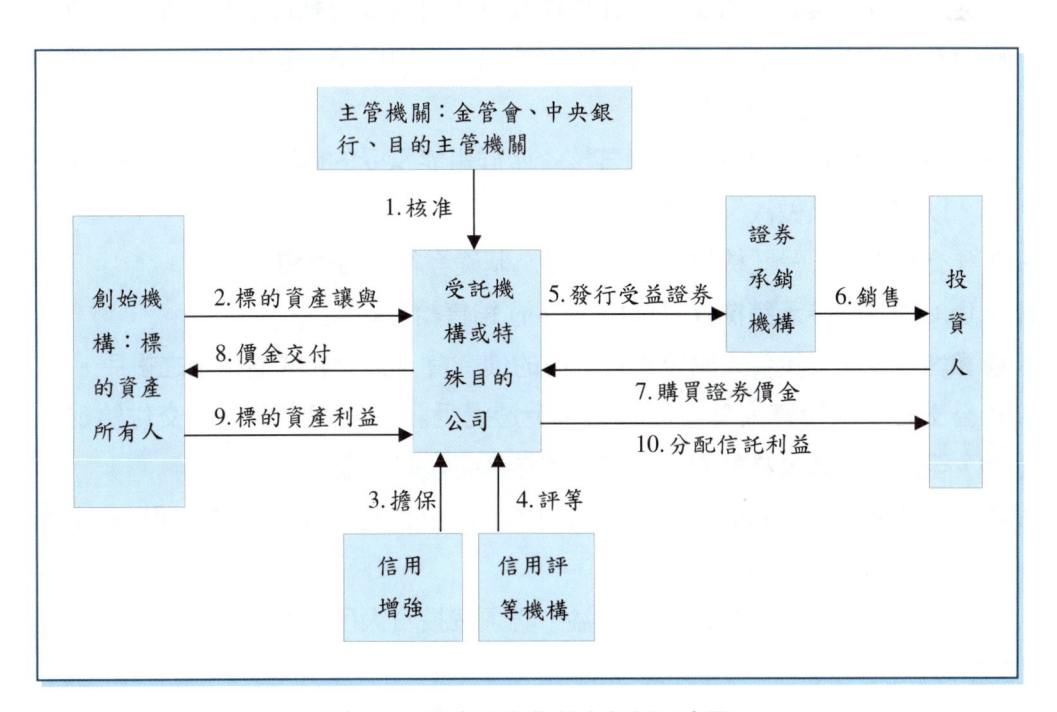

圖 8-3　資產證券化基本架構示意圖

(1)受託機構：指信託業法所稱之信託業，並經主管機關認可之信用評等機構評等達一定等級以上者為限。受託機構對非特定人公開招募受益證券，應向應

募人或購買人提供公開說明書；向特定人私募受益證券：應向應募人或購買人提供投資說明書。公開說明書或投資說明書，應充分揭露受益證券與創始機構之存款或其他負債無關，亦不受中央存款保險公司存款保險之保障等重要事項。

(2) 特殊目的公司 (Special Purpose Vehicle, SPV)：指經主管機關許可設立，以經營資產證券化業務為目的之公司。應由金融機構組織設立，且應為股份有限公司，其股東人數以 1 人為限。

2. 標的資產讓與：由創始機構 (Originator) 也就是標的資產所有人，將資產信託與受託機構或讓與特殊目的公司，以便以該資產為基礎，發行受益證券或資產基礎證券。資產 (Assets) 是指由創始機構收益及處分之資產，如汽車貸款、房屋貸款、租賃債權、信用卡債權、應收帳款、信託契約受益權、其他各項動產及不動產擔保債權等。

3. 信用增強 (Credit Enhancement)：指在證券化的過程中取得有利的擔保或保證使證券的評等更優良之行為。受託機構或特殊目的公司發行之受益證券或資產基礎證券，得由創始機構或金融機構以擔保、信用保險、超額資產、更換部分資產或其他方式，以增強其信用。

4. 評等機構 (Rating Agency)：指審核資產群組能承受的風險強度，並公平賦予評等，以利投資人做決策之機構。

5. 發行受益證券：受託機構以信託資產為基礎發行受益憑證。

6. 銷售：透過證券承銷機構 (Underwritter) 銷售給投資人。

7. 購買證券價金：投資人購買受益憑證的價金會入到受託機構指定之帳戶。

8. 價金交付：向投資人募集而來的價金透過受託機構指定之帳戶交付給創始機構，至此，創始機構就憑金融資產證券化而獲取資金。

9. 標的資產利益：原創始機構所信託的資產產生利益，或受託機構運用資金產生利益，均稱為信託利益。

10. 分配信託利益：所產生的信託利益，必須按投資人所持有之受益憑證比率，分配給每位投資人。

四、資產證券化的優缺點

1. 資產證券化的優點

(1) 籌資方式更多樣化：資產證券化讓有一定規模且同性質金融資產之企業，在傳

統間接金融方式籌資外，多了一項直接金融籌資的方式[2]。

(2) **降低籌資成本**：資產所有權人尋求較低的借款成本時，可以帳上信用品質優於企業信用狀況的金融資產，利用擔保借款型不動產資產信託，發行債權性質的受益憑證，享受標的資產和企業整體信用間籌資成本的節省。

(3) **憑資產本身價值而非憑所有權人資信來籌資**：資產證券化發行條件和標的資產品質有較大的關係，和創始機構的信用關係較小；到期還本付息主要是來自資產產生的現金流量。因此，資產證券化是以資產為本，非以資產所有權人為本。

(4) **有效移轉風險**：對銀行而言，銀行從事存款、放款業務係屬仲介資金需求者與資金供給者的行為，但這並非真正的仲介，因銀行仍需承受信用、供需不均衡等風險。透過證券化將信用風險移轉至資本市場，由廣大投資者共同承擔信用風險。

(5) **強化資產負債管理**：對銀行而言，透過資產證券化取得中長期資金，再進行商業貸款，將可以有效改善存續期間不協調 (Duration Mismatch) 的以短支長現象；銀行完成資產證券化後，帳上風險性資產可從資產負債表移除，其風險性資產的金額會降低，銀行資本適足率會提高，財務結構更為健全。

2. 資產證券化的缺點

(1) **籌資程序冗長費時**：各方間之溝通耗時長久；對標的資產不易取得多年度資料以供分析；證券化過程中必須透過外部專家或機構的合作，以確保標的資產存在性、真實性、完整紀錄及完成承銷等繁複工作。因此，使資產證券化的程序變得繁雜冗長。

(2) **流動比率有下降之虞**：金融資產大都屬流動性資產，若將該標的資產自資產負債表移除，並將所得資金用於償還中長期借款或是用於固定資產投資，則企業帳上的流動比率會有下降可能。

(3) **資金再投資有風險**：證券化取得的資金，如果碰到零利率或低利率的環境，資金再投資不易，即使再投資報酬率也不佳，面臨嚴重的資金再投資風險。

(4) **短期內逾放比可能增加**：以銀行而言，如果以正常資產交付證券化，將使其金融資產規模縮小。在證券化完成後，其逾放比會因為分母變小而提高。

---

[2] 資產證券化：是一種來自資產面的籌資方式，但它已跳脫用出售的方式或提供擔保的方式來籌資。它是一種為客戶量身訂作 (Tailor Made) 將其資產包裝成有價證券以取得資金的金融商品。國際上欲利用資產證化籌資，通常其企業金融資產規模須達 1 億美元以上。

第二節　不動產證券化

一、不動產證券化的意義

不動產證券化是指企業或金融機構等創始機構，將能產生現金流量的不動產信託與受託機構，成立不動產投資信託 (REITs) 或不動產資產信託 (REATs)，向不特定人募集或向特定人私募交付受益證券，以獲取資金之行為。

二、美國不動產證券化模式

美國不動產證券化可分為以債權方式處理的抵押擔保證券 (Mortgage-Backed Securities, MBS) 及以股權方式處理的不動產投資信託基金憑證 (Real Estate Investments Trust, REITs) 兩種模式，簡介如下。

1. 抵押擔保債券

當不動產所有權人向銀行貸款後，銀行必須承擔違約、流動性與抵押品跌價等風險，由於銀行要在債務人違約後，才有處分不動產的權利，造成銀行對不動產抵押的業務會過分小心，運作效率不佳之情況。

為解決上述問題，美國出現抵押擔保債券 (Mortgage-Backed Bonds)，如圖 8-4 所示，銀行將不動產的抵押權作為擔保[3]，出售債券給市場投資人，銀行可取得現金，而投資人具有債券利息收入，讓市場參與者各取所需。

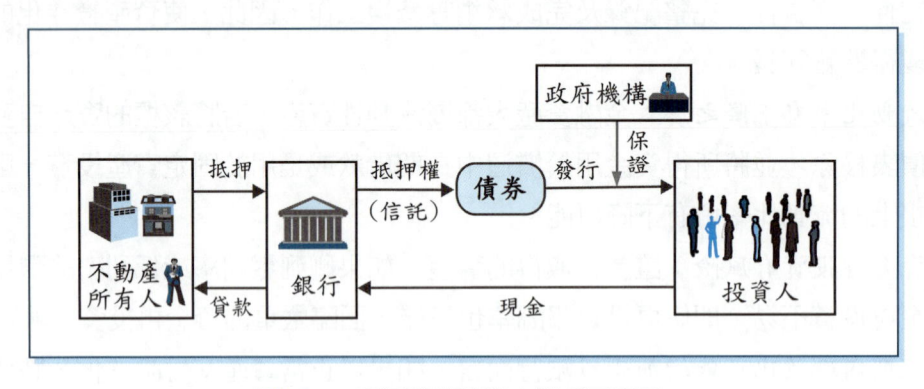

圖 8-4　抵押貸款債券之發行示意圖

---

[3] 美國國會於 1968 年成立政府全國抵押協會 (Government National Mortgage Association, GNMA，暱稱為 Ginnie Mae)，為金融機構抵押貸款提供保證；1970 年成立聯邦全國抵押協會 (Federal National Mortgage Association, FNMA，暱稱為 Fannie Mae)，為一般住宅抵押貸款提供保證。

即使有了抵押擔保債券，銀行仍須承擔貸款人提前清償的風險，因而出現**轉支付抵押擔保債券 (Mortgage Pass-Through Bonds)**，銀行將貸款人的利息或提前清償的本金 (經由信託人) 全部交給債券投資人，但違約風險也直接傳遞給投資人。1970 年代末期，美國政府的代理機構 (如 GNMA) 則出面接收特定的不動產抵押權，保證此類債券的本息支付 (提前清償的本金仍交給投資人)，投資人不再承擔違約風險，穩定轉支付抵押擔保債券市場的發展[4]。

2. 不動產基金

美國不動產投資信託 (REITs) 之型態如圖 8-5 所示，REITs 的運作方式是將不動產交付信託，由專業機構管理，並將信託資產分割為細小單位的基金憑證 (證券化)，在獲得證券主管機關 (證管會) 同意後，可公開發行給市場投資人。

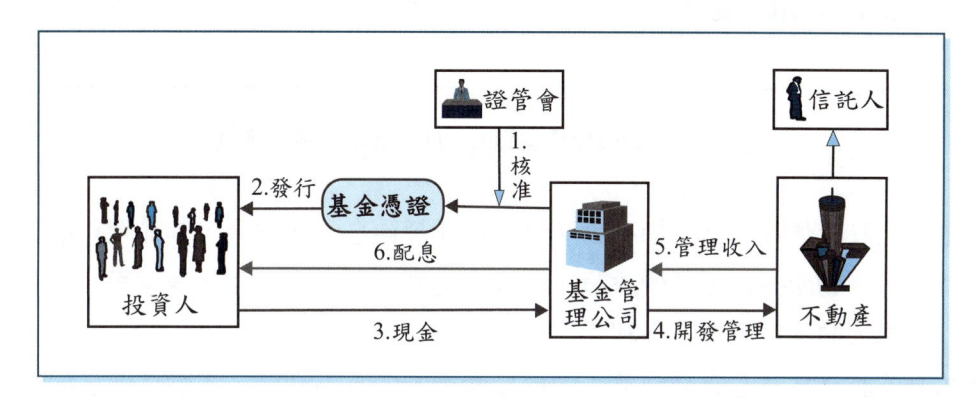

圖 8-5　不動產投資信託基金 (REITs) 之發行

上述資產證券化不但滿足市場的供需，還具有創造次級市場流動性、公開評價、加強信用、降低貸款成本與使金融機構活用資金之功能。

三、臺灣不動產證券化

臺灣的不動產證券化有兩大模式，分別是**不動產投資信託 (Real Estate Investment Trusts, REITs)** 及**不動產資產信託 (Real Estate Asset Trusts, REATs)**。

1. 不動產投資信託

指向不特定人募集或向特定人私募不動產投資信託受益證券，以投資不動產、

---

[4] 美國的銀行業者於 1980 年代推出「擔保房貸憑證」(Collateralized Mortgage Obligations, CMOs)，由銀行提供擔保，將現金流量分割，發行各種到期日的憑證 (通常依到期日分為四種等級)，支付不同利息的方式提供給投資人選擇，銀行因而可減少貸款人提前清償之風險。

不動產相關權利、不動產相關有價證券及其他經主管機關核准投資標的而成立之信託。此模式的基本架構，如圖 8-6 所示。

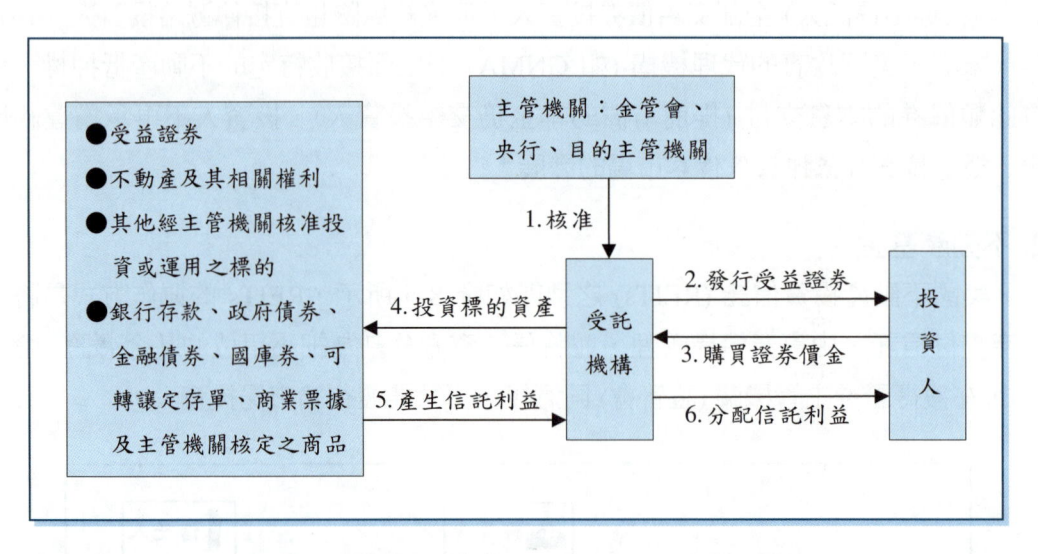

圖 8-6　不動產投資信託 (REITs) 基本架構示意圖

(1) **不動產投資信託基金**：指不動產投資信託契約之信託財產，其範圍包括因募集或私募不動產投資信託受益證券所取得之價款、所生利益、孳息與其他收益及以之購入的各項資產或權利。

(2) **不動產投資信託基金的型態**：由於投資標的多為不動產，流動性低，如投資人隨時要求贖回，勢將影響基金之穩定，因此以封閉型基金為限。只有在經主管機關核准，才可以募集附買回時間、數量或其他限制之開放型基金。

(3) **不動產投資信託基金的用途**：以投資或運用於開發型或已有穩定收入之不動產及不動產相關權利，與不動產相關有價證券為限。

2. 不動產資產信託

指委託人移轉其不動產或不動產相關權利予受託機構，並由受託機構向不特定人募集發行，或向特定人私募交付不動產資產信託受益證券，以表彰受益人對該信託之不動產、不動產相關權利或其所生利益、孳息及其他收益之權利而成立之信託。此一模式的基本架構，如圖 8-7 所示。

(1) **不動產資產信託資金**：指受託機構發行受益證券取得之資金。以該資金為對價，取得不動產或不動產相關權利，並以取得的不動產或其相關權利成立信託

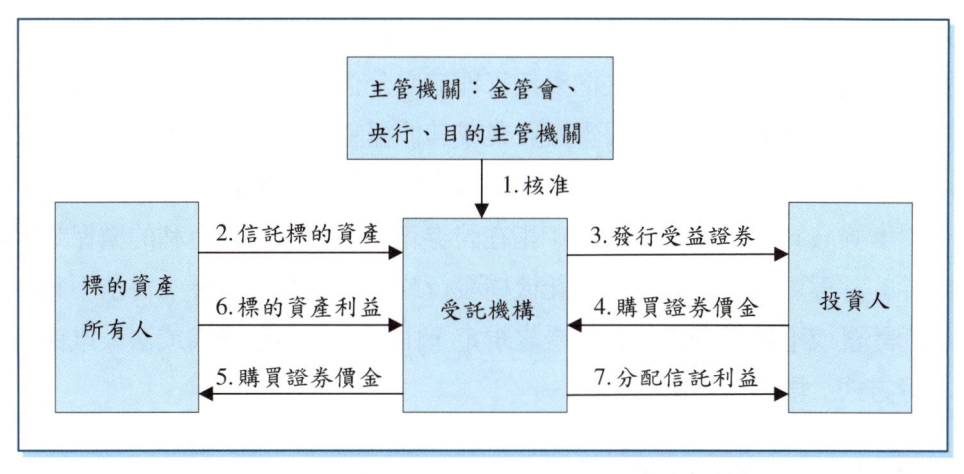

圖 8-7　不動產資產信託 (REATs) 基本架構示意圖

　　財產，以證券持有人為受益人，享有信託財產及所生之利益、孳息及其他收益。

(2) **不動產資產信託契約**：應以書面為之，並應記載信託有關事項。較重要者有：
- 信託目的。
- 信託契約之存續期間。
- 信託財產之種類、內容及估價之價額。
- 信託財產之管理及處分方法。
- 信託財產本金或其所生利益、孳息及其他收益分配之方法。
- 各種種類或期間之受益證券，其內容、受償順位及期間。
- 受益證券之發行或交付方式及其轉讓限制等。

(3) **不動產資產信託閒置資金的用途**：與不動產投資信託基金相同。

3. 臺灣不動產證券化重要規定

(1) **不動產**：包括不動產、不動產相關權利及不動產相關之有價證券。

(2) **受益證券**：指不動產投資信託受益證券及不動產資產信託受益證券。受託機構為不動產投資信託基金而發行或交付表彰受益人享有該信託財產及其所生利益、孳息及其他收益之受益權持分之權利憑證或證書，稱為不動產投資信託受益證券；為不動產資產信託而發行者，稱為不動產資產信託受益證券。

(3) **受託機構**：指受託管理及處分信託財產，並公開募集或私募受益證券之機構。

(4) **信託監察人**：指由受託機構依不動產投資信託契約或不動產資產信託契約之約

定或經受益人會議決議所選任，為受益人之利益，行使規定權限之人。

(5) 不動產管理機構：指受託機構委任管理或處分信託財產之不動產投資業、營造業、建築經理業、不動產買賣租賃業或其他經主管機關核定之機構。

(6) 安排機構：指對受益證券之募集或私募安排規劃整體事務者。

(7) 信用增強 (Credit Enhancement)：指在證券化的過程中取得有利的擔保或保證使證券的評等更優良之行為。受託機構發行或交付之受益證券，得依不動產投資信託計畫或不動產資產信託計畫之規定，由國內外金融機構或法人以保證、承諾等方式，增強其信用。

四、資產證券化商品的稅負

臺灣對於金融資產證券化商品、不動產證券化商品的稅負，均有優惠的規定。金融資產證券化原所有權人轉讓資產給受託機構，免印花稅、契稅、營業稅、證券交易稅；受託機構轉讓資產給特殊目的公司，免印花稅、契稅、營業稅、證券交易稅。特殊目的公司的淨收益為受益人的利息所得、及信託利益為受益人的利息所得，依下列方式課稅：

1. **個人投資**：按 10% 分離課稅。
2. **營利事業投資**：一律併入營利事業所得總額中合併課稅。

五、臺灣資產證券化發展概況

臺灣政府於 2002 年 6 月 21 日制定「金融資產證券化條例」，首檔核准的金融資產證券化商品，是 2003 年萬泰銀行以信用卡及現金卡的債權，發行新臺幣 116 億元的受益憑證。於 2003 年 7 月 19 制定「不動產證券化條例」，首檔核准的不動產證券化商品，是 2003 年第一銀行以客戶的住宅抵押貸款債權，發行新臺幣 55 億元的受益憑證。根據金管會的統計，臺灣自 2003 年核准首檔證券化商品以來至 2015 年 12 月止，資產證券化案件共核准 77 件，核准金額達新臺幣 6,664 億元，其中金融資產證券化 60 件，金額新臺幣 5,886 億元；不動產證券化 17 件，金額新臺幣 778 億元，包括 REATs 9 件金額新臺幣 217 億元，REITs 8 件金額新臺幣 562 億元。核准高峰在 2006 年，以後逐年下降，2009 年以後受 2008 年金融海嘯之影響，僅有零星的申請案件，甚至掛零。流通餘額從 2003 年的新臺幣 159 億元迅速攀升，至 2007 年高峰新臺幣 4,174 億元，以後便一路下滑，至 2015 年底為新臺幣 622 億元。核准及流通情形詳如圖 8-8 及圖 8-9 所示。

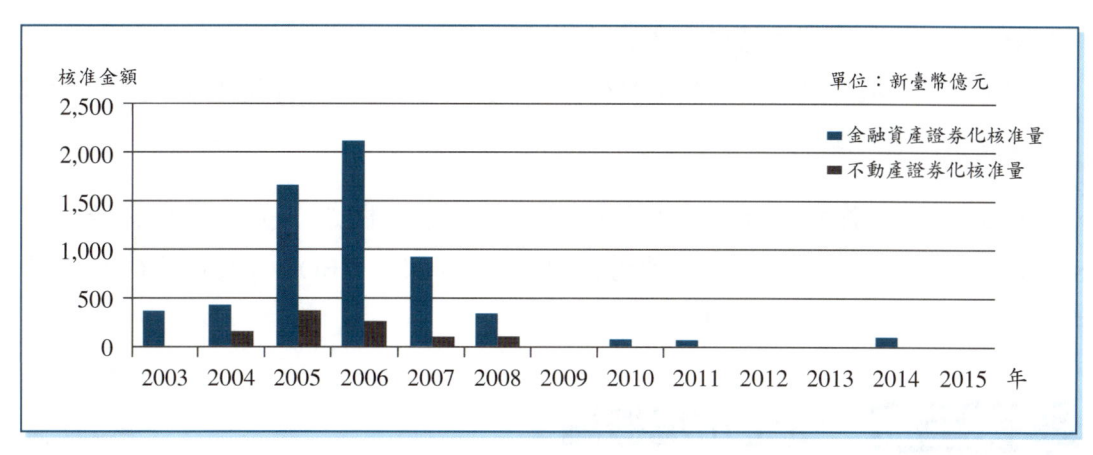

圖 8-8　臺灣近年來證券化商品核准金額情形圖

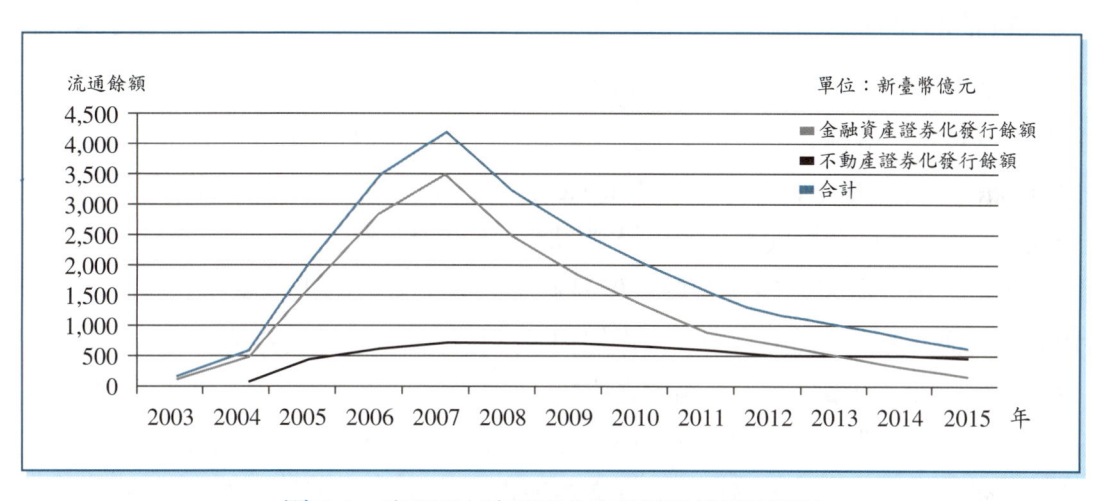

圖 8-9　臺灣近年來證券化商品流通餘額情形圖

臺灣的金融資產證券化商品相當多樣,包括房屋貸款 (RMBS)、信用卡 (ABS-Card)、汽車貸款 (ABS-Auto)、消費性貸款 (ABS-Consumer)、商業性貸款 (ABS-CLO, Collateralized Loan Obligation)、債券債權 (ABS-CBO, Collateralized Bond Obligation)、租賃債權 (ABS-Leasing)、進出口貿易融資 (ABS-Trade Finance)、商業本票 (Asset Backed Commercial Paper, ABCP) 等都有。其中 ABCP 以商業本票為基礎,係一在約 3～5 年內由特殊目的信託機構循環發行 (Roll-Over) 短期受益證券,並透過票券商簽證及承銷,以向市場投資人籌措資金的證券化過程,有兩種不同的資產作基礎:一為以應收帳款為基礎;另一為以債券債權為基礎。

臺灣的不動產證券化商品,包括:

1. **REATs**——以商業大樓作資產信託發行受益憑證。
2. **REITs**——成立投資信託基金發行受益憑證，基金用以投資都會區的辦公大樓及商務住宅大樓。

整體而言，臺灣的資產證券化市場以核准金額觀之，金融資產證券化占 88.3%，不動產證券化占 11.7%。金融資產證券化中又以 CBO、ABCP 及 CLO 為最大，分別占 38%、16.8% 及 14.3%。

第三節　黃金市場概論

一、黃金的特性

稀有金屬 (或稱**貴金屬**，Precious Metals, Rare Metals)，由於其天然資源稀少，不容易被取代，故稱為稀有金屬。其種類繁多，如黃金 (Gold)、白銀 (Silver)、白金 (Platinum)、鈀金 (Palladium)、鎢 (Tungsten)、鎳 (Nickel)、鈦 (Titanium) 等均是。但一般商業上交易較頻繁與吾人關係最密切的，非黃金莫屬了。

金是一種以游離狀態存在於自然界無法以人工合成的天然產物，表面呈現黃色，故被稱為黃金。黃金常用以製作飾物，具有稀少、熔點及沸點很高、色澤鮮明奪目、有極大之可塑性及不易腐蝕之特性。

黃金有這些非常稀有的特性，很自然地形成具有保值、對抗通膨的功能，在經濟衰退或政局不安時，因體積小儲存與運送相當容易，能迅速變現，是一種流動性甚高的有形資產。一般不動產雖是有形資產，但流動性卻很低；有價證券流動性雖高，但卻不是有形資產。

二、黃金用途的演變

人類使用黃金已有數千年歷史，最先被用來製造首飾；因其稀少性、耐久性、分割性、標準性，又被當作以物易物的交易媒介，成為傳統的貨幣工具；再者，成為國際間共同貨幣，在許多人眼中，黃金更被視為權勢與地位財富的象徵，可說至 1971 年期間，黃金一直被視為貨幣使用。但自 1971 年 8 月 15 日起，美國結束美元對黃金的固定兌換，使美元匯率在外匯市場上自由浮動，黃金被當作貨幣使用的情況已大幅減少，但各國央行仍持有大量黃金作為外匯存底之一部分。如今，黃金更被應用到高科技電子產品原料、醫學、金融市場產品及投資保值之用。

1. 19 世紀末至 1968 年間:第一次世界大戰前,國際所施行的貨幣體制是以黃金為準備的 金本位制 (Gold Standard System),1944 年第二次世界大戰的歐戰結束,各國於美國紐罕布夏州 (New Hampshire) 的布瑞頓森林市 (Bretton Woods) 舉行「聯合國通貨金融會議」,協商國際間應採用之貨幣體制,會中決議美元兌黃金之平價為每盎司 35 美元,其他國家則訂定該國貨幣對美元的官方固定匯率。因此,各國的貨幣仍是以黃金作為評價的標準。

2. 1968～1975 年間:1967 年底至 1968 年初,國際市場因英鎊貶值而造成投資人搶購黃金之熱潮,使得美元飽受貶值壓力,以黃金作為評價標準的「布瑞頓森林體制」搖搖欲墜。1968 年 3 月美國邀集英國、西德、瑞士、義大利、荷蘭、比利時等國的央行總裁於華盛頓商議,會中決定黃金官價維持不變,民間的金價則由市場供需決定,政府不予干預,使官方及市場黃金價格分離,成為 黃金兩價制度 (Two-Tier Price System)。1975 年 1 月 1 日,美國正式對黃金買賣解禁,黃金不再視為正式貨幣,逐漸成為有價的貴重金屬[5]。

3. 1975 年以後:雖然黃金不再列為正式的官方貨幣,但仍繼續視為各國外匯存底之一,黃金的功能類似於國際通用的貨幣。世界各國民間都把黃金產品視為一種貴重物品,用以保值、預防通貨膨脹所造成的貨幣貶值之用。

三、黃金商品的種類

黃金純度以 K (Karat) 計算,純金為 24 K,但質料太軟,因此市面上所謂純金的純度約為 99.5%,含有少許的其他金屬。黃金商品可以下列的方式來分類:

1. 就實體之有無而分

(1)實體商品:包括金飾、金幣、金條及金塊等。

❖ 黃金飾品:金飾因需要加工或加配珠寶,價格的評定標準不一,而且交易成本高,減少投資的獲利性;金飾因佩帶而產生磨損或瑕疵,使價格打折扣,報酬率亦隨之降低。臺灣的黃金買賣,大都為銀樓的金飾品。

❖ 金幣:國際著名的金幣包括加拿大楓葉金幣 (Maple Leaf)、美國老鷹金幣 (Eagle)、英國大不列顛金幣 (Britannia)、澳洲皇冠金幣 (Crown)、中國大陸熊貓金幣 (Panda)、日本金幣 (Hirohito)、南非金幣 (Krugerrand)、墨西哥披

---

[5] 臺灣於 1986 年 8 月排除黃金計入「外匯存底」,黃金不再視為正式的貨幣,同年 11 月開放黃金自由買賣。

索金幣 (Peso) 等。金幣因需要鑄造加工且具有紀念價值，單位價格比一般黃金的掛牌價高，但是金幣市場得視收藏人數多寡而定。在臺灣，金幣投資人數並不高，市場流通性不足，投資金幣不見得會獲得高利潤。

❖ 金條及金塊：在美國，實體金條與金塊的買賣主要是由經紀商負責，由於金條與金塊的運送費、保險費、儲存費相當高，在經紀商負擔高成本的情況下，交易費用也就水漲船高。黃金交易大多為現金買賣，在經紀商違約或產品出現瑕疵時，投資人並無法像在貨幣市場或證券市場中，獲得保險理賠，但這種風險卻常被準備購買實體黃金的投資人所忽視。

❖ 一般的金價：一般所謂的金價係指金條或金塊的價格，行情則是由國際間主要黃金市場的交易來決定。

(2) 紙上黃金：係指黃金基金、黃金存摺、黃金帳戶、黃金存單、黃金累積帳戶及黃金禮券等商品。最常見者為黃金基金及黃金存摺。

❖ 黃金基金：指基金經理人將所募集的資金，投資於金礦公司之股票或公司債之基金，並不是投資於現貨黃金。黃金基金股票價格波動大，漲跌幅度與獲利率會比較大，但相對的風險較高。黃金基金較適合積極型、承擔風險能力較高或長期看好海外基金、持有美元資產想要避險的投資人。

❖ 黃金存摺：係用以登載買賣黃金交易數量及餘額等資料之書面憑證。

- 美國的黃金憑證 (Gold Certificates)：由銀行及金融機構發行，用以表彰購買者擁有特定性質及數量的黃金，節省投資人的運送、保險、及儲存費用，且不必支付州政府的營業稅，比投資於實體黃金方便。

- 臺灣銀行的黃金存摺：臺灣的臺灣銀行合併中信局後，承受原中信局的黃金存摺業務，該行的黃金存摺係以 1 公克黃金為基本掛牌單位，以新臺幣計價，以現金或轉帳方式購買；亦可以隨時或定期委託銀行，買進黃金存入存摺，也可隨時將存摺內的黃金回售銀行，或依銀行規定轉換黃金現貨。可用電話銀行、網路銀行、定時定額投資等方式辦理。可申請質借，可提領實體黃金，但不可存入實體黃金。可以作黃金轉帳。黃金存摺是黃金商品中，門檻最低、交易最方便的一種中、小額持有黃金的方式。

- 臺灣外商銀行的黃金帳戶：黃金帳戶係以 1 英兩為單位，以美元報價，一次至少要買賣 10 英兩 (約 311.035 公克)。

- 日本黃金累積帳戶 (Gold Accumulation Plans, GAP)：與黃金存摺中的定期定額購買的功能類似。GAP 定期定額投資黃金，最小交易量為 3,000 日圓

(約折合新臺幣 850 元)，在合約期間 (通常為 1 年) 或合約結束時，可以選擇出售黃金變現或提領不同形式之黃金現貨，包括金條、流通式金幣及黃金首飾等。

2. 就交割之時間而分

(1) 現貨商品：臺灣黃金交易以國內的現貨買賣為主，價格是參照國際行情來決定；當臺灣每個交易日收到國際金價 (主要為倫敦及紐約) 的資訊後，銀樓公會便在上午 10：00 左右掛出黃金價格。雖然金價有國際行情，但金飾、金幣、金條及金塊等實體買賣具有交易成本，因此價格大多高於掛牌價。

(2) 衍生性商品：例如，黃金期貨、黃金選擇權等，世界各國衍生性商品交易所均有交易。

例 黃金存摺

臺灣許多人偏好黃金，被臺灣銀行合併前的中信局在 1997 年 3 月 26 日首先推出「黃金存摺」業務，投資人買賣黃金時並不是以實體交割方式進行，而是以黃金現價加上手續費交易，類似於美國的「黃金憑證」，市場上將其稱為「紙黃金」。中信局推出 1 週就發出了上千本的存摺，反應良好。此外，臺灣尚有兆豐銀行等多家銀行開辦「黃金存摺」，部分外商銀行開辦「黃金帳戶」。

四、投資黃金的報酬率

投資黃金的報酬率與黃金價格息息相關。在瞭解投資黃金的報酬率之前，應先瞭解影響國際金價波動的因素。以下說明影響國際金價波動的重要因素。

1. 黃金的供給

依據世界黃金協會 (World Gold Council) 統計，主要來自礦產 (Mine Production)，次為循環再用金／回流黃金 (Recycled Gold，或 Scrap)，第三為官方部門出售黃金 (Central Bank Sales)。以 2003～2007 年 5 年平均為例，全世界黃金供給每年有 3,676 噸，其中來自礦產者占 60%、回流者占 26%、官方部門出售者占 14%。

(1) 礦產 (Mine Production)：黃金全球總產量相當平穩不易大增，探礦開採需時較

長,平均約需 10 年才能出產黃金。所以,黃金產量的增加相對欠缺彈性,造成近 5 年來金價持續上升的誘因。

(2) 循環再用金 (Recycled Gold) / 零碎黃金 (Scrap):指將已被使用的黃金,加以熔金、再煉製及再用,把大部分用途的黃金還原,另創其他方面經濟價值的黃金。當礦產黃金不足時,循環再用金可以適時填補供應來源,有助穩定金價。

(3) 央行及跨國組織賣出 (Net Central Bank Sales):央行及跨國組織 (如國際貨幣基金,IMF) 於 2008 年持有約 29,000 噸黃金作為外匯準備資產,約占全球非礦產金庫存 20% 以上。雖然各國持有黃金比重不盡相同,但一般而言,政府持有的黃金占官方外匯準備資產約 10%。根據世界黃金協會 (World Gold Council, WGC) 的統計,自 1989 年以來,各國央行賣出的黃金較買入的為多;1999 年後央行出售的數量受「中央銀行黃金協議」(CBGA) [6] 所監管 (穩定全球十五大持金央行的賣出);2003～2007 年期間,平均每年帶來 520 噸的供應,但到 2010 年全球央行為助歐元區商業銀行解決美元流動性不足問題,釋出黃金量比以前增加,加以 2012 年來俄羅斯、土耳其等國央行拋售黃金,全球央行釋出黃金量的增加,恐會壓抑黃金的價格。

2. 黃金的需求

黃金的需求主要為珠寶 (Jewelry) 需求,次為投資 (Investment) 需求,第三為產業 (Industry) 需求。以 2003～2007 年 5 年平均為例,全世界黃金需求中珠寶需求占 68 %、投資需求占 19%、產業需求占 13%。2010～2011 年間因黃金價格高漲,使珠寶需求及產業需求比重稍受壓抑,倒是投資需求有增加的趨勢。

(1) 珠寶需求:占黃金需求約七成,按零售價值計算,美國最大;以數量計算,印度最大。整體來說,珠寶的需求受消費者的承擔能力及購買意欲所影響。在價格穩定或逐步攀升期間,需求一般上升,突顯金飾的固有價值,亦是支持購買意欲的內在因素。近年來,中國大陸等若干國家仍為未來黃金需求增長提供龐大的潛力。

(2) 投資需求:根據世界黃金協會報告,自 2003 年以來,最強大的黃金需求增長

---

[6] CBGA (Central Bank Gold Agreement) 係歐洲 15 國央行為穩定黃金價格所簽署的協議,第一次協議在 1999 年 8 月簽署,為期 5 年,於 2004 年 9 月 26 日到期,稱為 CBGA1;第二次在 2004 年 3 月簽署,為期 5 年,於 2009 年 9 月 26 日到期,稱為 CBGA2;第三次於 2009 年 8 月簽署,為期 5 年,於 2014 年 9 月 26 日到期,稱為 CBGA3;第四次於 2014 年 9 月簽署,為期五年,於 2019 年 9 月 26 日到期,稱為 CBGA4;簽署 CBGA4 的國家有二十國。

來源是投資，散戶及機構投資者投資黃金的原因和動機各有不同，但都預期市場對這項貴金屬的需求增長將持續超越供應增幅，使金價前景長期被看好；另一原因是各方咸認為黃金可免受不明朗及不穩定因素影響，且具有對抗風險的能力。

(3) **產業需求**：工業及牙科應用等產業的需求占黃金需求約 13%。黃金導熱及導電甚佳、防蝕能力強勁，工業需求大都來自電器配件的應用。多種生物醫療應用黃金的生物相容性、防礙細菌滋長及防蝕等特性。最近的研究發現，黃金多種新用途，包括用作燃料電池催化劑、化學加工及控制汙染。此外，在先進電子及上光塗層領域使用黃金奈米微粒，以及用作治療癌症的領域。

(4) **官方需求**：當今世界各國中央銀行仍持有大量黃金作外匯準備，根據世界黃金協會的統計，2016 年 12 月底止全球黃金持有量前六名的國家及其存量如表 8.1 所示[7]。其中前五名近年來的持有量並無明顯變化，但第六名的中國黃金存量已經從 2003 年的 600 噸升至 2016 年 12 月的 1,842.6 噸，增幅相當明顯，尤其中國黃金占外匯存底的比重相當低，其持有的數量仍將會繼續增加中。

▶ **表 8.1** 2016 年 12 月止黃金存量前六名國家及其存量表

排 名	國 別	存 量	占外匯存底的比重
1	美 國	8,133.5 噸	74%
2	德 國	3,377.9 噸	68%
3	IMF	2,814.0 噸	—
4	義大利	2,451.8 噸	67%
5	法 國	2,435.8 噸	62%
6	中 國	1,842.6 噸	2%

3. 美 元

美元跌的時候黃金漲，黃金跌的時候美元漲，雖非不變的定律，但兩者的走勢大都呈負相關。造成這種現象的原因很多，但主要原因如下：

(1) 美元是當前國際貨幣體系的第一貨幣，與黃金同為最重要的儲備資產。當美元堅挺和穩定時，自然就消弱黃金作為儲備資產和保值功能的地位；反之，當美元疲軟不穩定時，自然就增強黃金作為儲備資產和保值功能的地位。

---

[7] 見 2017 年 3 月 13 日工商時報 A1 版。

(2) 美國 GDP 仍是世界 GDP 的首位，世界經濟深受其影響，而黃金價格顯然與世界經濟好壞成反比例關係。

(3) 世界黃金市場一般都以美元計價，美元貶值時金價必然上漲。例如，20 世紀末金價走入低谷，人們紛紛拋出黃金，就與美國經濟連續 100 個月保持增長，美元堅挺有相當大的關係。2007 年以後美元貶值明顯，黃金價格一路往上飆。

4. 油價與通貨膨脹

油價、通貨膨脹和金價之間的關係，通常是正向關係。油價上漲或通貨膨脹率升高，金價會上漲；反之，金價會下跌。主要是受到民眾對貨幣實質購買力將下降的預期心理所影響，而增加購買黃金以對抗通膨的意願。

5. 戰爭與政經情勢

戰爭與政經緊張局勢，能否對金價產生激勵，要先考慮下列幾個基本條件：是否會造成全球性立即的危機？會不會危害全世界重要的經濟活動？是不是會造成投資大眾長期的不安？舉例而言，伊朗核武問題和奈及利亞的軍事衝突，都曾一度成為熱門題材用來拉抬黃金行情，但要以戰爭與政經緊張局勢來引發一大波金價漲勢，恐怕要有特殊的爆發性事件發生才有可能。

6. 其他貴金屬價格與商品、原物料價格

原物料的價格是反映整體物價、景氣與通膨的一項領先指標。當商品價格上漲時，一般而言，景氣看好、需求增加，但也可能帶來通貨膨脹的隱憂，對金價通常有正面的幫助。特別是因為貴金屬家族的白金、白銀及鈀金價格間經常相互影響。

7. 季節性變動

根據歷史資料觀察，金價受到季節性變動的影響，黃金交易的淡季多集中在每年夏天，而旺季大多在第四季到隔年第一季。不過關於季節性的考量，只能作參考，隨時都會有新消息影響市場價格。

黃金自 1968 年以來迄 2017 年 5 月的價格走勢，如圖 8-10 [8] 所示。金價從 1968 年初每盎司 35 美元，一路漲升至 1980 年每盎司 600 美元以上，其後大約有 25 年的時間，黃金價格長期處在每盎司 250～600 美元之間，2006 年開始，黃金價格突

---

[8] 以 The London Bullion Market Association (LBMA) 每月月平均價格觀察。

圖 8-10　黃金價格長期走勢圖

破每盎司 600 美元，2007 年突破 800 美元，2008 年連破 900、1,000 美元大關，2009～2011 年是黃金狂飆的年代，從 1,100 美元左右，一路飆升，在 2011 年 9 月 5 日達 1,896.5 美元之歷史紀錄，隨後逐漸盤跌至 2015 年 12 月之 1,050 美元，之後出現一波不小的反彈走勢至 1,300 多美元。

至於黃金的報酬率是否很高？可從兩方面來探討：

(1) 從黃金本身長期投資報酬率來看：黃金自 1968 年初的每盎司 35 美元，漲升至 2016 年 8 月 1,350 美元，亦即在 47.7 年間漲至 38.57 倍，如果以下列貨幣時間價值觀念，來計算其年投資報酬率為 7.96%：

$$35 \times (1+i)^{47.7} = 1,350，以財務計算機可以求出 i 等於 7.96\% \qquad (8\text{-}1)$$

(2) 以最近 17 年黃金與臺股的月報酬率來看：自 1999 年 1 月至 2016 年 7 月止，分別計算黃金[9]與臺股[10]簡單算術月報酬率，結果黃金的月報酬率為 0.77%，臺股的月報酬率為 0.38%。黃金與臺股月報酬率描繪如圖 8-11。從圖 8-11 顯示，黃金的長期投資報酬率比臺股要穩定。

因此，黃金具有保值性，而且符合長期投資之目的。

---

[9] 以 The London Bullion Market Association (LBMA)，每月平均價格變化率計算。
[10] 以臺灣證券交易所每月底加權股價指數變化率計算。

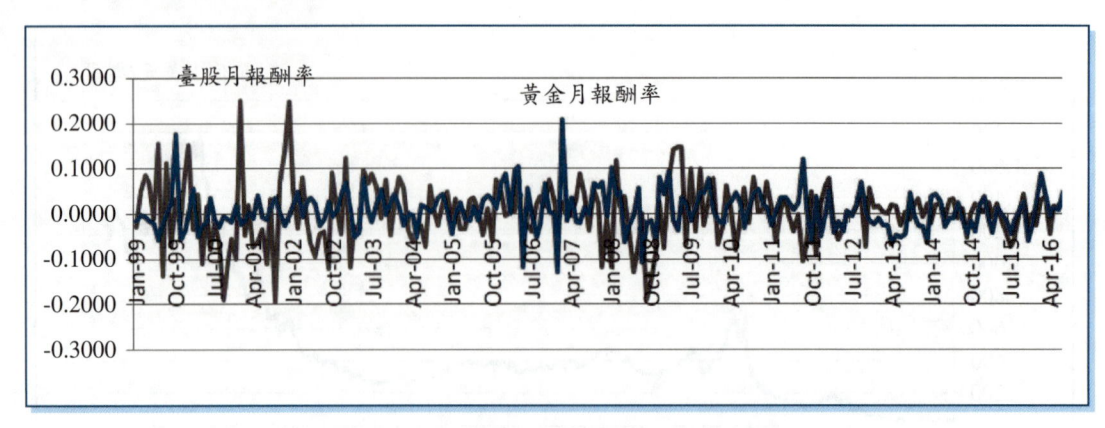

圖 8-11　臺灣股價指數與黃金之報酬率

例 影響黃金價格之國際事件

1996～1997 年期間，國際黃金價格走勢疲軟，例如，1997 年初每盎司黃金 365 美元，到了年底跌至 280 美元左右 (跌幅約 23%)，主因是西歐國家 (如比利時、荷蘭) 與澳洲 (出售 2/3 的庫藏黃金) 央行大量拋售黃金。

1998 年金價行情仍然低迷，因為第二次世界大戰俄國搜刮猶太人的財產，以黃金存在瑞士央行，而瑞士正準備籌措「人道基金」協助猶太人，若該國通過公民投票，預計將賣出 1,400 噸的黃金，果真如此，黃金賣壓沉重。到了 1999 年 8 月，每盎司黃金跌至 252 美元的低點，稍後 (9 月底) 歐洲 15 個國家發表聯合聲明，5 年內每年出售之黃金數量不得超過 400 公噸，並限制各類黃金衍生性商品之買賣，金價因而大幅上揚，1999 年 10 月每盎司黃金上漲至 338 美元。

2000 年之後國際金價漲跌互見，其中美國 2000 年 12 月的安隆公司 (Enron) 報表作假事件、日本 2001 年下半年的銀行不良債權引發股市大跌、阿根廷 2002 年初的金融風暴，以及 2002 年 5 月印度與巴基斯坦發生衝突等事件，皆使得部分資金流向黃金市場，金價因而上漲。

2003 年以後，中國大陸一直在增加黃金儲備數量，自 2003 年的 600 噸增至 2016 年 8 月的 1,823.3 噸，且仍繼續增加中；2007～2008 年間美國次貸危機引爆全球金融海嘯，美元因而走疲，刺激黃金避險需求，金價明顯上漲，2009 年以後漲勢凶猛，曾在 2011 年 9 月 5 日創下 1,896.5 美元之歷史高峰；2013 年以後，國際政

經情勢轉趨穩定，美元轉強，避險需求趨緩，金價回跌至每盎斯 1,050 美元，之後 2016 年間國際上出現幾個重大事件，包括美國聯邦基金升息長期未定、人民幣出現重貶走勢及英國脫歐公投通過等，使黃金避險功能再度受到重視，因而出現一波不小的反彈走勢至 1,300 多美元。

五、黃金商品的稅負

大多數國家的投資人在買金、銀時不須課稅，但在賣出如有所得時，將會被課徵**資本利得稅** (Capital Gains Taxes)。例如，美國便是。

至於**黃金銷售稅** (Gold Sales Tax, GST)，在將**金幣** (Gold Coins) 當成**法償** (Legal Tender) 的國家，買賣均免稅。例如，美國的 Gold Eagles、英國的 Gold Sovereigns、加拿大的 Maple Leafs 及澳洲的 Kookaburras。在澳洲對純金條 (Pure Gold Bars) 及金幣並無銷售稅，但對美國的 Gold Eagles 卻有銷售稅，因為 Gold Eagles 並非純金。

臺灣在加值型及非加值型營業稅法第 8 條規定，對黃金商品包括金條、金塊、金片、金幣及純金之金飾或飾金，免徵營業稅，但加工費必須課徵。至於所得稅方面，規定比較複雜，簡述如下：

1. 個人將金飾、金幣、金條及金塊出售給銀樓之所得屬「營利所得」中之「貿易所得」，將會收到一張個人貿易所得單據，所得在新臺幣 5 萬元以下免稅，以上以 6% 計算所得，併入個人綜合所得合併申報。
2. 國際黃金期貨與黃金基金之所得屬海外所得，自 2010 年起所得超過新臺幣 100 萬元，須併入最低所得課稅，稅率 20%；國內黃金期貨所得免稅，但必須課百萬分之 2.5 的交易稅。
3. 黃金存摺所得屬財產交易所得，必須併入個人綜合所得合併申報，稅率 5%～45%。黃金存摺的買賣，金融機構不會開立扣繳憑單，申報人必須依實際交易價差申報。

第四節　世界主要黃金市場

國際四大主要**貴金屬市場** (Precious Metal Markets) 分別是倫敦、蘇黎世、紐約及香港。由於這四大貴金屬市場，以黃金交易為最重要，乃稱為世界四大黃金市

場。這四個地方交易時間連接起來 (如表 8.2 所示)，幾乎涵蓋了全球黃金的交易時段。其他如杜拜、上海、東京、新加坡等地，黃金市場雖亦頗具規模，唯本節仍以四大為主介紹黃金市場。

> 世界四大黃金市場
> - 倫敦黃金市場
> - 蘇黎世黃金市場
> - 紐約黃金市場
> - 香港黃金市場

表 8.2　全球主要黃金市場交易時間表

地點	時間	地點	時間
雪梨	7:30～14:30	新加坡	9:00～16:00
東京	8:30～14:30	倫敦	15:30～23:30 (夏令) 16:30～00:30 (冬令)
香港	9:00～17:00	紐約	20:20～ 3:00 (夏令) 21:20～ 4:00 (冬令)
蘇黎世	15:00～23:00		

一、倫敦黃金市場

1919 年倫敦金市正式成立，是全球的主要黃金買賣和清算中心，亦是世界上最大和歷史最悠久的黃金市場。供應者主要是南非。1982 年以前，倫敦黃金市場主要經營黃金現貨交易。1982 年 4 月，倫敦黃金期貨市場開業。目前，倫敦仍是世界上最大的黃金市場。倫敦黃金市場有如下的特徵。

1. 倫敦黃金市場的定盤制度

(1) 定盤時間：1919 年倫敦黃金市場開始實行每日兩次的黃金定盤價制度(London Fixing)，分別為上午 10:30 (頭盤) 和下午 3:00 (二盤)；該定盤價是世界上主要的黃金交易參考價格，具有金價的領導地位。

(2) 定盤會員：由倫敦金銀市場協會 (LBMA) 的五大黃金交易商：巴克萊銀行 (Barclays Bank)、德意志銀行 (Deutsche Bank)、加拿大豐業銀行 (ScotiaMocatta, The Bank of Nova Scotia)、香港上海滙豐銀行 (the HongKong and Shonghei Banking Corporation Ltd., HSBC) 及法國興業銀行 (Societe Generale) 5 家定盤會員 (Fixing Member) 參與訂定出當日的黃金市場價格。

(3) 定盤程序：倫敦定盤價開始時，是透過五大金商中所推派之主席對另外 4 位金商會員宣布開盤價，4 位會員代表人再向其所屬交易室回報，輪流接替著將價格向其客戶進行報價，取得平衡價，直到滿足市場供需時，輪值主席才會宣布

最後的單一定盤價，此一定盤程序，目前已改採電子報價系統處理。

(4) **定盤影響力**：對世界各地黃金市場的交易具有相當影響力，許多國家和地區的黃金交易契約的基準價格皆以倫敦定盤價為標準。此價格還被廣泛地應用於生產商、消費者和中央銀行作為中間價參考。

2. 倫敦黃金市場是一個無形市場型態

倫敦是全球最大的黃金現貨市場，它是一個無形市場。

(1) **為一無形市場**：沒有一個固定之交易所，並不會像香港股市那樣有一個聯合交易所之場地，由於倫敦沒有實際的交易場所，因此倫敦金買賣主要透過場外交易形式 (OTC) ── 各大金商的電子交易系統或電話完成。

(2) **現貨市場的特徵**

❖ **本地倫敦金**：由於倫敦金市沒有固定之交易場所，隨時隨地均可買賣，於是在世界各地，凡不在固定之場所或時間交易之現貨黃金，均稱之為本地倫敦金 (Local-London 或 Loco London)，此名詞實乃場外成交之意，並非指要到倫敦去買賣或交割，又稱現貨黃金 (Spot Gold)，與期貨黃金是不同的。

❖ **紙上黃金交易**：買賣倫敦金可無須現金交割，僅在帳面上買入黃金現貨。到期時客戶只需按約定利率支付利息，但不能獲取實物黃金。這種買賣方式只是在會計帳上進行數字遊戲，至客戶進行相反的操作平倉為止。

❖ **與紐約最大不同之處**：紐約是世界上最大的黃金實體市場，以黃金期貨為主。紐約期金有固定之月底交收日期，但由於倫敦金市是現貨買賣，所以每日均有兩次定盤，分別稱為頭盤 (AM fixing) 及二盤 (PM fixing)。

3. 倫敦黃金市場五大金商間之交易標的有最小量限制

倫敦金市以盎司 (Ounce) 為計算單位，標的為含黃金成色 99.5%、重量約 400 盎司的國際標準交割條塊。五大金商間之最小交易量為 5,000 盎司。

4. 交易參與者對黃金交易保密

倫敦黃金市場主要是由英格蘭銀行特許的五大交易商相互買賣，其他小金商公司或商店則依附大金商買賣，所以成交量沒有紐約那麼準確。這些交易商歷史悠久，其交易的行情經由通訊社傳播於世界各地。倫敦市場的客戶絕對保密，以至於黃金交易部位不易統計。

二、蘇黎世黃金市場

　　蘇黎世早在 1930 年代就已成為世界主要的實金交易中心，第二次世界大戰後成為世界第一大實金交易中心。蘇黎世黃金市場則成立於 1968 年，當年由於美國受制於越戰，黃金投機活動猖獗，各國的中央銀行暫停黃金總匯 (Gold Pool) 的運作，倫敦金市亦停市兩星期，停業期間瑞士信貸銀行、瑞士銀行及瑞士聯合銀行在蘇黎世成立金庫，進行黃金買賣，因而成立蘇黎世黃金市場。其特徵如下：

1. **蘇黎世金市的價格制度**：蘇黎世黃金市場無金價定盤制度，只是在每個交易日任一特定時間，根據供需狀況議定當日交易金價，然後全日金價則在此基礎上波動，無特別的漲停板限制。
2. **蘇黎世金市是私人黃金儲存中心**：瑞士特殊的銀行體系和輔助性的黃金交易服務體系，為黃金買賣提供了一個既自由又保密的環境，加上瑞士與南非訂有優惠協議，可獲得南非的黃金進口。此外，前蘇聯的黃金也聚集於此，使瑞士不僅是世界上的黃金中繼站，也是世界上最大的私人黃金存儲中心，使得蘇黎世黃金市場在國際黃金市場上的地位僅次於倫敦。蘇黎世黃金市場的地位是基於國外的黃金需求推升的，而不是國內需求所推升的。唯近年來瑞士亦參與國際打擊犯罪、防制洗錢等行列，使蘇黎世私人黃金儲存中心的地位不如從前。
3. **交易參與者**：蘇黎世黃金市場沒有正式的交易所組織結構，由瑞士兩大銀行：瑞士銀行 (UBS) 和瑞士信貸銀行 (Credit Swiss First Boston, CSFB) 負責為客戶進行黃金交易和負責清算結帳。
4. **交易標的**：標準金為 400 盎司的 99.5％ 純金。

三、紐約黃金市場

　　紐約黃金市場發展自 1970 年代中期。美國政府於 1974 年 12 月 31 日解除人民自由交易黃金和持有黃金的禁令，並自 1975 年 1 月 1 日起允許人民合法持有。1977 年後美元貶值，美國人 (主要是以法人團體為主) 為了避險保值和投資增值獲利，使得黃金期貨交易就逐漸蓬勃發展。此外，美國是主要的黃金生產國，由於觀念上的原因，美國人的黃金購買量少於亞洲和歐洲，所以美國的黃金出口大於進口，這對美國的黃金貿易發展非常有利。紐約黃金市場有如下的特徵：

1. **紐約黃金市場為一無形市場型態，以黃金期貨交易為主**
   (1) 為一無形市場：紐約黃金市場並無實質的場所，只存在於期貨交易所之內。

(2) **以黃金期貨交易為主**：紐約黃金市場是世界上最大的黃金實體市場，以黃金期貨為主，是全球黃金期貨交易最活躍、交易量最大的市場，現貨交易較少。且主要交易類型為店頭市場交易，交易方式及制度與倫敦黃金市場的**本地倫敦金 (Loco London Gold)** 制度類似。紐約之交易市場叫 Comex (Commodity Exchange) [11]，其中進行各種期貨之交易，包括黃金。此市場以期貨形式作買賣，其成交月份均係雙數之月份；一般而言，較遠期月份之金價較高，同時成交亦較少。紐約期金有固定之月底交收日期。交易所只是為投資者提供一個場所和設施，並制定一些法規，保證交易雙方在公平和合理的前提下交易，它們的本身並不參加期貨買賣。交易所對進行現貨和期貨交易的黃金的重量、成色、形狀、價格波動的上下限、交易日期、交易時間等都有標準化的規定。黃金期貨合約可長達 23 個月。

2. 紐約黃金市場之交易標的均規格化

美國期金以**盎司 (Ounce)** 為買賣單位，黃金市場每宗交易量 (每手) 為 100 盎司，交易標的為 99.5% 的純金，以美元報價。

四、香港黃金市場

香港早於 1904 年已存在市集式金銀貨幣兌換場，業者從 1910 年組織成立金銀業行，於 1918 年在政府登記立案，並正式定名為金銀業貿易場。貿易場成立初期，黃金與白銀同時成交，後來白銀成交疏落而被自然淘汰。1939 年，由於香港加入英鎊區，要實施外匯管制而黃金的進出口也在管制之列。1974 年，香港政府撤銷了對黃金進出口的管制，成為亞洲第一個全面撤銷黃金進出口管制的地方。此後香港金市發展極快。香港黃金市場有如下的特徵：

1. 交易時間與歐美連貫且黃金自由進出，促成香港成為主要金市的條件

(1) **金市交易時間可與歐美連貫**：香港黃金市場在時差上剛好填補了紐約、芝加哥收市和倫敦開市間之空檔，香港的時區剛好在紐約及倫敦之間，比倫敦快 8 小時，比紐約快 13 小時，可以連貫亞、歐、美，形成完整的世界黃金市場。

(2) **國際大金商設立據點**：倫敦五大金商、瑞士三大銀行等紛紛來港設立分公司。它們將在倫敦交收的黃金買賣活動帶到香港，逐漸形成一個無形的當地倫敦金

---

[11] COMEX 於 1994 年為 NYMEX 合併，成為 NYMEX 旗下之一個部門。NYMEX 又於 2007 年併入 CME Group Inc.。

市場(稱為本地倫敦金市場)。香港金市被視為世界四大金市之一，每日的報價均被其他交易中心緊密留意，作為參考。

(3) 黃金及貨幣在香港均可自由進出：香港沒有外匯管制，且具有穩定的政治環境及良好的金融基礎建設，是亞太區黃金交易的理想地方。

2. 香港黃金市場為一有形及無形並存的型態

香港黃金市場由三個市場組成。

(1) 金銀業貿易場：有一固定買賣場所，是一個以華人金商占優勢的黃金買賣場所。交易方式是公開喊價。貿易場的買賣以現貨為基礎，即日平倉交收為原則，但可透過支付倉費，將現貨交收延遲至翌日，甚至無限期遞延，直至平倉為止。因此，貿易場是一個將現貨及期貨結合為一的市場。

(2) 本地倫敦金市場：以國外金商為主體，沒有固定交易場所，沒有特定的合約數量或交易規則，是由專業交易商一對一的湊合雙方信貸安排。香港本地倫敦金(Loco London Gold)又稱為倫敦金，於 1975 年開始具規模，這要歸功於 1974 年香港解除黃金進出口管制，國際金商湧至香港，把本地倫敦金視作為第二市場進行買賣或套利所致。

(3) 黃金期貨市場：金銀業貿易場及本地倫敦金市場，兩者皆為實體現貨市場；另外，香港也有黃金期貨市場。黃金期貨市場是一個正規的市場，其性質與美國的紐約和芝加哥的商品期貨交易所的黃金期貨性質是一樣的。交易方式正規，制度也比較健全，可彌補金銀業貿易場的不足。

3. 香港黃金市場之交易標的在有形及無形市場各有不同

(1) 金銀業貿易場的黃金：純度有兩種，分別是純度 99%、重量為 5 金衡的金條(稱 99 金)及純度 99.99%、重量為 1 公斤的金塊(稱公斤條)。99 金的交易單位為 100 金衡；公斤條的交易單位為 5 公斤。所有黃金買賣是以港幣報價及結算。

(2) 本地倫敦金：早期是透過傳真機或電話中進行「對敲」，金商及客戶可以問價後成交。買賣差價上，正常情況下是 0.5 美元，但其差價可以擴大至 1～10 美元，視市場之波幅而定。本地倫敦金是以美元報價，每手交易單位為 100 盎司。倫敦金化為港金價位，可按以下公式計算：

$$\text{Loco} \times 1.19136 \times \text{TT} = 1 \text{ Tael} \tag{8-2}$$

亦即以本地倫敦金 (Loco) 之價位乘以 1.19136 再乘以匯率，就是等於 1 兩 (Tael) 港金之價位。

4. 香港黃金市場的交易時間銜接國際市場

貿易場初期開市時是上午 9:30～12:30 及下午 2:30～4:30；但在 1992 年為了易於銜接早上之澳洲市，所以提早在上午 9:00 開市，亦為全球唯一在周六上午仍開市之主要金市。貿易場現時交易時間為上午 9:00～12:30 及下午 12:30～5:00。

五、黃金交易範例

例 黃金存摺轉換黃金條塊

2009 年 6 月 7 日黃金存摺 1 公克賣出價格為新臺幣 892 元，黃金條塊 300 公克賣出價格為新臺幣 270,000 元。甲君黃金存摺餘額 400 公克，欲轉換 300 公克黃金條塊，則應補多少差額？

答：計算方式：黃金賣出價格－等量黃金存摺賣出價格＝應補繳貨款差額

$$TWD\ 270{,}000 - (892 \times 300) = TWD\ 2{,}400$$

轉換後，甲君之黃金存摺餘額為 400－300＝100 公克。

例 港金盈虧計算

客戶在同一天內買入及其後賣出 3 口港金。買入價為每兩 HKD 3,800；賣出價為每兩 HKD 3,825。請問其本筆交易的損益為何？(假設利息、倉租及手續費均不考慮。) (一口為 100 兩。)

答：黃金交易盈虧計算，可依下列公式求得：

(賣出價－買入價)×合約單位×合約數量±利息－手續費＝盈虧　　(8-3)

$$HKD\ (3{,}825 - 3{,}800) \times 100\ taels \times 3 = HKD\ 7{,}500$$

> **例 本地倫敦金盈虧計算**
>
> 　　某甲在 5 月 2 日以 USD 935 賣出 3 口本地倫敦金，5 月 7 日以 USD 929 平倉。則本筆交易損益為何？(假設利息、倉租及手續費均不考慮，USD 1.00 = HKD 7.80。) (一口為 100 盎司。)
>
> **答**：USD (935 − 929)×100 盎司×3×7.8 = HKD 14,040

習題

一、選擇題 (單選)

(　) 1. 下列哪些商品屬於 Asset Backed Securities？　(A) MBS、CMBS　(B) ABCP、AB-Card、AB-Auto　(C) CMO、REITs　(D) REITs、MBS　(E) REATs、ABCP。

(　) 2. 資產證券化的受益人持有本金持分總數多少比率以上者，為受益人之共同利益，得以書面記明提議事項及理由，請求受託機構或信託監察人召集受益人會議？
(A) 15%　(B) 10%　(C) 5%　(D) 3%　(E) 1%。

(　) 3. 關於募集不動產證券化商品，下列敘述何者正確？　(A) 公開募集受益證券時，可以不向應募人或購買人提供公開說明書　(B) 私募受益證券時，可以不向應募人或購買人提供投資說明書　(C) 受託機構募集或私募之不動產投資信託基金之帳務可以與受託機構合併使用　(D) 受託機構不可以將其自有財產與其他信託財產相互流用　(E) 對符合主管機關所定條件之自然人、法人或基金募集時，應募人總數不得超過 100 人。

(　) 4. 關於信託財產淨收益的課稅，下列何者正確？　(A) 信託財產淨收益屬利息所得併入個人綜合所得課稅　(B) 個人投資者 2009 年 12 月 31 日以前免稅　(C) 個人投資者 2010 年 1 月 1 日起按 6% 分離課稅　(D) 營利事業投資者 2010 年 1 月 1 日起一律併入營利事業所得總額中合併課稅 20%　(E) 信託財產淨收益屬利息所得分離課稅 10%。

(　) 5. 關於黃金的敘述，下列何者正確？　(A) 黃金千年不易腐蝕，體積小質量重，攜帶不方便　(B) 黃金是因為其用途小，所以才有尊貴感　(C) 黃金的價格常常在美元弱勢時漲升，美元強勢時下跌　(D) 美國已開放黃金自由買賣，但臺灣黃金尚在管制之列　(E) 目前世界各國仍將黃金當成貨幣在使用。

(　) 6. 世界上最大的私人黃金儲存中心是指哪一個市場？　(A) 蘇黎世黃金市場　(B) 倫敦黃金市場　(C) 紐約黃金市場　(D) 香港黃金市場　(E) 上海黃金市場。

(　) 7. 倫敦黃金市場的金價常被拿來當計價標準，其最主要的原因何在？　(A) 因為成立

最早,是世界上最大和歷史最悠久的黃金市場 (B) 因為期貨交易量最大,黃金期貨價格引領世界 (C) 因為地理位置特殊與世界主要地區時段重疊,方便取得價格 (D) 因為大部分都是現貨交易的原因 (E) 因為有定盤制度,每個營業日均有頭盤價及二盤價,價格相當明確。

( ) 8. 關於金價的敘述,下列敘述何者較正確? (A) 油價和金價通常是負向關係 (B) 戰爭與政經緊張局勢會造成全球性立即的危機時,通常黃金價會跌 (C) 通貨膨脹和金價通常是負相關 (D) 金價受到季節性變動的影響,黃金交易的旺季多集中在每年夏天,而淡季大多在第 4 季到隔年第 1 季 (E) 金價與美元通常是負相關。

二、簡答題

1. [資產證券化的意義及其標的] 簡述資產證券化的意義?並說明哪些資產可以拿來證券化?

2. [資產證券化基本架構] 請以簡圖描述資產證券化基本架構,並簡單說明之。

3. [信用增強] 在資產證券化或不動產證券化過程中,往往有信用增強的必要,請問受託機構常會運用哪些方法來增強信用?

4. [不動產證券化] 何謂不動產證券化?它與資產證券化最大的差異何在?

5. [REATS 與 REITS] 何謂 REATs?何謂 REITs?請簡述之。

6. [證券化商品的課稅] 請簡述證券化商品在臺灣如何課稅。

7. [黃金用途的演變] 請描述黃金用途如何演變。

8. [臺銀的黃金存摺] 何謂黃金存摺?它與美國的黃金憑證、臺灣外商銀行的黃金帳戶、日本黃金累積帳戶基本差異何在?

9. [臺灣黃金商品的所得稅] 試簡述臺灣對於黃金商品的所得稅課徵規定。

10. [世界主要黃金市場] 世界主要有哪四大黃金市場?請簡述其特色。

11. [香港本地倫敦金] 何謂香港本地倫敦金?它如何與本地港金換算?

三、計算題

◎[黃金存摺轉換黃金條塊計算] 2009 年 10 月 5 日黃金存摺 1 公克賣出價格為新臺幣 955 元，黃金條塊 500 公克賣出價格為新臺幣 481,500 元。甲君黃金存摺餘額 1,000 公克，欲轉換 500 公克黃金條塊，則應補多少差額？黃金存摺內剩多少黃金？

四、問答與申論題

1. [臺灣證券化商品結構分析] 美國資產證券化商品以 MBS（包括 CMO、REITs在內）占大宗，向來其發行餘額均占全體證券化商品餘額 80% 以上，餘 ABS 商品餘額占不到 20%。試自行政院金管會網站參考臺灣於 2002 年以後核准或發行案件，從其金額中分析臺灣證券化商品的結構為何？並與美國作一比較？

2. [金價未來走勢分析] 黃金供給主要來自何方？黃金的需求又用在何處？請從供需兩方面觀察，你認為黃金價格目前是否已處在歷史高點區，未來的走勢將會如何？

3. [黃金適合長期投資嗎？] 黃金自 1968 年初的每盎司 35 美元左右，漲升至 2016 年 8 月約每盎司 1,350 美元，也就是在 47.7 年間漲至 38.57 倍。請問黃金是否值得長期投資作為保值抗通膨之用？請提出你的論點。

簡　答

一、選擇題

1.	2.	3.	4.	5.	6.	7.	8.
B	D	D	E	C	A	E	E

三、計算題

1. (1) $481,500－($955×500)＝$4,000
   (2) 1,000 公克－500 公克＝500 公克

四、問答與申論題：參考簡答

1. 提示：整體而言，以金管會 2002～2015 年累計核准金額觀之，臺灣的資產證券化市場，金融資產證券化占 88.2%，不動產證券化占 11.8%。美國以 MBS（包括 CMO、REITs 在內）占大宗，向來其發行餘額均占全體證券化商品餘額 80% 以上，餘 ABS 商

品餘額占不到 20%。

2. 黃金未來走勢提示：
   (1)供給面：黃金供給彈性小，增加不易。
   (2)需求面：新興國家需求強勁；此外，某些國家仍在積極增加黃金儲備，例如，中國大陸。

3. 提示：
   (1)從黃金本身長期投資報酬率來看：黃金自 1968 年初的每盎司 35 美元，漲升至 2016 年 8 月 1,350 美元，亦即在 47.7 年間漲至 38.57 倍，如果以貨幣時間價值觀念，來計算其年投資報酬率為 7.96%。
   (2)以最近 17 年黃金與臺股的月報酬率來看：黃金的月報酬率為 0.77%，臺股的月報酬率為 0.38%。

   因此，黃金具有保值性，符合長期投資之目的。

第 9 章

外匯市場

本章第一節介紹外匯市場概論；第二節介紹國際主要外匯市場；第三節介紹匯率的報價；第四節介紹外匯交易實務；第五節介紹臺灣的外匯市場；然後，第六節介紹有效匯率指數。

第一節　外匯市場概論

一、外匯市場的特色

外匯市場 (Foreign Exchange Market) 係指外國貨幣買賣 (外匯交易) 的場所，意指外匯的供給者與外匯的需求者間，為進行外國貨幣買賣所形成的市場，又稱**國際通貨市場 (International Currency Market)**。外匯市場具有如下的特色：

1. **係一通貨市場**：外匯市場是一個以通貨買賣通貨的市場。
2. **係一無形的市場**：實務上，外匯市場大都以電話、電報、電訊、網路等工具進行交易，沒有固定的交易場所，係一抽象而無具體營業場所的市場。
3. **係一全球 24 小時交易的市場**：外匯市場可說是 24 小時交易的市場，從圖 9-1 可以看出，雪梨在 7:00 開市，接著東京在 8:00 開市，香港在 9:00 開市，新加坡在 9:30 開市，東京在 14:30 收市，收市後 1.5 小時香港收市，同時法蘭克福、蘇黎世、巴黎開市，再隔半小時後新加坡才收市，至 17:30 倫敦開市，21:00 紐約開市，00:30 倫敦收市，紐約至凌晨 4:00 才收市，過 3 小時後雪梨又開市了，幾乎是一個 24 小時交易的市場。

二、外匯市場的功能

外匯市場具備下列三項主要功能：

1. **國際收付移轉功能 (Transfer of International Payments)**：外匯市場運用民間結清債務交換補償原理，解決個人或廠商國際收付問題。
2. **提供國際資金或信用融通功能 (Provision of Credit or Financing)**：外匯市場提供廠商或銀行一個可以籌措資金的場所，也可以對各種商業交易及長短期資金需求提供融通。例如，出口商可藉由信用狀或遠期匯票融通、承兌及貼現方式，獲取國際貿易所需的資金。
3. **跨國收付功能 (Payment at a Distance)**：外匯市場透過各國外匯交易商，憑藉各種電報、通訊及網路等技術，使跨國異地不同經濟實體，在互惠基礎的通匯安排上，進行跨國資金收付，具備跨國收付功能。

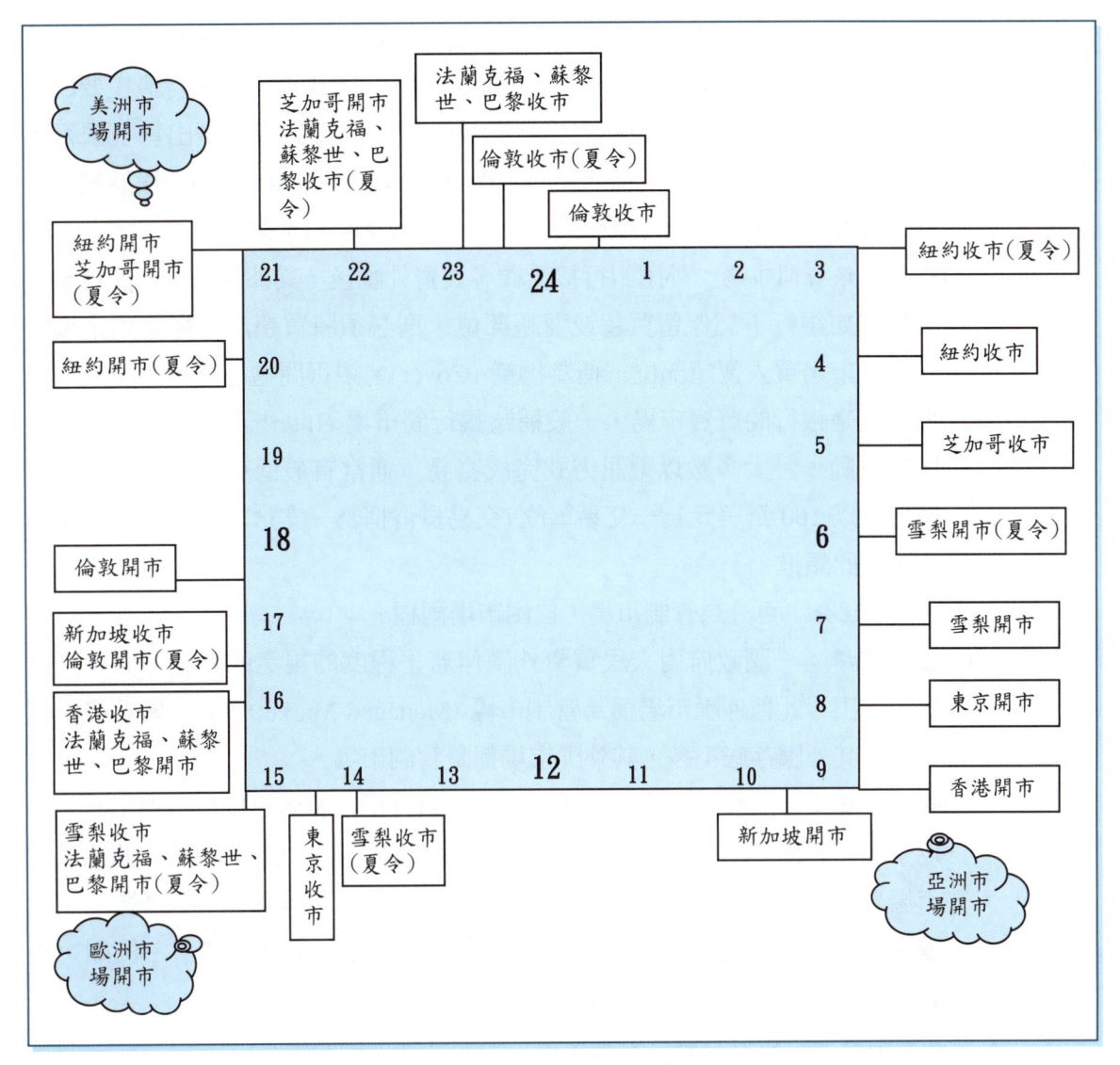

圖 9-1　世界主要外匯市場交易時間圖 (臺北時間)

三、外匯市場的分類

外匯市場可依參與者、外匯管理、交割時間、性質、有無形體、地區分類。茲說明如下：

❶依參與者分 ▶顧客市場 　　　　　　▶銀行間市場	❷依外匯管理分 ▶管制市場 　　　　　　　▶自由市場	❸依有無形體分 ▶有形市場 　　　　　　　▶無形市場
❹依性質分 ▶批發市場 　　　　　▶零售市場	❺依交割時間分 ▶即期市場 　　　　　　　▶遠期市場 　　　　　　　▶換匯市場	❻依地區分 ▶地方性市場 　　　　　▶區域性市場 　　　　　▶國際性市場

1. **依參與者分**：可分為銀行與顧客間市場、銀行與銀行間市場兩種。
   (1) **銀行與顧客間市場**：個人或廠商是銀行的顧客，其中廠商是銀行最主要的外匯需求者和供給者，進口商向銀行購買外匯，出口商將外匯出售予銀行，形成銀行與顧客間市場，稱為顧客市場 (Customer Market)。銀行居於被動地位，多數是由顧客洽銀行櫃檯進行交易，無最低交易金額限制。
   (2) **銀行與銀行間市場**：外匯銀行接受顧客買賣外匯後，其外匯部位可能買超或賣超。如銀行不想保留買超或賣超部位，則必須將買超部位拋售到市場，或是自市場買入賣超部位，稱為拋補 (Cover)。銀行間拋補行為所形成的市場，就是銀行間買賣市場，一般稱為銀行間市場 (Interbank Market)。銀行居於主動，且大多數以電訊方式完成交易，通常有最低交易金額的限制。例如，以 100 萬美元為一交易單位 (交易員俗稱為一支)；200 萬美元就叫二支，以此類推。

2. **依外匯管理分**：可分為管制市場、自由市場兩種。
   (1) **管制市場**：一國政府對人民買賣外匯作若干程度的規定或限制，資金無法自由進出，此種外匯市場稱為管制市場 (Managed Market)。大多數開發中國家，因其外匯存底不多，其外匯市場都是管制市場。
   (2) **自由市場**：一國政府准許人民可以自由買賣外匯，資金可以自由進出而不加以干涉，此種外匯市場稱為自由市場 (Free Market)。世界上並無一個國家的市場是完全自由的市場，多少有些干涉，只是程度不同而已。大多數工業先進國家的外匯市場管理，基本上是採「原則自由，例外管理」。例如，英國、美國等是相當自由的市場。

3. **依有無形體分**：可分為有形外匯市場、無形外匯市場兩種。
   (1) **有形外匯市場**：有具體交易場所，參與者在一定時間內集合於一定地點買賣外匯，此種市場稱為有形外匯市場 (Tangible Market)。歐洲大陸國家如德國、法國、荷蘭、義大利等，均設有外匯交易所 (Exchange)，又稱為大陸制外匯市場 (Continental System)。
   (2) **無形外匯市場**：沒有具體交易場所，參與者利用電訊如電話、電報或螢幕顯示等方式，也沒有固定交易時間或地點，來完成買賣外匯，此種市場稱為無形外匯市場 (Intangible Market)。英國、美國、加拿大、瑞士等國採用此方式，又稱為英美制外匯市場 (Anglo-American System)。

4. **依性質分**：可分為批發外匯市場、零售外匯市場兩種。

(1) 批發外匯市場：當一個外匯市場交易有最小金額限制，每次交易金額龐大時，此種市場稱為批發外匯市場 (Whole Market，或稱躉售外匯市場)。銀行間市場即是屬於此類市場，其交易單位成本較低，但買賣匯差也較小。

(2) 零售外匯市場：當一個外匯市場交易沒有最小金額限制，交易金額較小，多屬零星交易時，此種市場稱為零售市場 (Retail Market)。銀行與顧客間市場即是屬於此類市場，其交易單位成本較高，且買賣匯差也較大。

5. 依交割時間分：可分為即期外匯市場、遠期外匯市場、換匯市場三種。

(1) 即期外匯市場：進行即期外匯交易的市場，稱為即期外匯市場 [或稱現貨市場 (Spot Market)]。

(2) 遠期外匯市場：進行遠期外匯交易的市場，稱為遠期外匯市場 [或稱期匯市場 (Forward Market)]。

(3) 換匯市場：進行換匯交易的市場，稱為換匯市場 (Swap Market)。

6. 依地區分：可分為地方性外匯市場、區域性外匯市場、國際性外匯市場三種。

(1) 地方性外匯市場：外匯市場的組成分子僅限於當地居民、企業及銀行，交易貨幣也僅限於當地貨幣及少數主要外幣，稱為地方性外匯市場 (Local Market) 或稱國家市場 (National Market)，其發展及開放程度較低，交易量也較小。例如，臺北外匯市場。

(2) 區域性外匯市場：若其組成分子除當地居民、企業及銀行外，並擴及某些國家的市場參與者，交易貨幣也較多，規模較地方性外匯市場大，稱為區域性外匯市場 (Regional Market)，其發展及開放程度較高，交易量也較大，營運規模著重於該市場所在之區域。例如，香港、新加坡為亞太地區的區域性外匯市場；巴林為中東地區的區域性外匯市場。

(3) 國際性外匯市場：外匯市場組成分子涵蓋當地居民、企業及銀行，並擴及全球的市場參與者，可以與世界主要各金融中心進行交易，交易貨幣也涵蓋全球各種不同貨幣，市場規模跳脫國家市場和區域性市場規模形成全球市場，稱國際性外匯市場 (Global Market / International Market)。例如，倫敦、紐約、東京、法蘭克福等。

外匯市場的組成分子包括三個層次：第一層為顧客市場；第二層為銀行間市場；第三層為全球市場。國際性外匯市場三個層次均包括在內；臺北外匯市場只包括第一層次及第二層次，故屬國家市場；香港、新加坡、巴林包括第一層次、第二層次及小部分的第三層次，尚無法達到全球市場的規模。

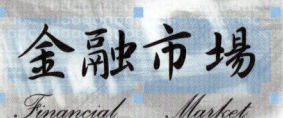

四、外匯市場的參與者

外匯市場的參與者，包括顧客、外匯銀行、外匯經紀人及中央銀行。

- 顧　客
- 外匯銀行
- 外匯經紀人
- 中央銀行

1. **顧客**：外匯市場的顧客包括個人及法人。法人可以是廠商企業、貿易商、保險業者、航運業者等。個人或廠商基於商品交易、勞務交易、片面移轉捐贈及資本移動的原因，產生外匯需求與供給，透過外匯銀行進行交易。以交易動機來區別顧客，可分為有實際交易需求顧客及無實際交易需求顧客兩種。

2. **外匯銀行**：外匯銀行指辦理外匯交易的商業銀行。其進行外匯交易的動機，在於服務顧客，從中賺取賣出匯率與買入匯率之間的價差；在於從銀行間市場進行拋補，以調節資金、規避風險；尚可從事各種投資或投機性的外匯交易，以謀取外匯銀行最大的利益。

3. **外匯經紀人**：外匯經紀人 (Foreign Exchange Brokers) 指介於銀行與銀行之間，代洽外匯買賣收取仲介佣金收入的業者。一般是仲介撮合銀行與銀行間交易，及銀行與中央銀行間交易，不仲介顧客與銀行間交易；自己也不作買賣交易。本地外匯經紀人不參與外埠銀行之仲介，只有國際性的外匯經紀人才會參與外埠銀行之仲介。

4. **中央銀行**：大多數國家中，中央銀行是外匯市場的監督管理者，其主要功能在監督外匯市場運作、維持外匯市場交易秩序、調節外匯供需穩定匯率發展，以實現政府政策目標。若因本國幣兌換價值改變而影響經濟發展，中央銀行就必須出面維持其兌換價值，以保護本國產業及經濟發展。其干預手段可能是進入市場買賣外匯調節供需，或以行政命令限制外匯供需，或限制匯率變動幅度，以防止本國貨幣兌換價值過度波動。因此，中央銀行除要維持一個有秩序、有效率的外匯市場外，尚且扮演外匯最終供給者或需求者的角色。

茲據前述之外匯市場參與者，將外匯市場結構，以圖示說明如圖 9-2。

第二節　國際主要外匯市場

世界外匯市場是由各國際金融中心的外匯市場構成的，這是一個龐大的體系。目前世界上外匯市場約有 30 多個，其中最重要的有倫敦、紐約、巴黎、東京、瑞士、香港、新加坡等，它們各具特色，並分別位於不同的國家和地區，且相互聯繫，形成全球統一的外匯市場。

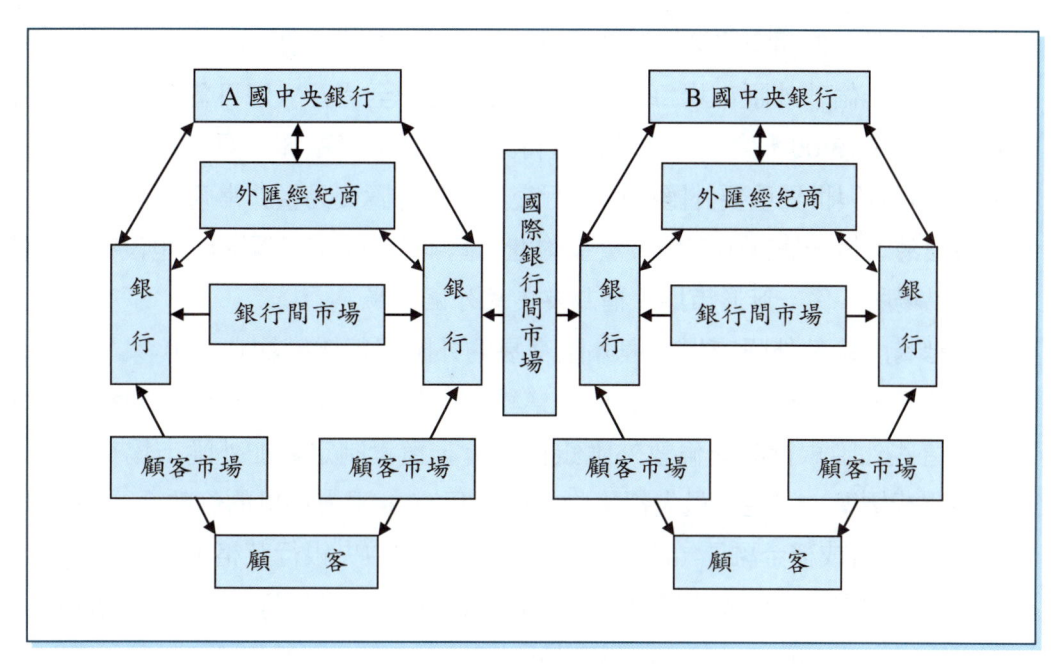

圖 9-2　外匯市場結構圖

一、倫敦外匯市場

倫敦目前是世界上成交量最大的外匯市場，其外匯市場有如下的特點：

1. **經紀人導向**：外匯經紀人在倫敦外匯市場占有舉足輕重的地位，因市場中大多數交易都是透過外匯經紀人促成的。倫敦外匯市場約有 250 多個指定經營商作為外匯經紀人，他們與外幣存款經紀人共同組成外匯經紀人與外幣存款經紀人協會。在英國實行外匯管制期間，外匯銀行間的外匯交易一般都透過外匯經紀人進行。1979 年 10 月英國取消外匯管制後，外匯銀行間的外匯交易就不一定要透過外匯經紀人。

   - 倫　敦　　・瑞　士
   - 紐　約　　・香　港
   - 巴　黎　　・新加坡
   - 東　京　　・法蘭克福

2. **外匯交易電腦化**：市場交易是利用電話、電報、電訊、網路的方式來完成，交易處理速度很快，工作效率高。

3. **外匯交割**

   (1) 即期外匯交割：原則依雙方約定辦理。一般在成交日後的次日交割／第一個營業日交割 (Value Tom)；也可以在成交日當日交割 (Value Today)，稱為現金交割 (Cash Delivery)。

   (2) 美元與加幣的即期外匯交易：習慣上採次日交割 (Value Tom)。

(3) 其他通貨：依國際慣例均採成交日後第二個營業日交割 (Value Spot)。

4. **交易時間**：倫敦外匯市場每週交易 5 天，週一至週五，每日營業時間自上午 8:00 至下午 3:00。倫敦的地理位置得天獨厚，橫跨歐洲、亞洲及美洲三個時區，可同時與世界重要外匯市場進行交易，故外匯交易量非常龐大。

5. **市場型態**：是一個自由市場，資金的進出基本上沒有任何限制，也沒有具體固定交易場所，係一無形市場，稱為英美式外匯市場。

6. **市場結構**：倫敦外匯市場參與外匯交易的外匯銀行機構約有 600 家，包括本國的清算銀行、商人銀行、其他商業銀行、外匯經紀人、貼現公司和外國銀行。這些外匯銀行組成倫敦外匯銀行公會，負責制定參加外匯市場交易的規則和收費標準。這些成員大都集中在面積只有 1 平方英里的倫敦金融區 (City of London) [或稱金融區 (The City)]，以英國的中央銀行英格蘭銀行 (Bank of England) 為中心，涵蓋本國銀行 (Home Banks)、外國銀行 (Overseas Banks)、清算銀行 (Cleaning Bank)、證券交易所 (Stock Exchange)、期貨交易所 (Futures Exchange)、經紀人 (Brokerage)、貼現及承兌商號 (Discount Houses & Accepting Houses)、信託投資公司 (Investment Trusts)、勞依茲保險協會 (Corporation of Lloyd's)、保險公司 (Insurer)，金融體系相當完整。

7. **交易規模**：倫敦是當今全世界外匯市場日成交量最大的市場，是歐洲通貨市場的重心。依據國際清算銀行 2016 年 9 月調查報告顯示，英國是年 4 月份外匯交易日成交量為 2.43 兆美元，世界占有率為 37.1%，遠大於第二名之美國 19.4%。

8. **交易貨幣**：以美元兌歐元的交易量比重最大，其次為美元對日圓，美元對英鎊第三，其他主要交易幣別為瑞士法郎、澳幣等。匯率報價採用間接標價法，交易貨幣種類眾多，最多達 80 多種，經常有 30、40 種。

二、紐約外匯市場

紐約外匯市場有如下的特點：

1. **經紀人導向**：是經紀人導向 (Brokerage Oriented) 的市場，在紐約銀行間通常並不直接交易，大多透過外匯經紀人撮合交易，但在紐約各銀行與國外銀行間交易時通常採直接報價進行交易，故是一外匯綜合市場。紐約外匯市場有 8 家經紀商，雖然有些專門從事某種外匯的買賣，但大部分還是同時從事多種貨幣

的交易。外匯經紀人的業務不受任何監督，對其安排的交易不承擔任何經濟責任，只是在每筆交易完成後向賣方收取佣金。

2. **外匯交易電腦化**：外匯交易透過現代化通訊網絡與電子科技、電腦進行，美國各銀行間資金調撥常利用聯邦準備銀行調撥系統 (Fedwiredh) 或紐約交換所資金調撥系統 (Clearing House Interbank Payments System, CHIPS)，全球 90% 以上的美元收付均透過 CHIPS 清算，國際間資金調撥則利用環球銀行財務電信協會 (Society for Worldwide Interbank Financial Telecommunications, SWIFT) 系統。

3. **外匯交割**

    (1) 即期外匯交割：原則依雙方約定辦理。一般在成交日後的第一個營業日交割 (Value Tom)；也可以在成交日當日交割 (Value Today)，稱為現金交割 (Cash Delivery)。

    (2) 美幣與加幣的即期外匯交易：習慣上採次日交割 / 第一個營業日交割 (Value Tom)。

    (3) 其他通貨：依國際慣例均採成交日第二個營業日交割 (Value Spot)。

4. **交易時間**：紐約外匯市場每週交易 5 天，週一至週五，每日營業時間自上午 8:30 分至下午 4:00。

5. **市場型態**：由於美國沒有外匯管制，對經營外匯業務沒有限制，政府也不指定專門的外匯銀行，是一個完全自由的外匯市場，資金的進出基本上沒有任何限制，也沒有具體固定交易場所，係一無形市場。

6. **市場結構**：紐約外匯市場上的外匯交易分為三個層次：第一層市場是銀行與其商業客戶間的交易；第二層市場是銀行彼此間的外匯交易，有時紐約聯邦準備銀行亦代表美國財政部，與聯邦準備銀行及外國金融當局進行外匯交易；第三層市場是紐約的銀行與國外的銀行間之交易，聯邦準備銀行有時亦參與此市場交易，外國的中央銀行與外匯管理機構亦參與此市場。美國政府不指定外匯銀行，幾乎所有的美國銀行和金融機構都可以經營外匯業務。紐約外匯市場參加者以商業銀行為主，包括 50 餘家美國銀行和 200 多家外國銀行在紐約的分支機構。

7. **交易規模**：紐約外匯市場其日交易量僅次於倫敦，因目前美元是國際間貿易往來的主要計價貨幣，也是各國作為外匯準備的主要貨幣，美元成為外匯市場上交易量最大的通貨，而紐約是全球美元交易清算的中心，其在國際外匯市場上的重要性，不言可喻。紐約外匯市場交易和進出口貿易相關者較小，大部分和

金融期貨市場密切相關。

8. **交易貨幣**：以美元對歐元、美元對日圓的交易量最大，其他主要交易幣別為英鎊、加幣、瑞士法郎等。匯率報價既採用直接報價法 (指對英鎊)，又採用間接報價法 (指對歐洲各國貨幣和其他國家貨幣)。交易貨幣主要是歐洲大陸、遠東日本、北美加拿大、中南美洲等國貨幣。

三、巴黎外匯市場

巴黎外匯市場有如下的特點：

1. **經紀人導向／直接交易兼有**：巴黎外匯市場大量的外匯交易是在交易所外進行的，其交易係由交易雙方透過電話直接進行買賣，或透過經紀人進行。外匯經紀人約有 20 名，參與大部分遠期外匯交易和交易所外的即期交易。
2. **外匯交易電腦化**：市場交易者透過現代化通訊設施網路、電話，完成交易。
3. **市場型態**：巴黎外匯市場由有形市場和無形市場兩部分組成。其有形市場主要是指在巴黎交易所內進行的外匯交易。
4. **市場結構**：原則上，所有銀行都可以中間人身分為其本身或客戶進行外匯買賣。實際上，巴黎僅有較大的 100 家左右銀行積極參加外匯市場的活動。
5. **交易貨幣**：在巴黎外匯市場上，名義上所有的外幣都可以進行買賣，但實際上，目前巴黎外匯市場標價的只有美元、英鎊、歐元、瑞士法郎、瑞典克朗、加幣等 17 種貨幣，且經常進行交易的貨幣只有 7 種。

四、東京外匯市場

東京外匯市場有如下的特點：

1. **經紀人導向／直接交易兼有**：東京外匯市場上，銀行同業間的外匯交易可以透過外匯經紀人進行，也可以直接進行。日本國內的企業、個人進行外匯交易必須透過外匯指定銀行進行。
2. **外匯交易電腦化**：市場交易者透過現代化通訊設施，例如，網路、電話來完成交易。
3. **交易時間**：東京外匯市場每週交易 5 天，週一至週五，銀行與顧客的交易時間為每日自上午 8:00 至下午 3:00；銀行間的交易時間分前後場，前場為上午 9:00 至 12:00，後場為下午 1:30 至 3:30。東京的外匯市場營業時間與紐約及倫

敦均沒有重疊。紐約收市後 4 小時，東京才開市，東京匯市開盤行情常受紐約外匯市場日圓收盤行情影響，形成一全球性連續的國際行情。

4. **市場型態**：是英美式的市場，是一個自由市場，資金的進出基本上沒有任何限制，也沒有具體固定交易場所，係一無形市場。

5. **市場結構**：主要成員為外匯銀行 (Authorized Foreign Exchange Bank)，包括日本本國銀行及外國銀行分行、外匯經紀商及日本貨幣當局，其中日本貨幣當局係由日本中央銀行日本銀行 (Bank of Japan) 代表執行外匯市場操作。東京外匯市場的參與者有五類：一是外匯專業銀行即東京銀行；二是外匯指定銀行，共 340 多家，其中日本國內銀行 243 家、外國銀行 99 家；三是外匯經紀人 8 家；四是日本銀行；五是非銀行客戶，主要是企業法人、進出口企業商社、人壽財產保險公司、投資信託公司、信託銀行等。

6. **交易貨幣**：以日圓對美元的交易量比重最大，其次為日圓對其他幣別，再次為不涉及日圓之外匯交易。匯率有兩種：一是掛牌匯率，包括利率風險、手續費等的匯率，每個營業日上午 10:00 左右，各家銀行以銀行間市場的實際匯率為基準各自掛牌，原則上同一營業日中不更改掛牌匯率；二是市場連動匯率，以銀行間市場的實際匯率為基準標價。

五、蘇黎世外匯市場

蘇黎世外匯市場有如下的特點：

1. **非經紀人導向**：在蘇黎世外匯市場上，外匯交易是由銀行本身透過電話或電傳進行的，並不依靠經紀人或中間商。
2. **外匯交易電腦化**：在蘇黎世外匯市場上，外匯交易是由銀行自己透過電話或電傳進行的。
3. **交易規模**：蘇黎世外匯市場上的外匯交易大部分是由於資金流動而產生的，只有小部分是出自對外貿易的需求。
4. **市場具資金庇護獨特性**：瑞士蘇黎世外匯市場是一個有歷史傳統的外匯市場，在國際外匯交易中處於重要地位。這一方面是由於瑞士法郎是自由兌換貨幣；另一方面是由於第二次世界大戰期間瑞士是中立國，外匯市場未受戰爭影響，一直堅持對外開放。由於瑞士法郎一直處於硬貨幣地位，匯率堅挺穩定，並且瑞士作為資金庇護地，對國際資金有很大的吸引力，同時瑞士銀行能為客戶資

金嚴格保密，吸引了大量資金流入瑞士。惟自 2008 年以後瑞士亦加入全球防制洗錢組織，共同打擊全球犯罪行為，瑞士銀行能為客戶資金嚴格保密的程度已大不如前。

六、新加坡外匯市場

新加坡外匯市場有如下的特點：

1. **經紀人導向**：大部分交易由外匯經紀人辦理，並透過外匯經紀人將新加坡和世界各金融中心聯繫起來。
2. **外匯交易電腦化**：新加坡外匯市場是保持現代化通訊網絡進行交易的。
3. **外匯交割**：新加坡外匯市場除了保持現代化通訊網絡外，還直接同紐約的 CHIPS 系統和歐洲的 SWIFT、CLS 系統連接，貨幣結算十分方便。
4. **交易時間**：新加坡外匯市場是在 1970 年代初亞洲美元市場成立後，才成為國際外匯市場。新加坡地處歐、亞、非三洲交通要道，時區優越，上午可與香港、東京、雪梨進行交易，下午可與倫敦、蘇黎世、法蘭克福等歐洲市場進行交易，還可以中午與中東的巴林、晚上與紐約進行交易。根據交易需要，一天 24 小時都可與世界各地區進行外匯買賣。
5. **市場型態**：新加坡外匯市場是一個無形市場。
6. **市場結構**：新加坡外匯市場的參加者由經營外匯業務的本國銀行、經批准可經營外匯業務的外國銀行和外匯經紀商組成。其中外資銀行的資產、存放款業務和淨收益都遠遠超過本國銀行。
7. **交易貨幣**：交易以美元為主，約占交易總額的 85% 左右。大部分交易都是即期交易，掉期 (換匯) 交易及遠期交易合計占交易總額的 1/3。匯率均以美元報價，非美元貨幣間的匯率透過套算求得。

七、香港外匯市場

香港自 1973 年取消外匯管制後，國際資本大量流入，經營外匯業務的金融機構不斷增加，外匯市場愈來愈活躍，發展成為國際性的外匯市場。香港外匯市場有如下的特點：

1. **經紀人導向**：外匯經紀人有三類：當地經紀人，其業務僅限於香港本地；國際經紀人，指 1970 年代後將其業務擴展到香港的外匯經紀人；香港本地成長起

來的國際經紀人，即業務已擴展到其他外匯市場的香港經紀人。
2. **外匯交易電腦化**：交易者透過各種現代化的通訊設施和電腦網路進行外匯交易。
3. **交易時間**：香港地理位置和時區條件與新加坡相似，可以十分方便地與其他國際外匯市場進行交易。
4. **市場型態**：香港外匯市場是一個無形市場，沒有固定的交易場所。
5. **市場結構**：香港外匯市場的參與者主要是商業銀行、財務公司及外匯經紀人。
6. **交易貨幣**：1970 年代以前，香港外匯市場的交易以港幣和英鎊的兌換為主。1970 年代後，隨著該市場的國際化及港幣與英鎊脫鉤，而與美元掛鉤，美元成了市場上交易的主要外幣。香港外匯市場上的交易可以劃分為兩大類：一類是港幣和外幣的兌換，其中以和美元兌換為主；另一類是美元兌換其他外幣的交易。

八、法蘭克福外匯市場

德國有五個主要外匯市場，包括法蘭克福 (Frankfurt)、慕尼黑 (Munich)、漢堡 (Hamburg)、柏林 (Berlin)、杜塞道夫 (Dusseldorf)，其中以法蘭克福為最大。歐元自 2002 年 1 月 1 日開始啟用，居歐元區領導地位的德國外匯市場當然會受到關注，其中最大的法蘭克福外匯市場最具代表性。法蘭克福外匯市場有如下的特點：

1. **經紀人導向 / 直接交易兼有**：法蘭克福外匯市場銀行間交易有兩類方式：
    (1) **市場交易**：屬無形市場交易，透過電訊網路，例如，電話、電報的方式來完成。包括：
    ❖ 直接交易 (Direct Dealing)：不透過外匯經紀商。
    ❖ 間接交易 (Indirect Dealing)：透過外匯經紀商。
    (2) **外匯交易所交易**：法蘭克福外匯市場設有外匯交易所交易 (Dealing on the Currency Exchange)，此型態常見於歐洲大陸，又稱大陸制外匯市場，屬有形市場，透過電訊網路，例如，電話、電報的方式來完成。包括交易所經紀人以專線電話聯絡各地銀行，提供外匯買賣匯率及金額，在交易所內面對面完成交易。
2. **外匯交易電腦化**：市場交易是利用電訊網路，例如，電話、電報的方式完成。
3. **交易時間**：法蘭克福外匯市場交易時間為：

❖ 一般市場交易：每週交易 5 天，週一至週五，交易時間為上午 9:00～12:00，下午 2:00～4:00。

❖ 外匯交易所交易：每週交易 5 天，週一至週五，交易時間為下午 1:00 開始，約 45 分鐘。

4. **市場型態**：法蘭克福外匯市場和紐約、倫敦、東京外匯市場相比，最大的不同在於法蘭克福外匯市場有設一有形市場，即外匯交易所交易，但紐約、倫敦、東京外匯市場則沒有。法蘭克福外匯市場雖有設一有形市場交易，但其交易量占全部外匯交量的比率非常小，絕大部分還是無形市場交易。法蘭克福外匯市場也是一個自由市場，資金的進出基本上沒有任何限制。

5. **市場結構**：法蘭克福外匯市場主要成員包括外匯銀行 (Foreign Exchange Bank)、外匯經紀商。

6. **交易貨幣**：以美元為主，其次為歐元，再次為英鎊、瑞士法郎等。

世界上最重要的幾個國際性外匯市場，有下列的共同特點：

1. 外匯經紀人在這些市場均占有非常重要的角色。
2. 外匯交易大量使用電腦，主要以電訊網路完成。
3. 均是三層次的市場，即同時含有顧客市場、銀行間市場與全球市場。
4. 市場的交易以即期交易和換匯交易為主。
5. 基本上資金均可以自由進出。

九、全球外匯市場交易量分析

根據國際清算銀行 (BIS) 2016 年 9 月對各國中央銀行調查報告 (Triennial Central Bank Survey) (係 3 年度報告) 顯示，2016 年 4 月份全球外匯市場日交易量，達 5.10 兆美元，茲分析如表 9.1。

以國別而言，英國占最大 37.1%，次為美國占 19.4%，第三為新加坡占 7.9%，第四為香港占 6.7%，第五為日本占 6.1%，英國及美國這前二強霸主地位，長久以來一直都沒有改變；以貨幣別而言，目前前八大幣別分別為美元占 43.8%、歐元占 15.6%、日圓占 10.8%、英鎊占 6.4%、澳幣占 3.5%、加幣占 2.6%、瑞士法郎占 2.4%、人民幣占 2.0%，其中前四名美元、歐元、日圓及英鎊的地位，長久以來都沒有改變，值得注意的是，第八名的人民幣市占率，近年來急速增長，目前雖尚不足以威脅前四大幣別的地位，但在不久的將來可能會超越澳幣、加幣及瑞士法郎，

表 9.1　全球外匯市場交易量分析 (2016 年 4 月之交易量)

	國　別		貨幣別		貨幣配對別		業務別		交易對象別		地區別	
1	英　國	37.1%	USD	43.8%	USD/EUR	23.0%	換　匯	46.8%	金融機構	50.5%	跨　國	64.6%
2	美　國	19.4%	EUR	15.6%	USD/JPY	17.7%	即　期	32.5%			本　地	35.4%
3	新加坡	7.9%	JPY	10.8%	USD/GBP	9.2%	遠　期	13.8%	交易商	42.0%		
4	香　港	6.7%	GBP	6.4%	USD/AUD	5.2%	選擇權	5.0%				
5	日　本	6.1%	AUD	3.5%	USD/CAD	4.3%	幣別交換	1.9%	非金融客戶	7.5%		
6	法　國	2.8%	CAD	2.6%	USD/CNY	3.8%						
7	瑞　士	2.4%	CHF	2.4%	USD/CHF	3.5%						
8	澳　洲	2.1%	CNY	2.0%	USD/MXN	2.1%						
9	德　國	1.8%	SEK	1.1%	USD/NZD	1.6%						
10	其　他	13.7%	其　他	11.8%	其　他	29.6%						
	合　計	100%		100%		100%		100%		100%		100%

甚至威脅到英鎊的地位；以貨幣配對別而言，美元 / 歐元最大占 23.0%，次為美元 / 日圓占 17.7%，美元 / 英鎊第三占 9.2%，美元 / 澳幣第四占 5.2%，值得注意的是美元/墨西哥幣及美元 / 人民幣的配對交易已擠進前十大之列；以業務別而言，換匯交易最大占 46.8%，即期交易次之占 32.5%，第三是遠期外匯占 13.8%，其他為選擇權等占 6.9%；以交易對象別而言，金融機構交易量最大占 50.5%，交易商次之占 42.0%，非金融客戶占 7.5%；以國內外別而言，跨國交易占 64.6%，本地交易才占 35.4% 而已。

第三節　匯率的報價

一、匯率的意義

　　以多少本國貨幣來支付外國貨幣，或是要以多少本國貨幣向外國貨幣請求？這就涉及兩個幣別間之兌換比率。因此，外匯匯率就是一國貨幣對另一國貨幣的兌換比率，也就是一國貨幣相對於另一國貨幣的價格。簡單地說，匯率就是兩種貨幣間幣值的換算比率。在外匯市場中各方所據以進行交易之標的是外匯，外匯交易的市場標準就是匯率，所以匯率也就是買賣外匯的價格。

二、匯率報價法

匯率說成一單位本國貨幣值多少他國貨幣 (間接報價法)，或一單位他國貨幣值多少本國貨幣 (直接報價法)，兩種方式都可以，說明如下：

1. **直接報價法 (Direct Quotation Method)**：又稱**價格報價法 (Price Quotation Method)** 或**支付報價法 (Giving Quotation Method)** 或**美式報價法 (American Quotation Method)**。是指以他國貨幣為基礎，他國貨幣是商品角色，報出一單位他國貨幣折合多少本國貨幣匯率的報價法。他國貨幣是被報價貨幣 (Reference Currency, R.C.)，本國貨幣是報價貨幣。例如，新臺幣與美元匯率之報價，實務上都是以 USD 1.00＝多少新臺幣的方式報價。臺灣及大多數國家的外匯市場所使用的匯率報價法，都是直接報價法。

2. **間接報價法 (Indirect Quotation Method)**：又稱**數量報價法 (Volume Quotation Method)** 或**收入報價法 (Receiving Quotation Method)** 或**歐式報價法 (European Quotation Method)**。指以本國貨幣為基礎，本國貨幣是商品角色，報出一單位本國貨幣折合多少他國貨幣的匯率報價法。本國貨幣是被報價貨幣 (Reference Currency, R.C.)，他國貨幣是報價貨幣。例如，英鎊與美元匯率之報價，為 GBP 1.00＝USD 1.5550 的方式報價。目前國際上只有少數大英國協成員採用間接報價法，一般稱之為「大英國協式」(Great Britain Terms)。目前使用間接報價法的幣別包括英鎊 (GBP)、澳幣 (AUD)、紐西蘭幣 (NZD)、南非幣 (ZAR)、歐元 (EUR) 等。

主要國家幣別匯率報價法，詳如表 9.2 所示。

三、匯率的漲跌

直接報價法下的匯率變大，表示本國貨幣貶值 (在浮動匯率制度下稱為 Depreciation，在固定匯率制度下稱為 Devaluation)，他國貨幣升值；匯率變小，表示本國貨幣升值 (在浮動匯率制度下稱為 Appreciation，在固定匯率制度下稱為 Revaluation or Upvaluation)，他國貨幣貶值。間接報價法下的匯率變大，表示本國貨幣升值，他國貨幣貶值；匯率變小，表示本國貨幣貶值，他國貨幣升值。匯率漲跌的意義，詳如表 9.3 所示。

表 9.2　世界主要國家幣別匯率報價法一覽表

貨幣名稱	SWIFT CODE*	報價基礎	被報價幣	報價幣	報價法
英　　鎊	GBP	GBP 1 = USD ?	英　　鎊	美元及其他幣	間接報價法
澳　　幣	AUD	AUD 1 = USD ?	澳　　幣	美元及其他幣	間接報價法
歐　　元	EUR	EUR 1 = USD ?	歐　　元	美元及其他幣	間接報價法
紐西蘭幣	NZD	NZD 1 = USD ?	紐西蘭幣	美元及其他幣	間接報價法
南非幣	ZAR	ZAR 1 = USD ?	南非幣	美元及其他幣	間接報價法
日　　圓	JPY	USD 1 = JPY ?	美　　元	日　　圓	直接報價法
加　　幣	CAD	USD 1 = CAD ?	美　　元	加　　幣	直接報價法
新加坡幣	SGD	USD 1 = SGD ?	美　　元	新加坡幣	直接報價法
港　　幣	HKD	USD 1 = HKD ?	美　　元	港　　幣	直接報價法
瑞士法郎	CHF	USD 1 = CHF ?	美　　元	瑞士法郎	直接報價法
瑞典克朗	SEK	USD 1 = SEK ?	美　　元	瑞典克朗	直接報價法
新臺幣	TWD	USD 1 = TWD ?	美　　元	新臺幣	直接報價法

*SWIFT CODE：環球銀行財務電信協會代碼。

表 9.3　直接報價法與間接報價法下匯率漲跌意義表

報價法	變化方向	他國貨幣	本國貨幣
間接報價法	變大，漲	貶　值	升　值
	變小，跌	升　值	貶　值
直接報價法	變大，漲	升　值	貶　值
	變小，跌	貶　值	升　值

例　匯率漲跌意義

請回答下列匯率變動的意義：

1. GBP 對 USD 由 1.5550 變 1,6000？
2. GBP 對 USD 由 1.5550 變 1.5000？
3. TWD 對 USD 由 32.5 變 32.7？
4. TWD 對 USD 由 32.5 變 32.0？

答： 1. 表示美元貶值，英鎊升值。　2. 表示美元升值，英鎊貶值。
　　　3. 表示美元升值，新臺幣貶值。　4. 表示美元貶值，新臺幣升值。

四、匯率漲跌的衡量

A 國貨幣相對 B 國貨幣的升貶幅度，與 B 國貨幣相對 A 國貨幣的升貶幅度，是不會一樣的，因為基礎不一樣所致，詳如表 9.4 所示。

▶ 表 9.4　兩國匯率升貶幅度計算方式表

直接報價法		計算式
本國貨幣升貶幅度 (%)	=	$\dfrac{(1 \div 新匯率 - 1 \div 原匯率)}{1 \div 原匯率}$
他國貨幣升貶幅度 (%)	=	$\dfrac{(新匯率 - 原匯率)}{原匯率}$

間接報價法		計算式
本國貨幣升貶幅度 (%)	=	$\dfrac{(新匯率 - 原匯率)}{原匯率}$
他國貨幣升貶幅度 (%)	=	$\dfrac{(1 \div 新匯率 - 1 \div 原匯率)}{1 \div 原匯率}$

例　**直接報價法匯率升貶幅度的計算**

當新臺幣對美元匯率由 32.50 變成 32.00 時，何種幣別升值？升值幅度多少？何種幣別貶值？貶值幅度多少？

答：1. 新臺幣升值，升值幅度為 $(1 \div 32.00 - 1 \div 32.50) \div (1 \div 32.50) = +1.56\%$。

　　2. 美元貶值，貶值幅度為 $(32.00 - 32.50) \div 32.50 = -1.54\%$。

例　**間接報價法匯率升貶幅度的計算**

當英鎊對美元匯率由 1.5550 變成 1.5000 時，何種幣別升值？升值幅度多少？何種幣別貶值？貶值幅度多少？

答：1. 英鎊貶值，貶值幅度為 $(1.5000 - 1.5550) \div 1.5550 = -3.54\%$。

　　2. 美元升值，升值幅度為 $(1 \div 1.5000 - 1 \div 1.5550) \div (1 \div 1.5550) = +3.67\%$。

五、外匯市場匯率雙向報價

外匯匯率有買入價格 (Bid Rate/Buying Rate) 與賣出價格 (Offer Rate/Selling Rate)，這叫雙向報價 (Two-way Quotation)。其中買入價格較低，放在左邊，賣出價格較高，放在右邊。例如，某銀行報出美元對日圓匯率為 80.45 / 80.75，買入價格與賣出價格之間的差額為 0.3 日圓，稱作買賣價差 (Spread) 或簡稱價差，也有人稱為匯差。這一雙向報價的意義，就是表示銀行願意以 80.45 日圓買進 1 美元，願以 80.75 日圓賣出 1 美元，從中賺取價差。銀行掛牌外幣匯率都是以銀行的立場，掛出 Bid Rate 及 Offer Rate，而不是以客戶的立場掛出的。

六、外匯匯率報價單位

外匯市場上的慣例，匯率的價格共有五位數 (不含小數點)。例如，EUR/USD 1.3345，USD/JPY 77.695。一般而言，匯率報價通常報到該幣別最小貨幣單位的 1%，稱為基本點 (Point)，也稱為 Pip 或 Tick。例如，美元最小貨幣單位為 0.01 元，就是分，分的 1% 就是 0.0001 元，稱為一點。英鎊對美元匯率由 1.5655 變成 1.5745，便稱為英鎊升值 90 點。某些幣別的幣值較低，只有元沒有角分者。例如，日圓其最小貨幣單位就是元，元的 1% 就是 0.01 元，就是代表一點。例如，美元對日圓的匯率由 77.695 變成 77.625，就表示美元貶值 70 點。

每一百點 (100 Points) 稱為 One Pfennig。外匯交易員報價實務上。例如 EUR/USD 1.3345/55 中之 33 兩位數通常不報，這兩位數稱為大數 (Big Figure)。

第四節　外匯交易實務

一、即期外匯交易操作模式

1. 即期外匯交易 (Spot Transaction) 的意義：是指買賣雙方約定於成交日後的第二個營業日內，相互交付對方所購買的貨幣之外匯交易。是外匯市場最普遍的交易方式，即期外匯匯率也成為所有外匯買賣活動的基礎。

    國際實務上，如果沒有特別約定，都以即期交易視之，亦即在成交日後第二個營業日交割，主要目的是因為全球外匯市場 24 小時運作且各地有時差，當日交割或次營業日交割恐不符實際。但有少部分例外，例如，香港外匯市場上午成交的港幣對美元的交易，採當日交割 (Value Today)；美國外匯市場美

元對加幣的交易及美元對墨西哥披索的交易，採次日交割／第一個營業日交割 (Value Tom)。

2. 即期外匯交易操作模式：即期外匯交易隨參與者之不同，而有避險、套匯、投機等功能，說明如下：

(1) 即期避險操作模式：進出口廠商預期未來將收付一筆外匯，為避免匯率變動損失，以操作即期外匯交易的方式來避險，稱為即期避險或即期對沖 (Spot Hedging)。茲就出口商及進口商操作方式說明如下：

❖ 出口商：例如，某出口商預計 2 個月後將收到貨款 30 萬美元，因擔心 2 個月後美元對新臺幣匯率貶值，先借進美元並在即期市場賣出，轉存成新臺幣存款，這就是出口商的即期避險。出口商借美元利率與存新臺幣利率之利差，為即期對沖交易的利息成本。利差愈大，利息成本愈高，避險效果愈不理想；利差愈小，利息成本愈小，避險效果愈理想。

❖ 進口商：例如，某進口商預計 2 個月後將付出貨款 30 萬美元，因擔心 2 個月後美元對新臺幣匯率升值，先借進新臺幣並在即期市場買進美元，轉存成美元存款，這就是進口商的即期避險。進口商借新臺幣利率與存美元利率之利差，為即期對沖交易的利息成本。利差愈大，利息成本愈高，避險效果愈不理想；利差愈小，利息成本愈小，避險效果愈理想。

(2) 即期套匯操作模式：即期套匯 (Arbitrage) 交易，指利用不同外匯市場間之價差，或利用三種不同幣別間之交叉匯差，以低買高賣方式，獲取無風險差價利益之交易。可分為直接套匯與間接套匯。茲說明如下：

❖ 直接套匯交易 (Direct Arbitrage)：指利用相同幣別在不同市場之價差，在低的市場買進，同時在高的市場賣出，又稱為兩點套匯 (Two Points Arbitrage)。例如，當倫敦市場 EUR/USD = 1.3365，紐約市場 EUR/USD = 1.3373 時，可以在倫敦以 1.3365 USD 的價格買進 1 歐元，在紐約賣出 1 歐元可得 1.3373 的 USD，操作每一元的 EUR 可賺得 USD 0.0008 (即 1.3373 − 1.3365)。

❖ 間接套匯交易 (Indirect Arbitrage)：指利用三種不同幣別間之交叉匯差，以低買高賣方式，同時在三個市場進行三種幣別買賣，又稱為三點套匯 (Three Points Arbitrage)。例如，當香港市場 USD/HKD = 7.8100，新加坡市場 USD/SGD = 1.3855，東京市場 SGD/HKD = 5.6250 時，以 HKD 套算香港市場及東京市場之 USD/SGD = 7.8100 ÷ 5.6250 = 1.3884，顯然新加坡

的美元比較便宜。所以，可以在新加坡賣出 SGD 1.3855，買入 USD 1；繼之，在香港賣出 USD 1，買入 HKD 7.8100；最後，在東京賣出 HKD 7.8100，買入 SGD 1.3884。則每買賣 SGD 1.3855，可以獲利 SGD 0.0029 (即 1.3884 − 1.3855)。

(3) 即期投機操作模式：**外匯投機交易 (Speculation)** 指在不作避險措施，有意承擔匯率風險下，藉由外匯匯率變動買賣外匯，以謀取利益的交易方式。**外匯投機者 (Speculator)** 都是藉由判斷匯率未來走勢，以買低賣高方式賺取匯差，這是屬於投機行為。

當預測某幣別將升值時，則先買進該幣別，俟升值後再賣出獲利，這是作多模式。例如，當外匯市場 USD/JPY 80.455，預期未來 6 個月 USD 將升值，投資人甲先生目前握有 1,000 萬日圓，則甲先生於現在以 1,000 萬日圓元買進即期美元，並存入美元存款，於 6 個月後美元升值再賣出獲利。

當預測某幣別將貶值，則先賣出該幣別，俟貶值後再買進回補，這是作空模式。例如，當外匯市場 EUR/USD 1.3350，預期未來 6 個月 EUR 將貶值，投資人乙先生目前握有 10 萬歐元，則乙先生可於現在將 10 萬歐元以即期匯率先賣出得到美元，並存入美元存款，於 6 個月後歐元貶值再回補歐元。

二、遠期外匯交易操作模式

1. **遠期外匯交易 (Forward Exchange Transaction)** 的意義：是指買賣雙方約定於未來某一特定日期，依交易當時所約定的幣別、匯率及金額進行交割的外匯交易。實務上指在成交日後第二個營業日以後某一特定日期交割的交易，只要是在成交日後第三個營業日及以後交割的，都算遠期交易。但實務上報出遠期匯率的期限，至少在 7 天 (1 週) 以上，大多以週的倍數或月的倍數報出。例如 1 週、2 週、3 週、1 個月、2 個月、3 個月、6 個月等。遠期外匯交易的雙方必須簽訂**遠期外匯交易合約 (Forward Exchange Contract, FEC)**：其內容主要包括交易類型 (為買入或賣出)、幣別、金額、遠期匯率、交割日 (到期日) 等。

2. **遠期外匯匯率的計算**：計算遠期外匯匯率的方法有利差法與利率平價法兩種。

   (1) 利差法：最常用的方法是利差法，以利差法決定遠期外匯匯率的因素，包括即期匯率、買入與賣出貨幣間之利差及遠期期限三項。其計算說明如下：

❖ 遠期買入匯率的計算：

$$P_{FB} = P_{SB} + P_{SB} \times (R_{RCD} - R_{BCL}) \times \frac{T}{Y} \qquad (9\text{-}1)$$

其中 P_{FB} ＝遠期買入匯率

P_{SB} ＝即期買入匯率

R_{RCD} ＝報價幣別存款利率

R_{BCL} ＝被報價幣別放款利率

T ＝遠期天數

Y ＝指 1 年天數

$$P_{SB} \times (R_{RCD} - R_{BCL}) \times \frac{T}{Y} = 買入換匯匯率$$

❖ 遠期賣出匯率的計算：

$$P_{FS} = P_{SS} + P_{SS} \times (R_{RCL} - R_{BCD}) \times \frac{T}{Y} \qquad (9\text{-}2)$$

其中 P_{FS} ＝遠期賣出匯率

P_{SS} ＝即期賣出匯率

R_{RCL} ＝報價幣別放款利率

R_{BCD} ＝被報價幣別存款利率

T ＝遠期天數

Y ＝指 1 年天數

$$P_{SS} \times (R_{RCL} - R_{BCD}) \times \frac{T}{Y} = 賣出換匯匯率$$

(9-1) 及 (9-2) 式中之 Y 就是指計息基礎，國際金融市場上計息 1 年天數之基礎，有 360 天也有 365 天者。為 360 天者如美元、日圓、歐元、加幣、澳幣等；為 365 天者如英鎊、港幣、新加坡幣、南非幣、泰銖、新臺幣等。

例 利差法之遠期匯率計算

當市場報價如下：即期匯率 USD/TWD 30.45/55，3 個月 (90 天) 美元利率 3.00%－3.125%，3 個月 (90 天) 新臺幣利率 2.50%－2.625%，以利差法為基礎，則

3 個月期 USD/TWD 的遠期匯率如何報價？

答：**1.** Bid Rate $= 30.45 + 30.45 \times (2.5\% - 3.125\%) \times \dfrac{90}{360} = 30.402$

2. Offer Rate $= 30.55 + 30.55 \times (2.625\% - 3.00\%) \times \dfrac{90}{360} = 30.521$

(2)利率平價法：是依據利率平價學說基本理論來計算。其計算說明如下：

❖ 遠期買入匯率的計算：

$$P_{FB} = P_{SB} \times \dfrac{1 + R_{RCD} \times \dfrac{T}{Y}}{1 + R_{BCL} \times \dfrac{T}{Y}} \quad (9\text{-}3)$$

其中符號意義與 (9-1) 式相同。

$P_{FB} - P_{SB} =$ 買入換匯匯率

$$P_{FS} = P_{SS} \times \dfrac{1 + R_{RCL} \times \dfrac{T}{Y}}{1 + R_{BCD} \times \dfrac{T}{Y}} \quad (9\text{-}4)$$

其中符號意義與 (9-2) 式相同。

$P_{FS} - P_{SS} =$ 賣出換匯匯率

例 利率平價法的遠期匯率及換匯匯率計算

當市場報價如下：USD/TWD 30.45/55，USD 1M 2.25/2.375%，TWD 1M 2.00/2.125%，以利率平價法為基礎，則報價者願報出 Spot/1M USD/TWD 的遠期匯率為何？

答：**1.**

$$P_{FB} = P_{SB} \times \dfrac{1 + R_{RCD} \times \dfrac{T}{Y}}{1 + R_{BCL} \times \dfrac{T}{Y}} = 30.45 \times \dfrac{1 + 2.00\% \times \dfrac{30}{360}}{1 + 2.375\% \times \dfrac{30}{360}} = 30.4405$$

2.
$$P_{FS} = P_{SS} \times \frac{1 + R_{RCL} \times \frac{T}{Y}}{1 + R_{BCD} \times \frac{T}{Y}} = 30.55 \times \frac{1 + 2.125\% \times \frac{30}{360}}{1 + 2.25\% \times \frac{30}{360}} = 30.5468$$

3. **遠期外匯匯率的升水與貼水**

　　以遠期匯率公式所計算出來的遠期匯率,有下列三種不同的現象:

(1) 貼水 (Discount):當報價幣別利率小於被報價幣別利率時,其利差為負數,所計算出來的換匯匯率為負數,此時遠期匯率等於即期匯率加上負的換匯匯率,所得的遠期匯率小於即期匯率,稱為貼水。

(2) 升水 (Premium):當報價幣別利率大於被報價幣別利率時,其利差為正數,所計算出來的換匯匯率為正數,此時遠期匯率等於即期匯率加上正的換匯匯率,所得的遠期匯率大於即期匯率,稱為升水。

(3) 平水 (Par):當報價幣別利率等於被報價幣別利率時,其利差為零,所計算出來的換匯匯率為零,此時遠期匯率等於即期匯率,稱為平水。

4. **遠期外匯交易操作模式**:遠期外匯交易的功能,主要是廠商為了避險、投資人為了套利套匯、投機者為了投機等。目前臺灣對遠期外匯交易強調實需原則,必須憑適當的交易憑證才可以承做,遠期套利及投機其實需之交易憑證不易取得。所以,實務上恐難操作,最常看到的是進出口廠商的遠期外匯避險功能。

　　進出口廠商預期未來將收付一筆外匯,為避免匯率變動損失,以操作遠期外匯交易的方式來避險,稱為遠期避險或遠期對沖 (Forward Hedging)。實務上,有預售遠期外匯與預購遠期外匯交易兩種。

例 出口商避險模式──預售遠期外匯

當市場報價 USD/TWD 30.45/55,2 個月期 USD/TWD 30.35/46,某出口商 A 公司預計 2 個月後將收到貨款 20 萬美元,因擔心 2 個月後新臺幣匯率對美元升值,請問 A 公司應如何操作遠期避險?

答:1. 於目前與銀行簽訂「預售遠期外匯契約」,以目前銀行 2 個月期遠期買入匯率 30.35,預售 2 個月期 20 萬美元。

2. 2 個月後 A 公司收到 20 萬美元的貨款，2 個月後美元對新臺幣即期匯率不管如何變化，A 公司都可以 30.35 的匯率結售 20 萬美元給銀行，A 公司規避了因匯率變動所產生的風險。

例 進口商避險模式——預購遠期外匯

當市場報價 USD/TWD 30.45/55，2 個月期 USD/TWD 30.35/46，某進口商 B 公司預計 2 個月後將支付貨款 10 萬美元，因擔心 2 個月後新臺幣匯率對美元貶值，請問 B 公司應如何操作遠期避險？

答：1. 於目前與銀行簽訂「預購遠期外匯契約」，以目前銀行 2 個月期遠期賣出匯率 30.46，預購 2 個月期 10 萬美元。

2. 2 個月後 B 公司要支付 10 萬美元的貨款，2 個月後美元對新臺幣即期匯率不管如何變化，B 公司都可以 30.46 的匯率向銀行結購 10 萬美元，B 公司規避了因匯率變動所產生的風險。

5. 遠期外匯操作避險目的：出口商避險目的在確定未來收入，進口商避險目的在確定未來成本，其動機是不願承擔匯率風險，但也不在外匯投機。進出口廠商操作遠期外匯時並不再對未來匯率作預期，不管屆交割時即期匯率如何變化，不會影響進出口廠商將遠期匯率作為計價的基礎，進出口商遂成為遠期外匯市場最主要的參與者。

第五節 臺灣的外匯市場

一、臺灣外匯制度的演進

從 1949 年 6 月 15 日起，臺灣隨著經濟的發展與環境的變遷，與外匯有關的制度，均隨著各個不同發展階段，而產生不同的變化。以下就新臺幣匯率不同發展階段，分別簡述各個階段外匯制度之興革。

1. 第一階段——固定匯率時期 (1949 年 6 月 15 日～1979 年 2 月 1 日)

此時期實施新臺幣釘住美元的固定匯率制度，新臺幣對美元匯率稱為**基本匯**

率，又稱官定匯率，1949 年、1961 年、1973 年及 1978 年，官定匯率分別為新臺幣 5 元、40 元、38 元及 36 元。此時期因外匯相當短缺，政府運用嚴格的外匯管理手段，來鼓勵出口、限制進口，指定銀行所收受的外匯，必須向中央銀行辦理外匯集中清算，缺乏外匯市場機能制度。

2. 第二階段——管制的機動匯率時期 (1979 年 2 月 1 日～1982 年 9 月 1 日)

在 1978 年 7 月 10 日臺灣央行宣布放棄固定匯率制度，並於次年實施管制的機動匯率制度，由 5 家銀行 [1] 與央行議定中心匯率，即期匯率不得超過中心匯率上下 0.5%，1980 年 3 月 3 日放寬為 1%，1981 年 8 月 12 日再放寬為 2.25%。此時期商品或勞務進出口所產生的外匯收付，須經央行或指定行審核，禁止從事投機性或金融性的外匯交易等。1979 年 2 月 1 日正式成立外匯市場。此時期准許廠商及個人將外匯所得以「外匯存款」方式持有，外匯存款可以結售、提用、轉讓、質押或透過銀行買賣。開辦美元遠期外匯業務，廠商的外匯開始有規避匯率風險的機制。

3. 第三階段——機動中心匯率時期 (1982 年 9 月 1 日～1989 年 4 月 3 日)

此時期實施機動的中心匯率制度，即期匯率依據銀行間美元交易匯率之加權平均，作為次一營業日之中心匯率。3 萬美元以上之交易可在中心匯率上下各 2 角內議價，並增訂美元現鈔可在中心匯率上下各 4 角內由指定行自行訂定。境外金融中心及首家外匯經紀商在此時期成立。1986 年修正管理外匯條例，允許指定行開辦「外匯定期存單業務」，放寬指定銀行外匯資金運用範圍，將進出口結匯由許可制改為申報制。1987 年再修正管理外匯條例，解除外匯管制、開放外匯，該年是臺灣外匯制度發展過程中最重要的一年，將大部分的外匯管制解除，一般稱這一年為「外匯解嚴」或「外匯開放」。此時期臺灣的經常帳變完全自由、資本帳匯出管制大幅放寬、擴大銀行對顧客即期交易的議價範圍、民間可自由持有、運用外匯，因而臺灣成為外匯管理基本自由的國家。

4. 第四階段——自由匯率時期 (1989 年 4 月 3 日迄今)

1989 年 4 月 3 日，央行廢除中心匯率制度，取消即期匯率變動幅度限制，取消銀行間交易價格限制，銀行間交易完全自由化，這次改革一般稱為「外匯交易自由化」。建立外幣拆款市場及成立第二家外匯經紀商。外匯管理制度又進一步開放，主要包括擴大外匯申報範圍，規定新臺幣 50 萬元以上等值外匯收支或交易，應依規定申報。1995 年 8 月 30 日中央銀行訂定「外匯收支或交易申報辦法」，規定公

---

[1] 包括臺銀、一銀、彰銀、華銀、中國商銀 (已與交通銀行合併成為目前之兆豐銀行)。

司、行號自由結匯額度調整為每年匯出與匯入各 5,000 萬美元，團體或個人為每年匯出與匯入各 500 萬美元。此外，重要的措施包括訂定外匯管制辦法、實施外幣存款準備金制度、訂定金融機構外幣風險限額、開放國外機構來臺發行有價證券、開放兩岸外匯業務及人民幣業務、逐漸開放外匯衍生性商品業務等。

二、臺灣外匯市場現況

1. 臺灣外匯市場參與者

包括顧客、外匯銀行、外匯經紀商及中央銀行。

(1) **顧客**：個人或廠商是銀行的顧客，形成銀行與顧客間市場，一般稱為顧客市場 (Customer Market)。1987 年以前因實施嚴格外匯管制，顧客市場並無金融性或投機性外匯交易，只有單純的商品及勞務的進出口結匯、對外投資的外匯支出、來臺投資的資金匯入等。1987 年外匯解禁以後，允許顧客市場金融性交易。1991 年以後，因對外投資項目日益增加，對內外資不斷流入國內市場，為提供顧客更多避險及投資工具，陸續開放各種衍生性金融商品，顧客市場交易形成多樣化與自由化。

(2) **外匯指定銀行**：外匯指定銀行 (Appointed Bank) 係指經中央銀行指定辦理外匯業務的銀行，是外匯市場的主角。截至 2017 年 6 月底止，臺灣全體外匯指定銀行共 3,439 家 (包括本國銀行總行 39 家及分行 3,361 家，陸商銀行 3 家，外商銀行 36 家)。外匯指定銀行可以辦理進出口及匯出入匯款業務、外幣存款、貸款及保證業務、衍生性外匯商品及其他外匯等業務。

(3) **外匯經紀商**：包括 1994 年 7 月 27 日成立的「臺北外匯經紀股份有限公司」，及 1998 年 5 月 26 日成立的「元太外匯經紀股份有限公司」兩家。外匯經紀商透過路透社等訊息機構之電訊設備及各銀行專線電話，隨時提供國內及國際外匯市場行情及相關資訊，經由傳播工具，提供每日匯率及外匯市場交易情況。外匯經紀商是銀行間交易的服務機構，其主要業務包括外匯買賣、換匯交易及拆款交易之仲介，以及其他經許可的業務等。

(4) **中央銀行**：是臺灣掌理外匯業務機關，負責外匯管理與調度事宜。中央銀行在外匯方面的業務、職權及維護外匯市場穩定責任如下：

❖ **中央銀行辦理的外匯業務**：包括外匯調度及收支計畫的擬訂、指定銀行辦理外匯業務並督導之、外匯的結購與結售、民間對外匯出、匯入款項的審核、民營事業國外借款經指定銀行的保證、管理及其清算、稽催的監督、外國貨

幣票據及有價證券的買賣、外匯收支的核算、統計、分析與報告等。
- ❖ **中央銀行外匯方面的職權**：包括持有國際貨幣準備，統籌調度外匯，以及視對外收支情況，調節外匯供需，以維持有秩序的外匯市場。
- ❖ **維護外匯市場穩定責任**：因為中央銀行有維持外匯市場交易秩序及穩定新臺幣匯率的責任，所以中央銀行會視對外收支情況，調節外匯供需，以達成此項目的。此種行為也就是一般所說的干預行為，其常用的方式有：
  - 直接在即期市場買賣外匯以影響即期匯率。
  - 在遠期或換匯市場進行買賣，間接影響即期匯率。
  - 透過貨幣或財政政策影響貨幣供給額及利率，另一方面影響匯率。

2. 臺灣外匯市場結構

臺灣外匯市場參與者除顧客、外匯銀行、外匯經紀商及中央銀行外，尚包括國際金融業務分行 (OBU)、國際證券業務分公司 (OSU)、國際保險業務分公司 (OIU)、參與臺北外幣拆放市場的國外銀行。所以，臺灣外匯市場的組成分子主要包括第一層顧客市場，第二層銀行間市場，及極小部分第三層全球市場。臺灣的外匯市場，正開始走向國際化。臺灣外匯市場結構，詳如圖 9-3 所示。

3. 臺灣外匯市場交易情形

根據中央銀行統計，2017 年 7 月份臺灣外匯市場全體交易量為 6,033 億美元，平均每日外匯交易量為 287 億美元。以業務別而言，換匯交易最大占 48.9%；即期交易居第二占 41.5%；遠期居第三占 5.6%；選擇權居第四占 3.0%；其他占 1.3%。以市場別而言，大多數為銀行間交易占 67.1%，顧客市場才占 32.9%。以幣別而言，美元對新臺幣最大占 48.1%，次為美元對歐元占 12.3%。以媒介別而言，銀行間直接交易占 70.5%，透過外匯經紀商占 29.5%。

4. 臺灣的外幣拆放市場

(1) **外幣拆放市場的意義**：外幣拆放市場 (Foreign Currency Call Loan Market) 是指銀行間短期外幣資金互相拆出或借入的市場。其目的在方便外幣資金需求者，可以經由該市場順利取得所需資金，以獲得短期資金融通；外幣資金供給者，可以經由該市場順利將短期剩餘資金拆放出去，以有效運用短期資金。

(2) **臺灣外幣拆放市場成立經過**：臺灣外幣拆放市場 (或稱臺北外幣拆款市場) 成立於 1989 年 8 月 7 日，目前的種籽基金為 200 億美元、10 億歐元及 600 億日圓。國內銀行、本國銀行國外分行及在臺外商銀行之國外總 (分) 行，均可參

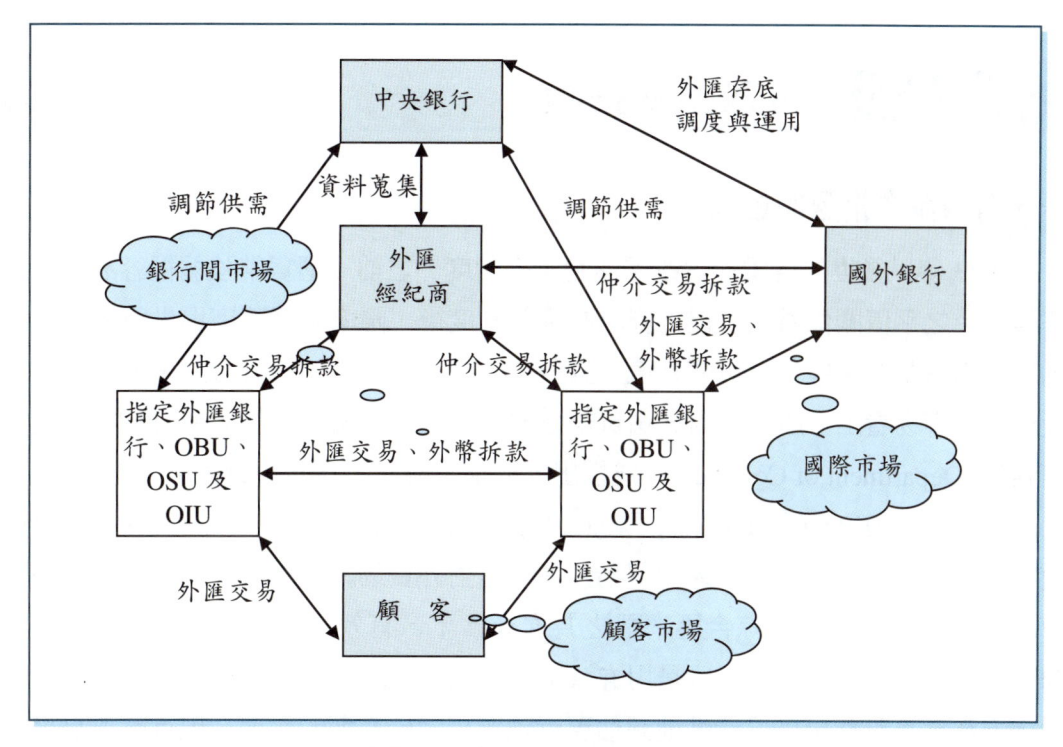

圖 9-3　臺灣外匯市場結構圖

與拆借。

(3) 臺灣外幣拆放市場交易情形：根據中央銀行之統計，2016 年度臺灣外幣拆放市場的外幣拆款交易量約為 1.5937 兆美元。其中美元為 1.5072 兆美元，占 94.6%；其他幣別合占 5.4%。拆放期限主要為隔拆 (O/N) 占 81.1%，1～3 星期者占 6.2%，1～12 個月者占 12.7%。

(4) 臺北外幣拆放市場主要規範：

- ❖ 交易幣別：凡國內外匯指定銀行掛牌之各種貨幣，均在臺北外幣拆放市場拆放範圍之內。
- ❖ 交易單位：美元及歐元均以 100 萬為單位；日圓以 1 億為單位；其他幣別依國際交易習慣。
- ❖ 交易時間：週一至週五，臺北時間上午 9:00 至下午 5:00。
- ❖ 拆放期限：最長以 1 年為限。
  - ❖ 利率：升降幅度以 (1/32)% 一檔為原則，利息計算按國際交易習慣。例如，美元、歐元、日圓 1 年以 360 天計算；英鎊、港幣、新加坡幣、南非幣、泰銖 1 年以 365 天計算。
  - ❖ 手續費：手續費以成交金額按年率萬分之二向借貸雙方分別計收。

第六節　有效匯率指數

一、有效匯率指數的意義

　　1973 年以後世界各國紛紛改採浮動匯率制度，之前一國貨幣強弱很容易從其匯率與黃金之平價關係看出，但實施浮動匯率制度後，匯率是隨著市場供需變動而變動，本國貨幣對某些貨幣可能升值，對某些貨幣可能貶值，其綜合匯率究係升值或貶值，不容易看出。所以，對一國貨幣強弱不易判別。國際貨幣基金 (IMF) 及美國商務部 (Department of Commerce) 遂提出有效匯率觀念，觀察一國貨幣之強弱。

　　有效匯率 (Effective Exchange Rate, EER) 係指以若干主要貿易對手國的貨幣價值，以本國與這些貿易對手國的貿易量占本國對外貿易總量的比重為權數，加權計算得出綜合匯率，這一綜合匯率稱之為有效匯率。有效匯率本身用來判別一國貨幣強弱，仍不是很明顯。一般是用有效匯率指數 (Effective Exchange Rate Index) 表示，有效匯率指數可以很清楚地評估現行匯率相對於基期的水準、現行匯率是否合理。

　　臺灣目前有效匯率指數有五種，分別由中央銀行、臺北外匯市場發展基金會、經濟日報、工商時報及經建會所編製。實質有效匯率指數亦有五種，亦為前述五個單位所編。其中，中央銀行是以直接報價法編製，另四個單位是以間接報價法編製。

二、有效匯率指數的種類

1. 以編製基礎分

(1)雙邊貿易有效匯率指數 (Bilateral Trade-Weight Exchange Rate Index, BT_{ERI})

$$BT_{ERI} = (全國出口值 \times 出口值有效匯率指數 + 全國進口值 \times 進口值有效匯率指數) \div 全國進出口總值 \quad (9\text{-}5)$$

(2)出口值有效匯率指數 (Export-Weight Exchange Rate Index, EW_{ERI})：

$$EW_{ERI} = \sum_{n=1}^{S} (對 N 國出口值 \div 全國出口總值) \times 對 N 國匯率 \quad (9\text{-}6)$$

(3)進口值有效匯率指數 (Import-Weight Exchange Rate Index, IW_{ERI})：

$$IW_{ERI} = \sum_{n=1}^{S} (對 N 國進口值 \div 全國進口總值) \times 對 N 國匯率 \qquad (9-7)$$

2. 以物價指數分

(1) **名目有效匯率指數** (Nominal Effective Exchange Rate Index, NEER)：指未考慮各國物價變動因素所計算而得之有效匯率指數，基本上是用兩國貨幣的相對價值來計算。

(2) **實質有效匯率指數** (Real Effective Exchange Rate Index, REER)：指將有效匯率指數平減物價指數(購買力平價指數)後所得之有效匯率指數。

❖ 實質有效匯率指數求算程序
- 決定基期：通常選擇國際收支接近均衡的年度，以該年度指數為 100，作為比較基期。
- 選擇一籃貨幣：選定若干主要貿易對手國貨幣組成一籃貨幣，再找出本國與這些貿易對手國間之個別貿易比重。
- 加權計算：用加權方式計算求得名目有效匯率指數。
- 平減物價指數：將名目有效匯率指數除以購買力平價指數即可得到實質有效匯率指數。

　　有效匯率指數隨著基期、選定貨幣、貿易權重、計算公式等之不同而異，雖非一個絕對的衡量標準，但卻是一項很重要的參考指標。

❖ 實質有效匯率指數之應用
- 衡量一國出口競爭力變化：衡量一國匯率變動對出口價格競爭力的影響時，以實質有效匯率指數為衡量標準，會比名目有效匯率指數更準確。
- 衡量一國匯率的合理性：對外匯主管當局而言，則可以適時反映一國貨幣合理價值，助其判斷現行匯價之合理性，避免決策失當的情況發生。
- 調整外匯交易操作策略：對外匯交易者而言，實質有效匯率指數有助於調整外匯交易操作策略，並判斷目前市場匯率較比較基期為高或低。

❖ 實質有效匯率指數之解讀
- 區別匯率指數依何種報價法編製：首先必須瞭解該匯率指數是以間接報價法編製，或以直接報價法編製。
- 間接報價法之解讀：實質有效匯率指數上升，表示該國幣值相對於主要貿易國為升值；反之，則表示該國幣值趨於貶值。實質有效匯率指數大於 100 時，即顯示該國通貨之幣值較比較基期升值；若指數小於 100 時，則

表示該國幣值較比較基期貶值。例如，臺北外匯市場發展基金會編製之匯率指數，係以間接報價法編製，故應以間接報價法之方式解讀。

- 直接報價法之解讀：與間接報價法之解讀，恰好相反。例如，臺灣的中央銀行以直接報價法編製匯率指數，故應以直接報價法之方式解讀。

茲將有效匯率指數之解讀方法，詳列如表 9.5 所示。

▶表 9.5　有效匯率指數解讀說明表

指數區間	直接報價法 (外幣對本國價值)	間接報價法 (本國對外幣價值)
＜100	表外幣價值對本國幣值低估，外幣應升值，本國貨幣應貶值。	表本國幣值對外國幣值低估，本國貨幣應升值，外國貨幣應貶值。
＝100	表本國幣值對外價值大約均衡。	表本國幣值對外價值大約均衡。
＞100	表外幣價值對本國幣值高估，外幣應貶值，本國貨幣應升值。	表本國幣值對外國幣值高估，本國貨幣應貶值，外國貨幣應升值。

例　有效匯率指數的解讀

以臺北外匯市場發展基金會所編製之有效匯率指數 (以間接報價法編列) 為例，將新臺幣 2000～2016 年 7 月趨勢，以月別觀察之名目與實質有效匯率指數，編列其趨勢如圖 9-4 所示。從圖 9-4 可以看出，2007～2014 年間之實質有效匯率指數，在 95 與 105 之間波動，大致接近均衡；2000～2006 年及 2015 年 2～8 月間之實質有效匯率指數，大致在 105 與 120 之間波動，相對之下，新臺幣有高估之嫌；2015 年 9 月～2016 年 7 月間，大致在 95～105 間波動，相對之下，比較接近均衡。

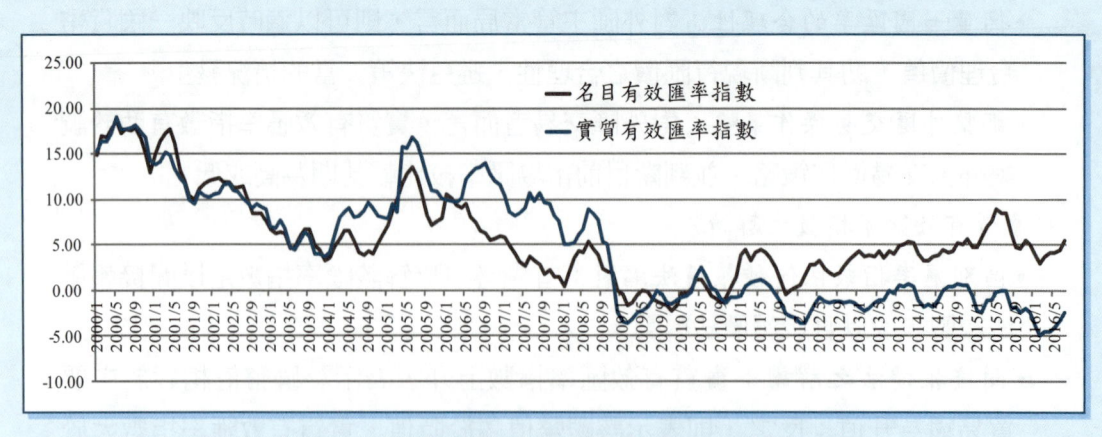

圖 9-4　近年來新臺幣名目與實質有效匯率指數比較圖

習題

一、選擇題 (單選)

(　) 1. 關於外匯市場的敘述,下列何者正確? (A) 它是一個本國通貨交易的場所 (B) 是 8 小時交易的場所 (C) 絕大部分為無形市場 (D) 絕大部分為有形市場 (E) 先進國家外匯市場大都有外匯管制。

(　) 2. 下列哪一項不是銀行與銀行間外匯市場的特徵? (A) 是批發市場 (B) 大多數以電訊方式完成交易 (C) 很多是透過經紀商完成交易 (D) 有最低交易金額的限制 (E) 匯差比顧客市場來得大。

(　) 3. 下列哪一項不是國際性外匯市場的特點? (A) 外匯經紀人在這些市場均占有非常重要的角色 (B) 外匯交易大量使用電腦,主要以電訊網路完成 (C) 基本上都有外匯管制 (D) 市場的交易以即期交易和換匯交易為主 (E) 均是三層次的市場。

(　) 4. 將長久以來世界上外匯交易量最大的前四大幣別依序排列,下列何者正確? (A) AUD、USD、EUR、JPY (B) USD、EUR、JPY、GBP (C) USD、AUD、JPY、CAD (D) EUR、USD、GBP、JPY (E) USD、CAD、JPY、GBP。

(　) 5. 關於匯率報價法的敘述,下列何者正確? (A) 新臺幣與美元間之報價是間接報價法 (B) GBP、AUD、NZD 是直接報價法 (C) 直接報價法就是數量報價法 (D) 一單位本國貨幣值多少外國貨幣的報價法是間接報價法 (E) 一單位本國貨幣值多少外國貨幣的報價法是直接報價法。

(　) 6. 關於應用有效匯率指數,下列敘述何者正確? (A) 以直接報價法編製或以間接報價法編製之解讀相同 (B) 名目有效匯率指數愈接近 100,表示愈接近均衡 (C) 臺北外匯市場發展基金會所編製之有效匯率指數 (以間接報價法編列),長期低於 100,表示新臺幣長期低估 (D) 名目有效匯率指數比實質有效匯率指數具參考價值 (E) 間接報價法編列的實質有效匯率指數高於 100,表示低估,應該升值。

(　) 7. 下列哪一個敘述正確? (A) GBP 對 USD 由 1.5550 變 1.6000,表示美元升值,英鎊貶值 (B) GBP 對 USD 由 1.5550,變 1.5000,表示美元貶值,英鎊升值 (C)

TWD 對 USD 由 32.5 變 32.7，表示新臺幣升值，美元貶值　(D) TWD 對 USD 由 32.5 變 32.0，表示美元升值，新臺幣貶值　(E) 間接報價法匯率變大，表示本國貨幣升值，他國貨幣貶值。

(　) 8. GBP、USD、TWD、AUD、NZD、ZAR、JPY、CHF、CAD、EUR，這些幣別中，哪些是間接報價法？　(A) GBP、AUD、NZD、ZAR、EUR　(B) GBP、USD、TWD、AUD、NZD　(C) ZAR、JPY、CHF、CAD、EUR　(D) USD、TWD、AUD、NZD、ZAR、JPY　(E) 全部都是間接報價法。

二、簡答題

1. [外匯市場的分類] 簡述外匯市場的種類。

2. [外匯市場的參與者] 外匯市場的參與者有哪些，請簡述之。

3. [倫敦外匯市場] 倫敦外匯市場是當今世界上第一大的外匯市場，它有何特徵，請簡述之。

4. [全球外匯市場] 試從國別、幣別、交易配對別、業務別的角度，簡單分析全球外匯市場狀況。

5. [匯率的報價法] 匯率的報價法有哪兩種？請簡述其意義，並舉例說明其意義。

6. [套匯實例] 如果倫敦市場 EUR/USD＝1.5500，紐約市場 EUR/USD＝1.5477，請問有沒有套匯機會？又要如何套匯？

7. [遠期匯率的計算] 以利差法計算遠期匯率時，有哪三項因素必須考慮？如何以利差法計算遠期匯率？

8. [臺灣外匯自由化以後的演進] 1989 年以後，臺灣外匯交易已非常自由，請簡述 1989 年以後臺灣在外匯管理上有何重要的開放措施？

9. [外幣拆放市場] 何謂外幣拆放市場？臺北的外幣拆放市場情形如何？請簡述之。

三、問答與申論題

1. [成為國際外匯市場的條件] 當今世界上幾個重要的國際性外匯市場，它們涵蓋哪些層

次的市場？到底它們有哪些共同的條件可以成為國際外匯市場？請問臺北外匯市場和這些國際級外匯市場相比，究竟差異何在？你覺得臺北應如何做，才可能成為國際性外匯市場？

2. [實質有效匯率指數的解讀] 我們經常在報章雜誌上看到解讀有效匯率指數，當有效匯率指數低於 100 時，有的解讀為低估，有的解讀為高估；同樣地，當有效匯率指數高於 100 時，也有的解讀為高估，有的解讀為低估。這到底是怎麼一回事？我們對有效匯率指數應如何認知才不會誤用？請討論之。

簡　答

一、選擇題

1.	2.	3.	4.	5.	6.	7.	8.
C	E	C	B	D	C	E	A

三、問答與申論題：參考簡答

1. (1)顧客市場、銀行間市場與國際市場。
   (2)國際性外匯市場，大多有下列共同的條件：
   　a. 外匯經紀人在這些市場均占有非常重要的角色。
   　b. 外匯交易大量使用電腦，主要以電訊網路完成。
   　c. 均是三層次的市場，即同時含有顧客市場、銀行間市場與全球市場。
   　d. 市場的交易以即期交易和換匯交易為主。
   　e. 基本上資金均可以自由進出。
   (3)主要是欠缺國際市場，而且資金的進出尚有一定之限制。

2. (1)首先必須先弄清楚實質有效匯率指數係以間接報價法編製，或以直接報價法編製。
   (2)間接報價法之解讀：實質有效匯率指數上升，表示該國幣值相對於主要貿易國為升值；反之，則表示該國幣值趨於貶值。實質有效匯率指數大於 100 時，即顯示該國通貨之幣值較比較基期升值；若指數小於 100 時，則表示該國幣值較比較基期貶值。

直接報價法之解讀：與間接報價法之解讀，恰好相反。實質有效匯率指數上升，表示該國幣值相對於主要貿易國為貶值；反之，則表示該國幣值趨於升值。實質有效匯率指數大於 100 時，即顯示該國通貨之幣值較比較基期貶值；若指數小於 100 時，則表示該國幣值較比較基期升值。

第 10 章 境外金融中心

Business

Economics

Stcok

Money

　　本章第一節介紹境外金融中心概論；第二節介紹境外金融中心的業務；第三節介紹全球主要境外金融中心；第四節介紹臺灣的境外金融中心；然後，第五節介紹國際銀行。

第一節　境外金融中心概論

一、境外金融中心的意義

境外金融中心 (Offshore Financial Center or Offshore Banking Center) 指一個資金來自國外並融通予國外，以非本地貨幣為交易中介，以非居住民 (Non-residents) (境外客戶) 為交易對象，不受外匯管制及國內銀行業管理規章限制，並在租稅上享有優惠待遇，以吸引國際金融業者，從事金融交易的境外對境外 (Outside to Outside / Out to Out) 之市場，又稱為離岸市場或海外市場。新加坡美元市場、紐約歐洲美元市場、歐洲美元市場等，均屬此種市場。

境外金融中心有如下的特徵：

1. **境外對境外的市場**：境外金融中心雖然是設在本國國境之內，必須依該國法令營業，其交易也是在本國國境之內操作，其資金源自國外且運用於國外。所以，是一個境外對境外的市場。境外金融市場和國內金融市場 (Domestic Financial Market)、國際金融市場 (International Financial Market)，在國界上有其相異之處，詳如表 10.1 所示。
2. **排除境內金融業務有關規定**：境外金融中心幾乎沒有銀行規章管制與租稅，所以一個國家的境外金融中心之成立，通常以特別立法方式，使其與本國金融體系隔離，亦即與其他的國內金融交易、國際金融交易分開獨立列帳。
3. **暴露風險較國內金融市場為高**：境外金融中心在營運上和國內金融市場一樣，在釐訂營運決策時，必須考慮信用風險、流動性風險、利率風險、匯率風險、國家風險等，但因其往來對象大多為非居住民，其中之國家風險相對較高。
4. **以金融機構為主要參與者之批發市場**：境外金融中心雖以非居住民為交易對象，但最大宗者仍為金融機構，其交易金額也比較大，比較像批發市場。

▶表 10.1　境外、國內與國際市場之國界範圍比較表

市場別	國界範圍	營業所在地
境外金融市場	境外對境外	在國內
國內金融市場	境內對境內	在國內
國際金融市場	境外對境內 / 境內對境外	在國內

二、境外金融中心發展的背景

1. 歐洲美元市場及歐洲通貨市場的形成

國內金融市場隨著一國經濟高度發展、金融高度自由、法令制度健全、人才設備優良、交通電訊發達等，可能很自然地成為國際金融市場，倫敦國際金融市場就是這樣自然形成的。第二次世界大戰以後，東西方形成冷戰，當時蘇聯為了避免政治風險，將其所持有之大量美元存款，轉存到歐洲的銀行，大部分在倫敦，於是逐漸形成歐洲美元市場 (Euro-Dollar Market)。在歐洲美元市場上的存款被稱為歐洲美元 (Euro-Dollar)，屬於境外的存款。

由於蘇聯經濟主體為規避風險，而自然形成歐洲美元市場，事先並沒有經過特別規劃設計，但卻因為歐洲美元市場的形成，又逐漸發展到其他幣別的交易。例如，歐洲日圓、歐洲英鎊等，於是又發展成歐洲通貨市場 (Euro-Currency Market)。歐洲通貨市場其實就是一個境外市場，它肇始於歐洲美元市場。因此，可以說歐洲美元市場就是境外金融市場的起源，倫敦是境外金融市場的發源地。

2.「Euro」一詞在境外金融市場的意義

(1) 歐洲通貨市場：歐洲通貨市場就是指進行歐洲通貨交易的場所，是指由本國銀行及外國銀行在本國分行所進行的以外幣為交易標的，以境外居民為交易對象的金融市場。歐洲通貨市場發展之初，單純以歐洲美元為主，發展至今也包括歐洲日圓、歐洲英鎊等其他幣別。

(2) 歐洲美元：歐洲美元就是指存放在美國境外 (含美國境內的 IBF) 的美元存款。最初，歐洲美元是指存放在歐洲美元市場上的境外美元存款，但如今已發展為除歐洲美元存款以外，尚包括外國銀行在美國境外收受的美元存款、美國銀行海外分行在美國境外收受的美元存款、美國境內的 IBF 的美元存款。顯然地，歐洲美元不只指在歐洲美元市場上的美元，而是泛指在美國國內金融市場以外的境外金融中心，所收受的美元存款。

(3) Euro 的意義：所以，歐洲美元一詞，於現今而言，應統稱為境外美元比較符合實際，Euro 在此應稱境外，不應稱歐洲。一般之所以會稱歐洲，是因為境外美元起源於歐洲之故。

(4) 歐洲日圓、歐洲英鎊：基於「Euro」應稱境外不應稱歐洲之觀念，歐洲日圓 (Euro-Yen) 就是指存放在日本國內金融市場以外的境外金融中心之日圓，是指境外日圓，而不是指存放在歐洲的日圓；歐洲英鎊 (Euro-Sterling) 是指存放在

英國國內金融市場以外的境外金融中心之英鎊,是指境外英鎊,而不是指存放在歐洲的英鎊,以此類推。

(5) 歐洲通貨:歐洲通貨就是指各國金融機構收受本國通貨以外的一切外幣存款的總稱,也就是在通貨發行國家以外地區的通貨存款。所以,歐洲通貨包括歐洲美元,歐洲美元只是歐洲通貨的一種而已。歐洲通貨除了歐洲美元之外,尚包括歐洲日圓、歐洲英鎊等。

(6) 歐洲通貨市場:歐洲通貨市場 (Euro-Currency Market),就是指進行歐洲通貨交易的場所,是指由本國銀行及外國銀行在本國分行所進行的以外幣為交易標的,以境外居民為交易對象的金融市場。

3. 境外金融市場的形成

到底有何背景因素,會使歐洲美元市場發展成為如今之境外金融市場?以下將逐一探討其原因:

(1) 鉅額美援助歐產生鉅額貿易順差:第二次世界大戰後美國的馬歇爾計畫或歐洲復興計畫 (European Recovery Program) 援歐,因此產生鉅額美援流向歐洲。

(2) 東西冷戰使美國存款轉存歐洲:1950 年代,蘇聯所持有之大量美元資產,因美蘇冷戰的關係,將其所持有之大量美元存款,轉存到歐洲的銀行,逐漸形成歐洲美元市場。

(3) 英鎊貶值危機使銀行改以美元融資:1950 年代中期,英鎊出現貶值危機,導致英國倫敦海外及商人銀行 (London Overseas and Merchant Banks) 集團,改以美元融資國際貿易。

(4) 美國金融管制使歐洲美元競爭力強

❖ Q 規則:美國 1960 年 FED 發布 Q 規則 (Regulation Q),限定美國銀行定期存款利率上限,使美元轉存歐洲銀行,1982 年此規定才取消。

❖ M 條款:1970 年代又發布 M 條款,規定商業銀行在美國境內吸收存款必須繳存款準備金,造成歐洲美元的存款利率較美國境內存款高,使美國境內銀行紛紛到歐洲設分行,使美元再次流向歐洲。

❖ 利息平衡稅 (Interest Equalization Tax):美國 1963 年實施利息平衡稅,對美國人持有外國證券的利息收入課稅,使原本歐洲企業在美國發行證券籌資,轉而直接到歐洲美元市場貸款;1965 年實施對外信用限制方案 (Foreign Credit Restraint Program),限制美國銀行對外放款、要求企業自動限制對外

投資，使企業直接向歐洲美元市場貸款。
(5) **軍援越戰大量美元流向海外**：1960 年代，美國介入越戰，因支付龐大軍費，造成大量美元流向海外。
(6) **石油危機引發歐洲美元交易大增**：1971 年及 1973 年兩次石油危機，石油輸出國 (OPEC) 因油價上漲而賺進鉅額石油美元 (Oil-Dollars，簡稱油元)，存入歐洲美元市場，石油進口國所需資金又轉向歐洲美元市場借入支應，歐洲美元存、放款交易因而大幅擴張。
(7) **國際通訊工具發達使市場不斷擴大**：國際通訊工具發達，使歐洲美元交易更加活躍。歐洲美元市場不斷擴大，目前已由原先之歐洲，擴及亞洲、美洲，幣別也由美元擴及日圓、英鎊等 20 餘種幣別。

三、境外金融中心的類別與名稱

1. **境外金融中心的類別**：以成立背景、資金結構、市場功能，說明如下：
   (1) 以成立背景而言
      - 自然形成者：因環境優越而自然形成者，例如，倫敦、香港、巴哈馬等。
      - 政府規劃設立者：例如，新加坡、紐約、東京、巴林、臺北等。
   (2) 以資金結構而言
      - 內外合一型：境外金融 (Offshore Banking) 與境內金融 (Onshore Banking) 合而為一者。例如，倫敦、香港等。
      - 內外分離型：境外金融與境內金融完全分開，各自獨立設帳者。例如，新加坡、紐約、東京、臺北等。
   (3) 以市場功能而言
      - 記帳中心型：只有記帳而無實際營運者。例如，開曼、巴哈馬等，稱為記帳中心 (Booking Center) 或境外空殼分行 (Offshore Shell Branch)。
      - 營運中心型：有實際營運者。例如，倫敦、紐約、臺北等，稱為實體市場或營運中心。

   大部分的境外金融中心，是人為規劃設立的實體市場，並且與境內市場區隔分離。例如，紐約、東京、新加坡、臺北的境外金融中心，均屬之。
2. **境外金融中心的名稱**：有特定名稱者，亦有以 OBU 稱之者。
   (1) 特定名稱：經當地政府核准賦予特定名稱者，例如：

- ❖ 美國稱 International Banking Facility (簡稱 IBF)，國際金融業務單位之意，自 1982 年 12 月 3 日開始營運。
- ❖ 新加坡稱 Asian Currency Unit (簡稱 ACU)，亞洲貨幣單位之意，自 1986 年 8 月開始營運。
- ❖ 日本稱 Japanese Offshore Market (簡稱 JOM)，日本境外市場之意，自 1986 年 12 月 1 日開始設立境外金融中心。

(2) 經政府核准但仍採 Offshore Banking Unit (簡稱 OBU) 者：居大多數，例如：
- ❖ 菲律賓於 1976 年 9 月公布設立境外金融體系。
- ❖ 巴林於 1975 年 10 月開始核發 OBU 特許執照。
- ❖ 關島於 1979 年通過 Offshore Lending Facilities，仍稱 OBU。
- ❖ 臺灣於 1983 年通過國際金融業務條例，境外業務單位稱為 Offshore Banking Branch，國際金融業務分行之意，但實務上仍慣稱 OBU。

四、境外金融中心成立的要件與效益

1. 成立的要件

必須具備很多條件，但以下列幾個條件最為重要：

(1) 排除境內金融業務有關規定：必須儘量減少各種金融管制，例如：
- ❖ 免提存款準備金及流動性準備。
- ❖ 豁免存款保險規定。
- ❖ 無利率限制。
- ❖ 免除外匯管制使資金自由進出。
- ❖ 放寬銀行管理法規限制。
- ❖ 放寬外國人投資本國銀行限制等。

大多數的境外金融中心都具備有這些條件。

(2) 優惠的租稅措施：包括：
- ❖ 減輕直接稅率。
- ❖ 取消利息就源扣繳稅款 (Withholding Tax)。

  例如，巴哈馬、開曼群島、百慕達、維京群島等，均屬租稅避風港。

(3) 地理條件優越：其營業時間最好與其他主要外匯市場營業時間能先後銜接，例如，新加坡位居東南亞中心，與倫敦差 6.5 小時，使遠東及歐洲交易在同一營業日完成，創造很大的交易量。

(4)政經社會環境穩定：政治穩定，經濟發展，國民教育水準高，社會條件佳，自然會吸引國外資金流入，新加坡具有此一條件。
(5)完善的基礎設施：包括要有完善進步的通訊設施、便捷交通網路。例如，必須要有國際直撥電話、容許自設通訊網路等。
(6)具備優秀專業人才：包括必須具備有足夠數量、外語能力良好、具備國際專業知識之交易人才，與具備國際法律會計人才等。

2. 境外金融中心成立的效益

(1)提供國際性金融服務：設立境外金融中心目的在提供各種國際性金融服務，以促進外匯市場、貼現市場、資本市場、歐洲美元債券市場等之繁榮發展，繼而增進本國從業人員專業技術能力，提升金融外匯操作能力。
(2)資金作最有效率分配：設立境外金融中心可以協助廠商就近向該中心籌措所需之外資，而無須向國外洽借，況且境外金融中心資金成本較低，有助於國內資金需求者取得低利資金；另一方面，如外資有多餘者，可以有管道移轉至最具生產用途上，以提高國際信用資源分配效率。
(3)增加就業機會：開辦境外金融業務，可提供地主國就業機會、手續費收入、提高國際地位，帶來國外相關業務的投資活動。

第二節　境外金融中心的業務

境外金融中心扮演資金仲介者的角色，從負債面而言，境外金融中心以向客戶吸收存款，或在市場發行金融工具籌措資金；從資產面而言，境外金融中心將所籌措之資金貸放給客戶，或作各種投資運用。所以，境外金融中心本身是一個資金需求者，也是一個資金供給者。此外，境外金融中心也操作各外匯交易，介紹如下。

一、負債面業務

就負債面而言 (即資金來源面)，境外金融中心的資金來自外國政府機構、外國商業銀行及保險公司、多國籍公司、大富豪等本國或外國之非銀行部門等。其形式主要包括下列各種不同業務。

1. 銀行同業拆放

境外金融中心的短期資金大部分都是向全世界各地的銀行同業拆放而來，期限

都很短，大都是 1 年以內，以隔夜 (Over Night, O/N)、1 個月、3 個月及 6 個月為最常見。如果是境外金融中心資金拆放給別的金融中心，則稱為拆放銀行同業，它是屬於資產面業務。

2. 吸收境外存款

(1) 以交易對象分：包括一般客戶 (法人及自然人) 存款及銀行間同業存款。
(2) 以期限分：包括活期存款 (含隔夜存款、通知存款)、定期存款。
- 隔夜存款 (Overnight Deposit)：當天存入次日收回之存款。
- 通知存款 (Call Money, Deposits at Call, Deposits at Notice)：無一定期限，憑電話通知可立即提取之存款。

境外金融中心通常免提存款準備金、免存款保險、無利率上限限制，資金成本較低，故其存款利率可以較境內存款利率為高。

3. 發行各種籌資工具

境外金融中心藉發行各種短、中、長期信用工具的方式籌措資金，短期者如銀行承兌匯票 (B/A)、可轉讓定存單 (NCD) 等；中長期者如歐洲債券 (Euro Bonds, EB)、浮動利率可轉定存單 (FRCD)、浮動利率商業本票 (FRN) 等，茲將最常見者簡介如下：

(1) 可轉讓定期存單 (Negotiable Certificate of Deposit, NCD)：期限幾個月或 1 年均有，但以 1～6 個月最常見，屬於短期的籌資工具，交易單位大都為 100 萬美元，持有人可以在次級市場上自由轉讓，具有流動性高且隱密的優點。

(2) 浮動利率可轉讓定期存單 (Floating Rate Certificate of Deposit, FRCD)：如果可轉讓定期存單以浮動利率計息，就變成浮動利率可轉讓定期存單，則其期限可以拉長至 1 年以上，變成中長期的籌資工具。

(3) 浮動利率本票 (Floating Rate Notes, FRN) 或稱浮動利率債券：期限較長，以 5～10 年最常見，屬中長期的籌資工具。利率採浮動計息，持有人又可在次級市場上自由轉讓。所以，也具有短期籌資工具流動性高且隱密的優點。

(4) 境外債券 (Euro Bonds)：係一種以發行國以外之幣別、由多國銀行團聯合信用保證，並同時在數個國家發行之債券。期限通常也都很長，屬中長期籌資工具。由於此一市場極重視發行人之信譽與資力，新興國家不易進入，歐美先進國家較易進入該市場。歐洲債券發行時須組成國際銀行團聯合辦理發行銷售，

其銷售方式有兩種：
- ❖ 直接銷售：將債券直接銷售給投資機構。
- ❖ 公開發行：透過一個以上之交易所上市自由買賣，流通廣、籌資快。

二、資產面業務

就資產面而言 (即資金運用面)，境外金融中心將所吸收的資金，貸放或投資於有需求的政府機構、商業銀行、非銀行部門如多國籍大企業、個人等。其形式主要包括下列各種不同業務。

1. 境外授信

境外金融中心貸款的對象以境外大企業、跨國籍企業、各國政府及其代理機構為主，貸放主要包括下列各種不同形式：

(1) 直接貸放：對各國大企業、多國籍公司、政府等，以個別放款方式進行融資。

(2) 聯合貸款：由多家銀行組成銀行團，按風險持份額對同一企業、多國籍公司、政府等進行融資。由於境外金融中心貸款金額都相當龐大，故往往以多國銀行團國際聯貸的方式辦理。

(3) 拆放銀行同業：境外金融中心常將自銀行同業拆放而來的資金，運用或加碼、或在不同市場間作利率套利、或作幣別間轉換、或判斷利率走勢以「借短放長」或「借長放短」等不同方式，再存放到其他銀行或境外金融中心，以便從中獲取利潤，稱為拆放銀行同業，或存放銀行同業 (Intertbank Deposit)，或稱為再存款 (Redeposit) 業務，是境外金融中心比率最大的業務，大多為短期定期存款形式，期限在 1 年以內，但以隔夜 (O/N)、1 個月、3 個月及 6 個月為最常見。現代電訊網路設備發達，全世界各地銀行均可參與交易，不限本地的銀行同業。所以，境外金融中心的拆放銀行同業已是一項全球性業務。

(4) 貸放風險分讓業務 (Silent Loan Participation)：境外金融中心的聯貸，通常期限很長，金額又大，一貸放出去中途無法收回，流動性很差，長期信用風險很難掌握，是聯貸最大的缺點。因此，有隱名參與貸放 (Silent Sub-Participation) 的產生。這是原參貸銀行將其貸放金額之全部或一部分，分讓予另一家銀行承受，並按分讓比例將利差歸於承受銀行，但受銀行對外不能宣稱受讓之情事。聯貸流動性不佳的缺點，因而獲得改善。

(5) 短期票券包銷信用額度 (Notes Issuance Facility, NIF) 或循環包銷信用額度

(Revolving Underwriting Facilities, RUFs)：境外金融中心給予客戶一項額度，必須對客戶負承銷的義務。在此額度內客戶可以隨時無限次數的發行歐洲債券、商業本票、銀行承兌匯票等，取得低利短期資金。

境外金融中心的貸款金額一般都在數百萬美元、數千萬美元以上，甚且高達數億美元、數十億美元以上，期限較長大都為中長期，3～7 年者較常見，有些甚且達 10 年、20 年者，必須考慮國家風險，授信風險較一般境內授信還高。

境外金融中心的資金來源通常都是短天期的存款、年限較短的金融工具，但授信的期限卻都很長，資金的來源及運用之間存在著期差 (Period Gap)，利率風險很大。所以，境外金融中心為避免利率風險，一般都以定期浮動利率方式承做授信。例如 1 個月或 3 個月浮動一次。

境外金融中心的貸款大都以 LIBOR 為指標利率，或以美國基本利率、日本長期基本利率為指標利率。

2. 境外證券投資

境外金融中心常將資金運用於投資各國有價證券，其中以投資於次級市場為主，初級市場為輔。投資標的包括下列各種短中長期信用工具：

(1)政府債券：以美國、英國及日本為主。
- ❖ 美國政府債券：例如，短期的國庫券 (Treasury Bills)、中長期的國庫債券 (Treasury Bonds)、國庫債票等。
- ❖ 英國政府債券：例如，短期的國庫券、中長期的政府公債、地方政府公債等。
- ❖ 日本政府債券：例如，短期國債、長期國債等。

(2)公司債券：
- ❖ 短期信用工具：包括銀行承兌匯票 (B/A)、商業承兌匯票 (C/A)、可轉讓定存單等。
- ❖ 中長期信用工具：包括普通股、優先股、公司債券、歐洲債券、浮動利率可轉定存單、浮動利率商業本票 (FRN) 等。

三、操作面業務

主要在操作各項外匯交易，包括即、遠期外匯交易及換匯交易。即、遠期外匯

交易,都是以買斷或賣斷 (Outright Dealing) 方式操作。除外匯交易外,尚包括各項衍生性金融商品交易、與國際貿易有關之外匯業務、外幣有價證券之承銷、代理或顧問等業務。

第三節 全球主要境外金融中心

全球主要境外金融中心分布在下列三大洲,包括歐洲、亞洲、美洲。

一、歐 洲

歐洲主要境外金融中心包括倫敦、蘇黎世、巴黎、盧森堡等,其中以倫敦歷史最悠久,是目前世界上最重要、也是規模最大的境外金融中心。根據國際清算銀行 (BIS) 於 2016 年統計報告顯示,2016 年 4 月份歐洲前三大外匯日成交量分別為英國、法國、瑞士,其中英國也是世界第一大。

倫敦的境外金融中心其市場上的主角,是美系及日系銀行的海外分行,而不是英國本身的銀行。它是自然形成的,並不是由政府刻意鼓勵創造出來的。所以,倫敦的境外金融中心與國內的金融市場並沒有隔離,境外與境內可以交流,稅賦一致,屬內外合一型的境外金融中心。

倫敦銀行間貨幣市場係以電訊或網路來完成交易,且對利率均採雙向報價,同時報出存入利率 (Bid Rate) 與拆出利率 (Offered Rate)。根據英國銀行公會 (British Banker's Association, BBA) 的定義,其中存入利率稱為 London Interbank Bid Rate (簡稱 LIBID),拆出利率稱為 London Interbank Offered Rate (簡稱 LIBOR),LIBOR 與 LIBID 之間的價差 (Spread) 一般都不會過 (1/8) %,亦即不會超過 0.125%。LIBOR 與 LBID 兩者之平均數稱為 London Interbank Mean of Bid and Offered Rate (簡稱 LIMEAN)。其最重要的就是 LIBOR,LIBOR 經常被國際間用來作為歐洲美元貸款、美元籌資工具的利率基礎,甚至連亞洲也經常以 LIBOR 作為指標參考利率[1]。LIBOR 所適用的幣別除美元外,尚包括歐元、英鎊、日圓等 10 餘種重要幣別,檔期主要包括隔夜、1 週、1 個月、2 個月、3 個月、6 個月、9 個月及 1 年,使用時必須指明期限與幣別,才不會混淆。例如,Three Months Yen LIBOR 或 Six Months

---

[1] 惟 2008 年爆發全球金融危機之時,倫敦多家大型銀行為了美化銀行信用品質,透過提報虛假數據來操縱 LIBOR,LIBOR 公正性因而遭受質疑,致使 LIBOR 指標性大大地受損,英國「金融行為監理局 (Financial Conduct Authority, FCA)」於 2017 年 7 月宣布將於 2021 年底廢除 LIBOR,屆時應會有新的指標出現。

U.S. Offshore Dollar LIBOR。但其中歐元 LIBOR 使用較不普遍，因為歐元之指標利率大都使用歐洲金融聯盟 (European Banking Federation，英文簡稱 EBF，法文簡稱 FBE) 所發布的 Euro Interbank Offered Rate (簡稱 EURIBOR)。

盧森堡因位於德國、法國、比利時之間，世界上很多國家的銀行在此設立分支機構，由於政府鼓勵及地理位置優越，加上免稅，遂形成國際金融中心，尤其德國及法國居民就近將存款存入該國，享受免稅優惠。

二、亞　洲

亞洲主要境外金融中心包括東京、新加坡、香港及中東的巴林等，根據國際清算銀行 (BIS) 於 2016 年統計報告顯示，2016 年 4 月份亞洲前三大外匯日成交量分別為新加坡、香港、日本，新加坡居世界第三，香港居第四，日本居第五。

1. 東　京

日本於第二次世界大戰後，在美國大量經濟援助下快速發展成為世界的經濟強國，但對金融市場一直實施外匯管制，直至 1980 年代才實施自由化，揚棄外匯管制。此時日本的經濟、金融、貿易等各方面實力，在國際舞臺上已占有十分重要地位，日圓國際化的壓力無法阻擋，日本無法自外於國際市場，亦不願國際化後國際資金擾亂國內市場，因此乃在 1986 年 12 月 1 日設立境外市場 (Japanese Offshore Market, JOM)，以阻隔國內與境外金融市場。

日本境外金融中心是日本政府為區隔國內與境外金融市場而刻意創立的，其設立必須經大藏省許可，凡經大藏省許可從事境外金融業務的銀行，均必須另外設立特別國際金融交換帳，以與國內金融帳區隔。

一般境外金融中心業務以非本地貨幣為交易幣別，但日本銀行卻准許日圓在其境外金融中心交易，與其他境外金融中心以美元交易為主，有著極大的不同。

JOM 受理存放款對象限境外金融機構、外國政府及國際組織、非居住民，但不得發行銀行承兌匯票、定期存單，不得投資有價證券。

JOM 業務有如下的優惠，包括免除就源扣繳稅款 (Withholding Tax)、存款不受利率管制、免加入存款保險、免提存款準備金等。

2. 新加坡

新加坡境外金融中心是一個典型的由政府刻意創立的境外金融市場，在 1967～1968 年間，美國因國內信用緊縮導致美國的銀行及國際知名銀行欲在亞洲地區

尋覓新的資金來源，新加坡政府為發展經濟及提升國際地位，新加坡貨幣管理局 (Monetary Authority of Singapore, MAS) 乃於 1968 年 8 月宣布免除對非居住民外幣存款扣繳 40% 利息所得稅，同年 10 月 1 日核准美國銀行 (BOA) 設立亞洲通貨單位 (Asian Currency Unit, ACU)，允許對境外居民吸收存款，並允許對境外居民放款。

亞洲通貨單位是指在新加坡的銀行，經新加坡貨幣管理局核准許可，從事借貸境外通貨 (External Currencies) 業務，並單獨記帳以與新加坡幣境內交易相互隔離的交易部門。

境外通貨係指新加坡的 ACU 所吸收的境外居民外幣存款的總稱，因其中以美元比重最高，因此在 ACU 的美元存款又被稱為亞洲美元 (Asian Dollar) 或離岸美元存款。由於新加坡是亞洲美元市場的中心，因此新加坡的境外金融中心也被稱為亞洲美元市場。

新加坡的 ACU 成長得很快速，主要因新加坡政府妥善規劃與大力支持，包括採取開放外商銀行及國際貨幣經紀商進入、解除外匯管制、減免稅捐、引進各種新種金融工具，加上新加坡地理上具備有利時區、人民普遍使用英語、完善的通訊設施、健全的金融體制、優秀金融專業人才、有效率的行政體系及政治安定等優越條件。所以，新加坡的境外金融中心交易量成長迅速，使新加坡成為亞太地區的金融中心。新加坡銀行同業拆放利率 (Singapore Interbank Offered Rate, SIBOR)，經常被國際間用來作為亞洲美元貸款、美元籌資工具的利率基礎。實務上，SIBOR 比 LIBOR 稍高 (1/16)% 或 (1/8)%。

新加坡的境外金融中心自 1968 年成立以後，業務成長很快。但自 1980 年代中期香港免除對非居住民利息所得稅，並開放外銀加入香港市場，接著 1986 年以後中國大陸又經濟開放，連帶使香港境外業務大幅成長，是年日本也成立境外金融中心，使新加坡的境外金融業務被東京趕上。惟近十餘年來，新加坡、香港及日本這亞洲前三大金融中心之首，都是呈新加坡與日本競逐的局面。

3. 香　港

香港在中國清朝政府租給英國 100 年，長期受英國統治，英國政府對香港採取自由放任態度，在沒有管制下很自然地形成境外金融市場，與本地的境內金融市場也沒有區隔。香港境外金融中心是屬於內外合一型、自然形成且具有實際營運的境外金融中心。尤其在 1973 年香港放棄外匯管制後，發展得更快，境外與境內市場已合為一體，兩市場間之資金可以自由流動。目前已與東京、新加坡，併稱為亞洲

三大境外金融中心，從國際清算銀行 (BIS) 於 2016 年統計報告顯示，香港的外匯交易量居全球第四，可以窺知香港在國際金融中心的地位。

4. 巴　林

中東地區國家蘊藏豐富的油源，在經歷 1971 年及 1973 年兩次石油危機後，中東國家因石油價格的上漲賺進龐大的油元收入，一般稱為石油美元，石油美元成為國際外匯市場供給的重要來源，其交易中心原先主要在黎巴嫩的貝魯特，但因黎巴嫩經年內戰，使得石油美元交易逐漸轉往政局安定的波斯灣小島巴林，中東的金融中心遂由巴林取代貝魯特。

巴林為波斯灣小國，地處科威特、卡達、沙烏地阿拉伯、阿布達比等產油國之間，最容易吸收油元。1971 年脫離英國獨立，1975 年 10 月開始核發 OBU 執照，一方面方便吸收石油美元；另一方面因介於歐亞大陸之間與倫敦、新加坡兩大金融中心有一段時區重疊，可連結歐、亞兩地之交易，因而發展為中東最重要的境外金融中心。

三、美　洲

美洲主要境外金融中心包括美國、加勒比海與中南美洲的開曼群島 (Cayman Islands)、巴哈馬 (Bahamas)、巴拿馬 (Panama) 等。

1. 美　國

美國國會於 1978 年 9 月通過國際金融業務法案 (International Banking Act, IBA)，聯邦準備理事會 (FED) 於 1981 年 12 月核准成立國際金融業務單位 (International Banking Facility, IBF)。IBF 必須附屬於美國的商業銀行、外國銀行在美國的分行或代辦處。

IBF 的主要目的是在吸收存放國外金融機構的美元回流美國本土，主要是設在美國最大的金融中心紐約。IBF 屬於內外分離型的境外金融中心，必須另立一套獨立帳冊，以記錄非美國居民的存、放款業務。

美國的 IBF 可以辦理非美國居民存款及放款業務，亦准許辦理其本國貨幣即美元之存、放款業務。吸收的資金包括存款、同業拆放、借入款、本票或類似的信用工具表示之負債等，但不得收受支票存款、發行可轉讓定期存單 (CDs / NCDs)、銀行承兌匯票 (Banker's Acceptance, B/A) 及其他無記名信用工具。授信的範圍包括放款、拆放同業、墊款、證券及類似的資產。

美國 IBF 的存、放款業務，不受 M 條款及 Q 規則的約束，即不須提存款準備金，利率無上限，但存款必須向聯邦存款保險公司 (FDIC) 購買保險。

2. 加勒比海與中南美洲

此地區最著名的境外金融中心包括開曼群島、巴哈馬、巴拿馬、英屬維京群島 (British Virgin Islands, BVI)、荷屬安地列斯 (Netherlands Antilles) 等，此地區的境外金融中心屬於記帳型，只有記帳而無實際營運，稱為記帳中心 (Booking Center) 或境外空殼分行 (Offshore Shell Branch)。

開曼群島位在美國邁阿密州南方的加勒比海上，人口約 2 萬人，屬英國殖民地，為一低度開發地區，1960 年代中期成立境外金融中心，提供免稅及嚴格保密，以吸引全世界金融機構來設立境外空殼分行或紙上公司 (Paper Company)。這些金融機構純粹是以藉境外空殼分行來記帳，以達到免稅的目的，所以被稱為記帳中心或避稅天堂 (Tax-haven Center)。開曼群島與美國無時差，居民使用英語，最能吸引美國的銀行前來設境外空殼分行，只單純負責記帳，沒有實際業務操作，實際的業務操作仍在美國本土。開曼群島設境外公司有很多好處，例如，境外金融交易不課稅、公司登記方便、保密非常嚴格、對非居住民的外幣交易無外匯管制、境外金融無須提供報表等。

巴哈馬位於邁阿密東南方，其境外金融中心建立於 1965 年，1974 年獨立，享有租稅優惠，有租稅庇護所 (Tax Haven) 之稱，與開曼群島同樣屬於記帳中心。

巴拿馬由於有運河的開通，連結大西洋與太平洋，成為南美與北美的橋樑，因而形成運輸及金融中心。該國境外金融中心成立於 1970 年，享有租稅優惠，與紐約同時區，且以美元為流通貨幣，故大多為美國的銀行來設立境外金融中心。

第四節　臺灣的境外金融中心

一、臺灣境外金融中心的設立

臺灣於 1982 年 7 月開始籌設「國際金融中心」，1983 年 2 月擬具境外金融業務分行特許條例草案，並於同年 11 月 29 日經立法院修正前述草案名稱為「國際金融業務條例」後完成三讀，於次月 12 日經總統頒布施行。

1984 年 5 月 20 日開始受理國際金融業務分行的申請，由中國國際商業銀行 (目前之兆豐銀行) 率先開跑，於同年 6 月 5 日開始國際金融業務分行 (Offshore

Banking Unit, OBU) 之營業，是臺灣首家國際金融業務分行，臺北境外金融中心正式建立。

Offshore Banking Unit 是境外金融業務單位，簡稱 OBU，是指境外金融中心從事境外金融業務的場所，在臺灣稱為國際金融業務分行 (Offshore Banking Branch)。實務上，在臺灣不管境外金融業務單位或是國際金融業務分行，均習慣稱為 OBU。

此外，臺灣於 2013 年 5 月修改「國際金融業務條例」增列證券商章，比照 OBU 方式，提供租稅減免等誘因，開放國際證券業務分公司 (OSU) 設立；於 2015 年 1 月增列保險業章，開放國際保險業務分公司 (OIU) 設立。從此臺灣的境外金融中心體系相當完整，包括 3O (指 OBU、OSU 及 OIU) 業務，也就是將銀行、證券及保險，均納入境外金融中心。

二、臺灣的 OBU、OSU 及 OIU 主管機關、參與者及其型態

1. **臺灣 OBU、OSU 及 OIU 主管機關**：臺灣 OBU、OSU 及 OIU 是屬於特許業務，須經主管機關核准才可以辦理，其行政主管機關為行政院金融監督管理委員會，業務主管機關為中央銀行。
2. **臺灣 OBU、OSU 及 OIU 的參與者**：凡指定銀行 (包括本國銀行及外國銀行)、在臺設有代表人辦事處的外國銀行及著名外國銀行，均得由其總行申請主管機關特許，在臺灣境內設立會計獨立之國際金融業務分行；而可以設立「國際證券業務分公司」者，只有綜合證券商 (亦即同時設有承銷商、經紀商及自營商者)；至於可設立「國際保險業務分公司」者，則凡經金管會許可，在我國境內經營保險業務之保險業及外國保險業，均可以申設。
3. **臺灣 OBU、OSU 及 OIU 的型態**：臺灣的國際金融業務分行、國際證券業務分公司及國際保險業務分公司，均屬人為規劃設立的實體市場，並且屬內外分離型境外金融中心，即境外金融與境內金融分開、境外證券與境內證券分開、境外保險與境內保險分開，各自獨立設帳，是屬於會計獨立之分行 / 分公司組織型態。

三、臺灣 OBU、OSU 及 OIU 的業務

臺灣的 OBU 及 OSU 所從事的業務，基本上是吸收各種外幣資金，並用以辦理各項外幣授信及外幣投資，但兩者因本質有別，故所從事的業務仍有差異，簡述說明如下：

1. OBU 的業務

1. **吸收資金**：OBU 吸收資金有兩大管道，一為吸收各種外幣存款，一為發行各種外幣債務工具。外幣存款來自個人、法人、政府機關及金融機構，其中個人、法人、政府機關限境外；但金融機構則不限，亦即境內外均可；因此，臺灣 OBU 的存款大部分來自聯行往來及銀行同業拆放。外幣債務工具則大都是發行可轉讓定期存單 (Floating Rate Certificate of Deposit, FRCD) 或浮動利率債券 (Floating Rate Notes, FRN)。

2. **運用資金**：OBU 所吸收的資金有兩大去處，一為外幣授信，一為外幣投資。外幣授信的對象包括境內外之個人、法人、政府機關及金融機構，實務上對境內的授信非常少，絕大部分為境外授信；由於可以對境內外的金融機構授信，因此，在實務上，OBU 的資金有很大的比率是用在拆放銀行同業。外幣投資則大都投資各國有價證券，以次級市場為主，例如浮動利率定存單 (FRCD)、浮動利率本票 (FRN)、歐洲債券 (EB)、美國債券 (TB)、國外共同基金及可轉換公司債 (但不得轉換為普通股) 等；有時會運用在各種交易上，例如，外幣保證金交易 (Margin Trading)、利率交換 (IRS)、選擇權 (Options)、金融期貨 (Financial Futures) 等。

3. **操作業務**：OBU 除吸收各種資金並加以運用外，尚可以承做各種其他業務，包括：經紀及代理業務、外匯業務、承銷業務、債管業務、帳管及顧問業務、理財諮詢及外幣商品銷售服務等。

2. OSU 的業務

1. **吸收資金**：OSU 無法像 OBU 一樣可以吸收各種外幣存款，其資金來源主要是藉發行各種外幣債務工具而得，主要為發行外幣公司債或浮動利率債券 (Floating Rate Notes, FRN)。

2. **運用資金**：OSU 無法像 OBU 一樣可以辦理各種外幣授信，其所吸收的資金主要運用在因證券業務所產生的資金借貸及證券投資，其資金可借予境外之個人、法人、政府機關或金融機構；外幣投資則大都投資各國有價證券，以次級市場為主，例如浮動利率定存單 (FRCD)、浮動利率本票 (FRN)、歐洲債券 (EB)、美國債券 (TB) 等。

3. **操作業務**：OSU 除吸收各種資金並加以運用外，尚可以承做各種其他業務，包

括：經紀及代理業務、承銷業務、帳管及顧問業務、理財諮詢及外幣商品銷售服務等。

至於 OIU 所經營的業務，則與 OBU、OSU 有很大的差別，OIU 只能經營下列國際保險業務：

1. 辦理下列以外幣收付之保險業務：
   (1) 要保人為我國境外個人、法人、政府機關或金融機構，且被保險人為我國境外個人之人身保險業務。
   (2) 要保人為我國境外個人、法人、政府機關或金融機構，且保險標的非屬我國境內不動產之財產保險業務。
2. 辦理我國境外保險業以外幣收付之再保險業務。
3. 對於我國境外之個人、法人、政府機關或金融機構，辦理其他經主管機關核准以外幣收付之保險相關業務。

四、臺灣 OBU、OSU 及 OIU 的往來對象

不管 OBU 或 OSU，其往來對象本應以境外居住民為限，但臺灣 OBU 及 OSU 的往來對象並非如此，大致可以分成兩大類，說明如下：

1. **限境外居住民**：境外居住民指境外的個人、法人、政府機關，包括存款業務、外匯業務、資金借貸及外幣商品買賣業務、承銷業務及債管業務等。
2. **境內外居住民均可**：授信業務、發行有價證券、經紀及代理業務、帳管及顧問業務、理財諮詢及外幣商品銷售服務等業務。

不管 OBU 或 OSU，其往來對象如果是金融機構，則不論是境內或境外，除外匯業務以外，其餘任何業務均可以與之往來。

至於 OIU，其往來對象不管是人身保險或財產保險，其要保人均必須是我國境外個人、法人、政府機關或金融機構，且人身保險之被保險人必須是我國境外個人、財產保險的保險標的非屬我國境內不動產；如果是辦理以外幣收付之再保險業務，其對象亦只限於我國境外之保險業。

五、臺灣 OBU、OSU 及 OIU 的帳務處理

臺灣 OBU、OSU 及 OIU 的境內帳與境外帳均必須分開，亦即會計獨立；除於年度終了時，應將營業報告書、資產負債表及損益表報請主管機關備查外，並應定

期填報主管機關有關報表。但其資產負債表免予公告。此外，OBU 所承做的授信業務免提壞帳準備。

六、臺灣 OBU、OSU 及 OIU 的優惠

臺灣對於 OBU、OSU 及 OIU 的優惠規定類似，說明如表 10.2 所示。

> 表10.2　臺灣 OBU、OSU 及 OIU 的優惠措施

業務別	OBU 規定	OSU 規定	OIU 規定
排除法規限制	不受管理外匯條例、銀行法及中央銀行法等規定之限制。	不受管理外匯條例、證券交易法、信託業法、證券投資信託及顧問法、期貨交易法有關規定之限制。	不受管理外匯條例及保險法有關規定之限制
存放利率不設限	未規定存放款利率，其利率與客戶自行約定。	未規定。	未規定。
存款準備金	免提。	未規定。	未規定。
利息及結構型商品交易所得免扣稅款	支付予金融機構、境外個人、法人或政府機關利息及結構型商品之所得，自 2010 年 1 月 1 日起免扣繳所得稅。	支付予金融機構、境外個人、法人或政府機關利息及結構型商品之所得，免扣繳所得稅 15 年。	支付予境外個人、法人、政府機關或金融機構保險給付及投資型保險契約連結投資標的所產生之利息或結構型商品交易之所得，免予扣繳所得稅 10 年。
所得免稅	所得免徵營利事業所得稅。	所得免徵營利事業所得稅 15 年	免徵營利事業所得稅 10 年。
免繳營業稅	銷售額免徵營業稅。	銷售額免徵營業稅 15 年。	銷售額免徵營業稅 10 年。
憑證免稅	使用之各種憑證，免徵印花稅。	使用之各種憑證，免徵印花稅 15 年。	使用之各種憑證，免徵印花稅 10 年。
免提壞帳準備	除總行所在國規定外，免提壞帳準備。	未規定。	未規定。
提供資料之義務	除法律規定者外，對第三人無提供資料之義務。		
引進設備	所需自用之通訊設備及資訊系統，可以專案引進。	未規定。	
會計報表提交備查	營業年度終了應將營業報告、資產負債表及損益表，報主管機關備查，資產負債表免予公告。		

七、臺灣 OBU、OSU 及 OIU 的限制

臺灣對於 OBU、OSU 及 OIU 在交易匯兌、投資及危害國際安全方面，限制不盡相同，對 OBU 的存款則另有特殊的限制，說明如表 10.3 所示。

▶ 表10.3 臺灣 OBU、OSU 及 OIU 的業務限制

業務別	OBU 限制	OSU限制	OIU限制
存款限制	辦理外匯存款，不得收受外幣現金。	未規定。	未規定。
	辦理外匯存款，不得准許以外匯存款兌換為新臺幣提取。	未規定。	未規定。
交易匯兌限制	非經央行核准，不得辦理外幣與新臺幣間之交易及匯兌業務。		
投資限制	不得辦理直接投資及不動產投資。		未規定。
危害國際安全之限制	為配合國際打擊犯罪，主管機關得對危害國際安全之國家、地區或恐怖組織相關之個人、法人、團體、機關、機構於國際金融業務分行/國際證券業務分公司之帳戶、匯款、通貨或其他支付工具，為禁止提款、轉帳、付款、交付、轉讓或其他必要處置。	未規定。	未規定。

八、臺灣境外金融中心現況

臺灣境外金融中心包括 OBU、OSU 及 OIU 三者，除 OBU 因設立年限較長久，目前已發展到相當大的規模外，OSU 及 OIU 雖有業者已投入經營，但都尚在起步緩慢成長階段，規模都還很小，在此僅以 OBU 說明其現況。

1. **市場規模**：根據中央銀行發布 2017 年 6 月份臺灣國際金融業務分行概況資料，分析臺灣國際金融業務分行市場規模如下：
   (1) 參與家數：已開業營運之國際金融業務分行共 62 家，其中本國銀行 38 家，外商銀行 24 家。
   (2) 資產總額：全體 OBU 於 2017 年 6 月底資產總額為 2,020 億美元。資產總額中，本國銀行 OBU 約占 89%，外商銀行 OBU 約占 11%。

2. **全體 OBU 資金狀況分析**：全體 OBU 於 2017 年 6 月底資金來源中，以來自金融機構存款及聯行往來占 55.0% 為最大，非金融機構存款占 36.6% 次之，其他負債及權益占 8.4%，且大部分來自亞洲地區占 63%，美洲次之占 27%，其他地區占 10%；運用以放款占 39.5% 為最大，存放金融機構及聯行往來占 30.9% 次之，運用於投資占 24.7%，其他占 4.9%，且存放至亞洲地區為最多占 54%，美洲 30%，其他地區 16%。運用於放款金額為 798.84 億美元，其中境外放款占 99.1%，境內放款占 0.9%。

3. **外匯交易量**：全體 OBU 於 2017 年 6 月份外匯交易量為 549.16 億美元，包括即期交易 365.76 億美元，遠期交易 63.75 億美元及換匯交易 119.65 億美元。

4. **外匯業務承做量**：全體 OBU 於 2017 年 6 月份出口業務承做量 411.05 億美元，進口業務承做量 403.42 億美元。承做之衍生性金融商品共計 288.31 億美元，以金融期貨 146.05 億美元居首，其次為選擇權 117.26 億美元，餘交換等 25 億美元。

第五節　國際銀行

本節先介紹國際銀行的意義，進而分析國際銀行的優缺點，最後介紹銀行進入美國、臺灣、中國大陸的模式，其中美國部分會介紹美國的銀行國際擴張的模式。

一、國際銀行的意義

國際銀行泛指跳脫國內而跨越國界藩籬進行全球性以及國際性擴張金融業務之銀行。例如，英商滙豐銀行 (HSBC) 雖發源於香港及上海，但其營業據點遍及全世界；美商花旗銀行 (Citibank) 雖是美國的銀行，但其營業據點同樣遍及全世界。它們都是金融機構全球化的趨勢下，積極進行國際擴張，最典型的國際銀行。

美國的銀行如摩根大通銀行 (J.P. Morgan Chase) 自 20 世紀初期即開始在外國成立分支機構，但主要擴張階段是 1960 年代以後。尤以近 20 幾年，美國的銀行、保險公司與證券公司大舉透過建立分行與子公司的方式進軍國外市場；同樣地，外國金融機構也大舉進入美國金融市場。

二、國際銀行的優點與缺點

1. 國際銀行具有下列優點

(1) **降低營運風險**：銀行在一國區域之內擴張，其營運績效與該國經濟活動息息相關，如逢經濟不景氣，無法規避國家整體風險。如透過國際擴張，從事與國內業務有某種負相關程度的國際業務，則可以降低整體營運風險。

(2) **降低平均營運成本**：銀行透過跨越國內地域之界限，一方面擴大營運量降低平均作業成本；二方面可尋找最便宜、且最易取得之資金來源，使整體營運成本下降；三方面可尋求稅賦低、存款準備率低或免提準備率之國家或地區，分散營運。整體營運成本將會降低，增加淨獲利潛力。

(3) **發展金融創新**：國際銀行可以向全球銷售金融創新服務，從中獲取額外報酬。例如，美國的銀行就是以複雜的金融創新衍生性商品，向國外市場銷售。

(4)維持跨國顧客關係：國際銀行可以藉國際擴張，在跨國企業所在地提供金融服務，保持與顧客的聯繫並滿足跨國企業的需要。

2. 國際銀行具有下列缺點

(1)不利成本的發生：主要包括固定成本很高及額外成本難以控制兩大項。
  ❖固定成本很高：國際銀行通常是將其分支機構建立在世界主要金融中心，其租金相當昂貴。例如，倫敦、紐約、東京等，固定成本因而通常相當高。
  ❖額外成本難以控制：國際銀行雖可以分散區域風險，但是特定領域暴露的絕對風險可能會相當高。例如，外國市場的監督與資訊成本通常較高，包括會計準則、語言、法律性與文化的差異、監理環境與監理法規制度不同，增加很多額外成本，這些額外成本通常很難正確估計。

(2)政治風險導致資產被沒收：國際銀行分行或子公司面臨到政治風險時，可能被當地政府沒收為國家財產。例如，自從越南共產黨接管與徵收花旗分行後，這些分行存款者流通在外的請求權歷時多年才得以解決。

三、美國銀行的國際擴張模式

1. 美國的國際銀行產生背景

美國國內銀行在 1960 年代以後，加速全球化擴張，主要有下列幾項原因：

(1) 1964 年海外直接投資控制法案 (Overseas Direct Investment Control Act of 1964)：此法案限制美國國內銀行貸款給國外投資的美國公司，美國的銀行為規避此一枷鎖，紛紛赴國外主要在歐洲成立分支機構，以便在當地服務美國的客戶，此一風潮卻創造歐洲美元市場 (Euro-dollar Market)。

(2)美元成為國際清算幣別：第二次世界大戰後，國際間交易以美元為清算幣別，美元的需求因而大增。美國海外分支機構，在這些美元交易活動中扮演非常重要的角色，吸引更多美國的銀行到海外設立分支機構。

(3) 2001 年美國愛國法 (USA Patriot Act of 2001)：美國政府通過 2001 年美國愛國法案，要求美國銀行提供外國銀行服務時必須提出實體證明，並要求美國銀行必須加強監督責任，以防制任何洗錢活動。此舉更促使美國的銀行到不須舉證的地方設立分支機構。

(4)國內業務限制：1999 年金融服務現代化法案通過前，證券、保險公司與美國

銀行的商業活動受到相當的限制，但美國的銀行在國外分支機構卻不須受限。
(5) 科技與通訊改善：由於電訊與通訊網路科技的發達，使得國內母行可以較低廉的成本，對其國外作業保持即時控制機制，擴張成本日漸減少，使得國內的銀行更願意在不同國家成立分支機構。

2. 美國銀行進入國際的模式

主要有下列三種方式。

(1) 國內辦事處跨國提供金融服務：例如，花旗銀行紐約辦公室貸款給歐洲跨國企業。
(2) 國外分行、辦事處或代表處在當地提供金融服務：例如，透過花旗銀行在歐洲的分支機構，貸款給歐洲跨國企業。
(3) 國外子行在當地提供金融服務：例如，花旗銀行購買歐洲銀行，並透過被併購銀行貸款給歐洲跨國企業。

3. 美國的外國銀行

美國的銀行大舉進軍外國市場並且大有斬獲，外國銀行也認為美國是一個極具吸引力的市場。

(1) 外國銀行進入美國的模式：主要形式有以下五種。
- ❖ 分行：分行就是母公司進入外國或美國金融市場的一種直接擴張方式。
- ❖ 子公司：外國銀行子公司擁有自己的資金與執照，其營運方式與美國國內的銀行大致相同，可以發展零售與批發市場業務。
- ❖ 優越法案公司：優越法案公司 (Edge Act Corporation) 為一種專業的組織形式，於 1919 年開放給美國本土銀行，自 1978 年起開放給外國銀行。此一組織的銀行，著重在與國際貿易相關的銀行交易或投資之經營。
- ❖ 辦事處：辦事處不能接受一般存款，營運受到很大的限制性，籌資管道只限於從法人與貨幣市場上借入資金。
- ❖ 代表處：代表處不能在美國境內進行放款與接受存款，其受到的限制比辦事處還大，但代表處可以為母公司尋覓貸款商機。

(2) 美國對外國銀行的規範：美國政府對美國境內的外國銀行監理力道與日劇增，增加外國銀行進入美國的法規要求與成本，使得外國銀行在美國營運上的法遵成本劇增。例如，2016 年兆豐銀行 (Mega Bank) 因未能落實防制洗錢有關規定

而遭美國紐約州金融服務署 (Department of Financial Service, DFS) 處以臺灣金融史上最高罰款 1.8 億美元，美國市場對於外國銀行的吸引力已逐漸削弱。美國對外國銀行的規範主要依據 1978 年國際金融業務法案 (International Banking Act, IBA)、1991 年外國銀行監理執行法案 (Foreign Bank Supervision Enhancement Act, FBSEA) 及 2010 年的陶德法蘭克法案 (Dodd-Frank Wall Street Reform and Consumer Protection Act, Dodd-Frank Act)。

❖「國際金融業務法案」之前的外國銀行規範：
- 主要在州層級核准成立：1978 年以前進入美國市場的銀行分支機構，主要係由州政府核准。其進入、規範與監督，幾乎全被限制在州層級上。
- 未受聯邦準備制度的約束：由於外國銀行為州政府所核准，並沒有受到 FED 法定存款準備、稽核與檢查之規範，也未受到跨州分行限制。
- 主力在法人銀行業務：無法進入 FED 貼現窗口，也無法進入 FED 電腦網路，故無法進入聯邦資金市場；也不能參加 FDIC 的存款保險，削弱外國銀行在美國零售銀行市場的競爭能力。因此，在 1978 年以前，美國境內的外國銀行主要發展法人銀行業務。

❖「國際金融業務法案」之後的外國銀行規範：1978 年通過「國際金融業務法案」，加速美國境內外國銀行擴張的趨勢。該法案主要內容包括：
- 國家一致對待 (National Treatment) 原則：指美國國內銀行與外國銀行，必須站在相同立足點上競逐美國銀行市場。
- 外國銀行必須遵循 FED 有關規定：主要包括：
  ⇨ 外國銀行必須持有聯邦準備所規定的存款準備要求。
  ⇨ 接受 FED 金檢與麥克法登法案 (McFadden Act) 與格拉斯─史蒂格法案 (Glass-Steagall Act) 的規範。
  ⇨ 1978 年以前在美國成立的外國銀行，可以繼續經營跨州分行以及證券業務。1978 年以後進入美國的外國銀行，就不能跨州設立分行與經營證券業務。
  ⇨ 外國銀行可以進入 FED 貼現窗口、FED 電腦網路、可以參加 FDIC 的存款保險，因而獲得介入零售銀行市場的利基。

❖1991 年外國銀行監理執行法案 (FBSEA)：該法案主要內容包括下列五個方面，來監理美國境內的外國銀行：
- 設定進入標準 (Entry)：外國銀行必須得到 FED 的准許，才可以在美國建

立分支機構，並訂定很多必須具備的標準。
- 資訊揭露 (Closure)：FED 強制要求外國銀行必須揭露某些事項，如果母國的監督機制不完善的、或者違反美國法律、或者從事不健全及不安全的銀行業務時，FED 有權勒令其停業。
- 金融檢查 (Examination)：FED 可以檢查每一家外國銀行的分支機構，且 1 年至少檢查一次。
- 吸收存款限制 (Deposit Taking)：規範唯有納入 FDIC 的外國子公司，才可以接受 10 萬美元以下的小額存款。
- 業務核准 (Activity Power)：1992 年 12 月 19 日開始，州核准成立的外國銀行，不得從事未經 FED 核准的業務。

❖ 2010 年的陶德法蘭克法案 (Dodd-Frank Act)：該法案是美國 2008 年金融風暴後，為改善金融體系健全、透明度，以促進美國金融穩定所產生的法案，其中關於外國銀行部分稱為加強監理外國銀行組織法案 (簡稱 Regulation YY)，Regulation YY 要求所有在美國設立分行或子行的金融機構，從 2016 年 7 月 1 日起應遵循風險基礎 (Risk-Based) 及槓桿 (Leverage) 的資本要求、風險管理要求及成立美國風險管理委員會、流動性風險管理要求及執行資本壓力測試要求等四項規定。

四、臺灣的國際銀行

臺灣的國際銀行主要是根據銀行法之外國銀行章、商業銀行設立標準、外國銀行分行及代表人辦事處設立及管理辦法來規範的。茲說明如下：

1. **銀行法的規定**：銀行法第 116 條規定，外國法律組織登記之銀行，經政府認許，可以在臺灣境內設立分行；第 117 條規定，外國銀行在臺灣境內設置代表人辦事處者，應經主管機關核准。
2. **商業銀行設立標準的規定**
   (1) 最低實收資本額：商業銀行為新臺幣 100 億元。
   (2) 外國金融機構得申請設立商業銀行：外國金融機構符合下列情形之一，且為合併或概括承受本國銀行之全部營業及資產負債者，得申請設立商業銀行：
   ❖ 經主管機關依金融控股公司法第 23 條規定許可者。
   ❖ 合併或概括承受問題金融機構之全部營業及資產負債後，並於一定期間內依法令或契約約定，應設立商業銀行者。外商銀行藉由併購或透過金融重

建基金 (RTC) 承受本國銀行，最晚需在 3 年內設立子行；若資產規模達新臺幣 4,500 億元時，需提前在 1 年內申請設立。

> **例　花旗銀行、渣打銀行、滙豐銀行、星展銀行與澳盛銀行在臺灣的分支機構模式**
>
> 1. **花旗 (臺灣) 銀行**：花旗銀行於 1964 年 8 月成立臺北分行，2007 年 12 月 1 日與華僑銀行合併，另新成立一子行，名為「花旗 (臺灣) 銀行股份有限公司」。
> 2. **渣打國際商業銀行**：渣打銀行於 1985 年在臺北開設分行，2007 年 7 月，完成與新竹國際商業銀行的合併，另成立子行「渣打國際商業銀行股份有限公司」。
> 3. **滙豐 (臺灣) 銀行**：滙豐銀行於 1984 年在臺北正式成立分行，2008 年 3 月 29 日起正式接收中華銀行後，在臺分行合計規模已逾新臺幣 4,500 億元，依規定需在 1 年內匯入新臺幣 100 億元成立子行。該銀行已於 2010 年成立子行「滙豐 (臺灣) 商業銀行股份有限公司」。
> 4. **星展 (臺灣) 銀行**：星展銀行於 1983 年在臺北正式成立分行，在 2008 年收購寶華銀行後，於 2012 年成立「星展 (臺灣) 商業銀行股份有限公司」。
> 5. **澳盛 (臺灣) 銀行**：澳盛銀行於 1980 年在臺北正式成立分行，在 2009 年及 2010 年取得荷蘭銀行 (先前併購臺東企銀) 在臺業務後，於 2013 年成立「澳盛 (臺灣) 商業銀行股份有限公司」。

3. 外國銀行分行及代表人辦事處設立及管理辦法之規定

    (1) 設立分行條件：外國銀行得申請在臺灣設立分行的重要條件如下：
    - ❖ 最近 5 年內無重大違規紀錄。
    - ❖ 申請前 1 年於全世界銀行資本或資產排名居前 500 名以內或前 3 年度與我國銀行及企業往來總額在 10 億美元以上，其中，中、長期授信總額達 1 億 8,000 萬美元。
    - ❖ 從事國際性銀行業務，信用卓著及財務健全，自有資本適足率達 8% 以上。

    (2) 設立辦事處條件
    - ❖ 申請條件：外國銀行得申請核准設立代表人辦事處的重要條件如下：
        - 最近 3 年內無重大違規紀錄。
        - 申請前 1 年於全世界銀行資本或資產排名居前 1,000 名以內或前 3 年度與我國銀行及企業往來總額在 3 億美元以上。

❖ 辦事處的工作：外國銀行代表人辦事處以辦理商情蒐集及業務聯絡為限。
❖ 申請家數：同一外國銀行設立代表人辦事處，以 1 家為限。

五、中國大陸的國際銀行

中國大陸的國際銀行，主要係依據外資金融機構管理條例及境外金融機構入股辦法規定。茲說明如下：

1. 外資銀行進入中國大陸模式：有下列六種模式。

(1)獨資銀行：指總行在中國大陸境內的外國資本的銀行。

(2)外國銀行分行：指外國銀行在中國大陸境內的分行。

(3)合資銀行：指外國金融機構與中國大陸的公司、企業在中國大陸境內合資經營的銀行。

(4)獨資財務公司：指總公司在中國大陸境內的外國資本的財務公司。

(5)合資財務公司：指外國金融機構與中國大陸的公司、企業在中國境內合資經營的財務公司。

(6)參股投資：中國大陸於 2003 年 12 月 8 日發布境外金融機構入股辦法，規定單一家外資金融機構在中國大陸的銀行股本投資不得超過 20%。由外資金融機構持股 25% 或以上的非上市中國大陸的商業銀行，將被作為外資銀行加以監管；由外資金融機構持股 25% 或以上的上市中國大陸的商業銀行，將被作為內資銀行加以監管。

2. 設立條件

(1)最低實收資本額：獨資銀行、合資銀行為人民幣 3 億元或其等值貨幣；獨資財務公司、合資財務公司為人民幣 2 億元或其等值外幣。

(2)其他主要條件：

❖ 獨資銀行或獨資財務公司
- 申請人在中國大陸境內已經設立代表機構 2 年以上。
- 申請人提出設立申請前 1 年年末總資產不少於 100 億美元。

❖ 外資銀行分行
- 申請人在中國大陸設立代表處至少已有 2 年。
- 申請人在提交申請前的年終資產不得少於 200 億美元，而且申請人在申請時的資本適足率不得低於 8%。

❖ 合資銀行或合資財務公司
- 外國合資者在中國大陸境內已經設立代表機構。
- 外國合資者提出設立申請前 1 年年末總資產不少於 100 億美元。

3. 業務範圍

(1) 得經營業務：獨資銀行、外國銀行分行、合資銀行及獨資財務公司、合資財務公司，可以部分或全部依法經營核准的業務，但獨資財務公司、合資財務公司吸收存款時每筆不得少於人民幣 100 萬元或者其等值貨幣，期限不得少於 3 個月。

(2) 外資金融機構申請經營人民幣業務的主要條件：
❖ 提出申請前在中國大陸境內開業 3 年以上。
❖ 提出申請前 2 年連續盈利。

4. 臺灣的銀行業進入中國大陸的模式

(1) 設立辦事處：凡申請前 1 年度資產與淨值在國內排名前 10 名以內，且最近半年自有資本適足率達 8% 以上之銀行，可向金管會申請赴中國大陸設辦事處，經中國大陸銀監會核准後正式成立。但辦事處只能從事商情蒐集等工作。

(2) 辦事處申請升格為分行：在中國大陸設辦事處 2 年以上，申請前的年終資產不得少於 200 億美元，申請時的資本適足率不得低於 8%，可向大陸銀監會申請升格為分行。臺灣的銀行業在大陸的辦事處符合條件已升格為分行者，有一銀、國泰世華、彰銀、合庫、土銀、華銀、中信銀及臺銀等，共設立 25 家分行。

(3) 參股中國大陸銀行：臺灣的銀行業之海外子銀行，申請前三年未有重大違規情事，且最近半年自有資本適足率達 8% 以上者，得申請由該海外子銀行轉投資中國大陸的銀行。但持有股份總額不得超過該中國大陸的銀行已發行股份總數之 20%。惟 2011 年 8 月後，金管會對國銀參股中國大陸銀行業之主體由海外子行修改為母行。

> **例 臺灣的銀行直接參股大陸銀行**
> 　　富邦金控透過持股 75% 的子公司富邦銀行 (香港)，於 2008 年 12 月 20 日正式參股廈門市商業銀行，取得 19.99% 的股權，是臺灣第一個借道第三地參股中國大陸銀行的銀行業。惟目前富邦金已 100% 持股富邦銀行 (香港)，並將其對廈門商業銀行 19.99% 之持股轉由母行台北富邦銀行投資，以符主管機關規定。

(4) 設立子行：到中國大陸設立子行須先設代表處 2 年後才能申請，且申請前 1 年總資產至少 100 億美元。臺灣的銀行業符合此一條件者有多家，均可申請設立子行。目前臺灣的銀行業登陸大都走分行模式，除了設立分行外，另設立子行者有富邦銀行、永豐銀行、國泰世華銀行及玉山銀行等四家。

習題

一、選擇題 (單選)

(　) 1. 下列哪一個境外金融中心不是自然形成的？　(A) 香港　(B) 東京　(C) 倫敦　(D) 巴哈馬　(E) 巴拿馬。

(　) 2. 下列哪一個境外金融中心是屬於記帳中心？　(A) 臺北　(B) 巴林　(C) 紐約　(D) 新加坡　(E) 開曼群島。

(　) 3. 下列敘述何者正確？　(A) ACU 是日本政府刻意規劃籌設的　(B) 新加坡的境外金融中心稱 IBF　(C) 美國的境外金融中心稱 ACU　(D) 臺灣的境外金融中心稱 JOM　(E) 日本的境外金融中心稱 OBU。

(　) 4. 境外授信期限一般都很長，為規避長期利率風險，通常都採何種利率方式？　(A) 定期固定利率　(B) 不定期機動利率　(C) 定期機動利率　(D) 不定期固定利率　(E) 固定與機動交互運用。

(　) 5. 臺灣對境外金融中心免利息所得稅，下列何者正確？　(A) 對臺灣境外自然人之存款利息併入一年 27 萬元免稅額度內　(B) 對臺灣境外結構型商品交易之所得免稅　(C) 對金融機構之存款利息須課稅　(D) 對臺灣境外法人之存款利息併入年度營利事業所得中課稅　(E) 對政府機關存款利息分離課稅。

(　) 6. 一個金融中心將其資金拆給另一個金融中心，稱為下列何者？　(A) 金融同業拆放　(B) 隔夜存款　(C) 拆放金融同業　(D) 同業存款　(E) 可轉讓定存單。

(　) 7. 境外金融中心從事的業務，以國境而言是屬於何種交易？　(A) 境外對境外　(B) 境內對境內　(C) 境外對境內　(D) 境內對境外。

二、簡答題

1. [境外金融中心的意義] 簡述境外金融中心的意義，其特色何在？

2. [Euro 的意義] Euro 一語原意為歐洲之意，但今在境外金融市場而言，應作何解釋較佳？其理由何在？

3. [境外金融中心的類型] 境外金融中心有哪些類型？世界主要境外金融中心屬於何種類型？

4. [發展境外金融中心的條件] 一個國家欲發展境外金融中心應具備哪些條件？並以新加坡的 ACU 為例，說明是否具備這些條件？

5. [境外金融中心的業務] 境外金融中心究竟在從事什麼業務？請從 (1) 負債面；(2) 資產面；(3) 操作面，分別簡述之。

6. [世界主要的境外金融中心] 試列舉當今世界上主要的境外金融中心？並簡述其業務。

7. [指標利率] (1) 何謂 LIBOR？何謂 LIBID？何謂 LIMEAN？(2) 何者最具有指標意義？為什麼？

8. [臺灣 OBU 的優惠與限制] 簡述臺灣的國際金融業務分行 (1) 有何有利的地方？(2) 有何不利的地方？

9. [臺灣 OSU 的業務] 請說明臺灣的國際證券業務分公司從事什麼業務？

10. [臺灣 OIU 的業務] 請說明臺灣的國際保險業務分公司從事什麼業務？

11. [國際銀行] 什麼是國際銀行？(1) 它有何優點？(2) 又有何缺點？

12. [中國大陸國際銀行模式] 根據中國大陸「外資金融機構管理條例」及「境外金融機構入股辦法」規定，外國銀行進入中國大陸的模式有六種，請問：
    (1) 是否每一種模式都適合臺灣的銀行進入中國大陸？原因何在？
    (2) 臺灣的銀行業適合以何種模式進入中國大陸？
    (3) 臺灣的富邦銀行係以何種模式與福建省廈門商業銀行合作？

三、問答與申論題

1. [當今赴美國設立銀行分支機構的商榷]
    (1) 目前美國對外國銀行分支機構管理架構愈來愈嚴格，請找出其原因何在？
    (2) 詳述目前美國對外國銀行分支機構管理情形？
    (3) 在目前美國對外國銀行分支機構管理架構下，請問是否還值得去美國設立銀行分支機構？請說明理由。

2. [臺灣的外商銀行] 臺灣的外商銀行原本只能以分行及辦事處型態出現，但是目前臺灣金融市場上出現「花旗 (臺灣) 商業銀行股份有限公司」、「渣打國際商業銀行股份有限公司」，已經跳脫分行型態，蛻變為商業銀行子行：

(1)請問為什麼會有這種現象出現？其根據何在？

(2)滙豐銀行是否也會像花旗、渣打銀行一樣，變成商業銀行子行？其理由何在？

(3)大型國際銀行來臺灣紛紛變成商業銀行，試評論對臺灣金融的可能影響為何？

簡　答

一、選擇題

1.	2.	3.	4.	5.	6.	7.
B	E	A	C	B	C	A

三、問答與申論題：參考簡答

1. (1)外國銀行在美國市場占有率急遽增加，但其母國監理機關對大多數外國銀行的監督能力是相當微弱：如國際信用商業銀行 (Bank of Credit and Commerce International, BCCI) 的倒閉，該銀行並沒有受到母國監理機關的任何監督和規範，當它因惡性欺詐、內線貸款濫用與洗錢運作被發現而走上倒閉一途時，並未受到充分監控的事實變得更為顯而易見；如義大利銀行 —— Banca Nazionale del Lavoro 的亞特蘭大辦事處，發行價值超過 10 億美元的未經授權信用狀給獨裁者海珊所統治的伊拉克；希臘國家抵押銀行 (Greek National Mortgage Bank) 在紐約的美國代表處未經授權便收取存款資金。

(2)主要是「國際金融業務法案」之後的外國銀行規範、1991年外國銀行監理執行法案 (FBSEA) 及 2010 年的陶德法蘭克法案 (Dodd-Frank Act) 規範：本章均有詳述。

(3)不值得，主要原因是額外成本增加太多，尤其是法遵成本。例如，接受 FED 金檢與麥克法登法案與格拉斯—史蒂格法案的規範、不得跨州經營、強制資訊揭露、須加入存款保險否則存款業務受限等。

值得，主要是站在降低營運風險、降低平均營運成本、發展金融創新與維持跨國顧客關係等因素來考量。

2. (1)外國金融機構符合下列情形之一，且為合併或概括承受本國銀行之全部營業及資產

負債者，得申請設立商業銀行：

❖ 經主管機關依「金融控股公司法」第 23 條規定許可者。
❖ 合併或概括承受問題金融機構之全部營業及資產負債後，並於一定期間內依法令或契約約定，應設立商業銀行者。

且外商銀行藉由併購或透過金融重建基金 (RTC) 承受本國銀行，最晚需在 3 年內設立子行；若資產規模達新臺幣 4,500 億元時，需提前在 1 年內申請設立。

花旗銀行於 2007 年 12 月 1 日概括承受華僑銀行，渣打銀行於 2007 年 7 月與新竹國際商業銀行合併。兩者在概括承受或合併後，分別更名為「花旗(臺灣)銀行股份有限公司」及「渣打國際商業銀行股份有限公司」，由分行變成子行。

(2) 滙豐銀行於 2008 年 3 月 29 日起正式接收中華銀行。該行因承接中華銀行後，在臺分行合計規模已逾新臺幣 4,500 億元，依規定需在 1 年內匯入新臺幣 100 億元成立子行。該銀行已經經濟部投審會及金管會審查通過成立「滙豐(臺灣)商業銀行股份有限公司」，是繼花旗、渣打之後，第三家因資產規模達到最低門檻，需在臺設置子行的外商銀行。

(3) 可能的影響如：

❖ 加速臺灣的銀行業國際化。
❖ 外商銀行在臺灣在地化。
❖ 引進國際金融經營管理模式。
❖ 有助解決本國問題金融機構。
❖ 壓縮本國銀行尤其是地區銀行的生存空間。

第11章

期貨與選擇權

本章第一節概述衍生性金融商品的意義;第二節概述期貨商品及市場;第三節介紹期貨交易實務;第四節介紹選擇權;第五節介紹選擇權的損益;第六節介紹臺灣的期貨及選擇權市場。

第一節　衍生性金融商品的意義

1. 傳統金融商品

　　指股票、利率、外匯、商品四大類現貨市場標的資產而未經任何組合、包裝之金融商品，也稱為基礎金融商品或基礎金融工具。

2. 衍生性金融商品

　　以傳統金融商品為基礎，直接衍生出如遠期契約、期貨契約、交換契約、選擇契約等之商品，稱為衍生性金融商品 (Derivative Financial Products，簡稱 Derivatives 或 DFP)。舉凡利用現貨衍生、現貨與現貨組合、現貨與衍生性商品組合、衍生性商品與衍生性商品組合、衍生性商品再衍生，均屬衍生性金融商品。

3. 衍生性金融商品的種類

　(1) 遠期契約 (Forward Contracts)：指交易雙方約定於未來某一特定日期，依事先約定價格 (遠期價格) 買入或賣出某一特定數量之現貨資產之合約。例如，遠期利率協定、遠期外匯、遠期農產品合約等。

　(2) 期貨契約 (Futures Contracts)：指交易雙方約定於未來某一特定時日，依事先約定價格 (期貨價格) 買入或賣出某一特定數量之現貨資產的一種定型化合約。例如，利率期貨、外匯期貨、股價指數期貨、農產品期貨、金屬期貨等。

　(3) 交換契約 (Swaps)：指交易雙方同意在未來某一特定期間內，彼此交換一系列不同現金流量之合約。此一系列的現金流量，包括利率交換、權益交換、貨幣交換等，交換標的並非原始商品，而是其產生之現金流量。

　(4) 選擇權 (Options)：指買方付出權利金後有權利在未來某一特定期間內或特定點上，以事先議定之價格 (履約價格) 向賣方買入或賣出某一特定數量之資產的合約。例如，股票選擇權、利率選擇權、股價指數選擇權等。

　　以上四大基本現貨市場標的均可以衍生出各種契約，每一種契約均可以產生各種不同的衍生性金融商品。本章將針對期貨及選擇權契約加以介紹。

第二節　期貨商品及市場

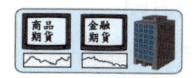

一、期貨契約的發展

1. 期貨契約的起源

19 世紀中葉前，美國中西部農業州，農民在秋收後將農作物運往最大的穀物運輸及配銷中心芝加哥 (Chicago) 銷售。由於秋季穀物豐收供給過剩，穀物價格節節下跌；收割期過後，穀物供給不足，價格又逐漸回升，甚至反彈大漲，加上穀物品質不一，產生諸多銷售問題。芝加哥市乃於 1848 年成立芝加哥期貨交易所 (Chicago Board of Trade, CBOT / CBT) (CBOT 於 2007 年與 CME 合併，成為 CME Group Inc.)，將穀物數量與品質予以標準化；幾年後並推出到達契約 (To-Arrive Contract)，規定穀物買賣雙方未來交貨時間與價格。此後，農民不必趕在收割期將穀物運往芝加哥，只要在約定的時間交貨即可。到達契約是一種遠期契約 (Forward Contracts)，後來逐漸流行，CBOT 因而為此類契約建立各項規則，在 1865 年推出期貨合約，正式成立期貨市場。隨後，美國其他各地也出現不同產品的期貨市場。1920 年代 CBOT 成立結算所 (Clearing House)，確保交易者皆會支付或收到應有的款項，是期貨發展的一個重要里程碑。

2. 期貨契約的發展

CBOT 發展之初，是提供農產品及金屬商品的期貨交易。另外，芝加哥商業交易所 (Chicago Mercantile Exchange, CME) 於 1972 年 5 月正式開辦外匯期貨契約 (Currency Futures Contracts)。不久，因世界石油危機，石油期貨契約也因應而生，進一步拓展到利率期貨 (Interest Rate Futures) 及股價指數期貨 (Stock Index Futures) 等數十種金融期貨。從 1999 年以後開始出現另類期貨，例如，1999 年 CME 推出第一檔氣候期貨 (Weather Futures)、2006 年推出第一檔不動產期貨 (Real Estate Futures)、2008 年推出第一檔經濟事件期貨 (Economic Events Futures)。

二、期貨契約的種類

期貨契約可分為商品期貨 (Commodity Futures) 及金融期貨 (Financial Futures) 兩大類。

1. 商品期貨

包括農產品類、牲畜類、金屬類、能源類四類。

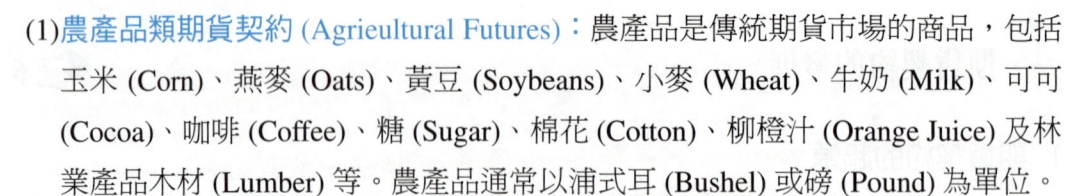

(1) 農產品類期貨契約 (Agricultural Futures)：農產品是傳統期貨市場的商品，包括玉米 (Corn)、燕麥 (Oats)、黃豆 (Soybeans)、小麥 (Wheat)、牛奶 (Milk)、可可 (Cocoa)、咖啡 (Coffee)、糖 (Sugar)、棉花 (Cotton)、柳橙汁 (Orange Juice) 及林業產品木材 (Lumber) 等。農產品通常以浦式耳 (Bushel) 或磅 (Pound) 為單位。

(2) 牲畜類期貨契約 (Live Stock Futures)：包括家畜與肉品，主要商品有活牛 (Live Cattle)、小牛 (Feeder Cattle)、活豬 (Live Hogs) 及豬腩 (Pork Bellies)，以磅 (Pound) 為計價單位；此類期貨主要交易者為畜牧業者、屠宰商、肉品包裝商及銷售商等。

(3) 金屬類期貨契約 (Metal Futures)：包括貴重金屬產品，例如，黃金、白銀、白金、鈀等；以及工業用金屬，例如，銅、鋁、鉛、鋅、鎳、錫等。由於金屬為實體商品，具有抗通貨膨脹的效果，當物價有上漲隱憂時，金屬期貨價格亦隨之上漲。貴重金屬中黃金的交易量最大，計價單位為盎司 (oz)，一口黃金期貨契約為 100 盎司。黃金與通貨膨脹關係密切，物價愈有上漲壓力時，黃金的行情就愈高。

(4) 能源類期貨契約 (Energy Futures)：包括石油 (Petroleum) 及天然氣 (Natural Gas) 兩類。

- ❖ 石油商品：包括布侖特原油 (Brent Crude Oil)、製氣油 (Gas Oil)、石油腦 (Naptha)、輕甜原油 (Light Sweet Crude Oil)、酸原油 (Sour Crude Oil)、無鉛汽油 (Unleaded Gasline) 等。石油指未經提煉之原油及已提煉之產品 (如無鉛汽油)；原油因含硫之比重不同而可分為輕原油及酸原油，其中輕原油含硫較低，汙染較少，提煉成本也比較低，需求業者為石化上游工業。

- ❖ 天然氣商品：包括熱燃油 (Heating Oil)、丙烷 (Propane)、天然氣 (Natural Gas)、煤油 (Kerosene) 等。

2. 金融期貨

主要包括下列六項：

(1) 外幣期貨 (Currency Futures)：係以 G10 幣別、新興市場幣別為交易標的之金融工具。當今世界各期貨交易所主要外幣期貨，包括日圓 (Japanese Yen, JPY)、加幣 (Canadian Dollar, CAD)、歐元 (euro, EUR)、英鎊 (British Pound Sterling,

GBP)、瑞士法郎 (Switzerland Franc, CHF)、澳幣 (Australian Dollar, AUD) 等。絕大部分是與美元配對交易，其中以 USD/EUR 居第一，依次為 USD/JPY、USD/GBP、USD/AUD、USD/CHF、USD/CAD 等。

(2) 利率期貨 (Interest Rate Futures)：係以指標利率、政府公債、利率指數、公債指數、跨商品加碼指標 (Intercommodity Spreads) 等為交易標的之金融工具。

(3) 股價指數期貨 (Stock Index Futures)：係以股價或股價指數為交易標的之期貨。美國各交易所提供不同的股價指數期貨契約。例如：

- ❖ CME：標準普爾綜合指數 (S&P 500 Index)、主要市場指數 (Major Market Index)、標準普爾 400 中小型指數 (S&P 400 MidCap Index)、日經指數 (Nikkei 225 Average Index) 等契約。
- ❖ NYSE Euronext：紐約證券交易所綜合指數 (NYSE Composite Index)。
- ❖ KCBT (堪薩斯商品交易所)：價值線綜合指數 (Value Line Composite Average, VLCA)，為第一個開辦股價指數的交易所。

(4) 氣候期貨 (Weather Futures)：係以氣溫、颶風、霜、雪四項為交易標的，提供投資人對不利天候事件避險的金融工具。CME 在 1999 年推出首檔 U.S. Monthly Index 期貨及選擇權，以後陸續再推出 20 餘項氣候期貨。

(5) 經濟事件期貨 (Economic Events Futures)：係以經濟事件為交易標的，提供投資人對重要經濟事件變動避險的金融工具。CME 在 2008 年 4 月推出首檔 Nonfarm Payroll (非農業就業人口薪資總額) 期貨。

(6) 不動產期貨 (Real Estate Futures)：係以重要的不動產價格指數為交易標的，提供投資人對不動產價格變動避險的金融工具。CME 在 2006 年 5 月推出首檔以 S&P/Case-Shiller Home Price Index 為交易標的住宅 (Housing) 期貨。

三、世界主要期貨市場

世界主要期貨市場，分布在美洲、歐洲及亞洲，分別介紹如下。

1. 美洲期貨市場

美洲期貨市場以美國及巴西最具代表性。美國期貨市場歷史悠久、規模龐大、交易所數目眾多，較重要者為芝加哥商業交易所集團 (CME Group Inc., CME)、芝加哥選擇權交易所 (Chicago Board Options Exchange, CBOE) 及美國洲際交易所 (Intercontinental Exchange, ICE)；巴西的期貨交易所以巴西證券期貨交易所 (BM&F BOVESPA, BM&F) 為代表。簡介如後：

(1) 芝加哥商業交易所集團

❖ 芝加哥商業交易所 (Chicago Mercantile Exchange, CME)、芝加哥期貨交易所 (Chicago Board of Trade, CBOT)、紐約商業交易所 (New York Mercantile Exchange, NYMEX) 的合併：CME 在 2007 年與 CBOT 合併成為 CME Group Inc.，NYMEX 同時變成 CME Group Inc. 的成員。

❖ 紐約商業交易所 (New York Mercantile Exchange, NYMEX) 與紐約商品交易所 (Commodity Exchange Inc., COMEX) 的合併：COMEX 前身為「紐約金屬交易所」，成立於 1883 年，1893 年與橡膠交易所、生絲交易所、獸皮交易所合併，改為 Commodity Exchange Inc. 的名稱。COMEX 於 1994 年為 NYMEX 合併，成為 NYMEX 旗下之一個部門。

合併後的 CME Group Inc 涵蓋原 CME、CBOT 及 NYMEX 三大交易所。CBOT 是美國最早創立的交易所，以從事小麥、玉米及燕麥等穀物期貨為主。嗣後，拓展到黃豆、活牛、活豬等牲畜期貨、木材期貨、商品指數期貨、軟性商品 (Soft Commodity，指可可、咖啡、棉花、糖等) 期貨。CME 仍以金融期貨為主，除外幣期貨外，尚擴及於股價指數期貨、利率期貨、經濟事件期貨、不動產期貨、氣候期貨。1984 年與「新加坡交易所」連線，使芝加哥的期貨商品延伸至遠東市場。1992 年 6 月 CBOT、CME 及路透社 (Reuters) 聯合推出全球電腦交易系統 (Globex)，使全球投資人可以在芝加哥期貨市場營業結束後，繼續以電腦來處理期貨及選擇權交易。Globex 均可以套用在 CBOT 及 NYMEX，所有金融商品類期貨、選擇權及其他大部分期貨、選擇權，均可以在 Globex 系統上 24 小時全球進行交易。透過 Globex 的交易量占 CME 總交易量之 3/4 以上。NYMEX 以能源期貨及金屬期貨為主，商品重心在輕甜原油、布倫特原油、取暖油、無鉛汽油、天燃氣、黃金、銀、銅、鉑、鈀等之期貨及選擇權。

CME Group Inc. 商品包括農產品、經濟事件、能源、金屬、股價指數、利率、外幣、不動產及氣候等領域的期貨及選擇權，合計超過二百餘種商品。合併以後的 CME Group Inc.，其 2016 年度交易量 (指期貨加選擇權之契約總數) 將近 40 億單位，依美國期貨業公會 (Futures Industry Association) 對全世界主要衍生性金融商品交易所交易量排名，居全球衍生性商品交易所之第一名 (如表 11.1)。

(2) 芝加哥選擇權交易所：芝加哥選擇權交易所 (Chicago Board Options Exchange,

表 11.1　2016 年度全球衍生性商品交易所成交量前十大排名

單位：(期貨＋選擇權) 合約數

排名	交易所名稱	合約數
1	CME Group (includes CBOT and Nymex) (芝加哥商業交易所集團)	39.4 億
2	National Stock Exchange of India (NSE) (印度國家證券交易所)	21.2 億
3	Intercontinental Exchange (ICE) (美國洲際交易所)	19.98 億
4	Moscow Exchange (莫斯科交易所)	19.5 億
5	EUREX (歐洲期貨交易所)	17.3 億
6	Shanghai Futures Exchange (上海期貨交易所)	16.8 億
7	Nasdaq OMX Group (NASDAQ) (那斯達克交易所)	15.76 億
8	Dalian Commodity Exchange (大連商品交易所)	15.37 億
9	BM&F Bovespa (巴西證券期貨交易所)	14.87 億
10	Chicago Board Options Exchange (CBOE) (芝加哥選擇權交易所)	11.85 億

資料來源：Futures Industry Association。

CBOE) 包含三大部門：一為 CBOE 本身；二為 CBOE Stock Exchange (CBSX)；三為 CBOE Futures Exchange (CFE)。茲將選擇權及期貨部分介紹如下：

❖ CBOE：1973 年成立，為美國第一個選擇權交易所，專事各類選擇權合約交易。其選擇權合約包括六大類，即 Equity Options、Index Options、ETF Options、Interest Rate Options、LEAPS Options、Binary Options，產品總數不下數百檔之多。

❖ CFE：2004 年 3 月成立，為 CBOE 百分之百持股公司，專事 CBOE 的期貨業務，其主要業務為 CBOE Russell 2000 Volatility Index (RVX)、CBOE Volatility Index (VIX)、CBOE Mini-VIX、DJIA Volatility Index (VXP)、S&P 500 3-M Variance、S&P 500 12-M Variance 六大項期貨。

CBOE 及 CFE 已完全採電子交易平台，CBOE 2016 年的衍生性商品交易量，高居世界排名第十位。

(3) 美國洲際交易所：美國洲際交易所 (Intercontinental Exchange, ICE) 由 7 家商品批發商於 2000 年 5 月成立於美國喬治亞州亞特蘭大，是美國一家線上期貨交易平台，也提供能源及商品等衍生性產品的櫃檯買賣服務。2001 年收購倫敦國際石油交易所 (International Petroleum Exchange, IPE)，2007 年 1 月收購紐約期貨交易所 (New York Board Trade, NYBOT)，8 月收購溫尼伯商品交易所 (Winnipeg Commodity Exchange, WCE) [今之加拿大期貨交易所 (ICE Futures Canada)]，2009 年收購交易清算公司 (Trade Clearing Company, TCC)，2013 年

11 月收購 NYSE Euronext (NYX) 控股公司。ICE 股份於 2005 年在紐約證券交易所上市，其 2016 年的衍生性商品交易量，高居世界排名第三位。

ICE 最重要的兩大收購，是 2001 年收購 IPE 及 2013 年 11 月收購 NYSE Euronext (NYX)，這兩大交易所的主力業務說明如下：

❖ IPE：是倫敦國際石油交易所 (International Petroleum Exchange, IPE)，成立於 1980 年底，1981 年 4 月開始營運，主力產品是石油、能源及電力期貨及選擇權交易。IPE 2001 年被 ICE 收購，並開始進行跨洲交易，2005 年 4 月 7 日結束公開喊價交易的方式，全面改換電子交易平台，同時更名為 Intercontinental Exchange (ICE)，是美國洲際交易所 (Intercontinental Exchange, ICE) 在歐洲石油、能源及電力期貨產品最重要的據點。

❖ NYX：是歐美交易所 (NYSE Euronext, NYX)，係泛歐交易所 (Euronext) 與紐約證券交易所 (New York Stock Exchanges, NYSE) 於 2007 年合併成立的。NYX 的總部設在紐約；歐洲的總部設在巴黎，包括阿姆斯特丹、里斯本、倫敦與布魯塞爾交易所，全球共有六大據點，最重要的據點首推倫敦。NYX 在倫敦的據點是由數家交易所合併而來的，首先是倫敦國際金融期貨交易所 (London International Financial Futures Exchange, LIFFE) 於 1992 年 3 月與倫敦選擇權交易市場 (London Traded Options Market, LTOM) 合併，更名為倫敦國際金融期貨及選擇權交易所 (London International Financial Futures and Options Exchange, LIFFE)，LIFFE 於 1996 年又合併倫敦商品交易所 (London Commodity Exchange, LCE)。LIFFE 主要從事於金融 (外幣、利率、股價指數) 期貨與選擇權交易，1998 年 11 月廢棄傳統交易方式改採電子交易平台。2002 年 1 月，LIFFE 被 Euronext 購買，結合成為 Euronext Liffe，仍使用 LIFFE 交易平台。2007 年，Euronext 與 NYSE 合併成 NYSE Euronext (NYX)，2013 年 11 月 ICE 又將 NYX 買下，此後 ICE 權益與期貨的據點遍及歐洲重要城市，NYX 在倫敦的據點，因而成為美國洲際交易所 (Intercontinental Exchange, ICE) 在歐洲金融 (外幣、利率、股價指數) 期貨與選擇權產品最重要的據點。

經歷收購 IPE 及 NYX 後，ICE 主要市場橫跨歐洲及美洲兩大洲，各洲的業務重心如下：

❖ 美洲：農產品類如 Cocoa、Coffee、Cotton、Sugar 等；金屬類如黃金、白銀等；外幣類包括各主要外幣期貨；指數類如 Russel Index、CCI、RJ/CRB

Index 等；及各類交換契約。

- ❖ 歐洲：主力業務在石油、能源與電力，包括 Brent Crude Oil (布侖特原油)、Wti Crude Oil (西德州輕質原油)、Gas Oil (製氣油)、Natural Gas (天燃氣)、Power (電力)、Coal (煤) 等，美國洲際交易所在歐洲據點的原油和煉油期貨之交易量，占全球一半以上；另外，歐洲據點也交易很多的金融期貨，包括各種外幣、利率、股價指數期貨與選擇權產品。

(4) 巴西證券期貨交易所：巴西證券期貨交易所 (BM&FBOVESPA, BM&F) 是由巴西期貨交易所 (BM&F) 和巴西聖保羅證券交易所 (Bovespa) 合併而成，2007 年以後改組為以盈利為目的的公司制交易所。

該所的期貨商品有場內交易契約及場外交易契約兩大類。場內交易的重要期貨商品，有阿拉比卡咖啡 (Coffee Arabica)、糖、乙醇、棉花、玉米、大豆、肉牛、小牛。場外交易的期貨商品，有三大類，包括交換交易、選擇權以及金屬；交換交易以利率、匯率、股票指數、物價指數，以及黃金的交換交易為主；選擇權以利率、匯率、股票指數為主。

巴西證券期貨交易所 2016 年的衍生性商品交易量，高居世界排名第九位。

2. 歐洲期貨市場

歐洲期貨市場的發展時間比美國稍晚，大多以美國市場為藍本，其中最重要的市場為「美國洲際交易所 (歐洲)，ICE (Europe)」、歐洲交易所 (Eurex) 及莫斯科交易所 (Moscow Exchange)。

(1) 美國洲際交易所 (歐洲)：主要有兩個交易所，一為原來的倫敦國際石油交易所 (International Petroleum Exchange, IPE)，2001 年被美國洲際交易所 (Intercontinental Exchange, ICE) 收購；另一為紐約泛歐交易所 (NYSE Euronext, includes all EU and US markets, NYX)，2013 年也被美國洲際交易所 (Intercontinental Exchange, ICE) 收購。這兩個交易所的主要業務如美國洲際交易所段所述。

(2) 歐洲交易所：德國在 1970 年代就已經出現選擇權市場，屬店頭交易，沒有正式的期貨市場，但市場對期貨契約的需求日漸增加，德國財政部門乃在 1990 年 1 月底於法蘭克福成立德國期貨及選擇權交易所 (Deutsche Terminbörse, DTB)，提供投資人以期貨及選擇權契約從事避險交易。1998 年 DTB 與瑞士選

擇權及金融期貨交易所 (SOFFEX) 合併為 Eurex (歐洲期貨交易所)。

Eurex 於 2007 年 12 月以 100% 持股併購 International Securities Exchange (簡稱 ISE)，ISE 主力市場在選擇權及股票市場。Eurex 與 ISE 均為完全電子交易平台，合併後的 Eurex，其業務領域包括利率、權益、權益指數、ETF、信用、商品、氣候、不動產等。

Eurex 2016 年的衍生性商品交易量，高居世界排名第五位。

(3)莫斯科交易所：莫斯科交易所 (Moscow Exchange, MOEX) 是 2011 年由俄羅斯交易系統 (Russian Trading System, RTS) 與莫斯科銀行間外匯交易所 (Moscow Interbank Currency Exchange, MICEX) 合併而來，是俄羅斯最大的交易所集團，為俄羅斯提供主要的股票、債券、金融衍生工具、貨幣、貨幣市場工具、貴金屬及大宗商品交易平臺。

MOEX 2016 年的衍生性商品交易量，高居世界排名第四位。

3. 亞洲期貨市場

亞洲期貨市場較重要者為中國、日本、香港、新加坡、韓國及印度，茲說明如下：

(1)中國大陸期貨市場 (Chinese Futures Markets)：中國大陸三大交易所，包括大連商品交易所 (Dalian Commodity Exchange, DCE)、鄭州商品交易所 (Zhengzhou Commodity Exchange, CZCE)、上海期貨交易所 (Shanghai Futures Exchange, SHFE)。

❖ 大連商品交易所：1993 年 2 月成立，主要從事玉米、黃豆、豆粕、豆油、棕櫚油、線型低密度聚乙烯、聚氯乙烯之期貨交易，為中國大陸最大的農產品期貨市場，全球最大的塑料期貨市場。大連商品交易所 2016 年的交易量，居世界排名第八位。

❖ 鄭州商品交易所：1990 年 10 月成立，主要從事玉米、黃豆、麥、綠豆、芝麻、糖、棉花、油菜籽、稻米等農產品及 PTA 等石化產品之期貨交易。

❖ 上海期貨交易所：1999 年 12 月由 Shanghai Metal Exchange、Shanghai Foodstuffs Commodity Exchange、Shanghai Commodity Exchange 三家合併成立，主要從事黃金、銅、鋁、鋅、線材、燃料油、天然橡膠、螺紋銅 8 種期貨交易。上海期貨交易所 2016 年的交易量，居世界排名第六位。

(2)日本期貨市場 (Japanese Futures Markets)：發展歷史悠久，型態也比較特殊，

不同的商品期貨交易必須在不同的交易所進行，主要的商品及交易地點如下：

❖ 股價指數期貨與公債利率期貨

- 東京證券交易所 (Tokyo Stock Exchange Co., Ltd.; TSE)：1949 年成立，1985 年 10 月推出日本 10 年期政府公債期貨，1988 年 9 月推出東京證券交易所股價指數期貨 (Topix Futures)，1989 年推出美國政府公債期貨，1996 年推出日本 5 年期政府公債期貨，1998 年推出股價指數期貨。2000 年合併 Hiroshima 與 Niigata Stock Echange，2007 年另外成立 Tokyo Stock Exchange Group Inc.，控股 Tokyo Stock Exchange Co., Ltd. 與 Tokyo Stock Exchange Regulation 兩家公司。Tokyo Stock Exchange Co., Ltd. 的主力業務在於股票、股票指數期貨、JGB (日本政府公債) 期貨、ETF、REIT 等交易。東京證券交易所亦已與臺灣期貨交易所合作，在臺灣期貨交易所推出東證指數期貨 (Topix Futures)。

- 大阪證券交易所 (Osaka Securities Exchange, OSE)：1988 年 9 月推出日經指數 (Nikkei 225) 期貨及選擇權，其後再推小型日經指數 (Nikkei 225) 期貨，日經指數 (Nikkei 300) 期貨及選擇權、RN Prime Index。

❖ 農工原物料期貨

- 東京商品交易所 (Tokyo Commodity Exchange, TOCOM)：1951 年 2 月由 Tokyo Textile Exchange、Tokyo Rubber Exchange、Tokyo Gold Exhange 三家合併成立，從事黃金、銀、鉑、鈀等稀有金屬，及鋁、汽油、煤油、原油、橡膠等之期貨與選擇權交易。

- 東京穀物商品交易所 (Tokyo Grain Exchange, TGE)：1952 年 10 月成立，1993 年合併東京砂糖交易所 (Tokyo Sugar Exchange, TSE)、1995 年 4 月合併 Hokkaido Grain Exchnge，2006 年 4 月合併 Yokohama Commodity Exchange。該所主要從事黃豆、咖啡、玉米、紅豆、生絲、砂糖等之期貨與選擇權交易。

❖ 利率期貨及外幣期貨

- 東京金融交易所 (Tokyo Financial Exchange, TFX) 前身為東京國際金融期貨交易所 (Tokyo International Financial Futures Exchange, TIFFE)，TIFFE 是 1989 年 4 月因應日本國內企業對避險的需求而設立，發展的時間並不長，但已成為世界性的金融期貨市場。TIFFE 主要的期貨商品為 3 個月期及 1 年期歐洲日圓利率期貨、3 個月期及 1 年期歐洲美元利率期貨、美元／日圓

交叉利率期貨等。2004 年變更為股份有限公司制，名為 Tokyo International Financial Futures Exchange Inc.，2005 年改名為 Tokyo Financial Exchange Inc. (簡稱 TFX)。

(3) 香港期貨市場 (Hong Kong Futures Markets)：香港於 1976 年成立香港商品交易所 (Hong Kong Commodity Exchange)，1977 年改為香港期貨交易所 (Hong Kong Futures Exchange, HKFE)，2000 年與 Hong Kong Securities Clearing Company Limited (簡稱 HKSCC) 合併成為 Hong Kong Exchange and Clearing Limited (簡稱 HKEx)。該所從事衍生性商品業務部分，包括指數期貨類：恆生指數期貨、H 股指數期貨、小型恆生指數期貨、小型 H 股指數期貨；股價期貨、股價選擇權、黃金期貨、Hibor 期貨、3 年期 EFN (Exchange Fund Note) 期貨等。

(4) 新加坡期貨市場 (Singapore Futures Markets)：新加坡於 1984 年成立新加坡國際金融交易所 (Singapore International Monetary Exchange, SIMEX)，與芝加哥商業交易所 (CME) 連線，所持之倉位可以相互沖銷 (Offset)。例如，某人在 SIMEX 買入三份棉花期貨，在 CME 賣出一份棉花期貨，其帳戶沖銷後僅剩下兩份契約；這種方式有助於法人從事跨國操作。

　　SIMEX 的營業時間適合亞洲國家交易，期貨及選擇權商品種類主要為 Nikkei 225 指數、FTSE Xinhua China A50 指數、MSCI Asia Apex 50 指數、MSCI Japan 指數、MSCI Taiwan 指數、Straight Time 指數、MSCI Hong Kong 指數、Eurodollar 利率期貨、Euroyen (Tibor) 及 Euroyen (Libor) 利率期貨、JGB (日本政府債券) 利率期貨、新加坡 5 年期政府債券利率期貨、Crude Palm Oil (CPO) 期貨等。

　　1999 年 12 月 1 日，SIMEX 與新加坡證券交易所 (Stock Exchange of Singapore, SES) 合併為新加坡交易所 (Singapore Exchange, SGX)。合併後的 SGX 營收有 72% 來自證券業務，28% 來自衍生性商品業務，衍生性商品業務的主力在於權益指數類、利率類及商品類的期貨及選擇權交易。

(5) 韓國期貨市場 (Korean Futures Markets)：韓國證券交易所 (Korea Stock Exchange, KSE) 成立於 1956 年，主要是從事股票交易。但韓國在 1996 年就開始股票指數期貨交易，1997 年開始股票指數選擇權交易，因當時韓國期貨交易所 (Korea Futures Exchange, KOFEX) 尚未成立，所以就架構在 KSE 交易，至 1999 年 KOFEX 成立後，才轉至 KOFEX 交易。KOFEX 成立後，又陸

續推出韓國政府債券期貨、權益證券期貨及選擇權。2005 年 1 月 27 日，韓國基於韓國證券與期貨交易法 (Korea Stocks and Futures Exchange Act) 下，整合 KSE、KOFEX 及 KOSDAQ 三家交易所，成立韓國交易所 (Korea Exchange, KRX)。KRX 成立後，再推出 KOSTAR 期貨、日圓期貨、歐元期貨、豬肉期貨、股票期貨等之交易。

KRX 的商品主要有 KOSPI 200、KOSTAR、3Y、5Y 及 10Y KTB (Korea Treasury Bonds)、MSB (Monetary Stablization Bond)、USD/KRW、EUR/KRW、JPY/KRW、黃金、Lean Hog (精瘦豬) 等之期貨及選擇權產品。

韓國的衍生性商品交易量異軍突起，曾在 2011 年的世界排名高居第一名。主因是韓國的衍生性商品合約名義價值小之故，韓國 KOSPI 200 指數選擇權名義價值約日經 225 指數選擇權和期貨名義價值的 1/15，其交易費用也遠低於日經指數，約日經指數選擇權的 1/5。韓國 2011 年交易總合約數 39.28 億中，KOSPI 200 指數選擇權合約數就占 36.72 億。

(5) 印度期貨市場 (Indian Futures Markets)：印度有三家主要交易所，即印度多種商品交易所 (Multi Commodity Exchange, MCX)、印度 MCX 證券交易所 (MCX Stock Exchange, MCX-SX) 及印度國家證券交易所 (National Stock Exchange, NSE)，其中以印度國家證券交易所 (National Stock Exchange, NSE) 規模最大，是印度第一大證券交易所。NSE 營運項目包含四大部門，即權益市場、期貨和選擇權市場、零售債務市場及批發債務市場。該交易所期貨和選擇權衍生商品主要有三類：一為證券衍生商品類，包括股價指數、股票之期貨及選擇權；一為貨幣衍生商品類，包括美元、英鎊、日元和歐元等外匯期貨及選擇權；另一為利率衍生商品類，主要是印度國債期貨的交易。NSE 亦已與臺灣期貨交易所合作，在臺灣期貨交易所推出印度 Nifty 50 期貨。

印度國家證券交易所 (National Stock Exchange, NSE) 2016 年的衍生性商品交易量，以單所之姿高居世界排名第二位，僅次於芝加哥商業交易所集團。

四、期貨交易的特徵

期貨交易有下列幾項主要特徵：

1. **標準化契約**：每一期貨交易契約的標的、基本交易數量、交割月份、日期，以及最後交易日期、報價方式、價格變動幅度等，均由交易所作標準化規定。

(1) 交易標的物：須經各交易所審查通過。以外幣而言，通常是國際普遍使用或與該交易所有特殊關係的幣別。例如，CME 的外匯期貨有 40 餘種之多。

(2) 基本交易數量：每一份期貨契約都有標準的單位及數量，稱為「口」。例如，一口小麥期貨契約為 5,000 浦式耳 (Bushel)、一口黃金期貨契約為 100 盎司 (Troy Ounce)、一口英鎊期貨契約為 GBP 62,500。

(3) 交割月份、日期及最後交易日期：各期貨交易所會規定期貨契約月份及交割日，大部分的期貨契約交割月份為每年 3 月、6 月、9 月及 12 月，交割日為交割月份的第三個星期三，契約交易截止日為交割日前的第二個營業日。

(4) 報價方式：以外幣期貨為例，美元對他種外幣時，以外幣 1 單位＝多少單位美元報價；歐元對他種外幣時，以歐元 1 單位＝多少單位外幣報價；美元對歐元時，以歐元 1 單位＝多少單位美元報價。

(5) 價格變動幅度：期貨價格最小變動幅度，稱跳動點 (Tick)。例如，CME 英鎊期貨最小變動幅度為 USD 0.0002，每一口英鎊期貨契約金額為 GBP 62,500，則其最小變動金額為 (USD 0.0002/GBP)×GBP 62,500＝USD 12.50／每口。有些期貨交易所會規範每日漲跌停價格不得超過前一日收盤價格之一定比率。例如，臺灣期貨交易所規定股價類期貨這一比率為 ±10%，韓國則為 ±15%。

2. **集中交易制度**：期貨都是在集中市場交易，買賣雙方在同一期貨交易所內，透過電腦湊合決定期貨的價格，買賣雙方都必須透過經紀商交易。

3. **保證金制度**：買賣期貨之前必須先繳存一定之保證金，稱為原始保證金或期初保證金 (Initial Margin)。期貨契約是逐日計算盈虧 (Daily Settlement) 或即時計算盈虧 (Mark-to-Market，釘住市價之意)，以當天結算價 (Settlement Price) 結算每一客戶保證金的帳面損益，若有盈餘時，加計至保證金帳戶內；若有虧損，自原始保證金中扣除。當原始保證金減少到應予維持最低水準的保證金 [稱維持保證金 (Maintenance Margin)] 時，交易所會通知客戶補保證金至原始保證金水準，此一補繳的保證金稱為變動保證金 (Variation Margin)。若客戶未及時補足保證金，其期貨契約會被公開拍賣，稱為砍倉或斷頭。

> **例　期貨保證金**
>
> 某一投資機構於 9 月 1 日購買一口黃金期貨契約，該契約當時的行情如下：成交價格＝$1,650.00/o.z.，契約大小＝$100/o.z.，原始保證金＝$15,000，維持保證

金＝$12,500。若 9 月 19 日之前該投資機構未曾補繳過保證金，但 9 月 20 日現貨黃金收盤價下跌為 $1,620.00/o.z.，則該投資機構應補繳多少保證金？

答： 9 月 20 日保證金餘額為 $15,000＋($1,620.00－$1,650.00)×100 o.z.
＝$12,000，已低於維持保證金。

故該機構需補繳保證金至原始保證金：$15,000－$12,000＝$3,000。

4. **參與容易**：期貨開戶簡便容易，保證金不高，手續費及交易稅低廉，參與交易很容易。
5. **大都非實物交割**：期貨契約交割可分為實物交割 (Physical Delivery / Physical Settlement) 與現金交割 (Cash Delivery / Cash Settlement)。實物交割係指交割時以實物交付完成交割義務。現金交割係指以交割日的現貨價格與最後交易日的結算價格的差額結算。一般有實體的商品期貨契約是採實物交割，但無實體的期貨契約如股價指數，無法以實物交割，則採用現金交割方式。
6. **透過清算所完成清算工作**：期貨交易清算單位是結算所 (Clearing House)，其角色是買賣方的居間地位，當期貨交易透過經紀人在交易所完成交易後，必須經清算所來結算，清算所會保證買賣間交易契約的履行，若其中一方違約，其清算工作仍繼續進行，不會影響到另一方，買賣雙方均無須顧慮對方信用風險。

第三節　期貨交易實務

一、商品期貨報價

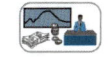

商品期貨之報價：以 CME 的玉米期貨報價為例。

例　玉米期貨之報價

表 11.2 為「玉米期貨」的報價範例，在表的第一列中，**Last** 為成交價，**Change** 為變動金額，**Prior Settle** 為前日收盤價，**Open** 為開盤價，**High** 為最高價，**Low** 為最低價，**Volume** 為成交量，**Hi /Lo Limit** 為高低限價，**Updated** 為變動時間。在表左邊的第一行為各種不同到期日的契約，當時最長的契約為 2012 年 12 月的第三個星期三。

CME 每一份玉米契約為 5,000 浦式耳 (Bushel)，每浦式耳以 1 美分 ($0.01) 報價。例如，2009 年 9 月份到期的契約，在 2009 年 7 月 30 日收盤價為 324.2，代表一浦式耳為 3.242 美元，一份契約的價值為 $3.242 × 5,000 = $16,210，而前一天至當天收盤上漲了 3.4 美分 ($0.34)，亦即當天一份契約讓投資人獲利 3.4 × $0.01 × 5,000 = $170。

▸表 11.2　玉米期貨報價範例

Commodity Products
CORN FUTURES　CORN (CBT) 5,000 bu.; cents per bu.　　　　　　　　　　　Trade Date: 7/30/2009

Month	Last	Change	Prior Settle	Open	High	Low	Volume	Hi/Lo Limit	Updated
Sep 2009	324'2	+ 3'4	320'6	321'0	324'2	320'6	1742	350'6 290'6	5:27:48 AM CST 7/30/2009
Dec 2009	332'0	+ 4'0	328'0	328'4	332'0	328'2	4097	358'0 298'0	5:27:48 AM CST 7/30/2009
				省　略					
Dec 2012	—	—	403'6	—	—	—	—	433'6 373'6	

資料來源：CME Group Inc. 網站。

二、外幣期貨報價

1. **外匯期貨契約都是以美元報價**：亦即以「一單位外國貨幣＝多少美元」之方式報價。茲將主要幣別外匯即期市場與期貨市場的價格報價法比較如表 11.3。
2. **外匯期貨契約隨幣別不同**：其標準交易單位、基本點、基本點的價值、跳動基本點數價值均有不同的規定。茲以芝加哥商業交易所 (CME Group Inc.) 為例，將其外匯期貨契約規格重要規定，說明如表 11.4 所示。

▸表 11.3　主要幣別外匯即期市場與期貨市場的價格報價法比較表

幣　別	即期市場報價法	即期匯率報價形式	期貨契約報價形式	期貨市場報價法
GBP	間接報價法	1.9950	1.9950	直接報價法
EUR	間接報價法	1.5995	1.5995	直接報價法
JPY	直接報價法	104.50	0.995085 [1,2]	直接報價法
CAD	直接報價法	1.0350	0.9662	直接報價法
CHF	直接報價法	1.0150	0.9852	直接報價法

註：1.日圓幣值較小，以 100 日圓為單位報價。
　　2.日圓的基本點為小數點後第六位，其他貨幣基本點為小數點後第四位。

› 表 11.4　CME 主要幣別外匯期貨契約基本交易規定表

幣　別	標準交易單位 (合約值)	基本點	單位基本點價值	跳動基本點點數	跳動基本點數價值	漲跌限制
GBP	GBP 62,500	0.0001	USD 6.25	2 點	USD 12.50	無
EUR	EUR 125,000	0.0001	USD 12.50	1 點	USD 12.50	無
JPY	JPY 12,500,000	0.000001	USD 12.50	1 點	USD 12.50	無
CAD	CAD 100,000	0.0001	USD 10.00	1 點	USD 10.00	無
CHF	CHF 125,000	0.0001	USD 12.50	1 點	USD 12.50	無
AUD	AUD 100,000	0.0001	USD 10.00	1 點	USD 10.00	無

例　CME 外幣期貨之報價

表 11.5 為 CME Group Inc. 的「歐元期貨」報價範例。

› 表 11.5　歐元期貨報價範例

FX Products　EUR/USD　　　　　　　　　　　　　　Trade Date: 7/30/2009

Month	Last	Change	Prior Settle	Open	High	Low	Volume	Updated
Sep 2009	1.4058	+0.0050	1.4008	1.4038	1.4096	1.4008	90246	7:56:04 AM CST 7/30/2009
Dec 2009	1.4059 a	+0.0052	1.4007	1.4054	1.4089	1.4046	272	7:56:05 AM CST 7/30/2009
Mar 2010	1.4063 a	+0.0054	1.4009	–	1.4073 b	–	–	7:51:34 AM CST 7/30/2009
				省　略				
Dec 2010	–	–	1.4030	–	–	–	–	8:09:50 PM CST 7/29/2009

資料來源：CME Group Inc. 網站。

從表 11.5 的報價可看出，到期日愈長的歐元，期貨契約的價值愈高，隱含歐元有升值趨勢。另外，歐元期貨從前一日至當日的價格上漲，擁有 2009 年 9 月歐元期貨契約 (9 月的第三個星期三交割) 的投資人，當天的獲利為 USD 625 (EUR 125,000 × USD 0.0050/EUR)。

三、利率期貨報價

1. 歐洲貨幣利率期貨契約

歐洲貨幣是發行國的境外存款市場。例如，倫敦銀行的美元存款、亞洲國家的美元存款，稱為歐洲美元 (Eurodollar)。CME 的歐洲貨幣利率期貨 (Eurocurrency Interest Futures) 是依附於倫敦銀行間拆放利率 (London Interbank Offered Rate, LIBOR) 之上，每一檔 (Tick) 為一個基本點 (Basis Point) (0.01% = 0.0001)，以 90 天為一期，在 3、6、9、12 月的第三個星期三交割。

美國國庫券 13 週 (90 天期) T-Bill 期貨與 3 個月歐洲美元期貨合約，皆是以 100 萬美元為一個合約單位，這些短期利率期貨合約是以指數化的方式報價，以 100.00% 減去該項金融工具的收益率，即等於期貨合約的報價。每一個指數跳動點 (一檔)，即相當於每 0.01% 收益率的變動，每一個指數跳動點的價值，亦即利息收入的變動，其計算如下：$1,000,000 × 0.01% × (90/360) = $25。

例 歐洲美元利率期貨之報價

表 11.6 為「歐洲美元利率期貨」的報價範例。表中註明在 CME 內，每一份「歐洲貨幣利率期貨」契約的金額固定為 USD 1,000,000，報價以基本點計算 (0.01%)。以 2009 年 9 月份到期的契約為例，當天收盤價為 99.50，但這並不代表價格，而是指當天的利率期貨收盤價為 100% − 99.50% = 0.50%，前一天至當天收盤利率報價的變動為 0.005%，實際上，利率下降了 0.005%，但報價以正值來表示，目的是針對買入契約的投資人所設計 (利率下降對已買入契約的投資人而言為收益)，其當天一份契約的獲利金額為 $12.5 (即 $1,000,000 × 0.005% × 90 ÷ 360)。

▶表 11.6 歐洲美元利率期貨報價範例

Interest Rates Products
EURODOLLAR FUTURES (CME) − $1 million; pts of 100%　　　　Trade Date: 7/31/2009

Month	Last	Change	Prior Settle	Open	High	Low	Volume	Updated
Aug 2009	99.5300 b	0.0000	99.5300	−	99.5300 b	−	−	9:21:51 PM CST 7/30/2009
Sep 2009	99.500	+0.005	99.495	99.500	99.505	99.495	434	10:25:23 PM CST 7/30/2009
			省　略					
Jun 2019	94.445 s	−	94.445					7:00:18 PM CST 7/30/2009

資料來源：CME Group Inc. 網站。

2. 長期政府債券期貨契約

以 CME 的中、長期利率期貨契約而言，是依附在政府債券之上，其中以長期債券 (Treasury Bonds，到期日在 10 年以上) 為標的時，期貨契約的標準期限為 30 年，但如果投資人要求履約，實體交割是以 15 年以上的債券為標的 (由期貨到期日至債券收回或到期日為止)。另外，以中期債券 (Treasury Notes，到期日在 1～10 年之間) 為標的，較常見的期貨契約有 2、3、5、10 年四種 (標準期限為 10 年)。

美國公債利率期貨每口為 10 萬美元，每半年付息一次計算，價格升降每檔為 $1/32 (即 $0.03125)。報價時係以 100% 代表 10 萬美元合約金額，每 1% 即是面值的百分之一代表 1,000 美元，以 1/32 點為最小跳動單位 (一檔)，採 32 進位顯示於其報價的最後兩碼數字，每一檔的值為 $1,000 / 32 = $31.25。公債期貨報價，係採收益率 8% 來估算該公債未來每期現金流量作基準，在市場收益率變動時，8% 收益率的公債收益相對於市場利息會有增減，以每期增減的現金流來折算現值計算得出的總差價，就是公債期貨的報價。

例 債券利率期貨之報價

表 11.7 為長期 (30 年) 債券利率期貨契約的報價範例。

▶ 表 11.7　美國政府債券利率期貨報價範例

TREASURY BONDS (CBT) － $100,000; pts 32nds of 100%
Interest Rates Products View an Interest Rate Product
30-YEAR U.S. TREASURY BOND FUTURES　　　　　Trade Date: 7/30/2009

Month	Last	Change	Prior Settle	Open	High	Low	Volume	Updated
Sep 2009	116'065	－0'085	116'150	116'095	116'115	115'290	36193	7:58:24 AM CST 7/30/2009
Dec 2009	114'295 b	－0'090	115'065	115'000	115'000	114'210 a	10	7:58:21 AM CST 7/30/2009
省　略
Sep 2010	－	－	112'075	－	－	－	－	7:25:07 PM CST 7/29/2009

資料來源：CME Group Inc. 網站。

以表 11.7 中 2009 年 9 月份到期的長期利率期貨契約為例作說明，當天收盤價

為 116.065，代表契約總價為 116(6.5/32)%×$100,000 = 116.203125%×$100,000 = $116,203.125。而前一天至當天的報價變動為 0.085，表示當天的價格下跌了 (8.5/32)%×$100,000 = $265.625。

四、股價指數期貨報價

1. 股價指數期貨 (Stock Index Futures)

各交易所不同指數的價格升降檔次 (Tick)、交易時間及保證金的規定並不完全一樣。指數期貨契約是以買點及賣點的股價指數差，乘以一個規定的金額作為損益，契約掛牌時間是在 3、6、9、12 月份。指數期貨並沒有實物股票交割，而是以現金交割了結契約。

例 指數期貨之損益

美國 A、B 投資人同時以 495 點買入一份標準普爾綜合指數期貨契約 (每一點為 500 美元)。A 投資人在 1 個月後以 475 點賣出該份契約，B 投資人在 2 個月後以 515 點賣出該份契約；忽略手續費及利息成本，A、B 投資人之損益各為何？

答：
1. A 投資人虧損金額為：(475 − 495)×$500 = −$10,000
2. B 投資人獲利金額為：(515 − 495)×$500 = +$10,000

2. 股價指數期貨之投機避險

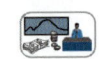

(1) 投機者 (Speculators)：為追求利潤，承擔風險；預期指數將會上揚，則會買入指數期貨契約；反之，則賣出指數期貨契約。

例 股價指數期貨保證金及損益

某投機者在 CME 以 500 點買入一份標準普爾綜合指數期貨契約 (每一點為 500 美元)，期初需繳納 5,000 美元的保證金，維持保證金為 4,000 美元。請回答下列問題：

1. 自買入契約起，標準普爾綜合指數跌至多少時，必須補繳保證金？

2. 若該投機者買入 5 天之後,未補繳過保證金,以 505 點賣出契約,忽略交易成本,則其損益為何?

答:**1.** 500 − [($5,000 − $4,000) ÷ $500] = 498 (點)
　　2. 獲利 = (505 − 500) × $500 = $2,500

(2) 避險者 (Hedgers):因為本身已買入股票或融券賣出股票 (或 ETF) 後,再反向操作,賣出或買入指數期貨,以規避風險。

例　指數期貨之避險

某一人擁有 10 種紐約證券交易所的上市股票各 1,000 股 (共 10,000 股),平均每股成本 50 美元,其證券組合貝他 (Beta) 值為 1.1;該投資人欲賣出 NYSE Composite Index Futures (每一點為 500 美元) 來避險,成交指數為 500 點。請回答下列問題:

1. 該投資人應賣出幾份契約最合適?
2. 如果賣出兩份契約,1 個月後 NYSE Composite Index Futures 下跌 50 點,該投資人所持之股票平均每股下跌 5.5 美元,則其損益為何?

答:**1.** 避險比率 = (證券組合價值 ÷ 契約價值) × 證券組合貝他值
　　　　　　　 = [($50 × 10,000) ÷ ($500 × 500)] × 1.1 = 2.2
　　　約 2 份指數期貨契約。
　　2. 股票投資:−$5.5 × 10,000 = −$55,000
　　　　指數期貨:+$500 × 50 × 2 = +$50,000
　　　　該投資人合計損益為 −5,000 美元。

第四節　選擇權

一、選擇權的意義及起源

1. 選擇權的意義

選擇權 (Options) 是一種以商品為標的之選擇權交易契約,選擇權買方在付出**權利金 (Premium)** 給賣方後,即獲得在契約到期日或到期日之前一段時內對商品之買賣選擇權。

2. 選擇權的起源

1973 年 4 月芝加哥期貨交易所 (CBOT) 為了提供選擇權契約交易，另成立芝加哥選擇權交易所 (Chicago Board Options Exchange, CBOE)，為選擇權集中市場之濫觴。CBOE 設有選擇權清算所來確保合約的履行，減低交割信用風險，之後選擇權交易很快就活躍起來。CBOE 於 1982 年又推出期貨選擇權，1983 年推出股價指數選擇權。繼 CBOE 開始選擇權交易後，美國其他的交易所也紛紛推出選擇權契約。例如，1975 年 1 月的美國證券交易所 (American Stock Exchange) [1]、6 月的費城證券交易所 (Philadelphia Stock Exchange) [2]；1976 年 4 月的太平洋證券交易所 (Pacific Stock Exchange) [3]；1983 年 4 月的紐約證券交易所 (New York Stock Exchange) [4]。

二、選擇權種類及重要觀念

1. 選擇權的種類

(1) 依交易型態分

- 買權 (Call Option)：指選擇權之持有人有權依約買入約定之標的物。買權又分買入買權 (Buy Call)、賣出買權 (Sell Call) 兩種。
- 賣權 (Put Option)：指選擇權之持有人有權依約賣出約定之標的物。賣權又分買入賣權 (Buy Put)、賣出賣權 (Sell Put) 兩種。

(2) 依履約期限分

- 歐式選擇權 (European Option)：指選擇權之買方只能於到期日當天執行權利，並於其後兩個營業日交割者；亦即履約日與到期日為同一日。
- 美式選擇權 (American Option)：指選擇權之買方能於到期日前任一時點或到期日當天執行權利，並於其後兩個營業日交割者。由於美式選擇權契約可以隨時執行，彈性較大，其價格高於或等於歐式選擇權 ($V_A \geq V_E$)。

2. 選擇權有關術語

(1) 履約價格 [Strike Price (SP) or Exercise Price]：或稱執行價格、約定價格，指選

---

[1] American Stock Exchange 於 2008 年 10 月被 NYSE Euronext 併購，並於 2009 年 3 月更名為 NYSE Amex Equities。
[2] Philadelphia Stock Exchange 於 1790 年成立，2007 年 11 月 7 日被 NASDAQ Stock Exchange 併購。
[3] Pacific Stock Exchange 2005 年被 Archipelago 併購，Archipelago 於 2006 年又被 NYSE 併購。
[4] New York Stock Exchange (NYSE) 於 2007 年與 Euronext 合併成為 NYSE Euronext。

擇權契約中之買賣雙方約定到期日或到期日之前，買方有權要求賣方賣出或買入該特定標的物之價格。

(2) **權利金 (Premium, P)**：指選擇權契約中之買方支付予賣方之金額，即選擇權契約的價格。

$$權利金 (P) = 內涵價值 (IV) + 時間價值 (TV) \tag{11-1}$$

❖ **內含價值 (Intrinsic Value, IV)**：或稱履約價值。

- 其定義如下：

$$買入買權 (Buy Call)：IV = Max (0, MP - SP) \tag{11-2}$$
$$買入賣權 (Buy Put)：IV = Max (0, SP - MP) \tag{11-3}$$

- 定義說明：買入買權指市場價格 (MP) 與履約價格 (SP) 之差額，與 0 比較孰高者，即內含價值大於或等於 0；買入賣權指履約價格與市場價格之差額，與 0 比較孰高者，即內含價值大於或等於 0。

例 買權的內含價值

就買權而言，當現貨價格 37 元，履約價格 27 元時，則該買權內含價值 (IV) = Max (0, MP - SP) = Max (0, $37 - $27) = Max (0, $10) = $10。

例 賣權的內含價值

就賣權而言，當現貨價格 37 元，履約價格 27 元時，則該賣權內含價值 (IV) = Max (0, SP - MP) = Max (0, $27 - $37) = Max (0, -$10) = $0。

❖ **時間價值 (Time Value, TV)**：指選擇權價值超過履約價值部分，亦即指權利金中大於內含價值之部分。

例 選擇權的時間價值

履約價為 37 元之股票選擇權買權，其權利金報價為 10 元，該股票現貨市場價格為 40 元，則其時間價值為多少？

> 答：內含價值 (IV) = Max (0, $40 − $37) = Max (0, $3) = $3。
> 權利金 (P) = 內含價值 (IV) ＋ 時間價值 (TV)
> $10 = $3 ＋ 時間價值
> 故時間價值 (TV) = $10 − $3 = $7。

(3) 訂約日 (Trade Date)：指選擇權契約訂定之日。

(4) 權利金交付日 (Value Date)：指選擇權契約交易之起算日，稱為權利金之交付日，一般為訂約日後之第二個營業日。

(5) 到期日 (Expiration Date)：指選擇權契約交易之買方有權要求賣方履約之最後日期。

(6) 交割日 (Settlement Date)：指選擇權契約交易買方履約後之第二個營業日，最遲為到期日後之第二個營業日。

(7) 價內選擇權 (In The Money, ITM)：指內含價值大於 0 (IV ＞ 0) 的選擇權，如果執行權利有利可圖。例如，買權之 MP ＞ SP，如表 11.8。

(8) 價平選擇權 (At The Money, ATM)：指內含價值等於 0 (IV ＝ 0) 的選擇權，如果執行權利無利可圖。例如，買權之 MP ＝ SP，如表 11.8。

(9) 價外選擇權 (Out The Money, OTM)：指內含價值小於 0 (IV ＜ 0) 的選擇權，如果執行權利無利可圖。例如，買權之 MP ＜ SP，如表 11.8。

▶表 11.8　選擇權的價內、價平、價外關係表

價　別	買　權 (Call)	賣　權 (Put)
價　內	內含價值大於 0 (IV ＞ 0) 目前價格大於履約價格 (MP ＞ SP)	內含價值大於 0 (IV＞0) 目前價格小於履約價格 (MP＜SP)
價　平	內含價值等於 0 (IV ＝ 0) 目前價格等於履約價格 (MP ＝ SP)	內含價值等於 0 (IV＝0) 目前價格等於履約價格 (MP ＝ SP)
價　外	內含價值小於 0 (IV ＜ 0) 目前價格小於履約價格 (MP ＜ SP)	內含價值小於 0 (IV＜0) 目前價格大於履約價格 (MP＞SP)

備註：1. IV：內含價值；2. MP：市場價格；3. SP：履約價格。

3. 影響選擇權價格的因素

影響選擇權價格的因素，包括股價、履約價格、到期期間、隱含波動度、無風險利率及股利現值等，其對買權及賣權價格的影響方向，說明如下：

(1) 現貨價格：選擇權的價格隨現貨價格而變動，當現貨價格愈高，對買入買權愈有利，但對買入賣權愈不利。

(2) 履約價格：選擇權的價格隨履約價格而變動，當履約價格愈高，對買入買權愈不利，但對買入賣權愈有利。

(3) 離到期日時間：選擇權契約離到期日時間愈長，無論對買權或賣權而言，現貨價格上漲或下跌的機會較多，愈有可能達到價內 (In The Money) 的狀態。

(4) 現貨價格之波動性：選擇權標的物現貨價格的波動性 (Volatility) 愈大，對買權及賣權而言，皆為正相關；因為愈容易達到價內的狀態。

(5) 無風險利率：無風險利率 (Risk-Free Rate) 與選擇權價格間的關係較難理解；對買權而言，兩者為正相關，因為無風險利率愈高，資金成本愈低，履約價格的現值就比較低，買權的價值就比較高。無風險利率與賣權為負相關，因為無風險利率愈高，履約價格的現值就比較低，獲利能力降低。

(6) 股利現值：股票配股或配息時，會減低現股的價格，當配股配息愈高時，股息的現值也愈高，現貨的價格會愈低，對買入買權愈不利，對買入賣權愈有利。

4. 選擇權的標的物 (Underlying Assets)

可以是現貨，也可以是期貨。例如，股票、外幣與利率等金融商品，若以現貨為基礎，則為現貨選擇權；若以期貨為基礎，則為期貨選擇權 (Futures Options)。無論選擇權之標的物為現貨或期貨，其品質、數量、交割方式都必須有明確的定義，以利於契約的標準化與交易的進行。

(1) 股票選擇權 (Stock Options)：芝加哥選擇權交易所 (CBOE) 在 1973 年首先推出，掛牌期分為三種循環：
- 1、4、7、10 月。
- 2、5、8、11 月。
- 3、6、9、12 月。

新契約推出後，會有不同到期日的契約，主要是當月份、下一個月份、下兩個月份之第三週的星期三為到期日，股票選擇權以每 100 股為交易單位。臺灣是以 2,000 股為一交易單位。

此外，各交易所也分別推出股價指數選擇權 (Index Options)。例如：
- CBOE：標準普爾 100 及標準普爾 500 兩種指數。
- NYSE Euronext：交易所綜合指數 (NYSE Composite Index)。

❖ NASDAQ-AMEX：主要市場指數 (Major Market Index) 及日本股價指數。

(2) 外幣選擇權 (Foreign Exchange Options)：那斯達克交易所 (NASDAQ) 於 1983 年 (費城交易所時代) 首先推出外幣選擇權 (Foreign Exchange Options) 契約；投資人可以在有效期間內，依契約所設定的匯率履約價格，買賣買權和賣權之外幣選擇權。

(3) 利率選擇權 (Interest Rate Options)：主要是以債券或債券期貨為標的物，以美國為例，市場上的主要產品為政府債券期貨選擇權 (T-Bond Futures Options) 及歐洲美元期貨選擇權 (Eurodollar Futures Options)。

(4) 期貨選擇權 (Futures Options)：就美國而言，期貨選擇權集中市場交易是從 1982 年開始，但之前在店頭市場已行之有年，主要包括農產品期貨及金融期貨之選擇權。

5. 選擇權市場型態

選擇權市場的型態可區分為集中市場和店頭市場。早期美國選擇權主要集中市場為芝加哥選擇權交易所 (CBOE)、被那斯達克交易所 (NASDAQ) 合併的費城交易所、美國洲際交易所 (ICE) 等。早期歐洲國家選擇權市場的型態，則多為店頭市場 (Over-The-Counter Market, OTC)，以議價方式交易。但時至今日，科技技術發達，加上全球交易所整合快速，只要是有期貨的交易所，絕大多數也有選擇權交易，單純只從事選擇權業務的交易所愈來愈少，大多數已被併購。當今先進的交易所大多數採用電子交易平台，而且開放全天 24 小時交易。

第五節　選擇權的損益

選擇權操作上係以四個基本型態為主，即買入買權、買入賣權、賣出買權、賣出賣權。在實際操作上，雖然可以作各種不同的價差組合操作、買權及賣權混合操作，但仍離不開基本型態的選擇權。

一、選擇權契約基本操作方式

以下從運用時機、損失、獲利、現金流量的觀點來說明選擇權基本操作方式。

1. 買入買權 (Long Call 或 Buy Call)

指買方支付權利金取得在到期日或到期前，依約定價格買入約定數量、約定標的之權利。

(1) 操作方式：即買方支付權利金給賣方後買進買權，成為擁有以履約價格買進標的物之權利。
(2) 運用時機：看多市場，認為標的物價格將大漲。
(3) 最大損失：支付給賣方之權利金。如果標的物下跌，致無利可圖，買進買權者可以不執行買進的權利，但會損失權利金，也是買入買權者最大的損失。
(4) 獲利：隨標的價格上升而上升，標的物上漲愈多，獲利愈大。最大獲利 (MR) 無限大。
(5) 資金流向：建立買入買權部位時，買方支付權利金給賣方。

例　買入外幣買權

某美國廠商 3 個月後需支付 100 萬英鎊給供應商，該廠商欲購買英鎊之選擇權買權 (Call Options)，以規避風險。當時每份英鎊選擇權契約的市場行情如下：契約 ＝ GBP 31,250，履約價 ＝ USD 1.50/GBP，權利金 ＝ USD 0.06/GBP。

如果該廠商希望能完全避險，則應買入多少契約？該廠商 3 個月之內皆未買賣選擇權，試討論在契約到期時，若實際匯率 S (USD/GBP) = USD 1.4/GBP、USD 1.5/GBP、USD 1.6/GBP 時，忽略交易費用 (經紀費用)，該廠商是否會履約 (將「權利金」視為沉沒成本)？

答：**1.** 該廠商若要完全避險，所需契約數：$\dfrac{£1,000,000}{£31,250} = 32$ (單位)。

2. 討論 S (USD/GBP) = 1.4、1.5、1.6 時的決策，如表 11.9 所述。

表 11.9　執行選擇權或直接在市場買入外幣之決策分析

即期 USD/GBP	決策別	執行選擇權或直接在市場買入英鎊之美元成本	決策
1.4	執行選擇權買權	(1.5 + 0.06)×1 百萬 = USD 1.56 百萬	不執行選擇權，直接在市場上買入英鎊，但損失權利金
	直接在即期市場買入英鎊	(1.4)×1 百萬 = USD 1.40 百萬	
1.5	執行選擇權買權	(1.5 + 0.06)×1 百萬 = USD 1.56 百萬	不執行選擇權，直接在市場上買入英鎊，但損失權利金
	直接在即期市場買入英鎊	(1.5)×1 百萬 = USD 1.50 百萬	
1.6	執行選擇權買權	(1.5 + 0.06)×1 百萬 = USD 1.56 百萬	應該執行選擇權契約，因其成本較低
	直接在即期市場買入英鎊	(1.6)×1 百萬 = USD 1.60 百萬	

2. 買入賣權 (Long Put 或 Buy Put)

指買方支付權利金取得在到期日或到期前,依約定價格賣出約定數量、約定標的之權利。

(1) 操作方式:即買方支付權利金給賣方後買進賣權,成為擁有以履約價格賣出標的物的權利。

(2) 運用時機:看空市場,認為標的物價格將大幅下跌。

(3) 最大損失:標的物價格上升或持平,買入賣權就會有損失,其最大損失就是支付權利金。

(4) 獲利:標的物的價格下跌愈多,獲利愈大,當標的物價格跌到 0 時,獲利最大,亦即最大獲利 MR = SP － MP。

(5) 資金流向:建立買入賣權部位時,買方支付權利金給賣方。

例 買入外幣賣權避險

某美國廠商預計在 3 個月後收到 EUR 250,000,該廠商欲以完全避險的方式購買「歐元選擇權」,當時每份契約之市場行情為:契約大小:EUR 125,000;履約價格:USD 1.10/EUR;權利金:USD 0.012/EUR。

1. 該廠商應買入或賣出多少份「歐元選擇權」契約?
2. 3 個月後若實際匯率為:(1) USD 1.05/EUR;(2) USD 1.14/EUR。忽略交易成本,則該廠商因選擇權買賣的美元損益各為何?

答:1. 應買入「歐元賣權」,契約數 = EUR 250,000 ÷ EUR 125,000 = 2。

2. (1) USD/EUR = 1.05,應執行。

   損益為 [(1.10 － 1.05 － 0.012) × 125,000] × 2 = ＋USD 9,500

   (2) USD/EUR = 1.14,不應執行契約,但會損失權利金。

   損失金額為 (USD 0.012 × 125,000) × 2 = USD 3,000

---

3. 賣出買權 (Short Call 或 Sell Call)

指賣方承擔一個在契約規定日期,依約定價格,應買方之要求而賣出約定數量、約定標的之義務。

(1) 操作方式：即賣方向買方收取權利金後賣出買權，成為買權的賣方，當買權之買方要執行買進權利時，賣方有依履約價格出售該標的之義務。
(2) 運用時機：看空市場，認為標的物價格將持平或小幅下跌。
(3) 最大損失：是無限大的 (ML = ∞)，標的物漲愈多，損失愈大。
(4) 獲利：是權利金收入 (MR = P)，因買權買方的損失就是賣出買權的權利金。
(5) 資金流向：建立賣出買權部位時，賣方向買方收取權利金 (P)，但應繳保證金。

例 賣出股票買權

A 公司股票的市價為 38 元，某投資人賣出一份「買權」契約 (Sell Call) (每份合約為 2,000 股)，其成交之行情如下：履約價格 45 元，權利金 1.125 元，若選擇權到期時 A 公司股票的每股市價為 50 元，交易所結算這個合約，則這位投資者操作本筆選擇權的損益為何？(交易成本可忽略。)

答：結算每股損益為 ($45 + $1.125) − 50 = −$3.875
操作本筆選擇權的損益為 −$3.875 × 2,000 = −$7,750

4. 賣出賣權 (Short Put 或 Sell Put)

指賣方承擔一個在契約規定日期，依約定價格，應買方之要求而買入約定數量、約定標的之義務。

(1) 操作方式：即賣方向買方收取權利金後賣出賣權，成為賣權的賣方，當賣權之買方要執行權利賣出標的物時，賣方有依履約價格買進該標的物之義務。
(2) 運用時機：看多市場，當標的物價格持平或小幅上漲時，賣出賣權能獲利。
(3) 最大損失：如果標的物價格下跌，則有損失，當標的物價格下跌至 0 時，其最大損失為 ML = SP − MP。
(4) 獲利：如果標的物價格持平或上漲，則賣權的買方會放棄權利，此時賣出賣權者就賺取權利金 (MR = P)。
(5) 資金流向：建立賣權空頭部位時，賣方向買方收取權利金 (P)，但應繳保證金。

> **例 賣出股票賣權之損益**
>
> 某股票之「賣權」的報價如下：
>
> 賣權：履約價格 = 45 元，權利金 = 2.5 元。某投資人賣出上述之「賣權」合約一份，試討論其損益狀況為何？
>
> 答：
> 1. 當市價 MP ≥ $45 時，賣權的買方會放棄權利，故投資人最大獲利為權利金 2.5 元。
> 2. 當市價 MP < $45 時，投資人會有損失，跌至 0 時損失最大。故其損益為 (MP + $2.5 − $45)。

二、選擇權的損益特質

就買、賣方而言，選擇權具有以下的風險特質：

1. 買方而言，只有權利沒有義務：最大風險是權利金，故風險有限，獲利無窮。
2. 賣方而言，只有義務沒有權利：買方執行權利時，賣方有義務必須履約。最大收入只有權利金，故獲利有限，風險無窮。

因此，選擇權的損益與標的物價格之間呈現非線性報酬關係；與期貨的損益與標的物價格之間呈現線性報酬關係有所不同。

第六節 臺灣的期貨及選擇權市場

一、臺灣期貨及選擇權市場之沿革

1989 年經濟部草擬期貨交易法案，由行政院提送立法院審議，於 1992 年 6 月通過國外期貨交易法案，1993 年 1 月 10 日起實施，主管機關則由經濟部改為財政部證券管理委員會，正式允許投資人參與國外期貨市場的交易 (臺灣本身並無真正的集中市場)，但交易並不熱絡。

為提升臺灣金融市場之國際地位，主管機關及各界積極推動國內期貨市場之建立，並於 1995 年 12 月成立期貨市場推動委員會，臺灣期貨交易所籌備處於 1996 年 12 月正式成立。1997 年 3 月期貨交易法通過立法程序，在相關法源皆具完備

下，臺灣期貨交易所於 1998 年 7 月 21 日正式開業，並推出第一項期貨商品，臺灣證券交易所股價指數期貨 (TX，簡稱臺股期貨，實務上稱為大臺)。

二、臺灣期貨交易所推出之商品

臺灣期貨交易所於 1998 年 7 月 21 日推出「臺股期貨」後，以後並陸續推出多種商品，至 2017 年 8 月止，臺灣期貨交易所的商品，包含期貨及選擇權在內，分股價指數、利率、商品及匯率四大種類商品，共有三百多項商品掛牌交易。除黃金期貨 (GDF) 及歐元對美元期貨以美元計價、大小型美元對人民幣期貨及選擇權以人民幣計價、美元對日圓期貨以日圓計價外，其餘均以新臺幣計價，詳如表 11.10 所示。

臺灣的期貨市場成交量 (包括期貨及選擇權契約數)，自 1998 年的 277,908 契約數，成長至 2016 年之 2.42 億契約數 (或稱「口」) (2015 年為 2.65 億契約數)，全球

表 11.10 臺灣期貨交易所產品種類

項目	期貨 商品	交割幣別	選擇權 商品	交割幣別
股價/指數	1. 臺股期貨	TWD	1. 臺股選擇權	TWD
	2. 電子期貨	TWD	2. 電子選擇權	TWD
	3. 金融期貨	TWD	3. 金融選擇權	TWD
	4. 小型臺指期貨	TWD		
	5. 臺灣 50 期貨	TWD		
	6. 櫃買期貨	TWD	4. 櫃買選擇權	TWD
	7. 非金電期貨	TWD	5. 非金電選擇權	TWD
	8. 東證期貨	TWD		
	9. 印度 50 期貨	TWD		
	10. 美國道瓊期貨	TWD		
	11. 美國標普 500 期貨	TWD		
	12. 個股期貨	TWD	6. 個股選擇權	TWD
利率	1. 十年期政府公債期貨	TWD		
商品	1. 黃金期貨	USD	1. 黃金選擇權	TWD
	2. 新臺幣計價黃金期貨	TWD		
匯率	1. 小型美元兌人民幣期貨	CNY	1. 小型美元兌人民幣選擇權	CNY
	2. 美元兌人民幣期貨	CNY	2. 美元兌人民幣選擇權	CNY
	3. 歐元對美元期貨	USD		
	4. 美元對日圓期貨	JPY		

排名大約在 17～20 名之間)，臺指選擇權、臺股期貨、小型臺指期貨及股票期貨是四大主力商品；其中選擇權產品占 1.67 億口，居全球第六、亞洲第四；總開戶數已突破 100 萬戶，成長非常快速。

三、臺灣期貨交易所期貨契約規格

臺灣期貨交易所的期貨商品契約，包括股價指數、利率、商品及匯率四大類。茲將重要的條件說明如下：

1. **交易標的**

   (1)股價指數類：共有 9 項，其中 7 項係以臺灣的集中市場及店頭市場重要股價指數為交易標的，例如「臺灣證券交易所發行量加權股價指數」等；其中一項係以東京證券交易所股價指數 (Tokyo Stock Price Index, TOPIX) 為交易標的；另一項係以集中市場優質個股為交易標的，此類商品共有二百多項。

   (2)利率類：只有 10 年期政府公債期貨一項，係以中華民國 10 年期政府公債為交易標的。

   (3)商品類：共有 2 項，均以黃金為交易標的，但新臺幣黃金期貨以成色千分之九九九點九之黃金、美元計價之黃金期貨以成色千分之九九五之黃金為交易標的。

   (4)匯率類：共有 2 項，均以美元兌人民幣匯率為交易標的。

2. **交易時間**

   (1)股價指數類：除東證期貨交易時間為上午 8:0 至下午 4:15 外，餘契約交易日同臺灣證券交易所／櫃買中心交易日，臺灣證券交易所正常營業日上午 8:45 到下午 1:45，但到期月份契約最後交易日之交易時間為上午 8:45 到下午 1:30。

   (2)利率類：契約交易日同櫃買中心債券成交系統交易日，其正常營業日上午 8:45 到下午 1:45，但到期月份契約最後交易日之交易時間為上午 8:45 到中午 12:00。

   (3)商品類：本契約之交易日與臺灣期貨交易所營業日相同，交易時間為營業日上午 8:45 到下午 4:15。

   (4)匯率類：本契約之交易日與銀行營業日相同，交易時間為營業日上午 8:45～下午 4:15，到期月份契約最後交易日之交易時間為上午 8:45～上午 11:00。

3. **每日漲跌幅**
   (1) 股價指數類：除東證期貨採 ±8%、±12%、±16% 三階段漲跌幅度限制外，餘均為前一營業日結算價 ±10%。
   (2) 利率類：以前一交易日結算價 ±新臺幣 3 元為限。
   (3) 商品類：黃金期貨及新臺幣黃金期貨，均為前一營業日結算價 ±15%。
   (4) 匯率類：均為前一交易日結算價 ±7%。

4. **交割方式**
   (1) 股價指數類：以現金交割，即最後結算日依最後結算價之差額，以淨額進行現金之交付或收受。
   (2) 利率類：10 年期公債期貨以實物交割，是臺灣期貨交易所中唯一以實物交割的商品。
   (3) 商品類：以淨額進行現金交割，但黃金期貨以美元交割，新臺幣黃金期貨以新臺幣交割。
   (4) 匯率類：以淨額進行人民幣現金交割。

5. **最後交易日及最後結算日**
   (1) 股價指數類：除東證期貨最後交易日為各該契約交割月份第二個星期五之前一營業日、最後結算日為最後交易日之次一營業日外，餘交割週期均為「T 日尾盤」，最後交易日及最後結算日均為各該契約交割月份第三個星期三。
   (2) 利率類：10 年期公債期貨為交割月份第二個星期三，並於最後交易日後之第二個營業日為交割日。
   (3) 商品類：黃金期貨及新臺幣黃金期貨，最後交易日為各該契約到期月份最後一個營業日前之第 2 個營業日，最後結算日為最後交易日之次一營業日。
   (4) 匯率類：均為各該契約交割月份第三個星期三。

6. **到期月份**
   (1) 股價類：自交易當月起連續 2 個月份，加上 3、6、9、12 月中 3 個連續季月，共 5 個月份契約在市場交易。
   (2) 利率類：10 年期公債期貨為交易當月起接續之三個季月 (3、6、9、12 季月循環)。
   (3) 商品類：黃金期貨及新臺幣黃金期貨，均為自交易當月起連續 6 個偶數月份。

(4) 匯率類：自交易當月起連續 2 個月份，另加上 3、6、9、12 月中 4 個接續季月，共 6 個月份契約在市場交易。

四、臺灣期貨交易所選擇權契約規格

臺灣期貨交易所共有 9 項選擇權商品契約，其中 6 項為股價指數類，1 項商品類即黃金選擇權，2 項匯率選擇權。選擇權契約有關規定與期貨很像，例如交易時間、每日漲跌幅、交割方式、交割月份等，但也有很多不一樣的地方，例如：

1. **履約方式**：所有選擇權商品均為歐式選擇權，即僅能於到期日行使權利。
2. **交易標的**：股價指數選擇權契約，以臺灣證券交易所，集中市場及店頭市場重要股價指數為交易標的，如臺灣證券交易所發行量加權股價指數等；股票選擇權契約係以臺灣證券交易所集中市場優質普通股票為交易標的，匯率選擇權契約係以美元兌人民幣匯率為交易標的
3. **結算價**：股票選擇權契約自 2009 年 1 月 5 日起對當月商品的結算改為以到期日當日交易時間收盤前 60 分鐘內標的證券之算術平均價為結算價外，餘各類選擇權的規定與期貨相同。

例　臺指選擇權 (TXO)

2009 年 7 月 27 日臺灣加權股價指數收盤為 7,028.43，某甲買進 9 月份履約價為 7,400 點，權利金為 134 點的臺指買權，一點為 TWD 50，不考慮其他成本，請問若 9 月份最後結算價為 7,300 點、7,500 點、7,700 點時，分別討論應否執行權利？損益為多少？

答：
1. 不應執行權利，虧損權利金為
   TWD 50 × (−134) = −TWD 6,700
2. 應執行權利，虧損
   TWD 50 × [(7,500 − 7,400) − 134] = −TWD 1,700
3. 應執行權利，獲利
   TWD 50 × [(7,700 − 7,400) − 134] = +TWD 8,300

五、國外交易所之臺灣指數期貨

除了臺灣期貨交易所本身推出之各類期貨及選擇權產品外，尚有一些國外交易所推出臺灣指數期貨，簡述如下：

1. 道瓊臺股指數期貨：係芝加哥商業交易所 (CME) 於 1997 年 1 月推出，之後沒多久因量能不足而取消此一商品；
2. 摩根臺股指數期貨 (STW)：係新加坡交易所 (SGX) 前身新加坡國際金融交易所 (SIMEX) 於 1997 年 1 月 9 日推出。臺灣期貨交易法於 1997 年 6 月開始實施，當時的證期會於 1997 年 8 月 1 日開放 STW，供臺灣投資人交易。摩根臺股指數期貨每點價格為 100 美元，每檔單位為 0.1 點，保證金為契約價值的 7%。

例　摩根臺股指數期貨之損益

2009 年 7 月 27 日臺灣股價加權指數當天收盤時上漲 55.15 點，新加坡交易所 (SGX) 的「摩根臺股指數期貨」由前一日之 253.6 點漲為 255.7 點，某投資機構在 7 月 26 日以收盤價買入一份契約，保證金為 2,500 美元，忽略交易成本，則其 7 月 27 日的報酬率為何？

答：報酬率 = [$100 × (255.7 − 253.6)] ÷ $2,500 = +8.4%

3. 大阪臺股指數期貨：係由日本大阪證券交易所以臺灣集中市場加權股價指數為交易標的，於 2016 年 7 月 20 日開始在該所掛牌交易。

習題

一、選擇題 (單選)

(　) **1.** 關於衍生性商品的意義，下列哪一個敘述正確？　(A) 是指現貨市場之商品　(B) 衍生性商品與衍生性商品組合、衍生性商品再衍生，均屬衍生性金融商品　(C) 指原始現貨市場標的資產而未經任何組合、包裝之金融商品　(D) 衍生性商品契約完全是定型化契約　(E) 一般所指的衍生性商品僅指期貨與選擇權。

(　) **2.** 交易雙方約定於未來某一特定時日，依事先約定價格買入或賣出某一特定數量之現貨資產的一種定型化合約，是屬於哪一種合約？　(A) 遠期契約　(B) 交換契約　(C) 期貨契約　(D) 選擇契約　(E) 外匯契約。

(　) **3.** 下列哪些產品最早有期貨交易產生？　(A) 稀有金屬　(B) 牲畜產品　(C) 能源產品　(D) 穀物產品　(E) 氣候現象。

(　) **4.** 關於交易所的敘述，下列何者正確？　(A) 大連是世界最大的石油期貨交易所　(B) 原 CME 主力業務在商品期貨　(C) CME 金融期貨在原 CBOT 部門　(D) Eurex 是由 Euronext 與 SOFFEX 合併而來的跨國交易所　(E) CBOE 的主力業務是選擇權。

(　) **5.** 下列哪一個交易所有推出臺灣的股價指數期貨，而且正在交易中？　(A) SGX　(B) CME　(C) KRX　(D) Euronext　(E) Eurex。

(　) **6.** 關於期貨的保證金制度，下列敘述何者正確？　(A) 客戶不須先繳存一定的保證金就可以下單買賣期貨　(B) 客戶下單買賣期貨前所繳存的保證金稱為維持保證金　(C) 期貨契約是每月計算盈虧　(D) 當期貨虧損低於維持保證金須補繳保證金時，必須補繳至原始保證金　(E) 當期貨虧損低於維持保證金須補繳保證金時，必須補繳至維持保證金。

(　) **7.** 關於外匯期貨的報價，下列何者正確？　(A) USD 對 JPY 是以 USD 1.00＝多少 JPY 的方式報價　(B) USD 對 GBP 是以 USD 1.00＝多少 GBP 的方式報價　(C) USD 對 JPY 是以 JPY 100＝多少 USD 的方式報價　(D) USD 對 EUR 是以 USD

1.00＝多少 EUR 的方式報價　(E) 外匯期貨的報價係採間接報價法。

(　) 8. 關於歐式選擇權及美式選擇權，下列敘述何者正確？　(A) 歐式選擇權買方可以在到期日前任何一天執行權利　(B) 歐式選擇權買方只能於到期日當天執行權利　(C) 歐式選擇權買方彈性較大　(D) 美式選擇權買方不可以在到期日前任何一天執行權利　(E) 美式選擇權價格低於歐式選擇權。

(　) 9. 下列哪一項因素影響選擇權買權的價格不是正向的？　(A) 目前股價愈高　(B) 履約價格愈高　(C) 到期期間愈長　(D) 隱含波動度愈大　(E) 無風險利率上升。

(　)10. 下列哪一項產品的損益不是呈線性關係？　(A) 期貨　(B) 股票　(C) 債券　(D) 外匯　(E) 選擇權。

(　)11. 臺灣期貨交易所的期貨產品中，唯一實物交割的是哪一項？　(A) 政府公債期貨　(B) 30 天期利率期貨　(C) 臺股期貨　(D) 黃金期貨　(E) 電子期貨。

(　)12. 臺灣期交所的黃金期貨及新臺幣黃金期貨每日的漲跌幅為多少？　(A) ±5%　(B) ±7%　(C) ±15%　(D) ±25%　(E) 比照國際，沒有限制。

二、簡答題

1. [衍生性商品的意義] 何謂傳統金融工具？何謂金融衍生性商品？簡述其意義。

2. [期貨的種類] 期貨可分為哪兩大類？每大類又包含哪些種類的期貨？簡述之。

3. [世界主要期貨交易所] 請簡述世界主要衍生性商品交易所及其主力業務。

4. [期貨的保證金制度] 期貨上所說的「Mark-to-Market」是什麼意思？它跟保證金有何關係？

5. [商品期貨的評價] 短期利率期貨合約與政府債券期貨合約的報價有何差異？

6. [長短期利率期貨的報價] 某甲看好臺股後勢，買進臺股 80 張，平均持股成本為 35 元，但又怕判斷錯誤，想以 6,800 點次月的臺指期來避險，臺指期每點價值為 200 元，每口保證金為 165,000 元。若臺指期到期時指數跌到 6,600 點，某甲買進的股票跌了 1.25 元。請問：

(1)若以避險的觀點來看，某甲應買入或賣出多少口的臺指期來避險？要準備多少保證金？

(2)計算到期未做避險時，某甲的損益為多少？做避險時，某甲的損益為多少？(均不計交易成本。)

7. [選擇權的時間價值] 某一履約價為 50 元之股票選擇權買權，該買權權利金目前報價為 15 元，同時該股票現貨市場價格為 58 元。請問其內含價值為多少？與權利金是否相當？為何會有這種現象？

8. [選擇權之標的物] 以標的物而言，選擇權可以分成哪些選擇權？試簡述之。

9. [選擇權的損益] 試從運用時機的觀點來探討四種基本選擇權的操作方式，並簡述其可能的損益情況。

10. [臺灣衍生性商品概況] 臺灣期貨交易所目前有哪些衍生性金融商品？並請找出有利的數據證明臺灣衍生性商品交易量在世界上已占有一席之地？

三、問答與申論題

1. [世界主要期貨市場] 近年來世界主要交易所整合速度甚快，整合後大者恆大；另一方面，中國大陸經濟崛起，使世界交易所的排名產生很大的變化。請問：

(1)中國大陸有三大交易所，是指那三大？其主力業務是什麼？2016 年世界主要衍生性商品交易所排名前十大中，有關中國大陸的部分出現什麼現象？

(2)2016 年世界主要衍生性商品交易所排名前十大中，美國占三席，請問是那三席？並簡述其主要業務？

(3)試比較美國與中國大陸衍生性金融業務之差異？並從差異中討論中國大陸未來衍生性商品可能的發展方向。

2. [世界主要期貨市場交易量成長率透露之訊息] 請從 2016 年度世界主要期貨市場交易量分析，裡面透露出什麼重要的訊息？

簡 答

一、選擇題

1.	2.	3.	4.	5.	6.	7.	8.	9.	10.	11.	12.
B	C	D	E	A	D	C	B	B	E	A	C

二、簡答題

6. (1) $\$35 \times 80 \times 1,000 = \$2,800,000$

$\$200 \times 6,800 = \$1,360,000$

$\$2,800,000 \div 1,360,000 \fallingdotseq 2$（口）

故應買入賣權 2 口。

(2) ❖ 未做避險時之損益：$-\$1.25 \times 80 \times 1,000 = -\$100,000$

❖ 做避險時之損益：

期貨部分：$\$200 \times (6,800 - 6,600) \times 2 = +\$80,000$

股票部分：$-\$1.25 \times 80 \times 1,000 = -\$100,000$

合計 $= +\$80,000 - \$100,000 = -\$20,000$

7. 內含價值 $= \$58 - \$50 = \$8$

$\$15 = \$8 +$ 時間價值

故時間價值 $= \$7$，因選擇權尚未到期有時間價值存在之故。

三、問答與申論題：參考簡答

1. (1) 大連商品交易所、鄭州商品交易所、上海期貨交易所。大連商品交易所主要從事玉米、黃豆、豆柏、豆油、棕櫚油、線型低密度聚乙烯、聚氯乙烯之期貨交易，為中國大陸最大的農產品期貨市場，全球最大的塑料期貨市場。鄭州商品交易所主要從事玉米、黃豆、麥、綠豆、芝麻、糖、棉花、油菜籽、稻米等農產品及 PTA 等石化產品之期貨交易。上海期貨交易所主要從事黃金、銅、鋁、鋅、線材、燃料油、天然橡膠、螺紋銅 8 種期貨交易。中國大陸三大交易所中有兩家進入 2016 年世界主要衍生性商品交易所排名前十大中。

(2) 包括 CME Group（包括 CBOT 和 NYMEX）、ICE（美國洲際交易所）、Chicago Board Options Exchange（包括 CFE）三席。

- **CME Group**：農產品、金融商品、貴金屬等期貨與選擇權交易。
- **ICE**：現金權益、期貨與選擇權商品交易、ETF、Bonds，石油、能源與電力，各種外幣、利率、股價指數期貨與選擇權產品等之交易。
- **Chicago Board Options Exchange**：包括六大類選擇權合約，即 Equity Options、Index Options、ETF Options、Interest Rate Options、LEAPS Options、Binary Options；及六大類期貨業務 CBOE Russell 2000 Volatility Index (RVX)、CBOE Volatility Index (VIX)、CBOE Mini-VIX、DJIA Volatility Index (VXP)、S&P 500 3-M Variance、S&P 500 12-M Variance。

(3)主要差異在於中國大陸部分欠缺金融商品類的期貨與選擇權，中國大陸未來衍生性商品交易將朝向金融商品類的期貨與選擇權發展。

2. (1)新興國家交易所紛紛進入前十大：例如，巴西、印度、中國大陸、俄羅斯。尤其是中國大陸三大交易所中有兩家進入前十大。

(2)新興國家將在世界金融市場占有一席之地，尤其是中國大陸的崛起，使中國大陸的金融市場在世界上的重要性將與日俱增。

第12章 其他衍生性金融市場

本章第一節介紹遠期外匯交易；第二節介紹換匯；第三節介紹無本金交割交易；第四節介紹金融交換。

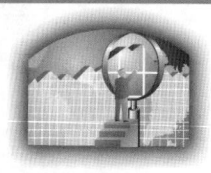

第一節　遠期外匯交易

一、遠期外匯合約的意義

1970 年代初期固定匯率時代結束，世界先進國家大多採浮動匯率制度，使匯率波動變成貨幣兌換風險。例如，歐元區國家出口貨品到英國，並以英鎊收取貨款，當收到英鎊兌換成歐元時，如果碰到歐元對英鎊升值，則兌換成歐元的金額將會減少；反之，歐元區國家向英國進口貨品，並以英鎊支付貨款，當支付英鎊時，如果碰到歐元對英鎊貶值，則必須支付更多的歐元來買英鎊以支付貨款。

臺灣也在 1979 年 2 月 1 日正式放棄固定匯率制度，改採浮動匯率制度。外匯匯率隨市場供需機動調整，出口商、進口商在此一市場下從事貿易，由於其所收到或將付出之金額均屬外匯，當外匯換成新臺幣或以新臺幣購外匯時，可能與其當初所報價之匯率不同，產生有利或不利之匯差。不利之匯差就是進口商或出口商之風險。這個風險可以透過遠期外匯合約來規避。

遠期外匯合約 (Forward Exchange Contracts, FEC) 係雙方合意在未來某特定日或某一特定期間內，以經雙方同意的遠期匯率互相買賣對方所擁有的外匯之合約。

遠期匯率 (Forward Exchange Rates) 是經議定，用以在訂約日後一定時間，例如，1 個月、3 個月、1 年，或特定日交割外匯所適用之匯率。通常與即期匯率不同，各不同天期遠期匯率彼此之間也不同。

遠期外匯市場 (Forward Exchange Market) 是一個專供遠期外匯合約交易的市場，它是一個確保以特定匯率交付或收受未來外匯合約的市場。

在遠期外匯合約交易下，客戶與銀行按遠期外匯匯率訂立契約，預先買入或預先賣出一定期日後始進行交割之外匯，此種外匯交易是在一定期日後，賣者始交付外匯給銀行，買者始自銀行收取外匯，因係有本金移動行為，故又稱有本金遠期外匯合約 (Deliverable Forward Exchange Contracts, DF)。

二、遠期外匯合約的應用

1. **遠期外匯合約的目的**：提供買、賣雙方 (或進、出口商) 規避未來匯率變動風險，鎖定成本、固定營收，亦即出口商目的在確定未來收入，進口商目的在確定未來成本，其動機是不願承擔匯率風險，但也不在外匯投機。

2. 遠期外匯合約的應用時機

(1)預購遠期外匯：預期外幣將升值，本國貨幣將貶值時，是預購外匯的時機。

(2)預售遠期外匯：預期外幣將貶值，本國貨幣將升值時，是預售外匯的時機。

3. 遠期外匯合約的種類

(1)依買賣而分：可分為預購與預售遠期外匯合約。

❖ 預購遠期外匯合約：係顧客在未來某一時點有外匯需求，為避免匯率風險，預先與銀行訂立契約，承諾於約定日期或期間內，以約定價格或金額，預先向銀行結購所需外匯之合約。對顧客而言，此種方式得以固定其成本。

> **例 預購遠期外匯合約**
>
> 歐元區 A 進口商將向國外 B 供應商下單進口貨品，在未來 3 個月將以歐元購買美元，付出一筆固定金額的美元外匯。A 進口商可以與銀行簽訂預購美元的遠期外匯合約，將未來要付出的歐元成本固定住。

❖ 預售遠期外匯合約：係顧客在未來某一時點有外匯供給，為避免匯率風險，預先與銀行訂立契約，承諾於約定日期或期間內，將取得之外匯以約定價格或金額，預先結售給銀行之合約。對顧客而言，此種方式得以固定其收入。

> **例 預售遠期外匯合約**
>
> 歐元區 X 出口商出口一批貨品予國外 Y 進口商，在未來 2 個月將收到一筆固定金額的美元外匯，屆時 X 出口商會將美元轉換為歐元。X 出口商可以與銀行簽訂預售美元的遠期外匯合約，將未來要收到的歐元收入固定住。

(2)依交割期限而分：不管買或賣遠期外匯合約，均可以分為固定到期日與任選到期日遠期外匯合約。

❖ 固定到期日遠期外匯合約 (Fixed Term Contracts)：又稱歐式選擇權方式。指僅能在未來特定日期交割的遠期外匯合約。實務上亦有提前交割的，但可能要付出昂貴的違約成本。

❖ **任選到期日遠期外匯合約 (Optional Term Contracts)**：又稱美式選擇權方式。指在未來特定期間內任何一天均可以交割的遠期外匯合約。未來特定期間通常在 1 個月之內，例如，一份 6 個月期的任選到期日遠期外匯合約的交割期限，大多會訂在第 151～180 天之間。

三、遠期外匯合約的規範

臺灣的銀行業遠期外匯合約買賣業務，係依據中央銀行頒布之**遠期外匯買賣辦法**及相關規定辦理，其中最重要的基本原則是，凡有實際外匯收支需求者，均得辦理遠期外匯交易，顧客與指定銀行訂約及交割時，均應提示其相關交易文件或主管機關核准文件。茲將其重點列示如下：

1. **承做對象**：有實際外匯收支需求之企業、自然人。
2. **簽約交易憑證**：交易文件或主管機關核准文件，例如，L/C、D/A、D/P、O/A、買賣契約、預估發票、其他足以證明進、出口交易之函電。
3. **簽約**：出口商與銀行簽訂預售遠期外匯契約書、進口商與銀行簽訂預購遠期外匯契約書。同筆交易憑證不得在銀行重複簽約。

    (1) 契約金額：不得大於相關文件金額。故避險金額一般均可以達到 100%。

    (2) 契約期限：進、出口廠商可以選擇固定到期日或一段期間。

    ❖ 歐式選擇權方式：採固定到期日交割。

    ❖ 美式選擇權方式：在議定之一段時間內均可以交割。

    ❖ 期限：法人戶，一般 1 年為限，必要時可展期一次；個人戶，一般半年為限，必要時可展期一次。

    ❖ 期限之表示：

    • 固定到期日者：期限固定，例如，120 天期者，則期限應表示 120 天。

    • 任選到期日者：係未來特定期間內任何一天均可以交割，例如，120 天期者，則期限應表示 91～120 天。此外，現行 180 天期限之規定較特殊，180 天之計算得自訂約日後二個營業日起算 180 天或 6 個月，屆期交割時如逢國內外假日得提前或順延，惟不得跨越屆期日之當月份。目前臺北外匯經紀商掛牌之期限別如表 12.1 所示。

    (3) 交割匯率：訂約當天議定之遠期匯率為將來交割之匯率。

▶表 12.1　臺北外匯經紀商掛牌遠期外匯期限表

契約期限	允許交割期間
30 天期	3～30 日
60 天期	31～60 日
90 天期	61～90 日
120 天期	91～120 日
150 天期	121～150 日
180 天期	151～180 日

4. 保證金：
   (1)收取標準：訂約時銀行得請客戶提供保證金，保證金之比率視客戶之資信及貢獻度，經合意約定，往來特優之客戶得免收保證金。
   (2)繳納方式：除現金外，得以定存單、政府債券、授信額度或其他可靠之擔保品為之。
   (3)保證金的退補：保證金不足時銀行得要求客戶立即補足。客戶於契約到期或期限內全部履約或已依規定繳清匯率差價者，保證金應退還給客戶。
5. 交　割：
   (1)歐式選擇權方式：到期一次交割。交割日期應為銀行之營業日。
   (2)美式選擇權方式：在交割期間內均可分次或一次全額交割。交割日期應為銀行之營業日。
   (3)交割文件：押匯單據、匯入匯款、出口託收款；全套交易單據、進口託收單據、待付進口貨款等。
6. 展期：客戶不克於到期日履行交割時，得於到期日前或於交割期間內，檢附足資證明展期之交易證明文件，如信用狀修改書等，申請展期。展期以一次為限。展期時應依當時市場匯率重訂展期價格，不得依原訂匯率展期。

四、遠期外匯合約實例

進、出口廠商預期未來將收付一筆外匯，為避免匯率變動損失，以操作遠期外匯合約交易的方式來避險。以下以實例來說明其操作模式。

例 預售遠期外匯合約實例

　　某出口商 A 公司預計 2 個月後將收到貨款 USD 50 萬元，因擔心 2 個月後新臺幣匯率對美元升值。目前市場報價 USD/TWD 32.85/95，2 個月期 USD/TWD 32.66/77。請問出口商 A 公司如何運用遠期外匯合約來規避匯率風險？

答：A 公司應於目前與銀行簽訂預售美元遠期外匯契約，以目前 2 個月期銀行遠期買入匯率 32.66，預售 2 個月期 USD 50 萬元。

例 預購遠期外匯合約實例

　　某進口商 B 公司預計 2 個月後將支付貨款 USD 100 萬元，因擔心 2 個月後新臺幣匯率對美元貶值。目前市場報價 USD/TWD 32.85/95，2 個月期 USD/TWD 32.66/77。請問進口商 B 公司如何運用遠期外匯合約來規避匯率風險？

答：B 公司應於目前與銀行簽訂預購美元遠期外匯契約，以目前 2 個月期銀行遠期賣出匯率 32.77，預購 2 個月期 USD 100 萬元。

第二節　換匯交易

一、換匯交易的意義

　　換匯交易 (Exchange Swap Transaction, Foreign Exchange Swap) 指交易雙方約定於交易時以等額 A 幣別交換等額 B 幣別，並於未來某一特定日期，再以到期日等額 B 幣別換回 A 幣別之相反方向的外匯交易，又稱為貨幣交換 (Currency Swaps)。

　　換匯交易基本上是利用兩種幣別時間上匯率差異，就不同交割期限之等額兩種幣別加以比較，同時作買進及賣出或同時作賣出及買進另一幣別。因此，換匯交易有兩組不同的匯率、金額、幣別、期間及交割日，均於交易時敲定。換匯的基本方式如圖 12-1 所示。

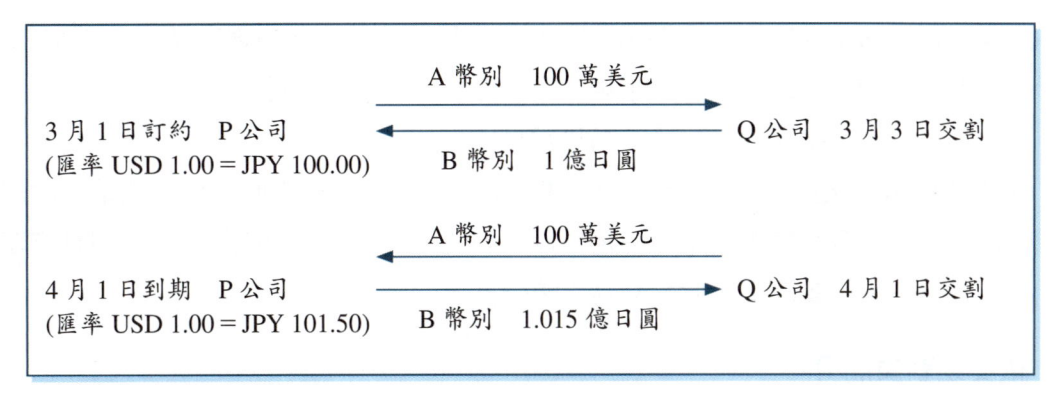

```
                              A 幣別    100 萬美元
                         ┌─────────────────────→
3 月 1 日訂約   P 公司                                    Q 公司   3 月 3 日交割
(匯率 USD 1.00＝JPY 100.00)    B 幣別   1 億日圓
                         ←─────────────────────┘

                              A 幣別    100 萬美元
                         ←─────────────────────┐
4 月 1 日到期   P 公司                                    Q 公司   4 月 1 日交割
(匯率 USD 1.00＝JPY 101.50)    B 幣別   1.015 億日圓
                         └─────────────────────→
```

圖 12-1　換匯示意圖

二、換匯交易的種類

最常見的換匯交易種類，是以交易型態及交易對象來分。

1. 依交易型態而分

換匯交易依其交易型態之不同可分為三大類，包括即期對即期換匯、即期對遠期換匯及遠期對遠期換匯。

(1) 即期對即期換匯 (Spot against Spot Swap)，是指由一筆即期交易與另一筆即期交易組合而成的換匯交易。這是在即期交割日以前的一或兩個營業日以內進行換匯的交易，通常是公司、銀行為彌補兩個營業日內的資金缺口，所採行的資金調度方式。此類交易有兩種類型：

- ❖ Over-Night (簡稱 O/N)：自交易日起算，次一營業日為止的換匯交易。
- ❖ Tom-Next (簡稱 T/N)：自交易日之次一營業日起算，次二營業日為止的換匯交易。

(2) 即期對遠期換匯 (Spot against Forward Swap)，是指由一筆即期交易與一筆遠期交易組合而成的換匯交易。此類交易有兩種類型：

- ❖ 買即期賣遠期 (Buy Spot and Sell Forward)：即購入某種即期幣別，並賣出等額同種遠期幣別的換匯交易。
- ❖ 賣即期買遠期 (Sell Spot and Buy Forward)：即賣出某種即期幣別，並買入等額同種遠期幣別的換匯交易。

　　實務上，常見的即期對遠期換匯交易有下列不同型態：
- ❖ Spot-Next (S/N)：自即期交割日起算，至次一營業日止之換匯交易。

❖ Spot-Week (S/W)：自即期交割日起算，至 1 星期止之換匯交易。
❖ Spot-1 M：自即期交割日起算，至 1 個月止之換匯交易。
此外，2～6 個月的換匯交易也常見。

(3) 遠期對遠期換匯 (Forward against Forward Swap)，是指兩筆均由遠期換匯組成，其中一筆是在未來某一特定日期交割，另一筆是在未來另一特定日期交割之換匯交易。實務上，此類交易比較少見。

2. 依交易對象而分

(1) 純粹換匯 (Pure Swap)：指同時與同一交易對象進行貨幣交換之換匯交易。例如，本國 T 銀行常缺少美元資金，外商 C 銀行常缺少新臺幣資金，T 銀行以新臺幣單獨和外商 C 銀行交換美元，換出與換回兩筆交易都是和同一家外商 C 銀行作成。

(2) 操縱性換匯 (Engineered Swap)：指同時與不同交易對象進行貨幣交換之換匯交易。例如，某交易員向 A 銀行賣出遠期外匯，再向 B 銀行買進同一幣別即期外匯。

三、換匯交易的功能

換匯交易兩個期日之交易匯率均已固定，所以在交易過程中並無匯率風險存在，公司、銀行常以此來調整外匯部位、資金調度、短期拆借或避險等。

1. 滿足資金調度需要：換匯交易是一個沒有風險的重要資金調度工具及短期拆借方式，可滿足公司企業、銀行等資金調度上之需要，平衡其現金流量，彌補資金缺口。一家公司企業、銀行等，其資金流量常因有 時差 (Time Lag) 或 期差 (Period Gap)，產生現金流量不平衡，此一現象稱為 資金缺口 (Cashflow Gap)。為彌補此一缺口，換匯交易是一項很重要的工具，換匯可以平衡現金流量，也不會影響外匯淨部位。

> **例　利用換匯作資金調撥**
> A 公司手頭有多餘美元部位，但缺乏 1、2 天之新臺幣部位，可利用 O/N、T/N 之方式，將美元部位與銀行交換新臺幣，1、2 天之後再將美元換回，達成資金調度之目的。

2. **規避匯率風險與利率風險**：公司企業、銀行等之各種資金流量,常因有時差或期差產生現金流量不平衡,這個不平衡會造成外匯之長部位或短部位外,尚且會產生期差部位。長部位或短部位暴露在匯率風險中,期差部位暴露在利率風險中。透過換匯交易可以規避匯率風險及利率風險。

> **例 利用換匯規避匯率風險與利率風險**
>
> 公司企業預期外國幣別未來將貶值,則其未來收回之投資收益兌回本國幣別時,會有匯率損失,可以本國貨幣目前之換匯價格交換外幣,將未來之收益鎖住在目前之匯率,規避匯率風險。另一方面,公司企業、銀行之貨幣部位,常出現長部位或短部位,暴露在利率風險之中,此時可以利用換匯交易來調整部位的不均衡,規避利率風險。

3. **換匯可與即遠期交易進行套利**：根據利率平價理論,換匯匯率就是指兩種貨幣在特定期間內相互交換使用的成本,因其成本是以利率表示的,所以其相互交換使用的成本就是兩種貨幣在交換期間內之利差。如果換匯匯率完全反映利差,則兩種幣別間達均衡狀態,沒有套利空間存在。如果換匯匯率無法完全反映利差,則兩種幣別間呈不均衡狀態,則有套利機會存在。
4. **換匯可作為外匯交易交割日變動之因應工具**：實務上,銀行常碰到與顧客承做之外匯交易,其交割日常因顧客之突發原因而提前或延後,致使銀行之資金流量產生不平衡。此時,銀行可以承做換匯交易,將突發之資金缺口彌平。

四、換匯交易重要事項

換匯交易有兩組不同的匯率、金額、幣別、期間及交割日。第一組是交易時的匯率、金額、幣別、期間及交割日；第二組是到期時的匯率、金額、幣別、期間及交割日。兩組匯率、金額、幣別、期間及交割日,均必須於交易時敲定。因此,匯率、金額、幣別、期間及交割日,就成為換匯交易最重要的約定事項。

1. **換匯幣別及金額**：換匯時必須言明以何種幣別？多少金額？交換何種幣別？交換多少金額？金額及幣別是換匯契約最基本的事項。
2. **換匯期間及交割日**
   (1) Over-Night (簡稱 O/N)：稱當日隔夜換匯,交易日當日為第一交割日,次一

營業日換回為第二交割日。

(2) Tom-Next (簡稱 T/N)：稱次日隔夜換匯，交易日之次一營業日為第一交割日，次二營業日換回為第二交割日。

(3) Spot-Next (S/N)：標準即期交割日 (成交日後次二營業日) 為第一交割日，再次一營業日換回為第二交割日。

(4) Spot-Week (S/W)：標準即期交割日為第一交割日，至 1 星期換回時為第二交割日。2 Weeks、3 Weeks 等，以此類推。

(5) Spot- 1 M：標準即期交割日為第一交割日，至 1 個月換回時為第二交割日。2 M、3 M、4 M 等，以此類推。

(6)遠期對遠期換匯其第一交割日及第二交割日：均由交易的雙方於成交日約定。

3. 換匯匯率 (Swap Rate 或 Swap Point)：就是換匯的價格，實務上，銀行對換匯匯率係採雙向報價法，也就是同時報出兩個數字：第一個數字 (前面的數字) 為換匯買入匯率；第二個數字 (後面的數字) 為換匯賣出匯率。報價者所報出換匯匯率的數字，是以貨幣的基本點為報價基礎，報出兩筆交易所適用的差價點數。因為換匯的型態很多，銀行無法逐一報價，一般只報出即期對遠期換匯匯率。茲將其意義說明如下：

(1)換匯買入匯率：表示報價者 (Quoting Party) 願意先賣出近期外匯，後買入遠期外匯 (Sell Near Date/Buy Far Date, S/B) 的換匯價格，此價格是以賣出近期外匯與買入遠期外匯兩筆交易所適用匯率之差價點數表示。

(2)換匯賣出匯率：表示報價者願意先買入近期外匯，後賣出遠期外匯 (Buy Near Date/Sell Far Date, B/S) 的換匯價格，此價格是以買入近期外匯與賣出遠期外匯兩筆交易所適用匯率之差價點數表示。

「Near Date」是指比較靠近交易的日期 (Dealing Date)，指第一個交割日，包括今日 (Today)、次一營業日 (Tom)、即期交割日 (Spot Date)。

「Far Date」是指離交易日比較遠的日期，指第二個交割日。

4. 換匯匯率的升水／貼水：換匯匯率計算基礎與遠期外匯相同，一以利差為基礎，另一以利率平價為基礎。實務上，計算出來的結果有兩種不同情形：

(1)若換匯匯率是左小右大的順序排列：是代表升水，表示換匯匯率為正數，則遠期匯率＝近期匯率＋換匯匯率。

(2)若換匯匯率是左大右小的順序排列：是代表貼水，表示換匯匯率為負數，則

遠期匯率＝近期匯率－換匯匯率。
5. **換匯交易操作模式**：茲以新臺幣「將走貶」及「將走升」為例，分別說明換匯之操作模式。

> **例 新臺幣將走貶之換匯操作模式**
>
> 甲出口商預期 1 個月後新臺幣走貶，目前有 100 萬美元之出口貨款入帳，打算 1 個月後才兌換成新臺幣，但近期又有新臺幣資金需求，必須將此筆美元轉換為新臺幣，以應需要。請問甲出口商應如何操作才可保有美元多頭部位，又可達到資金調撥之目的？
>
> 答：可與銀行承做一筆 1 個月期 100 萬美元換匯交易：
> 1. **近期交易**：換出美元，換入新臺幣；目前是握有新臺幣。
> 2. **遠期交易**：換入美元，換出新臺幣；到期時是握有美元，如果新臺幣真的貶值，將可以換到更多的新臺幣。

> **例 新臺幣將走升之換匯操作模式**
>
> C 保險公司投資海外債券 100 萬美元，期間 6 個月，但因預期美元將走貶，新臺幣將升值，屆時投資收益恐將被匯差侵蝕。請問 C 保險公司應如何以換匯方式來避險？
>
> 答：可與銀行承做一筆 6 個月期 100 萬美元換匯交易：
> 1. **近期交易**：換入美元，換出新臺幣；目前是握有美元。
> 2. **遠期交易**：換出美元，換入新臺幣；到期時是握有新臺幣，可以避免匯率風險。

五、換匯交易與即遠期外匯交易的比較

換匯交易、即期外匯交易與遠期外匯交易，是外匯市場上主要的交易方式，但換匯交易仍有其獨特的地方，在某些方面與即、遠期外匯交易有很大的不同。茲比較如表 12.2 所示。

▶ 表 12.2　換匯交易與即、遠期外匯交易的比較

比較項目	換匯交易	即遠期外匯交易
就交易性質而言	屬交換交易。	屬買賣斷交易。
就外匯部位而言	因同時一買一賣,部位剛好抵銷,不創造新部位出來。	每一筆即遠期外匯交易均會創造新部位出來。
就匯率風險而言	因同時一買一賣,部位互軋,不產生匯率風險。	每一筆即遠期外匯交易均有新部位,會有匯率風險。
就期差部位而言	同時由一近期與遠期交易組成,交割日不同,會產生期差部位。	每一筆即遠期外匯交易,只有單獨交割日,沒有期差部位產生。
就利率風險而言	因有期差部位產生,所以有利率風險。	因沒有期差部位產生,所以沒有利率風險。
就匯率決定而言	換匯匯率由即期匯率、兩幣別間之利差及交換期間計算而得。	即期匯率決定的因素很多,比較主觀;遠期匯率雖由即期匯率、兩幣別間之利差及遠期期間計算而得,但仍有主觀因素涉入。
就央行干預匯率而言	幾乎不會透過換匯市場干預匯率。	通常藉即期外匯市場干預匯率,較少透過遠期外匯市場干預。

第三節　無本金交割交易

　　本節介紹無本金交割新臺幣遠期外匯、無本金交割利率交換及無本金交割匯率選擇權。

一、無本金交割新臺幣遠期外匯

1. 無本金交割遠期外匯合約的意義

    (1) 無本金交割遠期外匯合約 (Non-Deliverable Forward Exchange Contracts, NDF) 係指交易雙方約定在未來某一期日,就訂約日約定之兩種幣別之遠期匯率與到期日的即期匯率之比價差額,按原定之交易總金額計算之總差額履行撥付承諾,而未有任何本金移動之業務。

    (2) 如果無本金交割遠期外匯是以新臺幣與美元來訂約者,稱為新臺幣對美元無本金交割遠期外匯 (習慣簡稱新臺幣 NDF)。

    (3) 如果無本金交割遠期外匯是以人民幣與美元來訂約者,稱為人民幣對美元無

本金交割遠期外匯 (習慣簡稱人民幣 NDF)，係以人民幣為標的來計算匯率價差，並依到期當日北京外匯市場人民幣掛牌匯率換算為美元後，以美元結算，無須交割契約本金，亦無須以人民幣進行結算。

2. 差額交割相對全額交割之特點
   (1)可擴張信用：可放大交易倍數，臺灣的實例約 40 倍，其槓桿程度比外匯保證金交易還高。
   (2)降低交割風險：全額交割資金壓力大，差額交割資金壓力很小，比較不會發生違約狀況。

3. 新臺幣 NDF 相關法令規定：臺灣中央銀行對外幣與外幣間之無本金交割遠期外匯不限制，均可承做，但對無本金交割新臺幣遠期外匯業務，有如下的規範：
   (1)承做對象
   ❖國內法人：限國內外匯指定銀行。1998 年中央銀行禁止外匯銀行以外的國內法人承做新臺幣 NDF 交易，且國外客戶來臺買賣臺幣 NDF，必須經由本國銀行海外分行或在臺外商銀行的海外聯行。
   ❖國外法人：限外商銀行在臺分行對其國外聯行，及本國銀行對其海外分行或子行。

例 新臺幣 NDF 實例

C 鋼鐵公司 3 個月後對美元有需求，但又擔心到時新臺幣走貶，需支付更多新臺幣購買美元。因此，與 Mega 銀行簽訂 3 個月後到期的預購 500 萬美元對新臺幣無本金交割遠期外匯，議定價格為 32.45。倘若 3 個月後到期時，1. 新臺幣匯率貶值到 32.65；2. 新臺幣匯率升值到 32.20。請問在這兩種情況下，屆時 C 鋼鐵公司與 Mega 銀行應如何交割？

答：1. 新臺幣匯率貶值到 32.65 時，C 鋼鐵公司賺到匯差，金額為 $5,000,000×(32.65－32.45)＝新臺幣 1,000,000 元，Mega 銀行只需交付總差額新臺幣 1,000,000 元給 C 鋼鐵公司。

2. 新臺幣匯率升值到 32.20 時，C 鋼鐵公司損失匯差，金額為 $5,000,000×(32.20－32.45)＝－新臺幣 1,250,000 元，C 鋼鐵公司只需交付總差額新臺幣 1,250,000 元給 Mega 銀行。

例 人民幣 NDF 實例

2009 年 9 月 USD/CNY 即期匯率為 6.8550，WW 公司預期美元兌人民幣匯率將趨貶，遂於 FCB 銀行預售人民幣無本金交割遠期外匯美元 300 萬元，期間 2 個月，議定 NDF 匯率為 USD/CNY＝6.8000，交易日為 2009 年 9 月 1 日，合約生效日為 2009 年 9 月 3 日，到期日為 2009 年 11 月 1 日，到期交割日為 2009 年 11 月 3 日，決價匯率 (Fixing Rate) 為 2009 年 11 月 1 日下午 5:00 北京外匯市場即期匯率，則：

1. 假設持有至到期日：

    (1)假設到期日美元兌人民幣即期匯率 USD/CNY 為 6.7956，則 WW 公司可獲利金額為：

    獲利人民幣金額為 $3,000,000 \times (6.8000 - 6.7956) = CNY\ 13,200$

    以到期日匯率折算為美元交割，$13,200 \div 6.7956 = USD\ 1,942.43$

    FCB 銀行必須於 2009 年 11 月 3 日交付 WW 公司 1,942.43 美元。

    (2)假設到期日美元兌人民幣即期匯率 USD/CNY 為 6.8168，則 WW 公司損失金額為：

    損失人民幣金額為 $3,000,000 \times (6.8000 - 6.8168) = CNY\ 50,400$

    以到期日匯率折算為美元交割，$50,400 \div 6.8168 = USD\ 7,393.50$

    WW 公司必須於 2009 年 11 月 3 日交付 FCB 銀行 7,393.50 美元。

2. 假設提前平倉：假設於訂約後 1 個月 (2009 年 10 月 1 日)，美元兌人民幣即期匯率走勢與 WW 公司預期相反，成為 USD/CNY＝6.8110，且預期美元將持續升值，為避免人民幣匯率繼續下跌致使損失擴大，WW 公司決定提前平倉，向 FCB 銀行反向買進 1 個月期（與原契約到期日相同）之美元對人民幣 NDF 契約美金 300 萬美元，匯率為 USD/CNY＝6.8100，進行停損操作。則WW 公司損失金額為：

    損失人民幣金額為 $3,000,000 \times (6.8000 - 6.8100) = CNY\ 30,000$

    以平倉日匯率折算為美元交割，$30,000 \div 6.8100 = USD\ 4,405.29$

    WW 公司必須於 2009 年 10 月 3 日交付 FCB 銀行 4,405.29 美元，但此項合約已經提前結束了。

二、無本金交割利率交換合約

1. **無本金交割利率交換合約** (Non-Deliverable Interest Rate Swap Contracts, NDIRS) 的意義：NDIRS 係指交易雙方，即銀行與銀行間或銀行與客戶間，簽訂以同種貨幣的名義本金為計息基礎，彼此同意在約定之期間，以不同利率指標 (包括浮動或固定利率) 作為交換標的，相互交換利息現金流量，但不交換本金之一種利率交換合約。無本金交割利率交換合約的目的，在於為達到規避利率風險及獲致比較利益。

   在 NDIRS 交易中，交易雙方對未來利率變動的預期是不一樣的，如果兩者預期一致，則 NDIRS 就不可能達成交易了。

   無本金交割利率交換合約，如果其名義本金是以新臺幣為計息基礎，則稱為無本金交割新臺幣利率交換合約。

   無本金交割利率交換合約期限，較常見者為 1～10 年。例如，人民幣 NDIRS 最常見者為 5 年期及 10 年期。

2. **無本金交割新臺幣利率交換合約**：此業務係 2008 年 8 月由中央銀行開放的，但僅限於本國銀行的海外分行及國際金融業之分行對境外客戶承做，且交割時僅能以外幣交割。

三、無本金交割匯率選擇權合約

1. **無本金交割匯率選擇權合約** (Non-Deliverable Currency Options，簡稱 NDO) 的意義：NDO 係指由購買契約權利之一方 (簡稱買方) 支付權利金予出售契約權利之一方 (簡稱賣方) 取得執行權利後，有權在未來某一特定日期或期間內，要求賣方依契約所訂履約匯率與到期日即期外匯市場匯率間比價差額、按約定名義本金所計算之匯率總價差，支付予買方但無須交付標的物總價款之合約。如果必須交付標的物總價款的合約，就是本金交割匯率選擇權合約 (Deliverable Currency Option, DO)。

   NDO 具有規避匯率變動風險的功能，一方面在匯率不利變動時能將損失控制在最小；另一方面在匯率有利變動時又能享有匯兌利益。

   NDO 也稱非交割期權、無本金交割外匯期權，操作的方式與 NDF 頗像，它是從遠期外匯的觀念將之延伸到選擇權交易。

   NDO 如果是以人民幣為計價標的計算匯率價差，則稱為美元對人民幣無

本金交割匯率選擇權 (簡稱人民幣 NDO)。人民幣 NDO 是以人民幣來計算匯率價差，並折算為美元後，以美元結算，無須交割契約本金，亦無須以人民幣進行結算。

同理，NDO 如果是以新臺幣為計價標的計算匯率價差，則稱為美元對新臺幣無本金交割匯率選擇權 (簡稱新臺幣 NDO)。

2. NDO 的種類

(1)以型態而分：NDO 可分為買權 (Call) 及賣權 (Put)，因為兩者均可以買入或賣出，故又可以分為買入買權、買入賣權、賣出買權、賣出賣權四種。

(2)以期限而分：分為歐式與美式兩種類型。

❖ 歐式期權：是指期權持有人僅在期權到期日才有權行使其交易權利。

❖ 美式期權：是指期權持有人在期權到期日以前任何一個時點上都有權行使其交易權利。

3. DF、NDF、DO 及 NDO 之比較：這四種衍生性金融商品，彼此之間有相同之處，但也有相異之處。茲比較如表 12.3 所示。

4. 影響 NDO 權利金價格的因素：包括履約匯率、市場匯率、合約期間、匯率波動度 (Volatility, σ)、兩種貨幣的利率及其差價。

人民幣 NDO 實例

2009 年 8 月 1 日 USD/CNY 即期匯率為 6.9020，TE 公司預期美元對人民幣匯率將趨貶，遂與 FB 銀行簽訂無本金交割歐式選擇權契約，賣出執行價格為 USD/CNY = 6.9000 之美元買權／人民幣賣權 (US Call/CNY Put) 200 萬美元，期間 3 個月。交易日為 2009 年 8 月 1 日，合約生效日為 2009 年 8 月 3 日，權利金為 0.10% (USD 2,000)，到期日為 2009 年 11 月 1 日，到期交割日為 2009 年 11 月 3 日，決價匯率 (Fixing Rate，或稱定盤匯率) 為 2009 年 11 月 1 日 (Fixing Date，稱定盤日) 下午 5:00 北京外匯市場即期匯率。假設到期日美元對人民幣即期匯率為 1. 6.8920，2. 6.9080 時，請分別討論其狀況。

1. 到期日美元對人民幣即期匯率為 6.8920：

因用執行價格 6.9000 執行買入美元買權對 FB 銀行 (買方) 不利，FB 銀行因而放棄執行，則 TE 公司淨賺權利金 2,000 美元。

2. 到期日美元對人民幣即期匯率為 6.9080：

> 表 12.3　DF、NDF、DO 及 NDO 之比較表

項　目	DF	NDF	DO	NDO
交易文件	必須提示	不須提示	不須提示	不須提示
交易對象	有實需之客戶	外匯指定銀行、外商銀行及本國銀行對海外分行或子行	有需要 (但不一定要實需) 的客戶	有需要 (但不一定要實需) 的客戶
國內法人承做	可以承做	不可以承做	可以承做	可以承做
交易金額	不超過交易憑證的金額	無限制，但一般至少要 50 萬美元	無限制，但一般至少要 50 萬美元	無限制，但一般至少要 50 萬美元
保證金	由客戶與銀行議定，可收可不收	一般由客戶與銀行議定，可收可不收	無	無
權利金	無	無	有，市場價格	有，市場價格
交割方式	總額交割，就是有本金交割	差額交割，就是沒有本金交割	可以約定總額交割或差額交割	差額交割，就是沒有本金交割
資金調度壓力	本金須交割，壓力大	很小→無	選擇總額交割時壓力大，選擇差額交割時壓力很小→無	很小→無
交割幣別	可事先約定	美元	可事先約定	美元
到期展期	可展期一次	不可展期	不可展期	不可展期
提前平倉	歐式：必須於到期日交割 美式：一定期間內均可以交割	可提前平倉	可提前平倉	可提前平倉
結算幣別	主要幣別均可以	以美元結算	以美元結算	以美元結算

因用執行價格 6.9000 執行買入美元買權對 FB 銀行 (買方) 有利，FB 銀行會執行買權，則 TE 公司須支付 FB 銀行的金額為：

$$2,000,000 \times (6.9080 - 6.9000) = CNY\ 16,000$$

以平倉日匯率折算為美元交割，16,000 ÷ 6.9080 = USD 2,316.16

TE 公司須於 2009 年 11 月 3 日交付 FB 銀行 2,316.16 美元。

[另對 TE 公司而言，操作本筆人民幣 NDO，共損失 316.16 美元 (即 2,316.16 − 2,000)。]

四、目標可贖回遠期外匯

1. 目標可贖回遠期契約 (Target Redemption Forward, TRF)

　　交易雙方約定在未來特定較長期間內每隔特定較短期間之到期日，就訂約日約定之履約價格與到期日之即期價格二者比價差額後，按原先約定之名目本金金額及槓桿倍數計算總差額，以總差額履行收付承諾，並賦予買方碰觸目標價格後贖回之契約，稱為目標可贖回遠期契約；它是屬於具選擇權性質的金融衍生性商品之一。

　　如果目標可贖回遠期契約是以匯率來訂約者，稱之為目標可贖回遠期外匯；如果目標可贖回遠期外匯是以美元對人民幣之匯率來訂約者，稱之為美元對人民幣目標可贖回遠期外匯 (習慣簡稱人民幣 TRF)。

2. 目標可贖回遠期外匯的內容

　　目標可贖回遠期外匯通常都是由銀行與顧客對做，一般是銀行買入、顧客賣出，契約上載明契約規格或名目本金，並設定履約價格、上方保護價格、中止價格及槓桿倍數 (通常 2 倍)，並於契約約定之期日就履約價格與即期價格進行比價。比價總差額計算方法如下：

(1) 當標的物即期價格低於履約價格，但未低於中止價時：顧客有行使契約的權利，顧客獲利金額為：

$$名目本金 \times (市場價格 - 履約價格)$$

(2) 當標的物即期價格落在保護價格範圍時：買賣雙方均不會有獲利或損失。

(3) 當標的物即期價格高於保護價格時：此時顧客有損失，且必須履行契約的義務，顧客損失金額為：

$$名目本金 \times 槓桿倍數 \times (市場價格 - 履約價格)$$

(4) 當標的物即期價格低於中止價格時：買方會執行終止契約的權利。

例 人民幣 TRF 實例

　　2017.06.13 甲公司預期美元對人民幣匯率將趨貶，遂與 A 銀行簽訂美元對人民幣目標可贖回遠期外匯契約，賣出履約價格為 USD/CNY= 6.8000 之美元對人民幣 TRF 美金 200 萬元，槓桿倍數為 2 倍，契約期間為 2 年期 (指特定較長期間)，每月

比價一次 (指特定較短期間)，總共比價 24 次，比價時是於每個月底日就月底日之即期匯率與履約匯率做差額比價，契約中並約定保護價為 6.95，中止價為 6.725。若逢第一個月底日，美元對人民幣的即期匯率為 **1.** 6.7750 時，**2.** 6.9000 時，**3.** 6.9600 時，**4.** 6.7000 時，請分別討論此一契約的雙方如何履行雙方的權利義務？

答：本例美元對人民幣目標可贖回遠期外匯契約，係顧客賣出、銀行買入，詳如圖 12-2 所示。

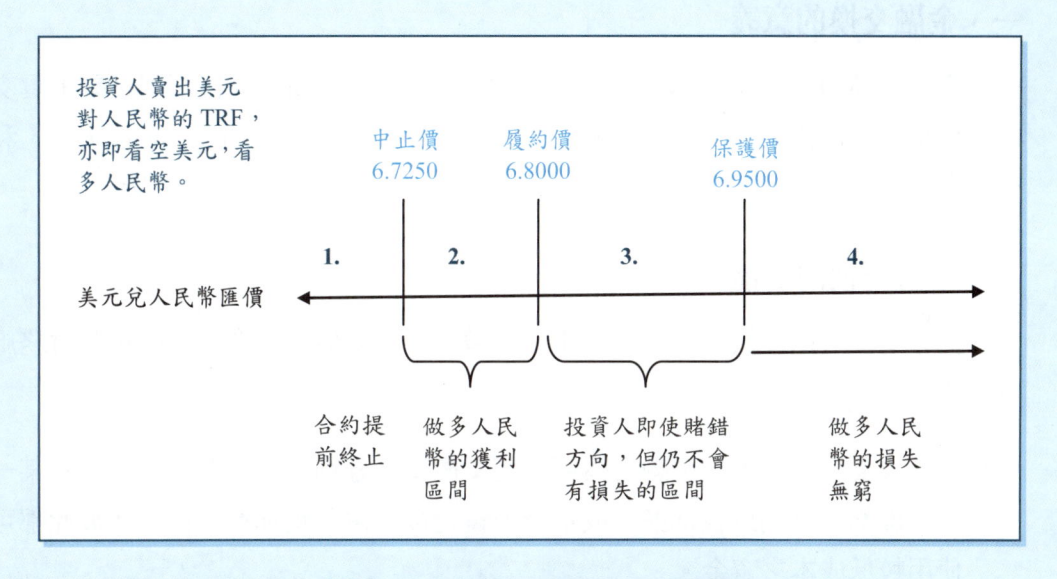

圖 12-2　美元對人民幣 TRF 示意圖

1. 美元對人民幣匯率為 6.7750 時：此時賣出的一方是顧客會有獲利，買進的一方是銀行會有損失，如圖 12-2 中之 **2.** 的情況，顧客獲利的金額為：

    200 萬美元 × (6.7750 − 6.8000) 人民幣/美元 = −50,000 人民幣

    銀行應支付 5 萬人民幣予顧客。

2. 美元對人民幣匯率為 6.9000 時：此時的匯率落在保護價之內，指圖12-2 中之 **3.** 的情況，買賣雙方均不會產生損失或獲利，故雙方均不需做任何交割動作。

3. 美元對人民幣匯率為 6.9600 時：此時賣出的一方是顧客會有損失，買進的一方是銀行會有獲利，指圖 12-2 中之 **4.** 的情況，顧客損失的金額為：

    200 萬美元 × 2 × (6.9600 − 6.8000) 人民幣/美元 = −640,000 人民幣

顧客應支付 64 萬人民幣予銀行。
4. 美元對人民幣匯率為 6.7000 時：是圖 12-2 中之 1. 的情況，此時銀行會執行中止權利，提前終止此契約。

第四節　金融交換

一、金融交換的意義

金融交換 (Financial Swap) 係指交易雙方在一定期間內進行不同金融工具交換之交易契約。實務上，常見的金融交換種類有幣別交換 (Currency Swap, CS)、利率交換 (Interest Rate Swap, IRS)、換匯換利 (Cross Currency Swap, CCS) 等。

二、金融交換的功能

金融交換可以提供交換者之資產收益增加、降低借貸資金成本或規避財務風險等功能。

1. **降低借貸資金成本**：金融交換可以使交換雙方分別發揮其在某一市場對某一幣別之優勢，分別以較低廉之成本借得資金後，再分別進行交換，使彼此都可以使用較低成本之資金。

> **例　藉利率交換降低借貸資金成本實例**
>
> 甲公司在歐洲美元市場具有優勢，可以 5.00% 之利率籌措美元資金，但如果籌措歐元資金可能要 7.50%；另乙公司在歐洲歐元市場具有優勢，可以 6.75% 之利率籌措歐元資金，但如果籌措美元資金可能要 5.50%。因此，甲、乙公司分別發揮其優勢，甲公司以 5.00% 籌得美元交換給乙公司，乙公司可節省 0.5% 之資金成本；乙公司以 6.75% 籌得歐元交換給甲公司，甲公司可節省 0.75% 之資金成本。雙方均互蒙其利。

2. **規避財務風險**：金融交換可以規避匯率及利率風險。當 A 幣別有升值預期時，可以利用金融交換，換進更多 A 幣別，增加 A 幣別部位，同時以弱勢 B 幣別舉債；或藉金融交換方式分散持有比率太高的幣別。亦即以持有強勢幣別資

產、舉借弱勢幣別負債，分散過度集中幣別之策略規避匯率風險。此外，金融交換可以固定利率與他人交換浮動利率，或以浮動利率與他人交換另一種浮動利率之策略，規避利率風險。

3. **資產收益增加**：金融交換可以使資金來源途徑更多元，在進行財務操作上更為靈活，例如，在債務到期前將強勢幣別負債轉換為弱勢幣別負債，持有強勢幣別資產，屆到期以強勢幣別轉換為弱勢幣別償還，將會產生兌換利益，增加資產收益。

三、幣別交換

幣別交換 (Currency Swaps) 在 1981 年被世界銀行引用。當時世界銀行為了取得瑞士法郎與西德馬克的資金，以 2.1 億美元之金額，透過 Salomon Brothers 與 IBM 公司作了一項長達 10 年的幣別交換。

1. 幣別交換 (Currency Swap) 的意義

原意係交易雙方合意以某一幣別的本金及以固定利率計算利息之借款，去交換另一個幣別等值的本金及以固定利率計算利息的借款。但如今幣別交換係泛指兩種幣別不同但計息方式相同之交易，其範圍比單純以借款幣別交換來得大。

相較換匯 (Foreign Exchange Swap) 的範圍，幣別交換是比較大。幣別交換基於比較利益之目的，經常會伴隨著利率交換。這個現象在歐洲特別流行，例如，歐洲某甲公司尋求將其固定利率計息的美元借款現金流量，轉換為以浮動利率計息的歐元借款現金流量，此舉是暨換匯又換利。

2008 年金融危機時，美國聯邦準備體系 (Federal Reserve System) 曾以幣別交換方式提供資金予澳洲準備銀行 (Reserve Bank of Australia)、英格蘭銀行 (Bank of England)、日本銀行 (Bank of Japan)、紐西蘭準備銀行 (Reserve Bank of New Zealand) 等多國中央銀行，並穩定了韓國、巴西、墨西哥、新加坡等新興國家的經濟。

2. 幣別交換的模式

一般是不同幣別間以固定利率相同計息方式來交換之交易，詳如圖 12-2 說明。

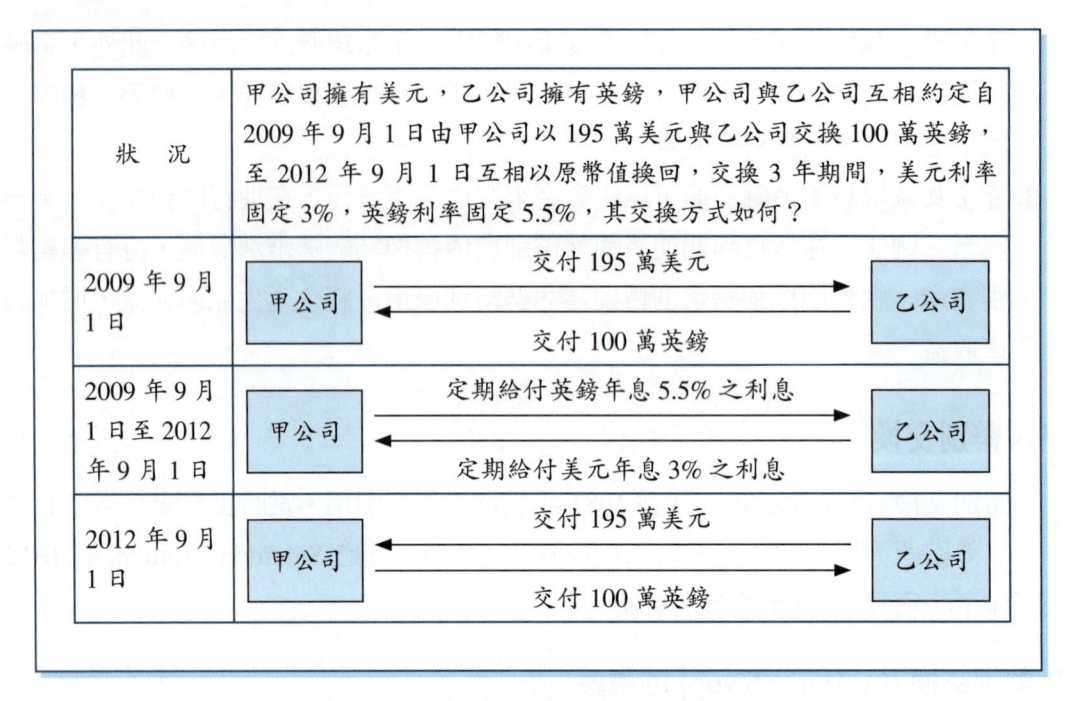

狀　況	甲公司擁有美元，乙公司擁有英鎊，甲公司與乙公司互相約定自 2009 年 9 月 1 日由甲公司以 195 萬美元與乙公司交換 100 萬英鎊，至 2012 年 9 月 1 日互相以原幣值換回，交換 3 年期間，美元利率固定 3%，英鎊利率固定 5.5%，其交換方式如何？
2009 年 9 月 1 日	甲公司 →交付 195 萬美元→ 乙公司 甲公司 ←交付 100 萬英鎊← 乙公司
2009 年 9 月 1 日至 2012 年 9 月 1 日	甲公司 →定期給付英鎊年息 5.5% 之利息→ 乙公司 甲公司 ←定期給付美元年息 3% 之利息← 乙公司
2012 年 9 月 1 日	甲公司 ←交付 195 萬美元← 乙公司 甲公司 →交付 100 萬英鎊→ 乙公司

圖 12-2　幣別交換的基本方式說明圖

3. 幣別交換與換匯的比較

　　幣別交換 (Currency Swap) 是指兩種幣別不同但計息方式相同之交易，幣別交換與換匯基本上都是外幣在交換，都具有幣別交換的本質，都可以作為資金調度、避險與財務處理的工具，但從其實務觀點而言，仍有許多差異，茲比較如表 12.4 所示。

▶ **表 12.4　幣別交換與換匯比較表**

項　目	幣別交換	換　匯
就交割期限而言	大多為 3～10 年之長期債務交換。	大多為 1 年內甚至 1 個月內之短期債務交換。
就交易市場而言	大多係特別為債券發行者設計，配合安排債券貨幣交換功能，是屬資本市場衍生的金融商品。次級市場交易不發達。	是外匯交易的一種，屬外匯市場交易。顧客市場和銀行間市場換匯相當活躍，銀行隨時都可以報出換匯匯率。
就居間交易而言	經證券公司或投資銀行居間完成交易。	經外匯經紀商居間完成交易。
就投機行為而言	很難進行投機交易。	因換匯市場發達，很容易進行投機交易。

四、利率交換

1. 利率交換合約的意義

利率交換 (Interest Rate Swap, IRS) 又稱換利,指交易雙方相互交換一組現金流量 (Cash Flow),也就是交易雙方約定相互交換某段期間內同一種幣別但計息方式不同之資產 (Asset) 或負債 (Liability)。利率交換通常只針對利息給付方式 (Interest Payment) 交換,不涉及本金 (Principal) 之交付。所以,其交換標的為利率,其交換利差指同一幣別不同利率間之差額。

利率交換係交換彼此之利息現金流量,以達到降低資金成本,或達到利率風險管理之目的。該工具較適合時間長、金額大的資金借貸交易進行利率避險。

2. 利率交換的模式

茲以圖 12-3 說明基本的利率交換模式。

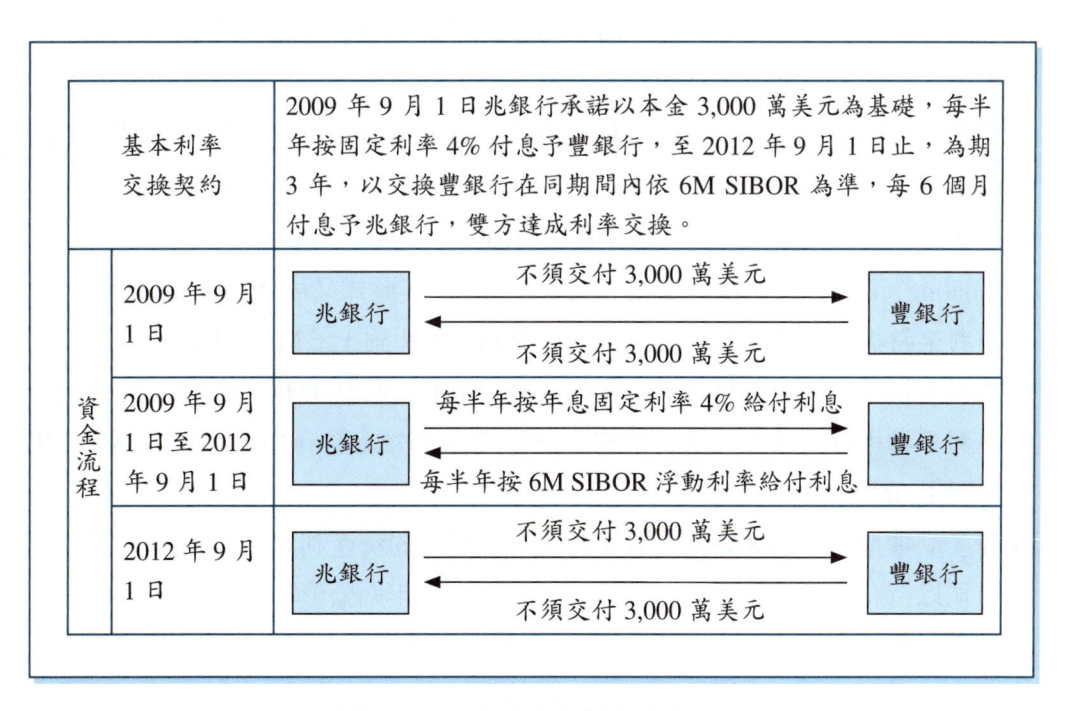

基本利率交換契約	2009 年 9 月 1 日兆銀行承諾以本金 3,000 萬美元為基礎,每半年按固定利率 4% 付息予豐銀行,至 2012 年 9 月 1 日止,為期 3 年,以交換豐銀行在同期間內依 6M SIBOR 為準,每 6 個月付息予兆銀行,雙方達成利率交換。	
資金流程	2009 年 9 月 1 日	兆銀行 ←不須交付 3,000 萬美元→ 豐銀行 兆銀行 ←不須交付 3,000 萬美元→ 豐銀行
	2009 年 9 月 1 日至 2012 年 9 月 1 日	兆銀行 —每半年按年息固定利率 4% 給付利息→ 豐銀行 兆銀行 ←每半年按 6M SIBOR 浮動利率給付利息— 豐銀行
	2012 年 9 月 1 日	兆銀行 ←不須交付 3,000 萬美元→ 豐銀行 兆銀行 ←不須交付 3,000 萬美元→ 豐銀行

圖 12-3　基本利率交換模式說明圖

3. 利率交換有關術語

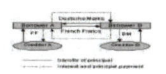

(1) 名目本金 (Notional Principal Amount):指 IRS 契約中作為計算利息之基礎金額。因 IRS 不涉及本金交換,只相互交換利息差額部分,不影響資產負債表中

有關之資產與負債，屬表外交易項目 (Off-balance Sheet)。

(2) 固定利率 (Fixed Interest Rate)：指 IRS 契約中一方同意以固定利率方式支付另一方利息。其水準之決定常參考同天期政府債券的殖利率。

(3) 浮動利率 (Floating Interest Rate)：指 IRS 契約中一方同意以浮動利率方式支付另一方利息。其浮動利率之決定常以 SIBOR 或 LIBOR 之特定期別如 3 月、6 月及 9 月的利率為基礎，此一利率為多少，無法事先知道，必須在計算利息時，依契約內容來決定，故稱為浮動利率。

4. 利率交換的種類

(1) 息票型交換 (Coupon Swap)：指交易雙方僅就固定利率與浮動利率 (Fixed against Floating) 進行交換，固定利率常參考債券利率或固定收益資產收益率，故稱為息票型交換。

(2) 標準型交換 (Generic Swap)：指交易雙方訂有一固定金額名目本金，僅就確定固定利率與不加碼浮動利率進行交換，雙方在特定期間互相交付利息，利息自即期交割日起息，沒有其他附加條件之交換。這種交換是最基本的型態，稱為標準型交換。

(3) 利差型交換 (Basis Swap)：指交易雙方就浮動利率對浮動利率 (Floating against Floating) 交換，又稱指數交換 (Index Swap)。其形式又可分為下列三種：
- ❖ 利率指標相同期限不同型：例如，3M LIBOR 對上 6 M LIBOR。
- ❖ 利率指標不同期限相同型：例如，3M SIBOR 對上 3M 美國國庫券(T-Bill)。
- ❖ 利率指標與期限皆相同：其中之一有加碼 (Make-Up) 型，例如，3M SIBOR 對上 3M SIBOR＋0.375%。

(4) 資產交換型 (Asset Swap)：指交易雙方就持有的資產利息進行交換。例如，甲公司以持有 10 年期公債利息與乙公司持有 25 年期公債利息，進行交換。

(5) 定期交換 (Term Swap)：指交易雙方交換期限持續達 2 年以上之交換。

(6) 貨幣市場交換 (Money Market Swap)：指交易雙方交換期限在 2 年以下 (含 2 年) 之交換。

5. 利率交換的特色

(1) 淨額交割：利率交換不涉及本金交換，只涉及利息交換，並以名目本金為基礎，計算利息總差額，就總差額部分交割，降低彼此之信用風險 (Credit

Risk)，減輕雙方資金調度的壓力，且不影響資產負債表各項比率。
(2) **交易雙方議定程度高**：利率交換之利率指標、期間，很難有一定型之規定，通常由交易雙方自由議定。
(3) **可強化資產負債管理**：資金部門可依自身之資金特性，藉調整利率結構、期限結構等之方式，來靈活調節未來現金流量 (Cash Flow)，加強對資產負債項目管理，減低營運風險。

例 兩公司透過銀行安排利率交換實例

A 公司目前借款利率為 LIBOR＋1.25% 浮動計息，希望能尋求固定利率計息；B 公司目前借款利率為 8.25% 固定利率計息，希望能尋求浮動利率計息。雙方經 C 銀行安排一利率交換，交換結果 A 公司願意以 8.25% 支付固定利息給 C 銀行，交換 C 銀行支付浮動利息 LIBOR＋0.35% 給 A 公司；另一方面，B 公司願意以 LIBOR＋0.25% 支付浮動利息給 C 銀行，交換 C 銀行支付固定利息 8.05% 給 B 公司成了一項利率交換。試以圖示來說明兩者之利率交換，並請問此項利率交換後雙方實際的利率各為何？銀行的利潤多少？

答：以圖示說明如圖 12-4。

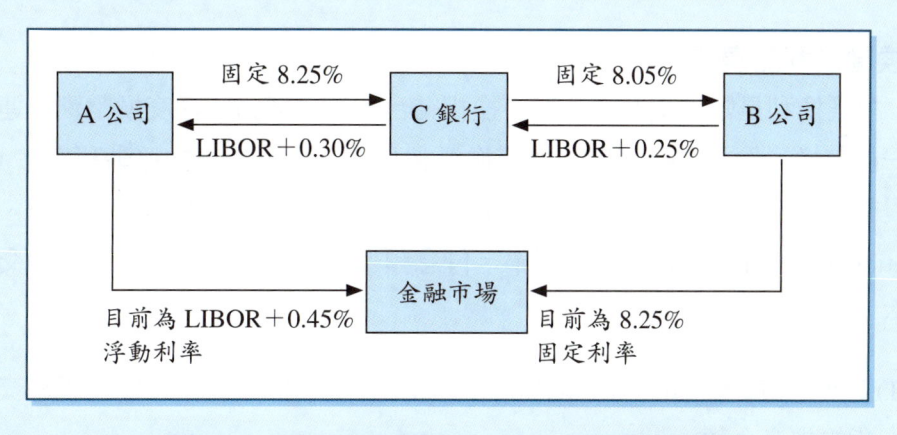

圖 12-4　兩公司間透過銀行安排利率交換說明圖

從圖 12-4 可以很清楚看出兩公司的利率交換現金流量方向，由此可以計算兩公司交換後利率：

A 公司交換後利率 = LIBOR + 1.25% + 8.25% − (LIBOR + 0.30%)
　　　　　　　 = 9.20%
B 公司交換後利率 = LIBOR + 0.25% + 8.25% − 8.05%
　　　　　　　 = LIBOR + 0.45%
C 銀行利潤 = LIBOR + 0.25% + 8.25% − (LIBOR + 0.30% + 8.05%)
　　　　　 = 0.15%

五、換匯換利

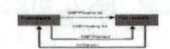

1. 換匯換利合約的意義

換匯換利 (Cross Currency Swap/Cross Currency Interest Rate Swap, CCS) 指兩種不同幣別之交換使用且同時交換計息方式之交易。換匯換利是既換貨幣又換利率，除對**利息給付方式** (Interest Payment) 交換外，尚涉及**本金** (Principal) 之相互交付。

換匯換利可用來規避企業資產負債部位的匯率、利率風險。至於是否要承做換匯換利，隨各企業對未來利率與匯率的預期而異。

換匯換利合約牽涉到幣別、本金及利息的交換，有信用風險及匯兌風險，市場流動性通常欠佳。因此，只適合避險操作，不適合投機操作。

2. 換匯換利的模式

換匯換利是幣別交換與利率交換相結合，交易雙方不僅交換幣別，連計息方式也一起交換。例如，以固定利率交換浮動利率，或互相交換浮動利率。CCS 的重要變數包括**起始日** (Start Date)、**到期日** (Maturity Date)、期初交換匯率、**名義本金** (Notional Amount)、到期本金匯率、付息頻率、利息基礎。換匯換利的交易流程，基本上分為 3 個階段：

(1) **交換期初本金** (Initial Exchange)：係指在交易開始時，以即期匯率交換兩種通貨的本金金額。

(2) **交換期間利息**：係指在交易存續期間內，互相交換兩種不同通貨的利息流量。

(3) **交換期末本金** (Final Exchange)：係指在契約到期日，以交易開始日約定的匯率，交換本金金額。

因此，換匯換利交易不僅牽涉到利息的交換，也有本金的交換。其交換流程詳如圖 12-5 所示。

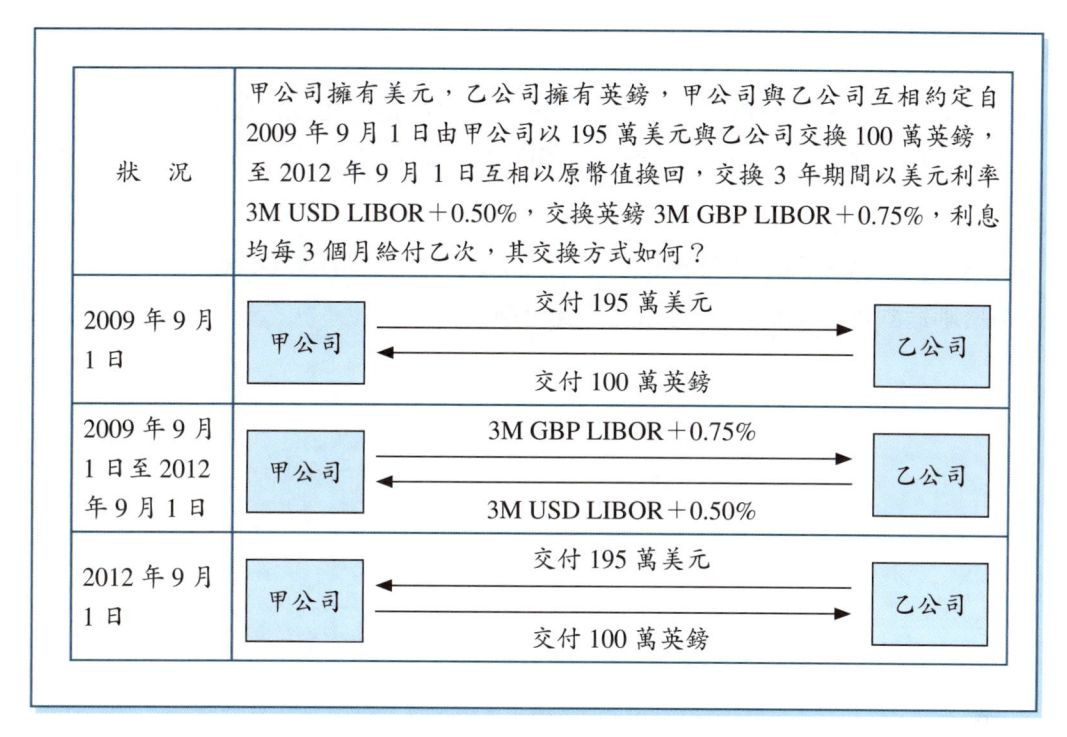

狀　況	甲公司擁有美元，乙公司擁有英鎊，甲公司與乙公司互相約定自 2009 年 9 月 1 日由甲公司以 195 萬美元與乙公司交換 100 萬英鎊，至 2012 年 9 月 1 日互相以原幣值換回，交換 3 年期間以美元利率 3M USD LIBOR＋0.50%，交換英鎊 3M GBP LIBOR＋0.75%，利息均每 3 個月給付乙次，其交換方式如何？
2009 年 9 月 1 日	甲公司 ←交付 195 萬美元→ 乙公司 　　　 →交付 100 萬英鎊←
2009 年 9 月 1 日至 2012 年 9 月 1 日	甲公司 →3M GBP LIBOR＋0.75%→ 乙公司 　　　 ←3M USD LIBOR＋0.50%←
2012 年 9 月 1 日	甲公司 ←交付 195 萬美元→ 乙公司 　　　 →交付 100 萬英鎊←

圖 12-5　換匯換利的基本方式說明圖

換匯換利 (CCS) 實例

臺灣到大陸投資的 WW 公司目前有一個浮動計息 5 年期的借款美元 1,500 萬元，WW 公司業務為出口貨品至歐洲並收取歐元外匯。市場上歐元對美元匯率為 1.50，WW 公司意識到利率漸升的風險，欲尋求一固定利率避險。

答：1. 解決方式：透過 P 銀行安排 CCS 交易，方式如下：
　　(1) 期初交換：由 WW 公司賣 1,500 萬美元予 P 銀行，並由 P 銀行賣 1,000 萬歐元予 WW 公司。
　　(2) 存續期間交換：WW 公司以 1,000 萬歐元為基礎，按固定利率依約定期限付利息給銀行；P 銀行以 1,500 萬美元為基礎，按浮動利率依約定期限付利息給 WW 公司。
　　(3) 期末交換：WW 公司到期付 1,000 萬歐元給銀行，銀行到期付 1,500 萬美元給 WW 公司。

2.此項安排的利益：

(1)公司可自一種幣別轉換為另一種幣別，亦允許選固定或浮動利率。

(2)使公司以最佳條件借入款項，公司可用 CCS 轉換為其所需要幣別的借款。

(3)CCS 減少外匯風險，轉換後可以公司收到的外匯償還轉換後的借款。

(4)藉創造固定利率借款，消除利率變動風險。

第 12 章　其他衍生性金融市場

一、選擇題 (單選)

(　) 1. 就出口商而言，為避免新臺幣升值的風險，下列哪一個方式不適宜？　(A) 預售遠期外匯　(B) 賣出無本金交割遠期外匯　(C) 預購遠期外匯　(D) 賣出無本金交割匯率選擇權　(E) 買進美元賣權，賣出新臺幣買權。

(　) 2. 關於遠期外匯的敘述，下列何者正確？　(A) 只能避險至 80%　(B) 訂約時必須提示憑證，交割時也要提示憑證　(C) 訂約時必須提示憑證，交割時不必提示憑證　(D) 保證金由客戶與銀行議定，一定要收取　(E) 展期時可依原訂約匯率續約。

(　) 3. 交易雙方約定於交易時以目前等額 A 幣別交換等額 B 幣別，並於未來某一特定日期，再以到期日等額 B 幣別換回 A 幣別之相反方向的外匯交易，稱為什麼？　(A) 幣別交換　(B) 利率交換　(C) 換匯換利　(D) 換匯　(E) 匯率期權。

(　) 4. NDF 交易是在比匯差，請問是在比哪兩項匯差？　(A) 訂約日約定的遠期匯率與到期日的遠期匯率　(B) 訂約日約定的即期匯率與到期日的即期匯率　(C) 訂約日約定的即期匯率與到期日的遠期匯率　(D) 存續期間即期匯率的平均與到期日的即期匯率　(E) 訂約日約定的遠期匯率與到期日的即期匯率。

(　) 5. 下列敘述何者正確？　(A) NDF 是有本金的移動　(B) NDO 是有本金的移動　(C) NDIRS 是有本金的移動　(D) 遠期外匯是有本金的移動　(E) IRS 是有本金的移動。

(　) 6. 就資金調度立場而言，下列何者資金調度壓力最大？　(A) 新臺幣 NDO　(B) 人民幣 NDF　(C) 遠期外匯合約　(D) IRS　(E) NDIRS。

(　) 7. 公司企業想將浮動利率的美元借款，轉換為固定利率的歐元借款，最適合運用下列哪一項合約？　(A) CCS　(B) IRS　(C) Currency Swap　(D) NDF　(E) DF。

(　) 8. 由購買契約權利之一方 (簡稱買方) 支付權利金予出售契約權利之一方 (簡稱賣方) 取得執行權利後，有權在未來某一特定日期或期間內，要求賣方依契約所訂履約

匯率與到期日即期外匯市場匯率間比價差額、按約定名義本金所計算之匯率總價差，支付予買方但無須交付標的物總價款之合約，稱為什麼合約？ (A) 匯率選擇權合約 (B) 無本金交割匯率選擇權合約 (C) 無本金交割遠期外匯合約 (D) 換匯換利合約 (E) 無本金交割利率交換合約。

二、簡答題

1. [遠期外匯合約的意義] 何謂遠期外匯合約？什麼時候使用遠期外匯合約最適當？

2. [換匯交易與幣別交換] 什麼是換匯交易 (Foreign Exchange Swap)？什麼是幣別交換 (Currency Swap)？兩者的差異何在？

3. [本金交割與無本金交割] 什麼是本金交割？什麼是無本金交割？實務上常見與此兩觀念有關的產品有 DF、NDF、DO、NDO，請問這些產品彼此間有何相同及相異之處？

4. [目標可贖回遠期外匯] 何謂目標可贖回遠期外匯契約？此契約是如何比價總差額？請簡述之。

5. [金融交換] 何謂金融交換？金融交換包括哪些產品？請簡述之。

6. [換匯換利合約] 何謂換匯換利合約？換匯換利其交易的流程如何？實務換匯換利合約係用在避險或用在投機？其理由何在？

7. [遠匯避險實例] 某出口商 A 公司預計 3 個月後將收到貨款 50 萬歐元，因擔心 3 個月後新臺幣匯率對歐元升值。目前市場報價 EUR/TWD 44.75/92，3 個月期 EUR/TWD 44.60/75。請問出口商 A 公司如何運用遠期外匯合約來規避匯率風險？如果 2 個月到期時，新臺幣對美元匯率升值到 43.50，請問 A 公司以什麼匯率結售 50 萬歐元給銀行？

三、計算題

1. [人民幣 NDF 實例] 假設 2009 年 9 月 1 日 USD/CNY 即期匯率為 6.8750，WW 公司預期美元兌人民幣匯率將趨貶，遂於 FCB 銀行預售人民幣無本金交割遠期外匯 100 萬美元，期間 3 個月，議定 NDF 匯率為 USD/CNY = 6.8000，交易日為 2009 年 9 月 1 日，合約生效日為 2009 年 9 月 3 日，到期日為 2009 年 12 月 1 日，到期交割日為 2009 年 12 月 3 日，決價匯率 (Fixing Rate) 為 2009 年 12 月 1 日下午 5：00 北京外匯市場即期匯率。如果 WW 公司將本筆 NDF 持有至到期日，假設到期日美元兌人民幣即期匯率

USD/CNY 為 6.7906，則 WW 公司之損益為獲利或虧損？請分別計算其人民幣及美元金額？並請說明交割時的資金流程。

2. [兩公司透過銀行安排利率交換實例] A 公司目前借款利率為 LIBOR＋1.35% 浮動計息，希望能尋求固定利率計息；B 公司目前借款利率為 8.35% 固定利率計息，希望能尋求浮動利率計息。雙方經 C 銀行安排一利率交換，交換結果 A 公司願意以 8.30% 支付固定利息給 C 銀行，交換 C 銀行支付浮動利息 LIBOR＋0.40% 給 A 公司；另一方面，B 公司願意以 LIBOR＋0.30% 支付浮動利息給 C 銀行，交換 C 銀行支付固定利息 8.15% 給 B 公司，成了一項利率交換。試以圖示來說明兩者之利率交換，並請問此項利率交換後雙方實際的利率各為何？銀行的利潤多少？

四、問答與申論題

1. [中央銀行為何關閉國內法人承做 NDF] NDF 係匯率避險工具之一，可是它也具有投機功能，中央銀行於 1995 年開放讓國內法人承做避險，但隔不久在 1998 年即關閉，迄今仍未再開放。其原因何在？請從 NDF 可以套匯及套利的觀點來分析其原因。

2. [換匯換利 (CCS) 實例] 臺灣到澳洲投資的 Q 公司目前有一個浮動利率計息 5 年期的借款 1,450 萬美元，Q 公司業務為出口貨品至歐洲並收取歐元外匯。市場上歐元對美元匯率為 1.45，Q 公司欲尋求一固定利率避險，透過 P 銀行安排 CCS 交易。請幫 P 銀行安排此項交易？

簡 答

一、選擇題

1.	2.	3.	4.	5.	6.	7.	8.
C	B	D	E	D	C	A	B

二、簡答題

7. (1) 以目前之遠期匯率 44.75 與銀行簽訂預售遠期外匯合約 50 萬歐元。
   (2) A 公司仍可以 44.74 之匯率結售 50 萬歐元給銀行。

三、計算題

1. (1) 獲利人民幣金額為 1,000,000×(6.8000－6.7906) ＝ CNY 9,400

以到期日匯率折算為美元交割，9,400÷6.7906 ＝ USD 1,384.27

(2) FCB 銀行必須於 2009 年 12 月 3 日交付 WW 公司 1,384.27 美元。

2. A 公司交換後利率 ＝ LIBOR ＋ 1.35% ＋ 8.30% － (LIBOR ＋ 0.40%) ＝ 9.25%

B 公司交換後利率 ＝ LIBOR ＋ 0.30% ＋ 8.35% － 8.15% ＝ LIBOR ＋ 0.50%

C 銀行利潤 ＝ LIBOR ＋ 0.30% ＋ 8.30% － (LIBOR ＋ 0.40% ＋ 8.15%) ＝ 0.05%

四、問答與申論題：參考簡答

1. (1) 新臺幣 NDF 套匯觀點

❖ NDF 小、DF 大時：投機者在 NDF 市場買進美元，在 DF 市場賣出美元進行套利；對銀行而言，這些銀行對投機者賣出 NDF 後，隨即向國外買進；同時為了軋平向廠商買進的 DF，在市場賣出美元現貨，轉為國內美元的賣壓，而加速國內新臺幣匯價上揚。

❖ NDF 大、DF 小時：投機者在 NDF 市場賣出美元，在 DF 市場買進美元進行套利；對銀行而言，這些銀行對投機者買進 NDF 後，隨即向國外賣出；同時為了軋平向廠商賣出的 DF，在市場買進美元現貨，轉為國內美元的買匯，而加速了國內新臺幣匯價貶值。

(2) 新臺幣 NDF 套利觀點：利用買進美元現貨存入美元定期存款，同時賣出與到期本息金額相同且與定存期限相同的 NDF，可以進行套利，既套利又省稅。

2. (1) 期初交換：由 Q 公司賣 1,450 萬美元予 P 銀行，並由 P 銀行賣 1,000 萬歐元予 Q 公司。

(2) 存續期間交換：Q 公司以 1,000 萬歐元為基礎，按固定利率依約定期限付利息給銀行；P 銀行以 1,450 萬美元為基礎，按浮動利率依約定期限付利息給 Q 公司。

(3) 期末交換：Q 公司到期付 1,000 萬歐元給銀行，銀行到期付 1,450 萬美元給 Q 公司。

第13章 金融危機與改革

本章介紹金融危機與各國的金融改革。首先，第一節說明金融危機的形成原因、過程與擴散及型態；第二節介紹近期的次級房貸危機；另外，由於金融機構本身的制度可能會引發金融危機，因此第三節討論金融業的公司治理；最後，第四節闡述四個國家 (美國、日本、中國大陸及臺灣) 的金融改革及成效。

金融市場
Financial Market

第一節　金融危機概論

金融危機 (Financial Crisis) 亦可稱為金融風暴，是指一個或多個國家的財經指標在短期內急速惡化，導致金融機構和企業發生倒閉的現象；例如，股價、幣值與房地產價格等大幅下跌，會使不少企業虧損或收不到帳款而破產，進而帶來經濟蕭條與社會動盪。

一、金融危機的形成原因

金融危機發生的原因可歸納為總體與個體因素，簡介如下。

1. 總體因素

(1) 戰爭或恐怖活動：戰爭會消耗參戰國家的資源，造成民間消費與投資大幅下降，市場信心亦隨之崩潰，而且會造成國際貿易與資金流動停頓，金融危機在所難免。例如，2001 年 9 月 11 日恐怖份子炸毀美國世貿雙子星大樓事件。

(2) 經濟基礎不穩：當一國的經濟成長基礎來自於短期外來資金，而非本身實業或服務業所產生者，當外資迅速撤退時，將引起恐慌，導致金融風暴。例如，1995 年的墨西哥金融危機、1997 年的亞洲金融危機 (如泰國)、2008 年的冰島金融危機及 2010 年由歐豬 5 國 (PIIGS) 引爆的歐債危機，便是這種情形。

(3) 政府措施不當：政府的經濟政策與措施不當會引發金融危機，例如，阿根廷 2008 年的金融危機即因政府將私有退休基金國有化，民眾擔心自己的退休金被政府挪用，信心崩潰而使得股市崩盤。

(4) 資產價格泡沫化：當市場過度樂觀，對資產的評價過高，在經濟出現反轉或突發事件時，便造成危機。例如，1990 年日本股市崩盤及房地產泡沫、2010 年愛爾蘭的房地產泡沫，即因過度樂觀、評價過高所造成。

就經濟學家的角度來看，凱因斯 (Keynes) 學派認為 1930 年代的經濟大恐慌是因為價格僵化、市場失靈，於是過度投資所造成的超額供給，難以藉由價格下跌的彈性來消除；凱因斯提出的藥方是由政府的公共投資來創造有效需求，經由乘數效果來增加所得，政府因而成為經濟舞臺上的主角。由於 1950～1960 年代政府大幅增加支出，出現經濟榮景，凱因斯理論被認為是靈丹妙藥，但 1970 年代出現的通貨膨脹、經濟蕭條，政府支出的功能受到質疑，暴露出凱因斯藥方的後遺症；而這也令人懷疑 20 世紀末期各種金融風暴的根源，是否因政府的角色所引起。

有別於凱因斯，經濟學家海耶克 (F. A. Hayek) 提出另一種見解，他認為超額供給是因為勞動和其他生產因素的分配不符合需求，相對價格和工資受到扭曲，扭曲的源頭是政府使用擴張性貨幣政策，因而創造出人為的泡沫式需求，使生產者和勞動者都預期錯誤，導致產品生產過量；此時政府若不及時停止這種虛假的擴張需求政策，將累積更多的超額供給，一旦停止擴張政策，泡沫破滅之後就出現大衰退。

2. 個體因素

(1) 金融機構經營不善：例如，銀行的逾放比率與壞帳過高、違法超貸、冒貸與虧空等事項，消息一曝光，往往會造成存戶擠兌，進而發生金融危機。這種情況多半是金融機構未能落實內部控制與內部稽核，負責人與經理人有機會舞弊，經營產生問題，因而發生金融危機。

(2) 金融機構操作過度：金融機構的營運與投資若利用高度財務槓桿、低估風險，當市場發生問題時 (如資產價格大幅下跌)，便無力償債，使投資人蒙受虧損，進而引發金融危機。例如，美國 2007 年所發生的次級房貸危機，主因之一即為金融機構過度使用財務槓桿。

例 金融機構經營不善之危機

英國霸菱 (Barring) 銀行創立於 1762 年，經營投資銀行業務 (商人銀行)，1994 年時為英國第十五大銀行，在世界各地設立分公司，約有 4,000 名員工。

1995 年 2 月下旬，市場傳出霸菱新加坡期貨公司的營業員李森 (Nicholas Leeson) 因操作日經指數期貨及利率期貨，損失慘重；消息傳開後，世界主要股市與歐洲匯市隨即下挫，各國政府紛紛禁止該銀行旗下的證券公司繼續營業，以免本身金融市場遭到波及。

經過計算後，李森所造成的虧損約為 8.6 億英鎊，為霸菱銀行資本額的 2 倍，使其面臨破產，結果被荷興銀行併購 (霸菱銀行並不更名，全部員工皆留任)。

事件短評與說明

李森在 1994 年 1～7 月為霸菱賺進了 1,880 萬英鎊，占整個集團同期獲利的 1/3。但霸菱卻放縱李森的行為，例如，他的交易超出授權額度，同時負責交易與交割手續，就像會計兼出納，易生弊病；該行會計師曾於 1994 年 8 月提出警告，認為李森違反風險管理制度，但總行主管未採取任何行動，未盡監督職責，最後使得 200 多年歷史的銀行毀於一旦，損害全體股東權益。

金融市場

> **例 金融機構操作過度**
>
> 1998 年美國的長期資本管理公司 (Long-Term Capital Management, LTCM) 以 22 億美元作擔保，買進 1,250 億美元的股票，再以這些股票為擔保，從事高達 1.4 兆美元的衍生性金融商品交易，其中投資俄羅斯債券近 100 億美元，但 1998 年 8 月中旬俄羅斯政府突然宣布盧布貶值、停止政府債券交易，凍結償還海外負債 90 天，LTCM 因而損失 25 億美元。
>
> LTCM 危機發生後，美國股市立即下跌，但並未影響到全球；LTCM 的問題最後由聯邦準備理事會 (Federal Reserve) 收拾殘局，會同全球 14 家大型銀行及證券公司提供資金給 LTCM，以避免全球金融市場發生危機。

二、金融危機的過程與擴散

1. 金融危機的過程

一個國家發生金融危機之前往往有一些表徵 (如經濟快速成長、股市與房地產價格大漲、貨幣持續貶值、信用貸款大幅擴張、政府赤字增加)，在遇到一些特定事件 (如價格忽然下跌)，使問題突顯之後，企業或金融機構因流動性緊縮而造成支付危機，接著出現違約，造成整體市場 (利率、股價、匯率) 惡化。圖 13-1 描繪典型金融危機發生的過程。

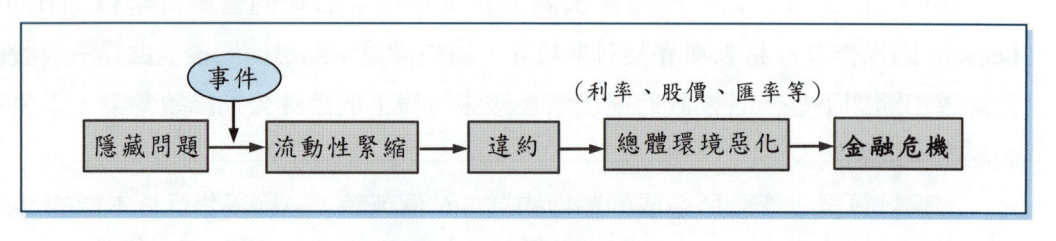

```
                    事件
                     ↓                  (利率、股價、匯率等)
    隱藏問題 → 流動性緊縮 → 違約 → 總體環境惡化 → 金融危機
```

圖 13-1 金融危機的過程

上述流動性緊縮有下列兩種情況：

(1) **恐慌性賣壓**：市場出現問題時，投資人因恐懼相繼出售金融商品，整個市場變成賣方遠多於買方，市場流動性瞬間消失，導致資金急劇凝固，演變成為缺乏流動性之危機。

(2) **信用緊縮**：市場出現問題時，銀行擔心企業發生困難而催討負債，這些企業可

能被迫變賣資產，資金流動性不足，最後導致財務困難或破產。

2. 金融危機的擴散

金融危機會傳染嗎？通常今晚在美國看見夜空有流星雨，隔天在日本也會看到；但今天在美國出現高溫的熱浪，隔天在日本卻不見得會遇到；金融危機是流星雨或是熱浪呢？一般而言，小國的影響力低，該國的金融危機相對不會擴散至其他國家(熱浪)，但先進國家因經濟實力強，容易影響其他國家(流星雨)。

另外，過去國際化程度較低時，資本與金融商品在國際間的流動低，金融危機不會大幅影響其他國家；但國際化程度愈高，或某個區域的國家彼此結盟，則金融危機愈易擴散，速度也較快。

例　區域經濟聯盟與匯率危機

經濟聯盟中的某個會員國發生問題，會對其他成員造成連帶影響，下列為 1990 年代的案例：

- **1993 年歐洲匯率機能危機**：德國於 1990 年統一之後，為穩定物價，聯邦銀行堅持維持高利率，使得德國馬克成為強勢貨幣，其他會員國為維持歐洲匯率機能 (Exchange-Rate Mechanism, ERM) (推出歐元前的機制) 而提高利率，導致經濟不振與失業率攀升；到了 1993 年 9 月底，西歐各國的幣值大幅下跌，馬克也隨之貶值 (相對美元)，歐洲匯率機能因而產生危機，幾乎無法維繫。後來德國終於讓步降息，ERM 將匯率變動的幅度放寬，該次危機才得以解除。

- **1995 年美元貶值**：1994 年美元即期匯價大幅滑落，美國的資金外流，造成股市與債市失血；到了 1995 年初，美國的利率水準上升，但美元卻再度貶值，原因是受到北美自由貿易協定 (NAFTA) 其他兩國的影響：**1.** 墨西哥政治不穩定，並爆發金融危機，外資紛紛撤退；**2.** 加拿大因無法解決政府赤字問題，使資本嚴重外流。後來美國聯邦準備理事會數度升息，國際資金湧入美國，美元不但回穩，還成為強勢貨幣，也是 1990 年代後期新經濟 (New Economy) 的主因之一。

三、金融危機的型態

若以影響的地域來區分，金融危機事件可分為本土型、區域型及全球型三類：

1. **本土型金融危機**：金融危機影響僅發生於單一國家或地區。
2. **區域型金融危機**：金融危機之影響擴及多個國家或地區。
3. **全球型金融危機**：金融危機之影響擴散蔓延至全球各地。

例 臺灣本土型金融危機

下列歸納臺灣 1980～2000 年代期間重要的金融危機事件：

🏦 **1985 年十信事件**：第十信用合作社因嚴重違法貸款，庫存現金甚少，放款占存款之比率高達 102%，且帳目不實，結果造成擠兌危機，後來十信由政府指派合作金庫接管。

🏦 **1995 年彰化四信事件**：彰化第四信用合作社總經理勾結內部人員，偽造存單盜用公款，消息曝光後，爆發擠兌風波；該事件使得附近的信用合作社也發生擠兌，進而造成地區性的金融危機。

🏦 **1995 年國際票券事件**：該公司楊姓行員竊取空白商業本票，盜用公司圖章及主管私章，列印成交單後，塗改電腦交易紀錄，盜領新臺幣 270 億元，引爆擠兌風波[1]。

🏦 **1995～2000 年之擠兌風潮**：臺灣在這段時間發生擠兌的金融機構高達 70 餘家，例如，華僑銀行、板信銀行、臺東企銀、中興銀行及慶豐銀行等，其中以中興銀行 1998 年爆發金融危機最嚴重；這些事件的主因大多是經營不善與金融紀律出現問題，存戶喪失信心而發生擠兌。

🏦 **1998 年之金融風暴**：1990 年代中期，不少公司以借殼上市的方式掌握規模較小的上市櫃公司，然後進行高槓桿融資之活動，取得資金；結果在 1998 年股市空頭時紛紛發生財務危機，出現不少地雷公司。

🏦 **2007 年中華銀行事件**：中華銀行因力霸集團聲請重整，2007 年 1 月 5 日起連續擠兌 3 日，金額達新臺幣 430 億元 (為當時臺灣史上金額最高的擠兌事件)。

例 區域型金融危機事件

1997 年 7 月泰國泰銖大幅貶值，引發資金外流、股市重挫之現象，此一事件連帶影響周圍國家，進而產生骨牌效應，導致亞洲金融風暴；包括印尼、菲律賓、馬來西亞、新加坡較早受到影響，韓國、香港、臺灣、中國大陸及日本隨後也被波

---

[1] 楊姓行員自 1995 年入獄至 2008 年出獄，共服刑 13 年，服刑期間另發生了行賄監獄管理員，在獄中炒股案。

及,股市與幣值皆大幅下跌;顯示了特定區域內之國家會相互影響。又如 2010 年由歐豬 5 國 (PIIGS) 引爆的歐債危機,使歐洲各國債信普遍下調、歐元看貶、歐洲經濟成長率持續低迷,主要影響所及是在歐洲地區。

第二節　次級房貸危機

美國於 2007 年夏天發生次級房屋抵押貸款 [次級房貸 (Subprime Mortgage)] 危機,到了 2008 年第四季引發全球性金融海嘯 (Financial Tsunami),對市場產生重大的影響。

次級房貸的對象是收入較低、信用紀錄較差的借款者,這類貸款違約風險較大,利率比一般抵押貸款高,但投資人可獲得的收益也較高。圖 13-2 描繪次級房貸之結構[2],其中最大的特點是借款人的信用不佳。

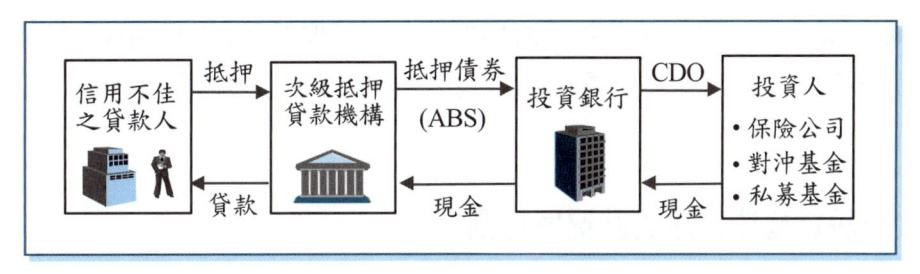

圖 13-2　次級房貸證券化之結構

一、次級房貸危機之起因

美國在 2001～2005 年期間,房地產呈現榮景,銀行與貸款機構紛紛降低標準,讓大批低收入戶購屋。2005 年之後,利率上升、房地產價格逐漸回跌,不少次級房貸的低收入戶因無力償還房貸而違約,房屋被銀行收回拍賣。

到了 2007 年 4 月 2 日,美國著名的次級房貸業者新世紀公司 (New Century Financial Corp.) 申請破產保護,隨後一些投資機構與基金亦發生問題[3],終於在 2008

---

[2] ABS 及 CDO 分別為資產擔保證券 (Assets-Backed Securities, ABS) 與債權擔保憑證 (Collateralized Debt Obligations, CDO)。
[3] 2007 年 7 月最大的房貸抵押業者 Countrywide Financial Corp. (2009年 4 月 27 日被美國銀行併購,更名為 Bank of America Home Loans) 揭露鉅額虧損,8 月初美國房貸公司 (American Home Mortgage Investment Corp.) 宣布破產,著名的投資機構如美國貝爾斯登 [Bear Stearns,2008 年 3 月被摩根大通銀行 (JP Morgan) 合併] 與法國巴黎銀行宣布旗下的對沖基金停止交易,2008 年 3 月凱雷私募基金 (Carlyle) 亦宣布旗下的凱雷資本產生鉅額虧損 (約 170 億美元)。

年 8 月 9 日引發風暴，造成全球股市崩盤。2008 年 8 月之後美國次級房貸危機的狀況歸納如下：

- 著名的金融機構情況岌岌可危：
    (1) 2008 年 9 月 14 日具有 158 年歷史的雷曼兄弟 (Lehman Brothers) 申請破產；美林證券 (Merrill Lynch) 同日以 500 億美元賣給美國銀行 (Bank of America)。
    (2) 2008 年 11 月美國政府出資援助花旗集團 (Citigroup) 與 AIG 保險集團。
- 2008 年 9 月美國政府接管房貸業兩大巨頭房利美 (FNMA, Fannie Mae) 及房地美 (FRMC, Freddie Mac) (這兩家機構是由美國政府贊助的企業，發行並保證不動產抵押貸款證券，以便提供貸款給房屋購買者)。
- 2008 年全美共有 25 家銀行倒閉，但引發 2009 年及 2010 年的銀行倒閉潮[4]。國際貨幣基金 (IMF) 估計美國不良資產損失高達 2.2 兆美元。

次級房貸危機使得美國重要經濟指標惡化，道瓊股價指數跌幅超過 50%，工業生產急速下墜，失業率攀高[5]，消費不振，全球貿易亦大幅衰退，邁入低利率時代。

二、次級房貸危機各國的狀況與行動

次級房貸危機在 2008 年第四季迅速地從美國擴散到其他國家，造成各國的股市崩盤、經濟大幅衰退，成為全球性的金融海嘯。

為了避免危機持續擴大，七大工業國組織 (G7) 提出下列五項穩定金融體系之行動原則 (見下頁右圖)：

1. 重振房貸與其他證券化市場。
2. 確保金融體系之流動性。
3. 支撐重要銀行不倒閉，解凍信貸市場。
4. 確保銀行可自民間或政府籌得資金。
5. 加強存款保險。

---

[4] 2009 年美國有 140 家銀行倒閉，2010 年更高達 157 家，創美國 18 年來的最高紀錄，2011 年以後銀行倒閉家數才明顯下降。

[5] 2009 年 10 月美國失業率達 10.2%。

另外，國際貨幣基金 (IMF) 的 185 個會員國表示全力支持與配合 G7 穩定金融的行動，IMF 準備隨時對需要的國家提供資金援助。

🏁 2008 年第四季之後，美國政府提出振興經濟方案與金融救援方案，提供資金給大型金融機構 [美國銀行、花旗集團、富國銀行、高盛、摩根大通、紐約梅隆 (Mellon)、道富銀行、AIG 保險集團等]，打破美國政府不介入企業運作的常規。另外，美國聯邦存款保險公司 (FDIC) 宣布，存款保障金額由 10 萬美元提高至 25 萬美元；聯邦準備理事會 (Federal Reserve) 大幅降低聯邦基金利率為 0%～0.25%，以利資金之流動。

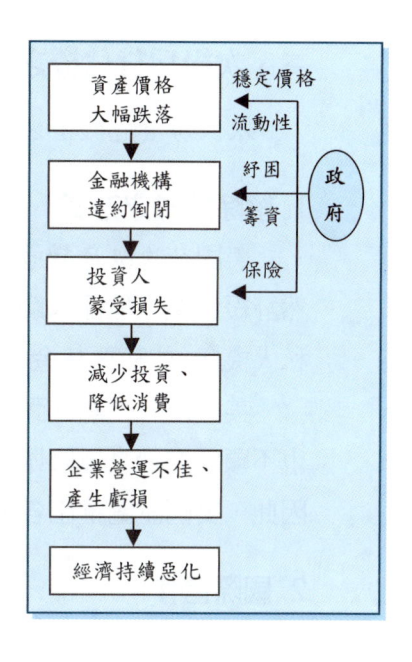

🏁 歐洲國家中，次級房貸危機對英國的影響最大，四大銀行包括 HBOS (英國最大不動產業者)、蘇格蘭皇家銀行 (RBS)、駿懋銀行 (Lloyds Banking Group) 及巴克萊銀行 (Barclays) 相繼發生流動性問題，英國政府因而提供資金紓困，並擔保其存款金額。德國對 Hypo 銀行提供援助，荷蘭、比利時、盧森堡共同接管富通銀行 (Fortis)。另外，冰島依賴外資發展金融，在次級房貸的肆虐下，外資幾乎全面撤出冰島，造成冰島股市 1 天之內暴跌 76%，政府接管三大銀行，債券以面額折價 95%～99% 計算，幾乎變成廢紙。

🏁 次級房貸危機也使亞洲國家蒙受重大損失，日本的銀行、證券商和保險公司損失超過 1.9 兆日圓，日經指數大幅跌落。中國大陸持有美國政府債券近 7,000 億美元，估計損失約為 1,600 億美元，上海綜合指數大跌六成以上。臺灣加權股價指數跌幅超過 50%，銀行放款品質急速惡化，出口急速萎縮超過 40%，失業率驟增 (2009 年 7 月達 6.07%，為歷史新高)，著名的大型企業紛紛向政府提出紓困案；這些現象迫使各國政府推出振興經濟的方案。

🏁 次級房貸危機的衝擊猛烈，但經濟衰退的現象到了 2009 年 5 月之後則明顯舒緩，股市也逐漸走穩反彈，但各國仍有一些後遺症 (如失業率高居不下)；這說明市場的變化多端，也顯示投資人在蕭條期的態度極為悲觀。

三、次級房貸危機之後的思維

次級房貸危機帶來新的反省,以下討論三個思維方向。

1. 解除危機之方式

美國在次級房貸危機發生之初,提供大量的資金給金融機構與汽車製造商,雖然舒緩危機,但卻未解決問題;之後美國改變策略,開始處理不良資產,由政府和私人機構 (如私募基金) 聯手成立投資基金,購買金融機構所持有的不良資產。

美國政府雖然回到核心問題,不過,持有資產者 (銀行) 不願低價出售,而買方也不願承擔過高風險購入這些資產,使得美國房地產缺乏流動性,價格低迷不振;因此,美國試圖推出各種政策,以期恢復市場信心、解除危機。

2. 國際合作

2009 年 4 月初 20 國集團 (G20) 領導人在倫敦舉行高峰會,共同解決全球金融海嘯的困境,會中主要決議如下:

(1) 大幅增加國際貨幣基金 (IMF) 的資金,總金額高達 1 兆美元。
(2) 加強全球金融之監理及金融機構之改革,監督所有可能引發系統性風險的相關事項,包括對沖基金、信用評等機構、衍生性商品市場、避稅天堂、高階管理者之薪酬、企業資本與會計準則等,均在監管之列。
(3) 強化國際貨幣基金 (IMF) 的監督功能,負責監測全球金融市場的系統性風險,以便成為具有預警功能的組織。

上列的事項透露未來金融市場的趨勢:第一,國際間將加強合作,防範金融危機與漏洞,因此將會陸續出現新的規範,以便能有預警之效;第二,各國必須監督金融商品和房地產的系統風險,增強產品的透明度;第三,各國將加強對金融機構的監督與規範。

3. 金融機構之營運方式

次級房貸危機對金融機構產生了重大的衝擊,促使這些機構考慮採用較保守的營運方式,主要趨勢如下:

(1) 降低本身的財務槓桿,增加自有資本的比率。
(2) 重視客戶的信用,考量貸款者的償付能力。
(3) 審慎操作衍生性金融商品,嚴控投資風險。

> **例 金融海嘯與銀行經營模式**
>
> 　　法國多家銀行因 2008 年金融海嘯而使獲利銳減，但均未出現虧損，表現相對不錯，例如，巴黎銀行 (BNP Paribas) 盈餘為 30 億歐元、農業信貸銀行 (Credit Agricole) 25 億歐元、興業銀行 (Societe Generale) 209 億歐元。次級房貸危機爆發後，法國農業信貸銀行與興業銀行舉辦現金增資，充實資本；而巴黎銀行因資金充裕，於 2008 年 10 月趁機收購富通銀行 (Fortis) 的部分業務。
>
> 　　相對而言，法國銀行受金融海嘯影響較低，原因如下：
>
> ⚑ 經營較為保守，投資銀行的業務比例並不大，較重視儲蓄業務；以巴黎銀行為例，零售業務、保險和儲蓄管理收入占總營收的 80% 以上。
>
> ⚑ 放款條件相對嚴格，一般規定，房屋貸款人每個月的供屋金額不能超過家庭收入的 1/3，因此不太會發生類似次級房貸的客戶違約問題。

第三節　金融業的公司治理

　　金融業是一種信心行業，若發生重大舞弊事件，市場信心崩潰，就容易發生價格重挫與擠兌之情事，進而引發金融危機；因此，公司治理制度 (Corporate Governance Mechanism) 對金融業特別重要[6]。本節討論公司治理的意義及範圍，探討金融業的治理特性及臺灣銀行業的公司治理情形。

一、公司治理之意義

　　公司治理制度係指建立一套管理準則，促使經營者有效運用資金，發揮最佳之績效，以保障投資人的利益。治理制度的對象有狹義與廣義之區分：

1. 狹義而言，由於公司的控制權掌握在董事會手中，因此治理制度偏重於董事會的功能及規範，避免管理者濫權，以期創造股東之財富。

---

[6] Baek、Kang 及 Park (2004) 的研究發現，在 1997 年亞洲金融風暴中，韓國資訊較透明的公司之股價下跌程度較低，而家族企業、向關係銀行借款較多及控制權操作程度較高 (投票權利高於現金流量權利) 的公司之股價下跌程度則較高；顯示「治理制度」影響公司價值。參閱 Baek, Jae-Seung, Jun-Koo Kang, and Kyung Suh Park, 2004, Corporate governance and firm value: Evidence from the Korean financial crisis, *Journal of Financial Economics* 71, 265-313.

2. 廣義而言，治理制度應考慮所有的利害關係人 (Stakeholder)，包括股東、員工、客戶、供應商、債權人等。

一些知名的組織及學術文獻認為，1997 年亞洲金融風暴的主因之一即為公司治理制度不完善；世界銀行 (World Bank) 當時對東亞各國所提的復甦計畫，便基於公司治理制度之重建來考量。因此，自 1997 年金融風暴以來，亞洲各國為爭取國際投資，紛紛參考經濟合作暨開發組織 (Organization for Economic Cooperation and Development, OECD) 所發表之治理制度原則來推動改革。OECD 原列五原則，2004 年修正為六原則如下 [7]：

1. **確立有效果的公司治理架構基礎**：治理架構應具透明度和效率，符合法治精神，明確檢查、監理和裁罰機構間的權責劃分。
2. **股東權利與所有權**：治理制度應保障和促進股東權利之行使。
3. **股東的公平待遇**：所有股東 (無論小股東或國外股東) 應具有公平待遇，在其權利受到侵害時，都有機會獲得賠償。
4. **利益相關者的權益**：公司應保障利害關係人的權利，並與利害關係人合作，以便創造財富、提供就業機會和維持優良的經營績效。
5. **資訊揭露與透明化**：公司應及時揭露所有正確的重大事項，包括財務狀況、經營業績與所有權結構。
6. **董事會的職責**：應確保董事會能有效監督管理階層，而股東則對董事會具有質詢權利。

二、金融業的治理特性

巴塞爾金融監理委員會 (Basel Committee on Banking and Supervision) 於 1999 年 9 月發布強化銀行組織公司治理 (Enhancing Corporate Governance for Banking Organizations) 報告，主要內容歸納如下。

1. 銀行的公司治理內涵

(1)定義銀行公司治理：董事會與高階管理人員治理銀行業務的方法。
(2)訂定銀行治理的方法：明確指定銀行權責單位，建立董事會運作機制、內部控

---

[7] I. Ensuring the Basis for an Effective Corporate Governance Framework, II. The Rights of Shareholders and Key Ownership Functions, III. The Equitable Treatment of Shareholders, IV. The Role of Stakeholders in Corporate Governance, V. Disclosure and Transparency, VI. The Responsibilities of the Board.

制及資訊公開揭露等制度。

2. 健全銀行公司治理實務

(1)建立策略性目標及銀行內部的共同價值。
(2)建立組織內各部門明確的權責制度。
(3)確保董事會成員符合資格，不受管理階層及外界不當影響。
(4)確保高階管理人員已盡到監督之責。
(5)有效利用內、外部稽核人員所提供之控制功能。
(6)確保薪資酬勞制度符合銀行道德價值觀、目標、策略及控制環境。
(7)以透明方式施行公司治理。

3. 銀行治理的支援環境及監理機關的角色

(1)支援環境
　❖政府：訂定公司治理相關法規。
　❖證券主管機關或證券交易所：訂定公開揭露及上市之標準。
　❖稽核人員：訂定稽核標準，並與董事會、高階管理人員及監理機關持續溝通。
　❖銀行公會：訂定有關健全公司治理實務之自律原則與協定。
(2)監理機關的角色
　❖確定銀行董事會及高階管理人員按程序執行職權。
　❖確保銀行被適當治理。
　❖進行例行性之檢查。
　❖銀行發生重大風險時必須追究董事會責任。
　❖應注意銀行業務之管理惡化警訊。

三、臺灣銀行業的公司治理

臺灣一些銀行曾發生重大的舞弊案，多半與董事會有關，顯示銀行的治理制度不佳。

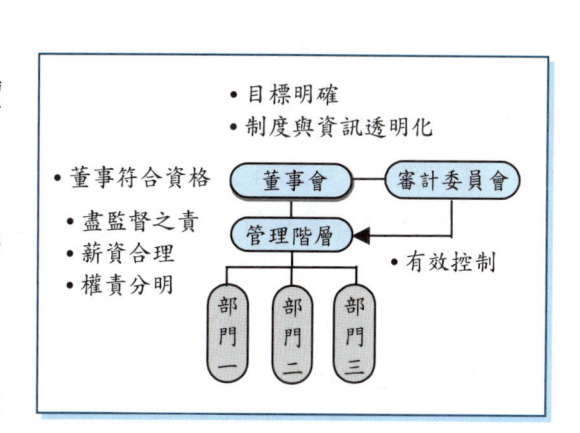

例　掏空與治理制度

下列為臺灣兩家爆發危機的銀行：

🏦 中興銀行在 1998 年的逾期放款金額超過新臺幣 175 億元，董事長涉嫌掏空公司及違法放款達新臺幣 70.3 億元，但隔年 (1999 年) 董事會並未於股東常會中報告；到了 2000 年該銀行董事長遭財政部偵辦，爆發財務危機，中興銀行因而倒閉，董事長 (2004 年被判刑 7 年，並面對多宗民事賠償案件) 潛逃海外，2009 年 8 月病逝中國大陸北京。該事件顯示，董事會未達成監督之責，資訊不夠透明化，缺乏良好的治理制度。

🏦 力霸集團旗下有力霸、嘉食化、中華商銀及友聯產險等上市公司，該集團負責人從事許多違法情事，如下列事項：

- 要求關係企業購買無實際營運子公司的股票。
- 挪用亞太固網公司 (已改名亞太電信) 的資金，購買力霸集團旗下公司的債券。
- 將乏人問津的不動產出售給友聯產險公司。
- 成立 80 家無實際營運的小公司，向力華票券取得授信貸款，或發行保證商業本票，掏空約新臺幣 25 億元的資金。
- 向多家金融機構詐貸，其中以中華商銀違法放款最多。
- 從事內線交易，連續出脫集團所屬公司重整前之股票。

力霸於 2007 年 1 月 4 日下市，使得中華銀行爆發了嚴重的擠兌風潮，3 天擠兌金額高達新臺幣 430 億元；後來中央存保公司接管並拍賣中華銀行，2007 年底以最低賠付新臺幣 474.8 億元由香港滙豐銀行 (HSBC) 得標。另外，事後統計，力霸集團 1998～2006 年共計掏空新臺幣 730 億元，令人驚訝。

力霸集團事件顯示，臺灣金融主管單位的監督並不完善，金融機構的治理制度亦有待改善。

為了改善治理制度，臺灣政府於 2003 年 1 月成立改革公司治理專案小組，參照 OECD 公司治理原則提出強化公司治理政策綱領暨行動方案；後於 2013 年公布強化我國公司治理藍圖，提出形塑公司治理文化、促進股東行動主義、提升董事會職能、揭露重要公司治理資訊及強化法制作業等五大計畫、13 項具體措施。茲將重

要者說明如下。

1. 形塑公司治理文化

將上市櫃公司、金融服務業及公用事業列為優先改革的目標，隨後陸續發布金融業(金融控股公司、銀行業、保險業、證券商及期貨商)的公司治理實務守則等規章，並推動下列的措施：

(1)成立公司治理中心：2013 年 10 月在臺灣證券交易所成立公司治理中心，以推動董事進修、投資人教育、成立意見交流平台、擴充及強化獨立董事資料庫、推動董事會績效評估等工作。

(2)辦理公司治理評鑑：由公司治理中心組成評鑑委員會，擬訂評鑑指標及給分標準，對公司治理相關事項進行評分，最後依分數排序，並將結果公布，供公司及投資人參考。第一次公布評鑑結果是在 2015 年，以後每年公布一次。

(3)編製公司治理指數：挑選公司治理狀況較佳之公司，編製上市 (櫃) 公司治理指數，供投資人作為選股之參考，並督促上市 (櫃) 公司相互比較而努力改善公司治理情況。2015 年 6 月，臺灣證券交易所以 4 月 30 日公布之公司治理評鑑結果前 20% 為主要篩選條件，公布「臺灣公司治理 100 指數」。

2. 促進股東行動主義

股東選擇公司治理較佳的企業作為投資標的，在股東會中藉提案、溝通等方式，以市場監督之力量改善公司治理，謂之「股東行動主義」。為鼓勵股東的行動，採取下列措施：

(1)實施電子投票：在集保結算所設有一「股東 e 股票通平台」，自 2012 年起凡資本額逾 100 億元且股東超過 1 萬人以上之上市櫃公司，需強制將電子投票方式列為表決權行使管道之一，投資人可以透過網際網路來行使表決權。2014 年 1 月起，又擴大為資本額逾 50 億元者。

(2)提升股東會品質：由臺灣證券交易所負責廣為宣傳，鼓勵採行股東會逐案票決、董監事選舉採候選人提名制、督導投保中心善盡股東監督責任等。

(3)建置利害關係人聯繫平台：2014 年由證交所及櫃買中心於規章中要求上市 (櫃) 公司建置公司網站，並於網站設置利害關係人 (stakeholder) 專區，供利害關係人參考。

3. 提升董事會職能

(1) 強制規定獨立董事及審計委員會之設置：規定金融機構及實收資本額在新臺幣 100 億元以上之上市、櫃公司才須強制設置獨立董事，人數至少 2 名且達董事席次之 1/5 以上；公開發行股票之金融控股公司、銀行、票券公司、保險公司與上市 (櫃) 或金融控股公司子公司之綜合證券商，及實收資本額達新臺幣 500 億元以上非屬金融業之上市、櫃公司，須強制設置審計委員會替代監察人。

(2) 強化董事會效能：2014 年證交所及櫃買中心完成修正「上市 (櫃) 公司治理實務守則」，規範董事會成員組成應注重成員多元化，並鼓勵提名委員會之設置。

4. 揭露重要公司治理資訊

(1) 提升非財務性資訊之揭露品質：2014 年修正公開發行公司年報及公開說明書相關規範及附表，增訂上市 (櫃) 公司應揭露之企業社會責任及誠信經營之具體項目。

(2) 整合違規及交易面異常資訊之揭露：2013 年由證交所及櫃買中心於其網站中設置專區，將相關資訊整合揭露，以便利投資人依需要參考。

5. 強化法制作業

(1) 建立內部控制之核心原則：2014 年訂定「建立內部控制制度核心原則」；2015 年完成各業內部控制處理準則之修正。

(2) 研議強化股東權益保護事項：證交所、櫃買中心及投保中心等研議，要求公司對股東之提名或提案，應有一定之審理作業程序。

(3) 研修法規促使公司重視治理相關規定：研議對於違反設置薪酬委員會之規定、違反公開發行公司獨立董事設置及應遵循事項辦法、公開發行公司審計委員會行使職權辦法等規定之情形增加裁罰規定。

第四節　金融改革

　　大幅的金融改革 (Financial Revolution) 往往是因為金融危機所引起，本節簡介英國、美國、日本、中國大陸及臺灣等地的金融改革。

一、英國的金融改革

英國從 1980 年代後期到目前，經歷三次重大的金融改革，其中以最近這一次改革的幅度最大，如圖 13-3 之示意圖所示。

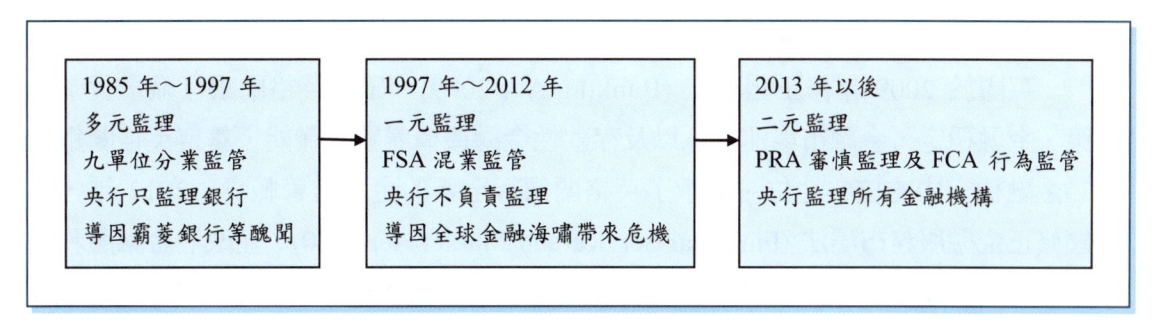

```
┌─────────────────────┐   ┌─────────────────────┐   ┌─────────────────────┐
│ 1985 年～1997 年     │   │ 1997 年～2012 年     │   │ 2013 年以後          │
│ 多元監理            │──▶│ 一元監理            │──▶│ 二元監理            │
│ 九單位分業監管      │   │ FSA 混業監管        │   │ PRA 審慎監理及 FCA 行為監管 │
│ 央行只監理銀行      │   │ 央行不負責監理      │   │ 央行監理所有金融機構 │
│ 導因霸菱銀行等醜聞  │   │ 導因全球金融海嘯帶來危機 │   │                  │
└─────────────────────┘   └─────────────────────┘   └─────────────────────┘
```

圖 13-3　英國金融改革過程示意圖

英國於 1985 年成立證券投資委員會 (Securities and Investments Board, SIB) 負責監管證券投資業務，並由英格蘭銀行 (Bank of England, BOE) 負責監管銀行業務、財政部 (Her Majesty's Treasury, HM Treasury/The Treasury) 負責監管保險業務；次年修正金融服務法 (Financial Services Act 1986)，賦予 SIB 統籌監管其他各業監理機構 (Self-Regulating Organisations, SROs) 的權力。在 1986 年的金融服務法架構下，另外成立了六個機構分別負責其他業的監理業務，這六個機構包括證券期貨管理局 (Securities and Futures Authority)、投資管理監管組織 (Investment Management Regulatory Organisation)、個人投資局 (Personal Investment Authority)、建築融資合作社委員會 (Building Societies Commission)、合作社委員會 (Friendly Societies Commission)、合作社設立登記局 (Register of Friendly Societies)。基本上，這是一種分業監管的多元監理模式。在 1990 年代，英國發生了數起金融醜聞，尤其是 1994 年霸菱銀行舞弊事件最為嚴重，顯見這種多元監理、分業監管的金融監理制度失靈，於是乃思改革金融監理制度，欲將多頭監理機關各自監理該管業務的模式加以整併。

1997 年 10 月，英國將 SIB 改組成立金融服務局 (Financial Services Authority, FSA)，成為英國金融市場統一的監理機構，與英格蘭銀行同隸屬財政部。於 2000 年修正金融服務法 (Financial Services Act 1986)，並改名金融服務市場法 (Financial Service and Market Act 2000) 授權 FSA 整併 SIB、英格蘭銀行、財政部及其他六個機構的金融監理業務於一身，負責統一監理金融事業，包括監管銀行、保險、證券

與期貨等投資事業，與英格蘭銀行主要任務維持金融穩定有所不同。這樣的制度，是一種一元監理、混業監管的模式，但仍無法防範 2008 年美國次級房貸引發的系統性風險，給英國帶來像北岩銀行 (Northern Rock Bank) 擠兌那樣嚴重的金融危機[8]。英國政府為加強對系統性風險的監理，減少金融危機對金融體系之衝擊，再度進行一次大規模的金融改革。

英國於 2009 年修正銀行法 (Banking Act 2009)，確認英格蘭銀行職掌貨幣政策、金融穩定、金融市場運行，以及存款性金融機構處置等職能，奠定英格蘭銀行為金融穩定中的核心地位，賦予了英格蘭銀行全新的金融監管職責。2012 年，英國修正金融服務市場法 (Financial Service and Market Act 2000)，並改名金融服務法 (Financial Services Act 2012)，對金融監理制度進行重大改革，規定自 2013 年起，改由英格蘭銀行職掌金融監理。在英格蘭銀行內部設立金融政策委員會 (Financial Policy Committee, FPC) 負責監控和應對系統性風險，其下並設立金融行為監理局 (Financial Conduct Authority, FCA)，是 FSA 法律實體的延續，負責各類金融機構的業務行為、促進金融市場競爭、金融消費者權益保護等之監理；另新設審慎監理局 (Prudential Regulation Authority, PRA)，負責各類金融機構的審慎監理；實施雙重監理 (Dual Regulation) 制度。信用合作社、建築融資合作社、銀行等存款機構、保險公司和大型或複雜投資公司之審慎監理由 PRA 負責，行為監理由 FCA 負責；至於其他所有金融機構，包括一般投資公司、證券交易所及保險經紀公司、基金管理公司等，則由 FCA 單獨進行審慎和行為監理；詳如圖 13-4 所示。

2013 年 11 月，英國制定金融服務 (銀行改革) 法 [Financial Services (Banking Reform) Act 2013]，決定改善銀行損失吸納能力 (Loss-absorbing Capacity)；並實施圍籬法則 (Ring-Fencing) 進行銀行結構改革 (Structural Reform) 措施。圍籬法則是指特定大型綜合銀行如滙豐銀行之零售業務與投資業務必須隔離，圍籬之內是指零售業務，主要是個人、中小企業存放款和支付結算等，必須受到妥善的保護；圍籬之外是指投資業務，主要是證券承銷、次級市場交易及其他金融工具等，是不受保護的業務，但必須遵從更為嚴格的規定。例如，限制內部交易規模。即使零售業務與

---

[8] 英國的北岩銀行 (Northern Rock Bank)，1997 年在倫敦證券交易所上市，主要從事向其他金融機構借貸，再轉貸給買房子者，是英國次貸市場的貸款大戶，為英國第五大貸款機構，占英國貸款市場的 18.3%。2007 年，因次貸風暴，該行難以取得資金支持其業務，由英格蘭銀行介入注資解決流動資金短缺的危機。2007 年 9 月間出現嚴重擠兌，由當時財政大臣提出保證北岩銀行存款戶的全部存款安全，才使擠兌緩和。2008 年 2 月，被暫時國有化。2011 年 11 月被英國維珍金融 (Virgin Money) 收購。

```
┌─────────────────────────────────────────────────────────┐
│                    英格蘭銀行 (BOE)                      │
│                         ↓                               │
│                  金融政策委員會 (FPC)                    │
│                    ↓           ↓                        │
│         審慎監理局 (PRA)      金融行為監理局 (FCA)        │
│           ↓                      ↓                      │
│        審慎監理    行為監理    審慎監理及行為監理          │
│     合作社、銀行、保險公司、    所有其他金融類公司，包括    │
│     大型/複雜投資公司          一般投資公司、證券交易所、  │
│                                保險經紀公司、基金管理公司  │
└─────────────────────────────────────────────────────────┘
```

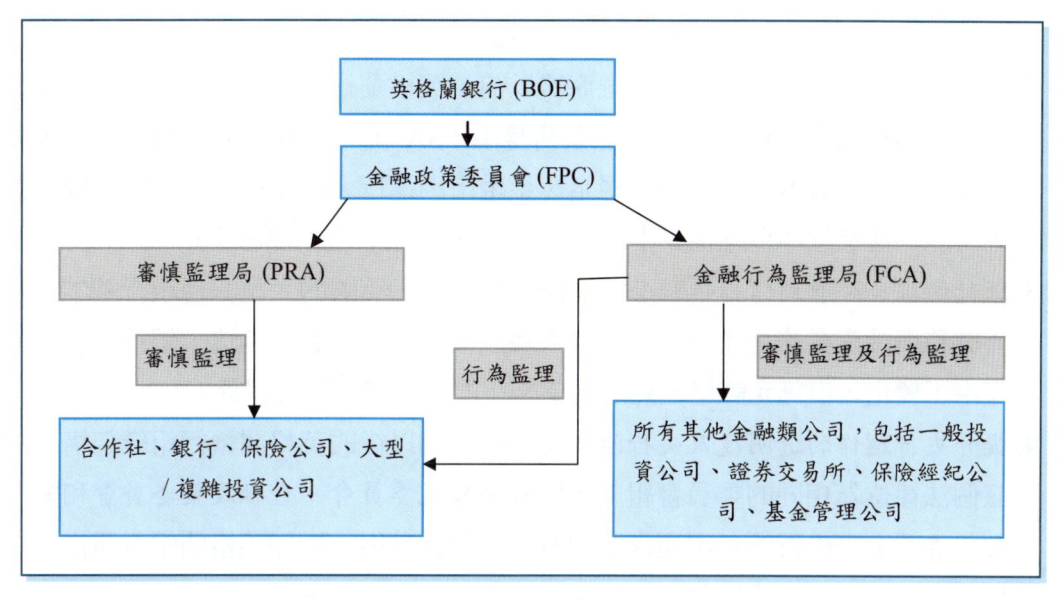

圖 13-4　英國金融監理制度示意圖

投資業務必須隔離，但仍允許已有適當隔離措施的不同業務之金融機構，共存於同一集團內，亦即集團內各機構必須分業經營，但集團整體可以綜合經營。

2016 年 5 月，英國制定**英格蘭銀行與金融服務法** (Bank of England and Financial Services Act 2016)，確定英格蘭銀行組織架構由三個法律位階相同的委員會組成，即**貨幣政策委員會** (Monetary Policy Committee, MPC) (職責是設定利率以達到 2% 的通貨膨脹率)、**金融政策委員會** (Financial Policy Committee, FPC) (職責是實現金融穩定的法定目標) 和**審慎監理委員會** (Prudential Regulation Committee, PRC) (職責是直接履行審慎監管局促進被監管機構的安全與穩健)，並首次允許**國家審計辦公室** (National Audit Office, NAO) 對英格蘭銀行審查。委員會成員均包括英格蘭銀行總裁、副總裁及其他專業人士，此一架構下一方面使各項決策透明度增加，另一方面也加強對英格蘭銀行的治理，確保英格蘭銀行維護貨幣和金融穩定的效率。

綜上所述，英國最近一次金融改革是自 2008 年全球金融海嘯以來的首次改革，其改革幅度非常大，改革的重點如下：

1. **金融監理由一元監理到二元監理**：金融海嘯以前，由**金融服務局** (Financial Services Authority, FSA) 統一監理英國金融機構，是一種一元監理、混業監管的模式；金融海嘯以後，則由**金融行為監理局** (Financial Conduct Authority, FCA) 與**審慎監理局** (Prudential Regulation Authority, PRA) 進行**雙重監理** (Dual

Regulation)，基本上是一種二元監理、混業監管的模式。

2. **央行不事監理到全面監理**：金融海嘯以前，英格蘭銀行主要任務是維持金融穩定，不負責金融監理業務，監理業務是由 FSA 統一負責；金融海嘯以後，英格蘭銀行總攬貨幣政策、金融穩定、金融市場運行，以及存款性金融機構處置等功能，被定位為金融穩定中的核心，進行全面性的金融監理。

3. **銀行由綜合經營到結構性經營**：金融海嘯以前，英國的大型綜合銀行基本上零售業務與投資業務是不分的；金融海嘯以後，則要求必須隔離，銀行的結構上產生了變化，但仍允許已經隔離的業務在同一集團內綜合經營。

4. **提升央行運作的透明度及央行治理**：金融海嘯以後的英格蘭銀行組織架構，由三個法律位階相同的委員會組成，即貨幣政策委員會、金融政策委員會和審慎監理委員會。央行的各項運作必須有各委員會參與，增加英格蘭銀行運作的透明度和治理，確保英格蘭銀行維護貨幣和金融穩定的效率。

二、美國的金融改革

美國是世界最先進的資本市場，金融改革往往有領導作用，促使各國跟進。以下介紹美國處理問題金融機構的方式、金融自由化與金融監理制度等主題。

1. 美國問題金融機構之處理方式

1980 年代美國多家儲蓄貸款機構 (Saving & Loan Association) 倒閉，導致聯邦存款保險公司 (Federal Deposit Insurance Corporation, FDIC) 因賠付累累而招致鉅額虧損；美國因而制定了新的法令，因應此項危機，這些法令歸納如表 13.1 所示，主要的內容是由資產清理信託公司 (Resolution Trust Corporation, RTC) 來處理問題金融機構。

美國處理金融機構危機的原則及方式如下：

(1) **處理問題金融機構的原則**：當金融機構的資本適足率低於 2%，且在 90 天之內無法順利增資，提升資本適足率至 2% 以上者，將被 RTC 進駐接管；而 FDIC 則應在現金理賠與各種可能處理措施中，選擇成本最小的方式來處理。

(2) **處理問題金融機構的方式**：美國處理不良債權方式歸納如下：
- ❖ **寬容計畫**：透過政府承諾、保證及例外管理等措施 (內容包括所得維持合約、淨值憑證、貸放損失分擔計畫等)，讓金融機構繼續營運。
- ❖ **購買與承受**：由得標機構買下倒閉金融機構之部分或全部資產，並承受倒閉

表 13.1　美國處理問題金融機構之法令

年　度	法　規	內　容
1989	金融機構改革復甦強制法 (Financial Institution Reform, Recovery, and Enforcement Act)	設立資產清理信託公司 (RTC)，由其負責接管經營不善之儲蓄貸款機構。
1991	聯邦存款保險公司改進法 (Federal Deposit Insurance Corporation Improvement Act)	對問題金融機構之處理原則為「立即糾正措施」與「處理成本最小」。
1991	資產清理信託公司重建與改進法 (Resolution Trust Corporation Refinancing, Restructure, and Improvement Act)	增撥 250 億美元給 RTC，並將 RTC 自 FDIC 獨立出來，處理金融機構之不良債權。

機構之存款及部分負債，但不須概括承受負債及不良資產；此法是存保機構普遍使用的方式。

❖ 直接存款賠付：當存保機構無法覓得買受人，且購買與承受的成本比賠償金額高時，便採取理賠存款戶之動作；一般而言，小型金融機構倒閉案件不易吸引其他機構接手，因而會採取此法。

❖ 保額內存款移轉：將倒閉銀行之要保存款及擔保負債移轉給 FDIC 的代理人，由代理機構自 FDIC 手中承受倒閉機構的存款，代理 FDIC 進行賠付。

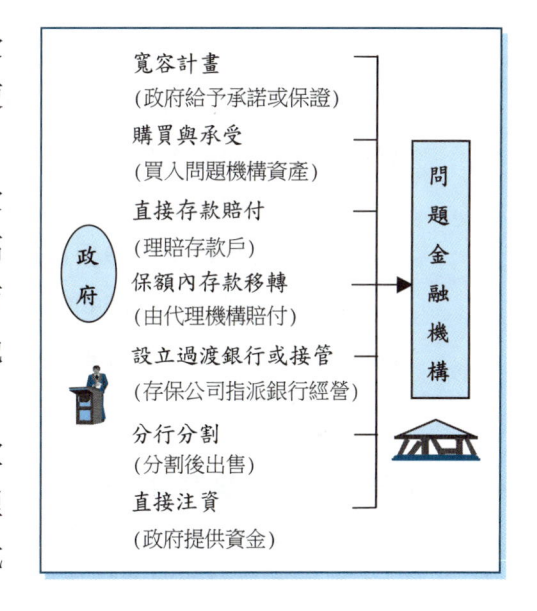

❖ 設立過渡銀行或接管：美國於 1987 年銀行公平競爭法中，授權 FDIC 設立過渡銀行 (Bridge Bank)，處理瀕臨破產之金融機構，存續期為 2 年，必要時得延長為 3 年[9]。另外，接管是主管機關判定金融機構無法支付存款，因而指派 FDIC 或 RTC 擔任接管人，以便促成與其他金融機構合併，或一段時間後進行清算，讓問題金融機構退出市場。

---

[9] 例如，2009 年 5 月 1 日美國通貨管理局 (Office of the Comptroller of the Currency, OCC) 下令亞特蘭大的希威頓銀行 (Silverton Bank) 停業，FDIC 立即成立「過渡銀行」接管該銀業務。

- **分行分割**：在某些倒閉案例中，買受機構不願意承受倒閉機構多家分行之存款，FDIC 遂將問題金融機構先分割後再出售，讓小型機構能參與特定分行之競標，吸引較多的投標人，出價也較高。
- **直接注資**：2008 年次級房貸危機使美國大型金融機構如花旗銀行 (Citibank) 與 AIG 保險集團岌岌可危，美國政府直接注入資金取得股權，成為這些金融機構的股東。但美國講求市場機制，因此這種直接介入的方式是該國政府最不願意見到的結果。

2. 美國金融自由化

有鑑於金融業多角化經營之潮流，美國於 1999 年通過金融服務業現代化法案 (Gramm-Leach-Bliley Act)，讓金融機構得以金融控股公司 (Financial Holding Company, FHC) 或綜合銀行子公司模式營運多項業務，說明如下：

(1) 金融控股公司：金控公司可以子公司方式從事各類的金融業務 (銀行、證券、保險、退休金與資產管理等)，各子公司間彼此成為關係企業。

(2) 銀行設立金融子公司：聯邦註冊之銀行在符合特定條件下，可向美國財政部申請持有或控制金融子公司，以子公司從事各項金融業務。

(3) 金融業務原則：金控公司之子公司所能從事之業務僅限於金融業務及其附屬業務，不可對存款機構的安全性帶來重大風險。

(4) 禁止交叉持股：金融現代化法案禁止金控公司與商業性公司互相持股，以避免商業性業務危及金融機構之穩定。

3. 美國金融監理制度改革

美國政府因 2008 年次級房貸所帶來金融風暴的教訓，極力改革金融體系，乃於 2010 年 7 月經參眾兩院通過並經總統簽署施行陶德法蘭克法案 (Dodd-Frank Wall Street Reform and Consumer Protection Act, Dodd-Frank Act)，是 1933 年格拉斯—史帝格構法案 (Glass-Steagall Act) 以後美國金融改革程度最大、影響最深遠的法案，開啟了美國自 1930 年代以來最大規模的金融改革。此法案重心在金融機構與金融市場監管、消費者權益保護、危機處理和國際合作等議題。茲將重要的改革內容說明如下：

(1) 金融監理由傘狀功能式轉變為集中協調式監理：美國在 1999 年之「金融服務業現代化法」下的金融監理，是由聯邦準備理事會 (Federal Reserve Board,

FED/FRB) 為金控公司的主管機構，為傘狀之核心監理機構；金控公司之關係企業或子公司的監理工作，則分別由所屬業務主管機關負責，為功能性之監理。在陶德法蘭克法案下，賦予 FED 新監管權力，監管架構趨向於集中制。新法案在 FED 設金融穩定監管委員會 (Financial Stability Oversight Council, FSOC)，負責防範、識別及監測系統性風險，對金控公司及重要支付結算體系進行統一監管。監管重心從局部性、個體性監管轉向整體金融市場全面監管，尤其是系統性風險的監管；監管範圍延伸至幾乎所有金融領域；監管方式從分業分散監管轉向統一集中監管，並強調各監管機構間的政策協調和政令統一。FSOC 有二大職責：

- 向 FED 建議對有系統性風險的金融機構採取必要措施：當大型綜合金融機構有產生系統性風險之虞時，向 FED 建議對這些金融機構提高資本要求或採取其他嚴格的措施，以確保這些金融機構有足夠資金來彌補未來可能的損失。

- 接管問題機構並介入經營：大型綜合金融機構經營出現困難時，可直接接管該機構並介入經營，且有權更換其管理階層；必要時有權分拆該機構，進行清理，猶如也在 FED 另建立一套類似美國聯邦存款保險公司 (Federal Deposit Insurance Corp., FDIC) 的清算模式。

(2) 伏克爾法則納入金融改革：前 FED 主席 Volcker 主張單一金融機構在儲蓄存款市場占有率不得超過 10%；禁止銀行從事自營性質的投資業務、禁止銀行擁有、投資或發起對沖基金和私募基金，但可以向對沖基金和私募股權基金進行不高於銀行第一類資本 3% 的小規模投資，且銀行不得對所投資的基金提供救助，以減少銀行系統性風險；禁止銀行做空或做多其銷售給客戶的金融產品，以避免利益衝突；並分拆銀行的高風險交換交易業務到附屬公司，只保留利率交換、外匯交換以及金銀交換等業務。此一主張稱為伏克爾法則 (Volcker Rule)，經納入陶德法蘭克法案金融改革中，此部分已於 2015 年 7 月 21 日全面生效。

(3) 將證券化及場外衍生性商品市場納入監管：原有監管體系對證券化及場外衍生性商品市場缺乏透明性與資訊要求，此次改革加強證券化市場、場外交易市場及具有系統重要性的支付、清算和結算體系，進行全面監管。主要是要求大部分衍生性商品必須在公開場所交易，其他尚被准許在場外進行交易者，必須向中央資料庫報告，以便接受監管。此外，對從事衍生性商品交易的公司實施特別的資本比例、保證金、交易紀錄和職業操守等監管要求；為防止金融機構透

過資產證券化轉移風險，要求發行人必須將至少 5% 的風險資產保留在其資產負債表上。

(4) 加強對消費者權益保護：在 FED 新設消費者金融保護局 (Consumer Financial Protection Bureau, CFPB)，並賦予其決策權和部分執行權，監管的對象是提供信用卡、抵押貸款和其他貸款等消費性金融產品及服務的金融機構。「消費者金融保護局」是以加強對金融產品的透明度、簡潔性和公平性監督、及對金融服務提供者的監管，來保護金融消費者利益。

(5) 對私募基金、對沖基金、信評公司監管：在陶德法蘭克法案以前，對私募基金、對沖基金、信評公司幾無監管，在此法案下要求大型 (資產規模超過 1000 億美元) 的對沖基金、私募股權基金及其他投資顧問機構，必須在證券交易委員會 (Securities and Exchange Commission, SEC) 登記，披露交易資訊，並接受定期檢查。如果此類機構具有特大規模或特別風險，將同時接受 FED 的系統風險監管。另外，此法案還要求所有管理資產規模超過一定門檻的對沖基金及其他私募股權基金和風險投資基金的顧問，必需向 SEC 註冊，並接受管理。

(6) 對銀行資本和業務更嚴格監管：在陶德法蘭克法案下對銀行的資本及業務監管比以前更嚴格，說明如下：

❖ 實行更嚴格的資本適足性規定：根據銀行的規模和風險設定新的資本要求，包括禁止大型銀行將信託優先債券作為第一類資本；要求資產在 150 億美元以上的銀行必須達到更高的資本標準；要求大型銀行在 5 年內把信託優先債券從第一類資本中剔除；允許資本規模不足 150 億美元的銀行將信託優先債券繼續作為第一類資本；要求 FED 對「資本嚴重不足」下定義，當金控公司資本嚴重不足符合定義時，FED 可強制命令該公司破產。

❖ 對銀行某些業務行為進行監管：要求資產證券化發行的銀行必須把至少 5% 的風險資產保留在其資產負債表上；要求 FED 對企業管理高層薪酬制度進行監督，當發現該制度會導致銀行過度追求高風險業務時，應加以干預和制止。

三、日本的金融改革

1980 年代日本的股市和房地產價格暴漲，銀行業承做大量的不動產擔保放款，到了 1990 年，股市與不動產價格大跌，金融業累積龐大的不良債權；當時日本政府認為這是短期景氣循環現象，並未積極處理，卻使得日本在 1990 年代處於長期

景氣低迷之中。日本於 1997 年起積極處理不良債權，進行金融改革，但成效不彰，直到 2000 年代以後才逐漸緩和。

1. 日本問題金融機構之處理方式

日本在 1998 年通過金融再生法及金融早期健全化法，投入 60 兆日圓成立整理回收公司 (Resolution and Collection Corporation, RCC)，賦予 RCC 特殊之權力，專職解決金融機構倒閉問題。日本處理問題金融機構之方式如下：

(1) 成立新銀行承接破產金融機構：當金融機構發生倒閉，由日本中央銀行聯合民間銀行共同出資，設立新銀行接管正常債權，由整理回收公司 (RCC) 接收不良債權。

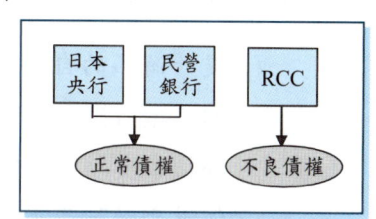

(2) 成立住專處理機構：1995 年底日本住宅金融專門公司 (住專公司) 爆發經營危機，由存款保險公司所屬之專戶及原出資機構共同集資，籌設住專公司處理機構，回收住專公司的不良債權。

(3) 業務讓渡：由其他銀行承接問題金融機構，例如，1997 年 11 月德陽都市銀行發生經營危機，業務由仙台銀行承接；1998 年 11 月北海道拓殖銀行倒閉，業務由北洋銀行與中央信託銀行概括承受。

(4) 特別公共管理 (暫時國有化)：依據 1998 年金融再生法之規定，金融再生委員會認定為破產、無人承接，以至於解散或停業之金融機構，如果足以影響整體金融穩定時，可由存保公司強制取得問題機構之股權，讓其成為 100% 的子公司，等到改善經營之後，再尋求民間金融機構接手。

例 暫時國有化銀行

1998 年日本長期信用銀行及日本債券信用銀行，因陷入實質破產處境，日本政府遂宣布暫時國有化，指派人員進駐，進行特別公共管理。後來這兩家銀行分別於 2000 年 3 月及 8 月出售給美國 Ripplewood 及日本之軟體銀行 (Soft Bank)。

(5) 過渡銀行：若金融再生委員會認定某家破產金融機構不宜清算，卻找不到買受機構，則可將其設為存保公司旗下的子公司，作為「過渡銀行」，繼承其業務，暫時延續營業；然後透過銀行合併、營業全部讓渡、股票轉讓、解散及其他方式，在 1 年內完成「過渡銀行」之任務。

(6)購買不良資產或挹注資本:1998年之後,存保公司可購買金融機構的不良資產,或對其挹注資本。

2. 日本金融自由化

日本自 1990 年泡沫經濟崩潰之後,金融結構性的問題逐漸惡化,日本因而於 1997 年 5 月提出六大改革措施。其中的金融改革可分成兩大主軸,一為金融自由化;另一為金融檢查機構的改革。改革內容有四大項,摘要如下:

(1)提升商品的自由化:包括全面解禁衍生性金融商品、建立完善的投資信託環境、銀行得行銷保險商品、透過 ABS (資產抵押證券) 來促進債權流通、國內外資本交易自由化等事項。

(2)促進金融服務業之競爭及服務品質:主要項目包括開放控股公司制度、設立證券公司由許可制改為登錄制、證券公司業務多角化、買賣股票手續費率自由化。

(3)改善交易及促進市場活絡:包括改善店頭市場之流通性、證券公司得辦理未上市、未上櫃公司股票業務。

(4)建立值得信賴的交易制度:強化合併財務報表制度、建立完備的金融商品會計標準、充實金檢體制等。

3. 日本金融監理制度改革

日本的金融監理體系原先是由大藏省職掌,但管理上產生甚多弊端,欠缺獨立性;因此,日本在 1998 年 6 月成立金融監督廳 (Financial Supervisory Agency, FSA),直屬總理府。2001 年日本政府重組部會,金融監督廳更名為金融廳,改隸內閣府之下,金融廳獨立行使金融監理與行政之職權,管轄對象包含金融控股公司、銀行、證券、保險、農林漁會及非銀行金融機構等。

四、中國大陸的金融改革

中國大陸 2001 年加入世界貿易組織 (World Trade Organization, WTO),承諾於 2006 年全面開放金融市場,當局便有計畫地推動金融體系的改革與發展,積極鼓勵銀行業進行股份制改造、逐漸推行利率市場化及人民幣匯率機制化等措施。

1. 中國大陸金融改革之方針

中國大陸當局在 2003 年提出較開放的經濟策略,並對決定進行金融改革,在

深化金融改革方面有三大要務：

(1) **建立現代化的金融業**：商業銀行、證券公司、保險公司、信託投資公司等要成為資本充足、內控嚴密、營運安全、服務和效益良好的現代金融機構，並鼓勵金融業創新產品。
(2) **發展多元化的金融機構**：包括金融機構產權多樣化、種類多元化及服務多層次化。
(3) **加快國有銀行改革**：建立完善的公司治理制度，並選擇有條件的商業銀行實行股份制改造，充實資本、加快處理不良資產，並創造上市條件。

2. 中國大陸金融改革概況

中國大陸近期金融改革之情形概述如後：

(1) **改造銀行股份制**：主要是針對四大商業銀行 (中國銀行、中國工商銀行、中國建設銀行、中國農業銀行) 進行股份改造，並使其上市。另外，多數的商業銀行也改為股份制，部分成為上市公司[10]。
(2) **推行利率市場化**：中國大陸當局原先對人民幣利率加以管制，金融機構貸款利率已開放上限，但仍實行下限管理，近年來則逐漸讓利率市場化，允許部分貸款利率浮動。不過，利差收入仍是中國大陸商業銀行主要利潤來源，但這些銀行的自律性並不理想，因此人民銀行仍控制著存貸利差。
(3) **改革人民幣匯率機制**：人民幣匯率制度演變可分為四個階段，說明如後。
    ❖ **管制階段**：1949～1978 年期間，中國大陸實施外匯高度集中嚴格管制，當局隨國際貨幣制度訂定了人民幣與美元之匯率 (固定匯率制)，但實際上卻緊盯英鎊及盧布。
    ❖ **留成階段**：1979～1993 年期間實行外匯留成制，外銷廠商可以保留一部分出口所賺取的外匯，各段期間的外匯市場可再區分如下：
    • 1979～1984 年：人民幣實行複式匯率制，具有官方匯率牌價與貿易匯價，牌價按一籃子貨幣加權平均的方法計算。

1949 年	1979 年	1994 年	2005 年
外匯管制	外匯留成期	釘住美元	釘住一籃子貨幣

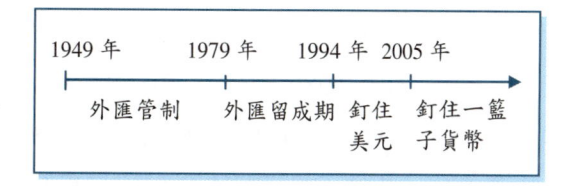

[10] 例如，交通銀行於 2005 年 6 月在香港上市，2007 年 4 月在上海上市；招商銀行於 2002 年 4 月在上海上市，2006 年 9 月在香港上市。

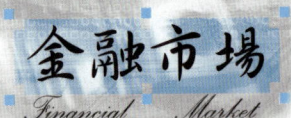

- 1985～1993 年：1985 年初取消貿易內部結算價，實行單一匯率[11]。
- ❖ 釘住美元階段：1994～2005 年 7 月期間，人民幣與美元非正式掛鉤，1994 年人民幣貶值為 1 美元兌人民幣 8.57 元；此後至 2005 年 7 月，人民幣官方訂價變為 1 美元兌 8.27～8.28 元的範圍內浮動。
- ❖ 一籃子貨幣階段：指 2005 年 7 月 21 日以後迄今。該日中國人民銀行宣布實行以市場供需為基礎、參考一籃子貨幣進行調節、有管理的浮動匯率制度。因此，人民幣匯率不再唯一釘住美元，使人民幣匯率機制變得更有彈性。該日起，匯率改為 1 美元兌 8.11 元人民幣，每日波幅在 ±0.3% 內，2007 年 5 月 21 日擴大至 ±0.5%，2012 年 4 月 16 日再擴大為 ±1.0%。在此階段的匯改之後，人民幣兌美元乃呈升值趨勢，但匯率出現「有升有貶」的波動現象。2015 年 8 月 11 日再擴大為 ±2.0%，當天人民幣兌美元中間匯率較前日的 6.1162 貶值 1.9%，加上第二天兩天共貶值 3.5%；2015 年 12 月 11 日，中國外匯交易中心發布人民幣匯率指數，並公布其中一貨幣籃子為美元、歐元、日圓、港幣、英鎊和澳元及各幣別的比重；到 2016 年 8 月 10 日滿周年時人民幣兌美元中間匯率為 6.6530，共貶值 8.78%；大陸人民銀行稱這是將以往人民幣匯率緊盯美元的做法，轉為參考前日收盤匯率及一籃子貨幣匯率變化，來形成人民幣對美元匯率中間價機制。

五、臺灣的金融改革

臺灣金融弊端頻傳，法令因而隨之修改，近期的金融改革分別在 2001 年及 2004 年進行，但就連金融改革本身也有弊端。

1. 臺灣金融改革之概況

1980 年代以前，臺灣對金融業的管制較為嚴格；1980 年代以後，金融管制逐漸開放，開啟臺灣的金融自由化，簡述如下：

(1) 金融業務自由化：臺灣過去依業務 (如存放款期限、票券及信託) 區分銀行種類，1980 年代之後，業務分工之藩籬逐漸被打破，朝向綜合銀行業務發展；1991 年開放民營銀行之設立 (共 16 家)，1997 年起鼓勵信用合作社改制為商業銀行，並陸續放寬銀行業務範圍，解除設立分支機構之限制，但這也使得銀行

---

[11] 1985 年 1 月 1 美元兌換人民幣 2.7963 元，1986 年 7 月調為 3.7036 元，1989 年 12 月調為 4.7221 元，1990 年 11 月調為 5.2221 元。

業由過去的寡占市場轉變為競爭市場。
(2) 利率自由化：過去中央銀行管制存放款利率，重要的變動如下：
- ❖ 1985 年 3 月起，各銀行在央行核定之上、下區間內，按本身資金情況、客戶信用及同業標準等因素，自行訂定其基本放款利率。
- ❖ 1985 年 8 月廢止利率管制條例，但仍規定利率上限，金融機構可自訂存款利率。
- ❖ 1989 年 7 月修正銀行法，央行不再訂定利率上、下限，由金融機構視資金供需情況，自訂利率水準，完成利率自由化事項。

(3) 匯率自由化：過去中央銀行管制匯率，重要的變動如下：
- ❖ 1978 年 7 月 10 日新臺幣由固定匯率制改為機動匯率制，在央行規定的上、下區間內，匯率可依市場之供需浮動。
- ❖ 1989 年 4 月 3 日央行廢除機動匯率制，讓新臺幣匯率自由化。銀行間交易、銀行與顧客間的外匯交易可以自由議價，成為浮動匯率制。

2. 臺灣銀行經營問題

臺灣於 1990 年代開放民營銀行設立之後，銀行經營問題如下：

(1) 競爭激烈：由於銀行家數變多，業務的競爭加劇，存放款的利率差逐漸縮小，獲利呈現持續下降之勢，與國際著名的銀行相較，表現相對遜色許多。
(2) 逾放比過高：一些規模較小的銀行為了爭取業績，對客戶的篩選並不嚴謹，導致不良資產激增、逾放比率逐年攀升之狀況。
(3) 金融弊病：雖推動金融自由化，但銀行體制並不健全，人為色彩濃厚，金融擠兌事件頻傳，特權介入及包庇徇私並不稀奇。

3. 臺灣第一次金融改革

臺灣 2000～2003 年之間實施第一次金融改革，目標為積極打消金融壞帳，陸續完成金融監理機制之立法，簡介如下：

(1) 措施：2001 年政府推動金融改革法案，設置金融重建基金、推動金融控股公司等措施。2002 年政府推出 2 年內將逾期放款比率降低到 5% 以下、同時維持 8% 資本適足率的二五八金融改革方案。

(2) 法制化工程：2000 年下半年起展開一連串金融改革法制化工程[12]，容許金融機構跨業經營，有利金融業之創新，而且鼓勵金融業合併，避免基層金融危機一再重演。

臺灣在第一次金融改革後，出現一些成效，降低銀行的逾放比 (全體金融機構之逾放比亦自 2001 年的 8.16% 降至 2004 年 12 月的 3.28%)，資本適足率約在 10% 左右。

4. 臺灣第二次金融改革

臺灣於 2004 年 7 月 1 日成立行政院金融監督管理委員會 (簡稱金管會)，啟動第二次金融改革，推出了四個策略：

(1) 健全總體金融環境：推動區域籌資中心。
(2) 強化金融市場體質：法令鬆綁。
(3) 發展多樣化金融服務：促成金融群集。
(4) 推動資產管理業務：提高儲蓄率與投資報酬率。

另外，臺灣政府設定第二次金融改革的四大目標如下：

(1) 2005 年底前完成至少 3 家金控公司的市場占有率達 10% 以上。
(2) 2005 年底前完成 12 家官股銀行減半為 6 家。
(3) 2006 年底前完成 14 家金控公司減半為 7 家。
(4) 2006 年底完成至少 1 家金控公司到海外掛牌或引進外資。

臺灣的二次金融改革進行法令的修改，但策略的實施成效不彰，主要原因是政治性考量過多，存在著不當的政商勾結，以限時限量方式追求短期績效，未以市場機制促成金控合併與金控業務的發展。

---

[12] 一次金改法制化之具體措施如下：
❶ 2000 年制定「信託業法」、「金融機構合併法」，修訂「銀行法」。
❷ 2001 年通過金融六法，召開「經發會」積極推動公營銀行民營化、營造金融機構合併機制或增加整併誘因等。
❸ 2002 年成立「行政院金融改革專案小組」，公布實施「金融資產證券化條例」。
❹ 2003 年通過「行政院金融監督管理委員會組織法」、「農業金融法」、「行政院農業委員會組織條例修正案」及「行政院農業委員會農業金融局組織條例」之立法。

5. 臺灣第三次金融改革

有了第二次金融改革前車之鑑，臺灣政府秉持「程序正義，實體合法」的原則，於 2009 年初推動第三次金融改革，宣示「尊重市場機能，以公開透明方式進行整併或釋股」、「強化公股金融機構管理及銀行監理」、「以積極方式爭取銀行董監席次，取得經營主導權」、「取消金控轉投資自動核准制，改採審核制，併購案須經主管機關同意，強化金管會審核併購案交易價格之合理性」、「鼓勵外資入股公營金融機構」等重要措施。在這些前提之下，推動公股銀行與公股銀行整併 (簡稱公公併)，唯公公併有實務上的困難，目前正朝向公股銀行與民股銀行整併 (簡稱公民併) 方向發展。

一、選擇題 (單選)

(　) 1. 下列何者會造成金融市場流動性緊縮？　(A) 金融資產之價格上漲　(B) 市場出現恐慌性賣壓　(C) 政府收回債券　(D) 油價大幅上漲　(E) 政府改組金融監理機構。

(　) 2. 2007 年夏天，美國發生次級房屋抵押貸款危機，此一危機最大的問題為何？　(A) 貸款人違約　(B) 房貸機構管理不良　(C) 押貸之產權不清　(D) 發行人的信用不佳　(E) 沒有保證人。

(　) 3. 公司治理制度 (Corporate Governance Mechanism) 係指建立一套管理公司的準則，以使公司達成下列何種狀況？　(A) 組織扁平化　(B) 營運效率化　(C) 決策獨立、財務彈性化　(D) 責任制、透明化及公平性　(E) 生產極大化。

(　) 4. 公司治理制度係保障投資人的利益，一般所討論治理制度的內容是規範公司哪一個單位的行為及功能？　(A) 董事會　(B) 經理人　(C) 稽核委員會　(D) 會計師　(E) 生產部門。

(　) 5. 臺灣的上市櫃公司規模達下列何種條件時，必須將電子投票列為表決權行使管道之一？　(A) 資本額逾 100 億元且股東超過 5 千人以上　(B) 資本額逾 100 億元且股東超過 1 萬人以上　(C) 資本額逾 50 億元且股東超過 5 千人以上　(D) 資本額逾 50 億元且股東超過 1 萬人以上　(E) 只要是上市櫃公司全部都要。

(　) 6. 下列有關美國 1999 年「金融服務業現代化法」(Gramm-Leach-Bliley Act) 之敘述中，何者為錯誤？　(A) 金控公司可經營多元化的金融業務　(B) 銀行可設立金融子公司　(C) 金控公司之子公司可從事非金融業務　(D) 金控公司附屬業務不可對存款機構帶來重大風險　(E) 金控公司不得與商業性公司交叉持股。

(　) 7. 美國聯邦準備理事會 (FRB) 為金控公司的主管機構，金控旗下子公司由所屬業務主管機關負責，為何種方式之監理制度？　(A)「旗狀」及「機械性」管理　(B)「掌狀」及「階層性」管理　(C)「集中」及「彈性」管理　(D)「分散」及「市場性」管理　(E)「傘狀」及「功能性」管理。

(   ) **8.** 在美國的「陶德法蘭克法案」下，要求資產證券化發行的銀行至少須保留多少風險資產在其資產負債表上？　(A) 不須保留　(B) 5%　(C) 10%　(D) 15%　(E) 20%。

二、簡答題

1. [金融危機之起因] 簡述引發「金融危機」(Financial Crisis) 的原因與發生過程。

2. [金融危機經濟成長] 簡述2008年的「次級房貸」危機為何會影響經濟成長。

3. [資產清理信託公司] 美國在1989年設立「資產清理信託公司」(Resolution Trust Corporation, RTC)，其他國家也陸續設立類似的機構，試說明此一機構之目的與負責的事務。

4. [問題金融機構之處理] 簡述在處理問題金融機構時，「過渡銀行」與「分行分割」之意義。

5. [金融監理制度] 分別簡述❶英國、❷美國及❸日本的金融監理制度之結構。

6. [金融改革] 美國1999年通過「金融服務業現代化法」(Gramm-Leach-Bliley Act)，為何規定金控公司不得與商業性公司交叉持股？

7. [伏克爾法則] 請簡述美國「伏克爾法則」(Volcker Rule) 的內容？

三、問答與申論題

1. [墨西哥金融危機之啟示] 1980年代後期，墨西哥政府加速國有企業私有化的速度，並放寬外資進入該國之限制；另外，北美自由貿易協定 (NAFTA) 於1995年初實施，各國在事前看好墨西哥的經濟前景，大量外資 [熱錢 (Hot Money)] 因而於1994年流入該國，其中投入證券和貨幣市場的資金占一半以上。當時墨西哥採用披索釘住美元的匯率制度，削弱了墨西哥的出口競爭力，造成經常帳 (Current Accounts) 出現逆差，披索幣值被高估。

1994年7月墨西哥在舉行總統大選前夕，反對黨總統候選人被暗殺，民兵叛變，政治局勢劇烈動盪，外資立即從墨西哥撤離，造成了金融危機，股市與幣值大跌，估計這場危機對墨西哥造成700億美元的損失。到了1995年，墨西哥國內生產總值下

降 6.9%，通貨膨脹率高達 52%，外債總額超過 1,700 億美元，商業銀行不良貸款率從 1992 年的 2% 上升為 1995 年的 15.7%。

> 防止金融危機的長期策略是要有穩定的經濟與完善的制度，但中小型經濟規模之國家往往會採取一些方式保護自己，以避免在短、中期內發生金融危機；試討論政府如何防止「熱錢」帶來金融危機。

2. [阿根廷金融風暴] 阿根廷自 1990 年代後期起，經濟發展不佳，發生兩次金融風暴，這與該國的匯率、政府支出及退休金等政策有關。

　　1991 年阿根廷政府將披索及美元的匯率固定為 1:1，隨後實施貿易自由化、制度鬆綁化與資產私有化，此舉在之後的數年抑制了通貨膨脹，經濟隨之成長。但固定匯率卻使得披索幣值被高估，導致阿根廷在 1990 年代後期的出口下降，而且該國的財政赤字與利率居高不下，外債雪球愈滾愈大。

　　1998 年之後，阿根廷的經濟與稅收持續衰退，2000 年底國際貨幣基金 (IMF) 提供約 400 億美元的援助貸款給阿根廷，要求阿根廷 2001 年的經濟成長率要達到 2.5%，財政赤字不得超過 60 億美元，但阿根廷未能實現這兩個條件。

　　2001 年國際評等機構調降阿根廷的信用等級，國際資金隨即從阿根廷撤退，阿根廷政府因而採取限制提領現金的緊急措施，但此舉卻引發 2001 年 11 月的金融危機，使得阿根廷的商業銷售額下降 50% 以上，證券交易量極低，銀行業務停止，外匯活動幾乎陷於癱瘓，失業率超過 18%。

　　2002 年 1 月阿根廷新政府上臺，採取多項金融措施，包括止付外債、全面凍結銀行存款、強制銀行美元存款、大幅削減政府支出、讓披索貶值 (匯率 1:1.4)，並且自 2003 年 1 月起解除多項外匯交易管制措施，鼓勵民間購買美元。到了 2005 年，阿根廷雖仍有大量的失業人口，但經濟情況好轉，2006 年 1 月清償 95.3 億美元的債務給 IMF。

　　2008 年底阿根廷再度發生金融危機，主要原因是政府宣布將私有勞工退休基金國有化。阿根廷的退休金制度在 1994 年設立，勞工可自行選擇採用公有制或私有制；公有制是政府將現職勞工繳納的稅捐支付給已退休的勞工，不足的部分再從國庫支出，約有 500 萬人參加這個制度。另一方面，私有制是由私人機構管理，勞工每個月存款至個人帳戶，孳生利息，退休後可一次領回，或定期領取利息，約有 950 萬人參加這個制度。

2008 年 10 月阿根廷總統宣布私有退休基金國有化，由於私有退休基金的資產總值約達 300 億美元，且有 60% 的基金購買政府債券，政府被質疑是「拿人民的退休金填補國家赤字的黑洞」。消息一宣布，布宜諾斯艾利斯股市指數連續 3 天下跌達 18%，政府債券價格亦大幅下滑 (殖利率上升至 28%)，披索快速貶值 (預計匯率 1:4)，加上當時全球金融海嘯肆虐、國際農產品價格大幅下跌，使得阿根廷的經濟陷入極端低迷的氣氛。

> (1)闡述阿根廷 2003 年 1 月鼓勵民間購買美元對金融市場有何影響？
> (2)說明阿根廷 2008 年 10 月將私有退休基金國有化，對政府有什麼好處？

3. [作假帳與公司治理] 2003 年美國「聯邦國民抵押貸款協會」(Federal National Mortgage Association, FNMA，俗稱 Fannie Mae) 及聯邦住宅抵押貸款公司 (Federal Home Loan Mortgage Corporation，俗稱 Freddie Mac, FRMC) 發生作假帳事件，其管理階層為達到每股盈餘目標，不惜操弄會計制度，製造盈餘穩定成長的假象，以便獲取獎金與紅利。

當時是由聯邦住宅企業監督處 (OFHEO) 披露這兩家非銀行之金融業「模範生」美化帳冊的手法，所使用的手段包括：
(1)採用彈性的會計政策，輕易超越各會計期間預訂的獲利門檻。
(2)為了降低潛在的盈餘波動性，虛擬資產或負債，再逐年予以攤銷。
(3)將「以交易為目的」之證券化資產改為「備供出售資產」。
(4)提早認列尚待確認的收入。

> 試討論採用哪些制度，可以防止公司出現作假帳之弊端。

4. [英國與美國的金融改革] 2010 年代開始，英國及美國聯袂進行 2008 年金融風暴後變動程度非常大的金融改革，請問：

> (1)分別簡述兩國金融改革的內容？
> (2)分析兩國金融改革的趨勢？

簡 答

一、選擇題

1.	2.	3.	4.	5.	6.	7.	8.
B	A	D	A	D	C	E	B

三、問答與申論題：參考簡答

1. [墨西哥金融危機之啟示] 常見中小型國家防止「熱錢」造成金融危機的方式如下：

(1) 控制國際收支的金融帳：限制國外短期資金流入國內金融市場的金額上限。

(2) 限定海外投資機構資格：設定國外投資機構的身分，例如，規定只有以長期投資為目的機構可在本國金融市場進行證券交易。

(3) 訂定投資個別公司之上限：限制外國人投資本國公司的比率上限，避免投機行為影響個別公司。

(4) 穩定外匯：限制國外投資機構的外匯交易金額，以免影響幣值。

2. [阿根廷金融風暴]

(1) 2003 年 1 月鼓勵民間購買美元：政府可降低披索的供給額，避免發生通貨膨脹、抑制利率上升。

(2) 2008 年 10 月私有退休基金國有化：政府可能會動用私有勞工退休基金的資金作為公共支出 (償債、選舉或其他目的)；另外，由於私有退休基金持有公債，政府可以延緩這些債券到期償付本金的壓力。

3. [作假帳與公司治理] 防止公司出現作假帳的制度：

(1) 主管機關之措施：主管機關應對公司 (尤其是金融機構) 進行例行性及不定期之檢查。

(2) 聘用著名的會計師事務所：著名的會計師事務所為維護本身的聲譽，會扮演獨立超然的角色，對財務報表的查核較確實。

(3) 設置外部董事：董事會中設立外部董事，以獨立及專業之角色參與公司的重大決策，並監督公司的營運活動。

(4) 設置稽核委員會：由董事會設立稽核委員會 (Auditing Committee)，再由委員會的成員檢查公司的營運狀況與財務報表。

(5)經理人激勵制度：儘量以難以操縱的標的(如股價較難操縱，會計數字則較易操縱)來決定管理者的薪酬(薪資、紅利、選擇權、退休金)，避免發生弊端。

4. [英國與美國的金融改革]

(1)提示：參考本文內容。

(2)提示：可往下列幾個重點發揮：①監理權力往中央銀行集中，②監理重心在防範系統性風險，③加強保護消費者權益，④對銀行資本要求愈來愈嚴格，⑤要求中央銀行運作的透明度及治理。

第 14 章
銀行經營策略與併購

Business

Economics　　　　　　　　　　Stcok

Money

　　本章闡述商業銀行的經營策略，首先，第一節說明銀行的經營策略，並以案例方式加以討論；其次，第二節介紹銀行設立分行的策略；接著，第三節討論銀行併購，並提供一些實證研究結果與案例分析；第四節敘述外資銀行在中國大陸的經營策略；最後，第五節討論銀行為了達成策略可採用的方法，並以賽局理論簡述策略的應用。

一、銀行策略
二、設立分行　　　⟶　內部擴張
三、銀行併購　　　⟶　外部擴張
四、銀行進軍中國大陸　⟶　國際擴張
五、銀行策略的方法與應用

第一節　銀行的經營策略

本節說明策略的意義，以及商業銀行的整體策略及事業單位策略。

一、策略概論

策略 (Strategy) 是管理者為達成公司目標所設定的方向與採取的行動，公司推動業務時應遵循此一設定的方向。

1. 制定策略的步驟

程序上，制定策略有兩個步驟：

(1) 策略規劃：管理者應分析內部、外部環境，瞭解本身的優勢 (Strengths) 與劣勢 (Weaknesses)、機會 (Opportunities) 與威脅 (Threats) 後，訂定績效目標，進而擬定策略的重點與定位。

(2) 策略執行：在形成策略後，管理者為了順利推動策略的行動方案，因而調整組織結構及採取相關的因應措施。

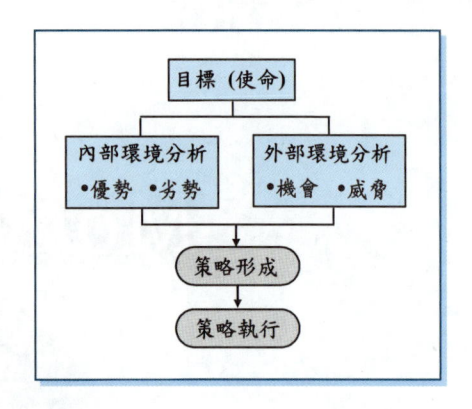

例　長期目標與策略

香港上海滙豐銀行 (HSBC) 在 1980 年代的知名度並不高，為了提升獲利，並且希望在國際銀行業中占有一席之地，該公司制定的策略如下：

1. **策略規劃**：就 1980 年代的總體環境而言，先進國家人口結構呈現逐漸老化之趨勢，不少富商需要財富管理之服務；當時美國經濟占全球生產總值約 33%，最有開發財富管理業務之潛力 (找出機會)；另外，美國的銀行多半專注於一般借貸與消費金融業務 (具有威脅)，HSBC 除了借貸業務，長期策略將本身定位為財富管理之專業銀行，並以併購作為進入美國市場的策略。

2. **策略執行**：HSBC 在 1989 年收購美國紐約州的米德蘭銀行 (Marine Midland Bank)，僱用當地的員工，推展借貸與財富管理業務。到了 1990 年代末期，

> HSBC 的規模逐漸擴大，開始以併購來達成策略，收購經營私人銀行業務的 Republic Bank of New York 公司 (1999 年，77 億美元) 與 Household International 消費金融公司 (2002 年，142 億美元，提供消費借貸、信用卡及保險信用貸款等服務)；另外，HSBC 亦在法國、亞洲、中南美洲等地區併購當地的銀行，使其業務分布於先進和發展中國家市場，成為世界著名的銀行。

2. 策略的層級

策略依公司組織的高低可分為下列三個層級，簡述如下：

(1) **公司策略 (Corporate Strategy)**：為企業高層次之策略，包括單一事業的水平擴張、國際擴張、垂直整合、多角化、併購、合資與策略聯盟等方式。例如，某商業銀行評估本身具有行銷能力，決定進入保險事業，屬於多角化的公司策略。

(2) **事業策略 (Business Strategy)**：在既定的事業領域內，選擇適當的決策與方法，以形成有利的競爭優勢。例如，某商業銀行的法金部門考慮本身規模不大，因而將主要客戶定位在中小企業，成為其事業策略。

(3) **功能策略 (Functional Strategy)**：各功能部門依事業策略發展行動方案，促使資源生產力的最大化。例如，某商業銀行的消金部門採用獨特的行銷手法 (贈送特殊商品、舉辦活動)，即為一種功能策略。

二、公司整體策略

觀念上，公司的整體策略是運用本身的核心能力，讓組織不僅能防禦及擴充既有的事業，進而能夠拓展新的產品或服務領域；實際的公司策略簡述如下：

1. **單一事業**：公司僅從事單一產品 (服務) 的經營業務。例如，某些商業銀行僅專注於傳統的借貸、外匯事業；相對而言，有些銀行採多角化經營，同時經營保險、創投及租賃等業務。

2. **垂直整合策略**：企業 (尤其是製造業) 為了擴張業務，可以向上游或下游發展，進行垂直整合。例如，零件製造商從事成品的組裝，即為向下的垂直整合。但就商業銀行而言，其與金融相關的事業並沒有明顯的垂直關係，因此對銀行而言，並沒有真正的垂直整合可言。

3. **多角化策略**：係指企業從事與本業不同的事業，可分為相關與非相關多角化策略。
   * **相關多角化**：企業所進入的新行業與原有產業具有關聯。例如，銀行增加保險事業，可以經由分行的通路，銷售保險契約給既有的客戶。
   * **非相關多角化**：企業進入的新行業與原有產業沒有關聯。例如，新力公司 (Sony) 從事電影製作事業；相對而言，多數國家禁止銀行跨業經營 (只能經營金融相關產業)，因此銀行不會採取非相關多角化策略。
4. **國際擴張策略**：企業為了擴張業務，可以向國際市場發展。例如，外國籍的商業銀行進入中國大陸營運。

   上述的垂直整合、多角化與國際化可利用合併與收購 (Mergers and Acquisitions, M&As) 的方式來達成。
5. **策略聯盟**：企業可以採用策略聯盟 (Strategic Alliances) 或合資 (Joint Ventures) 的方式，彼此投入資源與技術，以期改良產品、進行研發與擴張業務。

例 合庫之公司策略

臺灣的合作金庫 (合庫) 於 1946 年接收日據時代的「臺灣產業金庫」，由臺灣政府、各合作事業團體、農會、漁會、農田水利會等單位成立，2001 年 1 月改制為股份有限公司，2004 年 11 月在臺灣證交所掛牌上市，2005 年 4 月完成民營化，2006 年 5 月合併農民銀行 (消滅公司)，當時共有 296 個營業據點，合併後積極發展財富管理及消費金融業務。

2006 年 12 月合庫和法國巴黎銀行 (BNP Paribas) 正式簽約，在資產管理和保險業務上從事策略聯盟，不久 (2007 年 1 月) 宣布收購台陽證券投資信託公司 (合庫持股 51%、法國巴黎資產管理公司持股 49%)，更名為「合庫巴黎證券投資信託公司」；2009 年 4 月合庫和法國巴黎保險公司以合資方式籌組「合作金庫人壽保險公司」，經過公平會通過後設立，以子公司方式經營保險業務。

就合庫而言，原先從事傳統的銀行業務 (存款、放款及外匯等)，2006 年之後的策略為相關業務的多角化，尋求與經驗豐富的外商合作，避免不必要的錯誤嘗試，以便節省時間，拓展財富管理與保險業務，朝綜合銀行方向發展。

三、事業策略

1. 增加競爭優勢之事業策略

企業面臨競爭的環境下，要取得競爭優勢 (領先或打敗對手)，可以使用 Michael Porter 所提出的一般策略：

(1) 成本領導 (Overall Cost Leadership)：積極建立規模經濟、縮減研發與行銷費用，並加強生產效率，以控制生產與行銷成本。

(2) 差異化 (Differentiation)：企業致力於創造產品與服務之獨特性，以建立競爭優勢，產品或服務差異化包括優良的產品品質、較高的服務水準及品牌形象等。

(3) 集中化 (Focus)：將營運集中在特定的市場或產品，以取得競爭優勢。

銀行設定策略時，可考慮上述三個方向，不過，現代金融業逐漸變成金控公司，以期節省成本，提供較完整的服務，因此金融業的集中化策略係強調少數事業，而非依賴單一產品營運。

例　事業策略

臺灣的上海商業儲蓄銀行規模不大 (2006 年放款與存款市占率分別為 1.6% 與 1.9% 左右)，主要的業務為企業金融。該行持有香港上海商銀 57.6% 的股權，香港上海商銀又持有中國上海銀行 3% 的股權，具有兩岸三地通路的優勢；除此之外，上海商銀在深圳、越南、倫敦、紐約、舊金山及洛杉磯皆設有分行或辦事處，海外的營運版圖靈活。

上海商銀的管理者認為本身為零售型銀行，產品和價格很難有差異化，要脫穎而出，只有靠服務，因而成立「服務品質管理規劃小組」與「顧客經驗管理小組」，主動滿足顧客 (中小企業為主) 需求，以提升全行的服務品質。另外，上海商銀重視風險甚於獲利，不從事高風險的業務，作風保守穩健。例如，2000 年代前半期臺灣流行發放現金卡，上海商銀則認為風險過高而不跟進。

以事業策略而言，在臺灣的銀行競爭激烈環境下，上海商銀採用強調服務品質的「差異化」策略，使其脫穎而出；上海商銀的獲利狀況頗為耀眼 (2006～2008 年的每股盈餘分別為 4.53 元、4.05 元、3.05 元，其為非公開發行公司，部分盈餘來自轉投資收益)，堪稱小而美的銀行。

例 中信銀之公司與事業策略

臺灣的中國信託銀行 (China Trust) 2000 年代的經營策略可簡述如下：

1. **公司策略**：2002 年成立中信金控，旗下具有商銀、保險、證券、創投與資產管理等事業；2003 年 7 月初宣布合併萬通銀行，以便擴大經營規模與通路。
2. **差異化的事業策略**
   (1) 改善作業與擴充服務：聘請顧問公司改善顧客辦理事務之速度，並將個人與法人事業分工，追求專業化，重視員工訓練。2006 年打造國內銀行第一個全球財富管理平台，整合中信銀香港、美國通路與產品，專門服務高層的客戶。
   (2) 風險管理：以國際標竿銀行為楷模，建立高品質的風險控管制度，以期穩健經營。

中國信託銀行 2003～2006 年期間的股價走勢如圖 14-1 所示，該公司合併萬通銀行後，股價呈上漲趨勢，從事後的角度來看，該合併案似乎帶來了「綜效」(Synergy)。另外，2006 年中信銀聲稱為改善體質，於香港發行結構債券，卻以該筆資金迂迴投資臺灣的兆豐金控公司，同年 7 月遭主管機關重罰，後來檢察官搜索該公司，追究責任，副董事長滯留海外，股價因而受挫。

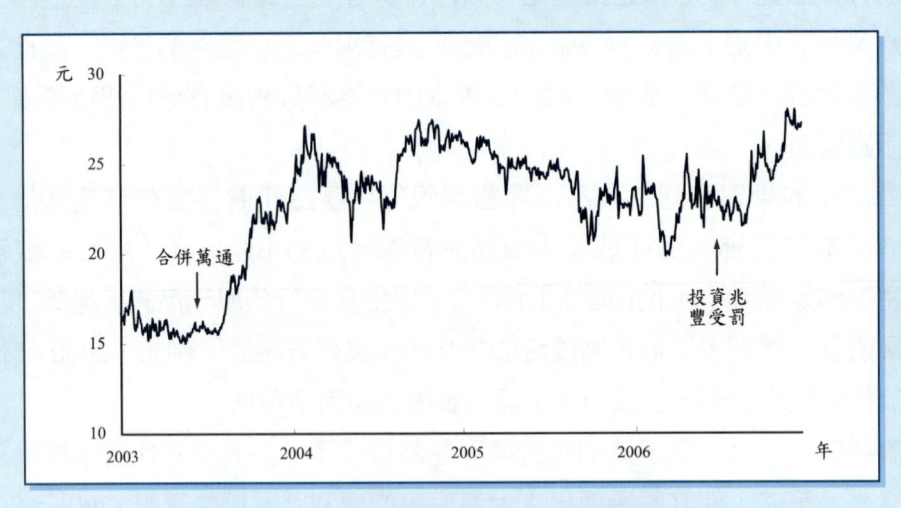

圖 14-1 中信銀 2003～2006 年之股價走勢

2. 面對環境變化的事業策略

企業在面對環境變化下,可採取下列的事業策略:

(1) **開創者** (Prospector):重視新產品的開發及新市場的機會,以求創新及擴充成長;採用開創策略者通常具有豐富的產品與市場。
(2) **防衛者** (Defender):穩定既有的顧客,以維持目前之市場占有率。
(3) **分析者** (Analyzer):注重環境分析,維持經營穩定,並伺機在有利的地區創新發展。
(4) **反應者** (Reactor):因應環境壓力而採取臨時性的行動。

擬定事業策略時,必須知道顧客群在哪裡、顧客的需求是什麼,以及如何滿足顧客,以便提供獨特的產品或服務給顧客。

例 因應環境的策略

中國建設銀行 2009 年上半年新增放款大幅上升 (約人民幣 7,000 億元),比 2008 年同期增加了 50% 左右;該銀行認為,有些企業並未呈現實質的成長,卻迅速擴充,加上股市與房價上漲過快,因而將下半年的新增放款縮減 70% (新增放款人民幣 2,000 億元)。不難理解,這個因應當時環境的臨時性策略雖縮減業務,卻可以避開壞帳風險。

限於篇幅,以下僅簡介消費金融與財富管理事業之策略。

3. 消費金融事業之策略

消費金融業務的商品主要是針對個人推廣的金融產品 (房貸、理財貸款、汽車貸款、小額信貸、信用卡及現金卡),因此個人的信用可說是消費金融業務最重要的考量因素。

例 信用卡推廣策略

銀行信用卡業務的利潤可表示如下:

$$\pi = r \cdot C \cdot (1-vc) - C \cdot b - F - \text{Other} \tag{14-1}$$

其中　　r = 手續費率 (向店家收取的費用)

　　　　C = 消費金額

　　　　vc = 單位變動成本 (處理信用卡之費用)

　　　　b = 壞帳比率

　　　　F = 固定成本 (服務人員之費用)

　　　Other = 其他收支。例如，和加油站、百貨公司與旅遊業等之消費專案，以及給予客戶的紅利贈品

　　銀行推動信用卡業務時，必須考慮上述的變數來設定*顧客群*；舉例而言，金字塔上方的顧客消費金額 (C) 高，壞帳比率 (b) 低，但要吸引高消費的顧客群，銀行本身必須有信譽卓著的品牌；因此銀行必須考慮本身條件來設定策略，然後採取不同的行銷手法、人員任用與附加業務 (保險、郵購、道路救援、緊急服務與機場接送等)。

　　此處以台新銀行於 1995 年推出信用卡為例作説明，當時臺灣的信用卡市場以花旗與中國信託銀行的占有率最高，台新銀行考慮到市場區隔，認為職業婦女發生壞帳的情形少，因而將顧客群定位為女性，推出玫瑰卡。由於女性較易被感性訴求打動，台新銀行先後推出「最女人的信用卡」與「認真的女人最美麗」系列廣告，與女性雜誌結合，舉辦有關女性的活動 (流行秀、音樂會及浪漫電影)，贈送女性偏愛的商品 (玫瑰花、巧克力、玫瑰花茶及化妝保養品)，一躍成為信用卡領導品牌之一。

　　台新銀行玫瑰卡成功地定位顧客群，瞭解並滿足顧客，以行銷活動及附加業務 (其他) 吸引女性，具有壞帳比率 (b) 低的特性，成功地創造利潤。

例　現金卡業務

　　萬泰銀行的消金部於 1999 年首先推出「George & Mary」現金卡，讓消費者以小額信貸方式取得現金，利率在 8.25%～18.25% 的範圍內；推出後發卡量快速成長，隔年便使萬泰銀行的獲利轉虧為盈，股價大幅上漲。

　　隨後多家銀行 (台新、中國信託、國泰世華、中華及大眾等) 跟進推出現金卡，但逐漸導致發卡浮濫、持卡人信用過度擴張之情況，問題終於在 2005 年下半年浮上檯面，許多消費者因無力償還而產生壞帳。

> 2007 年 4 月底,萬泰銀行宣布 2006 年度虧損新臺幣 112 億元 (每股稅後淨損新臺幣 5.73 元),股價暴跌,因而決議減資 59 億元;並且在虧損訊息公布前,萬泰股票湧現大量賣壓,扯出了內線交易案。2008 年萬泰銀行將超過 150 億元的不良資產賣給萬榮行銷公司,卻只收回 10 億元,司法單位因而介入調查萬泰銀行的負責人。
>
> 萬泰銀行推出現金卡雖採取開創者的策略,但卻輕視消費者的信用問題 [壞帳比率 (b) 過高],決策者過於樂觀,雖在短時間內創造可觀的業績與利益,長期卻嚐到苦果。

4. 財富管理事業之策略

就銀行經營財富管理業務而言,設定策略時應注意下列五個層面:

(1) **明確的目標顧客群**:經營現有顧客群是首要目標,新客戶開發可以從內部延展至外部。

(2) **人力資源**:提升從業人員的專業素養,須建構前臺銷售人員與中臺產品管理者之供應鏈,以符合客戶的需求。產品管理者必須蒐集市場資訊,尋找商品,提供給銷售人員;銷售人員直接面對客戶,將客戶的需求傳達給產品管理者。

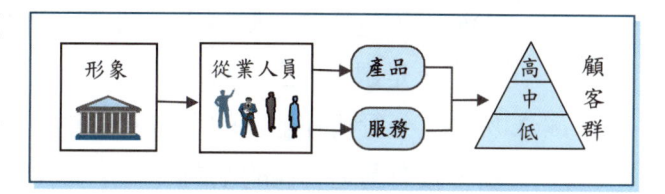

(3) **專業的服務與資訊管理**:銀行須整合存款、放款、基金及保險之交易資訊,在嚴格的保密性下,提供完整的報表給客戶,滿足各種查詢,並追蹤客戶的投資偏好。

(4) **金融商品**:從本身的優勢產品做起,然後結合相關金融商品部門,搭配成投資組合,為客戶提供客製化、量身訂作的產品。舉例而言,如果主要顧客群為中產階級,這些人相對較為忙碌、保守,因此銀行的策略應提供期望報酬率中等、能夠保本的投資商品。

(5) **品牌形象**:配合金融商品創新與行銷創意,給予大眾平實與誠懇的形象。但必須注意產品自律,不推銷不合適或誇大的商品給客戶,以免導致法律糾紛,損壞銀行之形象。

第二節　銀行設立分行的策略

現代銀行業雖有自動櫃員機 (Automated Teller Machines, ATMs) 與網路銀行 (Internet Banking) 之服務，但多數消費者仍偏好至分行 (Bank Branch) 辦理事務，因此分行具有維護客戶 (尤其是零售金融業務)、保持通路的作用；但另一方面，分行的成本並不低，必須有顯著的貢獻，否則總行將考慮出售或關閉分行。本小節討論銀行分行之相關策略。

一、設立分行的考量因素

銀行設立個別分行時，應注意下列條件：

1. 人口：
　(1)選擇人口密度高、具有成長趨勢的地區。
　(2)分行附近中高年齡層占人口之比例不宜過低，因為 40 歲以上的族群收入穩定，是銀行的主要客戶。

2. 所得：分行所在地區的平均所得愈高，愈能吸收存款、承做較多的財富管理業務，較有創造利潤的空間。

3. 商業發展程度：分行地區的工商業發展程度愈高，批發性銀行業務愈發達。

4. 競爭者：要考慮其他競爭對手是否已在附近設立分行，尤其具有市場領導品牌的銀行，避免出現過度競爭之情況。

5. 地域的分散：銀行本身分行的地域範圍不應重複，以免相互競爭。

6. 交通：分行座落的位置應考慮具有交通便利之特性。

銀行可以自行設立分行，或以併購方式取得分行。一般而言，併購其他銀行的分行，必須考慮與本身既有分行的區域及業務重疊性。例如，某銀行的消費金融業務發達，若希望發揮互補作用，則可選擇企業金融業務較強的銀行為併購對象。

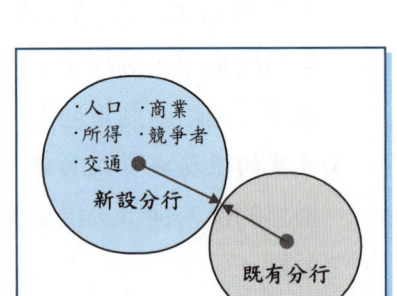

二、分行之定位與經營型態

各銀行對分行的定位並不相同，分行依權力可區分為下列兩種基本類型：

1. **總行集權**：分行僅扮演吸收存款、銷售據點之角色，重要決策 (如放款) 由總行或大型分行主導。
2. **分權**：分行經理可以決定多數業務，此種分行通常會同時具有存款、放款、外匯及財富管理等業務。

一般而言，總行會分權給少數的大規模分行，小規模的分行則扮演據點之角色。例如，總行位於臺北，但臺中分行可決定新臺幣 1 億元以下的放款，沙鹿分行的客戶申請貸款，全部須送交臺中分行負責處理。

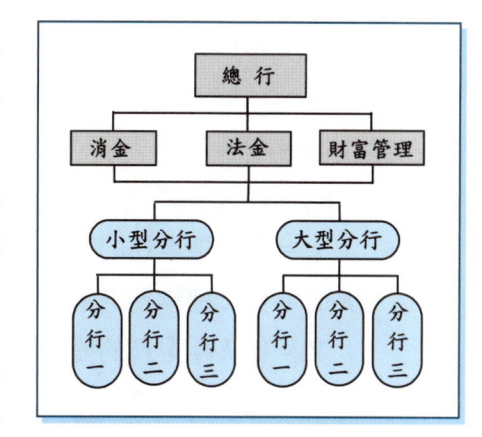

在總行集權制下，分行扮演被動的角色，管理者的策略可訂為維持客戶群 (防衛者)，以滿足總行所設定的目標；另一方面，在分權制下，分行管理者的策略可訂為維持經營穩定、伺機擴大客戶群 (分析者)，利用既有資源，提供具有差異的產品或服務給顧客。

美國有些銀行以商店方式經營分行 (In-Store Branching)，這種商店銀行除了一般存款、取款的交易外，上門的客戶可以買到一些日用品或銀行特製的商品 (如帽子、T 恤與馬克杯)。這種經營方式是為了吸引客戶上門，並拉長客戶停留在分行的時間，以便行員從客戶身上找出更多的商機，提供更多的金融服務。

三、分行的經營策略

若以銀行的業務 (存款、放款、財富管理、信託與外匯) 來表達，分行的獲利可表達如下：

$$獲利 = \{D \cdot [s \cdot i_L + (1-s) \cdot i_I - i_D] - D \cdot s \cdot b - F_D\}$$
$$+ \sum_{k=1}^{K} (r_k \cdot Rev_k - V_k - F_k) - F_B \tag{14-2}$$

其中 D = 分行的存款金額

s = 放款比率

i_L = 放款之加權平均利率

i_I = 未放款金額的 (投資) 獲利率

i_D = 存款之加權平均利率

b = 壞帳比率

F_D = 存放款業務之固定成本

r_k = 第 k 種業務的報酬率 (手續費與佣金)

Rev_k = 第 k 種業務的營業金額

V_k = 第 k 種業務的變動成本

F_k = 第 k 種業務的固定成本

F_B = 分行的固定成本 (資訊系統、房租及水電等費用)

在 (14-2) 式中,利率差 $[s \cdot i_L + (1-s) \cdot i_I - i_D$,當 $s = 1$,則為 $i_L - i_D]$ 是存貸業務的獲利主要來源,也是銀行業的傳統主要收入;但現代銀行間的競爭激烈,此項業務的貢獻有限,而且容易產生壞帳風險 (b 上升)。相對而言,手續費與佣金 ($r_k \times Rev_k$) 的風險較低,因此分行應考慮擴大高手續費率的業務 (如外匯及財富管理)。

分行在獲利的考量下,須同時控管各項業務,管理者可以給予各類業務不同的權數,權數愈重,則須對該項業務付出愈多的心力,督促未達目標之主管與行員,表 14.1 以範例方式列舉各種業務應注意的細項與權數,其中權數須視總行給予的任務來設定。

第三節　銀行併購

1980 年代中期之後,歐美興起銀行合併與收購 (簡稱併購) 的風潮[1],使得銀行業的結構與營運產生重大變化,進而影響長期績效。

一、銀行併購概論

銀行在併購之前必須評估是否會產生綜效 (Synergy),綜效是企業從事之活動所產生的額外貢獻;原則上,併購後的價值若大於原先兩家公司的價值總和 ($V_{AB} >$

---

[1] 合併 (Mergers) 是指兩家或兩家以上的公司經由合法程序,結合為一家公司;收購 (Acquisitions) 係指主併公司 (Acquirer) 出資買下目標公司 (Target Firm, Acquiree),以取得資產或股權。

> 表 14.1　銀行分行業務權重之範例

項目	細項	得分比率	總比率
(一) 存款業務	1. 加權存款增加金額 (活期6%，定期2%)	8%	
	2. 加權存款成長率	6%	
	3. 存款目標達成率	10%	
	4. 新增客戶數÷存匯業務行員數	6%	30%
(二) 授信業務	1. 授信增加金額	4%	
	2. 授信成長率	4%	
	3. 授信目標達成率	10%	
	4. 授信業務行員生產力	4%	22%
(三) 外匯業務	1. 加權外匯業務承做量	4%	
	2. 加權外匯業務增加金額	4%	
	3. 加權外匯業務成長率	4%	
	4. 外匯目標達成率	4%	16%
(四) 信託及信用卡業務	1. 基金、保險手續費達成率	4%	
	2. 基金承做量達成率	2%	
	3. 定期定額新增戶數達成率	2%	
	4. 信用卡達成率	6%	14%
(五) 財富管理業務	1. 客戶承做金額	6%	
	2. 客戶承做量達成率	4%	
	3. 手續費達成率	8%	18%
(六) 行政管理與資產品質	1. 授信品質	加分或減分	
	2. 稽核考評		
	3. 行政管理		

$V_A + V_B$，亦即 1＋1＞2)，便具有綜效。一般而言，銀行併購可能具有綜效的類型如下：

1. **同業併購**：併購業務性質相似的銀行，以節省成本、增加通路為目的。
2. **異業互補**：併購業務性質相異的金融事業。例如，商業銀行併購投資銀行或保險公司，可藉由銀行的通路增加銷售。
3. **地區之涵蓋**：銀行之目的若是減少競爭、增加市場穿透力，所選擇併購對象的營業區域可與銀行本身重疊；併購目的若是擴大服務區域，則應選擇營業區域重疊低的對象。

銀行若認為值得併購，必須評估對方的價值和可產生的綜效，與對方協商價格，同意後則訂出換股比率或收購價格，然後進入實質併購程序。

銀行併購後的整合速度是營運成功的關鍵，因而須考慮併購後的隱藏成本、權力鬥爭及文化隔閡等問題，管理者須以組織再造及溝通協調來降低這些事項所帶來的負面影響。

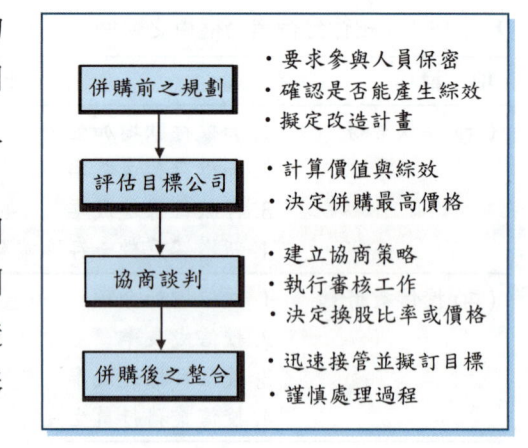

```
併購前之規劃  ・要求參與人員保密
              ・確認是否能產生綜效
              ・擬定改造計畫
      ↓
評估目標公司  ・計算價值與綜效
              ・決定併購最高價格
      ↓
協商談判      ・建立協商策略
              ・執行審核工作
              ・決定換股比率或價格
      ↓
併購後之整合  ・迅速接管並擬訂目標
              ・謹慎處理過程
```

二、併購之動機

管理者從事併購的動機可能會影響併購後的長期績效，表 14.2 歸納管理者可能的動機，說明如下：

1. **創造綜效 (Synergy Creation)**：管理者從事併購的動機若是追求規模經濟、增加市場占有率與改善營運等目的，應該會產生綜效，對銀行的績效有正面影響。
2. **坐在金礦上 (Sitting on the Gold Mine)**：當目標公司擁有誘人的資產、股價被低估時，將吸引其他公司的注意而進行併購，這種情況被暱稱為坐在金礦上。

▶表 14.2　從事併購之動機

動　機	對長期績效之影響
創造綜效 (Synergy Creation)	＋
坐在金礦上 (Sitting on the Gold Mine)	＋
短視近利 (EPS Myopia)	－
努力反轉 (Kick-in-the-Pants)	？
管理者的傲慢 (Managers' Hubris)	－
多角化──營運彈性 (Operational Flexibility)	？
多角化──產品與通路整合 (Product Integration)	＋
代理人問題 (Agency Problems)：	
・自由現金流量 (Free Cash Flows)	－
・鞏固權力 (Managers' Entrenchment)	－
・多角化以避免淘汰 (Preventing out of Business)	－

3. **短視近利 (EPS Myopia)**：銀行若是因為目標公司的獲利良好而從事併購，併購後的短期內獲利上升，但之後往往無法有效經營目標公司，業務整合不佳，未能改善長期績效。

4. **努力反轉 (Kick-in-the-Pants)**：銀行原本的表現不佳或平平 (本益比、市價淨值比相對較低)，但若經過謹慎考慮後從事併購，可能會鹹魚翻身，長期績效獲得改善。

5. **管理者的傲慢 (Managers' Hubris)**：銀行的決策者若過度自信，尤其過去表現輝煌者，往往高估自己的能力與併購的績效，支付高額的併購價格，出現贏家詛咒 (Winner's Curse)，併購後的長期表現不佳。

6. **多角化 (Diversification)**：企業從事多角化係指旗下有不同的事業，這種結構可以分散風險、增加舉債能力、整合產品與通路、營運具有彈性 (有效分配內部資金)、延伸管理才能 (A 事業做得好，也可將 B 事業做好)。不過，多角化卻也可能帶來缺點，包括資源流向表現不佳的部門、員工的工作態度散漫 (大鍋飯心態)、總部與部門管理者所追求的目標不一致。

7. **代理人問題 (Agency Problems)**：代理人問題是指管理者的決策是為了本身私利，而非股東的利益，管理者會為了下列原因而併購其他公司：
   (1) 自由現金流量：如果銀行的現金流量充裕，管理者不願發放股利，而將資金用於投資。在這種情況下，可能在未審慎評估的情況下即從事併購。
   (2) 鞏固權力：併購後的銀行規模擴大，營業額及人員迅速增加，可提升管理者本身的報酬及權力，並累積經驗與資歷，以滿足個人慾望。
   (3) 多角化以避免淘汰：多角化公司若整體表現不佳，但有一、兩個事業表現尚可，管理者仍可保有職位。

三、銀行併購之實證研究

以下歸納一些學術文獻對銀行併購的研究結果：

1. **併購後的績效**：多數實證研究發現，主併銀行宣布併購其他銀行，宣告期間的平均股價報酬率為負，但並不顯著，而且長期經營績效 (財務數據) 亦未明顯改善，這意味著多數的銀行併購並未產生綜效。

2. **併購雙方的重疊性**：主併銀行與目標銀行若同時具有類似的地域與業務，宣告併購時的異常報酬率為正 (3%)，若不具有這兩種特性，則報酬率不為正；隱含

地域與業務的整合可以出現較有效率的管理團隊、增加市場競爭力、減少過度投資或規模經濟之綜效[2]。

3. **併購的收入與成本估計**：銀行從事併購時，管理者通常高估併購後的收入，但所估計的成本縮減還算準確；這代表併購不易為銀行創造額外收入，因此併購前就應選擇可節省成本的目標銀行[3]。

4. **併購雙方的特性**：主併銀行的併購經驗對長期經營績效的影響並不明顯，但主併銀行與目標銀行之間是否能將工作 (資訊系統、作業流程、文書等) 融合，會明顯地影響長期經營績效。這代表銀行從事併購時，應選擇與本身運作較為類似的目標銀行，長期才會出現綜效[4]。

5. **主併銀行的債券價格**：銀行宣布併購時，債券價格的報酬率為正，而且在併購後主併銀行發行債券的成本降低。顯示併購降低銀行破產風險[5]，對債權人較有保障 (債券違約風險下降，促使殖利率下降)。

6. **併購後對中小企業之影響**：銀行從事併購後會縮減對中小企業的放款，主併銀行的設立年數愈久，這種情況會愈明顯[6]。

7. **併購後對消費者之影響**：銀行從事併購後，會給予消費者較佳的條件與待遇 (如存款利率稍高、放款利率較低)[7]。

四、銀行併購策略之應用

下列以案例方式來說明銀行的併購策略。

---

[2] DeLong, Gayle L., 2001, Stockholder gains from focusing versus diversifying bank mergers, *Journal of Financial Economics* 59, 221-252.

[3] Houston, Joel F., Christopher M. James, and Michael D. Ryngaert, 2001, Where do merger gains come from? Bank mergers from the perspective of insiders and outsiders, *Journal of Financial Economics* 60, 285-331.

[4] Zollo, Maurizio and Harbir Singh, 2004, Deliberate learning in corporate acquisitions: post-acquisition strategies and integration capability in US bank mergers, *Strategic Management Journal* 25, 1233-1256.

[5] Penas, María Fabiana and Haluk Unal, 2004, Gains in bank mergers: Evidence from the bond market, *Journal of Financial Economics* 74, 149-179.

[6] Berger, Allen N., Anthony Saunders, Joseph M. Scalise, and Gregory F. Udell, 1998, The effects of bank mergers and acquisitions on small business lending, *Journal of Financial Economics* 50, 187-229.

[7] Focarelli, Dario and Favio Panetta, 2003, Are mergers beneficial to consumers? Evidence from the market for bank deposits, *American Economic Review* 93, 1152-1172.

例 外商銀行進入當地市場

下列為外商銀行進入臺灣的合併案例:

1. **花旗銀行合併華僑銀行**:花旗銀行於 2006 年 2 月以每股新臺幣 11.628 元 (共新臺幣 141 億元) 合併華僑銀行 (共 55 家分行),讓花旗在臺灣的據點增加至 66 處。過去花旗礙於分行家數的限制,經營的客層較侷限於財富管理的頂端族群,分行家數變多後,可使客層普及化,為客戶群量身訂作合適的金融商品。
2. **渣打銀行合併新竹商銀**:英商渣打銀行於 2006 年 9 月宣布買入新竹商銀 51% 的股權,從事傳統銀行業務,顯示渣打深耕臺灣的「當地化」策略。
3. **滙豐銀行合併中華銀行**:香港上海滙豐銀行 (HSBC) 於 2007 年 12 月標得中華銀行,使滙豐在臺灣的分行數從 8 家增加到 47 家,以搶攻財富管理客戶。
4. **荷蘭銀行合併臺東企銀**:荷蘭銀行於 2007 年 9 月合併由政府接管且公開標售的臺東企銀,從原有的 5 個營業據點擴增為 37 個,多半分布於南部地區。
5. **星展銀行合併寶華銀行**:新加坡星展銀行於 2008 年 1 月合併由政府接管的寶華銀行 [由行政院金融重建基金 (RTC) 賠付新臺幣 445 億元],從原有的 1 個營業據點增加為 40 個。

就上述案例而言,主併者的目的係擴展規模、取得通路,對象具備一定的分行規模,合併後須具有多數的所有權、掌控經營權。

例 美國銀行之併購策略

美國 NBNC 銀行總部位於北卡羅萊納州夏洛特 (Charlotte),1993 年更名為國家銀行 (Nations Bank),該銀行在 1981~1998 年期間進行將近 30 次的併購。表 14.3 摘要其中金額較高的併購案例。

NBNC 銀行 (國家銀行) 所從事的併購有下列特色:

- **擴展營業區域**:1980~1990 年代期間,所併購的銀行涵蓋美國東南部與南部,避免與東北部的大銀行直接競爭,擴大該銀行的服務區域。
- **業務多元化**:1992 年買下克萊斯勒 (Chrysler) 融資公司,1993 年買下芝加哥研究暨交易公司 (Chicago Research & Trading),經營石油和天然氣事業之融資,1997

表 14.3　美國銀行之併購

宣告日	目標公司	價　值 (百萬美元)	3 天報酬率 (%) CR	3 天報酬率 (%) CAR
1991/6/25	C&S/Sovran Corp.	4,259	−0.06	−0.06
1992/7/17	MNC Financial Inc.	1,333	0	0.01
1992/11/17	Chrysler First Inc. (Chrysler)	2,200	0.04	0.02
1993/3/17	Chicago Research & Trading Group	225	0	0
1995/9/5	Bank South Corp., Atlanta, GA	1,619	0.04	0.04
1996/8/30	Boatmen's Bancshares, St Louis	9,667	−0.03	−0.03
1997/6/30	Montgomery Securities, CA	1,200	0.05	0.02
1997/8/29	Barnett Banks, Jacksonville, FL	14,822	0.03	0
1998/4/13	Bank America Corp.	61,633	0.03	0

CR 為股價累計報酬率，CAR 為股價累計異常報酬率 (以大盤報酬率帶入市場模式計算)。

年買下蒙哥瑪莉證券公司 (Montgomery Securities)，使得該銀行的服務項目多元化。

⛳ 全國性銀行：1998 年國家銀行 (Nations Bank) 與美洲銀行 (Bank America) 併購成美國銀行 (Bank of America, BOA)，BOA 總部位於舊金山，在全美的營業據點眾多 (24 個州和華盛頓)，分行將近 5,000 家，而原國家銀行的業務網則在東南部與南部，併購後營業版圖彼此互補。

⛳ 併購美林：2008 年美國發生次級房貸危機，美商美林公司 (Merrill Lynch) 遭遇財務困難，美國銀行 (BOA) 因而併購美林，但後來卻因美林虧損過大，使得 BOA 陷入困境。

例　英商駿懋銀行之策略

英國駿懋 (Lloyds) 銀行 1983 年指派 B. Pitman 為執行長，當時該銀行的不動產借貸與在南美洲的營業蒙受鉅額虧損，Pitman 的基本信念為創造股東的價值，因而以「集中化」為策略，採取下列措施：

💰 英國的銀行零售業務 (主要為消費金融) 穩定且利潤較佳，Pitman 專注於此一事業，並逐步裁撤或出售獲利不佳的部門。

💰 1987 年關閉投資銀行業務，並對海外分支機構進行改造。

自 1988 年起，以併購方式取得獲利較佳的事業 (如保險業)，其中 1995 年合併 TSB 集團，更名為 Lloyds TSB 銀行 [8]。

就策略的角度而言，Pitman 採用專注於少數業務的集中化策略，與當時多數銀行業者追求規模化、增加市場占有率及國際化形成對比。

2003 年 Lloyds TSB 銀行由 E. Daniels 繼任為執行長，Daniels 處分不少海外分支機構 (出售法國、巴西及南美洲事業)，而在英國併購同業 (2003 年取得 Goldfish 之信用卡及貸款業務，2008 年合併英國最大的房屋貸款公司 HBOS)，採取地區集中化策略。

Lloyds TSB 銀行所採用的「集中化」策略異於同業，使其具有高獲利及穩定性；至 2009 年，Lloyds TSB 集團的主要業務包括：**1.** 零售與房貸；**2.** 保險；及 **3.** 企業與國際金融三大事業 [9]。

日本銀行業之合併

1990 年代日本因經濟泡沫破滅、房地產大跌，使得銀行出現龐大的不良債權，1996 年首相橋本龍太郎對金融體制進行改革，引進外國銀行拯救瀕臨倒閉之銀行，並鼓勵銀行進行整合，數家大型銀行因而合併：

- 1996 年：東京銀行與三菱銀行合併成「東京三菱銀行」。
- 2001 年：三井銀行與住友銀行合併成「三井住友銀行」。
- 2002 年：三和銀行與名古屋地方財閥旗下之東海銀行合併成「UFJ 銀行」。
- 2002 年：第一勸業銀行、富士銀行及日本興業銀行合併為「瑞穗銀行」。

就事後的狀況而言，日本大型銀行的合併對減少不良債權的程度有限，有些甚至還造成不良債權的增加；另一方面，合併後的經營績效亦未明顯改善。這些結果

---

[8] Lloyd 銀行 1988 年合併 Abey 壽險公司，1993 年合併 Agricultural 抵押貸款公司，1995 年合併 C&G 公司，1998 年合併蘇格蘭銀行旗下之紐西蘭分行，2000 年合併 Scottish Widows (保險業) 及 Chartered Trust Group，2002 年合併 First National Vechicle Holdings (FNVH) 及 Abbey National Vehicle Finance (ANVF) 汽車融資公司。

[9] Barry Howcroft, 2005, An insight into bank corporate strategy: A Lloyds TSB case study, *Thunderbird International Business Review* 47, 365-380.

帶來一些啟示：

▼ 藉由政治力量來解決金融問題，難以發揮市場自由機制，合併不是解決問題的萬靈丹，擴張不代表經營之優劣。
▼ 日本大型銀行的文化保守，並未利用過去日本經濟上的優勢，將版圖擴張至海外 (國際化)，發展成具有特性的銀行 (未成為開創者)，錯失創造豐厚利潤的機會。

第四節　外資銀行在中國大陸的經營策略

　　中國大陸在 2000 年代之後大幅開放金融市場，各國銀行積極地擴充在中國大陸的營業，有鑑於此，本節介紹外資銀行進入中國大陸的概況與營運策略。

一、外資銀行進入中國大陸之規定

　　外資銀行在 1980 年代開始進入中國大陸，設立分支機構，中國大陸當局原先只批准外資銀行在經濟特區內對外國人提供外匯業務，後來允許經營中國大陸企業與個人外匯業務，接著允許經營外商企業與外國居民的人民幣業務，然後才是中國大陸企業人民幣業務，最後在 2006 年 12 月開放中國大陸境內一般民眾之人民幣業務。

　　另外，2001 年底中國大陸加入世界貿易組織 (WTO) 後，除了分行模式之外，部分外資銀行亦與當地銀行合資，或成為獨立法人。

1. 銀行結構

　　中國大陸的銀行可區分為下列四類：

(1) **政策性銀行**：包括國家開發銀行、中國進出口銀行和中國農業發展銀行三大銀行，配合國家政策，分別負責基礎建設、進出口與農業之貸款。

(2) **四大商業銀行**：包括中國銀行 (中銀)、中國工商銀行 (工行)、中國建設銀行 (建行) 與中國農業銀行 (農行) 四大銀行，分行遍布全國，四大銀行 2005 年起陸續在香港上市，並與外資銀行進行業務合作。

(3) **股份制商業銀行**：可在全國各地設立分行 (2009 年時共有 13 家。例如，民生銀行、上海浦東發展銀行、深圳發展銀行等)，成立時間較短 (1986 年成立的交通銀行為第一家股份制商業銀行)，因此具有負債低、包袱輕、運作靈活之

特性,為外資選擇合資的主要對象。
(4) 城市商業銀行:設立分行有區域性的限制,大多由城市信用社、農村信用社及金融服務社合併組成,體質較差,且缺乏公司治理觀念。

政策性銀行	— 配合國家政策
四大商業銀行	— 中銀、工行、建行、農行
股份制商業銀行	— 可在全國設立分行
城市商業銀行	— 設分行有區域性限制

外資入股中資銀行有兩項限制:(1)入股同性質的銀行不能超過 2 家;(2) 單家外資銀行投資中資銀行上限比例為 20%,所有外資銀行投資一家中資銀行的股份總額不能超過 25%。

2. 獨資銀行

中國大陸於 2006 年 11 月 11 日頒布「外資銀行管理條例」,鼓勵外國銀行從分行組織改制為獨立法人,對外商獨資銀行與外國銀行分行實施差別待遇,外商獨資銀行具有完全的人民幣零售業務資格,以及從事銀行卡業務,而外國銀行分行只可吸收人民幣 100 萬元以上之存款。

二、外資銀行在中國大陸之策略

1. 業務策略

中國大陸在 2006 年底開放外商銀行辦理人民幣業務之前,外資銀行主要的業務為外匯存貸、貿易融資及其他相關業務;2006 年之後,則推動信用卡、房貸與個人理財等人民幣業務。

依中國大陸之規定,2006 年業務開放之後,外資銀行 5 年內存貸比須達到 75%,各外資銀行因而在存款與貸款之業務上各顯神通。例如,香港滙豐銀行(HSBC) 增加在中國大陸二線城市的據點,廣吸存款,並積極推動信用及擔保貸款業務。

2. 客戶來源

過去外資銀行的主要客戶為跨國企業與高收入戶,因而有所謂的二八定律,意思是 20% 的客戶為銀行帶來 80% 的收入;但 2006 年底人民幣業務開放之後,外資銀行亦青睞中國大陸國營企業與高收入的中國大陸民眾,從事企業貸款與財富管理業務。例如,花旗、荷蘭銀行的個人理財客戶存款門檻須達 10 萬美元。另外,外資銀行亦開始鎖定信用紀錄良好的中小企業,大力發展中小企業貸款。

3. 發展策略

外資銀行在中國大陸的發展策略與趨勢可歸納如下：

(1) 外資銀行進入中國大陸市場的主要模式仍為設立分支機構。
(2) 業務重點集中於東南沿海地區，但將逐漸增加對內陸地區的投資。
(3) 中資與外資銀行將逐漸從合作走向競爭，中資銀行具有地緣與既有客戶的優勢，外資銀行則具有效率高、服務佳、產品多樣化、風險管理能力較強的優勢。
(4) 外資銀行將積極擴張零售業務 (信用卡、投資商品及房貸等)。
(5) 外資銀行加速擴張，將聘用本地員工、降低外派人員比例，著重於當地化的經營方式。

三、各國銀行在中國大陸之概況

1. 美國銀行業

美商銀行的專長為企業及消費金融，但海外分行授信業務的控管嚴格，因此放款仍以跨國及大型公司為主，並承做外匯業務，據點多集中於經濟發達之城市 (如北京、上海和廣州)。不過，2001 年中國大陸逐漸開放人民幣業務後，美商銀行逐步擴大在中國大陸的分支機構，並積極發展消費信貸及其他零售業務。

2. 歐洲銀行業

歐洲的銀行較專著於財富管理業務，服務對象以高收入的民眾為主，設立分行的數目相對較多。2006 年底開放一般民眾之人民幣業務後，歐洲銀行積極地拓展消費信貸業務。

3. 日本銀行業

日本一些大型銀行在 2000 年代縮減海外資產，但由於人民幣的借貸利差大、有升值趨勢，因而紛紛在中國大陸拓展據點，除了北京和上海等一線都市，日本銀行也在大連、蘇州、杭州等二線城市設立分行，這些二線城市因製造業林立，與日商有較高的關聯性，日本銀行具有人脈上的利基。

4. 香港銀行業

香港與中國大陸於 2004 年 8 月簽訂更緊密經貿關係安排 (Closer Economic Partnership Arrangement, CEPA)，是一項自由貿易協議，主要的內容包括貨物貿易

零關稅、服務貿易優惠待遇及貿易投資便利化等事項。

CEPA 給予香港銀行多項優惠，限制條件也較寬鬆 (如 2007 年將銀行總資產門檻由 100 億美元降為 60 億美元)，因而掀起香港銀行業進入中國大陸的熱潮，紛紛申請設立分行，經營人民幣業務，專注的城市以深圳、廣州和上海為主。

例 輾轉投資

2011 年 8 月以前，臺灣的銀行可以透過海外子行間接至中國大陸營業，富邦金控公司因而透過子公司香港富邦銀行 (併購香港港基銀行)，於 2007 年藉由 CEPA 進入中國大陸，參股大陸廈門商業銀行 19.9% 股權，將業務延伸至中國大陸。惟 2011 年 8 月後，臺灣金管會對國銀參股大陸銀行業之主體由海外子行修改為母行。富邦金為配合規定，已將香港子行對廈門商業銀行 19.99% 之持股轉由母行台北富邦銀行投資。

5. 臺灣銀行業

在 2008 年以前，臺灣政府並不願與中國大陸協商，兩岸缺乏經貿規範，銀行業無法正式進入大陸；到了 2010 年 6 月 29 日，臺灣與中國大陸正式簽訂兩岸經濟合作架構協議 (Economic Cooperation Framework and Agreement, ECFA)，銀行業興起一陣登陸潮。

相對於其他國家的銀行而言，臺灣的銀行業規模小、進入時間晚，要進入中國大陸可先設立辦事處或分行，以臺商為主要服務對象，再逐漸經營一般人民幣業務，拓展客源。

若考慮速度，臺灣的銀行可以考慮與中國大陸的銀行合資。不過，股份制商業銀行的家數並不多，要入股可能得選擇城市商業銀行，但營運區域受限，且須花費較多的時間監督與加強管理制度。

在選擇據點上，臺灣的銀行應以臺商聚集的江蘇、廣東、福建等地為重點。不過，中國大陸當局鼓勵外資銀行進入中西部與東北部，給予縮短審批時間、優先審批等優惠，因此臺灣的銀行業亦可考慮這兩個地區，競爭較不激烈，但推展業務仍有很高的不確定性。

在 ECFA 架構下，臺灣的銀行業在大陸的辦事處紛紛升格為分行，有些銀行甚至設立子行或第二家分行，這些據點大都在都會區，由於都會區業務經營競爭激烈，在成立子行或第二以上的分行時，漸漸有往村鎮設立據點的趨勢。

第五節　銀行策略的方法與應用

以下介紹銀行達成策略可採用的方法，其次以賽局理論簡介銀行可採取的策略。

一、銀行達成策略的改造方法

表 14.4 歸納銀行為達成策略可採用的具體方法與活動，包括縮減資產、人事政策、擴張、內部改造、內外部控制權變動與其他等項目，這些方法大致上可區分為縮減與擴張兩種方式。

▶表 14.4　銀行的改造方法

類別	方　法	類別	方　法
縮減資產	縮減或延遲資本支出	內部改造	降低營運成本
	關閉分行或分支機構		更新設備
	停售商品		改善作業流程與服務品質
	出售部門或資產		改善產品及銷售方式
	分割部門或單位	內部控制權	更換管理團隊
人事政策	裁　員		董事會改組
	降低董事會成員酬勞或紅利		任用或解聘外部董事
	管理階層或員工減薪	外部控制權	股東要求改善 (行動主義)
	降低退休年齡或提供優退方案		委託書爭奪戰
擴張	合　資		增資 (公開或私募)
	增加資本支出		由外部人取得股權
	發展新產品		企圖融資買下 (LBO)
	擴充通路		被併購
	多角化		宣布破產 (重整)
	部分併購 (其他公司)	其他	公司更名
	全部併購 (其他公司)		更新資訊系統

一般而言，在景氣不佳、業務萎縮時，管理者會採用縮減策略，景氣良好時則採用擴張策略；這個現象符合直覺，但要提醒的是，管理者往往在景氣不佳時過於悲觀，縮減過度；景氣良好時過於樂觀，擴張過度。

表 14.5 以銀行特性為基礎，勾勒出較合適的改造方法，如下列狀況：

> 表 14.5　銀行特性與改造方法

本身特性	類　型	人事政策	縮減資產	擴　張	內部改造	外部控制
產品競爭力	強			◎		
	中			◎	◎	
	弱		◎	×	◎	◎
產品生命週期	成　長		×	◎		
	成　熟				◎	
	衰　退	◎	◎			◎
營業型態	多　元		◎	×		◎
	集　中				◎	
客戶忠誠度	穩　定		×	◎		
	變　動	◎			◎	
衰退原因	管理不當	◎			◎	◎
	景氣循環		◎	×		
	競爭激烈	◎	◎			◎

註：◎ 代表適用；× 為不適用。

1. 某銀行的競爭力相對較差，希望改善績效，但更換管理者與裁員卻可能引發大股東之間的衝突；此種情況下，股東可考慮由他人接手出售部分 (或全部) 股權，引進外來者，進行大幅的人事與組織再造。
2. 某多角化銀行 (金控) 的一個事業部門發展不佳，遭遇瓶頸，長期虧損，銀行當局可考慮出售或分割該部門。
3. 某銀行希望擴張業務，但對目標公司不瞭解，本身資金也有限；在這種情況下，該銀行可藉由策略聯盟或合資與對方合作，一段期間之後有了較多的瞭解，資金足夠後再考慮併購。

注意表 14.5 只是概略性的方向，並不是絕對的標準，選擇方法仍須視實際狀況 (經濟環境、本身的資源及對手之動向) 而定。

例 引進策略性投資夥伴

下列為臺灣的銀行引進策略性投資夥伴的案例，目的皆為獲得資金、改善營運績效：

☞ 安泰銀行 2007 年 6 月引進國外私募基金隆力集團 (Longreach Group)，原大股東宏泰集團亦認購安泰之股權，成為兩大主要股東。安泰是臺灣的中小型商業銀行，業務重心為不動產融資、中小企業貸款及消費金融。隆力與宏泰進入後，2007 年 11 月即更換新經營團隊，以期改善營運[10]。

☞ 美國私募基金凱雷集團 (Carlyle Group) 2007 年 7 月以每股新臺幣 17 元的價格買下大眾銀行 36% 的股權，總交易金額 215 億元 (私募普通股 100 億元、可轉換特別股 40 億元及可轉換金融債券 75 億元)，凱雷之後取得過半的董事席位。隔年 (2008 年) 3 月大眾董事會宣布，延攬新加坡星展銀行原高階主管為新經營團隊，以期改善績效。

☞ 萬泰銀行與奇異消費金融 (GE Consumer Finance) 於 2008 年 1 月完成策略性投資契約，當年度萬泰銀行發行 1.97 億普通股，總金額新臺幣 27.55 億元，占該銀行增資後股本的 10%，由奇異消費金融全額認購；另外，奇異消費金融亦認購萬泰以私募方式發行的可轉換金融債券，持有萬泰的股份共達 24.9%。就萬泰銀行而言，此一方案引進世界先進的消費性貸款經驗，以期提升銀行的績效。奇異消費金融則可透過萬泰銀行的通路來建立平台，進而追求在亞洲地區的成長。

二、賽局理論之策略

賽局理論 (Game Theory) 假設市場中有對手，參與者面臨著不同的狀況，必須從中挑選有利的策略方案，基本上，賽局可區分如下。

1. 以報酬總和區分

(1) 零和賽局：總利益或總銷售量不變。例如，在低經濟成長的時期，存款總和大致上為固定，某家銀行的存款增加，則其他銀行的存款會減少；在這種情況

---

[10] 宏泰買進安泰銀行 3 年期可轉換債券 (轉換價格每股 19 元)，共新臺幣 110 億元；另外，宏泰以每股 19 元認購 1.93 億股之可轉換特別股。隆力以每股 9.5 元買進安泰銀行 4.42 億股之老股、13.6 億之新股，並以每股新臺幣 9.5 元之價格買進 6.22 億股可轉換特別股 (滿 10 年後可贖回)。

下,參與者可以使用打擊對手策略,取得較多的存款;或採用合作策略,彼此維持本身的存款,避免惡性競爭。

(2) 正和賽局:總利益或總銷售量會增加。例如,財富管理業務,在競爭下仍可創造自己的業務;在這種情況下,參與者應依本身的特性來擴充事業,避免惡性競爭。

(3) 負和賽局:總利益或總銷售量會減少。例如,衰退產業(銀行業務較少為負賽局);在這種情況下,可以使用打擊對手策略、迫使對手退出,或者本身從事轉型或多角化。

2. 以決策時間區分

(1) 聯立賽局 (Simultaneous Game):在相同時點作決策,參與者決定跟隨對手與否(如囚犯的困境)。

(2) 序列賽局 (Sequential Game):決策時間點有先後,參與者決定領導或跟隨對手(如訂定價格)。

3. 以結局區分

(1) 合作賽局 (Cooperative Game):參與者彼此合作 (如策略聯盟)。

(2) 非合作賽局 (Non-Cooperative Game):參與者彼此競爭,其他人不改變策略,就無法改善自己的狀況。

賽局理論的缺點是參與者事前並不知道賽局的結構與結果,但仍可協助決策者思考策略的方向。

例 懲罰違約者

花旗集團 (Citi Group) 1998 年與旅行家 (Travelers) 合併,旗下因而有保險事業;花旗為了在亞洲發展保險業務,2000 年 5 月宣布投資臺灣富邦集團 (Fubon) 旗下 5 家事業之股權,金額超過新臺幣 230 億元,持股比率達 15% 左右。

不過,臺灣在 2000 年之後經濟狀況不佳,進軍中國大陸又受限,加上富邦本身發展為金控公司,反而成為花旗的競爭對手;2004 年 6 月 28 日富邦宣布花旗將出售持股,結束合作關係,花旗稍後在上海與當地保險業者簽約合作。

圖 14-2「威脅之序列賽局」描繪花旗與富邦所面臨的狀況，花旗所擔心的是在一段期間後，富邦未能增加花旗的業績；因此，花旗在進行投資時，可在契約中加入下列條款：「每股盈餘 3 年內若未達 X 元，富邦應以每股 Z 元買回花旗持股」，利用「懲罰違約者」的策略來保護本身的投資權益。

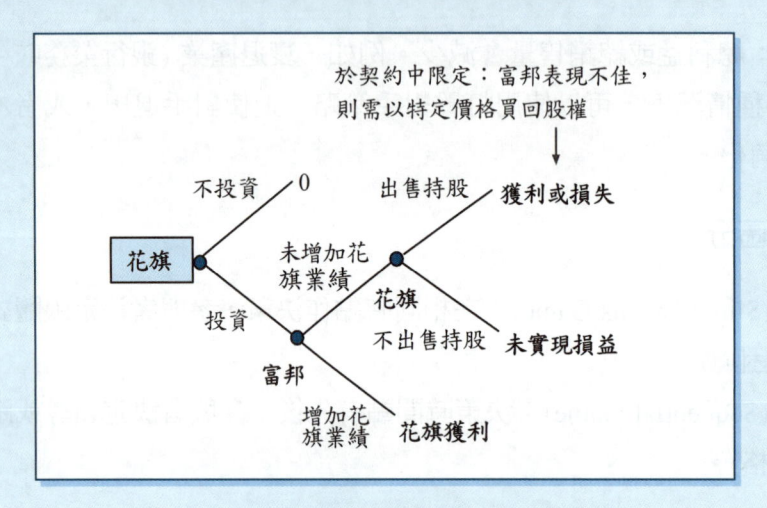

圖 14-2　花旗投資富邦之序列賽局

習題

一、選擇題 (單選)

( ) 1. 下列有關策略之敘述中，何者為正確？ (A) 企業最高層次之策略叫「事業策略」 (B) 公司企業最佳的長期策略是當「反應者」 (C) 為擴張業務製造業最不適合進行垂直整合，商業銀行最適合垂直整合 (D) 公司企業最佳的長期策略是當「開創者」 (E) 擬定法人金融事業之策略時，最應注意個人信用風險。

( ) 2. 某銀行以穩定既有的顧客、維持目前市場占有率為原則，此種作法是屬於何種策略？ (A) 開創者 (B) 防衛者 (C) 反應者 (D) 分析者 (E) 成本領導者。

( ) 3. 下列有關中國大陸銀行業之敘述，何者最正確？ (A) 外資銀行必須與當地銀行合資，否則不可進入中國大陸 (B) 2004 年與香港簽訂更緊密經貿關係安排 (CEPA)，銀行進入中國大陸享有優惠待遇 (C) 股份制商業銀行僅能在少數地區設立分行 (D) 外資獨資銀行不可承做零售業務 (E) 外資銀行只能承做外匯業務。

( ) 4. 下列有關銀行達成策略的活動，何者對銀行會有整體性與立即性的影響？ (A) 關閉少數分行 (B) 更新營業處所設備 (C) 出售有價證券 (D) 發行金融債券 (E) 被其他銀行併購。

( ) 5. 下列有關銀行從事併購之敘述，何者最正確？ (A) 併購後應加快整合速度 (B) 多數主併公司的債券價格下跌 (C) 規模愈大，績效愈佳 (D) 併購後會偏好對中小企業放款 (E) 換股交易會有較佳的宣告效果。

二、簡答題

1. [策略之意義] 試定義「策略」(Strategy)。策略有哪兩個步驟，意義為何？

2. [事業單位之策略] 說明下列事業策略之意義：「開創者」(Prospector)、「防衛者」(Defender)、「分析者」(Analyzer) 及「反應者」(Reactor)。

3. [財富管理事業之策略] 簡述銀行從事財富管理業務之策略。

4. [設立新分行] 銀行設立新分行時，應考慮哪些條件？

5. [銀行併購] 銀行從事併購前後各應注意哪些事項？

6. [中國大陸之銀行業] 中國大陸的銀行可區分為哪些類型？

三、問答與申論題

1. [銀行的事業策略] 臺灣的安泰商業銀行成立於 1992 年，主要業務為不動產融資、中小企業貸款及消費金融。2004 年 10 月安泰銀行推出「三貸同償」貸款方案，讓個人將在其他銀行現金卡、信用卡、小額信貸的欠款轉至該行代償，多數人可借到新臺幣 120 萬元。安泰銀行推出「三貸同償」方案之後，放款金額達 500 億元，但壞帳卻超過一半，造成鉅額損失；因而辦理減資，2007 年 6 月引進國外私募基金隆力集團 (Longreach Group)，注入資金。

    ➤ 試評論安泰商業銀行「三貸同償」案之「開創者」策略。

2. [銀行併購策略] 臺灣的台新銀行在 2000 年之後的重要活動摘要如下：
    - 2002 年 2 月合併大安銀行，設立台新金控；8 月設立台新資產管理公司；12 月將台證證券及台新票券納為子公司。
    - 2004 年 10 月概括承受新竹十信 12 家分支機構。
    - 2005 年 7 月花費新臺幣 360 億元取得彰化銀行 22% 的股權。
    - 2006 年 4 月台證證券合併東勢證券。
    - 2007 年 12 月與全球人壽母公司——荷蘭 AEGON 集團簽訂合資協議書。

    在上列事件中，取得彰化銀行股權受到市場的注意；彰銀原為公營行庫，但該行因適足率低、壞帳多，2005 年 3～4 月間發行海外存託憑證 (每股新臺幣 14 元)，以期增加適足率，結果流標；彰銀因而在 6 月間改以私募方式發行 14 億股之乙種特別股 (每股價格訂為新臺幣 17.98 元)，後來 (7 月) 由台新金控以每股新臺幣 26.12 元取得彰銀 22% 的股權，成為彰銀第一大股東。但台新取得彰銀股權後的風波不斷。例如，彰銀產業工會之抗議陳情，立法委員懷疑該案有政商勾結之情事。

    2007 年底台新金控提出以換股方式併購彰銀 (1.3 股台新股票交換 1 股彰銀股票，總價約新臺幣 830 億元)，但 2008 年初即因雙方意見分歧而取消該併購案。2008 年 4 月彰銀召開臨時董事會，通過由台新金董事提出的彰銀董事由 15 席減為 9 席之議案，台新因占 5 席董事而取得彰銀之主導權。

> 試評論台新企圖併購彰銀之策略。

3. [銀行合併策略] 蘇格蘭皇家銀行 (Royal Bank of Scotland, RBS) 成立於 1727 年；1981 年香港上海匯豐銀行及渣打銀行曾分別嘗試併購 RBS，但被英國政府否決。RBS 近期的活動摘要如下：

🏛 1980 年代 RBS 從事多角化之活動 [例如，1985 年併購汽車保險公司 Direct Line，1988 年併購美國 Citizens Financial Group (從事消費金融業務)]。

🏛 1990 年代 RBS 於全球擴充零售銀行之業務 [例如，1992 年併購經營私人銀行業務之 Adam & Company、1994 年發展電話銀行業務、1999 年併購英國西敏銀行 (National Westminster Bank)]。

🏛 2007 年 10 月 RBS、Fortis (富通) 及 Santander (西班牙國際) 三家銀行組成銀行團，以 710 億歐元 (1,010 億美元) 併購荷蘭銀行 (ABN AMRO)，擊敗巴克萊銀行 (Barclays) 出價 670 億歐元的收購計畫。

2008 年 4 月 RBS 辦理現金增資 120 億英鎊 (237 億美元)，英國政府收購該銀行 57% 的股份；2008 年受到金融海嘯之影響 (2008 年度 RBS 虧損 241 億英鎊)，RBS 的股價在 2009 年 1 月 19 日暴跌了 67%，2 月份英國政府提供資金 255 億英鎊 (365 億美元)，並為 RBS 擔保 3,000 億英鎊的資產，英國政府因而擁有該銀行 95% 的股權；雖然伸出援手，英國首相布朗當時卻嚴厲批評 RBS 併購荷蘭銀行的決策錯誤，犯下「不負責任的風險」。

> 試評論蘇格蘭皇家銀行 (RBS) 之長期策略，不少市場人士認為併購荷蘭銀行 (ABN AMRO) 的價格過高，果真如此，試推論 RBS 管理者的併購動機 [例如，是否預期綜效、營運彈性？或有傲慢 (Hubris) 心態，產生贏家詛咒 (Winner's Curse)]？

簡　答

一、選擇題

1.	2.	3.	4.	5.
D	B	B	E	A

三、問答與申論題：參考簡答

1. [銀行的事業策略] 安泰銀行的「三貸同償」策略看似「開創者」，但其實是忽略了壞帳風險的「反應者」 ($\pi = r \cdot C \cdot (1-vc) - C \cdot b - F +$ 其他，低估了壞帳比率 b)，因見到同業現金卡獲利所採取的行動。事實上，安泰銀行若扮演維持經營穩定、注重環境「分析」的角色，就不會推出此種高風險的方案。

2. [銀行併購策略]「以小吃大」的併購案要能成功，往往是被併的目標公司同意，或是融資買下 (Leveraged Buyouts) 對方多數股權 (如 50% 以上)，否則取得部分股權後，目標公司的員工仍會抗拒，必須花費許多心力處理管理上的衝突，即使加以處理，卻難以改善經營績效。台新企圖併購彰銀即遇到上述的困難，處理上曠日費時，併購策略並不算成功。

3. [銀行合併策略] 蘇格蘭皇家銀行 (RBS) 的專長為零售銀行業務，併購荷蘭銀行 (ABN AMRO) 是為了拓展全球的財富管理業務，企圖使業務多元化，這種「多角化」的併購往往是因為相信自己會比別人做得好 (傲慢)，或是為了本身的私利 (代理人問題)，管理者因而願意以高價購買對方，但由於買價過高 (產生贏家詛咒)、不善營運，便易產生問題，績效反而不佳。

第15章 金融機構的風險與績效

　　金融機構若發生重大舞弊或其他事端時,除了本身受創之外,受害最大的其實是廣大的存款戶、投保戶及投資人,危害國家經濟的安定與秩序;因此,在追求良好績效的前提下,政府與金融機構本身必須制定有效的機制來控管風險。

　　由於不同金融機構之間的風險與績效差異頗大,內容頗多,因此本章以商業銀行為主來說明;首先,第一節介紹金融機構所面臨的風險;第二節介紹銀行的資本適足率;第三節介紹銀行的不良資產;第四節介紹銀行經營績效的評估;最後,第五節介紹銀行對績效與風險的控管。

第一節　金融機構的風險

金融機構的風險主要包括信用風險、流動性風險、市場風險、作業風險、法律風險、國家風險、聲譽風險與策略風險等。表 15.1 歸納這些風險，並說明如下。

▶表 15.1　金融機構的風險

風　險	說　明	因應方式
信用風險	借款人或交易對手無法還款。	落實徵信、避免客戶過於集中、降低信用貸款業務比率。
流動性風險	金融機構無法如期償還帳款給客戶。	持有較多的高流動性資產。
市場風險	金融機構因從事交易，市場價格產生劇烈變動時所產生的風險。	運用股價、利率、外匯、衍生性商品等操作與避險技巧。
作業風險	金融機構因作業或人員疏失等所造成的風險。	實施有效的內部控制與內部稽核制度。
法律風險	未遵循法律、合約不周全與文件不正確所造成的風險。	定期檢討公司對法令的遵循、充分告知客戶權益與義務、正確分析與詮釋國際法令。
聲譽風險	金融機構發生負面事件或消息所造成的風險。	經由媒體說明澄清，並指派專責部門或人員解決問題、安撫客戶。
策略風險	採用錯誤的商業策略、執行策略方式不佳所造成的風險。	徹底分析公司特性後擬定策略方向、定期檢討策略執行狀況。

一、信用風險

信用風險 (Credit Risk) 是借款人或交易對手因其本身財務惡化或其他因素 (如商業糾紛與訴訟等)，無法還款或不履行義務，因而使金融機構產生損失的風險。信用風險可以區分為個別風險與總體風險，個別風險是金融機構客戶因本身的狀況所產生；而總體風險則是指經濟不景氣時，大多數公司與個人的違約風險皆上升。

傳統上，商業銀行的主要業務為借貸，信用風險為主要的風險來源；不過，由於現代銀行的業務趨向多元化，使得銀行同時涵蓋數種風險型態，信用風險不再是商業銀行的唯一風險。

二、流動性風險

流動性風險 (Liquidity Risk) 係指金融機構無法如期償還帳款給客戶，這個情況可再分為下列兩種狀況：

1. **資金流動性風險**：金融機構無法將資產變現或取得足夠資金，以致短期內無法履行責任的風險；例如，商業銀行發生擠兌，沒有足夠的資金支付給存款戶，即為一種瞬間的流動性風險。
2. **市場流動性風險**：市場深度不足或暫時失序 (沒有交易)，金融機構無法處分所持有的部位；例如，在金融風暴期間，投資銀行無法賣出所持有的證券，便無法償還到期的負債。

例 信用與流動性風險

1980 年代美國俄亥俄州大約有 70 家儲蓄機構 (Savings & Loan Association) 參加由俄亥俄存款保證基金 (Ohio Deposit Guarantee Fund, ODGF) 負責的存款保險，其中一家 HSSB (Home State Savings Bank) 銀行大幅投資佛羅里達州的 EMS 公司 (主要業務為銷售政府債券)，EMS 卻在 1985 年倒閉 (信用風險)，使得 HSSB 無力支付存款戶的提款，ODGF 也無法全額賠償；結果造成普遍性的擠兌，多家儲蓄機構暫停營業 (流動性風險)，最後由俄亥俄州政府機構出面賠償部分存款，事件才告落幕。

三、市場風險

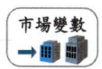

市場風險 (Market Risk) 是因為金融機構從事交易所引起，例如，頻繁買賣債券、外匯及衍生性商品，當市場價格產生劇烈變動，便可能產生損失；而市場價格則包括利率、股價、匯率及商品價格等。這些風險簡述如下：

1. **利率風險**：利率風險有好幾類，舉例而言，金融機構承做各種不同到期日的契約，收入與支出的日期並不一致，因而產生到期日之資金缺口 (Maturity Gap，又稱為期差)，缺口期間會因利率變動而產生風險；例如，保險公司賣出有效利率 5%、20 年期的保險契約，但出售後市場利率卻降為 3%，保險公司必須負起償付的責任，便是利率所產生的風險。
2. **股價風險**：股價波動所造成的風險；例如，金融機構持有與股價指數連動的債券，當股價大幅下跌時，便產生損失。

3. **匯率風險**：匯率的變動造成損失之風險；例如，金融機構持有以外幣計價的資產 (負債)，該種外幣貶值 (升值) 時，即產生損失；又如客戶購買遠期外幣契約，金融機構未持有 (或買入) 該種貨幣，該種外幣升值時，便蒙受損失。
4. **商品風險**：商品價值的波動所造成的風險；例如，買入農產品或能源商品之期貨契約，當這些商品的價格下跌，即造成損失。

上述的風險可能具有相關性，例如，匯率與利率往往有高度相關，利率上升時，會出現貨幣升值的現象。

例　利率風險

1994 年 12 月 6 日美國加州橘郡 (Orange County) 政府因投資利率商品損失 16.9 億美元，宣布破產。郡政府財務長 Robert Citron 是導致該次事件的關鍵人物，他於 1972 年開始交易債券，操作績效良好，為郡政府基金賺不少錢；這種高報酬在 1990 年初期吸引了地方政府的相關機構加入，有些甚至借錢來投資這個基金，到了 1994 年，Citron 的基金已成長為 75 億美元。

Citron 利用槓桿操作，將 75 億美元的資金擴大為持有 200 億美元的部位，報酬和風險因而倍增；他的策略一開始相當成功，但 1994 年 2 月起，美國聯邦準備理事會 (Fed) 持續升息，到了 1994 年底共升息 2.25%，債券價格因而大幅下跌，Citron 的基金也虧損 16.9 億美元，最後宣布破產。

這種利率波動所造成的**市場風險 (Market Risk)** 導致橘郡破產，除了歸咎於 Citron 的槓桿操作，也應責怪橘郡政府沒有建立完善的風險控管機制。

四、作業風險

作業風險 (Operational Risk) 係指金融機構因日常作業或人為疏失所造成的風險；常見的作業風險如下：

1. 由於人為疏失、不適當的程序或控制、詐欺與犯罪活動所引起的風險。
2. 由於技術的缺失、電腦系統當機所導致的風險。
3. 自然災害、恐怖攻擊與詐欺行為等外部因素所造成的風險。

> **例 作業風險**
>
> 下列為兩則銀行發生「作業風險」之案例：
>
> 1. 住友銀行操作銅品期貨虧損案：濱中泰男於 1970 年加入日本住友銀行 (Sumitomo Bank)，從事銅品期貨交易，到 1980 年代末成為銅品市場大戶，約控制全球 5% 的銅品期貨交易。
>
>   濱中一向作多，但自 1995 年以後銅價卻連連下跌，造成帳面虧損嚴重；但他仍深信其影響力，在未經住友授權、偽造上司簽名的情況下，在市場上買入大量的銅品契約，企圖操縱市場行情，後來被英、美市場揭發，卻已讓住友銀行虧損了 26 億美元。
>
>   探究其虧損主因為：第一，對銅期貨走勢判斷錯誤 (商品價格風險)；第二，銀行內部控制與內部稽核有疏失 (作業風險)。
>
> 2. 法國興業銀行操作衍生性商品虧損案：法國興業銀行 (Societe Generale) 交易員柯維爾 (Jerome Kerviel) 負責操作歐洲 Euro Stoxx 50 與德國 DAX 指數；2006 年為興業銀行賺進 14 億歐元，約為該行當年度獲利的 1/3。
>
>   柯維爾偏好作多，持有的部位多為未經授權的衍生性交易，並未作任何避險交易；由於他曾擔任後檯作業，熟知內部作業程序，每進行一筆交易，就同時下一筆相反的假交易，以平衡帳目，並偽造電子郵件和文件，掩飾操作部位，持續 1、2 年之久。
>
>   到了 2008 年 1 月初，柯維爾的操作部位竟有 500 億歐元 (約 730 億美元)，押注歐股會上漲，沒想到押錯方向，造成鉅額虧損；該行發現後，於 2008 年 1 月 21 日及 22 日將部位全部軋平，於 1 月 24 日公布 50 億歐元 (約 72 億美元) 的虧損。此一事件顯示了該銀行內部控制與稽核的作業疏失。

五、法律風險

法律風險 (Legal Risk) 係指因未遵循法律、合約不周全與文件不正確所造成的風險；例如，金融機構在某類商品的契約中未充分敘述投資風險，發生損失時，客戶可能會提出賠償之訴訟。另外，金融機構從事跨國性交易或投資時，可能因為法令的解釋或規定的不同，而出現潛在損失的危機。

例　法律風險

臺灣的中國國際商業銀行 [中銀 (ICBC) 於 2002 年與交通銀行合併，2006 年改名為兆豐金控] 為上市公司，業績堪稱良好，除一般存放款業務外，擅長外匯業務，在國外設立不少分行。

1997 年 3 月底，美國聯邦準備理事會對中銀處以近新臺幣 6 億元 (約 2,200 萬美元) 的罰款，原因是中銀在 1994 年收購中美銀行時，所申報的股東名單不實，未列出臺灣行政院開發基金為其主要股東；而中銀則聲稱是因兩國間法令不同所造成的疏忽。

中銀 1996 年度的每股稅前盈餘為新臺幣 3.13 元，當時的罰款金額平均每股約為新臺幣 0.324 元，中銀則說明該銀行具有能力繳交罰款。而中銀除了營業收入之外，持有世華銀行股票約 3,500 萬股，若出售部分股票便能繳交罰款。

圖 15-1 描繪中銀 1997 年 3～5 月每日收盤價的走勢，在中銀被罰款消息傳出 (3 月 30 日)，股價當天以跌停作收，4 月上旬稍微反彈 (當時臺灣股市處於多頭行情)，但隨之下挫。本例說明了銀行在海外設立分行或從事活動時，必須注意當地國法令的要求。

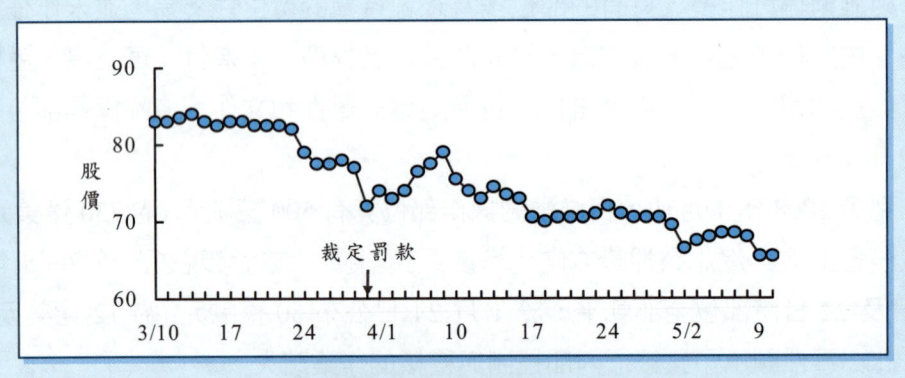

圖 15-1　中國國際商銀股價日線圖 (1997 年 3～5 月)

六、其他風險

除了上述的風險，金融機構還面臨下列風險：

1. **國家風險 (Country Risk)**：金融機構所在國家的政策與措施所引發的風險，例

如，當地國政府沒收外國企業的資產、加徵稅金、實施外匯管制等風險。

2. **聲譽風險** (Reputational Risk)：金融機構發生負面事件或消息 (如消費糾紛、管理疏失)，可能會流失客戶、承擔龐大的訴訟費用或遭政府罰款，進而使收益下降的風險。
3. **策略風險** (Strategic Risk)：不佳的商業策略、執行策略方式不當或對產業變化缺乏回應，而使金融機構的利益受到負面影響的風險。

例 國家風險

下列為國家風險造成金融機構損失之案例：

1. 南美洲國家：1970 年代以前，金融機構似乎認為主權國家與其所屬機構不會違約，但 1982 年代墨西哥與巴西政府卻宣布延後還款，其中又以花旗銀行 (Citibank) 的借款最多，1987 年該銀行便對南美洲國家的債權提列約 30 億美元的壞帳損失。
2. 俄羅斯：1998 年 8 月俄羅斯政府宣布延遲償還其所發行的短期證券 (120 億美元)，不少西方國家的銀行 (如 Bank of America、Republic New York Corp.、Chase Manhattan) 在 1999 年協商後只拿回本金不到 5% 的款項，蒙受損失。

第二節 自有資本適足率

國際清算銀行 (Bank for International Settlement, BIS) 的巴塞爾金融監理委員會 (Basel Committee on Banking and Supervisory, Basel/BCBS) [1] 於 1988 年 7 月發布資本計算與資本標準之國際規範 (International Convergence of Capital Measurement and Capital Standards)，制定了由第一類資本 (Tier 1 Capital) 及第二類資本 (Tier 2 Capital) 組成、以信用風險為基礎的自有資本適足率 (Capital Adequacy Ratio, CAR)，用來衡量國際間之銀行自有資本是否足以承擔風險的標準，經 Basel 各會員國簽署成協定，一般將該協定稱為巴塞爾資本協定一 (Basel Capital Accord I, Basel I)。

---

[1] 1974 年數家國際知名的銀行 (如德國赫司塔德銀行、美國富蘭克林銀行、以色列英格蘭銀行) 因投機外匯而倒閉；當時 10 個先進國家因而在位於巴塞爾 (Basel) 的國際清算銀行 (BIS) 成立委員會，要求會員國的中央銀行監督本國的國際銀行業務，國際銀行母公司則須監督其海外分支機構。

1996 年，Basel 增列第三類資本 (Tier 3 Capital) 及市場風險納入自有資本適足率計算；2002 年，再將作業風險也納入，並將最低資本要求、機關監理審查及市場紀律列為三支柱 (Three Pillars)，如圖 15-2 所示，稱為巴塞爾資本協定二 (Basel Capital Accord II, Basel II)。三大支柱中，最低資本要求是用來衡量銀行承擔風險的能力，機關監理審查是要檢查銀行是否合理地評估其風險、提撥資本，市場紀律則是督促銀行揭露其財務資訊，希望藉由市場的力量，迫使銀行自行降低風險。這些規範對銀行的營運較嚴格，但卻能降低風險，對市場參與者較有保障。2006 年，全球開始全面執行 Basel II。

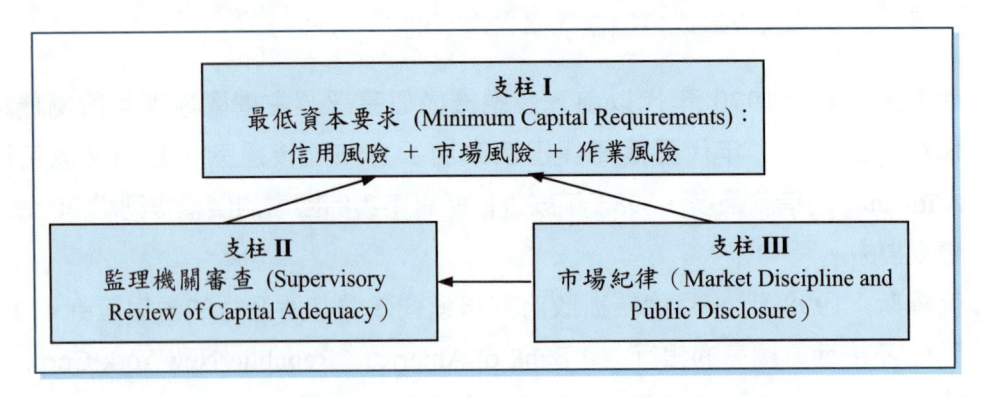

圖 15-2　巴塞爾資本協定二 (Basel II) 三大支柱架構圖

2010 年，BASEL 再以 BASEL II 為架構，剔除第三類資本 (Tier 3 Capital)，但加入總體規範要素 (Macroprudential Elements) 與個體規範要素 (Microprudential Elements)，要求銀行提高資本適足率、嚴格管制資本扣除、擴大風險資產範圍、推出非風險基礎槓桿比率及加強流動性管理等核心內容，而成為巴塞爾資本協定三 (Basel Capital Accord III, Basel III)。全球各國將自 2013 年 1 月至 2019 年 1 月間，逐步實施 Basel III。

以下將先介紹自有資本適足率的計算，再介紹 Basel III 的核心內容。

一、自有資本適足率的計算

自有資本適足率是 Basel 歷次的協定中最核心的內容，其中的自有資本在 Basel I 包括第一類及第二類資本，Basel II 增列第三類資本，但在 Basel III 中遭剔除。因此，Basel 所稱的自有資本，其實是第一類及第二類資本，以下以這二類資本為內容，介紹自有資本適足率的計算。自有資本適足率的計算公式如下：

$$自有資本適足率 = \frac{自有資本}{風險性資產總額} \qquad (15\text{-}1)$$

$$= \frac{合格資本 - 資本減除項目}{信用風險資產 + (市場風險應計提資本 \times 12.5) + (作業風險應計提資本 \times 12.5)} \qquad (15\text{-}2)$$

從 (15-1) 及 (15-2) 之式中得知,在計算自有資本適足率過程中,必須計算自有資本及風險性資產;而風險性資產又必須經權數轉換,運用各種不同的評估方法求得。自有資本適足率的求算,如圖 15-3 所示。

```
         第一類資本                          第二類資本
             └──────────┬──────────┘
                        ▼
                   ┌─────────┐
                   │ 自有資本 │
                   └─────────┘

信用風險資產 + (市場風險應計提資本×12.5) + (作業風險應計提資本×12.5)
      │                    │                         │
      ▼                    ▼                         ▼
1. 標準法            1. 標準法                1. 基本指標法
2. 內部評等基礎法    2. 內部衡量法            2. 標準法
                     3. VaR 法                3. 內部衡量法
```

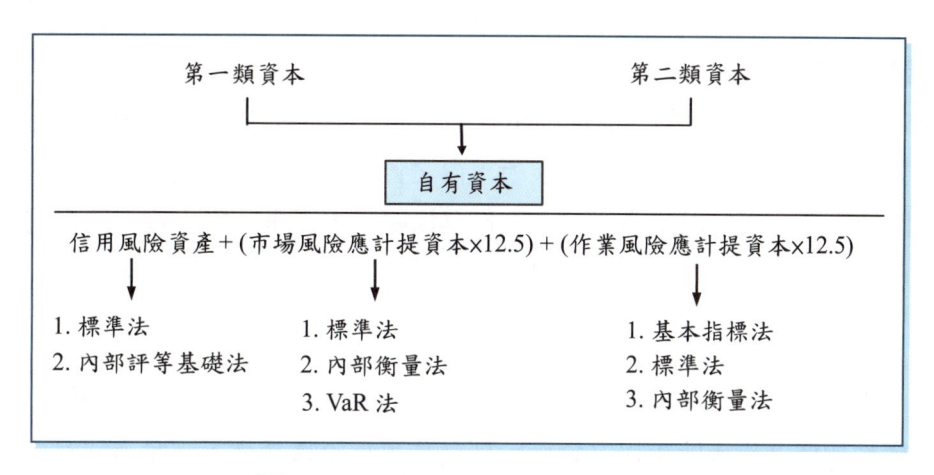

圖 15-3　自有資本適足率計算示意圖

以下分別介紹 (15-1) 及 (15-2) 式中的各個項目。

1. 自有資本

(15-1) 式中分子之自有資本包括二大類,即:

$$自有資本 = 第一類資本 (Tier\ I\ Capital) + 第二類資本 (Tier\ II\ Capital) \qquad (15\text{-}3)$$

(1) 第一類資本:分為兩部分:

❖ 普通股權益第一類資本:稱為第一類核心資本 (Common Equity Tier 1, CET1),包括普通股及其股本溢價、預收股本、資本公積、法定盈餘公積、特別盈餘公積、累積盈虧、非控制權益及其他權益項目,但無形資產等資本

減除項目 (Capital Deduction Items) 必項扣除[2]。

❖ 非普通股權益之其他第一類資本：包括❶永續非累積特別股及其股本溢價、❷無到期日非累積次順位債券、❸銀行之子公司發行非由銀行直接或間接持有之永續非累積特別股及其股本溢價、無到期日非累積次順位債券，但必須扣除資本減除項目[3]。

(2)第二類資本：主要為永續累積特別股及到期日較長的債務[4]，但不合規定的資本減除項目[5]必須扣除。

對銀行而言，在尚未扣除資本減除項目以前且符合各項規定條件之資本，稱為合格資本，合格資本扣除資本減除項目總額後之淨額，稱為自有資本。

2. 風險性資產

(15-1) 式中分母之風險性資產 (Risk-Weighted Assets, RWAs)，是指銀行持有之資產經依不同之風險權數加權計算後所求得之資產。風險性資產包括三大項目，即信用風險性資產、市場風險資本需求及作業風險資本需求，以下逐一簡介這三大風險性資產。

(1)信用風險性資產

銀行持有因債務人違約無法償債可能造成銀行損失之資產，經依不同之風險權數加權計算後所求得之資產，稱為信用風險性資產，評量方法有兩種，第一是標準法，第二為內部評等基礎法。

❶ 信用風險資產──標準法

標準法 (Standard Approach) 將信用風險性資產分為表內及表外資產兩大類：

---

[2] 普通股權益第一類資本減除項目：❶無形資產。❷因前年度虧損產生之遞延所得稅資產。❸營業準備及備抵壞帳提列不足之金額。❹不動產重估增值。❺出售不良債權未攤銷損失。❻其他法定調整項目。

[3] 非普通股權益之其他第一類資本減除項目：❶第二類資本不足扣除數。❷商業銀行對金融相關事業之投資分類至銀行簿者。❸工業銀行直接投資及投資不動產依規扣除數。❹其他資本扣除項目。

[4] 第二類資本包括：❶永續累積特別股及其股本溢價、❷無到期日累積次順位債券、❸可轉換之次順位債券、❹長期次順位債券、❺非永續特別股及其股本溢價、❻不動產於首次適用國際會計準則時，以公允價值或重估價值作為認定成本產生之保留盈餘增加數、❼投資性不動產後續衡量採公允價值模式所認列之增值利益及備供出售金融資產未實現利益之百分之四十五、❽營業準備及備抵壞帳、❾銀行之子公司發行非由銀行直接或間接持有之永續累積特別股及其股本溢價、無到期日累積次順位債券、可轉換之次順位債券、長期次順位債券、非永續特別股及其股本溢價。

[5] 第二類資本減除項目：❶商業銀行對金融相關事業之投資分類至銀行簿者。❷工業銀行直接投資及投資不動產依規扣除數。❸其他資本扣除項目。

信用風險性資產金額
＝表內信用風險性資產金額＋表外信用風險性資產金額 (15-4)

❖ **表內信用風險資產**：由表內各資產帳面價值乘以風險權數 (詳如本章附錄 15-1) 後加總而得：

$$\text{表內信用風險資產金額} = \sum_{i=1}^{n} (\text{資產帳面價值}_i \times \text{風險權數}_i) \quad (15\text{-}5a)$$

表內資產是以債權之對象分類，包括對主權國家、國際機構、地方政府、銀行、企業、零售資產、不動產、逾期 90 天以上之債權及權益證券投資等。每一類對象均賦予不同之風險權數，例如，對各國中央政府、中央銀行之債權評等為 AAA～AA－者，其權數為零；A＋～A－者，其權數為 20％；BBB＋～BBB－者，其權數為 50％；BB＋～B－者，其權數為 100％；B－以下者，其權數為 150％。

❖ **表外信用風險資產**：由各類表外資產的帳面價值乘以信用轉換係數 (詳如本章附錄 15-2)，再乘以風險權數後，加總而得：

表外信用風險資產金額

$$= \sum_{i=1}^{n} (\text{表外資產帳面價值}_i \times \text{信用風險轉換係數}_i \times \text{風險權數}_i) \quad (15\text{-}5b)$$

常見的表外資產包括承諾性貸款、衍生性商品契約 (期貨、選擇權、遠期契約、金融交換)、保證契約、擔保信用狀、承兌契約、銀行所出售具追索權的契約等。

由於表外資產因特性及期間之不同，承擔的風險也不一樣，因而給予不同的信用風險轉換係數；例如，1 年以下承諾貸款的轉換係數為 0.2；而 1 年以上承諾貸款的風險較高，轉換係數為 0.5。

❷ **信用風險資產——內部評等基礎法**

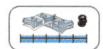

內部評等基礎法 (Internal-Rating-Based Approach, IRB) 是由銀行評估本身的風險，依銀行的特性來決定資本的需求；使用 IRB 法計提資本時，須考慮風險成分、風險權數函數及最低作業要求三個要素：

❖ **風險成分**：由銀行自行估計或由主管機關提供之風險成分估計值，包括**違約機率** (Probability of Default, PD)、**違約損失率** (Loss Given Default,

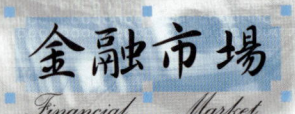

LGD)、**違約曝險額 (Exposure at Default, EAD)** 及**有效到期期間 (Effective Maturity)**。

❖ 風險權數函數：指將風險成分轉換為風險性資產之計算公式。
❖ 最低作業要求：採用 IRB 法衡量特定資產風險者，應符合最低作業標準。

IRB 法讓銀行自行建立評估模型，計算信用風險，可與授信的核准及加碼結合，讓銀行有效管理資產組合，將風險控管的精神落實在整個授信過程。因此，BIS 鼓勵銀行採 IRB 法。

(2) 市場風險資本需求

銀行的市場風險應計提資本，其計提的方法有三種：

❶ 標準法：按利率、股價、匯率及商品價格有關之資產，賦予不同之指標來計提其市場風險資本。

❷ 內部衡量法：利用金融機構歷年與利率、股價、匯率及商品價格有關之資產內部損失資料，建立一套標準，來估算市場風險資本。

❸ **VaR 風險值法 (Value at Risk)**：VaR 係指在市場價格正常波動下，選取特定的時段與信賴區間，利用統計原理將某一金融資產或證券組合的最大可能損失予以量化，以便估算市場風險資本[6]。依 Basel II 的規定，銀行必須以信賴區間 99%，10 天 VaR 的 3 倍現金作為流動性準備。

(15-2) 式中分母之市場風險資本需求，是以市場風險資本乘以 12.5倍 (就是最低資本適足率 8% 之倒數) 而得。計算公式如下：

$$市場風險資本需求 = 市場風險應計提資本 \times 12.5 \qquad (15\text{-}6)$$

(3) 作業風險資本需求

銀行的作業風險應計提資本，其計提的方法有三種：

---

[6] 在信賴區間 $\alpha \in (0, 1)$ 之下，VaR 是證券組合的損失 L 超過最小數據 l 的機率不大於 $(1-\alpha)$ 的金額，數學上可定義如下：

$$VaR_\alpha = \inf\{l \in \Re : P(L > l) \leq 1 - \alpha\} = \inf\{l \in \Re : F_L(l) \geq \alpha\}$$

上式右方中的 P 代表機率，在計算時可假設發生某些事件時的機率與損失金額，亦可假設報酬率服從某種機率分配，例如，假設對稱分配，則 $VaR = W \times \alpha \times \sqrt{\dfrac{t}{N}} \times Z$ (其中 W 為金額，α 為年報酬率之標準差，N 為 1 年的交易日，t 為採用的計算天數，Z 為機率分配值，常態分配 $\alpha = 99\%$ 下，$Z = 2.33$)。一般而言，銀行會設定本身的 VaR 上限，例如，每日最高損失上限為 1,000 萬美元 ($l = 10M$)，發生的機率不大於 1%。

❶ 基本指標法：以單一的指標來計提銀行全部的作業風險；例如，以毛收入為指標，再將毛收入乘以固定的風險權數 (例如，作業風險應計提之資本＝最近 3 年之營業毛利總和 × 5%)。

❷ 標準法：按金融機構不同業務別給予不同之指標，來計提其作業風險。例如，將銀行作業分類為法金或消金，先決定作業指標 (如年平均資產)，再給予固定的權數，分別相乘後加總。

❸ 內部衡量法：利用金融機構本身歷年度的損失資料，建立一套標準來估算作業風險。

(15-2) 式中分母之作業風險資本需求，是以作業風險資本乘以 12.5 倍 (就是最低資本適足率 8% 之倒數) 而得。計算公式如下：

作業風險資本需求＝作業風險應計提資本×12.5　　　　　　　　　　(15-7)

例　自有資本適足率之計算

K 銀行的簡式資產負債狀況如下表所示，該銀行以 $200×0.05 ＝ $10 (億) 計提為作業風險資產，則其第一類資本適足率與自有資本適足率各為多少？

資產負債表　(單位：億元)

權重	資　產		負債與權益		
0%	現　金	$ 12	銀行同業存款	$100	
	國庫券	200	活期性存款	400	
	長期政府債券	270	定期性存款	800	
20%	應收款項	30	可轉讓定期存單	560	
	地方政府債券	8	長期負債	40	→ 第二類資本
50%	房屋抵押貸款	780	次級債券	10	→ 第二類資本
100%	商業貸款	600	**股東權益**		
	設備	30	股本	72	⎫
	固定資產	80	資本公積	8	⎬ 第一類資本
NA	備抵呆帳	(10)	保留盈餘	10	→ 第二類資本
	資產總額	**$2,000**	**負債與權益總額**	**$2,000**	

表外資產
100%　　$90　2 年期承諾性貸款 (轉換係數 50%)
50%　　 $40　1 年期遠期外匯契約 (轉換係數 20%)

1. 表內信用風險資產

$$= \sum_{i=1}^{n}(資產帳面價值_i \times 風險權數_i)$$

$= (\$12 + \$200 + \$270) \times 0 + (\$30 + \$8) \times 0.2 + 780 \times 0.5 + (\$600 + \$30 + \$80) \times 1$

$= \$1,107.6$

2. 表外信用風險資產

$$= \sum_{i=1}^{n}(表外資產帳面價值_i \times 信用轉換係數_i \times 風險權數_i)$$

$= \$90 \times 0.5 \times 1 = \$45$

3. 表外市場風險資產

$$= \sum_{i=1}^{n}(表外資產帳面價值_i \times 信用轉換係數_i \times 風險權數_i)$$

$= \$40 \times 0.2 \times 0.5 = \$4$

4. 風險資產 $= \$1,107.6 + \$45 + \$4 + \$10 = \$1,166.6$

5. 第一類資本適足率 $= \dfrac{第一類資本}{風險性資產總額} = \dfrac{\$90}{\$1,166.6} = \underline{7.71\%}$。

   自有資本適足率 $= \dfrac{自有資本}{風險性資產總額} = \dfrac{\$90 + 50 + 10}{\$1,166.6} = \underline{12.86\%}$

二、Basel III 核心內容

BASEL 為加強全球銀行風險控管，避免下一次金融危機發生，於 2010 年 9 月 12 日，以 BASEL II 為架構正式公布 BASEL III。

BASEL III 核心內容，包括**個體規範要素 (Microprudential Elements)** 與**總體規範要素 (Macroprudential Elements)**，其中個體規範要素包括增加資本的量與質、風險覆蓋範圍、加強風險的管理與揭露及訂定全球流動性標準等。總體規範要素包括追求事後穩定性措施，用以對抗景氣循環，因而對資本增提對抗循環的資本費用、規範強化資本緩衝及機動條款；另一方面包括追求及時穩定性措施，對重要系統性銀行增提系統資本費用、增提槓桿比率 (Leverage Ratio)。茲將重要的 Basel III 內容說明如下：

1. 要求銀行提高資本適足率

Basel III 對銀行資本適足率的要求如表 15.2 所示：

(1) 第一類核心資本適足率：由 Basel II 的 2%，到 2015 年開始提升到 4.5%，到 2019 年 1 月銀行需要額外增提 2.5% 的資本緩衝 (Conservation Buffer)，亦即第一類核心資本比率為 7%，若銀行此一比率掉到緩衝區內，其發放股息與薪酬將受到限制。

(2) 第一類資本適足率：由 Basel II 的 4%，到 2015 年開始提升到 6%。到 2019 年 1 月銀行需要額外增提 2.5% 的資本緩衝，亦即第一類資本比率為 8.5%。

(3) 總資本適足率：Basel II 的要求是 8%，Basel III 的要求仍然是 8%，但到 2019 年 1 月銀行需額外增提 2.5% 的資本緩衝，亦即總資本比率要求為 10.5%。

(4) 信用貸款繁榮週期的資本適足率：銀行可能被要求再增加 0%～2.5% 的抗週期緩衝資本比率 (Counter-cyclical Buffer Ratio)，表示銀行最多的資本適足率可能如下：

- 第一類核心資本適足率：9.5%。
- 第一類資本適足率：11%。
- 總資本適足率：13%。

以政府的角度來看，銀行的自有資本是為了保護存款保險機構，當某家銀行倒閉，存款保險機構介入時，若有較多的資本，安排合併或賠償存款戶的成本就比較低。另外，自有資本的要求也迫使銀行的主要股東能花較多的精神監督管理者，避免銀行從事風險過高的活動，以維護其本身的權益。

BASEL III 的資本適足率要求顯然比 BASEL II 嚴格許多 (如表 15.2 所示)，驟

表 15.2 Basel III 與 Basel II 對資本適足率的規範

規範別	普通權益 (第一類核心資本) (Common Equity) 最低比率	緩衝比率	必要比率	第一類資本 (Tier I Capital) 最低比率	必要比率	總資本 (Total Capital) 最低比率	必要比率	對抗循環緩衝	額外損失吸納能力
Basel II	2%	無	2%	4%	4%	8%	8%	無	無
Basel III	4.5%	2.5%	7%	6%	8.5%	8%	10.5%	0%～2.5%	1%～2.5%

然實施將有甚多銀行無法達成，BASEL 因而規定從 2013 年 1 月開始，在 6 年內逐步實施，到 2019 年 1 月必須達到標準 (如表 15.3 所示)。

2. 加強流動性管理

Basel 為加強銀行的流動性，於 2013 年發布流動性風險衡量、標準及監控之國際架構 (International Framework for Liquidity Risk Measurement, Standards and Monitoring)，提出兩項非常重要的流動性指標，當做 Basel III 監理銀行的重要工具，說明如下：

(1)流動性覆蓋比率：Basel 於 2013 年提出流動性覆蓋比率 (Liquidity Coverage Ratio, LCR)，要求銀行必須在 2015 年的至少 60% 逐年提升 10%，至 2019 年時達至少 100% 之目標。流動性覆蓋比率是衡量金融機構在監理機關所設定的流動性嚴重壓力情境下，是否能將變現無虞且優質的資產保持在一個合理的水準，以滿足未來 30 天的流動性需求。流動性覆蓋比率的計算公式如下：

$$流動性覆蓋比率 = \frac{合格高品質流動資產總額}{未來三十個日曆日內之淨現金流出總額} \tag{15-8}$$

▶表 15.3　BASEL III 資本適足率、流動性覆蓋比率及淨穩定資金比率規範時程

	2011	2012	2013	2014	2015	2016	2017	2018	2019/1/1
	主管機關監理 (過渡期)		2013/1/1～2017/1/1 逐步運作 2015/1/1開始揭露					導入第一支柱	
第一類核心資本適足率最低比率			3.5%	4.0%	4.5%	4.5%	4.5%	4.5%	4.5%
增提資本緩衝比率						0.625%	1.25%	1.875%	2.5%
前 2 者最低比率			3.5%	4.0%	4.5%	5.125%	5.75%	6.375%	7.0%
第一類資本適足率最低比率			4.5%	5.5%	6%	6%	6%	6%	6%
總資本適足率最低比率			8%	8%	8%	8%	8%	8%	8%
總資本適足率＋緩衝資本比率合計之最低比率			8%	8%	8%	8.625%	9.25%	9.875%	10.5%
流動性覆蓋比率					60%	70%	80%	90%	100%
淨穩定資金比率				提出				100%	

其中合格高品質流動性資產 (High-Quality Liquid Assets, HQLA)，包括現金、央行準備、風險權重為零的證券及政府或央行發行的政府債券等低風險低報酬的資產；未來 30 個日曆天內之淨現金流出總額，是指在一特定測試壓力期間內預期淨現金流出減預期淨現金流入後的淨額。

(2)淨穩定資金比率：Basel 於 2014 年提出淨穩定資金比率 (Net Stable Funding Ratio, NSFR)，要求銀行必須在 2018 年以前達到 100%。淨穩定資金比率為長期流動性量化指標，要求銀行應有足夠之長期穩定資金來源，以支應其業務發展，減輕未來資金壓力風險。淨穩定資金比率的計算公式如下：

$$淨穩定資金比率 = \frac{可用穩定資金}{應有穩定資金} \tag{15-9}$$

其中，可用穩定資金包括客戶存款、長期融資、銀行同業拆放及股票，但不包括短期融資等；應有穩定資金包括各類長期資產。

3. 推出槓桿比率

資本適足率的計算對表內外總資產擴張情況的反映並不充分，其中的風險資產部分只是以推估的權數加權計算而得，恐難真實反映資本需求，Basel 為彌補這項缺點，提出槓桿比率 (Leverage Ratio) 作為補充資本之用，並逐步將槓桿比率納入第一支柱中，以增強核心資本適足率，在 Basel III 中要求此比率不得低於 3%。此一槓桿比率並非以風險為基礎來訂定，而是以平均總資產觀念制定的，與資本適足率以風險性資產來衡量是有所不同的。槓桿比率的計算公式如下：

$$槓桿比率 = \frac{第一類資本}{總曝險金額} \tag{15-8}$$

其中之總曝險金額，是指銀行平均合併表內外總資產之曝險金額。

第三節　不良資產

依國際貨幣基金 (IMF) 的定義，不良資產 (Non-Performing Loans, NPLs) 係指債務人積欠本金或利息超過清償期 3 個月，或雖未超過 3 個月，但金融機構已向主、從債務人追訴或處分擔保品者；一些文獻將不良資產稱為問題放款 (Problem Loans)，比較容易瞭解。

一、臺灣對逾期放款的分類

臺灣將不良資產稱為**逾期放款 (Overdue Loans)**，逾期放款金額及比率若過高，代表該機構的資產品質不佳，也會影響獲利。

1. 逾期放款

表 15.4 為臺灣對逾期放款的分類規定[7]，說明如下：

▶ 表 15.4　銀行授信資產分類表

評估依據	良窳別	類別	意義	進一步評估依據	備抵壞帳/保證責任準備提存率
按資產特性、一般公認會計原則及其他相關規定、穩健原則等	正常授信資產	第一類	正常授信資產	—	1%[8]
	不良授信資產	第二類	應予注意者	應按債權之擔保情形及逾期時間之長短評估	2%
		第三類	可望收回者		10%
		第四類	收回困難者		50%
		第五類	收回無望者		100%

(1) 應予注意者：

❖ 授信資產經評估有足額擔保部分，且授信戶積欠本金或利息超過清償期 1～12 個月者。

❖ 授信資產經評估已無擔保部分，且授信戶積欠本金或利息超過清償期 1～3 個月者。

❖ 授信資產雖未屆清償期或到期日，但授信戶已有其他債信不良者。

(2) 可望收回者：指授信資產經評估有足額擔保部分，且授信戶積欠本金或利息超過清償期 12 個月者；或授信資產經評估已無擔保部分，且授信戶積欠本

	有擔保	無擔保
應予注意	1 個月 ≤ 逾期 < 12 個月	1 個月 ≤ 逾期 < 3 個月
可望收回	12 個月 ≤ 逾期	3 個月 ≤ 逾期 < 6 個月
收回困難		6 個月 ≤ 逾期 < 12 個月
收回無望		12 個月 ≤ 逾期

---

[7] 見金管會修訂之「銀行資產評估損失準備提列及逾期放款催收款壞帳處理辦法」。
[8] 原本不須提存，但自 2011 年 1 月起必須提存 0.5%，後來又提高為 1%。

金或利息超過清償期 3～6 個月者。

(3) 收回困難者：指授信資產經評估已無擔保部分，且授信戶積欠本金或利息超過清償期 6～12 個月者。

(4) 收回無望者：指授信資產經評估已無擔保部分，且授信戶積欠本金或利息超過清償期 12 個月者，或授信資產經評估無法收回者。

債務人可與金融機構協議分期償還，債務人若符合特定條件[9]，並依協議條件履行達 6 個月以上，且協議利率不低於原承做利率 (或新承做同類風險放款之利率者)，得免予列報逾期放款；但債務人於免列報期間再發生未依約清償超過 3 個月者，仍應列報為逾期放款。

2. 催收款

依臺灣的規定，「逾期放款」應於清償期屆滿 6 個月內轉入「催收款」科目，但經協議分期償還放款並依約履行者，不在此限。「催收款」比一般「逾期放款」還要嚴重，因此廣義的逾期放款至少要等於這兩者之和：

$$廣義逾期放款 = 逾期放款 + 催收款 \qquad (15\text{-}11)$$

二、不良資產的因果

1. 影響不良資產的因素

下列因素會使不良資產產生變化：

(1) 總體環境：不難瞭解，當經濟景氣良好時，銀行的借款大幅增加；但若是資產的評價過高，泡沫化結束後，資產價格大幅下跌，銀行的不良資產將大幅增加。

(2) 產業環境：銀行若過度競爭，授信條件變得較為寬鬆，客戶違約的機率也就大幅增加。另外，規模較小、知名度較差的銀行，可能為了追求業績，消金事業以收入較低的客戶為主，法金事業則以小企業為主，產生不良資產的機率較高。

---

[9] 一般協議分期清償之條件如下：
(1) 短期放款：以每年償還本息 10% 以上為原則，惟期限最長以 5 年為限。
(2) 中長期放款：其分期償還期限以原殘餘年限之 2 倍為限，最長不得超過 20 年。
於原殘餘年限內，其分期償還之部分不得低於積欠本息 30%。若中長期放款已無殘餘年限或殘餘年限之 2 倍未滿 5 年者，分期償還期限得延長為 5 年，並以每年償還本息在 10% 以上為原則。

(3) 個體因素：管理者的代理人問題 (追求本身的利益) 與過度樂觀，會濫用權力而擴充信用，未以專業篩選客戶，因而產生較多的不良資產。

2. 不良資產對經濟的影響

傳統上，認為實體經濟會直接影響金融市場，例如，所得成長緩慢會使股市、債市與匯市降溫；反之，金融市場對實體經濟的影響相對較短暫，不會太深遠。不過，部分經濟學家以日本在 1990 年代經濟不佳反駁這個論點[10]。

日本因 1980 年代末期股市與房地產價格狂飆，銀行承做大量的貸款，但 1990 年代之後，經濟泡沫破碎，許多借款人違約、抵押品價格大跌，銀行因而具有大量的不良資產；由於日本政府既不敢用全民的稅負來彌補銀行不良資產所造成的虧損，又不願銀行倒閉 (倒閉將引發金融風暴，而且不少銀行具有國營股份)，因而試圖維持低利率，讓多數銀行繼續營運；這個方式卻影響實體經濟的運作：

(1) 競爭力變弱：品質不佳的銀行繼續借錢給問題公司，這些公司的競爭力薄弱，使得日本的整體生產力下降。

(2) 創新變慢：資金具有排擠效果，新興的小型公司未能取得充分的資金，減緩日本產品創新的速度。

上述情況被認為是造成日本在 1990 年代經濟停滯的主因之一。

日本的不良資產也影響其他國家，Peek 與 Rosengren (2000) 發現[11]，日本 1990 年代經濟不佳、房地產價格跌落，銀行的不良資產比率上升，使得日本在美國的分行趨於保守，因而不願借款給建築業，對美國房地產的興建具有負面影響。

三、不良資產的處理

處理不良資產往往要借助政府的力量與規範，多數國家是由資產管理公司 (Asset Management Corporation, AMC) 來處理不良資產，可說是金融市場的清道夫，以下簡介一些國家的概況。

🏁 美國 1980 年代末期處理發生困難的存貸機構 (S&Ls) 時，由政府出面設立資產清理信託公司 (Resolution Trust Corporation, RTC)，營運期間為 1989～1995

---

[10] Hoshi, Takeo and Anil K. Kashyap, 2004, Japan's financial crisis and economic stagnation, *Journal of Economic Perspective* 18, 3-26.

[11] Peek, Joe and Eric S. Rosengren, 2000, Collateral damage: Effects of the Japanese bank crisis on real activity in the United States, *American Economic Review* 90, 30-45.

年，共接收約 4,000 億美元的不良資產，其中多數出售給投資銀行，不少存貸機構因而被整併。

🏁 日本在 1998 年投入 60 兆日圓成立整理回收公司 (Resolution and Collection Corporation, RCC)，接收金融機構的不良資產；另外，日本存保公司亦可購買金融機構的不良資產，整理後再尋求其他金融機構接手。

🏁 韓國官方支持的 KAMCO (Korea Asset Management Corporation) 在 1997 年亞洲金融風暴後，特別設置了管理基金，收購銀行的不良資產。

🏁 臺灣財政部 2002 年 9 月對逾放比率過高的銀行施以處罰，因而興起資產管理公司 (AMC) 的設立，包括外商 (如日商 ORIX 與英商 Lone Star Fund)、合資及本土 (如臺灣金聯) 的資產管理公司，專職收購銀行的不良資產；另一方面，銀行以公開標售、限制性招標及私下協商三種方式來處分不良資產，讓銀行降低了逾期放款比率；2006 年之後，不良資產的案件與金額大幅減少，AMC 也就沒有那麼活躍。

🏁 中國大陸的銀行也有不少不良資產，尤其以中國銀行、中國工商銀行、中國建設銀行、中國農業銀行四家為最多，主要原因是借款者大多為國有事業，但這些企業缺乏競爭力，大部分處於虧損狀態，銀行為了配合政府，仍繼續借款給這些企業，但回收的比率頗低。另一方面，四大銀行習慣於配合政府，尤其在 1994 年之前，借款大多支援國家基礎建設與社會福利，因而未能發展有效的授信機制，抵押品嚴重不足，使得不良資產不斷累積[12]。

中國大陸自 1998 年起採取一連串的措施，改善銀行不良資產的問題；包括 1998 年由政府直接投入資金 (人民幣 2,700 億元) 援助四大銀行，1999 年設立 4 家資產管理公司 (AMC) (信達、東方、長城、華融)，收購不良資產，2003 年政府再度投入資金 (人民幣 3,700 億元) 援助中國建設銀行與中國銀行。

第四節　銀行經營績效的評估

實務上，金融機構常以財務比率來衡量經營績效，以便於解釋既有成果及評估風險。常見衡量銀行績效的方式為美國聯邦存款保險公司 (FDIC) 所使用的 CAMELS 管理，共有六個項目：

---

[12] 依中國大陸官方之統計，2004 年中國大陸銀行的不良資產總金額約人民幣 1.7 兆元，占總放款額的 13%。

> ➤ C 代表資本適足性 (Capital Adequacy)。
> ➤ A 代表資產品質 (Assets Quality)。
> ➤ M 代表管理能力 (Management Ability)。
> ➤ E 代表獲利性 (Earnings Record)。
> ➤ L 代表流動性 (Liquidity Position)。
> ➤ S 代表對市場風險的敏感性 (Sensitivity to Market Risk)。這個項目是國際清算銀行 (BIS) 在 1990 年代之後才納入。

表 15.5 列出臺灣中央銀行對銀行業的經營績效指標——「CAELSG」，與 CAMELS 類似，各項指標的意義說明如下。

一、資本適足性

資本適足性 (Capital Adequacy) 係指銀行持有資本的比率，自有資金愈充裕，愈有能力吸收損失，存保機構較能獲得保障，這個特性可以用自有資本適足率 ($\frac{自有資本}{風險性資產總額}$)、第一類資本適足率 ($\frac{第一類資本}{風險性資產總額}$)、負債淨值比 ($\frac{負債}{淨值}$) 及淨值比 ($\frac{淨值}{資產}$) 四項比率表達。

二、資產品質

銀行的主要收入來自放款，放款若無法收回，影響銀行的獲利與風險；主要運用廣義逾期放款比率 ($\frac{逾期放款＋應予觀察放款}{放款總額}$ 或 $\frac{逾期放款}{放款總額}$)[13]、逾期放款覆蓋率 ($\frac{備抵壞帳}{廣義逾期放款}$) 及逾期放款可能損失率

---

[13] 「應予觀察放款」包括：
  ❶ 中長期分期償還放款：逾 3 個月但未滿 6 個月。
  ❷ 其他放款：本金未逾 3 個月，利息未按期繳納逾 3 個月但未滿 6 個月。
  ❸ 已達列報逾放期限而准免列報者：符合規定要件之協議分期付款、已獲信保基金理賠、有足額存單或存款備償放款、其他經專案核准免列報者。

› 表 15.5　銀行經營績效指標

類　別	比率名稱	計算公式
1. 資本適足性 (Capital Adequacy)	❶自有資本適足率 ❷第一類資本適足率 ❸負債比 (倍數) ❹淨值比	• 自有資本÷風險性資產 • 第一類資本÷風險性資產 • 負債÷淨值 • 淨值÷資產
2. 資產品質 (Assets Quality)	❶廣義逾放比率 ❷逾放覆蓋率 ❸逾放可能損失率	• 廣義逾期放款÷放款總額 • 備抵壞帳÷廣義逾期放款 • 自行評估資產可能遭受損失÷各項準備
3. 獲利性 (Earnings Ability)	❶淨值報酬率 ❷提存備抵壞帳前之淨值報酬率 ❸資產報酬率 ❹提存備抵壞帳前資產報酬率 ❺純益來自利息之比重 ❻稅前純益率 ❼員工對純益貢獻度	• 稅前純益÷平均淨值 • (稅前純益＋提列放款備抵壞帳)÷平均淨值 • 稅前純益÷平均資產 • (稅前純益＋提列放款備抵壞帳)÷平均資產 • 利息淨收益÷稅前純益 • 稅前純益÷淨收益 • 稅前純益÷員工人數 (千元/人)
4. 流動性 (Liquidity)	❶流動準備比率 ❷存放比率 ❸定期性存款比率 ❹可轉讓定存單比率 ❺短期缺口占淨值比	• 流動準備比率 (基準日當月平均) • 放款÷存款 • 定期性存款÷存款 • 銀行可轉讓定存單÷定期性存款 • 新臺幣資產與負債 180 天到期累計缺口÷淨值
5. 1 年內利率敏感性 (Sensitively to Risk)	❶利率敏感度 ❷敏感性缺口占淨值比	• 利率敏感性資產÷利率敏感性負債 • 利率敏感性缺口÷淨值
6. 成長性 (Growth Rate)	❶存款成長率 ❷放款成長率 ❸投資成長率 ❹保證成長率	• (本期存款－上期存款)÷上期存款 • (本期放款及貼現－上期放款及貼現)÷上期放款及貼現 • (本期投資－上期投資)÷上期投資 • (本期保證金額－上期保證金額)÷上期保證金額

($\dfrac{\text{自行評估資產可能遭受損失}}{\text{各項準備}}$)，來衡量資產品質 (Assets Quality)。廣義逾期放款比率愈高，表示銀行的放款品質愈差；逾期放款覆蓋率愈高，表示銀行的放款品質較佳；逾期放款可能損失率愈高，表示銀行將蒙受較高的損失，放款品質愈差。

三、獲利性

銀行的獲利能力 (Earnings Record) 反映其經營績效與成果，最常用來衡量獲利性的比率有淨值報酬率 (股東權益報酬率，$\dfrac{\text{稅前純益}}{\text{平均淨值}}$ 或 $\dfrac{\text{稅後淨利}}{\text{平均淨值}}$) (Return on Equity, ROE) 及資產報酬率 ($\dfrac{\text{稅前純益}}{\text{平均資產}}$) (Return on Assets, ROA)。ROE 愈高，表示獲利能力愈佳；ROA 愈高，表示銀行對資產的管理能力愈佳。其他常用的銀行獲利指標有提存備抵壞帳前淨值報酬率 ($\dfrac{\text{稅前純益+提列放款備抵壞帳}}{\text{平均淨值}}$)、提備抵壞帳前資產報酬率 ($\dfrac{\text{稅前純益+提列放款備抵壞帳}}{\text{平均資產}}$)、純益來自利息之比重 ($\dfrac{\text{利息淨收益}}{\text{稅前純益}}$)、稅前純益率 ($\dfrac{\text{稅前純益}}{\text{淨收益}}$) 及員工對純益貢獻度 ($\dfrac{\text{稅前純益}}{\text{員工人數}}$，千元/人)。

四、流動性

銀行的主要資產為放款，主要負債為存款，存款期限大多在 1 年以下，放款期限則較長，許多貸款甚至高達 20 年，因此銀行是利用短期的資金從事長期的貸款，亦即為以短支長的事業；在這種結構下，若出現對銀行不利的消息或傳聞 (如重要借款戶發生問題或謠言)，便容易發生存款戶的擠兌，因此，銀行必須隨時保持有流動性。

就銀行而言，流動性 (Liquidity) 是其所持有之現金、可迅速變現的資產及迅速向外借入資金的能力，以便滿足存款戶的提取或貸款需求。相對於其他產業而言，流動性對銀行非常重要，平時須維持相當水準之現金，以免發生擠兌；但若流動性過高，代表閒置資金過多，將喪失獲利機會，因此現金亦不宜過多。最常用的流動性指標如下：

1. **流動準備比率** ($\frac{流動準備}{本國貨幣負債餘額}$)：用來衡量銀行對存款的償付能力，比率愈高，償付能力愈佳。銀行的流動準備係指損益較低且易於變現的資產[14]，在緊急時能以較低的交易成本變換成現金，以支付費用及存款之提取。

2. **存放比率** ($\frac{放款總額}{實際存款總額}$) (Loan-to-Deposit Ratio) [15]：衡量銀行滿足客戶信用需求的能力，這個比率愈高，表示銀行信用擴張放款的能力與意願愈高，獲利性會提高，但相對的風險愈高，且會降低流動性。

   實務上，存放比率約在 75%～85% 之間，臺灣的銀行大多以 80% 為目標，合作社依法不得超過 78%。這個比率愈高，表示銀行信用擴張放款的意願愈高，獲利性會提高，但相對的風險亦隨之提高，但會降低流動性。

   其他衡量流動性的指標有定期性存款比率 ($\frac{定期性存總額}{存款總額}$)、可轉讓定存單比率 ($\frac{可轉讓定存單}{定期性存款}$) 及短期缺口占淨值之比率 ($\frac{本國貨幣資產與負債180天到期累計缺口}{淨值}$)。

五、敏感性

利率敏感性 (Sensitivity to Risk) 係指受利率變動影響的資產與負債的相對變化程度，一般而言，衡量利率敏感性以短期 (1 年以內) 資產與負債為主，常見的比率如下：

1. **利率敏感度** ($\frac{利率敏感性資產}{利率敏感性負債}$)：分子中的 利率敏感性資產 (Risk-Sensitive Assets, RSA) 係指收入受利率變動影響的資產，包括計息之投資與浮動利率計算之放款；利率敏感性負債 (Risk-Sensitive Liabilities, RSL) 指成本受

---

[14] 臺灣中央銀行規定「流動準備」以下列 15 個項目為限：超額準備、金融業互拆淨借差、國庫券、中央銀不定期存單、可轉讓定期存單、銀行承兌匯票、商業承兌匯票、商業本票、公債、公司債、金融債券、轉存指定行庫 1 年以下之轉存款、經央行暨金管會核准之國際金融組織來臺所發行之新臺幣債券、公司債、金融機構依「金融資產證券化條例」或「不動產證券化條例」發行之受益證券、其他經央行核准之「流動資產」。

[15] 放款包括貼現、進出口押匯、透支、短期 (擔保) 放款、中長期 (擔保) 放款及催收款項；存款包括支票存款、活期存款、定期存款、儲蓄存款、外匯存款、公庫存款及郵匯局轉存款。

利率變動影響的負債。例如，銀行承兌匯票、活期性存款與 1 年內機動利率定期存款等；這個比率愈高，表示銀行的收益愈容易受到利率變動的影響。

2. **敏感性缺口占淨值比** ($\frac{利率敏感性缺口}{淨值}$)：分子中的利率敏感性缺口 (Rate Gap) 的計算如下：

$$利率敏感性缺口 = 利率敏感性資產 - 利率敏感性負債$$
$$= RSA - RSL \tag{15-12}$$

上式的缺口愈大，則**重新訂價風險 (Repricing Risk)** 愈高，代表銀行的損益受利率變動的影響愈明顯；因此，敏感性缺口占淨值比是衡量利率變動所造成的損益 (尤其是損失) 占銀行淨值的比率。

利用下式進一步說明利率變化對損益產生的影響：

$$利息收益之變動 = (RSA - RSL) \times \Delta i_L \tag{15-13a}$$

上式中，Δi 為利率的變動。不過，資產 (放款) 與負債 (存款) 利率的變動通常並不一樣，若考慮這個因素，則 (15-13a) 式可重寫如下：

$$利息收益之變動 = RSA \times \Delta i_A - RSL \times \Delta i_L \tag{15-13b}$$

上式中，Δi_A 與 Δi_L 分別為資產與負債利率的變動。

例 利率敏感性缺口

J 銀行的利率敏感性資產及負債如下表：

(百萬元)

利率敏感性資產	1 年以下	1～2 年	2 年以上
國庫券	$500		
政府債券 (公債)	200	$100	$200
浮動利率貸款	550	400	300
抵押貸款	900	500	700
商業貸款	750	500	100
總 和 (RSA)	$2,900	$1,100	$1,000

利率敏感性負債			
活期儲蓄存款	$900		
保證商業本票	400		
銀行承兌匯票	500		
可轉讓定期存單	700		
定期存款	1,100	$800	
長期負債		20	$500
總　和 (RSL)	$3,600	$820	$500
利率敏感性缺口 (RSA－RSL)	－$700	$280	$500

當利率上升 1% 時，1 年以下缺口對損益的影響為：

$$利息收益之變動 = -\$700 \times 1\% = -\$7 \text{ (百萬)}$$

若放款利率上升 1%、存款利率上升 0.9%，損益的變化為：

$$利息收益之變動 = \$2,900 \times 1\% - \$3,600 \times 0.9\% = -\$3.4 \text{ (百萬)}$$

六、成長性

銀行若能持續成長，便可以維持競爭力，因此銀行在不違背安全性與流動性的原則下，應追求成長。常見的衡量銀行**成長性**（Growth）指標有存款成長率 ($\frac{本期存款－上期存款}{上期存款}$)、放款及貼現成長率 ($\frac{本期放款及貼現－上期放款及貼現}{上期放款及貼現}$)、投資成長率 ($\frac{本期投資－上期存款}{上期存款}$) 及保證成長率 ($\frac{本期保證金額－上期保證金額}{上期保證金額}$)。

第五節　銀行績效與風險的控管

就商業銀行而言，決策者必須同時考慮收益性、安全性及流動性三個事項，但是這些項目往往會產生衝突，例如，持有獲利率較高的資產，增加收益性，卻會降低安全性；又如承做短期性的資產，流動性較高，但收益性卻較低；圖 15-4 將這三個項目描繪在中心。

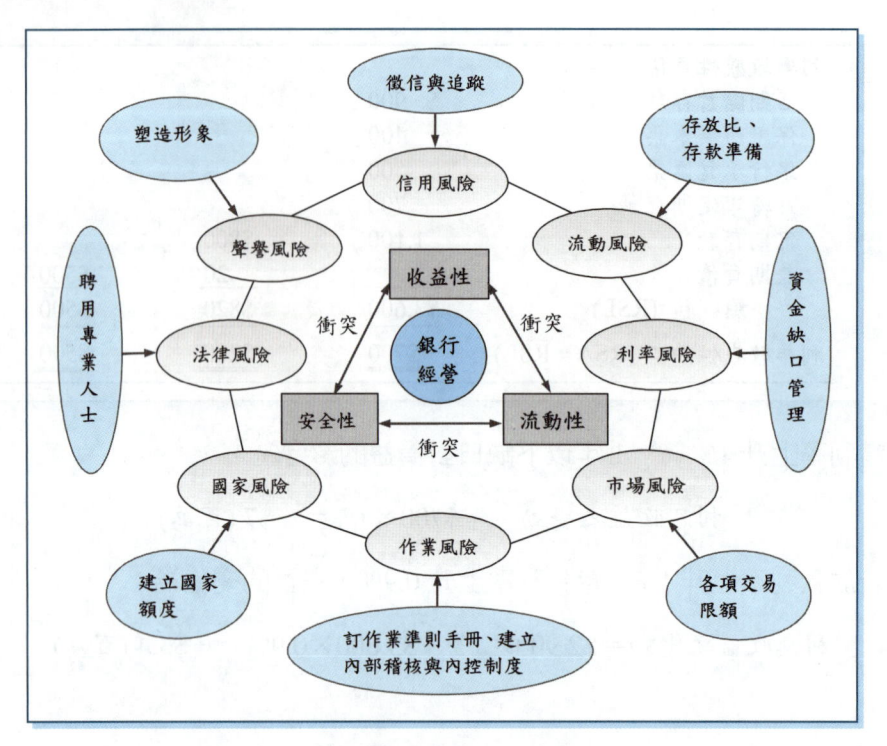

圖 15-4　商業銀行經營原則與風險示意圖

圖 15-4 描繪銀行所面臨的各種風險，而在圖的最外圍則是因應風險的處理方法；例如，要控制信用風險，銀行必須有完善的徵信程序、持續追蹤客戶之動作；要減少流動性風險，銀行必須控制存放比率，保持足夠的存款準備。

另外，如圖 15-4 所示，銀行應對個別國家設定額度，以避免交易對手因所屬國家的政治、法令或其他事件而無法履行義務的風險。一般而言，銀行會採取知名機構或雜誌 [如《機構投資者雜誌》 (The Institutional Investor)、《經濟學人》(The Economist) 等] 的國家風險排名來設定額度。例如，前 50 名者准予交易，前 10 名國家的額度為 1 億美元，11～30 名 7,000 萬美元，31～50 名 5,000 萬美元；而 50 名以後除有特殊關係 (如在該國設有分行)，否則一律不准與該國銀行有所交易。

一、績效與風險的均衡

銀行對收益與風險的決定處於兩難，實務上，由於規模、承做業務與客戶性質並不一樣，銀行應視本身特性，以經驗法則來決定其收益性與安全性的均衡點，圖 15-5 描繪取捨這兩者的概念；當銀行資源分配線在 P_1S_1 時，最佳的組合點為 A (P_1S_1 與無異曲線 I_1 的交點)，隨著資源的增加，其均衡點應選擇在 B 點與 C 點，以提升業務的成長。

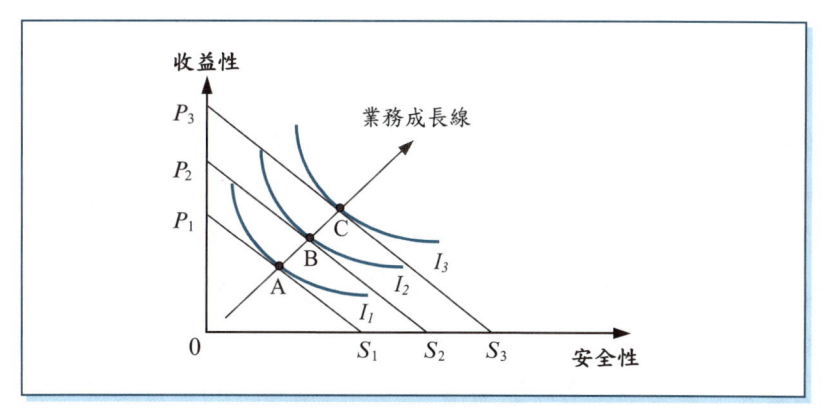

圖 15-5　收益性與安全性兼顧的業務成長線

二、內部控制及稽核

日常作業中，銀行會以**內部控制** (Internal Control) 來管制風險，對人員、活動、作業程序與資訊加以規範，而這些規定事項必須在日常的營運中遵守。另一方面，**內部稽核** (Internal Audit) 則是檢查與評估內部控制制度之有效性，衡量營運的效果及效率、財務報表的可靠性及相關法令之遵循，以期適時提供改善建議，確保各項制度得以持續且有效地實施。

具體而言，內部稽核是藉由檢查、衡量、驗證、控管及監理等方式，協助董事會及經理人達成公司既定目標。圖 15-6 描繪內部稽核單位的定位，一般是直接向董事會報告，應查核的主要項目簡述如下。

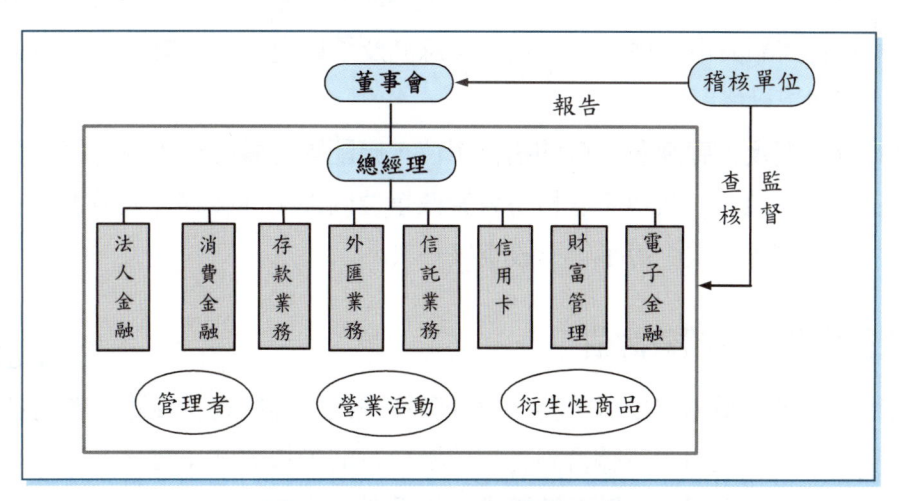

圖 15-6　內部控制與稽核示意圖

1. 管理階層：包括下列事項：
   (1) 高階管理者：執行策略時，須維持內部控制的有效性及適切性。
   (2) 風險辨識：管理者必須能夠辨識並評估重大風險。
   (3) 控制活動與職能分工：日常營運應有完善的控制，員工不得擔任權責相互衝突之工作。
   (4) 資訊與溝通：應保有完整資訊，具可靠、及時、易取的特性，內部應有溝通管道。
   (5) 更正缺失：營業單位發現缺失應立即向適當層級的主管報告，並立即採取改正措施。
2. 涵蓋所有營業活動：訂定適切政策及作業程序，應有內部稽核參與，包括：
   (1) 組織規章：包含組織系統、部門職掌業務範圍、授權等。
   (2) 業務處理手冊：各項業務均要訂定處理手冊，要求行員遵守。
3. 衍生性商品管理準則：應訂定經營策略、作業準則及風險管理措施。
   (1) 經營策略：靈活運用資金，考量安全性。
   (2) 作業準則：訂定衍生性商品的業務原則、內部稽核與會計處理方式。
   (3) 風險管理措施：
       ❖ 交易及交割人員不得兼任。
       ❖ 交易應每日評估，報告送高階主管核閱，評估應由交易部門以外人員擔任。
       ❖ 負責風險監控的人員察覺有異，應立即向上層主管報告，採取必要措施。
       ❖ 應視商品與市場情況、對風險容忍度及承做金額等，訂定適當規定，並依市況予以修訂。
4. 自行查核制度：隸屬董事會的稽核單位，應配置電腦稽核人員，每年至少實施一次一般查核、一次專案查核；各營業單位內部不同職務之人員進行查核，應每月專案查核一次，每半年一般查核一次。

三、銀行內各單位績效評估

銀行為激勵所屬單位推展業務、提升營運績效及控制經營風險，會對各單位進行績效考核。此處說明銀行總行對各單位及分行的考核方式；實務上，各銀行評估所屬單位的方法並不相同，以下僅概述一些原則。

1. 總行各單位的考核

一般銀行總行對各單位的考核可分為三個區塊：

(1) **利潤中心**：如財務部、國際金融業務分行、信用卡中心、汽貸中心等；一般是訂定利潤中心考核辦法來考核，重點是該利潤中心之盈餘表現。盈餘達成率較高者，表示績效優良，一般會得到較高的考核分數。

(2) **業務主管單位**：如業務部、審查部、國外部、信託部、消金部、債管部等；考核重點在於該單位主管之全行業務達成狀況，達成率較高者，表示績效較佳，一般會得到較佳的考績。

(3) **服務管理單位**：如資訊室、會計室、稽核室、人事室、管理部等；由相關主管(如副總經理、總稽核、營業單位)考核該單位的專業能力、推動業務積極程度與服務態度等。

2. 分行的考核

分行考核的原則包括業務量、品質及業務屬性等項目。

(1) **量的考核**：業務量的考核項目包括存款、放款、外匯、信託、信用卡、盈餘等項目，可以用總分 100 分為基礎，分別給予不同的權數。權數可以視銀行推展業務重點予以調整，例如，存款 12%、放款 20%、外匯 12%、信託 8%、信用卡 6%、盈餘 42%；實務上，多數銀行會以盈餘權數為最重。

(2) **質的考核**：業務品質的考核項目，主要包括授信品質、稽核考評、行政管理考評三大項，其中最重要的是授信品質，考核時通常是針對這三大項目分別給予加分或扣分。

(3) **以分行業務屬性考核**：在金控的架構下，銀行的組織定位趨向於專業分工，銀行所屬的分行並不是均具有相同的屬性，以一家大約擁有百家分行的銀行而言，屬性可分為綜合組、企(法)金組、消金組、存匯組、財管組，由於各組的屬性差異大，如混在一起考核，恐難臻公平；實務上，會將屬性相同者列為同一組考核。

銀行必須以考核結果作為對各項獎懲、敘薪、獎金、升遷之依據，以公平的態度對待單位主管及行員。

金融市場 Financial Market

習題

一、選擇題 (單選)

( ) 1. 下列有關金融機構風險的敘述，何者最正確？ (A) 金融機構風險以信用風險的成分最小 (B) 信用風險是現代商業銀行主要且唯一的風險 (C) 交易成本是市場風險的來源 (D) 人為疏失、不適當的程序或控制而引起的風險，屬於作業風險 (E) 客戶不願履行契約是屬於聲譽風險。

( ) 2. 英國霸菱銀行 (Barring) 於 1995 年因營業員李森操作金融商品而發生危機，該事件涵蓋哪些風險？ (A) 市場風險與信用風險 (B) 市場風險與作業風險 (C) 市場風險與流動性風險 (D) 作業風險與國家風險 (E) 信用風險與聲譽風險。

( ) 3. 下列有關美國聯邦存保公司 (FDIC) 的 CAMEL 管理之敘述，何者正確？ (A) C 代表資本適足性 (B) A 代表管理能力 (C) M 代表資產品質 (D) E 代表流動性 (E) L 代表獲利性。

( ) 4. 「巴塞爾資本協定二」(Basel II) 的主要目的為何？ (A) 協助銀行追求利潤 (B) 加強金融業對環境保護之責任 (C) 建立高效率的金融資訊系統 (D) 防制洗錢活動 (E) 控制銀行之風險、加強紀律。

( ) 5. 下列何者對銀行業「逾期放款比率」的定義最正確？

(A) $\dfrac{\text{逾期放款}+\text{應予觀察放款}}{\text{放款總額}}$ (B) $\dfrac{\text{逾期放款}+\text{應予觀察放款}}{\text{不良資產}}$

(C) $\dfrac{\text{逾期放款}}{\text{第一類資本}+\text{第二類資本}}$ (D) $\dfrac{\text{備抵壞帳}}{\text{第一類資本}+\text{第二類資本}}$

(E) $\dfrac{\text{備抵壞帳}}{\text{逾期放款}}$。

( ) 6. 銀行的「承諾性貸款」是屬於何種資產？ (A) 表內風險性資產 (B) 表外風險性資產 (C) 不良資產 (D) 第一類資本 (E) 第二類資本。

( ) 7. 資產管理公司 (AMC) 的主要業務為何？ (A) 借款給問題銀行 (B) 接收問題銀行

(C) 發行不動產證券化商品　(D) 收購銀行的「不良資產」　(E) 承做銀行貸款無法收回之保險契約。

(　) 8. 下列有關銀行業資產品質的敘述，何者最正確？　(A) 逾放比愈高愈好　(B) 銀行應增加信用放款來降低逾放比　(C) 銀行長期經營應將逾放比控制在 ROA 之下　(D) 逾放比愈高，表示銀行的放款品質愈好　(E) 調整後覆蓋率愈高，表示銀行的放款品質愈差。

(　) 9. 「巴塞爾資本協定三」(Basel III) 的總資本適足率目標為多少？　(A) 6%　(B) 8%　(C) 10%　(D) 10.5%　(E) 12%。

二、簡答題

1. [金融機構的風險] 簡述金融機構所面臨的信用、流動性、市場與作業風險。

2. [Basel II 及 Basel III] 簡述「巴塞爾資本協定二」及「巴塞爾資本協定三」的主要架構及內容，兩者基本差異何在？

3. [信用風險資產之計提] 簡述「標準法」計提信用風險資產的方式 (表內與表外的計算)。

4. [流動性覆蓋比率] 何謂「流動性覆蓋比率」？請簡述其意義、目標及計算方式？

5. [淨穩定資金比率] 何謂「淨穩定資金比率」？請簡述其意義、目標及計算方式？

6. [不良授信資產] 簡述「不良資產」(Non-Performing Loans) 的意義。一般國家如何處理不良資產？

7. [日本不良資產對經濟的影響] 試說明為何日本過高的不良資產會造成其在 1990 年代經濟停滯的主因。

8. [銀行資產品質] 銀行會用「逾期放款比率」及「逾期放款覆蓋率」來衡量「資產品質」(Asset Quality)，試定義並解釋這兩個比率。

9. [銀行的存放比率] 銀行的「存放比率」($\frac{放款總額}{實際存款總額}$) 相對較高或較低，代表什麼意義？

10. [商業銀行分行之考核] 簡述商業銀行總行考核分行的原則。

三、計算題

◎[利率敏感性之計算] L 銀行的資產及負債(億美元)如下表：

資　產		負債與權益	
現　金	$10	銀行同業存款	$110
國庫券	300	1 年內活期性存款	600
1 年內到期政府債券	60	1 年內到期定期存款	840
長期政府債券	200	1 年以上定期存款	320
1 年內到期浮動利率貸款	300	可轉讓定期存單	160
浮動利率長期貸款	760	1 年內到期債券	10
固定利率貸款	500	長期負債	70
設備與固定資產	70	股東權益	90
資產總額	$2,200	負債與權益總額	$2,200

試計算：

(1) 1 年以下的「利率敏感性缺口」(RSA－RSL)。

(2)若資產利率上升 1%、負債利率上升 0.9%，L 銀行的損益如何變化？

四、問答與申論題

1. [金融機構風險案例] 下列為數個金融機構發生嚴重問題的案例：

(1)日本大和銀行員工井口俊英在 1977 年進入大和紐約分行工作，1984 年開始負責債券交易，但井口卻身兼二職，一方面進行交易，另一方面又從事後檯業務的保管工作。由於利率劇烈波動，井口所操作的部位產生不少虧損，他因而在 11 年內偽造 3 萬多筆的交易紀錄，盜賣客戶所託管的證券，以隱藏他所造成的交易虧損；1995 年井口自覺愈來愈難隱瞞，於是向日本相關部門自首，事件才被揭露，井口對大和銀行所造成的虧損達 7.33 億美元，對客戶的部分則有 3.77 億美元。

　　大和銀行當時的獲利良好，並未因此事引發危機，但由於日本大藏省在知悉此事 6 週後，才通知美國聯邦儲備委員會，事後的處理方式出現嚴重缺失，美國政府因而採取嚴厲措施，下令大和銀行停止在美國的一切業務，大和銀行因而被迫放棄國際化的策略，將重心移回亞洲，打亂了該行全球布局的腳步。

(2)香港數位名人 (梁伯韜、李嘉誠、容智健等人) 在 1988 年 9 月創立了資本 3 億元的

百富勤國際公司，企圖成為亞洲投資銀行的龍頭。成立後的 10 年期間，由百富勤所安排上市的紅籌股、H 股籌集的資金高達 126 億元，1998 年員工數 1,750 人，在全球共有 28 個分支機構。

1997 年 4 月百富勤承銷印尼 Steady Safe 計程車公司 3.5 億美元的債券發行案，Steady Safe 同時進行與 CMNP 的合併案；但百富勤在 Steady Safe 未完成承銷程序前便先墊款，成為 Steady Safe 的債權人。1997 年 7 月亞洲金融風暴開始蔓延，Steady Safe 手中的 CMNP 股價急速下跌，1997 年 12 月印尼政府否決 Steady Safe 的債券發行案，同年 12 月 29 日百富勤宣布提列 1.18 億美元對 Steady Safe 放款的可能損失。1998 年印尼的債權評等調降至垃圾等級，加上印尼盾急速貶值，百富勤的資產從 53 億美元縮水至 32 億美元，對印尼的債權也形同廢紙，結果百富勤在 1998 年 1 月 13 日進行清算。

百富勤的失敗在於放款過度集中，僅對 Steady Safe 一家交易對手的風險即占了資本額的 35%，並持有另一家印尼公司的部位達資本額的 31%，忽略基本的風險管理原則。

(3) 1988～1989 年英國利率從 6% 驟升至 9%，英國地方政府 Hammersmith & Fulham 因承做利率交換 (IRS) 契約而導致鉅額虧損，地方政府於是控告承做的投資銀行在購買此一金融商品時，對風險與價值有誤導之嫌，並未告知地方政府 IRS 契約之詳細內容。最後，英國最高法院判決地方政府簽訂的契約不具法律效力，所有相關交易均無效，此一判決使該投資銀行的損失達 1.78 億美元。

請於下表□中勾出上述案例所牽涉的風險 (打「✓」)：

案 例	信用風險	流動性風險	市場風險	作業風險	法律風險
日本大和銀行舞弊					
百富勤進行清算					
Hammersmith & Fulham					

2. [金融資產管理公司] 1999 年 4 月起，中國大陸國務院陸續批准成立信達、東方、長城、華融四家資產管理公司 (AMC)，以便收購四大銀行的不良資產，而這些 AMC 的處理方式可歸納如下：

(1) 以債轉股：1999 年 9 月信達資產管理公司承接北京水泥廠的債權，然後將債權轉為

股權,該廠當時每年虧損逾人民幣 1.1 億元;在信達接手後,實施企業改造,第二年即轉虧為盈,獲利 150 萬元,隨後幾年相繼歸還 1.5 億元的債務,成為以債轉股的成功典範。

　　事實上,中國國家經貿委員會 1999 年底選擇 601 家國有企業,向銀行和 AMC 推薦以債轉股的方案,至 2007 年初,四家 AMC 已對 580 多家企業實施以債轉股的措施,使其負債比率下降 20% 以上。其中信達在 2000 年成功地推薦甘肅宏興鋼鐵公司上市,開中國大陸 AMC 承銷證券業務之先河。

(2)處分資產:一般處置不良資產是國內法人彼此交易,但華融資產管理公司在 2001 年首推國際招標,將 128 億元的不良資產分別打包,出售給國際投標團和高盛公司,開闢中國大陸利用外資的新途徑;另外,長城資產管理公司在 2002 年則以直接拍賣債權的方式,首次將民間資本引進不良資產市場。

(3)不動產管理:由於不良資產中有許多的房地產,AMC 接手後必須加以整頓與管理,因而逐漸熟悉商場、寫字樓(辦公大樓)和住宅的專業化經營。

▶AMC 是為了特殊目的(處分不良資產)而設立,但整體而言,不良資產的金額將逐漸減少,這些 AMC 該如何轉型,從事何種業務?

簡　答

一、選擇題

1.	2.	3.	4.	5.	6.	7.	8.	9.
D	B	A	E	A	B	D	C	D

三、計算題

◎[利率敏感性之計算] L 銀行的資產及負債如下表:

(1)利率敏感性缺口 = ($300 + 60 + 300 + 760) − ($110 + 600 + 840 + 160 + 10)

　　　　　　　　 = $1,420 − 1,720

　　　　　　　　 = −$300 (億)

(2) 利息收益之變動 ＝ $1,420×1% － $1,720×0.9%

$\qquad\qquad\qquad = －\underline{\$1.28\,(億)}$

四、問答與申論題：參考簡答

1. [金融機構風險案例]

案　例	信用風險	流動性風險	市場風險	作業風險	法律風險
日本大和銀行舞弊			✓	✓	
百富勤進行清算	✓		✓		
Hammersmith & Fulham			✓		✓

2. [金融資產管理公司] AMC 經主管機關核准後，可考慮從事下列業務：

(1) 證券業：創投 (接手問題公司)、證券承銷、不動產證券化基金等行業。

(2) 金融服務業：資產信託、清算託管、財務顧問 (如重整與併購) 等行業。

(3) 不動產服務業：不動產投資、租賃、估價與調查、商場與住宅之物業管理等行業。

附錄

信用風險資產的權數與轉換係數

附錄 15-1 及附錄 15-2 分別列出信用風險資產的標準法下，表內資產及表外資產之權數 (主要以臺灣為主，符合 Basel II 之規定)。

▶附錄 15-1　信用風險標準法下表內風險性資產權數

	債權別	風險權數					
❶	主權國家	依外部信用評等等級，決定風險權數。					
	①對各國中央政府、中央銀行之債權	AAA~AA－	A+~A－	BBB+~BBB－	BB+~B－	B－以下	未評等
		0%	20%	50%	100%	150%	100%
	②對輸出信用機構公布風險評等之債權	0~1 級	2 級	3 級	4~6 級	7 級	
		0%	20%	50%	100%	150%	
❷	對 BIS、IMF 及 EU 之債權	0%					
❸	對非中央政府公共部門之債權						
	①地方政府及非營利性國營事業	比照 ❶ 主權國家 ① 對各國中央政府、中央銀行之債權的風險權數。					
	②營利性國營事業	比照 ❻ 對企業債權之風險權數。					
❹	對多邊開發銀行之債權	比照 ❺ 對銀行債權之風險權數。但國際復興開發銀行 (IBRD)、國際金融公司 (IFC)、亞洲開發銀行 (ADB)、非洲開發銀行 (AfDB)、歐洲復興開發銀行 (EBRD)、美洲開發銀行 (IADB)、歐洲投資銀行 (EIB)、歐洲投資基金 (EIF)、北歐投資銀行 (NIB)、加勒比海開發銀行 (CDB)、伊斯蘭開發銀行 (IDB) 及歐洲開發銀行理事會 (CEDB) 等，經巴塞爾銀行監督管理委員會評估，適用風險權數 0%。					
❺	對銀行之債權	指銀行、票券公司、信託公司、信合社、農漁會信用部、金控公司等。					
	①對銀行一般債權	AAA~AA－	A+~A－	BBB+~BBB－	BB+~B－	B－以下	未評等
		20%	50%	50%	100%	150%	100%
	②對銀行短期債權 (3 個月以下者)	AAA~AA－	A+~A－	BBB+~BBB－	BB+~B－	B－以下	未評等
		20%	20%	20%	50%	150%	50%
❻	對企業之債權	AAA~AA－	A+~A－	BBB+~BB－	BB－以下		未評等
		20%	50%	100%	150%		100%
❼	對合格零售資產組合之債權	符合四項標準之零售債權 (之後說明) 適用 75% 風險權數，但不包括已逾期債權。					

⑧	對以住宅用不動產為擔保之債權	就下列兩種方式擇一適用： ① 以貸放比 (貸款餘額÷貸放價值，Loan-to-Value) 為基礎： 　(a) 75% 以下之部分，風險權數為 35%。 　(b) 75% 以上之部分，風險權數為 75%。 ② 一律適用風險權數 45%。
⑨	對以商用不動產為擔保之債權	風險權數 100%。
⑩	對逾期 90 天 (或 3 個月) 以上之債權	於扣除特別損失準備後，以特別損失準備 (含沖銷) 占逾期放款餘額之比率決定風險權數： ① 無擔保部分 (不包括合格之住宅抵押貸款)： 　(a) 比率低於 20% 者，風險權數為 150%。 　(b) 比率高於 20% 者，風險權數為 100%。 ② 十足擔保，但擔保品非屬認可之合格擔保品者： 　(a) 比率低於 15% 者，風險權數為 150%。 　(b) 比率高於 15% 者，風險權數為 100%。 ③ 逾期之合格住宅抵押貸款： 　(a) 比率低於 20% 者，風險權數為 100%。 　(b) 比率高於 20% 者，風險權數為 50%。
⑪	權益證券投資	① 持有銀行、證券、保險、票券、金融控股公司及其他金融相關事業所發行之合格資本工具，除已納入合併資本適足率計算者外，應分別由第一類資本及合格第二類資本中各扣除投資帳列金額之 50%。 ② 符合銀行法第 74 條及工業銀行設立及管理辦法第 12 條對非金融相關事業之投資限額規定者： 　(a) 如投資具公開交易市場者，風險權數 300%。 　(b) 不具公開交易市場者，風險權數 400%。 　(c) 另超過銀行法第 74 條及工業銀行設立及管理辦法第 12 條對非金融相關事業之投資限額規定者，其超過部分應分別由第一類資本及合格第二類資本中各扣除投資帳列金額之 50%。 ③ 依銀行法第 74 條之 1 及工業銀行設立及管理辦法第 14 條規定投資非金融相關事業之權益證券，其屬交易簿者，依市場風險之資本計提規定處理，如對同一證券同時持有明確有效之避險部位者，得以長短部位互抵後之淨部位計提資本，淨短部位則取絕對值視為淨長部位處理；其屬銀行簿者： 　(a) 如具公開交易市場，風險權數為 300%。 　(b) 不具公開交易市場者，風險權數為 400%。
⑫	其他資產	① 除資產證券化曝險另依資產證券化規定計算外，所有其他未於前文列舉之資產負債表內項目，風險權數為 100%。 ② 庫存黃金或以黃金為十足擔保之債權，可視為現金處理，適用 0% 風險權數。 ③ 收款過程中之現金風險權數為 20%。

附錄 15-1 中❼所指對合格零售資產組合之債權的 4 項標準如下：

1. **交易對象標準**：對單一個人、數個人或單一中小企業之曝險。
2. **產品標準**：循環信用貸款及信用額度 (包括信用卡和透支)、個人貸款及租賃 (如分期償還貸款、汽車貸款和租賃、學生和教育貸款、個人融資) 及小型企業融資與承諾。有價證券投資 (如債券和權益證券)，無論上市與否，均排除在本項債權分類之外。符合以住宅不動產為擔保之住宅抵押貸款，將排除在本項債權之外。
3. **分散性標準**：對單一交易對手之曝險總額不得超過合格零售資產總額之 0.2%。
4. **個別曝險金額小**：對單一個人或數個人之曝險部分，以單一銀行授信金額新臺幣 1,000 萬元為限。對中小企業曝險部分，以單一銀行授信金額新臺幣 4,000 萬元為限。

附錄 15-2　一般表外交易之信用轉換係數

項次	項目	信用轉換係數
❶	① 銀行無須事先通知即得隨時無條件取消之承諾。 ② 當借款人信用貶落時，銀行可有效自動取消之承諾。	0%
❷	① 契約原始期限為 1 年 (含) 以內之承諾。 ② 與貨物貿易有關之短期自償性信用狀 (如以貨運單據為擔保之跟單信用狀)，其開狀行或保兌行均適用 20% 風險轉換係數。	20%
❸	① 契約原始期限超過 1 年以上之承諾。 ② 開發與履約保證、押標金保證等特定交易有關之擔保信用狀，或與其他特定交易有關之或有負債。 ③ 客戶為籌措資金，與銀行約定在一定期間、一定額度之內，可循環發行票券，但在約定期限內，該票券未能售盡時，銀行應依約定條件買入該票券或給予貸款者。例如，短期票券發行融資 (NIF) 及循環包銷融通 (RUF)。	50%
❹	① 銀行持有之銀行簿有價證券，因出借或提供作為擔保，而列為表外資產者 (其信用相當額如已取得合格擔保品，應依信用抵減之相關規定，計算該有價證券信用風險之風險性資產額。交易簿有價證券應另依市場風險規定，計提個別風險及市場風險所需資本)。 ② 附追索權資產出售，其風險由銀行承擔者。 ③ 開發融資性保證之擔保信用狀、銀行承兌票據等直接替代信用之或有負債。	100%

第16章
商業銀行的業務管理

商業銀行的營運內容廣泛，要注意的管理技巧與事項琳瑯滿目；本章僅說明基本的管理原則與運作方式。首先，第一節介紹商業銀行的收益與管理；其次，第二節說明銀行放款業務管理；接著，第三節敘述銀行存款業務管理；第四節介紹銀行國外部門業務管理；最後，第五節介紹分行業務管理。

第一節　商業銀行的收益與管理

商業銀行是營利事業，目標應為追求股東財富極大化，因此商業銀行重視獲利，但獲利極大並不代表股東財富極大化，因為只追求獲利會使風險上升，股價往往不高；因此，就管理的角度而言，商業銀行必須同時追求獲利與控制風險。

一、銀行的獲利

商業銀行的獲利(損失)可表示如下：

損益＝利息收入＋證券投資收入－利息支出－壞帳損失
　　　＋手續費與佣金收入－營業與其他費用－稅負費用

數學式可表示如下：

$$\pi = \sum_{j=1}^{J} i_{Aj} \cdot A_j + \sum_{j^*=1}^{J^*} r_{Aj}^* \cdot A_j^* - \sum_{k=1}^{K} i_{Lk} \cdot L_k - B + \sum_{m=1}^{M} Fees_m - Exp. - Taxes \quad (16\text{-}1)$$

其中　$i_{Aj}=$ 第 j 種利息資產的利率
　　　$A_j=$ 第 j 種利息資產的金額
　　　$r_{Aj}^*=$ 第 j^* 種證券資產的報酬率
　　　$A_j^*=$ 第 j^* 種證券資產的金額
　　　$i_{Lk}=$ 第 k 種負債的利率
　　　$L_k=$ 第 k 種負債的金額
　　　$B=$ 壞帳損失金額
　$Fees_m=$ 第 m 種業務的手續費、佣金與其他收入
　　$Exp.=$ 非利息費用(營業與其他費用)
　　$Taxes=$ 稅負費用

如上式所示，商業銀行主要的利益為放款的利息收入減去存款的利息支出。不過，放款具有信用風險，可能會帶來壞帳損失[壞帳是資產的函數，$B=B(A)$]；因此，壞帳比率將侵蝕獲利，甚至導致銀行發生財務困難。

例　銀行損益之範例

A 銀行專注於貸款業務，近年來其存放款與收支概況如下表所示。

	t	$t+1$	$t+2$	$t+3$	$t+4$	$t+5$
存款與負債金額	$4,700	$4,900	$4,300	$4,000	$4,680	$5,080
存款與負債利率	1.5%	1.7%	1.5%	1.3%	1.5%	1.7%
權　　益	300	300	300	300	320	320
可使用金額	5,000	5,200	4,600	4,300	5,000	5,400
放款比率	88.0%	87.0%	84.0%	82.0%	89.0%	90.0%
放款利率	3.0%	3.1%	2.7%	2.5%	2.9%	3.3%
投資證券比率	7.0%	8.0%	11.0%	17.0%	6.0%	5.0%
證券獲利率	2.0%	2.2%	1.9%	1.7%	2.1%	2.3%
壞帳比率	0.9%	1.1%	1.5%	1.9%	1.2%	1.0%
收　　支						
貸款利息收入	$132.0	$141.1	$104.3	$88.2	$129.1	$160.4
證券投資收入	7.0	9.2	9.6	12.4	6.3	6.2
利息支出	(70.5)	(83.3)	(64.5)	(52.0)	(70.2)	(86.4)
壞帳損失	(39.6)	(49.8)	(58.0)	(67.0)	(53.4)	(48.6)
手續費收入	2.1	2.5	1.8	1.4	2.3	2.7
營業費用	(13.0)	(12.5)	(11.2)	(10.7)	(10.6)	(12.8)
稅前純益	$18.0	$7.2	($17.9)	($27.7)	$3.5	$21.5

從上表中可看出，$t+2$ 年與 $t+3$ 年的狀況不佳，雖然放款金額下降，但壞帳的比率升高，使得該銀行產生虧損；另外，$t+5$ 年的利差擴大 (放款利率－存款利率 ＝ 3.3%－1.7%＝1.6%)，使得純益上升。

二、銀行資產與收支的關聯性

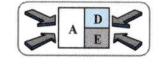

圖 16-1 描繪銀行資產負債的基本結構，其中消金部門貸款給個人、法金部門貸款給企業，目的是為了創造利息收入，但卻也會發生壞帳損失。另外，表外資產及財富管理會為銀行帶來手續費收入，但卻增加營業費用。

1. 業務結構與盈餘

就 2000 年代而言，銀行的競爭激烈、整體利率水準下降，使得利差 (放款與存款利率的差距，$\Delta i = i_A - i_L$) 逐漸縮小，貸款業務的獲利性相對下降，對壞帳的容忍

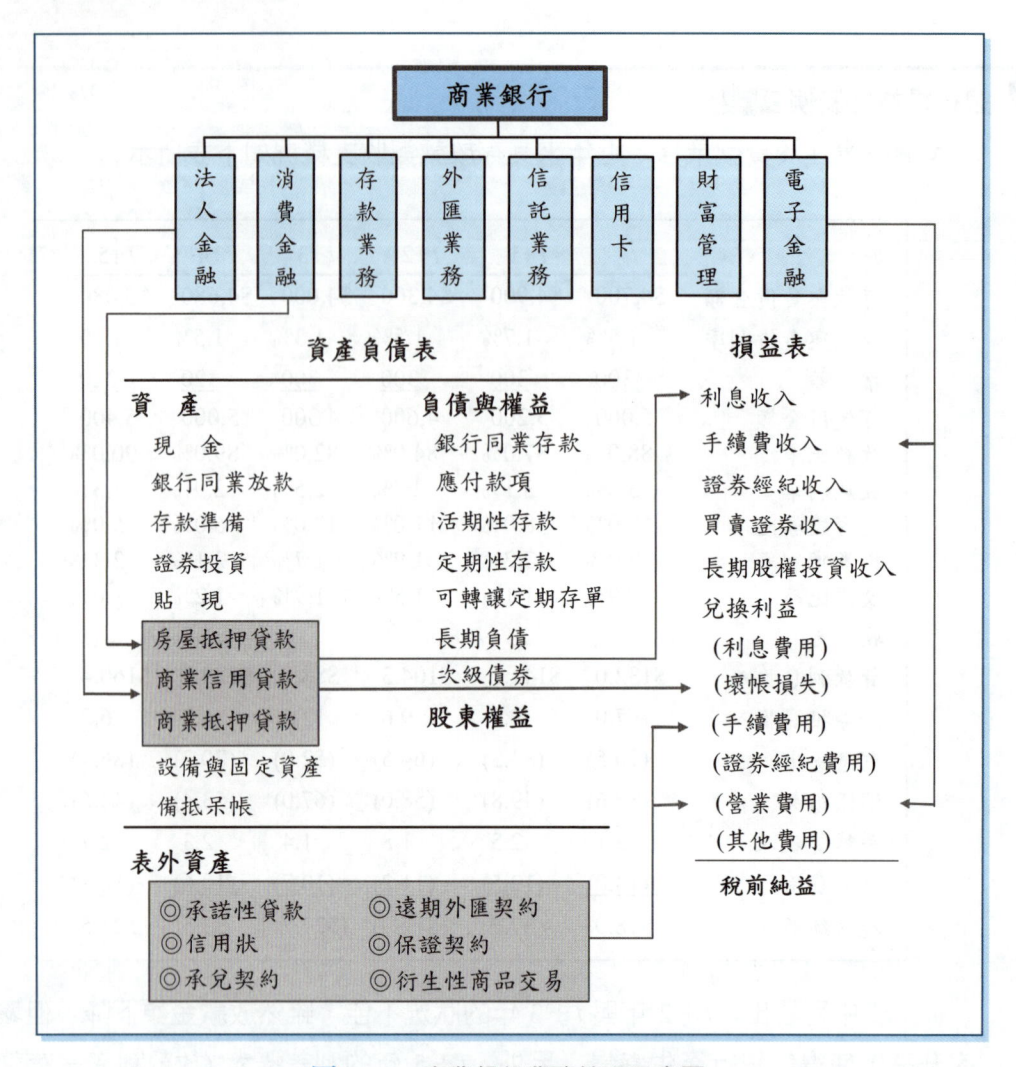

圖 16-1　商業銀行業務管理示意圖

性變低。另一方面,手續費收入所須承擔的風險較小,花費的成本也較低。這種狀況促使銀行思考,在業務上的發展應多增加手續費的收入。

最常見的手續費收入為匯款費用與外匯兌換;除此之外,手續費多來自於表外資產之活動,包括承諾性貸款、證券經紀、保證契約、擔保信用狀、承兌契約、承做衍生性商品等;不過,要增加這些業務,往往需要長期的耕耘與經驗。例如,安排金融交換,必須有廣大的客戶基礎,才能獲得客戶的青睞,進而取得利益。

另外,推展財富管理業務 (如銷售基金產品)、信託業務、辦理保管箱業務、代收各項稅負與規費等,亦可增加手續費收入。

利用圖 16-2 來說明上述觀念,圖中的 (A) 描繪銀行的損益,當放款為 L_3 時,

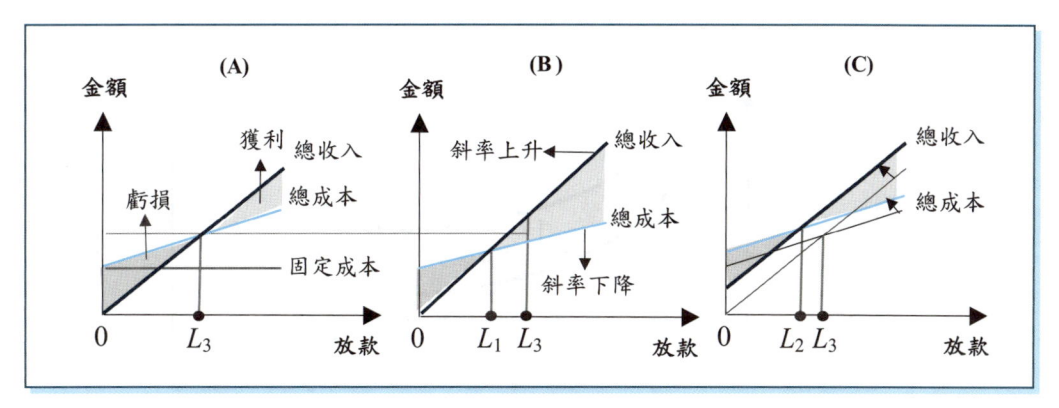

圖 16-2　銀行的收支

達到損益平衡 (總收入＝總成本)。若總收入的斜率上升 (如放款利率增加)、總成本的斜率下降 (存款利率下降)。例如，圖中的 (B) 所示，則損益平衡點由 L_3 降為 L_1，放款 L_3 便有盈餘；不過，這種利差的提升往往是取決於市場環境，而非銀行可控制。

銀行若能提供特別的金融服務或商品，增加手續費收入，則總收入將往左上方平移，但推動業務會增加費用，使總成本向左上方移動。例如，圖中的 (C) 所示，損益平衡點由 L_3 降為 L_2，仍提高銀行的盈餘。

2. 銀行規模

實務上，銀行的規模愈大，愈有競爭力，因為大型銀行容易爭取到知名的企業，所取得的資金成本也較低 (如由銀行間借貸市場取得資金)，加上處理交易的成本較低、條件較優渥 (如外匯交易的匯率相對較低)，從事較多種業務 (如衍生性商品)，手續費的收入比較高；因此，整體獲利也較佳。

如圖 16-3 所示，銀行的平均成本會隨規模而下降；另外，圖中亦顯示，當技術與管理能力進步。例如，銀行採用高效率的電腦系統、實施企業改造等措施，平均成本會向下移動 (由 AC 移至 AC')。

3. 銀行的收益與股本

多數銀行為上市櫃公司，除了融資 (發行證券) 方便之外，亦可提高能見度；當然，上市櫃也為銀行帶來壓力，管理者必須注意本身股價的長期趨勢。若不考慮市場與產業因素，銀行的股價主要決定於獲利與風險 [股價＝f (獲利，風險)]，而市場投資人往往重視本益比 (Price-Earnings Ratio，$\frac{股價}{每股盈餘}$)，

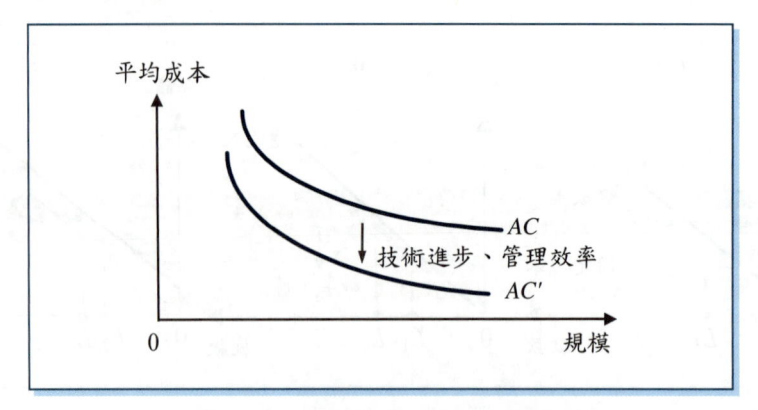

圖 16-3　銀行的平均成本與規模

其中每股盈餘可表示為：

$$每股盈餘\ (EPS) = \frac{稅後淨利}{流通在外股數} = \frac{NI}{N} \tag{16-2}$$

在上式中，要追求較高的每股盈餘，除了增加稅後淨利，流通在外股數不宜過高；換言之，銀行要慎重考慮發行普通股，否則會稀釋盈餘；不過，較高的股本卻能增加資本適足性、降低風險、擴大規模，可能有助於增加獲利。因此銀行發行普通股時，原則是新發行股數所產生 EPS 之增幅，應大於原未發行新股之 EPS 水準 $(\frac{\Delta NI}{\Delta N} > \frac{NI}{N})$。

三、股東權益報酬率的剖析

　　類似於延展杜邦方程式 (Extended DuPont Equation)，股東權益報酬率 (ROE) 可以分解如下：

$$股東權益報酬率 = \frac{稅前純益}{營業收入} \times \frac{營業收入}{平均總資產} \times \frac{平均總資產}{平均淨值} \tag{16-3}$$

$$= 稅前純益率 \times 總資產週轉率 \times 股東權益乘數。$$

在上式中，稅前純益率 (Before-Tax Profit Margin) 衡量銀行的獲利狀況；總資產週轉率 (Total Assets Turnover) 代表資產的管理效率，股東權益乘數 (Equity Multiplier) 則反映財務槓桿的使用。

　　圖 16-4 將 (16-3) 式的三個比率加以解析。例如，某家銀行的 ROE 過低是因為稅前純益率太低，則應考慮調整收入或成本結構，而收入又分為利息與非利息收

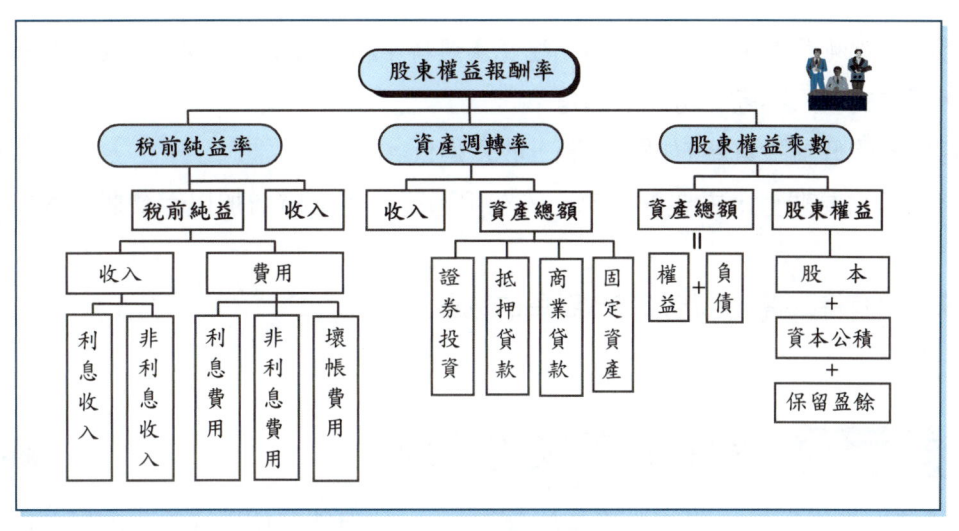

圖 16-4　銀行業 ROE 解析

入,可分析是否因放款利率過低,或是壞帳太多所造成;另一方面,如果 ROE 過低是因為總資產週轉率太低所引起,則可能是因為投資報酬率過低,或代表業務能力有待改善 (借款客戶不足)。

例　銀行的股東權益報酬率

A、B、C 三家銀行的規模相近,其中以 C 銀行的表現較佳,可視為標竿,其股東權益報酬率 (ROE) 及相關比率如下:

	ROE	稅前純益率	總資產週轉率	股東權益乘數
A	9.59%	8.50%	9.81%	11.5
B	10.40	10.62	8.90	11.0
C	13.07	12.40	9.76	10.8

☞ A 銀行的 ROE 最低,其稅前純益率過低 (8.50%)、總資產週轉率看來沒有太大的問題,可能原因是:

1. 為了吸引客戶,提供較低的放款利率、較高的存款利率,壓縮獲利空間。
2. 借款客戶品質不佳,具有較多的不良資產,產生壞帳費用。

☞ B 銀行的稅前純益率中等 (10.62%)，總資產週轉率相對較低 (8.90%)，代表其投入資產所產生的收入不高，可能原因是：
1. 投資過多的低風險資產 (如國庫券)，收入過低。
2. 業務結構需要調整，主要營業部門的費用過高，可考慮增加以手續費收入為主的業務。
3. 業務能力有待改善，應增加借款客戶的數量。

第二節　銀行放款業務管理

傳統上，銀行最重要的業務為放款 (Loans)，但卻有信用風險，亦即會發生壞帳損失；因此，在審核放款時，必須注意借款人的條件與未來發展。以下介紹放款的程序與原則、信用模式、放款類別、徵信與追蹤，以瞭解銀行放款的基本運作。

一、放款的程序與原則

1. 放款的程序

圖 16-5 描繪一般銀行放款的基本程序，各項目簡述如下：

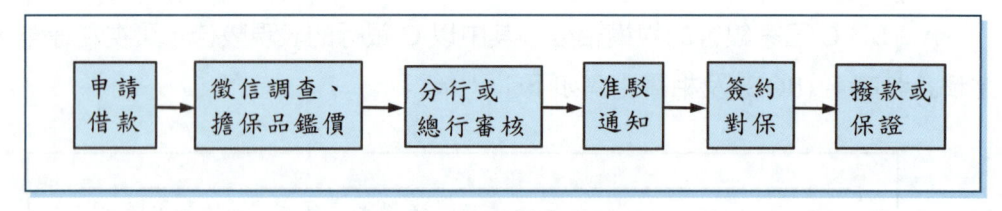

申請借款 → 徵信調查、擔保品鑑價 → 分行或總行審核 → 准駁通知 → 簽約對保 → 撥款或保證

圖 16-5　銀行的放款程序

(1) 申請人申請借款：申請人填具授信申請書申請時，銀行會與其訪談，然後展開各項查詢，包括本行及全體銀行授信歸戶、票信債信、個人信用卡紀錄、利害關係人授信、同一人或同一關係人授信等查詢。另外，銀行會要求客戶依授信戶提供資料清單提供各項資料。

(2) 徵信調查與擔保品鑑價：銀行會對貸款申請人進行信用調查，圖 16-6 描繪一般徵信 (Credit Investigation) 的程序。

❖ 擬具徵信計畫：徵信計畫包括調查目的、調查事項、既有資料及調查對象應提供的資料。

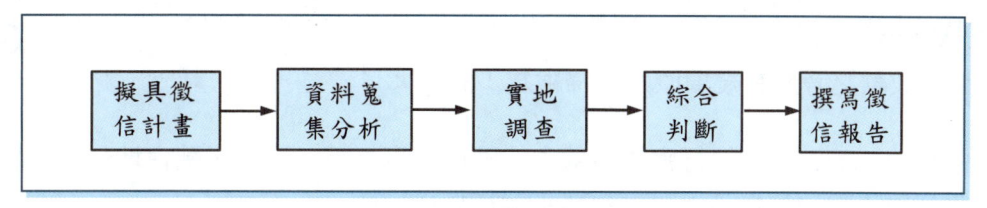

```
擬具徵   →   資料蒐   →   實地   →   綜合   →   撰寫徵
信計畫       集分析       調查       判斷       信報告
```

圖 16-6　銀行的徵信程序

- ❖ **資料蒐集分析**：資料的蒐集包括調查對象自行提供及由業界提供兩類。以製造業為例，自行提供的資料包括公司基本資料、財務資料及營運計畫等；另一方面，銀行會向供應商、經銷商、往來銀行及聯合徵信中心查詢。
- ❖ **實地調查**：銀行所進行的實地調查，包括地理位置之勘查、資產負債表及損益表項目之實地查證、管理者訪談等。如有提供擔保品者，銀行會派人員檢視客戶所提供的擔保品，並加以鑑價。擔保品可分類如下：
  - 不動產：土地與建築物。
  - 動產：機器設備、船舶、航空器、車輛、原料、半製品、成品、牲畜等。
  - 權利證書及有價證券：包括銀行活期性存款、銀行存單、公債、國庫券、公司債、金融債券、中央銀行儲蓄券、票據、上市上櫃股票、倉單、提貨單、載貨證券等。
- ❖ **綜合判斷**：銀行應對徵信調查結果加以判斷，通常會蒐集同業經營資料加以比較，研判被徵信對象之狀況。
- ❖ **撰寫徵信報告**：徵信報告為銀行決定授信與否的重要根據，報告應以使用者的立場來撰寫，必須簡單明瞭、有明確之結論。

(3) **分行或總行審核**：徵信人員將調查報告撰寫完後交授信人員，授信人員予以審核，擬具授信條件。例如，授信額度、期限、利率、還本付息頻率及擔保條件等，送交各級主管審核，屬分行權限者，由分行經理核定；屬總行權限者，則送交總行核定。

(4) **准駁通知**：授信案件審核後若經駁回，銀行會將駁回理由向申請人通知說明；經核定承做案件，銀行會通知申請人至銀行辦理訂約及對保手續。

(5) **簽約**：借、保人均應分別與銀行簽借據或本票，銀行對借、保人身分應予確實核對，並由借、保人於各項約據上親自簽名，銀行的對保人員應於約據上的對保人欄內簽章，以示負責。

(6) **撥款**：銀行完成前述程序後，借款人要動用款項時，銀行會請借款人填具動撥申請書，撥款入借款人指定之帳戶或代償指定之借款。

2. 放款的原則

銀行放款之考量有幾項原則，歸納為「5C」：

(1) **品格 (Character)**：銀行會依借款人的誠信、責任感、操守、社會地位等因素，以及過去與銀行往來之信用紀錄來評估放款條件。

(2) **能力 (Capacity)**：係指借款人的還款能力；以個人而言，可以從其信用、資產、保證人等來評量；以企業而言，則可依據公司營運規模、獲利潛力、資產設備等來評量。

- 品格 (Character)
- 能力 (Capacity)
- 資本 (Capital)
- 抵押品 (Collateral)
- 狀況 (Condition)

(3) **資本 (Capital)**：個人的財力愈佳，企業的資本額愈高，銀行愈有保障，放款的意願愈高。

(4) **抵押品 (Collateral)**：銀行是營利事業，如果有第三人保證、價值穩定並容易處分的抵押品，發生壞帳的可能性較低，銀行的放款意願相對較高。

(5) **狀況 (Conditions)**：當環境變動時，企業與個人會受到影響，可能無法還款；因此銀行會衡量個人與企業受環境影響的程度來放款；例如，企業的產品精良、研發與技術高超，環境變化對其衝擊較低，銀行的放款意願較高。

表 16.1 列出放款的特性，包括借款人的身分、條件、有無抵押品、利率的計算方式及用途等，銀行會考慮這些特性來決定是否放款與放款的金額。

▶ **表 16.1 商業銀行放款業務特性**

對象	條件	抵押品	利率計算	用途
個人 法人	品格 能力 資本 狀況	無(信用貸款) 不動產 動產(機器設備) 動產(存貨) 有價證券	固定 浮動	個人需求(消費貸款) 不動產抵押貸款 實體投資(資本貸款) 充實營運資金(商業貸款) 證券投資(證券貸款)

二、企業信用模式

1. 財務比率評分模式

學術界利用企業的財務報表比率來計算分數，估計企業的破產的可能性，這種模式已廣泛地被銀行引用，評估高額借款人的風險，作為是否放款的參考。

例 以財務比率評估企業體質

Altman (1968)[1] 利用公司的財務資料加以分析,在眾多的變數中,發現其中五個變數可以用來偵測公司未來發生破產的可能性;Altman 所使用的模式如下 (Z-Score 在美國已註冊為商標):

$$Z = 1.2 X_1 + 1.4 X_2 + 3.3 X_3 + 0.6 X_4 + 0.99 X_5 \tag{16-4}$$

X_1 = (流動資產－流動負債) / 總資產

X_2 = 保留盈餘 / 總資產

X_3 = 稅金及利息前純益 / 總資產

X_4 = 權益市價 / 債務帳面價值

X_5 = 銷售金額 / 總資產

就 Altman 所使用的資料而言,當 Z 值低於 1.8 時,代表公司具有破產的隱憂。這對金融機構與債券投資人 (如銀行、控股公司、信託基金) 具有實用價值,這些法人可以利用 Z 值來評估個別公司的狀況,作為放款及投資決策的參考。若以此為基礎,企業本身亦可利用此種指標的方式作為預警之參考,當指標分數下降時,代表公司體質變差,找尋真正的原因後,再加以解決。

不過要注意的是,上述的模式並不見得適用於美國以外的國家,因為各國的會計制度及習慣並不一定相同,而且有些國家的人為干預強烈,必須以該國的實際數字作進一步的分析,找出合適的變數及模式,才能作為實際的應用。

在 Altman (1968) 提出 Z-Score 之後,許多學術文獻 [如 Ohlson (1980);Shumway (2001);Hillegeist、Keating、Cram 及 Lundstedt (2004)][2] 利用不同模式與變數[3],試圖改善對破產的預測能力。這些模式的基本概念已被融入不少商業軟體

---

[1] 參閱 Altman, Edward I., 1968, Financial ratios, discriminant analysis and the prediction of corporate bankruptcy, *Journal of Finance* 23, 589-609.

[2] 參閱 Ohlson, James A., 1980, Financial ratios and the probabilistic prediction of bankruptcy, *Journal of Accounting Research* 18 (1), 109-131. ; Shumway, Tyler, 2001, Forecasting bankruptcy more accurately: A simple hazard model, *Journal of Business* 74, 101-124; Hillegeist, Stephen A., Elizabeth K. Keating, Donald P. Cram, and Kyle G. Lundstedt, 2004, Assessing the probability of bankruptcy, *Review of Accounting Studies* 9, 5-34.

[3] Altman (1968) 使用多變量鑑別分析 (Multivariate Discrimanant Analysis, MDA),Ohlson (1980) 則為 Logit 模式,Shumway (2001) 認為這兩種模式皆屬於靜態分析,未考慮企業隨時間變動,因而提出危險模式 (Hazard Model),而 Hillegeist 等人 (2004) 則是以選擇權評價及危險模式 (Hazard Model) 來評估破產機率。

中,廣泛地被銀行採用。

2. KMV 模式

KMV (創辦人為 Kealhofer、McQuown 及 Vasicek) 公司成立於 1989 年,該公司以 Black、Scholes 及 Merton (1972) 選擇權評價模式為基礎,發展出一套實務上可使用的分析方法,以衡量公司的違約風險。

KMV 公司成立後的第一個產品是 1991 年 3 月所發表的 Credit Monitor,這個產品結合公司股價、財務報表與選擇權的評價模式,認為公司的資產是一項買權、執行價格為負債價值,若買權價值過低,則債權人會承擔較多的風險,這套產品的主要銷售對象為銀行及保險公司。

除了信用風險衡量工具 (Credit Monitor) 外,KMV 還開發了投資組合管理的產品 [如資產組合管理 (Portfolio Manager),全球化風險與報酬相關係數計算工具 (Global Correlation Calculator)],以滿足投資風險管理的需要。

三、銀行放款類別

以下說明銀行的信用放款、不動產抵押、動產抵押、動產質權及權利質權等放款。

1. 信用放款

信用放款 (Credit Loans) 是指銀行以借款人之信用為基礎、不需擔保品之放款。例如,借款人為企業時,銀行通常會進行基本財務比率分析、產銷狀況、資金流動與債信情形等,來決定放款與否。

如為個人時,通常會以職業、職位、所得、年齡及信用紀錄等,來決定放款條件與額度[4],表 16.2 是銀行授予個人信用貸款時,常使用的評分與額度決定標準。

2. 不動產抵押

不動產抵押貸款 (Mortgage Loans) 是指借款人以不動產為抵押品,設定抵押權給銀行所為之放款。不動產抵押的標的物包括土地、房屋及其改良物,銀行會派人員進行鑑價,土地、房屋及其改良物應分開鑑價。

除了市價之外,銀行會進行全面性的專業調查,包括不動產的周邊資源、生活

---

[4] 臺灣的銀行業對個人信用貸款額度,包括信用卡、現金卡及信用貸款等,合計不超過每月個人收入的 22 倍,且每月還款金額不超過月收入的 1/3,一般金額大多在新臺幣 20 萬元與 200 萬元之間。

表 16.2　個人信用評分表

項　目		評　分　標　準	配　分	得　分
基本資料	職業與職務	醫師、律師、會計師、建築師、公教機關正式編制人員、金融機構襄理級以上人員	20	
		金融機構或優良企業正式職員、公私立學校教職員	16	
		校級及警員以上軍警人員	12	
		佣金收入人員及其他從業人員	8	
	工作年資	同一單位年資滿 4 年或不同單位年資滿 7 年	14	
		同一單位年資滿 3 年或不同單位年資滿 4 年	11	
		同一單位年資滿 2 年	8	
		現職滿 1 年且「職業與職務」得分為 16 分以上者	5	
	教　育	研究所以上畢業	10	
		大學畢業	8	
		大專畢業	6	
		高中職或以下畢業	4	
	婚　姻	已婚	5	
		單身、離婚、分居者	3	
	不動產	本人或配偶有不動產，且年齡 30～55 歲者	15	
		本人或配偶有不動產，且年齡 < 30 歲或 > 56 歲者	13	
		本人或配偶無不動產，且年齡 40 歲以下者	9	
		本人或配偶無不動產，且年齡 41～49 歲者	7	
		本人或配偶無不動產，且年齡 50 歲以上者	3	
收支狀況	年所得	100 萬(含)以上	20	
		80 萬(含)以上	16	
		60 萬(含)以上	12	
		40 萬(含)以上	8	
		30 萬(含)以上	5	
		24 萬(含)以上	3	
	總負債(不含本案)	零負債	8	
		在本行或其他銀行有借款且均為擔保借款	5	
		在本行或其他銀行有信用借款	2	
保　證　人		有具正當職業且有不動產之保證人	8	
		有具正當職業或有不動產之保證人	6	
		無保證人	2	
合　計				

註一：此表適用在一般的信用借款，最高為 100 分。
註二：銀行以此作為賦予額度之標準，例如：

分數	40 分以下	40(含)～45分	45(含)～50分	50(含)～55分	55(含)～65分	65(含)～75分	75(含)～85分	85(含)～95分	95(含)～100分
最高額度	不承作	$20 萬	$30 萬	$50 萬	$70 萬	$100 萬	$130 萬	$180 萬	$200 萬

機能、運輸工具、商機價值、市場趨勢與未來潛力等,銀行會視這些條件來決定放款的額度(有升值潛力者可給予較高的額度)[5]。

一般而言,銀行對高額不動產抵押貸款之申請,會委託外部的專業鑑價機構進行評價,而所謂的高額則視銀行的規模而定。例如,大型的銀行訂為新臺幣 1 億元以上;超過 2 億元者,則須委託兩家以上的專業鑑價機構負責。

例 銀行不動產抵押放款之計算

A 先生以一棟公寓向光明銀行申請借款,鑑價如下:土地鑑價總額 100 萬元,土地增值稅為 20 萬元;房屋鑑價總額 200 萬元,折舊 30 萬元;光明銀行對 A 先生的放款金額及設定不動產抵押權金額如下:

1. **放款金額**
   土地放款值 = ($100 萬 − $20 萬) × 90% = $72 萬
   房屋放款值 = ($200 萬 − $30 萬) × 80% = $136 萬
   放款總值:土地放款值 + 房屋放款值 = $72 萬 + $136 萬 = $208 萬
   鑑價總值:土地鑑價值 + 房屋鑑價值 = $100 萬 + $200 萬 = $300 萬
   鑑價總值的 70%:$300 萬 × 70% = $210 萬
   故放款金額為 208 萬元。

2. **不動產抵押權設定金額**
   $208 萬 × (1 + 20%) = $250 萬。

例 銀行的放款

2004 年臺灣陽信銀行被指控有不當放款之情事,檢方低調進行調查,2007 年採取動作,聲押數名關係人。該案是因陽信銀行的董事長陳×與常務董事薛× (具有立法委員身分) 夫妻兩人唆使銀行主管高估抵押不動產的市價 (其中較著名的為中華日報臺北大樓超貸案),放貸給關係人 (薛×的胞弟與朋友),估計違法放款金額約新臺幣 40 億元。

---

[5] 一般銀行土地放款值為鑑價淨額之 90%,房屋及其改良物放款值為鑑價淨額之 80%,且放款總額不超過鑑價總額之 70%,不動產抵押權設定金額為放款總額加 20%。

> 2007 年檢方以背信、偽造文書、違反銀行法等罪名起訴薛×、陳× (求刑 9 年) 與相關的涉案人共 21 人；2009 年 7 月地方法院判決認為，薛×與陳×涉案證據不足，獲判無罪，但薛×的胞弟則被判處有期徒刑 8 年半。
>
> 　　陽信銀行的超貸問題基本根源為公司治理制度不佳，董事會由少數人控制；不過，該銀行若有嚴格的放款審核程序。例如，要求專業的不動產鑑價報告，亦可降低違法放款的情況。

3. 動產抵押

動產抵押貸款 (Chattel Mortgage Loans) 是指以借款人動產為抵押品，設定抵押權給銀行之放款；抵押的標的物主要為機器設備、航空器與船舶，放款金額視其市價、流動性與新舊而定[6]。

動產抵押權的標的物應由借款人投保火險，投保金額應照市價足額，或至少不低於借款金額加 20%，以銀行為受益人。動產抵押權登記完妥後，在登記機關門前及借款人所在地之公共場所，至少公告 30 天。

動產抵押的債務人 (借款人) 不履行契約時，抵押權人 (銀行) 得占有抵押物，並得出賣，賣出之價金優先於其他債權。動產抵押權應以書面訂立契約，非經登記不得對抗善意第三人。

4. 動產質權

動產質權貸款是指以借款人動產為抵押品，設定質權予銀行所為之放款；常見設定質權的標的物為原料、半製品、製成品等，期限通常都很短 (1 年以內)，放款金額通常為標的物市值的 70% 以內。銀行實務上常見的動產質押貸款是企業以存貨質押借款，說明如後。

(1) 流動存貨質押 (Floating Inventory Liens)：公司辦理質押取得貸款後，銀行便對存貨具有求償權；一般而言，數量穩定、單價不高且較無跌價憂慮之存貨。例如，鞋類、皮件及手工具等容易變現的物品，較易向銀行取得此種貸款。由於存貨的變現價值通常會低於市價 (或成本)，公司只能借到存貨帳面價值的某個百分比。

---

[6] 動產抵押標的物的放款金額大致如下：❶機器設備：通常以新品為原則，在價值 60%～70% 之範圍內撥貸，期限多為 3～5 年，設定金額一般為放款金額加 30%；❷航空器或船舶：在價值 50%～60% 之範圍內撥貸，期限較長，可以在 7 年以上，設定金額一般為放款金額加 50%～60%。

> **例　存貨質押**
>
> 珊瑚公司以存貨為擔保向銀行貸款，銀行評估後設定質押 2,000 萬美元 (市價通常較高)，質權設定為 50%，為期 3 個月，貸款利率為基本放款利率 (2%) 加 1.2%。則：
>
> 1. 該公司貸款金額為何？所代表之意義為何？
> 2. 該筆貸款之利息費用為何？
>
> **答：1.** 放款金額＝$\$2,000 \times 50\% = \underline{\$1,000 \text{ (萬)}}$
>
>   珊瑚公司若違約未償還貸款，銀行將可取得該筆帳面 2,000 萬元的存貨，藉時若賣出該批存貨的淨收入超過本金、利息及處分費用之總合，餘額仍須歸還給借款公司。
>
> **2.** 利息費用＝$\$1,000 \times 3.2\% \times \dfrac{1}{4} = \underline{\$8 \text{ (萬)}}$

(2) **倉單存貨貸款 (Warehouse Receipt Inventory Loans)**：廠商在質押存貨時，同意銀行具有倉庫的控制權，銀行可自行或委託他人管理倉庫，廠商出貨必須經過同意，銀行因而可掌控廠商的收入情況。

由於銀行必須委託其他人員看管倉庫，倉單存貨貸款的利率因而水漲船高；如果銀行要求另租倉庫，借款人還須負擔租金費用。

5. 信託占有

信託占有貸款 (Trust Receipt Inventory Loans) 是信託人 (銀行) 與受託人 (借款人) 簽訂信託收據，由銀行提供資金給借款人，借款人以登記方式將其原料、成品、半成品之所有權移轉予銀行，但實際上借款人仍占有標的物，並可加以處分，以清償債務。

常見的信託占有包括客戶申請開立遠期信用狀、進口機器設備、購買耐久財 (如汽車、高級家具與工業設備) 等，廠商在質押這類存貨之後，銀行具有所有權，可以不定期抽查存貨，但廠商仍可自行出售，出售商品之收入必須依約定交付給銀行。此種授信通常在 80% 範圍內撥貸，期限通常以授信期限再加 6～12 個月。

美國的金融市場發達，一些大型企業會設立**受控財務公司 (Captive Finance Company)** 來處理存貨貸款。例如，通用汽車 (GM) 的子公司 GMAC (General Motors

Acceptance Corporation)，專門處理授信業務，讓汽車經銷商能夠取得信託收據貸款。

6. 權利質權

權利質權貸款是指借款人以可讓與之債權及其他權利為抵押品，設定質權給銀行所為之放款。常見的權利質權標的物為公債、國庫券、股票、公司債、定存單、可轉讓定存單、金融債券及中央政府儲蓄券等；一般銀行對權利質權的放款標準及成數如表 16.3 所示。

> 表 16.3　銀行辦理權利質權之放款標準

類　別	標　準	貸放成數
上市櫃股票	最近 3 個月收盤平均價與貸放前 1 日收盤價孰低者為準	60% 內
未上市股票	股票面值	50% 內
公債、國庫券、金融債券及中央政府儲蓄券	市價與未到期本金面額孰低者為準	90% 內
公司債	市價與未到期本金面額孰低者為準	80% 內
定存單、可轉讓定存單	存單金額	90% 內

7. 保　證

憑保證貸款是指某一銀行憑藉外部機關提供之保證，對借款人所為之放款。所謂外部機關，指各級政府公庫主管機關、銀行、經政府核准設立之信用保證機構 (如臺灣的中小企業信用保證基金、農業信用保證基金及華僑信用保證基金等)。

政府公庫主管機關的保證行為是以見證人或換文來執行，撥貸金額 90% 以上；外部銀行所提供的保證則有擔保信用狀 (Stand-by L/C) 及保證函 (Letter of Guarantee, L/G) 兩種方式，撥貸成數不會超過 90%；信用保證機構提供之保證，其撥貸成數因機構而有不同之規定，正常案件大約在 80% 的範圍內撥貸。

四、授信追蹤

銀行在放款後會持續追蹤客戶的狀況，以確保債權，管理的重點如下：

1. **覆審制度**：銀行在放款之後，應指派非原經辦之人員定期或不定期對放款個案進行覆審，每一授信個案至少每年覆審一次，對重要放款個案則至少每半年實

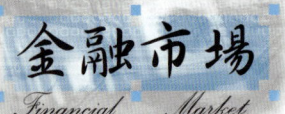

地調查一次。

2. 追蹤範圍：放款事後追蹤的範圍，包括下列項目：

(1) 徵信事項：指對於授信戶之營運計畫進度、經營管理效能、財務狀況、產銷獲利狀況、銀行往來情形及負責人狀況等進行追蹤瞭解。尤其應觀察企業速動資產情形 (現金餘額、短期有價證券變現能力、應收帳款收現等)，以瞭解其資金調度能力。

(2) 資金用途：瞭解借戶資金來源與運用計畫，觀察資金運用情形與原借款計畫是否相符。尤應注意資產配置。例如，下列項目：流動性資金足供一個營業週期所需、流動資產是否達到應有水準、是否以長期資本支應固定資產、未隨便變賣生財設備與機器等。

(3) 償債來源：放款給企業後，應隨時注意該其產銷狀況，瞭解是否具有還款來源，如果是中長期貸款，應觀察其獲利狀況，是否足以擔負攤還本息之能力；若為授信貸款，應注意其交易行為之真實性。

(4) 債權確保：追蹤擔保品的設定情形、使用狀況、保險契約期限、債權憑證之徵提及保管、借保戶之資信是否變化等。

(5) 授信戶展望：追蹤授信戶對本行業務的貢獻、在業界地位及未來發展潛力等。

(6) 其他事項：企業通常不會用盡銀行所給的信用額度，而是保留一定的比率，以因應突發性的資金需求；因此，企業若持續一段時間用盡信用額度的情況，要注意是否會週轉不靈。

第三節　銀行存款業務管理

本節說明商業銀行的存款種類、成本與配置。

一、存款種類

商業銀行的存款業務可區分為五大類：

1. 活期性存款：客戶可隨時提領、取得現金之存款，包括支票存款 (Checkable Deposit)、活期存款 (Demand Deposit)、活期儲蓄存款 (Demand Saving Deposit) 等。

支票存款可區分為個人與商業兩種。其中商業支票

- 活期性存款
- 定期性存款
- 可轉讓定期存單
- 外幣存款
- 綜合存款

存款因交易較為頻繁，一般為零利率；另外，歐美個人常以支票付款 (在亞洲則很少)，由於票據交換具有成本，因此部分銀行會限制存款戶開出的支票數目。

2. **定期性存款**：顧名思義，定期係指有一定的期間。例如，3 個月、6 個月、1 年期或指定到期日等，期初存入本金、期末領回本金與利息；此類存款可再區分為定期存款 (Time Deposit) 及定期儲蓄存款 (Time Saving Deposit) 兩類；存款人若於中途解約，會犧牲部分的利息收入。

3. 可轉讓定期存單 (Negotiable Certificate of Deposit, NCD)：為銀行定期存款之一種，利率由銀行與承購人議價決定，通常較定期性存款利率為低，具有轉讓性、流動性強、分離課稅的優點，但中途不可解約。

4. **外幣存款**：美國在習慣上將外幣計價之存款稱為歐洲貨幣存款 (Euromoney Deposit)，亦分為活期與定期兩大類，利率隨貨幣發行國之利率水準變動，而存款人須自行承擔匯率風險。

5. **綜合存款**：結合活期性存款、定期性存款與存款質借三種功能為同一份存摺之存款，客戶可以在活期與定期存款間轉帳，需要資金時亦可由存款帳戶直接質借取用，或支付向銀行借款的本金與利息。

例　存款類型

美國的銀行在 1970～1980 年代推出各種變化性的存款帳戶：

- **貨幣市場共同基金 (Money Market Mutual Funds, MMMFs)**：貨幣市場中多數工具 (如國庫券及商業本票) 的面額頗高，於是有一些銀行便將存款人的資金結合起來，購買貨幣市場工具，存款人因而可享有較高的利息；這種帳戶允許存款人開立支票、領取本金 (但多半具有金額與次數的限制)，吸引不少人開立此種帳戶。

- **現金管理帳戶 (Cash Management Accounts, CMAs)**：1977 年由美林公司開辦，這種帳戶是 MMMFs、證券交易及信用貸款的綜合體，客戶平時可賺取利息，買 (賣) 證券可由此種帳戶扣 (匯入) 款，若金額不足時，可要求金融機構墊款 (事前須談妥金額)。

- **可轉讓取款憑據 (Negotiable Order of Withdrawal, NOW)**：允許客戶自行在「活期存款」與「活期儲蓄存款」間轉帳的帳戶，由於活期帳戶利息較活儲帳戶為低，客戶通常是把資金存在活儲帳戶內，需用資金時再從活儲帳戶內轉入活期帳戶，為了方便客戶，NOW 讓其自行轉帳。

二、存款的成本

商業銀行必須支付利息給存款人；除此之外，還會有營業場所(租金)、人事與設備(電腦設備及軟體)等，引發營運成本。

1. 存款利率

存款成本愈低，對銀行愈有利；相對而言，活期性存款的交易(提款與存款)頻繁，銀行必須提供服務，引發成本；不過，活期性存款的成本仍遠低於定期性存款，也是多數銀行資金來源中成本最低的一種。

活期性存款的客戶往往是銀行分行附近的個人，要吸引更多活期性存款，可考慮其他服務。例如，提供薪資轉帳、代繳費用(水電、電話、瓦斯、信用卡等)，以便擴張活期性存款的客戶與金額。

2. 存款保險

各國政府為了維持金融秩序安定，保障存款人權益，設立以金融機構為要保人的保險制度，對存款戶提供存款保障。世界上最早建立存款保險制度的國家是美國，在 1950 年成立聯邦存款保險公司 (Federal Deposit Insurance Corporation, FDIC)，銀行必須向 FDIC 購買存款保險[7]，以保障存款戶；不過，銀行需支付保險費用，成本隨之提高。

臺灣在 1985 年成立中央存款保險公司 (Central Deposit Insurance Corporation, CDIC)，正式成立存款保險制度，採自由投保，1999 年改全面投保，2007 年投保方式更改為強制申請核准制。

臺灣的存款保險費率自 2011 年 10 月起採五級差別費率制，目前各類金融機構的存保費率如下：

(1) 銀行、外國及大陸地區銀行在臺分行保額內[8]存款之差別費率分為 0.05%、0.06%、0.08%、0.11% 及 0.15% 五級，保額以上存款固定費率為 0.005%。

(2) 信用合作社保額內存款之差別費率分為 0.04%、0.05%、0.07%、0.10% 及

---

[7] 美國聯邦存保制度是在 1933 年的「銀行法」(The Banking Act) 中所制定，該法強制聯邦準備銀行之會員參加保險；1950 年國會通過「聯邦存款保險法」(The Federal Deposit Insurance Act)，正式成立「聯邦存保公司」(FDIC)，規定每一個帳戶的保險額度上限為 10 萬美元，由 FDIC 負責存款保險業務，並監督各州之銀行。2008 年次貸風暴危機後，於 2010 年實施「陶德法蘭克法案 (Dodd-Frank Wall Street Reform and Consumer Protection Act, Dodd-Frank Act)」，將美國存款保險額度提高為 250,000 美元。

[8] 臺灣的存款保險保額自 2011 年 1 月起為新臺幣 300 萬元。

0.14% 五級，保額以上存款固定費率為 0.005%。

(3)農、漁會信用部保額內存款之差別費率分為 0.02%、0.03%、0.04%、0.05% 及 0.06% 五級，保額以上存款固定費率為 0.0025%。

三、存款配置與限制

1. 存款的開戶

為了避免人頭戶充斥，防制不法洗錢行為，銀行對自然人之開戶，應嚴格要求必須親自憑身分證明文件辦理，另應提示身分證以外之第二證明文件。例如，健保卡、駕照或護照等，以加強確認開戶人本人之身分。此外，銀行必須對開戶人照相或錄影存證。

2. 洗錢防制的配合

收取大額現金或匯款者，應依洗錢防制法規定辦理。例如，依臺灣的規定 (洗錢防制法第 7 條第 2 項)，金融機構對於達新臺幣 50 萬元 (含等值外幣) 以上之單筆現金收付 (在會計處理上，凡以現金收支傳票記帳者皆屬之) 或換鈔交易，應將有關資料登錄電腦，由總行彙整，向法務部調查局申報。

3. 存款配置與限制

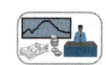

銀行的存款成本可表示如下：

$$i = \sum_{j=1}^{J} w_{Dj} \times (i_{Dj} + f) + \sum_{j'=1}^{J'} w_{NDj'} \times i_{NDj'} \tag{16-5}$$

其中　　　w_{Dj} 與 i_{Dj} = 第 j 種存款負債的比重與利率

　　　　　f = 存款保險費率

　　　　　$w_{NDj'}$ 與 $i_{NDj'}$ = 第 j' 種非存款負債的比重與利率 (如證券附買回契約、銀行間拆放款之借款)

利用 (16-5) 式說明銀行降低存款成本的做法：

(1)非存款負債：利率 ($i_{NDj'}$ 與 i_{Dj}) 往往取決於市場，銀行可以控制的是比重 (w_{Dj} 與 $w_{NDj'}$)，一般而言，非存款負債的利率相對較低 ($i_{NDj'} < i_{Dj}$)，因此使用較多的非存款負債 ($w_{NDj'}$ 較高) 會有較低的成本。

(2)作業成本：銀行的主要存款客戶若為高收入者，存款金額較高，平均作業成本

較低，但要吸收高收入的客戶，銀行的規模要夠大、聲譽佳之條件。為了降低存款維護成本，銀行會規定存款最低計息門檻，或收取存款帳戶管理費，或開戶 3 個月內關閉要收取手續費等。

例 存款相關規定

A、B 兩家銀行的存款帳戶相關規定如下：

	A 銀行	B 銀行
存款帳戶最低餘額	$100,000	$10,000
(低於餘額之手續費)	$100	$10
每月開立支票數目	5	4
(超過開立數目之手續費)	$15	$5
託收支票數目	10	10
(超過託收數目之手續費)	$10	$5

就上述規定而言，A 銀行的存款客戶應為高收入者，B 銀行客戶的收入則相對較低；但 A 銀行必須要有其他條件 (如提供較佳的財富管理業務、外匯服務) 吸引存款客戶。

第四節 銀行國外部門業務管理

商業銀行業務中，涉及外幣的交易為外匯業務，由國外部門統籌管理。本節介紹銀行國外部門的外匯交易管理業務、匯兌業務與進出口業務。

一、外匯交易管理業務

1. 外匯交易風險管理

銀行的外匯交易主要是賺取**買賣價差 (Bid-Ask Spread)**，即期外幣買賣相對較為單純，但遠期買賣則較複雜，銀行必須視情況與客戶做反向買賣的動作 (一般稱為軋平或拋補)。實務上，銀行往往會持有外幣買超或賣超部位 (隨時軋平外幣買賣超部位雖可弭平風險，但作業成本頗高)，當匯率產生不利的變動時，將減損淨現

金流入。為了控制這種風險，銀行通常會針對各種外幣採取限額措施，超過限額即應在市場上進行拋補 (Cover)，簡述如下：

(1) 當日限額 (Intra-day Limit, Daylight Limit)：係指僅能在營業當日持有，不能持有至次一營業日的限額；銀行應對各級行員訂定當日持有外幣的最大淨部位，如表 16.4 所示。

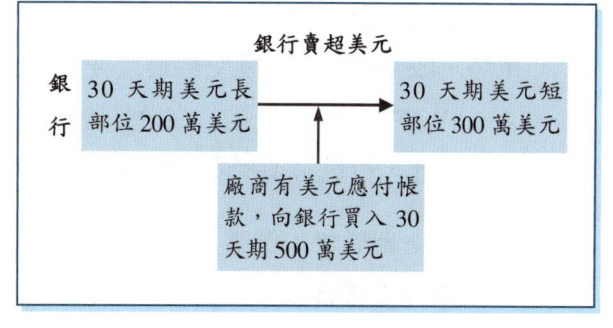

▶表 16.4　當日與隔夜外匯部位限額範例

層　級	當日 (Intraday)	隔夜 (Overnight)
交易員	500 萬美元	300 萬美元
科　長	600 萬美元	400 萬美元
襄　理	800 萬美元	500 萬美元
副　理	900 萬美元	600 萬美元
經　理	1,000 萬美元	800 萬美元

(2) 隔夜限額 (Overnight Limit)：係指可以持有至次一營業日的外幣限額；隔夜限額至次一營業日時，又變成當日限額。
(3) 部位總限額 (Overall Limit)：除了特定的幣別有當日限額外，應另訂定以美元計價所有外幣的當日總限額；例如，美元長、短部位限額為 5,000 萬美元，歐元長、短部位限額為等值 2,000 萬美元，日圓長、短部位限額為等值 1,000 萬美元，當日未軋平之長或短部位總和不得超過 6,000 萬美元。
(4) 停損限額 (Stop Loss Limit)：對個別外幣所能忍受最大損失之限額 (或比率)，當匯率走勢對持有的外匯部位不利，會產生未實現匯兌損失，當未實現損失達到停損限額時，必須軋平或調降部位，以便將損失控制在一定的範圍內。例如，損失金額達原交易金額的 5% 或 5 萬美元，應強制停損平倉。

2. SWIFT 業務管理

世界各大銀行使用 SWIFT 進行外匯交易，SWIFT 為「The Society for Worldwide International Financial Telecommunications」的縮寫，稱為環球銀行財務通信系統，為一人造衛星、海底電纜、地區電路之整合通信網路，提供國際金融業

務之電訊服務,總部位於比利時布魯塞爾 (Brussels);SWIFT 連接各國銀行,會員眾多,成為國際間外匯交易最重要的網路。

SWIFT 的操作複雜,由於外匯交易的金額龐大,操作錯誤可能會造成嚴重的損失;因此,行員必須接受電腦的操作訓練。SWIFT 業務的管理重點如下:

(1) **安全性管理**:作業人員必須經授權才可以進入 SWIFT 機房,製妥電文後,必須經主管審核才能放行,然後由作業人員對外發送。另外,SWIFT 的密碼必須定期或不定期互換。

(2) **通匯網路管理**:銀行必須廣建通匯銀行網路,通匯銀行愈多,愈有能力滿足客戶進出口與匯款業務的需求。

二、進出口業務

進出口廠商往來時,在賣方尚未信任買方或金額龐大的情況下,會以信用狀 (Letter of Credit, L/C) 從事國際貿易,圖 16-7 描繪其基本程序,圖中的各個步驟說明如下:

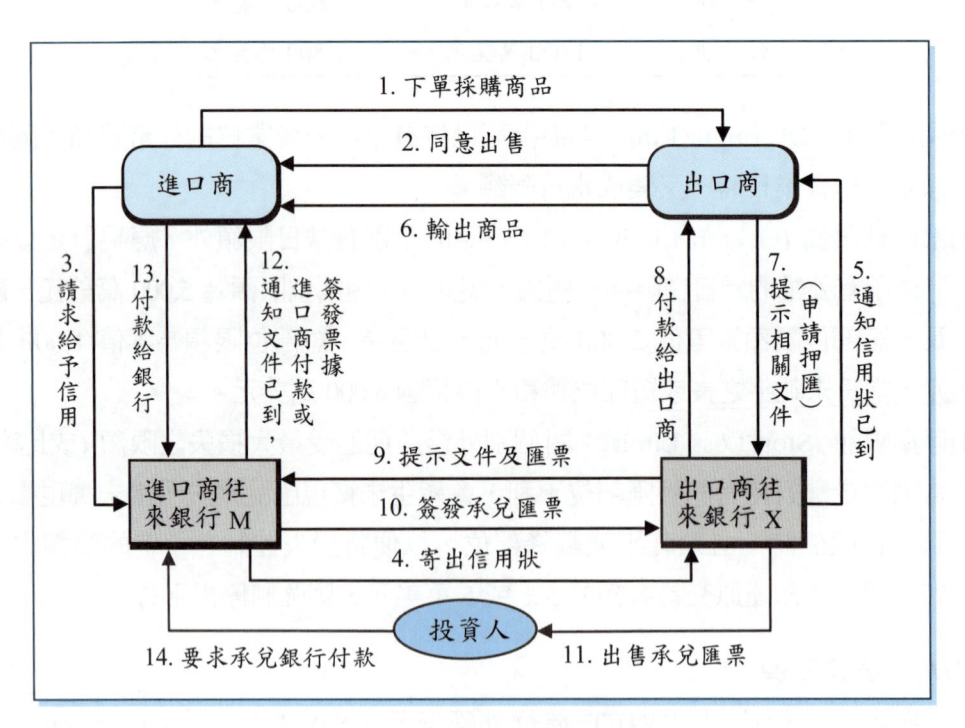

圖 16-7　國際貿易之付款程序

1. 步驟 (1) 及 (2)：分別為買方下單、賣方同意出售，雙方達成交易條件。
2. 步驟 (3)：進口商請求往來銀行 M 開發信用狀 (L/C)。
3. 步驟 (4)：M 銀行開發信用狀給出口商往來銀行 X，規定商品及付款條件，出口商要完成信用狀上的條件後，M 銀行才會承諾付款。
4. 步驟 (5)：X 銀行收到信用狀後通知出口商。
5. 步驟 (6)：出口商著手輸出商品的工作。例如，委託海運業裝船，取得相關的單據及證明 (提單、保險單及其他單據)。
6. 步驟 (7)：出口商在輸出後，將匯票單據交付給 X 銀行申請押匯 (Negotiation) [9]，以便取得資金。
7. 步驟 (8)：X 銀行若同意押匯，則付款給出口商。
8. 步驟 (9)：X 銀行提示單據給進口商往來銀行 M。
9. 步驟 (10)：M 銀行在檢視單據符合信用狀之條件後，會對即期匯票付款，或對遠期匯票承兌後寄回給出口商往來銀行 X。
10. 步驟 (11)：X 銀行在收到承兌匯票後，可將承兌匯票出售給市場的投資人，以補償墊付給出口商的押匯款項；若 X 銀行並無資金需求時，可將匯票持有至到期日。
11. 步驟 (12)：M 銀行通知進口商領取單據以便提貨。
12. 步驟 (13)：如屬即期信用狀，進口商必須立即付款才可領取單據；如屬遠期信用狀通常必須簽發本票給 M 銀行才可領取單據。
13. 步驟 (14)：遠期匯票到期時，M 銀行必須付款給投資人或持有人。

從上列說明可知，信用狀是由開狀銀行擔保付款，對出口商而言，只要達到貨物交運之條件，可避免進口商違約，且銀行若接受押匯，便可提早獲得融通，充實營運資金。

三、國外匯兌業務

國外匯兌業務是指不直接轉送現金，而是根據與國外同業事先簽訂之通匯合約，代理、收付、清算或借貸各種外匯之業務，包括外幣匯款、外幣現鈔結匯、外幣旅行支票結匯、外匯存款及光票託收等。

---

[9] 「押匯」之英文為「Negotiation」，字義上是「商議」或「轉讓」，意思是出口商與往來銀行達成協議，由銀行向出口商買入跟單匯票，給予融資墊款之便利；由於融資墊款是銀行之權利，並非義務，因此出口商要與銀行「商議」。

匯兌業務中交易量最大的為外幣匯款，常用的方式如下：

1. 電匯 (Telegraphic Transfer, T/T)：匯款銀行以電傳方式 [如 SWIFT 或加密碼電報 (Telex / Cable)]，發送付款委託給解款行，匯款存入受款人之帳戶。目前國際匯兌實務上，絕大部分以電匯為主，電匯中絕大部分又以 SWIFT MT103 為主。
2. 票匯 (Demand Draft, D/D)：匯款行簽發以解款行為付款銀行之匯票，由匯款人逕寄受款人，由受款人提示匯票至解款行領款，或存入受款人指定之帳戶。實務上，票匯的數量遠比電匯少。
3. 信匯 (Mail Transfer, M/T)：由匯款行簽發郵寄方式之書面付款委託書 (Payment Order, P/O) 給解款行，經解款行核對其簽章無誤後，通知受款人領取匯款，或逕予存入受款人指定之帳戶。實務上，信匯已經很少；美國地區自 1991 年 1 月開始，不再接受信匯。

第五節　分行業務管理

銀行間的競爭日益激烈，在這種環境下，分行要能脫穎而出，必須花費許多心力；以下探討分行的管理，圖 16-8 描繪分行管理的項目，包括客戶的開發與維持、授信權限、外勤作業及內部管理等事項，而這些事項之目的是為了追求盈餘，因此分行必須開源節流，以達成此一目標。

一、開發客戶

分行必須積極建立營業區域 (Trading Area) 內的客戶資料，並依屬性將客戶作適當的區分。例如，以消金、法金、外匯、財富管理與綜合類來分類，以利行銷計畫的進行。

分行的往來客戶往往與距離有密切的關係，遠距的客戶頗難維持。因此，分行的管理者必須以距離為基礎來開發客戶，以免徒勞無功。一般而言，理財客戶的距離較近 (但與行員熟悉的客戶可能較遠)；其次為消金業務；而法人因交易金額較高，銀行所給的條件 (與服務) 要比便利性重要，距離可以稍遠。

另外，少數客戶會有綜合業務 (同時有法金、外匯與理財等) 與分行往來，是主力客戶，服務距離可能不是重要的考量；在人力與成本許可下，分行應持續與其維持往來，提供服務。

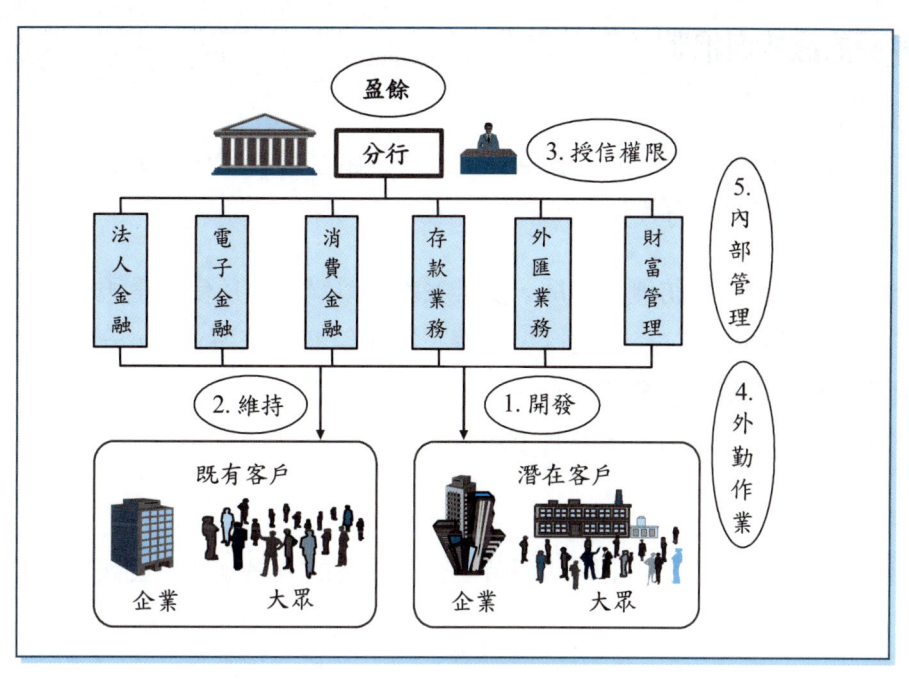

圖 16-8　分行管理示意圖

分行在**擴展客源**時，應以**距離**為基礎來設定目標，並定期檢討達成狀況；圖 16-9 描繪這個概念，某分行目前的主要法金放款業務為半徑 8 公里，希望 1 年內能開發 10 公里以內的客戶，金額由 I_0 上升為 I_1，然後深耕市場，提高市場滲透率，使業績逐年上升；另一方面，消金定存服務距離半徑 4 公里，目標則是能夠開發 6 公里以內的客戶，然後採用各種行銷方法，逐年提升業績。

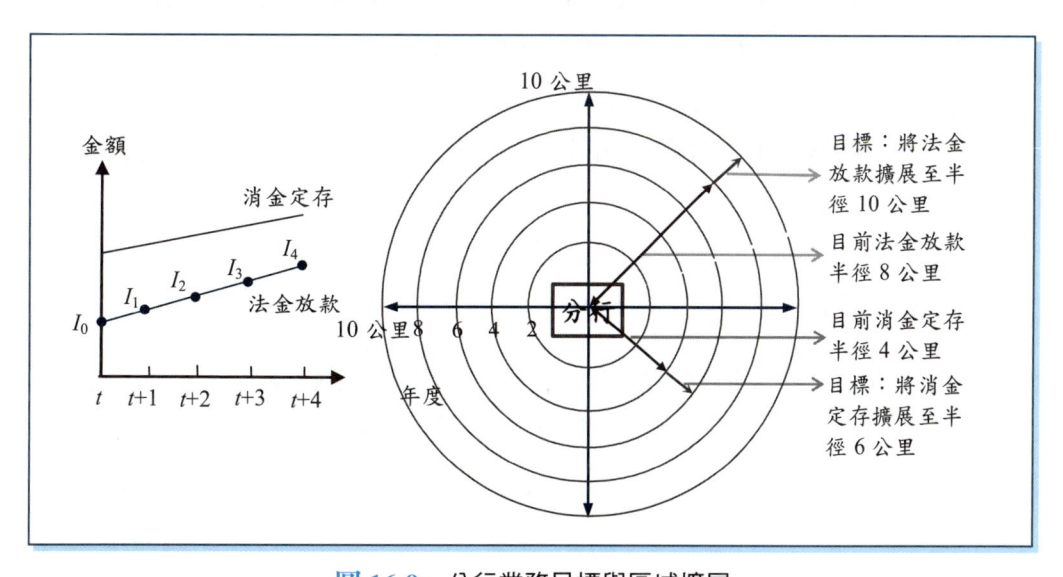

圖 16-9　分行業務目標與區域擴展

二、客戶的維持與追蹤

1. 維持聯繫

分行應與客戶保持密切的互動關係,以便追蹤其最新狀況,尤其是法金戶與外匯戶,常見維持關係的方式如下:

(1) 分行的主管親自拜訪優良客戶、安排餐敘,以滿足客戶受到重視的心理。
(2) 客戶舉辦各項活動 (登山健行、球賽、趣味競賽及旅遊) 時,分行應在許可範圍內適時提供獎品或參與活動。
(3) 定期提供客戶市場現況與經營資訊。

2. 客戶追蹤

實務上,當借款客戶有下列情況時,分行知悉的人員應即時回報,由相關部門積極調查。

(1) 借款客戶的個人狀況
  - 客戶四處向同業、親朋好友及金融機構借款,以不動產第二、三順位向他人 (如代書) 借款,甚或向地下錢莊票貼借款。
  - 客戶原先並不迷信,近期卻常求神問卜、找人算命,詢問事業之發展。
  - 客戶變得精神不佳、無故不工作,應調查是否沉迷於賭博或不良嗜好。

(2) 借款客戶的營運狀況
  - 賒銷金額忽然大幅增加 (或銳減);尤其是在景氣普遍不佳時,客戶宣稱其銷售大幅成長,可能是為了隱瞞問題,欲蓋彌彰。
  - 未按時付款,並要求延長付款期限。
  - 由支票付款轉為本票付款,或付款由商業銀行轉為信用合作社或農漁會信用部。
  - 異常退回貨品,或大量拋售商品、廉價出售存貨。
  - 遲發員工薪資或減少員工福利。

上述情況往往是客戶發生財務困難的前兆,分行若能儘早發現客戶信用狀況變差,除了催收帳款之外,更重要的是停止繼續放款,以免發生更多的損失。

三、分行經理授信權限

分行可依據客戶的信用風險、往來期間、季節性等因素，授予信用額度，以建立長期關係；授予信用額度有下列六種方法：

1. 隨意額度法 (Arbitrary Lump-Sum Method)：在授信主管的授權額度內，主觀但合理地授予額度；這個方法通常適用於剛往來、借款金額較少的客戶。
2. 試誤法 (Trial and Error Method)：亦稱為經驗額度法 (Experience Line Method)，指按隨意額度法測試客戶額度，經一段期間的測試後，再檢討予以提升或降低額度。
3. 比照同業法 (Follow the Leader's Limit Method)：依據客戶在其他同業的授信額度與條件來訂定；這種方法係追隨同業的判斷或經驗，欠缺本身的評估。
4. 淨值比率法：按客戶淨值的某個百分比 (如 10%) 的金額授予額度，此法授予額度與授信期間並無任何關係，實務上用得不多。
5. 淨營運資金比率法：按客戶淨營運資金 (流動資產與流動負債之差額) 的某個百分比的金額授予額度，由於短期償債能力與淨營運資金的關係較密切，故以其來設定額度。
6. 不動產餘值額度法：按客戶的不動產餘值授予額度；由於已辦理不動產抵押貸款，抵押值最多為市價的七成，故可在市價與抵押值的區間內核予額度。

四、分行外勤作業

分行外勤作業最主要工作是實地拜訪客戶。除此之外，票據交換、行外收付與自動櫃員機補鈔等，也是外勤工作的一環。外勤工作是推銷銀行服務與金融商品最好的方法之一。以下介紹外勤工作的原則與執行。

1. 外勤業務的原則

(1) 專業服務：外勤人員拜訪客戶時，應解說分行所提供的服務與金融商品。例如，網路銀行、信用卡、薪資轉帳、水電費自動扣繳、保管箱業務、出國結匯、代收學雜費等，以爭取客戶往來。
(2) 透過介紹：拜訪陌生客戶不是易事，成功率也不高；但若透過熟識的客戶介紹，較能收到事半功

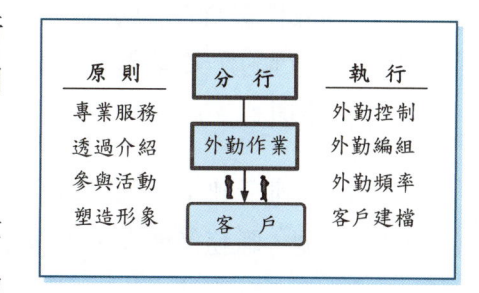

倍的效果。

(3) 參與活動：積極參與社團 (如獅子會、扶輪社、同濟會、青商會等) 及公益活動，藉以構築人脈，拓展分行客源。

(4) 塑造形象：分行應塑造親切、禮貌的形象，讓客戶感受到滿意與尊榮；外勤工作亦應以高標準的禮儀對待客戶，以塑造銀行親和的形象。

2. 外勤工作的執行

(1) 外勤工作控制：分行可考慮對重要客戶提供行外收付之服務，這種服務講究安全、謹慎；若為現金收付，必須在當日即完成帳務處理；而大額現金之收送或行外自動櫃員機補鈔，均應有保全車輛與人員前往，以維護安全。

(2) 外勤工作編組：以分行經理為召集人，督導整個外勤業務；外勤人員以具備專業、經驗、個性外向且刻苦耐勞者為佳。擴展業務時，若時間允許，應就營業區域內之客戶做地毯式拜訪，否則僅作重點式拜訪。

(3) 外勤工作頻率：事前應安排拜訪對象。例如，每週至少拜訪 15 名客戶，其中新客戶不少於 5 名；拜訪完後應作成訪談報告，提交經理主持的外勤會議檢討，以解決客戶的問題，進而維繫與創造業績。

(4) 客戶資料建檔：拜訪客戶後，應建立完善的檔案，以收事半功倍之效果；檔案內容包括客戶地址、電話等基本資料，以及本行各項業務的往來情形、貢獻度等；另外，外勤人員應隨時更新客戶的動態。

五、分行內部管理

現代銀行分行的經營必須面面俱到，包括作業程序要安全無疑、行員要有金融專業知識與道德、電腦系統要有效率、客戶上門要有賓至如歸的感覺等，要達成這些事項，需要良好的內部管理，簡述如下。

1. 內部作業程序與規範

分行的作業程序必須遵循總行的業務規範，但分行仍有因地制宜的制度，包括下列事項：

(1) 人事管理：在既定的分行組織系統下，管理者必須控制人員的配置、職掌、輪調、職務代理人、休假及強制休假、業務操作、密碼及鑰匙管理、升遷、考核及各項訓練。

(2) **安全管理**：金庫、保全系統、錄影設備、自動化設備、現金運送安全等。

(3) **文書與資料管理**：重要的文書可歸納如下：
- ❖ 傳票、會計報表、各項管理報表等。
- ❖ 客戶印鑑卡、空白單據、債權憑證等。
- ❖ 各項文書與電腦檔案之處理、傳遞、歸檔、保管、銷毀，以及印章之啟用和銷毀等。

(4) **設備管理**：電腦設備、電傳電訊設備、安全設備、自動櫃員機等。

(5) **貸款事後管理**：債權時效、保全措施等。

(6) **其他內部管理**：財務及庶物管理、禮貌及服務態度訓練、員工獎勵辦法等。

例 盜取支票

2004 年倫敦北區的民眾報案，他們並未開出支票提款，卻因支票提領而使得銀行帳戶中的存款短缺 (共收到 1,200 多件類似的報案)，警方因而展開調查，結果在 2005 年 4 月破獲一個竊取支票的犯罪集團，逮捕 35 人。

該案的起因是皇家郵政局的一名職員涉嫌偷竊支票 (共遺失 1,500 本的支票簿)，交由集團份子至銀行兌現，每張金額為 800～1,200 英鎊；後來追查到的支票兌現金額高達 2,000 萬英鎊。

本案中的郵局若能經常盤點庫存空白支票，應可及時發現弊案，採取止付行動，讓犯罪集團無法得逞。

2. 作業牽制

業務上易產生流弊之工作，必須分開辦理，不可由同一人包辦；例如，出納兼辦支票存款，便有機會盜取空白支票、領取現金；又如出納兼會計、櫃員兼放款等，均易產生監守自盜的情況，應嚴加禁止。

例 行員舞弊

香港富邦銀行旗下的富邦財務公司在 2008 年中發現，某中國大陸廠商以購買機器設備名義向該行貸款，但卻停止分期還款，調查後發現，該廠商從未申請貸款，而是承辦抵押貸款的員工與港商合謀，以偽造的文件詐取資金。

香港廉政公署因而介入調查，追查之下，竟發現有多宗不法的貸款申請案，10

餘名職員涉案，金額共約 5,000 萬港幣；後來涉案的職員陸續遭到拘捕，富邦金控則將這些貸款案全數提列為損失。

🗨本例最大的缺失是銀行的徵信作業不實，如果在徵信時由 A 前往借款人處訪查，授信時由 B 辦理訂約及對保手續，應不至於發生此項弊案。其次該行若有較完整的查核制度，應可更早一點發現弊端，甚至可以防堵行員僥倖犯案的心態。

3. 查核管理

銀行的查核包括主管機關與總行的查核，以及分行的自行查核，分行的自行查核工作須由非原經辦人員擔任，並編列進度。查核工作包括一般查核及專案查核兩類：

(1) 一般查核：總行通常會派員對分行進行查核，或指派其他分行經理駐點，進行相互模擬、發現問題；另外，分行本身也應自行對業務與財務作一般性查核。例如，每半年一次。

(2) 專案查核：分行應自行對業務與財務之特定項目 (如放款程序)，作不定期的專案查核。

例 經理監守自盜

蘇格蘭皇家銀行 (RBS) 分行經理麥肯西 (MacKenzie) 從 2000 年開始，設置多個假客戶與假帳戶，在缺乏完整的文書作業下，借款給假客戶 A，當 A 需支付利息或本金時，再借款給假客戶 B，以 B 帳戶的貸款支付 A 的應付款項，麥肯西利用這樣的手法創造了 1,200 多個帳戶，顯得業績卓著，還受到上級的表揚；麥肯西個人則從帳戶中挪用不少款項。

後來該銀行在電腦系統升級時，發現不少「不正常」的帳戶，警方因而介入調查，拆穿這起金融弊案。麥肯西在 2004 年 4 月被逮捕，2006 年 6 月承認監守自盜 2,100 萬英鎊，被法院判處 10 年徒刑。

🗨本例顯示 RBS 的數項缺失：

1. 分行經理擁有作業功能。
2. 分行經理未適當輪調或強制休假。
3. 稽核制度不彰。

> 一般銀行的經理人是不能有作業功能，應予適當輪調或無預警的強制休假，亦應對存、借款戶進行不定期函證。

4. 電腦自動化管理

現代銀行依賴電腦作業，因此必須嚴格執行自動化作業規定及安全管理。

(1) 自動化作業規定：如下列事項：
- ❖ 超出權限必須使用主管卡或主管密碼之特殊交易，應保留紀錄，以便逐筆核對。主管卡或主管密碼應由主管個人妥為保管，不可交由他人使用。
- ❖ 同一帳戶、同一櫃員、同一主管之更正金額過大或頻率過高者，應注意並加以檢討。
- ❖ 各項密碼應定期更新。
- ❖ 進入 ATM 或金庫第一道門的密碼及第二道門之鑰匙，應分人保管，並應安裝保全設備及錄影監視系統。
- ❖ 電腦傳票與各項電腦報表，均應指定專人妥善管理。

(2) 自動化安全管理：電腦應設定保護措施，以防止駭客與電腦病毒入侵；另外，要嚴禁員工在個人電腦上使用非業務所需之網路、電子郵件、軟體、光碟及隨身碟或磁片等。

> **例 竊取主管卡盜用公款**
>
> 2004 年 6 月 15 日臺灣銀行松江分行實習生謝某利用職務之便，竊取分行襄理「大額網路交易主管卡」，以網路將新臺幣 3.2 億元之公款轉進自己在臺銀、台新及中信銀的帳戶。
>
> 幸好銀行行員當日發現謝某不假外出，立即清查其所經辦的業務，發現弊端後，立即凍結謝某相關帳戶並報案，但謝某仍得手新臺幣 2,000 萬元，逃逸 5 年後於 2009 年底被警方逮捕。

> **例 網路駭客**
>
> 　　2004 年 6 月臺灣破獲陳姓嫌犯入侵個人電腦、盜領網路銀行存款的金融犯罪。陳嫌將新型的木馬 (Trojan) 程式加以偽裝，夾在電子郵件廣告中，好奇者開啟之後，就被植入程式，然後讀取電腦中的帳號密碼，其目標是網路銀行密碼。
>
> 　　陳姓嫌犯取得密碼之後，便進入當事人的網路銀行帳號，將存款轉至中國大陸駭客所提供的帳戶，逃避查緝；但存款不翼而飛，讓警方介入調查，結果發現，陳嫌已掌握數萬筆的帳號 (其中一名客戶的存款竟有 2 億元)，得手金額則有新臺幣數百萬元。
>
> 　　可以想像，若是銀行行員以公司的電腦開啟夾帶該木馬程式的電子郵件，駭客將獲得更多的帳號密碼，盜領鉅額的存款，後果不堪設想。因此銀行必須有電腦保護措施，禁止員工使用個人帳戶，以防止駭客入侵。

5. 突發事件之處理

　　突發事件指發生天災 (如地震、水災、風災、火災)、搶劫、擠兌、重大舞弊等事項。銀行總行會對突發事件制定處理程序，包括應急方案、詳細操作程序、職責與人員配置等。另一方面，分行在平時應依照總行之處理程序加以演練，遭遇突發事件時，才能臨危不亂。

習題

一、選擇題 (單選)

(　) 1. 下列有關銀行獲利的敘述，何者最正確？　(A) 利差 (存放款的利率差) 愈大，分行的損益平衡點愈高　(B) 銀行的主要獲利來源為利差，營運的原則是利差大於壞帳比率　(C) 小型銀行的放款利率較高，因此獲利較佳　(D) 多數表外資產會有手續費收入　(E) 手續費要花費的人力多，成本過高，只是為了服務存放款的客戶。

(　) 2. 下列何者並非銀行的 5C 放款原則？　(A) 品格 (Character)　(B) 能力 (Capacity)　(C) 資本 (Capital)　(D) 抵押品 (Collateral)　(E) 創造力 (Creativity)。

(　) 3. 銀行要求借款人、保證人攜帶證件至銀行，簽下借據或本票，由經辦人員核對是當事人為本人無誤的程序，稱為下列何者？　(A) 徵信　(B) 鑑價　(C) 質押　(D) 對保　(E) 授信追蹤。

(　) 4. 企業以存貨質押取得貸款，銀行以編製存貨序號的方式進行控管，此種做法屬於下列何者？　(A) 流動存貨質押　(B) 信託收據存貨貸款　(C) 倉單存貨貸款　(D) 經常性借款　(E) 授信追蹤。

(　) 5. 下列有關銀行存款的敘述，何者最正確？　(A) 定期存款的營運費用比活期存款低，銀行應鼓勵客戶承做定期存款　(B) 商業支票存款的利率相對較低　(C) 存款的期限愈長，保險費用愈低　(D) 外幣存款為規避風險，只有活期存款　(E) 綜合存款是指本國與外國貨幣的帳戶。

(　) 6. 下列何者是進出口貿易中的主要支付工具？　(A) 信用狀　(B) 提單　(C) 匯票　(D) 本票　(E) 保險單據。

(　) 7. 出口商與往來銀行達成協議，由銀行向出口商買入跟單匯票，給予融資墊款之便利，這個動作稱為下列何者？　(A) 押匯　(B) 信託　(C) 消費貸款　(D) 存貨質押　(E) 授信。

(　) 8. 下列有關銀行分行外勤業務的敘述，何者最正確？　(A) 應外包給其他廠商　(B)

有空閒時才拜訪客戶　(C) 應有外勤編組與工作頻率　(D) 客戶有需要時才登門拜訪　(E) 僅需拜訪既有客戶，以免讓外勤人員偷懶。

二、簡答題

1. [銀行的損益] 試說明銀行的主要收入與成本項目。

2. [股東權益報酬率] 銀行的「股東權益報酬率」可表達為「稅前純益率×總資產週轉率×股東權益乘數」，簡述這三個比率的意義。若「稅前純益率」過低，銀行該如何改善？

3. [徵信] 試說明銀行的「徵信」(Credit Investigation) 程序。

4. [外匯業務] 試說明銀行如何管理外匯業務，如何控制外匯風險。

5. [存貨質押貸款] 試說明「流動存貨質押」(Floating Inventory Liens)、「信託收據存貨貸款」(Trust Receipt Inventory Loans) 及「倉單存貨貸款」(Warehouse Receipt Inventory Loans) 之意義。

6. [進出口之程序] 試以圖形來說明進出口時使用「信用狀」(Letter of Credit, L/C) 之程序及意義。

7. [授予客戶信用額度] 簡述銀行分行授予客戶信用額度的主要方法。

8. [分行業務區隔] 銀行分行有哪些工作應分開辦理，以免產生業務上之流弊？

三、問答與申論題

1. [銀行的營運與績效] 以下簡述花旗銀行 (Citibank) 與香港上海滙豐銀行 (HSBC) 在臺灣的營運概況：

🏦 花旗銀行 (CitiCorp) 進入臺灣市場時，認為要與臺灣本地銀行競爭存放款業務，需投入較高的成本，因而偏向經營消金信用卡市場，以及其他手續費之業務 (財富管理、外匯、衍生性商品)；另外，花旗在 2006 年 2 月收購華僑銀行之後，分行由 11 家增加為 66 家，仍偏向經營消金市場，並維持低存放款比率。

🏦 香港上海滙豐銀行 (HSBC) 進入臺灣市場後，除了財富管理業務之外，亦以增加存款為目標，主打商品為「HSBC Direct」，以高於市場平均 3 倍的活儲利率衝擊市

場，收受投資大眾於其他銀行的存款，接著推出各種業務與投資商品。例如，轉換美元存款以收取匯差，或是轉投資匯豐旗下的商品 (基金)；另外，匯豐的放款金額則逐年遞增。2007 年 12 月匯豐收購中華銀行，使其在臺灣的分行數從 8 家增加到 47 家，以搶攻財富管理客戶。

下表為花旗銀行與匯豐銀行 2003～2008 年的相關資料：

花旗銀行與匯豐銀行存放款業務比較表　　　　(新臺幣百萬元)

銀行	年度	存款	放款	逾放金額	逾放比率(%)	備抵呆帳	備抵呆帳對逾放金額比率(%)	本期損益	淨值
花旗銀行	2003	$364,169	$137,623	$1,710	1.22	$4,380	256.14	$8,262	$17,757
	2004	368,082	91,737	691	0.75	4,073	589.44	9,854	20,099
	2005	371,028	77,475	1,197	1.55	5,760	391.43	10,315	14,527
	2006	390,607	79,202	1,195	1.51	6,670	355.81	4,850	10,440
	2007	482,680	85,667	1,103	1.29	6,675	412.11	13,257	16,954
	2008	467,578	84,285	1,093	1.30	7,680	503.26	15,821	19,742
匯豐銀行	2003	$154,047	$68,950	$498	0.71	$441	88.55	$2,610	$4,090
	2004	166,943	80,056	525	0.65	396	75.43	3,395	5,085
	2005	214,179	105,667	584	0.55	2,442	148.55	1,995	5,940
	2006	277,284	114,669	1,799	1.57	5,387	104.44	−1,115	5,238
	2007	327,856	107,198	1,731	1.61	3,993	103.17	3,349	8,241
	2008	344,906	141,441	4,368	3.09	14,342	294.33	4,916	10,123

資料來源：臺灣金管會銀行局。

▶ 簡述花旗銀行與匯豐銀行在臺灣採取不同存放款策略對其獲利的影響。

2. [銀行弊案] 2002 年初中國大陸國家審計署查出中國銀行 [中銀 (Bank of China)] 具有弊端，該行旗下分行涉嫌透過非法貸款、私下交易、非法開立信用狀及發行銀行本票等方式進行五鬼搬運，掏空 3.2 億美元的資金。

之後，美國當局表示，中銀的美國分行在 1990 年代也有違規的情事，涉嫌超貸給毫無信用紀錄、未提供抵押品、但擁有人脈的客戶，甚至貸款給空頭公司。例如，中銀的加州分行 1994 年提供 2,300 萬美元的貸款給臺灣歌星劉×昌夫婦，而劉氏夫婦與

中銀當時的行長王×冰熟識,所提供的擔保不動產價值遠低於貸款總額,後來劉氏夫婦把這些房地產賣給王×冰妻子所擁有的公司。

　　2002 年 2 月美國財政部金檢局因而對該行處以 1,000 萬美元的罰款,並下令中銀美國各分行不得再與 34 名個人與企業客戶往來。而中銀行長王×冰則因其他案件,於 2003 年底被北京法院以受賄罪判處有期徒刑 12 年,並沒收個人部分財產。

➤ 簡述銀行應如何防範上述海外分行之弊案。

簡　答

一、選擇題

1.	2.	3.	4.	5.	6.	7.	8.
D	E	D	B	B	C	A	C

三、問答與申論題:參考簡答

1. [銀行的營運與績效]
(1)花旗銀行 (Citibank) 的存放款比率低,以收手續費及投資收入為營業重心,逾放金額因而相對較低,受信用風險之影響較低,獲利因而較穩定。
(2)香港上海滙豐銀行 (HSBC) 吸收高利率存款,承做放款、外匯及投資業務與投資商品,產生較高的信用與市場風險,獲利會有較大的波動。

2. [銀行弊案] 下列方式可減少海外分行之弊案:
(1)總行不定期派員對海外分行進行查核。
(2)海外分行的重大案件 (如高額的放款案) 須以電腦連線傳回總公司,由相關部門審查核准後,才可撥款。
(3)電腦系統中應設定警示功能,同一帳戶 (及關係人)、同一主管、同一櫃員之放款、承做契約或更正金額過大,或頻率過高者,應加以調查與檢討。
(4)海外分行經理定期輪調。

索引

A

Acceptances　承兌匯票　105
Account Receivables　應收帳款　235
Acquisition　併購　129
Adjustable Rate Preferred Stocks, ARPs　調整報酬率特別股　161
Adverse Selection　逆選擇　175
Agency Fee　代理費　132
Agency Problems　代理人問題　461
Agent　代理行　130
Agricultural Futures　農產品類期貨契約　340
AliPay　支付寶　94
All-In Cost　全部成本　132
Allocation　分配　134
allPay　歐付寶　94
Alpha　阿爾發　187
Alternative Investment Market, AIM　替代性投資市場　187
AM fixing　頭盤　257
American Option　美式選擇權　358
American Quotation Method　美式報價法　282
American Stock Exchange, AMEX　美國證券交易所　183
Amsterdam Exchange　阿姆斯特丹交易所　184
Amsterdam Stock Exchange Association　阿姆斯特丹交易所協會　184
Analyzer　分析者　453
Angel　天使　64
Anglo-American System　英美制外匯市場　270
Appointed Bank　外匯指定銀行　293
Arbitrage　套匯　286
Arbitrary Lump-Sum Method　隨意額度法　547
Archipelago　全電子證券交易所　182
Archipelago Exchange, Arca　群島交易所　183
Arranger, Manager　經理行　130
Asian Currency Unit, ACU　亞洲通貨單位　315
Asian Dollar　亞洲美元　315
Asset Backed Securities, ABS　資產基礎證券　234, 235
Asset Management Corporation, AMC　資產管理公司　498
Asset Securitization　資產證券化　234
Asset Swap　資產交換型　400
Asset(s)　資產　238, 399
Assets Quality　資產品質　500, 502
At Sight　見票　93
At The Money, ATM　價平選擇權　360
ATM Card　金融卡　95
Auction　競價拍賣　168
Authorized Foreign Exchange Bank　外匯銀行　277
Automated Teller Machines, ATMs　自動櫃員機　456

B

Back-end Loads　後收費用　212
Balloon Repayment　氣球式還款　132
Bank Branch　分行　456
Bank for International Settlement, BIS　國際清算銀行　485
Bank Group　聯合貸款的銀行團　130
Bank of England and Financial Services Act 2016　英格蘭銀行與金融服務法　427
Bank of England, BOE　英格蘭銀行　425
Banker Draft　銀行匯票　93
Banker's Acceptance, B/A　銀行承兌匯票　105, 316
Banker's Cheque　銀行支票　92
Banking Act 2009　銀行法　426
Base Interest Rate　基準利率　120, 122
Basel Committee on Banking and Supervisory, Basel/BCBS　巴塞爾金融監理委員會　420, 485
Basis Point　基本點　123, 354
Basis Swap　利差型交換　400
BATS Global Markets Inc., BATS　貝氏環球市場公司　180
Bearer　無記名　158
Beat the Market　擊敗市場　207
Before-Tax Profit Margin　稅前純益率　524
Belgian Futures and Options Exchange, Belfox　比利時期貨與選擇權交易所　185
Best Effort　代銷　162
Best Efforts　盡力承銷　133
Best-Efforts Offer　代銷　173
Beta　貝他　187
Bid　投標　133
Bid Rate　存入利率　313
Bid Rate/Buying Rate　買入價格　285
Bid-Ask Spread　買賣價差　540

Big Bang　大震撼　187
Bilateral　雙邊　133
Bilateral Trade-Weight Exchange Rate Index, BT$_{ERI}$　雙邊貿易有效匯率指數　296
bitcoin　比特幣　93
Black Market　黑市　16
BM&F BOVESPA　巴西證券期貨交易所　341, 345
Bolsa de Valores de Lisboa e Porto　BVLP　185
Bond Rating　債券評等　148
Bookbuilding　詢價圈購　169, 172
Booking Center　記帳中心　307, 317
Bovespa　巴西聖保羅證券交易所　345
Bridge Bank　過渡銀行　429
Bridge Financing　過渡性融資　129
Bridge Loans　過渡性貸款　70
Broker　經紀商　162
Brokerage　經紀人　274
Brokerage　經紀　61
Brokerage Oriented　經紀人導向　274
Brussels Exchanges, BXS　布魯塞爾交易所　185
Brussels stock exchange　布魯塞爾股票交易所　185
Building Societies Commission　建築融資合作社委員會　425
Build-Operate-Transfer, BOT　營建、營運、移轉　136
Bullet Repayment　到期一次還款　132
Business Strategy　事業策略　449
Business Taxes　營業稅　42
Buy Call　買入買權　358
Buy Near Date/Sell Far Date, B/S　先買入近期外匯，後賣出遠期外匯　386
Buy Put　買入賣權　358
Buy Spot and Sell Forward　買即期賣遠期　383
Buying Order　買入委託　177

C

Call　買權　392
Call Money, Deposits at Call, Deposits at Notice　通知存款　310
Call Option　買權　358
Callable　可贖回　160
CALPERS　加州公務員退休基金　73
Cancel Order　撤銷委託　177
Cancellation　取消融資　135
Cancellation Clause　取消條款　126

Capacity　能力　528
Capital　資本　528
Capital Adequacy　資本適足性　500
Capital Gains　資本利得　207
Capital Gains Taxes　資本利得稅　41, 255
Capital Leases　資本性租賃　73, 127
Capital Markets　資本市場　4
Captive Finance Company　受控財務公司　534
Car Loans, Auto　汽車貸款　235
CARs　累計超額報酬率　69
Cash Delivery　現金交割　273, 275
Cash Delivery / Cash Settlement　現金交割　351
Cash Flow　現金流量　399, 401
Cashflow Gap　資金缺口　384
CDs / NCDs　可轉讓定期存單　316
Central Bank　中央銀行　36
Central Deposit Insurance Corporation, CDIC　中央存款保險公司　538
Central Securities Depository, CIK　證券集中保管所　185
Certified Cheque　保付支票　92
Character　品格　528
Charge Card　簽帳卡　95
Chattel Mortgage Loans　動產抵押貸款　533
Check Deposit　支票存款　54
Checkable Deposit　支票存款　536
Cheque or Check　支票　92
Cheque Payable to Bearer　不記名支票　92
Cheque Payable to Order　記名支票　92
Chicago Board of Trade, CBOT / CBT　芝加哥期貨交易所　339, 342
Chicago Board Options Exchange, CBOE　芝加哥選擇權交易所　341, 342, 358
Chicago Mercantile Exchange, CME　芝加哥商業交易所　342, 339
China UnionPay　中國銀聯　99
Chinese Futures Markets　中國大陸期貨市場　346
City of London　倫敦金融區　274
Class B-Share　B 股基金　212
Classified Stocks　等級區別　159
Clean Bill　光票　93
Cleaning Bank　清算銀行　274
Clearing House　結算所　339, 351
Clearing House Interbank Payments System, CHIPS　紐約交換所資金調撥系統　275
Clearstream International S.A.　國際保管股份公司　188
Close-end Mutual Fund　封閉型基金　204

Closer Economic Partnership Arrangement, CEPA　更緊密經貿關係安排　468
Closing　截止　134
CME Group Inc., CME　芝加哥商業交易所集團　341
Co-Arranger, Co-Manager　協辦行　130
Collateral　抵押品　528
Collateralized Mortgage Obligations, CMO　擔保房貸憑證　235, 236
Comments　意見　134
Commercial Acceptances, C/A　商業承兌匯票　105
Commercial Banks　商業銀行　54
Commercial Draft　商業匯票　93
Commercial Loans　商業性放款　55
Commercial Mortgage Backed Securities, CMBS　商業性不動產抵押貸款　235
Commercial Papers, CPs　商業本票　6, 104
Commitment　承諾　6, 133, 134
Commitment Fee　承諾費　132
Commodity Exchange Inc., COMEX　紐約商品交易所　342
Commodity Futures　商品期貨　339
Common Stock　普通股　158
Competitive Firm Cash Offerings　競價標售　173
Compound Fund　組合基金　208
Conditions　狀況　528
Conditions Precedent　先決條件　134
Conservation Buffer　資本緩衝　493
Consumer Banking　消金業務　100
Consumer Financial Protection Bureau, CFPB　消費者金融保護局　432
Consumer Price Index, CPI　消費者物價指數　31
Consumption　消費　24
Continental System　大陸制外匯市場　270
Convertible　可轉換　160
Cooperative Game　合作賽局　473
Corporate Bond　公司債　6
Corporate Governance Mechanism　公司治理制度　419
Corporate Industrial Venture Capital　大型公司的附屬創投業　66
Corporate Strategy　公司策略　449
Corporation of Lloyd's　勞依茲保險協會　274
Counter-cyclical Buffer Ratio　抗週期緩衝資本比率　493
Counterfeit Money　偽鈔　91
Country Fund　單一國家型基金　206
Country Risk　國家風險　484
Coupon Rate　票面利率　142
Coupon Swap　息票型交換　400
Covenants　承諾書事項　135
Cover　拋補　270, 541
CP1　交易性商業本票　104
CP2　融資性商業本票　104
Credit Card　信用卡　94, 95
Credit Card Receivables, Card　信用卡貸款　235
Credit Enhancement　信用增強　238, 244
Credit Investigation　徵信　526
Credit Loans　信用放款　530
Credit Rating　信用評等　74, 146
Credit Risk　信用風險　400, 480
Cross Currency Swap/Cross Currency Interest Rate Swap, CCS　換匯換利　396, 402
Cross Default　連帶違約　135
Crossed Cheque　劃線支票　92
Cumulative　累積　160
Cumulative Abnormal Returns, CARs　累計超額報酬率　69
Currency　通貨　90
Currency Clauses　貨幣條款　135
Currency Futures　外幣期貨　340
Currency Futures Contracts　外匯期貨契約　339
Currency Swap, CS　幣別交換　396, 397, 398
Currency Swaps　貨幣交換　382
Current Yield　當期收益率　143
Customer Market　顧客市場　270, 293

D

Daily Settlement　逐日計算盈虧　350
Dalian Commodity Exchange, DCE　大連商品交易所　346
Dealing　自營　61
Dealing Date　交易的日期　386
Dealing on the Currency Exchange　外匯交易所交易　279
Debit Card　支付卡　95
Debt Markets　債務市場　6
Default Risk Premium, DRP　違約風險溢酬　34
Defender　防衛者　453
Definitions and Interpretations　定義　134
Deliverable Currency Option, DO　本金交割匯率選擇權合約　391
Deliverable Forward Exchange Contracts, DF　有本金遠期外匯合約　378
Delivery　交割　178

Demand Bill　即期匯票　93
Demand Deposit　活期存款　54, 536
Demand Draft, D/D　票匯　544
Demand Saving Deposit　活期儲蓄存款　54, 536
Depositary Receipt　存託憑證　158
Derivative Financial Products，簡稱 Derivatives 或 DFP　衍生性金融商品　338
Determinants　決定因子　34
Deutsche Boerse AG, DBAG　德國交易所集團公司　188
Deutsche Terminbörse, DTB　德國期貨及選擇權交易所　345
Differentiation　差異化　451
Diners Club Card　大來卡　95
Direct Arbitrage　直接套匯交易　286
Direct Dealing　直接交易　279
Direct Financial Markets　直接金融市場　4
Direct Offerings　直接銷售　173
Direct Quotation Method　直接報價法　282
Discount　貼水　290
Discount　貼息　103
Discount Bond　折價債券　145
Discount Houses & Accepting Houses　貼現及承兌商號　274
Diversification　多角化　461
DKV AG　集中保管公司　188
Documentary Bill　跟單匯票　93
Dodd-Frank Wall Street Reform and Consumer Protection Act, Dodd-Frank Act　陶德法蘭克法案　326, 430
Domestic Financial Markets　國內金融市場　7, 304
Draft of the Agreement　合約的草稿　134
Draft, Remittance, or Bill of Exchange　匯票　93
Drawdown　動用　131
Drawdown Notice　撥款通知　134
DTB　德國期貨交易所　188
Dual Regulation　雙重監理　426, 427
Due Diligence　審查評鑑　171
Duration Mismatch　存續期間不協調　239
Dutch Blue-chip Companies　荷蘭藍籌股　184
Dutch East India Company　荷蘭東印度公司　184

E

Early-Stage　早期　66
Earnings Record　獲利性　500
EasyCard　悠遊卡　93

Economic Cooperation Framework and Agreement, ECFA　兩岸經濟合作架構協議　469
Economic Events Futures　經濟事件期貨　339, 341
Economies of Scale　規模經濟　78
Effective Exchange Rate, EER　有效匯率　296
Effective Maturity　有效到期期間　490
Egmont Group Financial Intelligence Units, FIUs　艾格蒙聯盟　17
Electronic Banking　電子金融　57
Electronic Communication Networks, ECNs　電子通訊網路　78
Emerging Stock Market　興櫃市場　166
Energy Futures　能源類期貨契約　340
Engineered Swap　操縱性換匯　384
Enhancing Corporate Governance for Banking Organizations　強化銀行組織公司治理　420
EPS Myopia　短視近利　461
Equipment Lease, E. Lease　設備租賃權益契約　235
Equity Markets　權益市場　6
Equity Multiplier　股東權益乘數　524
ethercoin　乙太幣　93
Eurex　歐洲交易所　345
Eurex　歐洲期貨交易所　188
euro　歐元　90
Euro Bonds　境外債券　141, 310
Eurocurrency Interest Futures　歐洲貨幣利率期貨　354
Euro-Currency Market　歐洲通貨市場　129, 305, 306
Euro-Dollar　歐洲美元　305
Eurodollar Futures Options　歐洲美元期貨選擇權　362
Euro-Dollar Market　歐洲美元市場　305, 324
Euromoney Deposit　歐洲貨幣存款　54, 537
Euronext　泛歐交易所　344
Euronext Blue Chips　藍籌股　184
Euronext Lisbon　里斯本泛歐交易所　185
European Banking Federation　314　歐洲金融聯盟
European Central Bank, ECB　歐洲中央銀行　90
European Option　歐式選擇權　358
European Options Exchange　歐洲選擇權交易所　184
European Quotation Method　歐式報價法　282
European Recovery Program　歐洲復興計畫　306
Euro-Sterling　歐洲英鎊　305
Euro-Yen　歐洲日圓　305
Events of Default　違約事由　135
Exchange　外匯交易所　270
Exchange Swap Transaction, Foreign Exchange Swap　換匯交易　382

Exchange Traded Fund, ETF 指數股票型基金 207, 216, 218
Exchangeable Preferred Stocks 可交換特別股 161
Exchange-Rate Mechanism, ERM 歐洲匯率機能 413
Exit Fees 退出費 212
Experience Line Method 經驗額度法 547
Expiration Date 到期日 360
Export 輸出 24
Export-Weight Exchange Rate Index, EWERI 出口值有效匯率指數 296
Exposure at Default, EAD 違約曝險額 490
Extended DuPont Equation 延展杜邦方程式 524
External Currencies 境外通貨 315
EZ-Link 易通卡 93

F

Factor 應收帳款承購業者 74
Factoring 應收帳款承購業務 55, 74
Federal Deposit Insurance Corporation, FDIC 聯邦存款保險公司 428, 431, 538
Federal Home Loan Mortgage Corporation, FHLMC, Freddie Mac 聯邦住宅抵押貸款公司 236
Federal Housing Administration, FHA 聯邦住宅局 236
Federal National Mortgage Association, FNMA, Fannie Mae 聯邦國家房貸協會 235
Federal Reserve Board, FED/FRB 聯邦準備理事會 430
Fedwiredh 聯邦準備銀行調撥系統 275
Fees, Expenses and Taxes 費用及稅捐 135
Final Exchange 交換期末本金 402
Finance Companies 融資公司 74
Finance Company 融資公司 125
Financial Action Task Force on Money Laundering, FATF 國際金融反洗錢特別工作小組 17
Financial Bond 金融債券 6
Financial Conduct Authority, FCA 金融行為監理局 426, 427
Financial Crisis 金融危機 410
Financial Futures 金融期貨 339
Financial Holding Company, FHC 金融控股公司 74, 430
Financial Innovations 金融創新 79
Financial Institutions 金融機構 53
Financial Leases 融資性租賃 74, 127
Financial Markets 金融市場 2
Financial Policy Committee, FPC 金融政策委員會 426, 427

Financial Revolution 金融改革 424
Financial Service and Market Act 2000 金融服務市場法 425, 426
Financial Services Act 1986 金融服務法 425
Financial Services Act 2012 金融服務法 426
Financial Services Authority, FSA 金融服務局 425, 427
Financial Stability Oversight Council, FSOC 金融穩定監管委員會 431
Financial Supervisory Agency, FSA 金融監督廳 434
Financial Swap 金融交換 396
Financial Transactions and Markets Act 金融交易與市場法案 185
Financial Tsunami 金融海嘯 415
Financing Costs 融資成本 9
Firm-Commitment Underwriting 包銷 162, 173
Fixed against Floating 固定利率與浮動利率 400
Fixed Interest Rate 固定利率 400
Fixed Term Contracts 固定到期日遠期外匯合約 379
Fixing Rate 定盤利率 121
Floating against Floating 浮動利率對浮動利率 400
Floating Interest Rate 浮動利率 400
Floating Inventory Liens 流動存貨質押 533
Floating Rate Certificate of Deposit, FRCD 浮動利率可轉讓定期存單 310
Floating Rate Notes, FRN 浮動利率本票 132, 310
Focus 集中化 451
Follow the Leader's Limit Method 比照同業法 547
Foreign Bank Supervision Enhancement Act, FBSEA 外國銀行監理執行法案 326
Foreign Bonds 外國債券 141
Foreign Credit Restraint Program 對外信用限制方案 306
Foreign Currency Call Loan Market 外幣拆放市場 94, 294
Foreign Exchange 外匯 55
Foreign Exchange Bank 外匯銀行 280
Foreign Exchange Brokers 外匯經紀人 272
Foreign Exchange Market 外匯市場 268
Foreign Exchange Options 外幣選擇權 362
Foreign Exchange Swap 相較換匯 397
Foreign Index Fund 外國指數基金 206
Forward against Forward Swap 遠期對遠期換匯 384
Forward Contracts 遠期契約 338, 339
Forward Exchange Contracts, FEC 遠期外匯合約 287, 378
Forward Exchange Market 遠期外匯市場 378
Forward Exchange Rates 遠期匯率 378

Forward Exchange Transaction　遠期外匯交易　287
Forward Hedging　遠期對沖　290
Forward Market　期匯市場　271
Franc　法郎　90
Frankfurt Stock Exchanges, FSE　法蘭克福證券交易所　188
Free Bookers　獨立經紀商　189
Free Market　自由市場　270
Friendly Societies Commission　合作社委員會　425
Front End Fee　主辦費　132
Front-end Loads　前收費用　212
Fully Underwritten　133　全額承銷
Functional Strategy　功能策略　449
Fund of Funds　基金中之基金　208
Futures Contracts　期貨契約　338
Futures Exchange　期貨交易所　274
Futures Options　期貨選擇權　361, 362

G

Game Theory　賽局理論　472
Gamma　咖瑪　187
General Partners　一般合夥人　65
Generic Swap　標準型交換　400
German Securities Trade Act　證券交易法　188
Giving Quotation Method　支付報價法　282
Glass-Steagall Act　格拉斯─史帝構法案　74, 430
Global Fund　全球型基金　206
Global Market / International Market　國際性外匯市場　271
Gold Accumulation Plans, GAP　黃金累積帳戶　248
Gold Certificates　美國的黃金憑證　248
Gold Coins　金幣　255
Gold Pool　黃金總匯　258
Gold Sales Tax, GST　黃金銷售稅　255
Gold Standard System　金本位制　247
Governing Law　準據法　132
Governing Law and Jurisdiction　準據法及管轄法院　135
Government Bond　政府公債　6
Government Transfers　政府移轉性支出　24
Gramm-Leach-Bliley Act　金融服務現代化法案　74, 430
Gross Domestic Products, GDP　國內生產毛額　24
Growth　成長性　505
Guaranteed Fund　保本基金　208

H

HappyCash　有錢卡　93
Hedgers　避險者　357
Hedging Fund　避險基金　208
Her Majesty's Treasury, HM Treasury/The Treasury　財政部　425
High-Quality Liquid Assets, HQLA　高品質流動性資產　495
Hi-tech　高科技股　184
Home Banks　本國銀行　274
Home Equity Loans, HEL　住宅權益貸款　235
Hong Kong Commodity Exchange　香港商品交易所　348
Hong Kong Exchanges and Clearing Limited, HKEx　香港證券與結算公司　190
Hong Kong Futures Exchange, HKFE　香港期貨交易所　190, 348
Hong Kong Futures Markets　香港期貨市場　348
Hong Kong Stock Exchange, HKSE　香港證券交易所　190
Hot Money　熱錢　27
Housing　住宅　341
Hybrid Transactions　混合型交易　132

I

iCash　愛金卡　93
ICE Europe　美國洲際交易所(歐洲)　345
ICE Futures Canada　加拿大期貨交易所　181, 343
Illegal Financial Activities　非法之金融活動　12
Import　輸入　24
Import-Weight Exchange Rate Index, IWERI　進口值有效匯率指數　296
In The Money　價內　361
In The Money, ITM　價內選擇權　360
Income　所得　24
Index Fund　指數基金　207, 216
Index Options　股價指數選擇權　361
Index Swap　指數交換　400
Indian Futures Markets　印度期貨市場　349
Indirect Arbitrage　間接套匯交易　286
Indirect Dealing　間接交易　279
Indirect Financial Markets　間接金融市場　4
Indirect Quotation Method　間接報價法　282
Individual Retirement Account, IRA　個人退休帳戶　72
Inflation Premium, IP　通貨膨脹溢酬　34

Inflation Rate　通貨膨脹率　31
Information Asymmetry　資訊不對稱　9
Initial Exchange　交換期初本金　402
Initial Margin　原始保證金或期初保證金　350
Initial Public Offerings, IPOs　初次上市櫃　5, 61
Insider Trading　內線交易　68
In-Store Branching　商店方式經營分行　457
Insurance Companies　保險公司　61
Insurer　保險公司　274
Intangible Market　無形外匯市場　270
Interbank Market　銀行間市場　270
Interbank Placement Market　銀行間拆放市場　94
Intercommodity Spreads　跨商品加碼指標　341
Intercontinental Exchange, ICE　美國洲際交易所　180, 341, 343, 344, 345
Interest Equalization Tax　利息平衡稅　306
Interest Payment　利息給付方式　399, 402
Interest Rate　利率　135
Interest Rate Futures　利率期貨　339, 341
Interest Rate Options　利率選擇權　362
Interest Rate Parity, IRP　利率平價　46
Interest Rate Swap, IRS　利率交換　396, 399
Interest Rates　利率　33
Intermediary　中介者　2
Internal Audit　內部稽核　507
Internal Control　內部控制　507
Internal-Rating-Based Approach, IRB　內部評等基礎法　489
International Banking Act, IBA　國際金融業務法案　316, 326
International Banking Facility, IBF　國際金融業務單位　316
International Convergence of Capital Measurement and Capital Standards　資本計算與資本標準之國際規範　485
International Currency Market　國際通貨市場　268
International Financial Market　國際金融市場　304
International Financial Markets　國際金融市場　7
International Fisher Theorem　國際費雪理論　46
International Framework for Liquidity Risk Measurement, Standards and Monitoring　流動性風險衡量、標準及監控之國際架構　494
International Fund　國際型基金　206
International Petroleum Exchange, IPE　倫敦國際石油交易所　180, 343, 344, 345
International Securities Exchange, ISE　國際證券交易所　188

Internet　網際網路　58
Internet Banking　網路金融　57
Internet Banking　網路銀行　456
Interprofessional Market　過渡專業市場　185
Intertbank Deposit　存放銀行同業　311
Intra-day Limit, Daylight Limit　當日限額　541
Intrinsic Value, IV　內含價值　359
Investment　投資　24
Investment Banks　投資銀行　59
Investment Company Act of 1940　投資公司法案　208
Investment Management Regulatory Organisation　投資管理監管組織　425
Investment Trusts　信託投資公司　274
Invitation Letter　邀請函　133
iPASS　一卡通　93
Issue Rating　對債務發行評等　147
Issuer Rating　對發行人評等　147

J

Japan Over-the-Counter Securities Co.　日本店頭證券株式會社　189
Japanese Futures Markets　日本期貨市場　346
Japanese Offshore Market, JOM　境外市場　314
JASD　日本證券業協會　190
Joint Ventures　合資　450
Jurisdiction　管轄法院　132

K

Kick-in-the-Pants　努力反轉　461
Knock-Out　合約終止　223
Korea Composite Stock Price Index, KOSPI　韓國綜合股價指數　191
Korea Exchange, KRX　韓國交易所　191, 349
Korea Futures Exchange, KOFEX　韓國期貨交易所　348
Korea Stock Exchange, KSE　韓國證券交易所　191, 348
Korea Stocks and Futures Exchange Act　韓國證券與期貨交易法　349
Korean Futures Exchange, KOFEX　期貨交易所　191
Korean Futures Markets　韓國期貨市場　348
KOSDAQ　店頭市場　191
KSE　韓國證交所　191

L

Large Volume Order　鉅額委託　177
Laspeyres Index　拉式指數　28
Late-Stage　晚期　66
Lead Arranger, Lead Manager　主辦行　130
Lease Companies　租賃公司　73
Leasee　承租人　73
Leasing　租賃　126
Legal Risk　法律風險　483
Legal Tender　法償　255
Lessee　承租人　126
Lessor　出租人　73, 126
Letter of Comments　意見函　172
Letter of Credit, L/C　信用狀　542
Letter of Guarantee, L/G　保證函　535
Leverage Ratio　槓桿比率　495
Leveraged Buyouts　融資買下　60
Liability　負債　399
Liability Insurance　責任保險　61
Life Insurance　人壽保險　61
Limited Order　限價委託　177
Limited Partner　有限合夥人　65
Limited Partnership　有限合夥　65
Line of Credit　中長期信用額度　122
Liquidity　流動性　502
Liquidity Coverage Ratio, LCR　流動性覆蓋比率　494
Liquidity Position　流動性　500
Liquidity Premium, LP　流動性溢酬　34
Liquidity Risk　流動性風險　481
Lisbon Stock Exchange Association　里斯本股票交易所協會　185
Live Stock Futures　牲畜類期貨契約　340
Loan Agreement　聯貸契約　134
Loan Prime Rate, LPR　基本放款利率　120
Loans　放款　526
Local Market　地方性外匯市場　271
Local-London 或 Loco London　本地倫敦金　257
Lockup Period　閉鎖期　164
London Commodity Exchange, LCE　倫敦商品交易所　344
London Interbank Offered Rate, LIBOR　倫敦銀行間拆放利率　354
London International Financial Futures and Options Exchange, LIFFE　倫敦國際金融期貨及選擇權交易所　344
London International Financial Futures Exchange, LIFFE　倫敦國際金融期貨交易所　344
London Overseas and Merchant Banks　倫敦海外及商人銀行　306
London Stock Exchange Group plc, LSE Group　倫敦證券交易所集團　187
London Traded Options Market, LTOM　倫敦選擇權交易市場　344
Long Call 或 Buy Call　買入買權　362
Long Put 或 Buy Put　買入賣權　364
Loss Given Default, LGD　違約損失率　489
Loss-absorbing Capacity　損失吸納能力　426

M

Macroprudential Elements　總體規範要素　486, 492
Mail Transfer, M/T　信匯　544
Maintenance Margin　維持保證金　350
Major Market Index　主要市場指數　341
Make-Up　加碼　400
Managed Market　管制市場　270
Management Ability　管理能力　500
Management Buyout, MBO　管理者買下　71
Management Fee　管理費　132
Management Group　聯合貸款的經理團　130
Management of Money Market Instruments　票券管理　55
Managers' Hubris　管理者的傲慢　461
Mandate　委託書　133
Margin Purchase　融資　177
Market Auction Preferred Stocks, MAPs　喊價式特別股　161
Market Makers　造市商　183, 186
Market of the High-Growth and Emerging Stocks　高成長與新興股市　190
Market Order　市價委託　177
Market Risk　市場風險　481, 482
Mark-to-Market　350　即時計算盈虧
MasterCard International　萬事達卡國際組織　98
Maturity Date　到期日　402
Maturity Gap　481　資金缺口
Maturity Risk Premium, MRP　到期日風險溢酬　34
MCX Stock Exchange, MCX-SX　印度 MCX 證券交易所　349
Merchant Bank　商人銀行　75
Mergers and Acquisitions, M&As　合併與收購　450

Metal Futures　金屬類期貨契約　340
Mezzanine Debt　夾層負債　72
Mezzanine Financing　夾層融資　60
Microprudential Elements　個體規範要素　486, 492
Mid-Stage　中期　66
Mine Production　礦產　249
Miscellaneous　雜項規定　135
Mobile Banking　行動銀行　57
Monetary Policy Committee, MPC　貨幣政策委員會　427
Money Laundering　洗錢　17
Money Market Mutual Funds, MMMFs　貨幣市場基金　108
Money Market Swap　貨幣市場交換　400
Money Markets　貨幣市場　4, 88
Money Supply　貨幣供給額　36
Mortgage Backed Securities, MBS　房貸基礎證券　235
Mortgage Loans　不動產抵押貸款　530
Mortgage Pass Through, MPT　房貸轉付債券　236
Mortgage Pass-Through Bonds　轉支付抵押擔保債券　241
Mortgage-Backed Bonds　抵押擔保債券　240
Mortgage-Backed Securities, MBS　抵押擔保證券　240
Moscow Exchange, MOEX　莫斯科交易所　345, 346
Moscow Interbank Currency Exchange, MICEX　莫斯科銀行間外匯交易所　346
Mothers　母親　190
Multi Commodity Exchange, MCX　印度多種商品交易所　349
Multi-Currency Clauses　多幣別選擇條款　131
Multilateral Trading Facility, MTF　多邊交易平台　186
Multiple Class　多等級　236
Mutual Fund　共同基金　202

N

NAFTA　北美自由貿易協定　413
NASD Automated Quotations system, NASDAQ　國證券商協會自動報價系統　186
NASDAQ　那斯達克市場　6
NASDAQ　那斯達克　171, 186
NASDAQ OMX Group　那斯達克交易所　180
NASDAQ OMX Group　那斯達克OMX集團　187
Nasdaq Stock Market, Inc.　那斯達克股票市場股份有限公司　186
National Association of Securities Dealers, NASD　全國證券商協會　186

National Audit Office, NAO　國家審計辦公室　427
National Market　國家市場　271
National Securities Markets Improvement Act, NSMIA　全國證券市場改善法案　208
National Stock Exchange, NSE　印度國家證券交易所　349
Natural Gas　天然氣　340
NCDs　可轉讓定期存單　106
Negative Pledge　反面承諾　135
Negotiable Certificate of Deposit, NCD　可轉讓定期存單　310, 537
Negotiated Certificates of Deposit, NCD　可轉讓定期存單　106
Negotiation　押匯　543
Net Asset Value, NAV　淨資產價值　204
Net Central Bank Sales　央行及跨國組織賣出　250
Net Stable Funding Ratio, NSFR　淨穩定資金比率　495
Network Banking　網路銀行　57, 78
New Economy　新經濟　413
New Market　新市場　185
New Trading Service, NTS　新電子交易系統　185
New York Board Trade, NYBOT　紐約期貨交易所　180, 343
New York Mercantile Exchange, NYMEX　紐約商業交易所　342
New York Stock Exchanges, NYSE　紐約證券交易所　181, 344
Nikkei 225 Average Index　日經指數　341
Nominal Effective Exchange Rate Index, NEER　名目有效匯率指數　297
Non-Cooperative Game　非合作賽局　473
Non-Deliverable Forward Exchange Contracts, NDF　無本金交割遠期外匯合約　388
Non-Performing Loans, NPLs　不良資產　495
Non-residents　非居住民　304
Northern Rock Bank　北岩銀行　426
Note Issuance Facilities, NIFs　票據發行額度　124
Notes Issuance Facility, NIF　短期票券包銷信用額度　311
Notional Amount　名義本金　402
Notional Principal Amount　名目本金　399
NYSE　紐約證交所　171
NYSE Archipelago Exchange, NYSE Arca　紐約證券交易所群島交易所　183
NYSE Composite Index　紐約證券交易所綜合指數　341
NYSE Euronext, includes all EU and US markets, NYX　紐約泛歐交易所　345
NYSE Euronext, NYX　紐約泛歐交易所控股公司　181
NYSE Euronext, NYX　歐美交易所　344

金融市場 Financial Market

O

O/N　隔夜　311
Odd-Lot Order　零股委託　177
Off-balance Sheet　表外交易項目　400
Offer Rate/Selling Rate　賣出價格　285
Offered Rate　拆出利率　313
Official Brokers　官方經紀商　189
Offset　沖銷　348
Offshore Banking　境外金融　307
Offshore Banking Branch　國際金融業務分行　318
Offshore Banking Unit, OBU　國際金融業務分行　55
Offshore Financial Center or Offshore Banking Center　境外金融中心　304
Offshore Funds　境外共同基金　210
Offshore Shell Branch　境外空殼分行　307, 317
Oil-Dollars　石油美元　307
OMX Nordic Exchanges　OMX 日爾曼交易所　186
One-stop Shopping Model　一次購足服務模式　184
Onshore Banking　境內金融　307
Open Subscription　公開申購　167
Open-end Mutual Fund　開放型基金　203
Operating Leases　營業性租賃　73, 126
Operational Risk　作業風險　482
Opportunities　機會　448
Optional Term Contracts　任選到期日遠期外匯合約　380
Options　選擇權　338, 357
Order　委託　176
Originator　創始機構　238
Osaka Securities Exchange, OSE　大阪證券交易所　347
Ounce　盎司　257, 259
Out The Money, OTM　價外選擇權　360
Outright Dealing　買斷或賣斷　313
Outside to Outside / Out to Out　境外對境外　304
Over Night, O/N　隔夜　310
Overall Cost Leadership　成本領導　451
Overall Limit　部位總限額　541
Over-Allotment　過額配售　167
Overdue Loans　逾期放款　496
Overnight Deposit　隔夜存款　310
Overnight Limit　隔夜限額　541
Overseas Banks　外國銀行　274
Overseas Direct Investment Control Act of 1964　1964 年海外直接投資控制法案　324
Over-Subscription　超額認貸　134
Over-The-Counter Market, OTC　店頭市場　6, 362

P

Paper Company　紙上公司　317
Par　平水　290
Par Value　面額　103
Par Value or Non-Par Value　面額或無面額　158
Parity　平價　46
Partially Underwritten　133　部分承銷
Participating　參加　160
Participating Bank　參貸行　130
Participation Fee　參貸費　132
Passche Index　巴式指數　28
Pay A Only　限付×××　92
Pay A Order　指定人　92
Payment at a Distance　跨國收付功能　268
Payment Order, P/O　付款委託書　544
Payment-in-Kind Preferred Stocks　PIK 特別股　162
Pension Funds　退休基金　65
Period Gap　期差　312, 384
Personal Investment Authority　個人投資局　425
Petroleum　石油　340
Physical Delivery / Physical Settlement　實物交割　351
Physical Shares　實體　158
Placement Memorandum　聯貸說明書　130
Plain Vanilla Bond　陽春型債券　142
PM fixing　二盤　257
Porto Derivatives Exchange Association　波特衍生性商品交易所協會　185
Positive Pledge　正面承諾　135
Post-Mandate Phase　委任後階段　133
Post-Signing Phase　簽約後階段　134
Precious Metal Markets　貴金屬市場　255
Precious Metals, Rare Metals　貴金屬　246
Preferred Stock　特別股　158, 160
Pre-Mandate Phase　委任前階段　132
Premium　升水　290
Premium　權利金　357
Premium Bond　溢價債券　145
Premium, P　權利金　359
Prepaid Card　預付卡　95
Prepayment　提前償還　135
Present Value　折現值　141
Price Quotation Method　價格報價法　282
Price-Earnings Ratio　本益比　523
Primary Markets　初級市場　5, 89

Principal　本金　399, 402
Priority Banking　貴賓理財　57
Private Banking　私人銀行　57
Private Equity Funds　私募基金　69
Private Placement　私募型　225
Private Placement　私募　64, 174
Private Venture Capital Firms　私人創業投資企業　65
Private Wealth Management　財富管理　57
Privileged Subscription　優先認購　172
Probability of Default, PD　違約機率　489
Problem Loans　問題放款　495
Project Financing　專案融資　55, 129, 135
Promissory Notes　本票　92
Property Insurance　產物保險　61
Prospector　開創者　453
Prospectus　公開說明書　172, 173
Provision of Credit or Financing　提供國際資金或信用融通功能　268
Prudential Regulation Authority, PRA　審慎監理局　426, 427
Prudential Regulation Committee, PRC　審慎監理委員會　427
Public Markets　上市櫃市場　5
Publicity　活動　134
Pure Swap　純粹換匯　384
Purpose　用途　129
Put　賣權　392
Put Option　賣權　358
Putable　可賣回　160
Pyramid Scheme　老鼠會　14

Q

Quantum Fund　量子基金　208
Quasi Money Market Mutual Funds, QMMMFs　類貨幣市場基金　108
Quoting Party　報價者　386

R

Rate Gap　利率敏感性缺口　504
Rating Agency　評等機構　238
Reactor　反應者　453
Real Effective Exchange Rate Index, REER　實質有效匯率指數　297

Real Estate Asset Trusts, REATs　不動產資產信託　205, 235, 241
Real Estate Futures　不動產期貨　339, 341
Real Estate Investment Trusts, REITs　不動產投資信託　205, 241
Real Estate Investments Trust, REITs　不動產投資信託基金　235
Real Estate Investments Trust, REITs　不動產投資信託基金憑證　240
Real Rate　實質利率　34
Receiving Quotation Method　收入報價法　282
Recycled Gold　循環再用金　250
Red Herring　紅皮書　171
Redeposit　再存款　311
Regional Financial Markets　區域金融市場　7
Regional Fund　區域型基金　206
Regional Market　區域性外匯市場　271
Register of Friendly Societies　合作社設立登記局　425
Registered　記名　158
Registration Shares　無實體　158
Registration Statement　上市申請書　171
Regulation Q　Q規則　306
Repayment　償還　132, 135
Representation and Warranties　聲明與保證　135
Repricing Risk　重新訂價風險　504
Re-Purchase Agreement, RP　附買回交易　108
Reputational Risk　聲譽風險　485
Re-Sale Agreement, RS　附賣回交易　109
Residential Mortgage Backed Securities, RMBS　房屋貸款證券　235
Resolution and Collection Corporation, RCC　整理回收公司　433, 499
Resolution Trust Corporation, RTC　資產清理信託公司　428, 498
Retail Markets　零售市場　7, 89, 271
Revolving Commitment　中長期循環性貸款　122
Revolving Credit Facility　循環性貸款　132
Revolving Underwriting Facilities, RUFs　循環包銷信用額度　125, 311
Ring-Fencing　圍籬法則　426
Risk-Free Rate　無風險利率　361
Risk-Sensitive Assets, RSA　利率敏感性資產　503
Risk-Sensitive Liabilities, RSL　利率敏感性負債　503
Risk-Weighted Assets, RWAs　風險性資產　488
Roadshow　說明會　131, 133, 171
ROE　股東權益報酬率　524

Roly-Poly NCDs　接續式可轉讓定期存單　107
Round-Lot Order　整數委託　177
Russian Trading System, RTS　俄羅斯交易系統　346

S

S&P 400 MidCap Index　標準普爾 400 中小型指數　341
S&P 500 Index　標準普爾綜合指數　341
Sale-and-Leaseback　售後租回　127
Saving & Loan Association　儲蓄貸款機構　428
Savings and Loans Associations, S&L　儲貸機構　236
Scale Back　縮減　134
Scrap　零碎黃金　250
Searching Costs　尋找成本　9
Seasoned Equity Offerings, SEOs　現金增資　5, 61, 174
Secondary Markets　次級市場　5, 90
Secondary Public Offerings, SPOs　再次公開發行　5
Securities and Exchange Commission, SEC　證券交易委員會　432
Securities and Futures Authority　證券期貨管理局　425
Securities and Investments Board, SIB　證券投資委員會　425
Securities Industry and Financial Market Association, SIFMA　證券業與金融市場協會　236
Security Investment Trust Funds　證券投資信託基金　202
Security Portfolio　證券投資組合　68
Seed　種子期　66
Self-Regulating Organisations, SROs　其他各業監理機構　425
Sell Call　賣出買權　358
Sell Near Date/Buy Far Date, S/B　先賣出近期外匯，後買入遠期外匯　386
Sell Put　賣出賣權　358
Sell Spot and Buy Forward　賣即期買遠期　383
Selling Order　賣出委託　177
Sensitivity to Market Risk　市場風險的敏感性　500
Sensitivity to Risk　利率敏感性　503
Separation Taxes　分離方式課稅　40
Sequential Game　序列賽局　473
Settlement Date　交割日　360
Settlement Price　結算價　350
Shanghai Futures Exchange, SHFE　上海期貨交易所　346
Shanghai Stock Exchange, SSE　上海證券交易所　192
Shelf Registration　架上註冊　173
Shenzhen Stock Exchange, SZE　深圳證券交易所　192

Short Call 或 Sell Call　賣出買權　364
Short Put 或 Sell Put　賣出賣權　365
Short Selling　融券　177
Silent Loan Participation　貸放風險分讓業務　311
Silent Sub-Participation　隱名參與貸放　311
Simultaneous Game　聯立賽局　473
Singapore Exchange, SGX　新加坡交易所　348
Singapore Futures Markets　新加坡期貨市場　348
Singapore Interbank Offered Rate, SIBOR　新加坡銀行同業拆放利率　315
Singapore International Monetary Exchange, SIMEX　新加坡國際金融交易所　348
Sitting on the Gold Mine　坐在金礦上　460
Small Business Administration, SBA　中小企業局　65
Small Business Investment Act　中小企業投資法案　65
Small Business Investment Companies, SBIC　中小企業投資公司　65
Society for Worldwide Interbank Financial Telecommunications, SWIFT　環球銀行財務電信協會　275
SOFFEX　瑞士選擇權及金融期貨交易所　188, 345
Special Purpose Vehicle, SPV　特殊目的公司　238
Specialist　專門交易商　186
Specific Market Fund　特定市場基金　206
Speculation　外匯投機交易　287
Speculator　投機者　287
Speculators　投機者　356
Spot against Forward Swap　即期對遠期換匯　383
Spot against Spot Swap　即期對即期換匯　383
Spot Date　即期交割日　386
Spot Gold　現貨黃金　257
Spot Hedging　即期對沖　286
Spot Market　現貨市場　271
Spot Transaction　即期外匯交易　285
Spread　價差　285, 313
Stakeholder　利害關係人　420
Standard Approach　標準法　488
Stand-by Facility　擔保債務　132
Stand-by L/C　擔保信用狀　535
Stand-by Letter of Credit　擔保信用狀　132
Standby Note Issuance Facilities, SNIFs　擔保票據發行額度　125
Start Date　起始日　402
Start-up　創建期　66
Stock　股票　6, 158
Stock Exchange　證券交易所　6, 274

Stock Exchange of Singapore, SES　新加坡證券交易所　348
Stock Index Futures　股價指數期貨　339, 341, 356
Stock Options　股票選擇權　361
Stop Loss Limit　停損限額　541
Straight Financial Leases　直接融資租賃　127
Strategic Alliances　策略聯盟　450
Strategic Risk　策略風險　485
Strategy　策略　448
Strengths　優勢　448
Strike Price (SP) or Exercise Price　履約價格　358
Structural Reform　結構改革　426
Structure Deposit　結構型存款　222
Structure Note　結構型債券　221
Structure Subject　結構型商品　221
Student Loans, Student　學生貸款　235
Swap Market　換匯市場　271
Swap Rate 或 Swap Point　換匯匯率　386
Swaps　交換契約　338
Syndicated Loans　聯合貸款　55
Synergy　綜效　458
Synergy Creation　創造綜效　460

T

Taiwan Depositary & Clearing Co., TDCC　臺灣集中保管結算所股份有限公司　163
Tangible Market　有形外匯市場　270
Target Redemption Forward, TRF　目標可贖回遠期契約　394
Tax Haven　租稅庇護所　317
Tax-haven Center　避稅天堂　317
TB1　甲種國庫券　103
TB2　乙種國庫券　103
T-Bond Futures Options　政府債券期貨選擇權　362
techMARK　科技板　187
techMARK mediscience　醫藥科技板　187
Telegraphic Transfer, T/T　電匯　544
Term Loan　定期貸款　132
Term Loans　中長期貸款　123
Term Structure　利率期間結構　35
Term Swap　定期交換　400
Terms and Conditions，或稱 Information Memorandum　主要條款　133
The City　金融區　274

the Facilities　貸款架構　135
Third-Party Payment　第三方支付　57
Threats　威脅　448
Three Points Arbitrage　三點套匯　286
Tick　跳動點　350
Time Bill　遠期匯票　93
Time Deposit　定期存款　54, 537
Time Lag　時差　384
Time Saving Deposit　定期儲蓄存款　54, 537
Time Value, TV　時間價值　359
To-Arrive Contract　到達契約　339
Today　今日　386
Tokyo Commodity Exchange, TOCOM　東京商品交易所　347
Tokyo Financial Exchange, TFX　東京金融交易所　347
Tokyo Grain Exchange, TGE　東京穀物商品交易所　347
Tokyo Stock Exchange　東京證券交易所　189
Tokyo Stock Exchange Co., Ltd.; TSE　東京證券交易所　347
Tokyo Stock Price Index, TOPIX　東京證券交易所股價指數　368
Tokyo Sugar Exchange, TSE　東京砂糖交易所　347
Tom　次一營業日　386
Tombstone　紀念碑　130
Toronto Stock Exchange, TMX　多倫多股票交易所　187
Total Assets Turnover　總資產週轉率　524
Trade Balance　貿易餘額　24
Trade Clearing Company, TCC　交易清算公司　343
Trade Date　訂約日　360
Trader　自營商　162
Trading Area　營業區域　544
Traditional Banking　傳統金融　57
Transfer of International Payments　國際收付移轉功能　268
Traveller's Cheque　旅行支票　92
Treasury Bills, TB　國庫券　103
Treasury Bonds　長期債券　355
Treasury Notes　中期債券　355
Trial and Error Method　試誤法　547
Trust　信託　56
Trust Receipt Inventory Loans　信託占有貸款　534
Turnaround　重整期　67
Two Points Arbitrage　兩點套匯　286
Two-Tier Price System　黃金兩價制度　247
Two-way Quotation　雙向報價　285

U

Umbrella Fund　傘型基金　207
Underground Financial Markets　地下金融　12
Underlying Assets　選擇權的標的物　361
Underlying Security　連動標的　221
Underwriter　承銷商　162
Underwriting　承銷　61
Underwritter　承銷機構　238
Unit Investment Trusts, UIT　單位投資信託　204
Universal Bank　綜合銀行　75
USA Patriot Act of 2001　2001年美國愛國法　324
USM　未上市證券市場　187

V

Value at Risk　VaR 風險值法　490
Value Date　權利金交付日　360
Value Line Composite Average, VLCA　價值線綜合指數　341
Value Spot　第二個營業日交割　274, 275
Value Today　當日交割　273, 275, 285
Value Tom　次日交割／第一個營業日交割　273, 275, 286
Value Tom　次日交割　273
Value Tom　第一個營業日交割　275
Variation Margin　變動保證金　350
Venture Capital　創業投資　64
Visa International　威士國際組織　98
Volatility　波動性　361
Volatility, σ　匯率波動度　392
Volcker Rule　伏克爾法則　431

Volume Quotation Method　數量報價法　282
Vote　有表決權　161

W

Waiting period　等待期　171
Waiver　拋棄該權利　135
Warehouse Receipt Inventory Loans　倉單存貨貸款　534
Weaknesses　劣勢　448
Wealth Management　財富管理　57
Weather Futures　氣候期貨　339, 341
WeChat　微信　94
Whole Market　批發外匯市場　271
Wholesale Price Index　躉售物價指數　31
Wholesales Markets　批發市場　7, 89
Winner's Curse　贏家詛咒　461
Winnipeg Commodity Exchange, WCE　溫尼伯商品交易所　180, 343
Withholding Tax　就源扣繳稅款　308, 314

Y

Yield Curve　收益率曲線／殖利率曲線　35
Yield to Maturity, YTM　殖利率　142

Z

Zhengzhou Commodity Exchange, CZCE　鄭州商品交易所　346